U0543981

圖書在版編目（ＣＩＰ）數據

清代陝西金石學著作十種 ／ 李向菲，賈三强點校.
—西安：陝西人民出版社，2022.12
ISBN 978-7-224-14737-7

Ⅰ．①清… Ⅱ．①李… ②賈… Ⅲ．①金石學－陝西
－清代 Ⅳ．①K877.24

中國版本圖書館CIP數據核字（2022）第212852號

出 品 人　趙小峰
責任編輯　劉　芳
整體設計　周國寧

清代陝西金石學著作十種
QINGDAI SHAANXI JINSHIXUE ZHUZUO SHIZHONG

編　　者　李向菲　賈三强
出版發行　陝西新華出版傳媒集團　陝西人民出版社
　　　　　（西安市北大街147號　郵編：710003）

印　　刷　中煤地西安地圖製印有限公司
開　　本　787mm×1092mm　16開　51印張
字　　數　879千字
版　　次　2022年12月第1版　2022年12月第1次印刷
書　　號　ISBN 978-7-224-14737-7
定　　價　528.00圓

余少時嘗讀王阮亭甘泉宮長生瓦歌及
林吉人所為瓦圖記不禁神往千里為選
往來於懷而已歲辛未大兒家瀍任醴泉
余亦繼至暇甚無事訪所謂甘泉宮者在
今淳化山中去醴百里而近求之數年忽
得一枚不勝狂喜圖記所云不易得者今
竟得之矣晨夕摩娑幽興轉劇思有以益
之適瀍兒移咸寧未然丁內艱留滯未歸

《秦漢瓦圖記》乾隆三十九年刻本

金石之癖暇則策蹇行遊逢古碑輒坐其旁流
連竟日或宿山寺或問樵牧不少倦也積之又久
得漢唐碑二百種其五代及宋元概置弗錄中有
古人兩見者十猶二三焉碑存而未獲者疑無同
幾矣題曰雍州金石記誌一方之所得也凡我同
志身之所經已訂目考人自為書海內之金石各
有其書矣如歐趙諸公得一人焉東筆景而成冊
不幾與古人爭烈乎我乾隆巳卯秋日朱楓近漪
氏題於秦川之滴水草堂

《雍州金石記》乾隆二十四年刻本

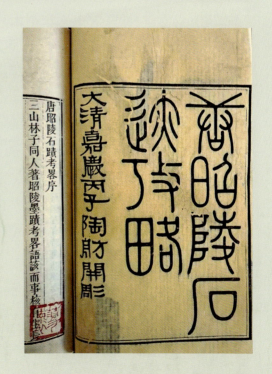

唐昭陵石蹟考畧序
三山林子同人著昭陵墨蹟考畧譜該而事核
大清嘉慶丙子陶財開周

《唐昭陵石蹟考略》嘉慶二十一年刻本

（五）通假字一仍其舊，不作改動。

（六）原書所引金石和清以前著作之文字，因避清諱而改動者，如"胤"字缺末筆或改爲"允"，"玄"字缺末筆或改爲"元"，"丘"改爲"邱"，一律回改。

（七）原書引用金石或他書文字，時加按語，校勘時以小字出之。其他凡屬所引銘文或他書原有按語者，在校勘中註明。

（八）原書考證疏漏之處，凡能確定其誤者，稍加考證，以校勘出之。

（九）原書有金石繪圖者，若瓦當、鏡銘等，原刻多爲半頁半圖，整理時均拼合爲一圖，并標以序號。

總目録

唐昭陵石蹟考略……………………………………………………………… 1

漢甘泉宫瓦記…………………………………………………………… 57

雍州金石記…………………………………………………………… 75

秦漢瓦圖記…………………………………………………………… 185

關中金石記…………………………………………………………… 215

秦漢瓦當圖…………………………………………………………… 449

吉金貞石録…………………………………………………………… 473

秦漢瓦當文字………………………………………………………… 563

十六長樂堂古器款識考……………………………………………… 643

浣花拜石軒鏡銘集録………………………………………………… 701

【增補】

隋唐石刻拾遺………………………………………………………… 723

唐昭陵石蹟考略

［清］ 林侗 著

點校前言

一

《唐昭陵石蹟考略》是清代學者林侗的一部金石學著作。林侗（1637—1724），字同人，號來齋、于野，福建侯官人，清代順治、康熙年間的金石學家。

林侗一生經歷比較簡單，從有限的史料記載中我們可以知道，他出身普通的士人家庭，青少年時期生活在家鄉，熟讀經史典籍，有詩才，曾制舉業，且學業優異，但是對於科舉入仕沒有興趣，最終放棄。順治十七年（1660），他的父親林逵任陝西三原縣令，他隨侍至陝。康熙四年（1665）又隨其父轉知開州、達州。康熙八年（1669）其父投綬歸鄉，林侗亦隨之歸鄉。之後除去短暫出任尤溪教諭之外，林侗基本上是鄉居讀書著述。[1]

從史料記載中，我們看不到青少年時代的林侗流露過對金石的興趣。且自宋以來，碑石出土、研究的重心都在北方，林侗的家鄉福建並沒有金石研究的學術氛圍。據林侗弟林佶所撰《金石錄序》云：“予家君向爲令於秦，秦多石刻，家君旁搜而廣輯之，得若干種，積三十餘年，共聚爲三百帙，而海內之傳遺焉者寡矣。家君歸田來，閉戶閒居，指斯帙示子孫曰：‘吾宦囊盡在是矣。然聚無不散，不爲之記，恐後人亦安知吾集錄若斯之勤也！’於是家兄同人既成爲《漢隸考》《昭陵石刻考》《蘭話堂金石考》諸書，而予總錄其目，爲二卷。”[2]其父林逵是到陝西爲官後，才開始搜訪金石。林侗一直陪侍父親身邊，他的金石收藏與研究應該也是到了陝西之後才開始，並日漸有所成就。

---

[1] 參見郭柏蒼、劉永松《烏石山志》卷七；《（民國）閩侯縣志・文苑下》；［清］林佶《樸學齋文稿》，收入《清代詩文集彙編》第205册，上海古籍出版社，2010年，第629頁。

[2] 《樸學齋文稿・金石錄序》，第606頁。

林侗的金石著作，林佶上文所提到的《漢隸考》《蘭話堂金石考》，目前存佚不明，也未見任何著作徵引，內容如何不知。目前存世的有兩部，頗爲一些學者稱引。一是《唐昭陵石蹟考略》，即林佶所云《昭陵石刻考》，以陝西昭陵石刻爲研究對象；一是《來齋金石刻考略》，以題跋的形式，對他所收藏的金石進行考訂。這兩部著作都是林侗在陝西的時候就開始撰寫，後來不斷修改，到六十歲以後才校訂完成，刊刻則更晚。可以説，二書凝聚了林侗一生的心力。

雖然在學術建樹與影響上，林侗和清初顧炎武、朱彝尊等一流學者有著很大差距，雖然林侗在金石研究的深度、廣度上很有限，但是他在金石學史上的地位仍不容忽視。他對甘泉宮瓦的收藏和研究，首開清代瓦當研究的風氣；他對昭陵碑石的研究，專注於一組碑石，體例與研究方法上都具有開創意義。同時，他注重實地訪碑，強調金石考據觀念，這兩點在清初金石學復興的過程中都非常重要。在顧炎武提出金石考經證史的學術理念之時，其影響在康熙年間還并不顯著，金石研究中注重金石書法的學者大有人在，他的影響要延後到乾隆年間才得到了普遍的、積極的響應。而林侗就是最初那寥寥無幾中的一個，他的學術趣向正和顧炎武趣味相投，對金石考據學在乾嘉時期的確立無疑有推動作用。

二

順治十七年夏，林侗二十五歲，跟隨父親到了關中。《來齋金石刻考略》中記載的他最早的對於碑石的記憶，是入陝時經函谷關，看到關逢龍墓前有碣三尺許，但是當時却并未在意[1]。應該從這時候開始，關中那些隨處可見的蘊含豐富歷史信息的金石文物，關中訪碑摹碑的學術風氣，和他早年對經史典籍的濃厚興趣漸相契合，激發了他的訪碑熱情。

到陝後一次意外的訪古收穫也給了他極大的激勵。到陝次年，林侗到陝西淳化縣憑吊漢甘泉宮遺址。甘泉宮乃漢武帝在秦林光宮的基礎上增廣而成，武帝常於此避暑，漢末之後，宮觀淪没。此次考察的經過，其弟林佶《甘泉宮瓦記》云：

甘泉宮址在今陝西淳化縣治山中，康熙（按當爲順治之誤）辛丑，予兄

---

[1] ［清］林侗《來齋金石刻考略》卷上《比干墓銅盤銘》，（文淵閣）《四庫全書》本。

同人與祝丈光遠自三原往遊其地，見道旁畊夫鋤田，積瓦礫如丘阜，皆隱隱有文，多刓缺不可識。因憩樹下，見有小物墳起者，剔之，獲此瓦，甚完好，字畫獨全，亟懷以歸。[1]

秦漢宮觀之瓦，多於瓦頭篆字，和碑石相比較，出土者少，一直到清初，見於著録者僅寥寥幾種。宋王闢之《澠水燕談録》載寶雞縣民得"羽陽千歲"瓦，即秦武公羽陽宮瓦，爲瓦當之最早見於記載者。其後元李好文《長安志圖》、明曹昭《格古要論》等著作陸續開始著録，數量極爲有限。林侗所得瓦上篆書"長生未央"四字，尚未見諸記載，且此瓦完整未損，實屬難得，因此林侗寶愛至極，"如獲拱璧，裹以錦囊，注以名泉，時復爲之摩挲寶玩，俛仰太息，恍若置身西京以上"[2]，並常給當時尚爲孩童的林佶炫耀，稱"此不易得也""何異商周鼎彝"[3]。三十年後，仍視爲幸事，又作詩頌之，並邀四方友朋如朱彝尊等人唱和，頌其事，慨嘆漢之興衰。

在這次好運或者説和金石的緣分産生之後，林侗便開始了積極搜訪金石之旅，足迹遍及陝西各縣。林侗曾論碑石傳拓者少的原因説："蓋碑搨之難，莫如墓碣。荆榛荒莽中，裹飯以從，霾風烈日，工無所施，高須架，土須掘，僵僕者須起，無怪其傳者寥寥也。"而林侗正是短衣匹馬，徘徊墟墓之間，人迹罕至之處，辛苦備嘗。他自云常"携善搨工及楮墨以從，遇片石隻字，親爲拂拭摹搨。故所收石迹，頗無遺憾"[4]，這和明末關中金石學家趙崡"時跨一驢，挂偏提，搨工挾楮墨以從，每遇片石闕文，必坐卧其下，手剔苔蘚，椎拓裝潢，援據考證"的形象何其相似[5]，其收穫也當然可以與之相頡頏。

康熙二年（1663）夏，林侗開始搜訪三原諸碑石，得《于志寧碑》等數種，且得以糾舊志之訛誤。三年（1664）春，林侗又於咸陽原上搜搨古碑，得《順陵碑》《豆盧敬碑》等數種[6]；在西安府城郊各處則搜訪到了包括《聖教序碑》《大秦景教流行中國碑》等在內的四十餘種碑銘；在華州摹拓了《述聖頌》等十餘種，在渭南、同州、邠縣、高陵、鄠縣、盩厔、臨潼、麟遊、邰

[1] ［清］林佶《漢甘泉宮瓦記》林佶序，清康熙刻《昭代叢書》本。

[2] 《漢甘泉宮瓦記》徐釚序。

[3] 《來齋金石刻考略》卷上《甘泉宮瓦文》。

[4] 《來齋金石刻考略·自序》，春暉堂本。

[5] ［清］王士禎《隴蜀餘聞》，《四庫存目叢書》子部第245册。

[6] 《來齋金石刻考略》卷上《車騎大將軍豆盧敬公碑》。

陽、興平等地，將名碑盡行搜訪摹拓，各得若干種。

很多碑石長期無人看護，散亂於野，林侗將仆倒者樹起，深埋者掘出，使其重顯於人間。如《文州總管陸使君碑》，在三原縣北原上，淪没已久，林侗命役掘出，摹拓得百餘字；《顏氏家廟碑》，世之摹拓者僅知拓碑陽正文，不知額陰尚有顏真卿所題八十五字，文爲塵土封翳，世所罕傳，林侗則爲拂拭摹出；又如唐代集王書風行，集字碑或拓本留存下來的却很少，林侗時命搨工遍搜殘碑，於西安城南隍中得一殘石，將其從土中挖出後，得四十七字，宛然《聖教》初搨[1]。所得都十分珍貴。

在訪碑過程中，林侗對昭陵諸碑石最爲關注。昭陵爲唐太宗陵墓，在醴泉東北九嵕山下，南向周迴六十公里，爲中國歷史上陪葬墓最多的帝王陵園。功臣懿戚陪葬塋墓、陪葬人數衆多，當時均曾樹碑埋銘。從北宋時起，昭陵諸碑向爲金石學家所重。林侗對於唐太宗君臣相遇之事感慨甚深，其弟林佶在爲其《昭陵石蹟考略》所作序中曾説：

凡以昭陵之君臣爲千載之盛，其陪葬爲非常之典，虞、褚諸公石蹟爲稀有之觀也。予嘗戲謂阿兄曰："假令兄生當貞觀時，何爲而可？"阿兄掀髯笑曰："予之極願，欲從太宗平東都，繫兩降王於馬前，前後部甲士鼓吹，震動山谷；次願從英、衛二公，逐利出塞，建旆長驅而入關；又次則願從瀛洲學士後，看歐、虞諸公奉敕濡毫，摹《蘭亭》而已。"[2]

此正韓愈所謂"曠世相感"者，因此他訪問昭陵的次數最多。康熙三年（1664）秋天，林侗從三原往遊西夏，途經昭陵，遂"摳衣下馬，遍拜諸墳塋"，是年"冬從塞下歸，復盡一日之觀"。這兩次只是遊觀，到了四年（1665）春，"命工搜搨諸碑之僅存者，得文昭、文獻、英、衛諸公十六碑，并《昭陵》《駿馬》諸圖記。"[3]對碑石作了摹拓整理。到康熙三十年（1691）冬天，林侗從福建復遊凉州，再次訪昭陵，然而"值秦大饑，千里無炊烟，鷄犬聲絶。欲重至九嵕，則蓁莽荒凉。英、衛之塚，以岡阜縈曲，遂爲萑苻之窟。王橋頭一徑至斷人行，文王廟亦爲盜藪。守土者環其門而垣之，聞諸碑愈不可問"，[4]

---

[1] 《來齋金石刻考略》卷下《集王四十七字殘碑》。

[2] 《唐昭陵石蹟考略》附林佶跋。

[3] 《唐昭陵石蹟考略·謁唐昭陵記》。

[4] 《謁唐昭陵記》。

清代陝西金石學著作十種

諸碑已無緣得見。他對昭陵碑石的整理爲他撰作《唐昭陵石蹟考略》一書做好了準備。

三

昭陵碑石的數量，《唐會要》載爲一百五十五石，宋敏求《長安志》記錄爲一百六十六石。然而因散立於野，經千餘年的日曬雨淋，無人修護，殘毀情況較爲嚴重。宋人所見尚多，至明萬曆年間，趙崡訪昭陵時僅得殘碑二十一石；崇禎年間，苟好善修《醴泉縣志》，所見又少一石。顧炎武在康熙二年曾訪昭陵，值天大雪，所見僅一碑。林侗可以說是清代第一個全面著録、考訂昭陵碑石的學者。

如上文所述，林侗在對昭陵碑石摹拓整理之後，結合兩《唐書》記載，一一進行考據，著作成書，意在“使千載以上之遺文舊迹，賴以不墜”[1]，康熙四年（1665）初夏，于三原學古堂作文記之；其年秋，林侗隨父至開州，完成了初稿，名之曰《昭陵十六碑考略》；丙午（1666）中秋，又于澶州之披雲樓纂輯史傳，參訂異同，對是書做了修訂，更名爲《唐昭陵碑考略》；癸酉（1693）初冬，再次作了校訂，作文記之；至甲戌（1694）秋方始付梓。前後三易其稿，歷三十餘年而成。至甲戌（1694）秋，其弟吉人作跋，記其書成之經過。今存此書爲五卷，卷一爲“昭陵圖次”“唐太宗文皇帝哀册”及陪葬諸臣碑目，卷二至卷四依次考證所見陪葬十六碑，卷五爲六馬贊。每條分三部分，首述碑之方位、形製、存字等；次曰“史乘參考”，據《舊唐書》等史書考所涉之人事；次曰“論贊”，發己之感慨。此書所著録，距趙崡、苟好善所見已不同，諸碑所存字數較之漫漶已多，如《崔敦禮碑》，林侗所見較之趙崡已殘損過半，較之《醴志》亦少二百餘字。今天我們所見又有更多漫漶，因此林氏所記碑石方位、形制、存字等信息，對研究昭陵碑石很有價值，無論其考證之精當與否，其保存史料的意義都很重大。

雖然林侗的拓本似未保存下來，無法據以校改。但是因其實地考察，如朱彝尊詩中所說“陪葬諸臣辨銜位”，詳列諸碑的方位，實爲研究指南，葉鞠裳即贊其“詳著第幾列第幾區村落方向……可謂有心人也已。若依此著録，后人

---

[1]《謁唐昭陵記》。

按籍而稽，何至迷其处所耶？"[1]又昭陵蕃臣像在清乾隆以后遭到严重破坏，面目尽失。前人多關注碑文，各類記載均不及此，如顧亭林《金石文字記》，就沒有記載諸番君王十四人像與石馬，而林侗則"旁及降王一十四，右先咄苾左什苾。殿以阿那范頭利，舊史缺略新史删"。據其描述，這些石像原來"皆深目大鼻，弓刀雜佩"，明顯是胡人的形狀，這些我們今天已無緣見到。

此書又能糾傳世文獻之訛，如陪葬諸臣墓碑又於各縣志中互見，記載多有錯誤。林侗云：

衛公靖、萊公如晦，陪冢昭陵，碑石見存，此無可疑者。乃衛冢復載於涇陽之孟店鎮，萊冢復載於長安城南之司馬村。又如段太尉秀實死後，德宗改殯於灞側，立碑以紀之。曰：以志吾過，且旌善人。今載於臨潼縣之西斜口鎮，俗尚稱爲段烈士廟，但碑石亡矣。乃《汧陽縣志》載段府君行琛墓，又有曰段秀實墓，不知行琛乃太尉之父，汧陽人。墓碑張增書，予揭有之。太尉墓實不在此，何未深考歟？李西平晟，墓在高陵，裴晋公撰文，柳誠懸書碑。人謂三絕碑，予亦有之。灼灼耳目，於《高陵縣志》反失載，而載於狄道縣西之二十里，此又何據歟？秦新志頗見稱於通人，然其謬不勝指也。[2]

李靖、杜如晦已陪葬昭陵，碑石立於昭陵，然而涇陽、長安舊縣志却分別載其碑。諸如此類的錯誤，顯沿傳世文獻之訛，皆因未作實地勘察所致，也可見林侗實地訪碑以及此書的學術價值。

《唐昭陵石蹟考略》的版本主要有五種：1. 嘉慶二十一年（1816）馮緒陶舫刻本。此本乃馮緒據陳壽祺藏本校刊，每卷卷次下題"侯官林侗于野纂輯，馮緒笏耕甫校刊"，爲此書現存最早的版本。2. 道光四年（1824）葉夢龍喜聞過齋刻本。此本乃葉氏據伊秉綬所藏一翁方綱手鈔删定本所校刊，保留了幾則翁方綱校語。3. 咸豐二年（1852）《粵雅堂叢書》本。此本據伍崇耀云，因葉夢龍本舛誤甚多，乃據曾釗藏本校定刊刻，實任其事者爲譚瑩。4. 光緒十七年（1891）《觀自得齋叢書》本。此本乃出葉夢龍本。5.《叢書集成初編》本，乃據《粵雅堂叢書》本影印。此次整理以馮緒刻本爲底本，簡稱嘉慶本；以葉夢龍刻本、伍崇耀刻本爲校本，分別簡稱道光本、咸豐本。

[1] ［清］葉昌熾《語石》卷二，宣統元年刻本。
[2] 《唐昭陵石蹟考略》卷三《上護軍曲阜憲公孔公碑》。

目　録

序　文 ………………………………………………………… 11

唐昭陵石蹟考略序 ……………………………………………… 14

謁唐昭陵記 ……………………………………………………… 18

原書目録 ………………………………………………………… 22

卷　一 …………………………………………………………… 24

　　昭陵圖次 ………………………………………………… 24

　　陪葬諸王公主妃嬪勳舊百六十五人 ……………………… 25

　　唐太宗文皇帝哀册 ………………………………………… 26

　　唐昭陵陪葬諸臣十六碑目 ………………………………… 27

卷　二 …………………………………………………………… 29

　　左僕射太尉房文昭公碑 …………………………………… 29

　　尚書右僕射司徒衛景武公碑 ……………………………… 30

　　太常卿上柱國汾陰薛獻公碑 ……………………………… 31

　　中書令右僕射馬高唐公碑 ………………………………… 31

　　尚書右僕射司徒高申文獻公碑 …………………………… 33

　　尚書右僕射虞恭公溫公碑 ………………………………… 34

　　陽翟侯褚公碑 ……………………………………………… 35

卷　三 …………………………………………………………… 36

　　上護軍曲阜憲公孔公碑 …………………………………… 36

　　司空上柱國太尉英貞武公碑 ……………………………… 37

　　禮部尚書張公碑 …………………………………………… 38

　　太子故少師中書令固安文昭崔公碑 ……………………… 39

冠軍大將軍許公碑 ……………………………………………… 40

右驍衛大將軍薛國貞公阿史那公碑 …………………………… 40

特進豆盧芮定公碑 ……………………………………………… 41

唐武衛將軍乙速孤公碑 ………………………………………… 41

蘭陵長公主碑 …………………………………………………… 42

卷　　四 ………………………………………………………… 43

北闕石琢擒伏歸降諸番君長侍立十四人 ……………………… 43

卷　　五 ………………………………………………………… 49

唐昭陵石蹟考後序 ……………………………………………… 52

唐昭陵石蹟考略後序 …………………………………………… 53

序　文 [一]

　　今世考金石文字，顧亭林、曹秋岳而下，無慮數十家，研覈古今，日以密。顧吾鄉自鄭魚仲《通志·金石略》外，從事乎此者蓋尠。國初侯官林來齋先生侍宦三秦，足跡所至，探索碑碣甚勤，與潘稼堂、葉井叔諸同志遊，益裨見聞，善鑒別。嘗總録所藏拓本，自夏商至唐二百四十種，撰《來齋金石刻考略》三卷、《昭陵石蹟考略》五卷。其弟鹿原先生亦撰《蘭話堂碑目》，已佚。而《來齋金石考》獨著録《四庫》，其書多徵據史傳，勝李光暎、陳奕禧所著遠甚。第頗屭入古帖，又其中有録無考者十有一則，其繫年紀月間沿趙子函及亭林之誤。然如甘泉宮瓦由先生首發其端，爲近日言瓦當文之祖；而嘉定錢氏、青浦王氏、偃師武氏諸家所未收碑刻尚十餘種，曰《漢孔翊碑》，曰《唐太宗屏風銘》，曰《比丘圓滿塔銘》，曰《檀法師塔銘》，曰《葉慧明碑》，曰《集王右軍四十七字殘碑》，曰《百塔寺心經》，曰《延陵季子廟碑》，曰《狄梁公祠堂碑》，曰《濟安侯廟記》，皆人間秘本；曰《汾陰寶鼎歌玉刻》，曰《于山二斷碑》，曰《陳巖墓誌》，則閩中金石之異聞：是亦足以豪矣。《昭陵石考》僅十六碑，雖不及近日孫淵如糧道、王蘭泉侍郎之精博，然《豆盧寬》《崔敦禮》二碑今亡，雖蘭泉網羅最富，猶闕焉，然則先生當時裒集之功安可没哉！先生之甥謝又紹閣學家儲金石相垺，有《漢魏碑刻紀存》一卷，大都取諸歐陽、趙、洪三家，及《水經注》《天下碑録》《天下金石志》，以地分隷，未盡賅博備，而拓本之存於今者，十無六七，與“紀存”之名頗相戾。雖然金石之物顯晦有時，往往湮沈於千載，而呈露於一旦，則是編未始非訪古之資，未可廢也。獨怪三山唐刻，若《貞元无垢净光塔銘》、李陽冰《般若臺篆》、下邳郡《林夫人墓志》、《閩王曦石塔碑記》，近在城市，來齋何以遺之？及讀吾師孟考功集中金石跋，乃知四碑者，其先或匿於闠閬，或淪於泉壤，或懸絶於危壁之上、浮圖之巔，耳目不能到，人力無所施，鄉先輩皆不獲睹。自吾師搜抉出之，然後世有傳本，所謂顯晦有時者非邪。然則學者其不可以是議來齋之失於眉睫也。三書徒有寫本，海內希覯，惟《金石萃編》多採來齋語而已。余友馮君笏軒居先生之舊廬，慨然想慕前脩，不忍使昔人披榛剔蘚、討論故實之精心，遂泯於墜簡霨篇之中，既得來齋書，復從余家借録《昭陵石考》，與謝氏書校正譌漏，并鋟木以傳。於戲！斯足爲耆古者勸哉。嘉慶丙子冬十有二月，同里陳壽祺序。

昔倉頡鎸二十八字於陽虛之石室，李斯識其字八，叔孫通識其字十二。然則謂刻石紀功始於無懷氏之封泰山，非也。顧碑石焉爾，而曰金石者何？秦始皇帝《瑯琊頌德碑》，石也，詔曰刻於金石；二世皇帝《嶧山詔文》，石也，曰書之金石，遂爲後世談金石者所由昉。後漢以來，碑碣林立，然漢碑存者不滿三百，版内如《南武陽功曹墓闕銘》《仲君碑》《司空殘碑》《中部碑》《是邦雄傑碑》《平陽府君闕》，幾及一百餘版，未詳所屬。自歐陽文忠《集古録》一出，趙德父《金石録》繼之，劉貢父《先秦古器記》、洪丞相《隸釋》《隸續》又繼之，薛用敏《鐘鼎款識》、蔡珪《金石遺文》、田槩《京兆金石録》、葉石林《金石類考》又繼之。明則有都玄敬之《金薤琳瑯》、楊用修之《金石古文》、徐獻忠之《金石文》、王家瑞之《咸陽金石遺文》、趙子函之《石墨鐫華》、楊武陵之《德山金石録》，國朝則顧亭林之《金石文字記》、陳子文之《金石遺文録》、李子中之《觀妙齋金石文考略》，近日翁覃溪閣學、錢辛楣詹事、畢秋帆尚書、謝蘊山巡撫、王蘭泉侍郎、阮雲臺宮保、武虛谷明府、嚴子進上舍，皆博雅君子，各撰述金石之書，以傳於世，考史傳之異同，辨文字之訛謬，卷帙日益富，考訂日益精，幾如積薪之後來居上焉。嗚虖！後死者得與於斯文也，豈其然哉！吾鄉林同人先生嗜奇好古士也，壯歲隨其父立軒宦遊於秦，於魏，於蜀，所至命良工攜楮墨以從，短衣匹馬，搜揭於荒榛漫棘中者，垂十餘年。上溯夏商，下迄漢唐，共得碑刻若干種，手自編纂，成書三卷，題曰《來齋金石刻考略》。又輯《昭陵陪葬十六碑考略》爲一卷，索璆琳於草莽，掘贔屭於泥沙，不減波斯胡取木難火齊艅艎捆載，而世之寶燕石者，率視爲贅餘長物，不加珍惜。此所以僅存鈔本，而操觚之士雖知有是書，每以未及見爲憾也。余家光禄里傳爲先生舊所居宅，先生與弟鹿原知交遍海内，顧乃杜門却軌，晨夕侍奉，一堂之中，父子兄弟，日以碑版文字相娛悦，亦可謂好行其志者矣。是編偶從書賈覯得，愛玩不忍釋手，因急謀剞劂，公諸同好。頃將俶裝入都，行有日矣，偕吾友陳恭甫太史稍稍訂正，烏焉虼期葳役，豈真香火情深，抑亦後死者之與有責焉耳。書凡八卷，《來齋金石刻略》三卷，《昭陵陪葬石蹟考略》五卷，附謝古梅閣學《漢魏碑刻紀存》一卷，從其類也。尚有鹿原《蘭話堂碑目》，俟續購補刊附入，請以質之讀萬卷、行萬里者。嘉慶丙子長至後六日，晋安馮緗識。

【校勘】

[一] 序文，底本無此題，據版心所刻補。

清代陝西金石學著作十種

唐昭陵石蹟考略序

　　三山林子同人，著《昭陵墨蹟考略[一]》，語該而事核，有生長其地所不能詳者，信收藏家之寶書也。同人往隨尊甫敏子先生官三原，疋馬短衣，身行絶塞，至賀蘭山而返。及過昭陵，撥草披荆，討求故實，一字未安，輒徘徊竟日。道旁見者，往往指爲怪人。昭陵誠一代英主，當玉衣晨舉，石馬夜嘶，寂寂都成往事，而千餘年久，七千里外，一閩海書生，無故登陵繫馬，作曠世之相知，發無因之感慨，不識同人何以至此？奇人奇事，傳説無窮，豈止珠邱玉匣，令君家霽山，獨有千古哉！康熙戊辰午日，長汀同學弟黎士宏手識。

　　向讀《經昭陵》詩，杜少陵惓惓於太宗如此。又讀曾南豐《上歐蔡書》，深致美於太宗之君臣者不一，其詞蓋三代以後若太宗君臣之相得，是亦難矣。其陪葬一事，尤稱達識。雲龍風虎，死而猶聚，而豐碑隆碣鬱然相望，是固古今金石之淵藪也。千餘年後，乃有吾友林君同人，極力搜揭，又爲考訂其同異，遂使一時神聖之創建、賢豪之經綸，恍然如見乎其人，即乎其事，不俟曹霸丹青，始使褒公、鄂公毛髮動也。既樂爲之序，又爲求其摹揭之臨副本而歸以爲玩。將樂同學弟蕭正模識。

　　天地間有形之物，惟金石爲最久，故謀不朽者，嘗托焉碑刻是也。然金有時而鎔，石有時而泐，雄文妙筆，收藏於好事之家，不旋踵而烟雲變滅。惟歐陽永叔、趙明誠、楊用修、都玄敬之流，既多得古刻，又爲之訂譌纂異，勒成一書，而其傳始可久[二]。是則人賴金石以壽，而金石又賴人而壽也。朱少學於顧甯人先生，先生實甚好古，行遊天下，見聞浩博，著《金石文字記》一書，最爲精核。朱心慕焉，年來足迹所至，殘碑斷碣，靡不搜訪，披榛剔苔，必揭一紙而後去[三]。顧海內同此好者甚希。兹來閩中，與林子同人、吉人兄弟交，幸二千里外有同心也。同人侍其尊人宦遊秦中[四]，盡得漢唐諸石刻。嘗裹糧策馬，走謁昭陵，徬徨墟墓之間，行求古碑。仆者起之，昏者洗之，一字必錄，所得多昔人未見者。歸而參互史書，考求故實，爲《昭陵石蹟考》，使千載以上之遺文舊蹟，賴以不墜。吾師而在，猶當嘆賞不置，而況於余乎。吉人生於秦，長而與兄同好。六書造妙，爲世所重。閩地晚通中州，唐以前古刻甚少。然李陽冰之篆，忠懿王之碑，至今完好。自唐以後[五]，名賢接踵，道山、鼓山之題名石刻，羅列如林。其他名區勝地，往往類是。以二林子之才，盡編録而詳考焉，彙爲一編，補《集古》《金石》二録之所未備，不亦善夫。吾兹有望焉耳矣。康熙乙亥菊月上浣，松陵潘耒書於榕城寓舍。

　　林同人先生庚子歲侍其尊人宦遊秦中，官舍暇日，遊唐太宗昭陵，著有《石蹟考》五卷，庋諸家塾，閲三十餘年。予丙子至閩，始及見之。其該核詳備，參以史乘，附以論贊，從前考昭陵者所未有也。《陝西通志》於昭陵制度頗詳，但略於陪葬，且陪葬諸公，既附昭陵[六]，又於各縣墳墓中互見，似有錯誤；顧亭林《金石文字記》無諸番君王十四人像與石馬：皆不及同人。又余向於晉中見一抄本，所載墓之遠近、完毁，碑之斷泐、顛仆，一一細註。恨其時郵傳匆劇，未暇傳寫。使當日抄得，正可與同人參酌。蓋考古人碑板文字，必如同人親見之，方可傳信。若但據傳聞，未免失實。如晉祠有唐文皇御製碑，諸書所載，俱云碑陰有御書飛白大字。及予親見，飛白大字乃碑額，其陰上半刻扈蹕諸臣，下半皆北宋、明初遊人題名。又太原風峪石經柱一百二十條，《金石文字記》□□□齊朱太史有北齊石經記，在《竹垞文類[七]》，其□□之傅徵君青主，亭林因之。及予觀其字中□□□□是金輪皇帝□□，則此經應是則天□□□□諸書。如同人□□跡所到[八]，摩挲詳視，然□□□□安得有遺憾乎？同人遊昭陵，於庚子及辛未兩次其地[九]，當大饑之後，化爲盜藪，諸碑已不可問，於跋語中深寄慨嘆。予弟在都，偕姪振舉[一〇]，癸酉□月，從延安歸，述昭陵所見，與同人正符。爲報舊遊無恙，知同人亦應色喜也。同人之考昭陵，非獨好古，亦應別有寄托。顧亭林有《昌平山水記》，記明十三陵也。余有《蔣山孝陵圖考》，記太祖陵也。他日倘得附同人此書，合爲一集，亦海内有心人所願見者。因讀同人斯集，附記之。丙子五月，祥符周在浚識。

　　歲甲寅三月，逆藩變起福州，遠近風靡。先大人忠毅分守漳南，內外援孤，事事無可爲，慷慨致命，闔門二十一口殉焉。予時十八，及三幼弟，父命無死。越兩月，播遷會城，僦屋與同兄居比鄰。同兄年倍於予，得以兄事之。其弟吉人，少予三歲。搶攘中憂患疑畏，煢煢相依。每過從，見同兄日一帙不釋手，雌黃改抹，纂輯恒多。問曰：“此何爲者？”同兄曰：“吾曩者侍親令渭北，西遊朔方，道出唐太宗昭陵，見其君臣陪葬之盛，流連再拜。既而塞下歸，再窮歷覽，慨然遠想太宗智勇天錫，弱冠百戰而有天下，從諫如流，身致太平。至於篤終恩禮，邱壠相望，尤爲後世所莫及。千載下惟餘斷碣殘碑，後此更不可知。深恐蕪沒闕略，意欲研加考訂。蓋深有感於一時際會之隆，故殷殷不置也。”予曰：“唯唯。”居三年，予瀕危者屢。同兄閉戶，填篋文史，然亦幾殆。迨王師底定，逆藩降服，予歸京師，蒙擢臺班，以三藩削平，分遣祭告古帝王名臣陵墓。戊辰□月間，予以太僕卿齎中州之命，因得陟女媧之舊墟，底柱河流，三門震盪，洞駭心目；瞻畫卦之崇臺，樹木鬱蒼，廟宇清麗，蓍草生焉。崤函二陵，風雨如晦，商中宗之享殿存焉；顧瞻河洛，王迹東遷，周平王之廟宇斯在。北邙漢寢，世祖光武廟，獨有塑像，老柏數株；周世宗陵在陳州，小培塿耳；宋藝祖以下七陵，背山面北，在鞏偃間，荒莽觸目，規制卑隘；及伊尹、比干、子產、萇弘以下，唐宋諸名塚，咸在荒烟蔓草間。不禁九原可作，吾誰與歸之嘆也！而狄梁公墓適報崩壞，予檄河南尹急加修治。墓有黃庭堅撰書碑文，未及摹搨，是時拜命即行，以不及與同兄相聞并轡三川一一、遨遊嵩潁爲恨事。又十年所，丙子夏，予得巡撫上江之命。恩賜先大人閩祠御書“忠毅流芳”扁額，遣弟藏器齎捧入閩，懸之湖西忠毅祠。延同兄至幕，精神猶昔，而鬚髮則皤然矣。相與勞苦，談艱難舊事，知吉人讀書山寺，書法洞精，有咄咄晋人之致。問向所爲《昭陵考略》者安在，則出諸行笥，曰：“吾蓋三易草矣。”予展讀數回，竊嘆神聖迭興，一代有一代之君臣，一朝有一朝之制作。秦中古帝王州，同兄獨於唐昭陵繫馬低徊不忍去，榛莽滅沒之餘，搜揭十六碑，裝成卷帙，雖殘缺，如見全文之藻麗。證據班列，全陵之氣象，森羅棋布，規模宏遠。舉夫內安外攘，立綱陳紀之廟謨；正主庇民，公忠體國之臣節。開國鴻猷，悉於是乎在，是可傳也，同兄何可終秘？上江統轄七郡，環疆數千里，古來名勝甚多，求其金石遺文，蝌蚪篆隸，無一存者，能不慨夫？請梓是篇，以公同好，而弁數語其端。康熙丁丑初夏，蓋州弟琳望陳汝器拜手題。

【校勘】

[一] 墨，道光本作“石”。

[二] 其傳，底本脱，據道光本補。 可，底本脱，據道光本補。

[三] 去，道光本作“已”。

[四] 同人，道光本作“二子”。

[五] 後，底本誤作“前”，據道光本改。

[六] 附，道光本作“葬”。

[七] 在，道光本作“見”。

[八] □□跡，道光本作“跡□□”。

[九] 次，道光本作“至”。

[一〇] 振，道光本作“根”。

[一一] 以，底本作“爲”，據道光本改。“以”字于文意稍優。

謁唐昭陵記

　　酆岐豐鎬，周之所都，秦咸陽，漢隋唐長安，百里之内，王者所更居。惟雍首九州，其襟帶河山，固宜爲神聖所奠宅。時代屢易[一]，廟社毁而陵寢未湮，靈爽斯在，尤千百世後所瞻仰而流連者也。若夫陪葬之典，禮備規宏，則有唐昭陵，邈乎莫及已。順治庚子，侗侍親令三原，居秦數載，往來周秦漢唐諸帝陵下，因得按籍而記之。獨詳於昭陵者，記爲昭陵作也。大抵畢原之有陵，自周文王始，在今咸陽北十五里。後數武，即武王陵。稍西南三里，成王陵。東南三里，康王陵。説者謂文王以兩膝抱孫，而以背負子，其制度出於周公。太公、周公墓，俱在文陵東北[二]，太公近文王三四里，周公離稍遠，足以見聖人之制作矣。秦始皇在臨潼縣東驪山，雖發於項王牧子，其高五十丈，則不能削而平之也。漢陵多在畢原之上，蓋長安城南八十里爲終南山，不可以陵，爲其北向也。惟城北五十里，渡渭爲畢原，原南北三十里，東西三百餘里，亦謂之畢陌。首起興平，爲始平原，中咸陽，爲畢原，尾入高陵，爲鹿苑原。如高祖長陵、惠帝安陵、文帝霸陵、景帝陽陵、昭帝平陵、元帝渭陵，則皆在咸陽東，即文陵之東也。陽陵則屬高陵。如武帝茂陵、成帝延陵、哀帝義陵，皆在咸陽西，即文陵之西也。茂陵則屬興平。皆面終南，以渭爲帶。漢陵去長安，遠者不及百里，北至畢原而止，兼王侯將相松楸在焉。唐興，不可以復置陵矣，於是從畢原北渡涇，又八十里，爲三原縣之白鹿原，作高祖獻陵。其後敬宗莊陵、武宗端陵，皆在白鹿原上。陪葬妃嬪及韓王元嘉以下，亦有數冢，今惟淄川郡王孝同一碑在。甲辰秋，侗自三原遊西夏，從涇陽王橋頭西渡涇，則九嵕山巍然在目。昭陵因中峰作玄宮，高百仞，《記》所云"架閣以入棺"者是也[三]。蓋地脈從崆峒來，涇環其後，而出其東，仲山、嵯峨，東障焉；渭繞其前，岐山、梁山，西峙焉。其南則終南太乙，天外列屏，封内周迴百二十里。陪葬諸王、妃主、勛舊、番將，凡百六十餘人，東西班列，碁布有

清代陝西金石學著作十種

序。所稱丞相塚者，乃魏文貞公墓也，文皇御製碑，仆地，且無字矣。英、衛二公，詔準漢衛、霍故事，起塚象陰山、鐵山，以旌殊功。土人呼爲上下三塚，謂塚有三峰也。他如諸番君長，突厥頡利諸可汗，及高昌、林邑諸王，擒伏歸降者，咸刻石肖其狀貌，背刻其所授大將軍諸名號，或仍其國主之稱，凡十四人，拱立於享殿之前。皆深眼大鼻，弓刀雜佩。壯哉，誠異觀矣！北闕之下，六石駿如生，摩其鬣，讀其銘，固太宗疇昔之所乘而有功者也。當時百六十塚，皆有穿碑，夾以蒼松翠柏，長楊巨槐，下宮寢殿，與表裏山河，相爲映帶，其規制豈漢宋諸陵所得幷哉！朱梁盜掘之後，再歷千載，今惟禾黍阡陌，縱橫其間而已。侗摳衣下馬，遍拜諸墳塋。有屹若崇山，坡陁斷續，如英、衛二公之塚者；有巉峭如懸崖絕壁，不可攀躋者；有頂平如磐，坐可百餘人者；有下方上銳，漸削如浮圖者；有如臺者，有如壘者，有剷其半以爲田者。冬從塞下歸[四]，復盡一日之觀。明年春，因命工搜揚諸碑之僅存者，得文昭、文獻、英、衛諸公十六碑，幷《昭陵》《駿馬》諸圖記。夫周畿漢甸，人生未易至其地，且於巍巍九嵕，又得親睹夫貞觀君臣死生同歸之誼，深感夫際會之隆也。而一代王侯將相之謨猷，於殘碑斷碣有徵焉，詎非幸歟，因爲之記。康熙乙巳初夏，閩中林侗書於秦三原之學古堂。

《唐園陵記》不可得見。高祖獻陵在三原縣北之白鹿原，陪葬妃嬪、諸王、勛戚凡三十餘人，無一石存也。若敬宗莊陵、武宗端陵，皆在獻陵左右，蓋寂然無陪葬者。乾陵陪葬，自薛元超而下有數塚[五]，然亦無石。睿宗橋陵之有雲麾將軍李思訓碑也，玄宗泰陵之有高力士碑也，此石之僅存者。昭陵之西，肅宗建陵在焉，陪葬惟郭尚父一人，乃竟不見碑，可勝嘆哉！侗又記。

侗昔入秦爲順治庚子歲，時秦方富盛，匹馬幽岐，抵賀蘭無難也。及辛未冬，復遊涼州，值秦大饑，千里無炊烟，雞犬聲絕。欲重至九嵕，則蓁莽荒涼。英、衛之塚，以岡阜縈曲，遂爲萑苻之窟。王橋頭一徑，至斷人行，文王廟亦爲盜藪。守土者環其門而垣之，聞諸碑愈不可問。回憶三十年前事，如隔世矣。歸來繙繹前記[六]，追遡舊遊，爲之悯嘆，諸石愈加寶惜。癸酉初冬，侗又記。

顧寧人至陵下，雪後空山無人，僅見李衛公一碑而去。又兩歲，甲寅秋，予遊朔塞，過陵下，得遍觀諸碑。次年春，命工搜揚，得石十六[七]。石已無唐儉[八]、段志玄、姜遐、張阿難、監門將軍五石，所存字較前又多缺。日消

◎ 唐昭陵石蹟考略

月削，千餘年來[九]，昭陵一代規模，僅於此數石見之，可不重愛惜歟。同人載筆。

陪葬之典，不見於古。周太公封齊，入爲太師。五世之後，乃葬齊，示不忘周也。周公封魯，留輔成王，病將歿，曰："必葬我成周，以明吾不敢離成王。"成王葬公於畢，從文王，明予小子不敢臣周公也。今太公墓在文王陵東北，周公墓又在太公墓東北，相距各數里，雖不言其爲陪陵，而意已存矣。漢武帝之以衛青、霍去病陪葬茂陵也，於事誠創，其起塚以象祁連，雄心壯氣，尤足以讋服荒外。唐太宗乘隋亂，起晉陽，數載而有天下，一時從龍諸臣，號爲極盛。今讀貞觀十一年許功臣密戚陪葬昭陵詔書，大哉言乎！千載之下，尚令人感泣，況身受恩遇者乎。睹茲陪葬之盛，其保全始終之誼，又不特詔畫凌烟閣稱盛事已也。侗甲辰秋遊昭陵，既爲之記，又命工搜揭，得文昭、英、衛公諸碑共十六紙，裝爲一帙，特爲纂輯史傳，參訂異同，以爲《唐昭陵碑考略》。尚論之餘，其亦有所慨也已。康熙丙午中秋，閩中林侗同人書於古澶州之披雲樓[一○]。

明萬曆四十六年戊午，終南趙子函遊九嵕山，得唐太宗昭陵殘碑二十一石。又二十年爲崇禎十年丁丑，醴泉邑紳苟好善修縣志，詳考二十一石碑字之僅存者，而不及褚亮之碑。又二十三年，國朝順治十六年己亥，吳門顧寧人遊朔方，拜昭陵，值雨雪，僅見衛公一碑而去。又六年，康熙三年甲辰秋七月，予亦有朔方之遊。冬十一月後自朔塞歸三原[一一]，得遍拜諸陵墓，時未見趙、顧、諸公之書，亦未得陵石片紙。乙巳春，始命工搜揭陵石[一二]，得英、衛諸公十六碑。其秋，先大人擢守開州，攜入州署，作《昭陵十六碑考略》。後乃得趙子函《石墨鐫華》。又三十年，辛未冬，予再有涼州之行，適秦大饑，昭陵唐陵，皆爲盜藪，不能再窺松柏路西。歸過吳江，於鴛肭湖潘稼堂先生家，復得讀顧寧人《金石文字記》，稱引《醴志》，尤確於予之考略，得有增益。十六碑之外，而予未得者五，詳記於後，以待訪求。嗚呼！吾生雖晚，尚得見古人斷碣殘碑，俯仰百年，損蝕之餘，恐自今以往，後生小子，不復睹此盛事，可慨也夫。康熙戊子三月望日，八十二叟來齋記[一三]。

莒國公唐儉碑，《醴志》存一千一百字，在小洋村。

褒國公段志玄碑，《醴志》存八百餘字。

姜遐斷碑，《醴志》存九百餘字，在莊河村。

張阿難碑，《醴志》存百餘字。

監門將軍王君碑，在莊河村，《醴志》存百餘字。

醴泉新縣南，太宗新廟卑陋，壁上嵌石刻太宗畫像，戎衣半身，甚精彩。秦饑，四野無人，未及揭，肅拜而歸。

林南趙村廣濟寺，亦名石鼓寺，唐人書《尊勝經呪》，精健絕倫，未得，止存十三。

【校勘】

［一］時，底本脫，據道光本補。

［二］東北，底本脫，據道光本補。

［三］按，《記》指趙嶇《遊九嵕山記》。

［四］冬，底本作“久”，據道光本改。按林侗是年秋遊塞外，過昭陵，歸途再經昭陵，“冬”字更合理。

［五］有，底本闕，據道光本補。

［六］繹，道光本作“讀”。

［七］石十六，咸豐本作“右十六石”。

［八］唐儉，底本脫，據道光本補。

［九］千，底本誤作“十”，據咸豐本改。

［一〇］“陪葬”至“雲樓”一段，底本誤置於《陳汝器序》後、《謁唐昭陵記》前，據道光本移正。

［一一］後自，咸豐本作“從”。

［一二］揭，底本脫，據道光本補。

［一三］“明萬”至“齋記”一段，底本誤置於卷一“昭陵見存陪葬諸臣十六碑目”條“論贊”之後，據道光本移正。

◎ 唐昭陵石蹟考略

原書目録

卷一

昭陵圖次　史乘參考　論贊[一]

陪葬諸王公主妃嬪勛舊人數[二]　史乘參考　論贊

文皇哀册　史乘參考　論贊

昭陵見存陪葬諸臣十六碑目　史乘參考　論贊

卷二

房文昭公玄齡碑圖記　史乘參考　論贊

李景武公靖碑圖記　史乘參考　論贊

薛獻公收碑圖記　史乘參考　論贊

馬高唐公周碑圖記　史乘參考　論贊

高文獻公士廉碑圖記　史乘參考　論贊

温恭公彦博碑圖記　史乘參考　論贊

褚陽翟公亮碑圖記　史乘參考　論贊

卷三

孔憲公穎達碑圖記　史乘參考　論贊

李貞武公勣碑圖記　史乘參考　論贊

張尚書後胤碑圖記　史乘參考　論贊

崔文昭公敦禮碑圖記[三]　史乘參考　論贊

許勇公洛仁碑圖記　史乘參考　論贊

阿史那貞公忠碑圖記　史乘參考　論贊

清代陝西金石學著作十種

豆盧定公寬碑圖記　史乘參考　論贊

乙速孤將軍行儼碑圖記　史乘參考　論贊

蘭陵長公主碑圖記　史乘參考　論贊

卷四

諸番君長突厥頡利可汗阿史那咄苾已下十四人侍立北闕石像圖記　史乘參考　論贊

卷五

御製六石馬贊圖記　史乘參考　論贊

【校勘】

[一] 論贊，按正文無。

[二] 人數，正文作"百六十五"。

[三] 公，底本脫，據道光本補。

卷　一

昭陵圖次

昭陵居九嵏山中峰，南向。涇繞其後，出其東；仲山、嵯峨，爲東障；梁山、豳、岐，護其西；渭帶其前；南終南太乙，爲列屏。

前獻殿、戟門、朱雀門、下宮至陵十八里。

後寢殿、北闕、玄武門門外五十里山北，陪塚一列三區。

又北太宗御製《昭陵碑》歐陽詢書，今亡。

東青龍門門外陪塚十三列，共六十一區。

西白武門門外陪塚七列，共二十五區。

北闕北向，西列石駿馬三座刻馬贊。

石琢番酋君長立像七背刻官名。

北闕東列石駿馬三座刻馬贊。

石琢番酋君長立像七背刻官名。

史乘參考

按唐史，太宗語侍臣曰："漢家先造山陵，身復親見[一]，又省子孫經營煩費[二]，我深是之。我看九嵏山孤聳迴絶，有終焉之志。"乃詔先爲此制，務從儉約。又慕漢之將相陪葬，貞觀十一年二月丁巳，詔曰："佐命功臣[三]，義深舟楫，或定謀幃幄，或身摧行陣，同濟艱厄，克承鴻業。追念在昔，何日忘之。使逝者無知，咸歸寂寞；若營魂有識，還如疇曩。居止相望，不亦善乎。漢氏使將相陪陵，又給以東園秘器，篤終之義，恩深意厚。古人之志，豈異我乎？自今以後，功臣密戚，德業尤著，如有薨亡，宜賜塋地一所及秘器，使其窀穸之時，喪事無闕。所司依此營備，稱朕意焉。"二十年八月丁亥，詔曰："周室姬公，陪於畢陌；漢廷蕭相，附彼高園。寵賜墳塋，聞諸上代；從穸陵邑，信有舊章。蓋以懿戚宗親，類同本之枝幹[四]；元功上宰，猶在身之股肱。哀榮之義實隆，終始之契斯允。今宜聿遵故實，取譬拱辰，庶在鳥耘之地，無虧魚水之道。宜令所司於昭陵南左右廂，封境取地，仍即標識疆域，擬爲葬所，以賜功臣。其有父祖陪陵，子孫欲來從葬者，亦宜聽允。"至貞觀二十三年八月畢工。先葬文德皇后，太宗御製碑文，敕歐陽詢書，立石於陵後。文載於《太宗實錄》。宋趙明誠云："碑石已磨滅，其可見者有云：'無金玉之寶，玩用之物，木馬偶人，有形而已。欲使盜賊息心，存亡無異。'言非不切至也，然竟不免溫韜之禍。"自趙至今，復六百餘年，而石亦亡，惟鼇座存焉。歷觀古來陵寢，秦始皇陵在臨潼縣驪山五十丈，漢茂陵十四丈在興平縣，以昭陵視之，皆培塿也。大都昭陵之因九嵕，乾陵之因梁山在乾州，泰陵之因金粟堆在蒲城縣，皆踞中峰，有龍蟠鳳翥之勢，不若昭陵規模宏大，漢陵莫及也。

【校勘】

[一] 復，底本作"後"，據道光本改。按此語出《長安志圖》卷中，正作"復"。

[二] 又，底本脫，據道光本補。

[三] 功，底本作"君"，據道光本改。按此詔見《唐會要》卷二一，正作"功"。

[四] 同本，底本二字誤倒，據道光本乙正。按此詔見《冊府》卷一三三，正作"同本"。

陪葬諸王公主妃嬪勛舊百六十五人

諸王：蜀王愔已下七王。

公主：清河公主已下二十一主。

妃嬪：越國太妃燕氏已下八嬪。

宰相：高唐公馬周已下十三人。

丞郎三品：戶部尚書唐儉已下五十三人。

功臣大將軍：鄂國公尉遲敬德已下六十三人內番將阿史那忠等九人[一]。

諸番君王石像：突闕頡利可汗、左衛大將軍阿史那咄苾已下十四人。

史乘參考[二]

按《文獻通考》所載陪葬昭陵諸臣姓氏獨詳，然終不滿百六十人之數。宋游師雄所刻《昭陵圖記》，亦無百六十之冢。是知世遠年湮，事久莫稽，故考訂僅得其略而已。

論贊

史稱太宗芟除隋亂，比迹湯、武；致治之美，庶幾成、康：諒矣。予過九峻山，獨撫膺太息於陪塚之盛，以爲創業之君，保全功臣，聯屬一體，未有如斯之摯者也。至於武功赫濯，内外混一，旃裘毳幕之君長，受冠帶而侍班聯，其長駕遠馭，有秦皇漢武之所不能望者。嗚呼壯哉！

【校勘】

〔一〕三，道光本作“四”。按，游師雄《唐太宗昭陵圖》、宋敏求《長安志》載功臣大將軍人數均爲六十四。

〔二〕史乘參考，底本脱，據道光本補。

唐太宗文皇帝哀册[一]

太宗以貞觀二十三年己酉五月崩，壽五十四。八月，葬昭陵。哀册爲中書令褚遂良撰書。按，此玉册當在陵内。褚墨蹟別本，昔在太倉王氏，其刻於集帖中者，率未睹善搨。昭陵榛莽，殉葬《蘭亭》，盡出人間，況其他者乎！附葬諸臣碑版，伺從草壤中搜搨十六種，每種字僅存十之二三，已足寄愁天上，焜耀人間矣。夫猛虎嘯而谷風生，真龍興而震電薄，一代興運，必有一代之臣應之。録此以冠諸碑首，庶幾元首股肱之感云爾。

史乘參考

貞觀十年，文德皇后崩。先葬於昭陵，帝念后不置，苑中作層臺以望，引魏徵同登。徵熟視請曰：“臣目眊不能見。”帝指視之，徵曰：“臣以爲陛下望獻陵，若昭陵，臣固見之矣。”帝泣，爲毀臺。魏公之愛君，何其至歟。夫獻陵在長安北百三十里，苑中登臺而不見者，以畢原爲之障也。昭陵在長安西北百六十餘里，苑中登臺而反見之者，以九峻山高，適當畢原盡處，故可遠望而懷思也[二]。

温韜之發唐陵也，昭陵最固。韜從埏道下，見宮室制度閎麗，不異人間。中爲正寢，東西廂列石牀，牀上石函，函中爲鐵匣，悉藏前世圖書墨蹟。韜悉取之，遂傳人間。惟乾陵尤難開鑿，惡風怪雨，從陵中出，韜懼而止。嗟乎！昭陵之工，何以不及乾陵？而太宗之英爽，反出武后下哉[三]！

貞觀二十三年五月二十六日，太宗崩於翠微宮，舊將統飛騎勁兵從皇太子先還都。大行御馬輿，從官侍扈如常儀，凡三日，還宮發喪。翠微宮去長安二百里_{在麟遊縣山中}，漢武帝亦崩於五柞宮_{在鄠縣終南山下}。蓋漢唐都關中，離宮別館，遍於畿輔，天子不常居禁中也。唐建東都，天子猶嘗巡幸。宋都汴，明都燕，宮闕不出都城之內，天子無馳騁之娛，遊玩之所。明憲宗欲遊海子，宰臣持不可，甚且天子欲謁天壽山祖陵，廷臣恇怯沮止。令跬步不出，高拱深居，不與士大夫相接，而猶推柄國者以爲老成持重，豈真漢唐諸卿相皆導其君以般遊哉？亦時勢使然也[四]。

論贊

文皇哀册，褚遂良奉敕撰書，昭陵大法物也。册文鏤之玉版[五]，藏之玄宮，溫韜盜發，應與《蘭亭》俱出人間。今世所傳石刻本，無由考其所從來[六]，或河南公別書傳世，如《同州聖教序》是也。予家有善本，以非陵石，另裝一册[七]，冠十六碑之首，即太宗所云"還如疇曩，居止相望"之意云爾。_{按，此非論贊，似當更有一篇。}[八]

【校勘】

[一] 按，此則文字底本置於"唐昭陵陪葬諸臣十六碑目"一則下，今據文中"錄此以冠諸碑首"及底本目錄移正。

[二] "魏公"至"思也"數十字，底本脫，道光本補。

[三] "溫韜"至"下哉"一段，底本誤置於"昭陵圖次"條末尾，按此段因昭陵內文皇哀册而發，因據道光本移正。

[四] "翠微"至"然也"數十字，底本脫，據道光本補。

[五][七] 册，咸豐本作"策"。

[六] 無由，咸豐本作"未從"。

[八] 按此爲馮緗所註。

唐昭陵陪葬諸臣十六碑目_{據見存陵石}

大唐故左僕射上柱國太尉梁文昭公碑_{篆書四行，陽文}

唐故開府儀同三司尚書右僕射司徒衛景武公碑_{篆書五行，陰文}

唐故太常卿上柱國汾陰獻公薛府君之碑_{篆書四行，陰文}

大唐故中書令高唐馬公之碑_{篆書四行，陽文}

大唐尚書右僕射司徒申文獻公塋兆記_{篆書四行，陰文}

唐故特進尚書右僕射虞恭公溫公之碑_{篆書四行，陽文}

大唐褚卿之碑_{篆書二行，陰文}

大唐上護軍曲阜憲公孔公碑續得，無額，依碑文首行

大唐故司空上柱國贈太尉英貞武公碑篆書四行，陰文

大唐故禮部尚書張府君之碑篆書三行，陰文

大唐太子故少師中書令開府儀同三司并州都督上柱國固安文昭公崔公碑篆書五行，陽文

大唐故冠軍大將軍代州都督許公之碑篆書四行，陽文[一]

大唐故右驍衛大將軍薛國貞公阿史那府君之碑篆書

唐故特進芮定公之碑篆書三行，陰文

唐右武衛將軍乙速孤府君碑續得，無額，依碑文首行

大唐故蘭陵長公主碑今隸三行，陰文

史乘參考

按唐制三品以上得立碑[二]，而元老大臣，得請天子題額，其重若此。昭陵諸碑額爲體不一，多從篆。獨褚亮碑額，書“大唐褚卿之碑”，篆筆兼隸，殊峭勁，爲太宗御題無疑。蘭陵長公主碑額，今正書，亦虬拔有致。崔敦禮碑額，稱“大唐太子故少師”，不敢以“故”加“太子”之上，甚當乎辭。上十六碑，凡有額者十四，皆親揭也。惟孔獻公及乙速二石缺額。乙速墳在陵後五十里，最遠。大抵古碑多漫滅，若非額，何從辨其人耶？趙子函云：“尉遲敬德碑，無字而額存。”今遍覓未見。蓋碑揭之難，莫如墓碣。荊榛荒莽中，裹飯以從，霾風裂日，工無所施，高須架，土須掘，僵仆者須起，無怪其傳者寥寥也。

論贊

士固有蘊五百之奇才而不見用於世者，蓋亦多矣。房、薛、高唐諸公，獨能乘風雲而依日月，保有功名。乃若篤終禮葬，不但高塚麒麟，穹碑贔屭，而且分寢園之地脈，共松柏之天風，君臣之誼，疇曩無忘，尤卓越千古也。歷千五百餘年，金石難壽，而此十六碑者，尚得與三峰八水，流峙人間，世知貴重，諸公又何多幸歟！

【校勘】

[一] 陽，道光本作“陰”。

[二] 上，底本誤作“下”，據道光本改。

卷　二

左僕射太尉房文昭公碑

公諱玄齡，貞觀二十二年薨，壽七十。墓在陵東南第七列第三區劉洞村。碑殘缺，褚遂良書，計三十四行，每行上截尺許存二十餘字。此碑《集古錄》、楊東里、王弇州皆所未收也。明崇禎丁丑，苟好善修《醴泉縣志》，此碑存五百字。今康熙乙巳，存四百八十字。

史乘參考

《舊唐書》，公諱喬，字玄齡。碑曰，諱玄齡，字喬。《新唐書》從碑。方隋文混一天下，人謂隋祚方永，公獨知其有覆亡之兆。年十八，舉隋進士。吏侍郎高孝基名知人，曰：「此郎當爲國器，恨不見其聳壑昂霄耳。」補隰城尉，坐累徙上郡。太宗以敦煌公狗渭北，公謁軍門，一見如舊，署記室，征伐未嘗不從。貞觀初，封梁國公，居相位十五年。女爲王妃，男尚公主。玄齡以權寵固辭相職，不允。疾甚，帝命鑿苑牆以便候問。玄齡明達吏治，而飾以文雅，嘗避位不出。帝幸芙蓉園，玄齡戒子弟泛埽庭除，曰：「乘輿且至。」帝果幸其第，載與俱歸。帝伐遼，玄齡居守。有男子詣朝堂上變，公詰狀，曰：「我乃告公。」玄齡不發函，遣詣行在見帝，曰：「告房玄齡。」帝亦不發函而斬之[一]。其委任若此。公嘗問正主庇民之道於文中子，子曰：「先遺其身，而後能無私，能無私，而後能公天下以爲心，道可行矣。」此即房公之所以事太宗者哉。

論贊

昔蕭何爲漢元功，而多賣田宅以自汙，何其陋也。文昭公草昧輔文皇，旋躋於昇平，功莫與京。要其所以致之者，一本之以至誠，君臣之間，肝膈洞然，始終無間，嗚呼盛矣！鄷侯其猶刀筆之餘習歟！

【校勘】

[一] 亦，底本脫，據道光本補。

尚書右僕射司徒衛景武公碑

公諱靖，貞觀二十三年薨，壽七十九。墓在陵東南第八列第三區劉洞村東。當時惟公與英公詔準漢衛、霍故事，起塚象鐵山、積石山，以旌殊功。中峰與西峰相連，東北別爲一峰，高五十五尺，東西七十五尺，土人謂之三塚。碑，許敬宗撰，王知敬書。石高丈許，廣三尺五寸。四十行，每行八十八字。下截剝蝕過半，宋游師雄景淑別立一碑，記於其側。崇禎丁丑《醴泉縣志》存千五百字，今千三百字。

史乘參考

碑與《新書》皆云公諱靖，字藥師，《舊書》云本名藥師。史云公三原人，碑云公隴西成紀人，爲隋汲縣令，歷三原、安陽，考績連最。或令三原而家焉，未可知也。史云，高祖征突厥，公爲馬邑丞，自囚上變告。碑亦未言，豈諱之耶？史云，高祖定京師，將斬公，秦王力請得釋。從平王世充，又詔公安輯江陵，阻蕭銑兵，不得進。高祖又詔都督許紹斬公，賴紹力而免。碑皆未言。乃與趙郡王孝恭畫十策，竟平江陵。史云授嶺南撫慰使，碑云授嶺南安撫大使，檢校桂州總管。碑與史之詳略互異，不可殫述。公廟在三原西關，有"唐李衛公故里"石碑。子孫尚百餘户，居縣西五里之橋頭村，咸業農。_{其地屬涇陽}文宗時，韋端符《李衛公故物記》云："太和二年冬，李丞彥芳，爲衛公之胄，家藏賜書與他服器十餘物。"文今不具録。内云：文帝賜書二十通，多言征討事。有云"吾不從中制也"。公疾，親臨數四。其一曰："有晝夜視公疾大老嫗遣來，吾欲熟知起居狀。"權文公德輿視此詔，捧泣曰："君臣之際，乃如是耶。"公之勞烈如是，固有以感之也。其後彥芳上之，文宗愛之不釋手，悉留禁中。敕模詔本，，還賜彥芳，別賜束帛衣服。乃楊國忠以公家廟作馬厩，國忠之膏血，豈足汙原野哉。_{今廣西藤縣有公廟，土人崇祀若漢伏波，潞安府亦有廟。}

論贊

衛公平兩大國，擒兩可汗，於有唐締造功最鉅。迹其攻取戰克，雄謀淵慮。讀兵法一書，即所稱古韓、白、衛、霍，何以加焉。而進退以禮，有古名臣大君子之風。保有名位，慶流孫子，此則房、杜諸臣之所嘆息而莫及者也。

太常卿上柱國汾陰薛獻公碑

公諱收，武德七年薨，年三十三。墓在陵東南第九列第二區趙村東南。碑殘缺，不知誰書。據《金石録》，文爲于志寧撰。丁丑《醴志》存百餘字，今亦百十字。

史乘參考

公以記室終，史云永徽間贈太常卿，而不言其諡。但太宗既詔公列於陪陵，當日豈無贈諡？又不建碑，而待之永徽耶？史既失真，碑又久蝕，若不觀其額，何從知其爲太常卿、諡曰獻也。竊以爲太常與諡，皆貞觀時事。秦王平東都凱歸，繫兩國主於馬前。王披黄金甲，齊王元吉、李勣二十五將從其後，鐵騎萬匹，甲士三萬人，前後部鼓吹，震動山谷，煌煌盛烈哉！乃出薛公數語之贊襄也。方竇建德之援東都，勢甚鋭，諸將欲避其鋒。公曰："使兩賊若合，飛轂輓糧[一]，更相資哺，伊、洛間未可歲月而定[二]。不若嚴兵固壘，以困東都，大王督精鋭，據成皋之險，要建德歸路，俟其老疲，不旬日，二賊可並縛耳。"王曰："善。"果擒建德，并降世充。公子元超，九歲襲爵，好學，善屬文，高宗朝歷中書侍郎。武后預政，陽暗致疾卒，贈金紫光禄大夫，陪葬乾陵。

論贊

夫學所以經世也，薛公爲道衡之冢子，文中子高弟，從太宗畫平世充、建德之策，何其神歟。信乎文章經緯，儒者之能事。而年不永，惜夫！帝曰："使薛收而在，當以中書令處之。"魏徵論禮樂曰："使董薛在[三]，適不至此。"吁，其有以知收之深矣[四]。

【校勘】

[一] 轂，底本誤作"穀"，據道光本改。

[二] 洛，道光本作"澦"。

[三] 董薛，底本作"薛收"，據咸豐本改。按王通《録唐太宗與房魏論禮樂事》録此爲房玄齡語，原文作"董薛"。

[四] 有以，底本脱，據道光本補。

中書令右僕射馬高唐公碑

公諱周，貞觀二十二年薨，壽四十八。墓在陵東南第七列第七區趙村東南。碑，據《金石録》爲許敬宗撰，殷仲容書。碑三十七行，剝落，有永徽二年贈尚書右僕射詔書。丁丑《醴志》存六百餘字，今三百餘字。

史乘參考

史云，公少孤貧嗜學。補州助教，爲剌史嶠讓去。密州守趙仁本奇其才，厚資之入關。過汴，爲浚儀令所咄辱。客新豐，主人不禮焉。至長安，客中郎將常何家。代其陳言二十事，太宗曰：“是達國體，可相也。”何答曰：“臣客馬周爲之。”上喜，召見，未至，趣者四輩。即直門下省，拜監察御史。周機辨明銳，所敷奏動中事會，帝未嘗不喟然稱善。岑文本嘗言：“馬周論事，援引事類，揚攉古今，無一言可損益，聽之娓娓，令人忘倦。第鳶肩火色，騰上必速，恐年不久長耳。”累遷中書侍郎。上征遼，以中書令輔太子定州，還攝吏尚書。病消渴連年。帝幸翠微宫，求勝地爲構第，尚食賜膳，帝躬爲調藥。卒，贈幽州都督。帝嘗以飛白書賜周曰：“鸞鳳冲霄，必假羽翼；肱股之寄，要在忠力。”子載，爲吏部侍郎典選，有能名，亦葬陪陵。周爲御史時，嘗遣人以圖購宅。衆謂其起家書生，素無貲，皆竊笑。他日白有佳宅，直二百萬。周據以聞，詔有司給直，併賜奴婢什物。由是人始悟周之領選也。廢浚儀令。武德及貞觀初宰臣，類皆與帝共起艱難，驅馳戎馬，或仕於隋，或依附群雄自歸者。如劉文静、裴寂，隋官；李靖，隋馬邑丞也；李勣，李密之將軍；房玄齡，隋進士，爲羽騎、隰城二尉；杜如晦，爲隋滏陽尉；竇威，隋秘書郎；魏徵，事元寶藏及李密，典書檄；蕭瑀，乃梁明帝子，初封新安王，入隋爲河池剌史；温彦博，隋直內史省；王珪，隋校讐內秘書省；戴胄，隋門下録事；岑文本，蕭銑之中書侍郎；劉洎，亦蕭銑黃門侍郎；褚遂良，乃爲薛舉通事舍人；李綱、孫伏伽，以善諫稱，綱仕周爲齊王參軍，仕隋爲太子洗馬，伏伽，隋小吏，累勞補萬年法曹。惟獨賓王，博州布衣，起徒步，登廟廊，天子恨相見晚，顧不異哉！

論贊

天下何嘗無才，顧不特昏主委之草莽，以漢文帝之明，而賈生深識治體，猶廖落以死。則太宗之用馬周，非千載一時哉。顧周能得之於神武之天子，而不能得之於剌史與浚義令。吁，亦何足多歟！

附録

玄宗時[一]，張嘉貞爲天兵軍使，入朝，天子嘉其忠，且許以相。踰年，嘉貞奏曰："昔馬周徒步謁人主，血氣方壯，太宗用之，能盡其才，甫五十而歿。向使用少晚，則無及矣。陛下不以臣不肖，必用之，要及其時，後衰無能爲也。"久之，帝欲用嘉貞而忘其名，夜半詔中書曰："朕嘗記其風操，今爲北邊大將[二]，張其姓，複其名，卿爲我思之。"中書以張齊丘對。帝曰："是耶？非耶？"夜檢大臣表疏，舉一則嘉貞所獻，因得其名。即詔以爲中書侍郎同平章事，遷中書令。嗟乎！唐之用人若此，宜英豪輩出，而鼓舞于功名也。玄宗之用嘉貞，庶幾乃祖之風，而爲治不終，何歟？

【校勘】

[一]玄宗，道光本作"明皇"。
[二]邊，咸豐本作"方"。

尚書右僕射司徒高申文獻公碑

公諱士廉，貞觀二十一年薨，年七十二。墓在陵東南房梁公墓北劉洞村。獨踞小皁，并無行列，稍北稍右，即近諸妃、諸公主墳。蓋公爲內戚，故特親而異之。碑，據《金石録》，許敬宗撰，趙模書。此碑計三十七行，僅存上截。丁丑《醴志》存三百餘字，今止百餘字[一]。碑側有題字，一云"會昌四年五月四日，六代孫尚書左丞元裕拜塋所"，一云"六代孫正議大夫、行給事中、上柱國、渤海縣開國男、食邑二百户、賜紫金魚袋少逸，謹附名題於碑側，會昌四年五月十五日"。

史乘參考

史云，公諱儉，字士廉，以字行。士廉爲僕射日，當時榮之，謂士廉三世居此官。而元裕、少逸相代，兄弟迭居禁中，當日亦以爲榮。第史不言其爲申公後[二]，賴題名而見耳。申公之卒，太宗將出哭，左右諫曰："陛下方藥餌，於理不得臨喪。"不聽。無忌中道伏輦卧，流涕諫[三]，帝乃還。入東苑，東望哭，及柩出，復登樓望哭。

論贊

高申公以故王孫子，負其才地，以嶺表歸朝，足致通顯矣。況能物色真人於塵埃中，早以甥女妻太宗，其識有過人者。史言高、寶雖緣外戚，然自以才猷結天子，時有遇合，故見諸事業。古來賢豪，不遭興運，埋光鏟采，與草木俱腐者，可勝嘆哉。

尚書右僕射虞恭公温公碑

公諱彥博，貞觀十年薨，壽六十三。墓在陵東南第八列第二區劉洞村。碑，歐陽詢書。時詢年七十餘矣[一]，精健如是。世所傳《九成宮》《皇甫君碑》，日就剥蝕，若《薦福寺》《化度寺》《房彦謙》諸碑，見無存者[二]。此碑計三十六行，僅存上截尺許數行。丁丑《禮志》存四百二十字，今三百餘字。余更得宋揭殘本數行，二百餘字，尤可貴也[三]。

史乘參考

隋亂，彥博依幽州總管羅藝爲司馬，歸爲并州道行軍長史。突厥入寇，王師敗，被執，囚苦寒之地。突厥降，得歸朝。詔議處突厥以安邊，彥博議，宜如漢置匈奴五原塞以爲捍蔽，與魏徵廷辨不勝。其後突厥反，帝亦悔之。彥博善辭令，進止詳華，人皆拭目觀。高祖嘗宴近臣，命秦王諭旨，既顧左右曰：“何如温彥博？”兄大雅，黄門侍郎，彥博與弟大有，俱中書侍郎，對管華近。高祖嘗曰：“我起晋陽，爲卿一門耳。”顏魯公《家廟碑》云：“温大雅與思魯魯公高祖同事東宫，彥博與憼楚魯公高叔祖同直内史省，彥博與遊秦亦魯公高叔祖同典校秘閣。二家兄弟，各爲一時人物之選。少時學業，顏氏爲優；其後職位，温氏爲盛。”其爲通賢所稱若此。

論贊

虞恭公爲突厥所獲，囚陰山不屈，庶幾蘇屬國之風。乃其畫安邊之策，與魏文貞公異議，或亦其所見之不逮也。顧高祖起晋陽，一時相服從之徒，皆聞家世胄，才辨斌斌，極人物之盛。豈漢高起馬上，僅一叔孫通，猶欲溺其冠者，可同年語哉。

陽翟侯褚公碑

公諱亮，貞觀二十年薨，壽八十。墓在陵東南第八列第五區西峪村。碑殘毀，與馬唐公碑如出一手，疑是殷仲容書。計二十八行，亦惟上半二尺許存五百餘字。碑額題曰"大唐褚卿之碑"，爲太宗御書無疑。碑雖漫漶，有"龍朔封陽翟侯"等字，可見此碑立於高宗朝也。

史乘參考

史云，公博覽圖史，經目輒不忘。在陳與江總諸名士賦詩，咸推服。入唐，事太宗爲散騎常侍。老矣，帝征遼，子遂良從。詔亮曰："疇昔師旅，卿未嘗不在其中。今朕薄伐，君已老，俛仰歲月且三十年。眷言及此，我勞如何。今以遂良行，想君不惜一子與朕。其善居加食。"亮頓首謝。初，帝常聘名碩杜如晦等十八人，俱以本官兼學士，亮預焉。特命閻立本圖像，而亮爲之讚。是時天下嚮慕，比之登瀛洲。遂良與長孫無忌、李世勣等同受顧命，高宗永徽二年，以吏尚書同中書門下。四年，爲尚書右僕射，知政事。六年，貶潭州都督。顯慶二年，再貶愛州刺史。三年，死愛州。距乃翁之死，俛仰十年事耳。遭時不造，竄逐以死，未知歸葬何所。陵中諸碑，爲公所書者固多，今惟房文昭公一石數行存耳。長孫以元舅之尊，亦爲武后貶斥死，不知何以復得歸葬陪陵。獨李勣豐碑屹然，且爲高宗御書，以視二公，何能無愧。

論贊

褚康侯委蛇於陳隋之間，善楊玄感，仕薛舉，亦士所遭之不幸也。卒以文辭雅贍，著聲瀛洲。有河南公遂良爲之子，登臺司，無忝顧命，庶幾無憾。若夫愛州之禍，實唐運之剈軏，非獨一家之運會使然也。

卷　三

上護軍曲阜憲公孔公碑

公諱穎達，貞觀二十二年六月十八日薨，年七十五。墓在陵東南第八列第六區西峪村。與褚陽翟、溫恭公、李衛公同列。碑，于志寧撰，不知誰書，三十四行。趙子函謂公有功六經，鬼神呵護，碑獨完好。今殊不然也。字規模似虞[一]、褚。丁丑《醴志》存千字，今七百餘字。

史乘參考

按唐史，公字仲達，碑，字沖遠，當從碑。大業初，爲河內郡博士。煬帝徵儒官集東都，與國子秘書學士論難。先輩宿儒，恥爲之屈，遣刺客圖之，楊玄感匿之而免。太宗平東都，引爲秦府學士。子志，孫惠元，三世典成均司業。

論贊

煬帝方以"空梁落燕泥"殺薛道衡，又何怪在庭諸老宿嫉"庭草無人"之句耶。幸逢英主，展其素學，表彰六經，爲東宮師保。卒諡曰憲，得預陪陵，無忝厥祖矣。

燕國于公志寧，文藻重當時，豐碑巨製，多出其手。以事太子承乾竭節，受知太宗，乃不獲預陪陵，葬三原縣之北原，并其孫都督辯機、刺史大猷之墓咸在。縣志失載，千年來無有知燕公墓在三原者。且以燕公之墓碑，指爲其子吏部郎中于立政之墓碑，大都不揭碑額，故有此失。侗乙巳夏，展拜墓下，墓稍削毀，四石獸尚存。時正重修秦志，侗因以告河濱李叔則先生楷，求其訂改，先生攘袂大喜，以爲有功古人。今觀秦新《通志》，仍踵前謬，何哉？因嘆志乘多訛。衛公靖、萊公如晦，陪塚昭陵，碑石見存，此無可疑者。乃衛塚複載於涇陽之孟店鎮，萊塚複載於長安城南之司馬村。又如段太尉秀實死後，德宗改殯於灞側，立碑以紀之，曰："以志吾過，且旌善人。"今載於臨潼縣

清代陝西金石學著作十種

之西斜口鎮，俗尚稱爲段烈士廟，但碑石亡矣。乃《汧陽縣志》載段府君行琛墓，又有曰段秀實墓，不知行琛乃太尉之父，汧陽人。墓碑張增書，予搨有之。太尉墓實不在此，何未深考歟？李西平晟墓在高陵，裴晋公撰文，柳誠懸書碑，人謂三絕碑，予亦有之。灼灼耳目，於《高陵縣志》反失載，而載於狄道縣西之二十里，此又何據歟？秦新《志》頗見稱於通人，然其謬不勝指也。

【校勘】

[一] 規，底本脱，據道光本補。

司空上柱國太尉英貞武公碑

公諱勣，總章二年薨，壽八十八，咸亨元年葬。墓在陵東南第十列第三區趙村東南。起塚象烏德鞬山、陰山、鐵山，以旌殊功。碑，儀鳳二年高宗御製、御書。陵中碑製皆精工，此碑爲最高大，瑩潤如玉，鼇座螭首，幾二丈許，廣五尺八寸。計三十二行，每行上半六十三字，朗潤可觀。下半盡磨滅，則亦以摹搨架木蓋篷，爲鄉人苦，故多毀之。衛公墓居北，此墓居南，土人謂之下三塚。

史乘參考

世勣與魏鄭公徵俱事李密，鄭公典書檄，世勣爲將軍，守黎陽。及密與王世充戰敗歸唐，其地東薄海，西直汝，北抵魏，皆世勣統之，未有屬也。世勣謂長史郭孝恪曰："土地人衆，皆魏公所有，而吾獻之，是利主之敗自爲功，吾不忍爲也。"乃籍郡縣户口數，啓密自上之。孝恪至京，帝訝世勣無表。孝恪以其言對，帝嘆曰："真純臣也。"及密誅，世勣表請收葬，詔歸其屍。世勣舉軍縞素，葬之於黎陽大伾山。碑中有云："密來投附，公獨未歸，既承其旨，方奉皇運，誠於所事，造次必形者是也。"其後與衛公屢出塞，擒可汗，有大功。受顧命之重，列陪陵之榮，有自來矣。第"陛下家事"一言，寧不負太宗耶？乃敬業稱兵，武后既發公塚而暴其屍，此碑獨不毀，何與？密葬黎陽大伾山西五里，鄭公爲密墓誌，盛推尊密，略無諱忌，詞亦雄贍。文皇爲鄭公書碑，今亡矣，高宗爲英公書碑，得獨存，豈非厚幸？

貞元間，吐蕃陷麟州，僧延素爲所得。吐蕃將有徐舍人者，謂延素曰："我英公五代孫也。武后時，吾高祖建義不成，子孫流播異域[一]，雖代居禄位典兵，然思本之心不忘，顧宗族大，不能自拔耳。今聽汝歸。"遂縱之。然則英公之苗裔，至中國不能存，淪爲旃裘之長，可嘆也！

論贊

漢之興也，項羽爲之先驅；唐之興也，李密實首發難。羽叱咤生風，微司馬子長之筆，則拔山蓋世，亦無由而傳[一]。密非羽比，然亦一世之雄。信、布，楚將，卒爲漢臣；英公、鄭公，始事密而終爲唐之良佐。信由天焉，未可以成敗論也。世勣統數十州之地歸唐，而不有其功；密以叛誅，而表請收葬，不負事人之節，可謂難矣。乃"陛下家事"一語，爲後世所深譏，或者謂公本武人，不深知宰相體，亦不意異日之禍若是烈也。其卒也，遺命薄葬斂，以時服。不旋踵有暴屍之慘，是亦遇會之無如何者與。勣幸而豐碑存，後人因以識其塚。鄭公豐碑，一仆於文皇，再墜於今之豎子，今但稱爲丞相塚云。鄭公墓，居陵西三十餘里莊河村之西，界以流水，山半數塚，一碑仆地，無字。

丙午秋，余復侍家大人守澶州，登披雲樓宋真宗契丹時駐蹕於此，遙憶此地，古來爭戰之場，英雄之所馳驅也，壁壘猶存。北望鉅鹿，想天地之震動；咫尺黎陽，憶厥庾之貯積。過大伾，繙《濬縣志》讀之，得鄭公所爲密墓誌，深嘆其不終。澶州夜雪，鈴柝聲寒，展《項羽紀》一再讀之，因嘆草昧英雄，成就如此，不自知欲歌而欲泣也[三]。太宗以英年取天下，而以天下困於高麗。英公之平高麗也，年八十矣，縶強國主之頸，獻俘昭陵闕下，而告成功。嗚呼！煬帝一出，太宗再行，未有振旅若斯之盛者也。

【校勘】

[一] 自《上護軍曲阜憲公孔公碑》"燕國"句至"播異"數百字，底本泐，據道光本補。
[二] 亦，底本脫，據道光本補。
[三] "勣幸"至"泣也"數十字，底本脫，據道光本補。

禮部尚書張公碑

公諱後胤，永徽間致仕，卒年八十八。墓在陵東南第九列第四區西峪村[一]。碑殘缺，寥寥數字，無從考其撰書姓字，趙子函稱其書精健，得河南之支流，開平原之門戶者。額題曰"故禮部尚書"。

史乘參考

按史云，太宗微時，受經於崑山張後胤嗣宗。武德中[二]，擢員外散騎侍郎，封新野縣公。帝即位，以燕王咨議從來朝，召見賜燕。帝從容曰："今日弟子何如？"後胤曰："昔聖門三千，達者無子男之位，臣翼贊一人王天下，

清代陝西金石學著作十種

計臣功，過宣聖百矣。”帝爲莞然。出爲睦州刺史，乞骸，召見，異其精力。帝曰：“先生耳目聰明，步履矯健，欲何官？當以相授[三]。”後胤謝不敢，已從所請，授國子祭酒。永徽致仕，加金紫光禄大夫，朝朔望。卒贈禮部尚書。碑有詔書曰“故金紫光禄大夫張胤”，《唐書》乃曰“張後胤”，多一“後”字，不知何解。《唐書》謚曰康。孫齊丘，節度使；曾孫鎰，中書侍郎。

論贊

帝王之興，其神靈本自天授，然亦何嘗無師。張胤經術文采不概見，乃太宗童齔之年，北面稱弟子焉。雖奄有天下，非胤之力，而典章文物，燦然明備，孰令帝篤雅如此其至也。宜其自誇孔門，榮矣。宣聖之後，天下無師。隋之末也，文中子講道河汾，一時從學如竇威、温大雅、房玄齡、杜如晦、魏徵、杜淹、李靖、陳叔達之倫，皆蔚然一代興王之選。天實生之，以啓唐運歟。

【校勘】

[一] 墓，底本作“葬”，據道光本改。

[二] 中，底本脱，據道光本補。

[三] 相，底本脱，據道光本補。

太子故少師中書令固安文昭崔公碑

公諱敦禮，顯慶中卒。碑殘缺，《金石録》，爲于志寧撰，于立政書，亦以碑額知爲崔公。墓在陵東南第九列第五區趙村東南。趙子函云，遊九崚，方看孔憲公碑，馬忽逸，追之，馬止處，一碑仆地，募人起之，乃崔公敦禮碑，大半完好。是亦一奇也。子函迄今又八十餘年，碑雖不再仆，字損過半矣。丁丑《禮志》七百餘字，今五百餘字。

史乘參考

崔公先名元禮，高祖改爲敦禮。《金石録》曰“崔安禮”，非是。本山東著姓，魏末徙關中，頗涉文史，重節義。武德中，嘗出使幽州。召盧江王瑗，瑗反，執敦禮，不爲屈。太宗聞而壯之。貞觀初，以爲兵部侍郎，頻使突厥。轉靈州都督，兵部尚書。安撫回紇，與李勣擊破薛延陀，深識番情。永徽初，爲侍中，修國史，加中書令。顯慶中，敕召其子定襄司馬餘慶侍疾[一]，尋卒。餘慶亦官兵尚書，孫與慎，兵侍郎。

論贊

漢制，非軍功不侯，非列侯不相。自漢武帝相平津於布衣，相道由此而明，相業由此而衰。唐猶近古，或由政府出爲大帥[二]，或由方鎮入主中書。宋韓、范諸公，嘗建牙邊境，有敵愾之功。惟明之用相，始與古異。今觀崔公，非有他長，特以其重氣節，頻出使絕域，深識番情，破延陀有功。其爲相也，清慎無過，子孫咸臚仕，不墜家聲，亦足重矣。

【校勘】

[一] 召，底本脱，據道光本補。

[二] 大帥，底本作“太師”，據道光本改。按此指出爲方鎮主帥。

冠軍大將軍許公碑

公諱洛仁，龍朔二年薨，年八十五。碑殘缺不可讀，亦不知誰氏撰書，墓在陵東第十列第一區趙村東南，與英公、鄂公同列。丁丑《醴志》九百餘字，今八百五十餘字。

史乘參考

按唐史，許世緒，并州人，隋末爲鷹揚府司馬。嘗勸高祖首建義旗，高祖奇之，親顧日厚。武德中，爲蔡州刺史，封真定郡公，卒。弟洛仁，亦以元從功，官至大將軍，附《世緒傳》末。碑則詳其破宋老生、劉武周之功，以爲驍勇絕倫。

論贊

隋政不綱，世緒亦勸高祖以建義旗爲天下倡，乃知晉陽宮所朝夕深謀而秘計者，不獨裴寂、劉文靜諸君已也。洛仁仗劍從軍，屢著戰功，享高爵遐齡，更預陪陵之典，其視兄世緒，蓋知勇之特見於弟昆者矣。

右驍衛大將軍薛國貞公阿史那公碑

公諱忠，碑泐，不詳其卒逝年壽及撰書姓名，亦以其額知爲阿史那忠之碑也。墓在陵東第九列第六區西峪村，與薛收同列。丁丑《醴志》存七百餘字，今五百餘字。

史乘參考

按唐史，突利可汗之來奔也，頡利乃立蘇尼失爲小可汗，及頡利爲李靖所破，獨騎而投之。蘇尼失遂舉國內歸，因令其子擒頡利以獻。太宗賞賜優厚，賜其子名曰忠。拜蘇尼失北寧州都督，右衛大將軍，懷德郡王。貞觀八年卒。忠以擒頡利功，拜左屯衛大將軍。妻以宗女定襄縣主，稱史氏。遷右衛大將軍。永徽初，封薛國公，累遷右驍衛大將軍。所歷以清謹稱，時人比之金日磾。上元初卒，復姓阿史那氏。

論贊

忠固磧北一降王子耳，雖太宗之推心置腹，撫馭得宜，亦在朝英、衛諸公之威稜震疊，有以服其心而戢其翼也。嗚呼，此豈後世之所及哉！

特進豆盧芮定公碑

公諱寬，永徽元年卒。碑殘缺，據《金石錄》，李義府撰，不知書者名。墓在陵東第八列第四區西峪村，與李衛公同列，而居其東。丁丑《醴志》存四百餘字，今三百餘字。

史乘參考

按唐史，豆盧，代北著姓，魏太和中，稱單姓爲盧。寬乃隋文帝之外孫，爲梁泉令，高祖定關中，與刺史蕭瑀同赴京師，累授殿中監。貞觀中，歷禮部尚書，左衛大將軍，封芮國公。子懷讓，尚高祖女萬春公主，太宗嘗手敕太子曰："懷讓患水邊身腫，復利，形勢極惡，多恐不濟。遺愛勞發大重，氣候似少可於豆盧，亦恐難差，傷念不可言。"

論贊

高祖入長安，寬以守令歸唐，且有懿親，其獲寵任，宜也。今觀太宗手敕，其篤姻婭之愛若是。遺愛怨望，不得其終，曾豆盧之不若，何哉？寬孫欽望，官至宰相，雖具位，亦不墜厥宗矣。

唐武衛將軍乙速孤公碑

公諱行儼，永徽中卒。碑，劉憲撰，白義晊分書。墓在陵北山後五十餘里叱干村東，與其父左領軍將軍神慶墓相去十餘步。劉、白二人，在當時不甚知名，於《唐書》亦無考。丁丑《醴志》存二千五百餘字，今存二千餘字。以路遠僻，摹搨者少，故特全。

史乘參考

按唐史，行儼以字行，本姓王，太原人。六代祖顯，元魏驃騎大將軍，賜姓而爲乙速孤，歷世顯仕。父神慶，左領軍將軍。仕唐三世矣，何以不復本姓爲王，而襲沙磧之號？異哉！

論贊

昔漢武事西域，幕南無王庭，而後金日磾始爲漢用也。唐太宗擒突厥可汗，破吐谷渾，滅焉耆、高昌，而後阿史、豆盧、賀蘭、契苾、乙速諸大姓始爲唐用也。史言北性惇固，其知義所在，無有顧望，是固然耳。後世限人以資格，而文法以束縛之，欲野無遺賢難矣，況能索騏驥於驪黃外哉！不能不三致嘆於漢唐之盛也。

蘭陵長公主碑

公主諱淑，顯慶四年薨，年三十二。墓在昭陵東第九列第七區老公營西。碑，據《金石錄》，李義甫撰，無書者姓名，亦多殘缺。丁丑《醴志》存六百餘字，予搨得七百五十字。

史乘參考

按唐史，太宗二十一女，蘭陵第十九女也，名淑，字麗貞。降太穆皇太后族子扶風竇懷悊，《唐書》云爲兗州都督，碑云慶州諸軍事、使持節慶州刺史。又按《唐書》，太宗二十一女，其陪葬昭陵者，常山、新城以下十六主。碑存者，惟蘭陵耳。《戲鴻堂集帖》有《汝南公主墓誌》，虞世南書。汝南亦葬陪陵，不知即塚中之石出諸人間，或永興公別書以傳世也？趙子函又得清河公主碑額。

論贊

唐之家法，半壞於諸公主。其以賢懿稱者，不少概見。高祖平陽長公主之陪葬獻陵也，以其起兵司竹，與太宗合軍渭北，有開國大功，故給羽葆、鼓吹、班劍、甲士，以軍禮葬，宜也。若太宗諸女蘭陵諸公主之陪葬，不過怙愛邀榮而已，何足多哉。

卷　四

北闕石琢擒伏歸降諸番君長侍立十四人

突厥頡利可汗左衛大將軍阿史那咄苾西第一[一]

突厥利可汗左衛大將軍阿史那什鉢苾東第一[二]

突厥乙㳽泥孰俟利苾可汗右武衛大將軍阿史那思摩西第二[三]

薛延陀真珠毗珈可汗東第二

吐蕃贊普西第三

新羅樂浪郡王金真德東第三

吐谷渾河源郡王烏地拔西第四

勒豆可汗慕容諾曷鉢東第四

龜茲王訶黎布失布失畢西第五

于闐信東第五

焉耆王龍突騎支西第六

高昌王右武衛將軍麴智勇東第六

林邑王范頭利西第七

婆羅門帝那伏帝國王阿那順東第七

諸石像高八九尺，逾常形，座高三尺許。或兜鍪戎服，或冠裳紱冕，極爲偉觀。分列陵北，東西相向。以西首頡利爲第一。又北爲後殿，址尚存[四]。

按宋游師雄《刻唐昭陵圖記》，列諸番君長石像十四人。明萬曆戊午，終南趙崡記云："歷朝祭碑與翁仲，或側或仆。"以予所見，無十四石之數，且多殘毀，不但欹仆而已，胸背亦無字迹可見。因慨昭陵在空山中，歷代祀典，修葺不缺，何以毀壞若是。乃乾陵、周順陵在驛路傍，翁仲石獸，備極瑰偉。余數過之，完好無恙，可慨也。

◎ 唐昭陵石蹟考略

史乘參考

突厥頡利可汗左衛大將軍阿史那咄苾_{貞觀三年}[五]，李靖所擒，獻俘告廟。

突厥利可汗左衛大將軍阿史那什鉢苾_{貞觀三年歸朝}。

突厥始畢可汗妻隋義成公主，始畢死，子什鉢苾幼，立弟處羅，仍妻義成。處羅死，立頡利爲可汗，復妻義成。於是什鉢苾長矣，別立爲突利可汗。頡利數寇侵，已又與突利連兵，入至渭橋。太宗親禦之，與盟而退。頡利暴，而諸部叛貳，與突利相怨，突利身入朝自歸。頡利復犯邊。貞觀三年，詔李靖、世勣出擊，大破之，斬萬餘級，俘十餘萬，擒頡利。帝御順天樓，受俘告廟已，悉還其家屬，廩食之。高祖喜曰："吾昔困突厥，我子能滅之，付托得人矣。"貞觀八年，頡利死，《唐書》云："起塚灞陵東。"突利自順州入朝，道死祔焉。今圖列在陪陵內，當從圖。墓昭陵西第五列第三區。

突厥乙泌泥孰俟利苾可汗右武衛大將軍阿史那思摩_{貞觀三年}[六]，與頡利同擒。

頡利族人思摩，不得於頡利。頡利敗，親暱皆散，獨思摩不去，俱被執。帝嘉之，封爲懷化郡王。突厥之亡，其衆北走薛延陁，西奔吐蕃，其降唐者，尚十餘萬。詔廷臣議區處之宜，溫恭公彥博以爲宜如漢武故事，處之內地，教以禮義耕農，後當爲編氓。魏鄭公徵獨以爲不然。帝從溫議處之。北自幽州，西至靈州，置定襄、雲中二大都督以統之。後結率社欲結種人作亂，群臣言不便，天子亦悔之。乃册思摩爲泥孰俟利苾可汗，賜國姓，令率種落還故部。臨行，帝張宴置酒，引思摩前，撫慰之曰："人情樹菽一草木，見其蕃息輒喜。今我撫爾民，畜爾馬牛羊，十餘年豐熾如此，能無念乎？所以遣汝歸故部者，亦以慰爾衆殷殷懷土之思也。"思摩泣下，奉觴言："願子孫世世事唐，効犬馬。"時華夸觀者數萬，莫不感激揮涕焉。思摩率衆十萬，勝兵四萬，馬九萬匹以行。後爲薛延陁所擊，遂入朝，留宿衛，卒葬陪陵。墓在陵西第七列第三區，與賀蘭整同列。_{趙子函得李思摩碑額。}

薛延陁真珠毘珈可汗_{貞觀十五年，李世勣破之。二十年，帝幸靈州}[七]，絶其婚，降之。

方諸部叛頡利，歸薛延陁，推其俟斤夷男爲可汗，夷男不敢當。帝乃遣使間道，册拜夷男爲真珠毘珈可汗，令建牙大漠北。泥孰可汗之歸，憚延陁强，不敢行。帝特詔延陁各守境，無爲寇災。居三年，延陁率衆二十萬擊之，泥孰走保朔州，告急。詔世勣等分道進討，敗延陁於諸真水。會大雪，延陁人畜死者多，遂乞和親，群臣以爲便，帝許之。公主行有日，契苾何力自延陁還，陳不可。帝曰："天子無戲言。"何力曰："但詔延陁至京師迎女，若憚不前，即拒之有辭矣。"帝曰："善。"幸靈州，召使親迎，責以聘具。真珠厚斂諸部牛馬以爲聘，經沙磧，死過半，以禮不備，絶之。真珠憤悒死，多彌可汗立。詔江夏王道宗擊之，多彌走死，衆立咄摩支。貞觀二十年，復遣世勣圖之，至鬱督軍山，咄摩支降。

吐蕃贊普_{貞觀十二年，侯君集擊降之。}[八]

吐番，唐西羌也。羌屬百五十種，俗謂强雄者曰贊，丈夫曰普。貞觀八年，齎玉幣貢，求婚，不許。旁擊吐谷渾，攻党項、白蘭，寇松州。十二年，詔尚書侯君集、將軍執失思力等出討而懼，遣使謝罪，固請婚[九]，執子婿禮甚恭。遣豪酋子弟入學，後乃滋大爲唐患。

新羅樂浪郡王金真德_{貞觀五年，獻女樂。}

新羅，屬漢樂浪地，在高麗東。武德間朝貢，與高麗、扶餘、百濟，數相侵奪。太宗賜扶餘璽書曰："新羅，朕藩臣，王鄰國也。數聞相侵暴，已詔高麗、新羅申和，王宜忘前怨，與更始。"扶餘王璋奉表謝。貞觀五年，獻女樂。太宗曰："比林邑獻鸚鵡，言思鄉乞還，況人乎！"遣歸之。其王金井平死，無子，國人立其女善德爲王。貞觀二十一年，善德死，國人立其妹真德襲王。高宗永徽元年，真德遣子入朝，織錦爲頌以獻，高宗褒答之。今陵圖有降羅真德墓[一〇]，與什苾同列陵西，而史未言其入朝卒葬內地也。

吐谷渾河源郡王烏地拔_{貞觀九年，李靖破之。}

勒豆可汗慕容諾曷鉢_{貞觀九年，詔立爲王。}

吐谷渾，西域大國，居甘松山之陽，洮水之西。有城郭不居，逐水草。有青海周八九百里，中有山冰。合遊牝馬山上，明年，生駒號龍種。高祖時，與其王慕容伏允結約，合擊涼州李軌。自效太宗，時寇邊，拘行人。貞觀九年，詔李靖爲海西道大總管，任城王道宗率突厥契苾兵擊之。靖至庫山，破之，允伏亡入磧[一一]。靖分三道出，俱達柏海上。柏海近河源，古來未有至者。左右軍會大非川，盛夏降霜，士糜冰，馬秣雪。其王慕容伏允和遁死，其子谷順斬國相天柱，降詔封順爲西平郡王，號趑胡呂烏甘豆可汗，爲其下所殺，復立其子燕王諾曷鉢。詔侯君集就經紀之，封諾曷鉢河源郡王，號烏地也拔勒豆可汗。然則昭陵之石，吐谷渾河源郡王烏地拔爲一人，而勒豆可汗諾曷鉢又爲一人，唐書則似合爲一人矣，當從石爲二人。

龜茲王訶黎布失布失畢_{貞觀二十一年，阿史那社爾破滅之，俘以獻。}

龜茲東距長安七千里。高祖時來朝，太宗時獻馬，後臣西突厥。帝怒其佐焉者殺栗婆準也，貞觀二十一年，議討之。是夜月食昴，以阿史那社爾爲崑丘道行軍大總管，契苾何力副之，發鐵勒十三部兵十萬，拔王城。王阿黎希失畢石勒阿黎布失布失畢走出^[一二]，社爾追六百里執之，西域震恐。社爾立布失畢弟爲龜茲王，勒石記功而還，帝受俘紫微殿。

于闐信

于闐王伏闍信也。龜茲已破，長史薛萬備言於社爾，願得假輕騎降于闐王以來。至于闐，其王伏闍信即隨使者以朝。

李靖破蕭銑時，高祖賜以玉帶，于闐獻也。乾陵有無字碑，極高大，質潤如玉，亦傳于闐所進。

焉耆王龍突騎支_{貞觀十八年，帝幸洛陽，郭孝恪執龍突騎支獻行在。}

突騎支，貞觀中，使來朝。侯君集討高昌，來助師。已與西突厥親，不朝貢，安西都護郭孝恪請討。貞觀十八年，以孝恪爲西州道總管，騎支弟栗婆準降，以爲鄉導。焉耆城郭周三十里，四面大山，海水環焉，恃固不爲虞。孝恪倍道絕水進，夜傅堞，達曙，譟而登，執突騎支以來，以栗婆準攝國。孝恪旋師三日，西突厥屈利啜兵來援，執栗婆準，從兄薛婆阿那支自爲王，獻栗婆準龜茲，殺之。

高昌王右武衛將軍麴智勇_{貞觀十三年十二月，侯君集出擊之，智勇降。《唐書》曰"智盛"。}

高昌，直京師七千里，都交河城漢車師前王庭也^[一三]。貞觀中，高昌王麴文太來朝，禮遇厚，賜國姓，封其妻隋宇文氏女爲常樂公主。久之，文太驁，遏絕西域使，拘留中國人。與西突厥擊焉者，焉者訴之^[一四]，帝遣使問狀，薛延陀亦請爲鄉導。貞觀十三年，遣侯君集爲交河總管，薛萬均爲副，擊之。師臨磧口，乃憂悸卒。君集不伐喪，既葬，鼓行進，朝攻，午克之，智盛出降。

林邑王范頭利

林邑，直交州南，海行三千里。隋仁壽中，遣將伐之，其王范梵志挺走。武德中，再獻方物。高祖設九部樂饗之^[一五]。貞觀中，王范頭黎獻馴象、鏐鎖、五色帶、朝霞布、火珠，與婆利、羅剎二國使者偕來。林邑言不恭，群臣請問罪，太宗赦之。又獻五色鸚鵡、白鸚鵡，詔還之。頭黎死，子鎮龍立，獻通天犀雜寶。其後，訶慢多弒鎮龍^[一六]，滅之。范氏絕，國人立其子壻。後改國號爲環王。

婆羅門帝那伏帝國王阿那順貞觀二十一年，王玄策擊之，俘其全國告廟。

婆羅門即天竺國，去京師萬里，居蔥嶺南。武德初，浮屠玄奘至其國，王尸羅逸多召見，玄奘爲言太宗神武，平禍亂，四夷賓服狀。王喜曰："中國有聖人出。"遣使來獻，帝命雲騎尉持節撫慰之。尸羅逸多驚問國人："自古亦有摩訶震旦使者至吾國乎？"震旦，謂中國也。皆對曰無有。乃出迎，膜拜，受詔書，戴之頂[一七]。復遣使者隨入朝。二十二年，遣長史王玄策使其國，以蔣師仁爲副。未至，尸羅逸多死，其臣阿羅那順自立，發兵拒玄策。時騎纔數十，戰不勝，皆没。時吐蕃以尚主親中國，玄策挺身奔吐蕃西，郵檄召鄰國兵，吐蕃泥阿婆羅皆將騎士以來。貞觀二十一年五月，玄策部分之，攻和羅城，三日破之。阿羅那順委國走，合散兵復陣，師仁破擒之，獲其妃、王子萬二千人，雜畜三萬，降城五百八十，獻俘告廟。

論贊

漢高祖以誅秦滅項之雄威，乃有平城之困，用陳平計，僥幸解圍，非一日矣。武帝勤師萬里，罷敝中國，或譏其窮兵黷武，皆儒者之迂談，曾何當於帝王撻伐之盛烈也。唐太宗削平區宇，突厥方張，不數年而兩可汗繫頸闕下，已乃破滅吐谷渾。十三年擊吐蕃，明年降高昌，又明年滅焉耆，平薛延陀，俘龜茲，士無遺鏃，兵不再刃[一八]，庭空北漠，威震西域。《詩》所謂"驒驒焞焞，如霆如雷"者，又何以加兹。今觀此十四石，非翁仲之謂也。當日控弦數十萬，鐵騎如雲，與英、衛諸公，旗鼓於陰山、瀚海之隅者，今拱立享殿，長侍幽闕，千載猶一日也，可不謂雄哉！

唐之滅西域也，龜茲有老人善推步，曰："西域終當爲唐所有，即吾國不出五年，亦當滅於唐。"然則外荒之興亡，固亦有天運存焉。貞觀二十年，鐵勒、回紇十一姓數千人會靈州，以薛延陀不能事唐，奴等歸命天子，請置唐官。帝幸靈州，諸蕃請尊帝爲天可汗，北荒悉平，帝爲詩曰："雪耻酬百王，除凶掃千古。"要所以致此大烈者，英、衛師武臣力。惟遼東之役，天子無功，而功成於八十老將。豈所謂陛下不善將兵，善將將者歟？婆羅門，今所謂天竺佛國也。漢明帝時，佛法始來中夏，猶未有使者至其地。唐玄奘以取經屆彼土，其王尸羅逸多頗加敬信，遂以召戎，至於君臣萬里爲俘，於佛法何有哉。漢班、傅皆以奉使立功，焜煌史册。王玄策、蔣師仁，以一介使，發吐蕃兵八千，俘婆羅門全國，功烈寧在班[一九]、傅下耶？

【校勘】

[一] 道光本此處有小字注云："《長安志》作'咄苾'。"

[二] 道光本此處有小字注云："《長安志》作'什鉢苾'。"

[三][六] 思摩，道光本作"你爾"。

[四] "諸石"至"尚存"一段，底本脱，據道光本補。

[五] "突"上，底本衍"按唐史"三字，據道光本删。

[七] 帝，底本脱，據道光本補。

[八] 降之，底本二字互倒，據道光本乙正。

[九] 固，底本誤作"因"，據光緒本改。

[一〇] 降，道光本作"幹"。當爲"新"之訛。

[一一] 允伏，爲"伏允"之誤倒。

[一二] 勒，道光本作"作"。

[一三] 庭，底本誤作"廷"，據道光本改。

[一四] 焉者，底本脱，據道光本補。

[一五] 部，底本誤作"都"，據道光本改。

[一六] 弒，道光本作"殺"。

[一七] 戴，底本誤作"載"，據道光本改。 頂，底本誤作"頃"，據道光本改。

[一八] 再，道光本作"血"。

[一九] 寧，底本脱，據道光本補。

太宗文皇帝御製昭陵《六馬贊》^[一]，石琢帶箭狀，列北闕。

颯露紫西第一，紫鷰驑，前中一箭，平東都時乘。

《贊》曰：紫鷰超躍，骨騰神駿。氣讋三川，威凌八陣。

特勒驃東第一，黃白色，喙微黑色，平宋金剛時乘。

《贊》曰：應策騰空，承聲半漢。入險摧敵，乘危濟難。

拳毛騧西第二，黃馬黑喙，前中六箭^[二]，背三箭，平劉黑闥時乘。

《贊》曰：月精按轡，天駟橫行。弧矢載戢，氛埃廓清。

青騅東第二，蒼白雜色，前中五箭，平竇建德時乘。

《贊》曰：足輕電影，神發天機。策茲飛練，定我戎衣。

白蹄烏西第三，純黑色，四蹄俱白，平薛仁果時乘。

《贊》曰：倚天長劍，追風駿足。聳轡平隴，回鞍定蜀。

什伐赤東第三，純赤色，前中四箭，背中一箭，平世充、建德時乘。

《贊》曰：瀍澗未靜，斧鉞伸威。朱汗騁足，青旌凱歸。

六石馬列諸番酋之後，東西相向，以西首颯露紫爲第一。颯露紫前中一箭，在胸膛，又石琢丘行恭馬前拔箭之狀。蓋以近陵北向爲主陵，北至後殿，相距數里。石像、石馬，遙遙相望，大哉觀乎^[三]。

按游師雄景叔《六駿圖記》云^[四]：“晚得《唐園陵記》，知昭陵《六馬贊》乃太宗御製，敕歐陽詢書，立石陵後。舊傳天策學士所爲，非也。高宗總章二年，詔殷仲容別題贊於石座，歐陽書久亡，惟殷之字猶存。”景叔又別爲繪圖刻石，又塑馬像於太宗廟庭廡下。明趙崡子函《陵記》云：“余既至峰下，觀歷朝祭碑與翁仲，或側或仆，獨六馬皆以片石刻其半，左右列各三。考歐陽詢書贊刻石，殷仲容又書刻馬座。今馬身半刻而無座字，製亦不類唐人。但太宗以天下全力，豈難作一石馬，而半刻之耶？姑存以待博物者。”余竊觀六駿不琢全形，以巨石作屏風，高五尺許，廣六尺許，厚兼兩碑。馬身半刻隆起，飛矢被體，及丘行恭拔箭狀，皆奕奕生動。想當時六駿無存，太宗追想其雄姿，畫屏琢之，若全身，即不能如此生動矣。馬身之外，石皆深鐫而留邊界。馬首上又留石尺許，方正與界平，此題贊處也，今漫無一字耳。而疑其不能以天下全力爲之，非也。左右三石座爲一連，相去尺許，以鐵鉗之。今座入地甚深，豈游子所能掘視[五]。《園陵記》不可得見，景叔官斯土，子函則生此邦[六]，考證不謬，非意度者比。若如游所記，似是全馬之形[七]，如趙之言，深以半馬爲憾。予海陬豎儒，何幸與此壯觀，以目之所睹，按之游、趙二公之圖記，再考於《唐書》列傳，其亦足慰生平矣乎。

史乘參考

按唐史，太宗討王世充，戰邙山，欲嘗賊虛實，與數十騎衝出陣後，多所殺傷。而限長堤，與諸騎相失，惟丘行恭從。賊騎追及，流矢傷帝馬，行恭回射，矢無虛發，賊不敢前。因下馬拔箭，以己馬進太宗，而步執長刀大呼導之，斬數人，突陣而還。貞觀中，詔斲石象人馬昭陵北闕，以旌武功。白蹄烏，平薛仁果時乘，而《唐書》誤以"果"爲"杲"。又《唐會要》《安祿山事迹》，潼關之戰，我軍既敗，賊將崔乾祐領白旗引左右馳突，我軍視之，狀若神鬼。又見黃旗軍數百隊，官軍潛謂是賊，不敢逼之。須臾又見與乾祐戰，不勝，退而又戰者不一，俄而不知所在。後昭陵官奏，是日靈宮前石人馬汗流。李義山《復京》詩曰："天教李令心如日，可要昭陵石馬來。"韋莊詩曰："興慶玉龍寒自躍，昭陵石馬夜空嘶。"蓋詠此事也。

論贊

太宗善戰，往往有天幸。今觀所乘馬，矢石被體，亦何嘗不逼於危殆哉。顧底定之後，一一像而贊之，可謂無遺勞矣。丘將軍注矢殺賊，徒步奮力大呼，出真主於呼吸存亡之頃，何其壯也。迄今觀石像奕奕，靈爽如生，令人神竦。嗚呼！帝王之興，非有鬼神呵護，其孰能與於此。

元學士王惲跋曰："物之賢否一定，論其遇不遇可也。"昭陵六馬，天降毛龍，授之英主，俾翦隋亂，及其成功，琢石爲像。題真以贊，用傳不朽，何其幸也。宜其聲華氣燄，上與房駟爭光。故潼關之役，備體流汗，又何神哉。如昭烈之的盧，冉閔之朱龍，名雖存而形何見焉。太史公曰："閭閻之人，雖砥行立名，非附青雲之士，烏能施於後世。"信哉[八]！

【校勘】

[一] 宗，底本誤作"帝"，據道光本改。

[二] 六，底本誤作"大"，據道光本改。

[三] "贊曰"至"觀乎"數十字，底本脫，據道光本補。

[四] 按，道光本作"宋"。

[五] 掘，底本誤作"屈"，據道光本改。

[六] 函，底本誤作"崡"，據道光本改。

[七] 是，底本誤作"此"，據道光本改。

[八] 信哉，底本脫，有小字注云："案此下當有闕文。"據道光本補。

唐昭陵石蹟考略

唐昭陵石蹟考後序

劉健撰

同人林先生以所考唐昭陵石蹟示健，健讀而卒業，嘆曰：異哉，先生之爲此書乎！昔宋唐珏當亡國之日，諸陵在紹興者，爲西僧楊璉真伽所發，珏潛瘞遺骸，植冬青樹以識之。苦心高義，千古一人。近代信天翁遊昌平天壽山，襆被裹糧，遍拜諸陵寢。目覽手書，操南針以定其方位，數跬步以計其里至。陵各有圖，圖各有説，讀者不必躬歷其地，十有三陵，瞭然在目。即是千百年後[一]，按籍求之，可考而得也。二者一藏骨，一著書，緩急難易，時事雖殊，其有功帝陵，俱足以垂不朽。相提而論[二]，珏身爲宋人，目擊發陵之慘，臣子之誼，固宜竭其力之所能爲。翁則非珏之比也，而周覽諸陵，冒霜露，忍飢渴，惟恐他日湮没於荒凉寂寞之境，而預爲之所，可不謂異乎？雖然，翁之生也，猶逢鼎革之初。若貞觀迄今千載矣，太宗誠英主，於先生何有？非有君臣之分、毛土之恩，唐亡七百年，又非適遇鼎革易代可悲也[三]。乃先生跋履空山，歷巇原，披荊棘，徘徊憑吊，自昭陵以及陪葬諸塚墓，其石蹟之可考者，一一罔遺。吾於是而知有心人之未可以常情論也。昌黎《祭田橫墓文》曰"曠世相感者，不自知何心"，先生之於昭陵也，無端感觸，一往情深，亦不自知其所以然，是誠有如昌黎所云者，而豈徒好其文字之古而已乎。

【校勘】

[一]是，道光本作"至"。

[二]提，道光本作"持"。

[三]遇，道光本作"遭"。

唐昭陵石蹟考略後序[一]

　　家兄同人，爲《唐昭陵碑考略》將三十年，三易稿而成書。客有私於余曰："而兄而何爲沾沾於是也？"予曰："是非客所知也。夫有幽曠之思者，多寄托之詞。阿兄之考夫昭陵者，夫亦以寫阿兄之所寄也。阿兄曩日爲諸生，出語驚人，試輒冠其曹偶，非其好也。既侍父宦秦，出入燕、趙、齊、魯及塞上，數訪求古蹟與石刻文字[二]，盰衡評證以爲樂。而獨於昭陵諸碑，本之見聞，參於史乘，而論贊之者，凡以昭陵之君臣爲千載之盛，其陪葬爲非常之典，虞、褚諸公石蹟爲稀有之觀也。予嘗戲謂阿兄曰：'假令兄生當貞觀時，何爲而可？'阿兄掀髯笑曰：'予之極願，欲從太宗平東都，繫兩降王於馬前，前後部甲士鼓吹，震動山谷；次願從英、衛二公，逐利出塞，建旆長驅而入關；又次，則願從瀛洲學士後，看歐、虞諸公奉敕濡毫，摹蘭亭而已。'予曰：'如前之云，洵可願矣？然今日者，侍親之暇，兄弟談論歡笑於一堂，又安知非千載上諸公所極望而以爲不可及者耶！'"客憮而嘆曰："而今而後，予乃知爾兄弟之志矣。"因次其語以爲跋，康熙甲戌秋八月八日，弟佶題。

【校勘】

[一] 按底本此序無題，據道光本補。

[二] 字，底本脱，據道光本補。

《唐昭陵石蹟考略》五卷，侯官林侗同人撰。同人與弟吉人有聞於康熙間，後百餘年，吾友林喬蔭樾亭明府與弟澍著香海編修，世稱"二林"。樾亭以予好金石文，出族祖此編見贈，而閣學覃溪先生詳爲考訂，事在乾隆五十年。城南商榷，忽忽如昨，今樾亭下世，閣學巋然如魯靈光。南海葉雲谷農部亦祖閩而習閣學者，迺寄之校刻以傳。嘉慶二十年上巳日，寧化伊秉綬跋。

同人先生志耽金石，既據其所目見者，自三代迄唐末，凡二百二十碑，著《來齋金石考》，精核典據。而此其《昭陵石蹟考略》也，深感於一時際會之隆，篤終之典，殷殷不置，而爲此書。其弟吉人後序謂有幽壙之思者，多寄托之詞，益知其不獨好古已耳。十六碑、六石馬，悉得之目擊，尤信而有徵。書爲大興翁學士手鈔刪定之本，故人伊墨卿庋藏，向有蕭正模序，劉健後序，皆從學士刪去。卷中溫恭公碑下小注按字一條，亦學士筆也。刊既成，並跋於後。道光四年夏五月，南海葉夢龍雲谷甫[一]。

右《唐昭陵石蹟考略》五卷，國朝林侗撰。按，侗字同人，號來齋，侯官人。性嗜金石，嘗游長安，求得漢甘泉宮瓦於淳化山中。是書《四庫全書》未著錄。而所撰《來齋金石考》三卷，提要稱其搜羅廣博，又稱其攜拓工，歷唐昭陵陪葬地，得英公李勣以下十有六碑，即著是書之原起也。末有弟鹿原後序。鹿原名佶，字吉人，善篆、隸、楷法。《東越文苑傳》稱其家多藏書，徐健菴鋟《通志堂經解》，朱竹垞輯《明詩綜》，皆就借鈔云。王阮亭、陳午亭、汪堯峰集皆其手寫開雕。余舊藏其所著《樸學齋集》一册，亦手寫開雕者也。孫淵如《問字堂集》有《昭陵陪葬名位考》。所謂宇文士及陪陵，與《金石志》蕃王刻石之考證，援據特詳，前人未之及者也。有足補是書之缺者，文繁不錄。蕃王刻石，謂薩寶王贊普、新羅王女真德，刊石象形於昭陵元闕之下。然是書所錄《謁昭陵記》，亦言諸蕃君長刻石肖其狀貌，拱立享殿之前矣。同時，張力臣亦嘗親至昭陵，勘驗繪圖，作《昭陵六駿贊辨》，其嗜古與來齋同。是書第五卷專記石馬原委，參考尤詳，可互勘也。吾粵葉雲谷農部曾刻是書，而訛舛實甚，茲得冕士廣文藏本勘訂，始臻完善，殆還舊觀，特重鋟版焉。咸豐癸丑端陽後一日，南海伍崇曜謹跋[二]。

【校勘】

[一]伊秉綬、葉夢龍二跋，據道光本補。

[二]伍崇耀跋，據咸豐本補。末有校云："按本文原有兩篇，其一'搜羅廣博'句下有'鑒別尚頗詳審'六字，又'有昭陵陪葬名位考'句下增'援據特詳'四字，'所謂宇文士及陪陵，與《金石志》蕃王刻石之考證'句下無'援據特詳'四字，另增'則星衍有力焉'六字，'而訛舛特（按正文作"實"）甚'至'特重鋟版焉'二十八字作'板已不存，特重付剞劂焉'十字，餘皆重複，今刪去，並録其異文於此。"

漢甘泉宮瓦記

［清］林佶 著

點校前言

　　《漢甘泉宮瓦記》，清林佶撰。林佶，字吉人，號鹿原，侯官（今福州）人。林侗之弟。康熙三十八年（1699）舉人，五十年（1711）欽賜進士，官内閣中書。書法各體俱佳，以收藏宏富著名。著有《樸學齋集》等。

　　秦漢宮觀之瓦，多於瓦頭篆字。和碑石相比較，瓦當出土者少，一直到清初，見於著録者僅寥寥幾種。宋王闢之《澠水燕談録》載寶鷄縣民得“羽陽千歲”瓦，即秦武公羽陽宮瓦，爲瓦當之最早見於記載者。其後元李好文《長安志圖》、明曹昭《格古要論》等著作陸續開始著録，數量極爲有限。

　　順治十八年（1661），林侗在陝西淳化縣憑吊漢甘泉宮遺址。甘泉宮乃漢武帝時在秦林光宮的基礎上增廣而成，武帝常於此避暑。漢末至今，宮觀淪没。林侗此次訪得一瓦，上篆書“長生未央”四字。此瓦完整未損，林侗極爲寶愛，“如獲拱璧，裹以錦囊，注以名泉，時復爲之摩挲寶玩，俛仰太息，恍若置身西京以上”[1]。並常給當時尚爲孩童的林佶炫耀，稱“此不易得也”，“何異商周鼎彝”[2]。三十年後，仍視爲幸事，又作詩頌之，並邀四方友朋如朱彝尊等人唱和，頌其事，慨嘆漢之興衰。

　　康熙庚午（1690），林佶拓此瓦文，描述其形製，序其由來，共時人序跋詩歌輯爲一卷刊刻，題爲《漢甘泉宮瓦記》。題詩作序者有朱彝尊、王士禎、周在浚、陳壽祺、張潮、徐釚等著名學者，可謂學術界一大盛事。此編可看作第一部集中集録漢代瓦當的著述，雖僅涉及“長生未央”一種，對瓦當文的研究却有所推進。如陳壽祺所云：“如《甘泉宮瓦》由先生首發其端，爲近日言

---

[1]《漢甘泉宮瓦記》徐釚序。

[2] ［清］林侗著《來齋金石刻考略》卷上《甘泉宮瓦文》，（文淵閣）《四庫全書》本。

瓦當文之祖。"[1]

此書收入康熙間歙縣張潮所輯《昭代叢書》乙集卷三十九，目前所見有兩種刊本：一爲江寧蔡玘校本。其所收王士禛詩署名"王士正"，按雍正時，因"禛"字犯御諱，將王士禛改爲"王士正"，乾隆三十九年（1774）又改爲"王士禛"。則此本爲雍正元年（1723）至乾隆三十九年間刻本。另一本爲道光間吳江沈懋德世楷堂校刻本。此次點校以蔡玘本爲底本，世楷堂本爲校本。此書所收諸學者序、跋及詩，又有見於其人別集或其他著作者，如朱彝尊詩又見於林侗《來齋金石刻考略》及朱彝尊《曝書亭集》，整理時則用以他校。

---

[1] 《來齋金石刻考略》陳壽祺序，嘉慶本。

目　録

漢甘泉宮瓦題辭 ………………………………………………… 63

漢甘泉宮瓦記 …………………………………………………… 64

甘泉宮瓦記 ……………………………………………………… 66

　　吳江徐釚 …………………………………………………… 66

又詩 ……………………………………………………………… 67

　　常熟王譽昌 ………………………………………………… 67

　　祥符周在浚 ………………………………………………… 67

　　山陽張鴻烈 ………………………………………………… 67

　　平湖陸葇 …………………………………………………… 68

　　秀水朱彝尊 ………………………………………………… 68

　　山陽丘象隨 ………………………………………………… 68

　　新城王士禛 ………………………………………………… 69

跋 ………………………………………………………………… 70

　　長汀黎士宏 ………………………………………………… 70

　　東武李澄中 ………………………………………………… 70

跋 ………………………………………………………………… 72

四庫全書總目提要・漢甘泉宮瓦記 …………………………… 73

漢甘泉宮瓦題辭

余每見銅雀瓦研，輒詆爲贋物，不復寶愛，蓋其色澤、款識皆不足以動人，吳中駔儈類能爲之。後于曲阜孔君東塘許見漢銅尺，孔君因言其鄉農人往往于田中耕得古物。余恨不能爲彼田畯，循行阡陌間，或有所得。己卯夏，新城王阮亭先生以閩中林君吉人所著《漢宮瓦圖》郵示于余，余讀其記，知厥兄同人于田間瓦礫中得之，余又恨不能手把此瓦，一日三摩挲也。夫天下至賤而易壞者，無過于瓦，自漢武以迄于今，凡一千七百餘年，今此瓦不獨完好如故，且入土既久，古色爛然。物雖至賤，遂無難駕珪璧而上之，然苟非博雅好古如林君者，則此瓦暴露既久，又安知其不爲鉏犁之所破碎乎？獨是瓦之形，大抵狀如剖竹，今觀此圖，又似平圓如鏡，當是瓦之在檐牙者，其下垂之一端如此。恨無由向林君一質問之耳。夫漢家宮闕，萬戶千門，頗稱壯麗，即檐牙之瓦，當亦不下若干萬，而僅留此一片于零磚斷甓間，豈製此瓦之際，其時日干支獨勝耶？新安張潮題[一]。

【校勘】

[一] 新安，世楷堂本作"歙縣"。

漢甘泉宮瓦記

瓦徑五寸强，厚一寸弱，圍一尺六寸弱，銘四字。

　　右漢甘泉宮瓦，予家所藏也。甘泉宮址在今陝西淳化縣治山中。康熙辛丑，予兄同人與祝丈光遠自三原往遊其地，見道旁畔夫鋤田，積瓦礫如邱阜，皆隱隱有文，多刓缺不可識。因憩樹下，見有小物墳起者，剔之，獲此瓦，甚完好，字畫獨全，丞懷以歸。考《三輔黃圖》，甘泉宮一曰雲陽宮，秦始皇二十七年作，周十餘里。漢武帝建元中增廣之，周十九里。師古曰：秦林光宮在磨石嶺，嶺側有甘泉，故漢武建甘泉即取爲名。其嶺高出他山，距長安三百餘里，而能望見長安城堞。宮表有通天臺，雲雨悉在臺下。山中宮殿臺觀略與建章相比，百官皆有邸舍。帝嘗以五月避暑，八月歸。每邊警烽火通甘泉，以人主不常在長安[一]，故兩通之也。今去漢二千年，宮觀淪没，人亦無有向荒山古道而流連憑吊者。家兄短衣匹馬，裝回於夕陽隴畝之間。田夫牧豎，方且揶揄而怪訝之，乃適獲此瓦，以償其好事之願。吁，亦異矣。予庚子生于三原，家兄獲此瓦時，予始二歲。稍長，家兄輒舉以相示曰：此不易得也。既壯，學書，知摹古文奇字，乃知是物可貴。庚午，學作詩，漫爲歌以紀，家兄亦從而賦之，頗聞於人間，有屬和者。又四方博雅之士，多欲摹其文以爲傳翫，因考圖記，詳夫得之始末，俾覽者有徵焉。

【校勘】

［一］常，底本誤作“嘗”，據世楷堂本改。

◎ 漢甘泉宮瓦記

甘泉宫瓦記

吴江徐釚電發

甘泉宫瓦，閩中林子同人從父宦遊長安，於亂山中得之。徑五寸强，厚一寸弱，背平可研墨，以水漬之，有翡翠紋，如古彝器，即唐宋以來所謂瓦頭研也。蓋入土歲久，其質理亦温潤可愛。按，甘泉宫址在今淳化縣，距長安三百餘里，一曰雲陽宫。《史記》，秦始皇二十七年造，漢武帝建元中增廣之。雕文刻鏤，窮極奢侈，與柏梁、建章相埒。今至漢已久，遺迹都不可考，唯當年瓦礫，委棄荒烟野草中者，久而未泐，往往雜出於風霜兵火之餘，如此瓦者，字畫猶甚完好。余把玩久之，因思項籍入咸陽，阿房既焚，漢家創業，宜崇節儉，乃所爲長樂、未央，複閣飛樓，千門萬户，照耀於秦山渭水間者，周數十餘里，即今《三輔黄圖》《西京雜記》所載，抑何盛也。及至炎祚一移，玉城珠簾，化爲灰燼，雖片瓦僅存，亦久摧剥於樵夫牧豎之手，何意二千餘年，乃得博雅好古之士如林子者，長鑱木柄搜剔於荒崖殘塚之墟，懷之而歸，如獲拱璧，裹以錦囊，注以名泉，時復爲之摩挲寶玩，俛仰太息，恍若置身西京以上。則瓦之所遭，不厚幸也哉。甲戌五月，余客三山，同人令弟吉人出示此瓦，并摹其文示余，遂爲之記，再賦四絶句以寓憑吊云。

武帝乘龍事可哀，更無人到集靈臺。唯留一片甘泉瓦，曾照西京烽火來。集靈臺，李夫人葬處。

雲陽宫殿久摧殘，遺瓦猶同渭水寒。莫向銅駝問消息，金仙清淚不曾乾。

已無寶鼎薦芝房，碧瓦徒憐委路旁。猶勝臨漳老銅雀，不從臺畔看分香。

土花如繡色逾妍，拾取荒山夕照邊。留與詩人供嘯詠，夜深常得伴陳元。

又 詩

常熟王譽昌露湑[一]

地指雲陽是處哀，漫憑遺瓦想樓臺。金莖甲帳神仙窟，剩有長生兩字來。
磨洗鱗鱗片碧殘，自然鮮潤自清寒。當年雨露知多少，重疊苔痕漬未乾。
斲成員璧列文房，猶勒甘泉字在旁。不用龍晴開半勺，玉蟾蜍吐露華香。
霜毫冰繭共清妍，獻賦應隨到日邊。釋却褐衣臨即墨，明光殿上賜重元。

【校勘】

[一] 常熟，底本脱，據世楷堂本補。 露湑，底本脱，據世楷堂本補。

祥符周在浚雪客

瓦頭硯得自甘泉，製度應知元狩年。今日摩挲藏寶匣，不教衰草泣寒烟。
古朴知從西漢遺，通天臺閣入雲奇。依稀尚有長生字，如見東方奉御時。
高人吊古每流連，偏在荒殘水石邊。拾得瓦頭如拱璧，漢家遺蹟得君傳。
曾爲高僧記未央，雀臺遺物誤香姜。何期今日桐陰裏，老眼重觀古墨香。

山陽張鴻烈[一]

不見甘泉宮，猶見甘泉瓦。茲瓦未墮時，鱗次蒼苔下。兵戈歷歲年，陵谷
遞傾瀉。金玉爲塵沙，隨風肆飄灑。何期此物存，模文諒非假。林子具豪情，
拾得跨鞍馬。雄劍徒在匣，古陶時復把。默坐想秦灰，孰是長留者。

【校勘】

[一] 鴻，底本脱，據世楷堂本補。按張鴻烈，字毅文，號涇原，江南山陽人。

平湖陸葇_{義山}

平湖陸葇義山

丹青三代物，科斗古文書。偶得猶堪喜，專心更不虛。澄淘嚴冶鑄，瓨甀
重璠璵。認取長生字，銷炎憶玉魚。<small>瓦上細看是"長生未央"四字。</small>

海內真風雅，三山有二林。時宜俱不合，仙骨總非今。金石廬陵癖，嬋嬛
廣武淫。交游雖恨晚，猶許托同音。

秀水朱彝尊_{竹垞}

西京無書家，但有《急就》《凡將》篇。其後闕里闖，乃得五鳳二年甎。
滕公石室閟已久，文體偶詭乖自然。芝英鶴頭書，歲遠俱沉埋。孰能抉淵奧，
冥索崔張先。福州林侗婣蒼雅，袖中忽出甘泉瓦。長生未央字當中，逸態橫生
恣塗寫。定州漢廟不足珍，銅雀香姜盡流亞。吾聞甘泉本是祖龍之所遺，武帝
因而恢拓之。非無益壽延長字，今已蕩盡捐錙銖。金銅仙人別渭水，橼桷自毀
化作龍鱗而。當知是瓦定有鬼神護，不然安得團圞如鏡勿使纖毫虧。伊誰擅此
隸法古，毋乃史邈丞相斯，下至元封人物能爾爲。侗也好奇莫與並，韻揭硬黃
墨一挺[一]。裝池作冊要客題，重之不異焦山鼎。吾生大嗜金石文，南逾五嶺西
三雲。手披叢篁剪荊棘，殘碑斷塔搜秋墳。携歸蓬屋少香芸，壁魚散走飢鼠
嚙，蟲涎粉蛀徒紛紛。侗兮侗兮真好事，殿闕遺墟靡不至。短衣匹馬尋昭陵，
陪葬諸臣辨銜位，旁及降王一十四。右先咄咄左什咄，殿以阿那范頭利。舊史
缺略新史刪，侗也爲之考其次。試入儲藏蘭話堂，長物何論金一筥。君家嚴君
政不苛，至今秦地猶謳歌。年過八十尚健飯，丹砂不餌朱顏酡，循陔之養樂事
多。長生瓦兆本爲此，請君一日三摩挲。

【校勘】

[一] 韻，《曝書亭集》卷一八作"手"，《來齋金石》卷上"甘泉宮瓦文"條作"影"。

山陽丘象隨_{季貞}

陸離土鑑蠹雕蟲，廢址依稀認舊宮。可惜張華未相見，當時放失志圖中。
朝餘風露暮餘烟，古道荊榛有歲年。烽火舊連三百里，未央宮瓦落甘泉。
仔細長生兩字摹，長安八代帝王都。離宮別館知多少，鈞弋香魂倩玉奴。

清代陝西金石學著作十種

好古先生非好奇，收將遺瓦重人思。最憐世上敦龐氣，斲盡秦皇漢武時。

新城王士禛貽上

漢宮一百四十五《三輔黃圖》：漢畿千里，內外宮館一百四十五所，橫絕南山包九峻。未央建章最廣麗，渭北更起甘泉宮。甘泉之山化金碧，千門萬戶交玲瓏。通天臺高屹宮表，下瞰雲雨青濛濛。武皇求仙跨滄海，射魚牽犬東門東。《秦始皇紀》：立石東海，上以爲秦東門。孫卿已誅五利死，飛廉桂館猶巃嵸。上陵磨劍勢一變，雲陽烟草悲秋風。甲帳珠簾盡黃土，何況片瓦埋荒叢。林生好古極幽賾，短衣匹馬空山中。太乙壇邊吊鈎弋，悲歌躑躅斜陽紅。此瓦出土事非偶，長生古篆疑神工。濯以清泉襲綈錦，携歸嶺海光熊熊。令弟繪圖亟示我，使我懷古憂心忡。終南渭水舊遊歷，漢家陵闕隨飛蓬。豈知一瓦供賞識，遠與石鼓岐陽同。兄視羽陽羽，亦作棫弟銅雀，纖兒慎勿加磨礲。

跋

長汀黎士宏魁曾[一]

記戊辰入三山，晤林敏子先生，時年七十，坐臥小園，頗饒樹石之勝。季君吉人他出，得交其長君同人[二]，并見同人所著《昭陵墨蹟考》，曾跋數行歸之。今更見其《漢瓦圖説》，園陵寢殿，久已化爲冷雨寒風，一二零甋斷甓何足有。無乃同人得此，寶惜珍藏[三]，吉人作記，語尤凄麗。一時學士大夫又從而歌之咏之，使二千年間成敗興亡歷歷在眼，豈徒其物之謂哉？聞敏子健甚，率諸子閉户著書，興復不淺。人生何事，抑唯適志爲歡耳。父子兄弟，以文章名德，標長風流，享人世不争之福，覺穎川朗陵，去人不遠矣。

【校勘】

[一] 魁，底本誤作“妮”，據世楷堂本改。按黎士宏字魁曾。

[二] 長，底本誤作“良”，據世楷堂本改。

[三] 惜，底本誤作“情”，據世楷堂本改。

東武李澄中漁村

丙寅歲，余在京師，曾爲人題未央瓦硯，已不復記憶矣。丁丑秋，來閩中，與林子吉人交。一日偕丘洗馬季貞過樸學齋，林子出其兄同人所藏甘泉宮瓦頭硯相示，上有“長生甘泉”四字，其樸質古茂，與“未央”迥殊。余家有季孫行父所城口古瓦二葉，其質甚堅，瓦口有籀文，一曰千秋，一曰萬歲，字畫圓潤可愛，叩之作金石聲。今觀此瓦，正與相類，其爲甘泉舊物無疑。覺未央、銅雀，不辨而知其贋矣。甘泉宮在陝西淳化亂山中，同人於旅次不意而搜得之，揭以爲册，命海内詩人題咏之，備矣。嗟乎！以武帝之雄才大略，其所開拓，西過玉門，南至於海，即今之七閩、兩粵，皆其地也。

清代陝西金石學著作十種

漢祚既移，今所流傳於人間者，獨有數瓦在耳。余爲紀其始末而歸之，且以誌人代之感焉。

跋

　　古者，宮殿之瓦，其色黝然，與民間無異，特精粗不同耳。後世創爲琉璃之窑，雖不知始于何時，然觀小李將軍所畫宮圖，與近代無異，則是宮瓦黄綠之色，自隋唐間當已有之。因讀林君《漢瓦記》，偶筆于此，以俟博雅好古者詳考焉。新安張潮[一]。

【校勘】

［一］新安，世楷堂本作“歙縣”。

四庫全書總目提要·漢甘泉宮瓦記

漢甘泉宮瓦記一卷福建巡撫採進本

國朝林佶撰。佶字吉人，侯官人。康熙己卯舉人，直武英殿。壬辰特賜進士，授内閣中書。此瓦乃佶之兄侗得於陝西石門山中，琢以爲研，今其後人猶藏之。瓦背一印，外圓，而中以格斗界之，字隨格斗作三角形，其文曰"長生未央"，世亦多有拓本。王士禎詩注及此卷末張潮跋[一]，均以爲"長生甘泉"四字，誤也。

【校勘】

[一] 張潮，據上文，誤爲"長生甘泉"者爲李澄中。

雍州金石記

[清] 朱楓 著

點校前言

一

朱楓，字近漪，號排山，浙江杭州人[1]。生於康熙乙亥（1695）[2]，卒年不知，其詩文題署時間最晚爲“甲午冬日”，即乾隆三十九年（1774），時年八十。布衣終身[3]。

乾隆十六年（1751），朱楓之子家濂任醴泉令，朱楓隨其入陝[4]。二十一年（1756），朱楓回鄉治本生父喪，事畢再至秦[5]。二十五年（1760），朱家濂調任閡鄉縣令，朱楓遂離陝歸鄉[6]。朱楓在陝十年，搜訪金石，撰成《雍州金石記》十卷、《記餘》一卷。又著成首部研究瓦當的專著《秦漢瓦圖記》四卷、《補遺》一卷。另外，又有專考三代刀布錢幣的《古金待問録》四卷、《餘》一卷、《補遺》一卷，收其所藏錢塘古幣百餘，皆附以圖形；詩集有《排山小集》八卷、《續集》十二卷，所收詩歌淡雅自然，不事修飾；印集則有《叢話印徵》[7]。

朱楓自云“夙有金石之癖”，他熟悉歐、趙等宋人金石著作，以及近人

---

[1] 據《（乾隆）杭州府志》所引朱楓友人童鈺《二樹遺集》，謂朱氏仁和人；《（乾隆）續河南通志》、朱楓友人桑調元《發甫集》等又稱其爲錢塘人。均在今浙江杭州。

[2] 見清倪模《古今錢略》卷二十八。

[3] 據桑調元《發甫集》卷十《朱節母詹太君傳》，謂朱楓在母亡後，“未嘗以降服減哀不治舉業”，後其子家濂“卒以儒起家”，則朱楓似曾治舉業而未中。

[4] 朱楓《雍州金石記·序》《排山小集·序》《秦漢瓦圖記·序》均云“歲辛未”即乾隆十六年入陝，然《（乾隆）西安府志》則載朱家濂任醴泉縣令在乾隆十七年。

[5] 《排山小集》卷四《和發甫先生見懷原韵並序》：“丙子春，楓自秦歸里，治本生考葬，事畢再至秦川。”

[6] 《排山小集》卷七《青岑遺稿序》云“余於丙子、庚辰兩歸故里”；《（乾隆）閡鄉縣志》載朱家濂乾隆二十六年任縣令。則朱楓當於二十五年回鄉。

[7] 見《（乾隆）杭州府志》卷五九。

◎ 雍州金石記

顧炎武、朱彝尊、林佶等人的金石研究和收藏，對各家得失了然於心。自己也有意收藏，但是由於"僻處海隅"，遠離金石出土最多的秦地，遥莫能致。因此，在陝"遲留十載"，爲他搜訪金石文字提供了極大便利，讓他得償夙願。[1]

朱楓的同庚友人昌平陳浩曾爲其《排山小集》作序，對於朱楓在陝西的這段生活有這樣的描述："居常布衣芒履，坐卧一室，出則蹇驢短杖，徜徉山水間，搜訪前代金石文字，著爲考辨，往往補古人所未備。"遊覽名勝、搜訪金石，成了他日常的重要活動。朱楓善作詩，其《排山小集》卷一爲"秦川詩"，記録了他的這類活動，如《烟霞洞》詩，記其遊烟霞洞，"古洞緣溪入，秋陰一徑深"，詩末注云："方榻虞恭公諸碑。"烟霞洞在醴泉九嵕山下，正是唐太宗昭陵所在地，碑石較多，其《雍州金石記》中虞世南等十餘碑刻當是此次訪得。又如《遊終南山》其一云"昔讀王裴詩，近榻摩羯圖有石刻"。

《雍州金石記》所收並非聽聞或抄撮他書，均據作者親見碑石或拓本，其訪碑之勤苦過程，在書中也有詳細描述，如《記餘》"花塔寺"條：

嘗閱顧寧人《金石文字記》有花塔寺種種造佛記讚，心竊慕之。至西安，即日訪焉。寺在南門內，向名寶慶寺，以寺中塔嘗以五彩塗之，俗呼花塔寺。寺已頹落，於佛座下覓之，了不可得。至殿之後檐，有石佛砌檐下，座下得記銘三種，喜之不勝。以顧記尚夥，遍覓之，無有也。久之，重至西安訪之，又於後殿之前檐得銘記三種，亦在石佛座下，以初至時其下積薪，今薪徙而記見也。因思尚有花臺銘，或在檐右，爲土胚所掩，徘徊久之而返。又歲餘，再過其地，土胚移而花臺銘見矣。銘爲《虢國公揚花臺銘》，顧氏所記微誤，已詳《記》中矣。詢之寺僧，云石佛舊在塔上，塔圮不復安塔中，故置此耳。仰瞻塔上，尚有石佛，命工鉤梯而上，又得王璿《石龕阿彌陁像銘》及梁義深等九人題名。寺內幾無遺刻，向非再三求之，所遺多矣。

書中所收碑刻均是作者如此勤苦搜訪所得，也正如作者在《記餘》裏所説："訪古者不得輒誇親至，所當一過再過耳。"因爲都是第一手文獻資料，也就決定了此書具有珍貴的史料價值。

除了親自搜訪之外，朱楓和秦地的金石愛好者、拓工等多有來往。可以考

---

[1] 見朱楓《雍州金石記·序》、《排山小集》卷一《秦漢瓦頭榻本歌並序》、《古今待問録·序》等文自述。

知的有：屈耕野字良耜，郃陽人，秀才，乾隆二十四年（1759）曾助孫景烈修《郃陽縣志》[1]，其餘不詳。王若愚，渭南人，康熙五十九年舉人[2]。車聘岩爲一碑拓商人，其車氏家族的碑石拓本在整個清代都很有名。

辛勤搜訪，並和當地學者、碑估往來交流，朱楓十年間收獲較豐，碑石、瓦當、古錢等皆有收藏，在此基礎之上，著成了《雍州金石記》《秦漢瓦圖記》《古金待問錄》等著作。

二

《雍州金石記》的成書過程，朱楓在書前自序里有詳細的講述：

宋人多留意金石文字，如歐陽永叔、劉原父、呂進伯、趙明誠、董逌、黃長睿、薛紹彭諸君。而歐陽永叔、趙明誠之書，至今盛傳於世。余觀近人記載及余所收，多有二書所未載者。以二書所收遍宇内，愛博而不專，且一人之耳目有限，遠莫能致，則寄耳目於人，安能若己之篤好而勤求耶？余於辛未入秦，遲留十載，其地爲周秦漢唐故都，金石遺文，所在皆有。余夙有金石之癖，暇則策騫行游，逢古碑則坐卧其旁，流連竟日，或宿山寺，或問樵牧，不少倦也。積之又久，得漢唐碑二百種，其五代及宋元，槩置弗録。中有古人所未見者，十猶二三焉。碑存而未獲者，疑無幾矣。題曰《雍州金石記》，誌一方之所得也。

此書初刊於乾隆二十四年（1759），其時金石學剛剛復興，著作尚少，僅有顧炎武《金石文字記》、黃宗羲《金石要例》、朱彝尊《曝書亭金石文字跋尾》等少量著作流傳；畢沅等學者專記秦地金石的著作問世也都略晚於《雍州金石記》。正如道光年間李錫齡輯刻《雍州金石記》時在序言里所説的"創始者難工，繼起者易備"，作爲清代最早記載秦地金石的著作，《雍州金石記》雖然聲名遠遜後出諸書，但是在金石學研究中仍然有一定價值。

《雍州金石記》十卷所收碑石共一百八十九種，以唐爲主，唐前十三種，唐代一百七十六種。每種先述其所在、形製。碑文已見於《金石録》《集古録》《石墨鐫華》《金石文字記》等前代金石著作的，則挈其要略，有異同者辨誤；未見於前代書目記載的，則詳録碑文；碑文與史書相關記載有異者，則

[1]　《（乾隆）郃陽縣志》卷四。

[2]　《（雍正）陝西通志》卷三二。

加以考辨。

《記餘》一卷，和前十卷體例不同，内容較雜。主要包括：第一，因種種原因没有收入前十卷的。如《乾陵碑》未見字迹，《西嶽祠殘碑》遭火焚崩頹，《温泉池石》文字漫滅不可識，《六馬贊》了無一字可識，李靖《上西嶽書碑》爲僞石，《條子聖教序》爲明代秦藩刻石，不在前十卷收録範圍。

第二，追述前十卷所録碑石後來的命運。如《房玄齡碑》，正文記載其可識者約六百字，《記餘》則説“近聞此碑已爲鄉人所毀，了無一字可識矣”；又如作者所藏《萬年宫碑陰》拓片，後來離陝回鄉時“携至漢江，爲水所淹，惜不得盡記之，至今悵悵也”。

第三，述得碑之經過。如卷八已收《美原田真人碑》，《記餘》則記搜訪此碑的曲折經歷：

富平縣美原鎮有田真人碑，模王右軍書。又富平之六井有石幢，康玠行書，土人皆禁椎搨，云搨之輒雨雹。求之久而未得，以語車聘岩，曰易耳。未幾，携二紙而來。云於夜間搨得，人固弗知，雹亦無有。愚人之惑，皆此類也。

又有聽説但今不知其處者，則叙述其訪而不得的經過。如《温泉碑》《常醜奴李使君碑》《漢石經》等。

《雍州金石記》的版本，有乾隆二十四年（1759）刻“朱近漪所著書”本，爲最早刻本，《販書偶記續編》有著録；此外又有乾隆六十年（1795）刻本，道光二十七年（1847）李錫齡輯刻《惜陰軒叢書》本，1935年王雲五主編、商務印書館出版《叢書集成初編》本等。此次整理所用底本爲乾隆二十四年本，以《惜陰軒叢書》本（簡稱惜陰軒本）、《叢書集成初編》本（簡稱叢書集成本）爲校本。

三

《雍州金石記》一書在長安金石學研究中有著比較重要的地位，其史料價值主要體現在以下幾個方面：

第一，《雍記》所録碑誌多可補史書之缺，雖然這些碑誌很大一部分已見於他書著録，如前出之歐陽修《集古録》、趙崡《石墨鐫華》、顧炎武《金石文字記》等，但由於朱楓所據均爲其親見，因此多能糾他書之謬誤。

如卷一所收《析里橋郙閣頌》，作者所見碑文稱“太守漢陽阿陽李君諱翁”，而《集古録》作“太守阿陽李會”，脱“漢陽”二字，且誤讀“君”爲“會”字。

又如卷四《虢國公揚花臺銘》條，指出顧氏《金石文字記》題作《虢國公主花臺銘》，顯誤；卷二《尚書張胤碑》條，誌主張胤官爵與兩《唐書·儒學傳》張後胤相同，可證爲一人，兩《唐書》名誤。而《金石文字記》《石墨鐫華》録此誌仍稱張後胤；卷五《景龍觀鐘銘》在西安府迎祥觀鐘樓上，非《石墨鐫華》《金石文字記》等所言在朱雀街鐘樓上。

又畢沅《關中金石記》、王昶《金石萃編》等略晚於《雍州金石記》，後出轉精，特別是《金石萃編》，例來被視爲清代金石學集大成的著作，向爲後人所重。但《雍州金石記》問世之後不數年間，很多碑石在流傳過程中已經産生文字漫滅舛誤等問題，因此《雍州金石記》具有重要校勘價值。

如卷二所收《懿公張琮碑》，《石墨鐫華》《金石文字記》均未載，《金石萃編》卷四五收録，并在文後加按語曰：“此碑首題僅存‘唐’字、‘光’字、‘刺史’、‘上柱國’字，餘皆泐，文亦但稱‘君諱琮，字文瑾，武威姑臧人也’，不署姓某。《雍州金石記》所見拓本有‘張府君碑’字，知其爲張琮也。”可知如果沒有《雍州金石記》的記載，誌主姓名就無從得知了。又此碑“黎陽公于□□撰”之下，《雍州金石記》所録尚有“備身万至”四字，朱楓加按語曰“疑是書人”，而《金石萃編》缺載，至清末朱翼盦《歐齋石墨題跋》則云“至”字已不可辨。

又如《化度寺僧海禪師墳記》，最早見於《雍州金石記》，毛鳳枝《關中金石文字存逸考》卷三據《雍州金石記》録文，後加按語，云此石久佚，作者曾見一重摹本，録文與《雍州金石記》互有異同。其中碑文末句，《雍州金石記》所録爲：“永徽五年十一月八日卒，禪衆以顯慶二年四月八日於信行禪師所起方墳焉。”而另一拓本於“卒”下多一“於”。吴剛主編《全唐文補遺》第二輯收録此文，所據當即後一拓本，末句斷爲：“永徽五年十一月八日卒於禪，衆以顯慶二年四月八日於信行禪師所起方墳焉。”文意遂了不可解。

第二，《雍州金石記》自序言所收金石“中有古人所未見者，十猶二三焉”，這部分碑石首見於此書，其中又有相當一部分後世已經亡佚，因此《雍州金石記》所載雖隻言片語，亦彌足珍貴。

如《王三娘壙記》，僅見於《雍州金石記》，成書於咸同年間的毛鳳枝《關中金石文字存逸考》據《雍州金石記》錄文，并說"此石今久逸矣"；又《道安禪師塔記》最早見於《雍州金石記》，《金石萃編》所錄即據《雍州金石記》。

第三，碑石在流傳過程中，因爲很多自然和人爲的原因，往往産生文字漫滅、舛誤、亡佚等問題，《雍州金石記》往往詳細記載碑石的命運，對於我們了解其流傳變遷過程很有價值。

如卷二《九成宮醴泉銘》記此銘"近爲俗子開鑿一二字"，當時已爲人所損壞；卷三所收《昭公崔敦禮碑》，《石墨鐫華》亦載，云有千餘字，而到《雍州金石記》則僅存百餘字；《華嶽題名碑》，《金石文字記》載題名九十二人，至《雍記》已少三十人；《進法師塔銘》，《石墨鐫華》云磨泐僅存形似，至《雍記》則云："今更漫滅，并書撰人亦不能辨。"

又如《馮十一娘墓誌》，李慧主編《陝西石刻文獻目錄》著錄，云此石乾隆年間出土，已佚。《雍州金石記》卷六則說："此石寶鷄鄉人於土中得之，以爲玉也，携賣於市，久而無售，遂棄道旁。寶鷄丞王君若愚，好古士也，取而藏之。聞余記關中金石，搨以相寄。"詳細講述了此誌出土的經過。

四

《雍州金石記》很少爲今人利用，其中原因，首先在於此書的編纂體例，所收碑文不引全文，只撮其文義而節錄，這是當時學術風氣使然，此書正是模仿其引用最多的趙崡《石墨鐫華》、顧炎武《金石文字記》等，重在辨正誤，正同異，而不是完整保存文獻，因此極不便於利用。

其次，作者錄文、辨誤多有失誤之處。如，唐代宦官孫志廉的墓誌銘，現有拓片存世，《雍州金石記》誤其名爲"孫志廣"；《段行琛碑》，《雍州金石記》和《金石萃編》均有收錄，其中段行琛祖父之名，《雍州金石記》作"振"，《金石萃編》作"操"。原石已佚，根據現存宋拓，"操"是而"振"非。

又，凡碑石已見於他書記載的，《雍州金石記》多照錄原書，如《顏氏家廟碑》，因顧炎武《金石文字記》已收錄，朱氏雖親見碑石，還是照抄顧氏所録，未加辨別。此碑現存碑林博物館，其中顔真卿叔父輩有一名爲"辟强"者，顧氏誤記爲"辟疆"，朱氏亦沿其誤。

朱氏對於他書記載與己之所見不同的均加以辨誤，多能糾正他書之謬，但是也偶有失誤之處。如卷九《内侍李輔光墓誌》：

題曰"唐故興元元從、正議大夫、行内侍省内侍李公墓誌銘，朝議郎、行尚書刑部員外郎崔元略撰，宣德郎、前晋州司法参軍巨雅書。"略云："公諱輔光，字君肅，涇陽人。……門吏晋州司法叅軍巨雅，以元略長兄嘗賓於北府，以元略又從事中都，俱飽内侍之德，見托爲誌，勒之貞石。"按書人巨雅乃崔元略之兄，以弟已書姓於前，故止書名耳。《石墨鐫華》《金石文字記》俱作"巨雅書"，是以巨雅爲姓名，不知其爲崔姓，誤矣，細讀墓誌，當自得之。

此處作者讀碑有誤，巨雅非元略長兄，《石墨鐫華》《金石文字記》不誤，朱氏辨正爲誤。

正由於此，《雍州金石記》雖其成書略早，却不大爲人關注。雖然已有學者對此書加以利用，如卷五載賈餗《謁華嶽廟詩》，與《金石萃編》所收録文字有多處異文，陳尚君先生《全唐詩補編》輯此詩，即據《金石萃編》録文，并以《雍州金石記》校其異；《全唐文補遺》也利用《雍州金石記》輯録了部分唐文。但是這種利用還遠遠不夠，大多數相關著作都很少提及此書，如李慧主編《陝西石刻目録文獻輯存》，對於《雍州金石記》所載相當一部分不見於他書的碑石，都没有收録。因此，今後應該對此書作進一步研究，使其能夠爲更多的學者所關注，充分發揮其應有的作用。

◎ 雍州金石記

目 録

序 …………………………………………………………………… 93

原書目録 …………………………………………………………… 94

卷 一 ……………………………………………………………… 102

  秦 ………………………………………………………………… 102

    嶧山石刻 ………………………………………………………… 102

  漢 ………………………………………………………………… 102

    郃陽令曹全碑并陰 ……………………………………………… 102

    析里橋郙閣頌 …………………………………………………… 105

    十三字殘碑 ……………………………………………………… 105

  魏 ………………………………………………………………… 106

    十八字殘碑 ……………………………………………………… 106

  晋 ………………………………………………………………… 106

    蘭亭序 …………………………………………………………… 106

  後周 ……………………………………………………………… 106

    華嶽頌 …………………………………………………………… 106

  隋 ………………………………………………………………… 107

    佛座記 …………………………………………………………… 107

    淮安定公芬殘碑 ………………………………………………… 107

    同州舍利塔額 …………………………………………………… 108

    李淵爲子祈疾疏 ………………………………………………… 108

    智永千文 ………………………………………………………… 108

    賀若誼碑 ………………………………………………………… 109

卷　二 ……………………………………………………………… 110

　唐 ………………………………………………………………… 110

　　宗聖觀記 …………………………………………………… 110

　　皇甫誕碑 …………………………………………………… 110

　　寶室寺鐘銘 ………………………………………………… 111

　　昭仁寺碑 …………………………………………………… 111

　　孔子廟堂碑 ………………………………………………… 111

　　九成宮醴泉銘 ……………………………………………… 112

　　虞公溫彥博碑 ……………………………………………… 112

　　懿公張琮碑 ………………………………………………… 112

　　褒公段志玄碑 ……………………………………………… 113

　　國子祭酒孔穎達碑 ………………………………………… 113

　　高唐公馬周碑 ……………………………………………… 113

　　梁公房玄齡碑 ……………………………………………… 114

　　芮公豆盧寬碑 ……………………………………………… 114

　　大唐三藏聖教序并記 ……………………………………… 114

　　萬年宮銘 …………………………………………………… 114

　　定公韓良碑 ………………………………………………… 115

　　獻公薛收碑 ………………………………………………… 115

　　化度寺僧海禪師墳記 ……………………………………… 115

　　尚書張胤碑 ………………………………………………… 116

　　衛公李靖碑 ………………………………………………… 116

卷　三 ……………………………………………………………… 117

　唐 ………………………………………………………………… 117

　　王居士磚塔銘 ……………………………………………… 117

　　蘭陵長公主碑 ……………………………………………… 117

　　夫人程氏塔銘 ……………………………………………… 118

　　許洛仁碑 …………………………………………………… 118

　　大唐三藏聖教序并記 ……………………………………… 118

　　道安禪師塔記 ……………………………………………… 118

　　王三娘墳記 ………………………………………………… 119

　　道因法師碑 ………………………………………………… 119

比丘尼法願墓誌銘 ·· 119

騎都尉李文墓誌銘 ·· 119

清河長公主碑 ·· 119

燕公于志寧碑 ·· 120

淄川公李孝同碑 ·· 120

大唐三藏聖教序記并心經 ·· 121

薛公阿史那忠碑 ·· 121

内侍張阿難碑 ·· 121

英公李勣碑 ·· 121

申公高士廉塋兆記 ·· 122

康公褚亮碑 ·· 122

晉州刺史順義公碑 ·· 122

卷　四 ·· 123

唐 ·· 123

莒公唐儉碑 ·· 123

鄂公尉遲敬德碑 ·· 123

姜遐斷碑 ·· 123

昭公崔敦禮碑 ·· 124

珍州榮德縣丞梁師亮墓誌銘 ·· 124

明堂令于大猷碑 ·· 124

順陵殘碑 ·· 125

高延貴造阿彌陁像記 ·· 126

韋均造佛像銘 ·· 126

蕭元眘造佛讚 ·· 126

李承嗣造阿彌陁像記 ·· 126

姚元景光宅寺造佛像銘 ·· 126

楊將軍新莊像銘 ·· 126

虢國公揚花臺銘 ·· 126

石龕阿彌陁像銘 ·· 127

花塔佛像題名 ·· 127

隆闡法師碑 ·· 127

比丘尼法琬碑 ·· 127

紀國陸先妃碑 …………………………………… 128

許公蘇瓌碑 …………………………………… 129

卷　五 …………………………………………… 130

唐 ……………………………………………… 130

景龍觀鐘銘 …………………………………… 130

涼國公契苾明碑 ……………………………… 130

兗州都督于知微碑 …………………………… 131

雲麾將軍李思訓碑 …………………………… 132

尹尊師碑 ……………………………………… 132

華嶽精享昭應之碑 …………………………… 133

華嶽題名 ……………………………………… 133

賈竦謁華嶽廟詩 ……………………………… 134

述聖頌 ………………………………………… 135

告嶽神文 ……………………………………… 135

祈雨記 ………………………………………… 135

王宥等題名 …………………………………… 136

嶽廟題名殘碑 ………………………………… 136

卷　六 …………………………………………… 137

唐 ……………………………………………… 137

馮十一娘墓誌 ………………………………… 137

鎮軍大將軍吳文碑 …………………………… 137

御史臺精舍碑 ………………………………… 138

內侍高福墓誌銘 ……………………………… 138

淨業法師塔銘 ………………………………… 138

涼國長公主碑 ………………………………… 138

左領軍衛將軍乙速孤神慶碑 ………………… 139

右武衛將軍乙速孤行儼碑 …………………… 139

思恒律師誌文 ………………………………… 140

佛頂尊勝陁羅尼經石幢 ……………………… 140

比丘尼法澄塔銘 ……………………………… 141

比丘尼堅行禪師塔銘 ………………………… 141

代國長公主碑 ………………………………… 141

清代陝西金石學著作十種

美原縣尉張府君墓誌銘 …………………………………… 142

大智禪師碑 ………………………………………………… 142

進法師塔銘 ………………………………………………… 142

比丘尼惠源和上誌銘 ……………………………………… 143

祠部員外郎裴積墓誌 ……………………………………… 143

夢真容碑 …………………………………………………… 144

卷　七 ……………………………………………………… 145

　唐 ………………………………………………………… 145

金仙長公主碑 ……………………………………………… 145

鄎國長公主碑 ……………………………………………… 145

褒封四子敕 ………………………………………………… 145

陁羅尼經頌序石幢 ………………………………………… 146

玄元靈應頌 ………………………………………………… 146

孝經 ………………………………………………………… 146

竇居士神道碑 ……………………………………………… 147

周夫人墓誌銘 ……………………………………………… 147

金剛經石幢 ………………………………………………… 147

崇仁寺陁羅尼咒石幢 ……………………………………… 147

多寶佛塔感應碑 …………………………………………… 148

楊珣碑 ……………………………………………………… 148

內侍孫志廉墓誌 …………………………………………… 148

贈工部尚書臧懷恪碑 ……………………………………… 149

臨淮王李光弼碑 …………………………………………… 149

張希古墓誌銘 ……………………………………………… 149

左金吾衛將軍臧希晏碑 …………………………………… 150

郭敬之家廟碑并陰 ………………………………………… 150

卷　八 ……………………………………………………… 152

　唐 ………………………………………………………… 152

太子賓客白道生碑 ………………………………………… 152

先塋記 ……………………………………………………… 152

三墳記 ……………………………………………………… 152

美原田真人碑 ……………………………………………… 153

◎ 目録

陁羅尼經石幢銘 ……………………………………………… 153

慈州刺史王履清殘碑 ………………………………………… 153

清源公王忠嗣碑 ……………………………………………… 153

高力士殘碑 …………………………………………………… 154

無憂王寺真身寶塔碑 ………………………………………… 154

贈揚州都督段行琛碑 ………………………………………… 154

顏魯公與郭僕射書 …………………………………………… 155

顏氏家廟碑 …………………………………………………… 155

顏魯公奉使蔡州書 …………………………………………… 156

光禄卿王訓墓誌 ……………………………………………… 156

景教流行中國碑 ……………………………………………… 157

不空和尚碑 …………………………………………………… 157

吳嶽祠堂記 …………………………………………………… 157

李元諒懋公昭德頌 …………………………………………… 158

卷　九 ……………………………………………………………… 159

　唐 ………………………………………………………………… 159

姜嫄公劉廟碑 ………………………………………………… 159

聖母帖 ………………………………………………………… 159

懷素藏真律公二帖 …………………………………………… 159

草書千文 ……………………………………………………… 159

同州澄城令鄭楚相德政碑 …………………………………… 160

保唐寺燈幢贊 ………………………………………………… 161

尊勝碑打本 …………………………………………………… 161

大德塔銘 ……………………………………………………… 161

劍州長史李廣業碑 …………………………………………… 161

楚金禪師碑 …………………………………………………… 162

內侍李輔光墓誌 ……………………………………………… 162

邠國公功德銘 ………………………………………………… 163

西平郡王李晟碑 ……………………………………………… 164

魏公先廟碑 …………………………………………………… 165

佛頂尊勝陁羅尼經并序 ……………………………………… 165

義陽郡王符璘碑 ……………………………………………… 165

清代陝西金石學著作十種

梓州刺史馮宿碑 ……………………………………166

卷　十 ……………………………………………………168

　唐 ………………………………………………………168

　　國子學石經 ……………………………………168

　　慈恩寺法師基公塔銘 …………………………170

　　大遍覺法師玄奘塔銘 …………………………171

　　寂照和上碑 ……………………………………171

　　大達法師玄秘塔碑銘 …………………………171

　　陁羅尼神咒石幢 ………………………………172

　　周公祠靈泉碑 …………………………………172

　　杜順和尚行記 …………………………………172

　　圭峰定慧禪師傳法碑 …………………………173

　　郎官題名石柱 …………………………………173

　　滻河石幢 ………………………………………174

　　瑯琊王氏夫人墓誌銘 …………………………174

　　內侍吳承必墓誌 ………………………………174

　　僧彥脩草書 ……………………………………175

　　張旭肚痛帖 ……………………………………175

　　重脩法門寺塔廟記 ……………………………175

　　三階禪師碑額 …………………………………175

　　尊勝陁羅尼經咒石鼓 …………………………176

雍州金石記餘 …………………………………………177

　　房梁公碑 ………………………………………177

　　西嶽頌 …………………………………………177

　　花塔寺 …………………………………………177

　　蒼頡碑 …………………………………………178

　　萬年宮碑陰 ……………………………………178

　　李靖李世勣碑陰 ………………………………178

　　田真人等碑 ……………………………………179

　　石刻孟子 ………………………………………179

　　魏徵仆碑 ………………………………………179

　　乾陵碑 …………………………………………179

◎目録

上西嶽書碑 ……………………………………………………… 180

西嶽祠殘碑 ……………………………………………………… 180

溫泉池石 ………………………………………………………… 180

西嶽題名殘碑 …………………………………………………… 180

條子聖教序 ……………………………………………………… 181

溫泉碑 …………………………………………………………… 181

常醜奴李使君碑 ………………………………………………… 181

石幢 ……………………………………………………………… 181

昭陵各碑 ………………………………………………………… 182

漢石經 …………………………………………………………… 182

六馬贊 …………………………………………………………… 183

跋 ………………………………………………………………… 184

序

　　《清波雜志》言：鄭暘叔龘集荆、襄、川、蜀金石，刻爲《五路墨寶》，爲世所稱述。以暘叔身在其地，見聞既真，訪問亦易，故能若是其詳且備也。宋人多留意金石文字，如歐陽永叔、劉原父、吕進伯、趙明誠、董逌、黄長睿、薛紹彭諸君。而歐陽永叔、趙明誠之書，至今盛傳於世。余觀近人記載及余所收，多有二書所未載者。以二書所收遍宇内，愛博而不專，且一人之耳目有限，遠莫能致，則寄耳目於人，安能若己之篤好而勤求耶。余於辛未入秦，遲留十載，其地爲周秦漢唐故都，金石遺文，所在皆有。余夙有金石之癖，暇則策蹇行游，逢古碑輒坐卧其旁，流連竟日，或宿山寺，或問樵牧，不少倦也。積之又久，得漢唐碑二百種，其五代及宋元，概置弗録。中有古人所未見者，十猶二三焉。碑存而未獲者，疑無幾矣。題曰《雍州金石記》，誌一方之所得也。凡我同志，身之所經，足訂目考，人自爲書，海内之金石，各有其書矣。如歐趙諸公，得一人焉，秉筆彙而成册，不幾與古人爭烈乎哉。乾隆己卯秋日，朱楓近漪氏題於秦川之滴水草堂。

原書目録

卷一

秦嶧山石刻　李斯篆書

漢郃陽令曹全碑并陰　八分書

漢析里橋郙閣頌　八分書

漢十三字殘碑　八分書

魏十八字殘碑　八分書

晋蘭亭序　王羲之行書

後周華嶽頌　趙文淵八分書

隋佛座記　正書

隋淮安定公芬殘碑　正書

隋同州舍利塔頌　八分書

隋李淵爲子祈疾疏　行書

隋智永千文　行草書

隋賀若誼殘碑　正書

卷二　唐

宗聖觀記　歐陽詢八分書

皇甫誕碑　歐陽詢正書

寶室寺鐘銘　正書

昭仁寺碑　正書

孔子廟堂碑　虞世南正書

九成宮醴泉銘　歐陽詢正書

虞公温彦博碑　歐陽詢正書

懿公張琮碑　正書

褒公段志玄碑　正書

國子祭酒孔穎達碑　正書

高唐公馬周碑　殷仲容八分書

梁公房玄齡碑　褚遂良正書

芮公豆盧寬碑　正書

大唐三藏聖教序并記　褚遂良正書

萬年宮銘　高宗御書

定公韓良碑　王行滿正書

獻公薛收碑　正書

化度寺僧海禪師墳記　正書

尚書張胤碑　正書

衛公李靖碑　王知敬正書

卷三　唐

王居士磚塔銘　敬客正書

蘭陵長公主碑　正書

夫人程氏塔銘　正書

許洛仁碑　正書

大唐三藏聖教序并記　褚遂良書

道安禪師塔記　正書

王三娘墳記　正書

道因法師碑　歐陽通正書

比丘尼法願墓誌銘　正書

騎都尉李文墓誌銘　正書

清河長公主碑　正書

燕公于志寧碑　于立政正書

淄川公李孝同碑　諸葛穎正書

大唐三藏聖教序記并心經　集王右軍書

◎ 雍州金石記

薛公阿史那忠碑　正書

内侍張阿難碑　正書

英公李勣碑　高宗御書

申公高士廉塋兆記　正書

康公褚亮碑　八分書

晋州刺史順義公碑　正書

卷四　唐

莒公唐儉碑　正書

鄂公尉遲敬德碑　正書

姜遐斷碑　姜稀正書[一]

昭公崔敦禮碑　于立政正書

珍州榮德縣丞梁師亮墓誌銘　正書

明堂令于大猷碑　正書

順陵殘碑　相王旦正書

高延貴造阿彌陁像記　正書

韋均造佛像銘　正書

蕭元眘造佛讚　正書

李承嗣造阿彌陀像記　正書

姚元景光宅寺造佛像銘　正書

楊將軍新莊像銘　正書

虢國公揚花臺銘　正書

石龕阿彌陁像銘　王無惑書[二]

花塔佛像題名　正書

隆闡法師碑　行書

比丘尼法琬碑　正書

紀國陸先妃碑　正書

許公蘇瓌碑　盧藏用八分書

卷五　唐

景龍觀鐘銘　睿宗正書

涼國公契苾明碑　殷玄祚正書

兗州都督于知微碑　正書

雲麾將軍李思訓碑　李邕行書

尹尊師碑　八分書

華嶽精享昭應之碑　劉升八分書

華嶽題名　顏真卿正書

賈竦謁華嶽廟詩　正書

述聖頌　呂向正書

告華嶽文[三]　韓擇木八分書

祈雨記　李權八分書

王宥等題名　李權篆并分書

嶽廟題名殘碑　正書

卷六　唐

馮十一娘墓誌銘　正書

鎮軍大將軍吳文碑　集王右軍書

御史臺精舍碑　梁昇卿八分書

內侍高福墓誌銘　正書

净業法師塔銘　正書

涼國長公主碑銘[四]　玄宗八分書

左領軍衛將軍乙速孤神慶碑　正書

右武衛將軍乙速孤行儼碑　白義晊八分書

思恒律師誌文　正書

佛頂尊勝陁羅尼經石幢　正書

比丘尼法澄塔銘　彭王志暕行書

比丘尼堅行禪師塔銘　正書

代國長公主碑　正書

美原縣尉張府君墓誌銘　正書

大智禪師碑　史惟則八分書

進法師塔銘　正書

比丘尼惠源和上誌銘　正書

祠部員外郎裴積墓誌　裴朏正書

夢真容碑　蘇靈芝行書

卷七　唐

金仙長公主碑　玄宗行書

郋國長公主碑　玄宗八分書

褒封四子敕　正書

陁羅尼經頌序石幢　正書

玄元靈應頌　戴伋八分書

孝經　玄宗八分書

竇居士神道碑　段清雲行書

周夫人墓誌銘　正書

金剛經石幢　張賁行書

崇仁寺陁羅尼咒石幢　張少悌行書

多寶佛塔感應碑　正書

楊珣碑　玄宗八分書

內侍孫志廉墓誌　韓獻之行書

贈工部尚書臧懷恪碑　顏真卿正書

臨淮王李光弼碑　張少悌行書

張希古墓誌銘　田穎行書

左金吾衛將軍臧希晏碑　韓秀弼八分書

郭敬之家廟碑并陰　顏真卿正書

卷八　唐

太子賓客白道生碑　摯宗正書

先塋記　李陽冰篆書

三墳記　李陽冰篆書

美原田真人碑　模王右軍書

陁羅尼經石幢銘　康玠行書

清代陝西金石學著作十種

慈州刺史王履清殘碑　正書

清源公王忠嗣碑　王縉正書

高力士殘碑　行書

無憂王寺真身寶塔碑　正書

贈揚州都督段行琛碑　張增正書

顏魯公與郭僕射書　行書

顏氏家廟碑　真卿正書

顏魯公奉使蔡州書　行書

光禄卿王訓墓誌　澤王溰正書

景教流行中國碑　正書

不空和尚碑　徐浩正書

吳嶽祠堂記　冷朝陽行書

李元諒懋功昭德碑[五]　韓秀弼八分書

卷九　唐

姜嫄公劉廟碑　張誼正書

聖母帖　懷素草書

懷素藏真律公二帖　草書

草書千文　懷素書

同州澄城令鄭楚相德政碑　鄭雲逵正書

保唐寺燈幢贊　柳澈正書

尊勝經打本　正書

大德塔銘　王叔清正書

劍州刺史李廣業碑　正書

楚金禪師碑　吳通微正書

內侍李輔光墓誌　崔巨雅正書[六]

邠國公功德銘　正書

西平郡王李晟碑　柳公權正書

魏公先廟碑　柳公權正書

佛頂尊勝陁羅尼經并序　無可正書

義陽郡王符璘碑　柳公權正書

梓州刺史馮宿碑　柳公權正書

卷十　唐

國子學石經：《周易》《尚書》《毛詩》《周禮》《儀禮》《禮記》《春秋左氏傳》《公羊傳》《穀梁傳》《孝經》《論語》《爾雅》《五經文字》《九經字樣》

慈恩寺基公塔銘　建初正書

大遍覺法師玄奘塔銘　建初行書

寂照和上碑　無可正書

大達法師玄秘塔碑銘　柳公權正書

陁羅尼神咒石幢　正書

周公祠靈泉碑　正書

杜順和尚行記　董景仁行書

圭峰定慧禪師傳法碑　裴休正書

郎官題名石柱　正書

潨河石幢　正書

瑯琊王氏夫人墓誌銘　正書

內侍吳承必墓誌　行書

僧彥脩草書

張旭肚痛帖

重脩法門寺塔廟記　王仁恭正書

三階法師碑額　正書

尊勝陁羅尼經咒石鼓　正書

記餘一卷

【校勘】

[一] 稀，據卷四此條正文及今存此碑，當爲"晞"字之訛。

[二] "書"上，據卷四此條，脫一"正"字。

[三] 告華岳文，正文標題作"告嶽神文"。

［四］銘，據卷六此條，當衍。

［五］碑，卷八此條作"頌"。

［六］按，此碑書者巨雅非崔姓，此爲朱氏誤讀碑文。

卷　一

秦

嶧山石刻　李斯篆書

秦刻久亡，宋鄭文寶以徐鉉摹本刻石，在陝西西安府儒學。石裂爲三，共二百二十二字，石刻二面。鄭《記》録於左。

秦相李斯書《嶧山碑》，跡妙時古，殊爲世重。故散騎常侍徐公鉉酷牕玉箸，垂五十年，時無其比。晚節獲《嶧山碑》模本，師其筆力，自謂得思於天人之際，因是廣□己之舊跡[一]，焚擲略盡。文寶受業徐門，粗堅企及之志。太平興國五年春，再舉進士，不中，東適齊魯，客□□[二]，登嶧山，訪秦碑，邈然無睹。逮於旬浹，怊悵於榛蕪之下。惜其神蹤將墜於世，今以徐所授模本，刊□於長安故都國子學，庶博雅君子見先儒之指歸。淳化四年八月十五日，承奉郎、守太常博士、陝府□州水陸計度轉運副使[三]、賜緋魚袋鄭文寶記。

【校勘】

[一] □，據今存拓本爲“求”。
[二] □□，拓本作“鄒邑”。
[三] □，《金薤琳琅》卷二作“西諸”，然今存拓本似僅缺一字。

漢

郃陽令曹全碑并陰　八分書

明萬曆初於夏陽鎮郃陽舊城掊土得之，字畫完好，今移郃陽縣文廟中。此洪氏所未見，今録其文於左。

君諱全，字景完，燉煌效穀人也。其先盖周之冑，武王秉乾之機，剪伐殷商，既定爾勛，福祿攸同。封弟叔振鐸於曹國，因氏焉。秦漢之際，曹參夾輔王室，世宗廓土斥竟，子孫遷於雍州之郊，分止右扶風。或在安定，或處武都，或居隴西，或家燉煌，枝分葉布，所在爲雄。君高祖父敏，舉孝廉，武威長史、巴郡朐忍令、張掖居延都尉。曾祖父述，孝廉，謁者、金城長史、夏陽令、蜀郡西部都尉。祖父鳳，孝廉，張掖屬國都尉丞、右扶風隃糜侯相、金城西部都尉、北地太守。父琫，少貫名州郡，不幸早世，是以位不副德。君童齔好學，甄極𥹃緯，無文不綜，賢孝之性，根生於心。收養季祖母，供事繼母，先意承志，存亡之敬，禮無遺闕。是以鄉人爲之諺曰：重親致歡曹景完，易世載德，不隕其名。及其從政，清擬夷齊，直慕史魚。歷郡右職，上計掾史，仍辟涼州，常爲治中、別駕。紀綱萬里，朱紫不謬，出典諸郡，彈枉糾邪，貪暴洗心，同僚服德，遠近憚威。建寧二年，舉孝廉，除郎中，拜西域戊部司馬。時疏勒國王和德弑父篡位，不供職貢。君興師徵討，有吮膿之仁，分醪之惠。攻城野戰，謀若湧泉，威牟諸賁，和德面縛歸死。還師振旅，諸國禮遺，且二百萬，悉以簿官。遷右扶風槐里令。遭同產弟憂棄官，續遇禁罔，潛隱家巷七年。光和六年，復舉孝廉。七年三月，除郎中，拜酒泉福祿長。訞賊張角，起兵幽冀，兗、豫、荊、揚同時并動。而縣民郭家等復造逆亂，燒燔城寺[一]，萬民騷擾，人裹不安，三郡告急，羽檄仍至。於時聖主諮諏，群僚咸曰君哉，轉拜郃陽令。收合餘燼，芟夷殘迸，絕其本根。遴訪故老商量，僑艾王敞、王畢等，恤民之要，存慰高年，撫育鰥寡，以家錢糴米粟，賜癃盲。大女桃斐等，合七首藥、神明膏，親至離亭，部吏王宰、程橫等，賦與有疾者，咸蒙瘳悛[二]。惠政之流，甚於置郵，百姓襁負，反者如雲。䜅治廥屋，市肆列陳，風雨時節，歲獲豐年。農夫、織婦、百工，戴恩縣前。以河平元年遭白茅谷水，災害退，於戌亥之間興造城郭。是後舊姓及脩身之士，官位不登。君乃閔縉紳之徒不濟，開南寺門，承望華岳，鄉明而治，庶使學者李儒、欒規、程寅等，各獲人爵之報。廊廣聽事官舍，廷曹廊閣，升降揖讓、朝覲之階，費不出民，役不干時。門下掾王敞、録事掾王畢、主簿王歷、戶曹掾秦尚、功曹史王顒等，嘉慕奚斯、考甫之美，乃共刊石紀功。其辭曰：懿明后，德義章。貢王庭，徵鬼方。威布烈，安殊荒。還師旅，臨槐里。感孔懷，赴喪紀。嗟逆賊，燔城市。特受命，理殘圮。芟不臣，寧黔首。繕官寺，開南門。闕嵯峨，望華山。鄉明治，惠霑渥。吏樂政，民給足。君高升，極鼎足。中平二年十月丙辰造。

碑陰

縣三老商量伯祺五百[三]，鄉三老司馬集仲裳五百，徵博士李儒文優五百，故門下祭酒姚之辛卿五百，故門下掾王敞元方千，故門下議掾王畢世異千，故督郵李諲伯嗣五百，故督郵楊動子豪千，故將軍令史董溥建禮三百，故郡曹史守丞馬訪子謀、故郡曹史守丞楊榮長孽、故鄉嗇夫曼駿安雲[四]、故功曹任午子流[五]、故功曹曹屯定吉、故功曹王河孔達、故功曹王吉子僑、故功曹王時孔良五百，疑馬訪以下至王時共八人，皆五百也。故功曹王獻子上、故功曹秦尚孔都二但一"二"字、故功曹王衡道興、故功曹楊休當女五伯[六]，故功曹王衍文珪、故功曹秦杼漢都千，璉。"秦杼"後一行但一"璉"字，與"都"字并。故功曹王詡子弘、故功曹杜安元進右上一層，處士河東皮氏岐茂孝才二百右超上一層書之，故門下賊曹王翊長河、故主簿鄧化孔彥、故市掾杜靖彥淵、故市掾王尊文憙、故郵書掾姚閔升臺、萌謀仲三字一行，"萌"字與"閔"并，□宣一行，與"仲"并、元一行，與"宣"并。右第二層。故市掾王□建和、故市掾成播曼舉、故市掾楊則孔則、故市掾程璜孔休、故市掾扈安子安千，故市掾高貞顯和千[七]，故市掾王琺季晦、故門下史秦并靜先右第三層右、□□曹史高廉□吉千，□□部掾趙戾文高、故塞曹史吳產孔才五百，故塞曹史杜苗幼始、故法曹史王□文□、故賊曹史趙福文祉、故集曹史柯相文舉千，故金曹史精暘文亮、故賊曹史王授文博、起一行，與"博"字并。右第三層左。義士河東安邑劉政元方千，義士侯襃文憲五百，義士潁川臧就元就五百，義士安平邵博季長二百。右第四層。

按碑陰第一行"縣三老"，《金石文字記》作"故三老"，誤。其"處士"超出第一層之上書之，可想見當時處士之尊。此碑文止八百四十餘字，而碑陰有四百四十餘字，惜乎搨工不搨碑陰，使好古者不得盡見之也。

【校勘】

[一] 燒燔，據今存拓本作"燔燒"。

[二] 悛，底本作"快"，據惜陰軒本及拓本改。

[三] 祺，底本作"棋"，據惜陰軒本及拓本改。

[四] 曼，底本作"寧"，據惜陰軒本及拓本改。

[五] 午，底本作"千"，據惜陰軒本及拓本改。

[六] 伯，通"百"。拓本作"百"。

[七] 貞，拓本作"真"。

析里橋郙閣頌　八分書

今在略陽縣。郙閣舊在棧道中，《頌》摩崖石在橋旁。今棧道已徙他處，石亦磨泐。縣令重刻於石，略云"太守漢陽阿陽李君諱翕，字伯都，以建寧三年二月辛巳到官"云云。頌後又有詩，詩後旁書"縣令申如湞重刻"七字[一]，八分書，其書皆模倣，筆法亦略相似。按《集古録》作"太守阿陽李君"，今碑稱"太守漢陽阿陽李君"，重鐫之碑不應有誤，當是《集古録》脫去"漢陽"二字耳[二]。又《集古録》作"李會"，當是原碑磨滅之誤。

顧炎武曰："其文有云'醳散関之嶼潦'者，楊用修以'醳'爲'釋'，'嶼'爲'潮'，'潦'爲'濕'，是也。歐陽永叔《集古録》曰：'後漢《熊君碑》，其書"顯"字皆爲"顥"'。按《説文》，'顯'從'㬎'聲，而轉爲'累'，其失遠矣。莫曉其義也。愚考'累'字從'日'從'糸'，乃'㬎'之省。《説文》'㬎'從'日'，中視'絲'，古文借以爲'顯'字。《殷阮碑》陰'顯'字再見，皆作'顥'[三]。而後人寫作'田'者，誤也。古人以'濕'爲'潦'者不一，《説文》：'濕水出東郡東武陽入海，從水，㬎聲，他合切。'《漢書·王子侯表》'濕成侯忠'，師古曰：'濕音，它合反。'《功臣表》'駟望侯冷廣以濕沃公士'，師古曰：'濕音，它合反。'《功臣表》有'濕陰定侯昆邪'，《霍去病傳》《王莽傳》并作'潦陰'。《地理志》'平原有潦陰縣'，而《水經》'濕餘水'，亦'潦'字之異文。《荀子》'窮則棄而儑'，注當'濕'。《韓詩外傳》作'棄而累'。魏《建成鄉侯劉靖碑》'隰'字作'㒼'，惟其以'日'爲'田'，此永叔之所以疑也。"

【校勘】

[一] 湞，惜陰軒本作"塤"，《萃編》等所收同。

[二] 二，底本誤作"一"，據惜陰軒本改。

[三] 按此處小字爲顧氏原文小注。

十三字殘碑　八分書

今在郃陽縣康氏。僅存十三字，書法與《曹全碑》相似。《宰莘退食記》云："郃陽十三字漢碑，向置《曹全碑》之旁，今亡矣。"不知康氏移歸珍藏耳。屈君耕野搨以遺余，可愛玩也。又有六字，疑爲一碑，書法古勁，當爲漢人書，亦藏康氏。

魏

十八字殘碑　八分書

今在郃陽縣屈氏。乾隆初，土人取土得之。土中僅十二字，中有"黃初五"三字，故定爲魏碑，其書法絕類漢人。又有六字，與此碑如出一手，字之大小、行之疎密皆同，應同爲一碑。屈君耕野珍藏於家，搨以遺余。屈君邑庠生，博學好古，於古人碑版嗜之尤篤。余記秦中金石，相助爲多，安得好古如屈君者數十百人，散布天下，以廣金石之傳焉。

晉

蘭亭序　王羲之行書　永和九年三月

醴泉苟氏《蘭亭》，其先人於明時得之上黨，書法遒媚，鋒鋩畢呈，瘦本中佳本也。第一行"歲在"二字缺，其缺處若半月然。第十行"所"字起，至二十七行"攬"字止，計十八行，皆有斜裂紋，有董文敏跋，録於左。

《蘭亭》真蹟，諸家辨之，不啻詳矣。大抵昔重定武，今崇潁上，其他殊不足觀。偶於王蓀莪侍御處得觀此帖，險勁遒婉，宛然定武初搨，以視潁上，更爲過之。叩其所自，則上黨苟令得之土中者。上黨爲唐雄鎮，去定武不遠，玄宗曾判此郡，斯刻之出，有自来矣。真蹟原歸昭陵，而苟公復家世醴泉，神物隱見，信有契合之數。聊以質之苟君。董其昌識。

後周

華嶽頌　八分書

今在華陰縣西岳廟。碑首篆書"西嶽華山神廟之碑"八字，其結銜曰："使持節、驃騎大將軍、開府儀同三司、大都督、司宗、治內史、臨淄縣開國公萬紐于瑾造此文，車騎大將軍、儀同三司、縣伯、大夫、趙興郡守、白石縣開國男、南陽趙文淵字德本奉敕書。"《金石文字記》作"天和二年十月"，

"其陰爲唐刻《華嶽精享昭應之碑》，左右旁各有題名，別見於後"。

顧炎武曰："余所見碑，撰人、書人列名者始此。"

又曰："萬紐于瑾者，唐瑾也。《後周書·本傳》，時燕公于謹勛高望重，朝野所屬。白文帝言：謹學行兼修，願與之同姓，結爲兄弟。文帝賜姓萬紐于氏。又云封姑臧縣子，以平江陵功進爵爲公。而不言臨淄者，史闕也。李昶、樂運《傳》并云臨淄公唐瑾。"

又曰："趙文深，字德本，少學楷隸，雅有鍾王之則。筆勢可觀，當時碑牓，唯文深及冀儁而已。太祖以隸書紕繆，命文深與黎景熙、沈遐等，依《説文》及《字林》刊定六體，成一萬餘言，行於世。及平江陵之後，王褒入關，貴遊等翕然并學褒書，文深之書遂被遐棄。文深憸恨形於言色，後知好尚難反，亦攻習褒書。然竟無所成，轉被譏議，謂之學步邯鄲。至於碑牓，餘人猶莫之逮，王褒亦每推先之，宮殿樓閣皆其迹也。其書歷官與此碑悉同，其以'淵'爲'深'者，避唐諱耳。"

隋

佛座記　正書

今在西安府城北雷神廟内。佛高尺有六寸，以白玉石鐫成，佛旁有二侍者，梵相古樸。座下有記云："開皇四年歲次甲辰九月庚申二十日己卯，佛弟子王他奴爲七世父母已来，及現存家口大小，敬造釋加無□像一區。"又列七世及家人之名。其書法若不經意，而運筆靈妙，隋唐間書法之精乃爾。

淮安定公芬殘碑　正書

今在西安府城東二十里中兆村。碑上半已亡，其下半裂而爲三，今僅存前後二塊，土人砌於堡門内。碑衒已亡，僅存一"碑"字，其下無書撰人姓名，存字三百餘。有云："亦何代無其人哉，淮安定公繼之矣。公諱芬，字□□[一]。十一世祖融，字稚長，曾祖琰，祖賓育。"有云："開皇五年，除華此字半滅州刺史，加金紫光禄大夫。"有云："乞骸，聽以大將軍、淮安公歸第。"有云："二十八日寢疾[二]，薨於京師之太平里第。"

清代陝西金石學著作十種

【校勘】

[一] □□，據樊波《西安碑林藏〈隋趙芬殘碑復原〉》（西安碑林博物館編《紀念西安碑林九百二十周年華誕國際學術研討會論文集》，文物出版社，2008年版），當爲"土茂"。

[二] 二十八，據樊波文，當爲"十二"。

同州舍利塔額　八分書

今在同州府興國寺。碑爲八分書，數十年前因塔毀，僧俗以碑與舍利爲冢葬之，惟額存焉，"諸佛舍利寶塔"六大字，字徑尺許，其旁有"長安香城院主賜紫義省施額，長安僧善儁題額"。按，《金石文字記》載碑文云"維大隋仁壽元年歲次辛亥朔十五日乙丑[一]，皇帝普爲一切法界幽顯生靈，謹於同州武鄉縣大興國寺奉安舍利，敬造靈塔"云云，而不載此額。今碑已不可復見，而額猶存，故特記之，庶古物不致盡泯也。又按，此碑文爲隋文帝建，不應又有施額之事，或隋以後增置此額耳。

【校勘】

[一] "辛"上，據《金石文字記》，脫"辛酉十月"四字。

李淵爲子祈疾疏　行書

今在鄠縣草堂寺，經宋人翻刻，文録於左。

鄭州刺史李淵爲男世民目患，先於此寺求佛，蒙佛恩力，其患得頓捐。今爲男敬造石碑像一鋪，願此功德，資益弟子及合家大小，福德具足，永無灾鄣。弟子李淵一心供奉。大業二年正月八日建立。

趙崡《石墨鐫華》曰："此唐高祖也。《記》稱鄭州刺史，而史稱高祖爲譙、隴、岐三州刺史，不曰鄭州，此亦可以證史之闕。"

智永千文

今在西安府學宮櫺星門內右首。碑甚雄偉，碑首篆書"智永千文"四字，《千文》一行正書，一行草書，凡六層。其碑陰又二層，後有《記》，録於後。

智永禪師，王逸少之七代孫，妙傳家法，爲隋唐間學書者宗匠。寫真草《千文》八百本，江東諸寺各施一本。住吳興之永欣寺，積年臨書，所退筆頭置之大竹簏，受一石餘，而五簏皆滿。求書者如市，所居户限爲之穿穴，乃用鐵葉裹之，人謂之"鐵門限"。取筆頭瘞之，號"退筆塚"。長安崔氏所藏真蹟，最爲殊絶，命工刊石，置之漕司南廳，庶傳永久。大觀己丑二月十一日，樂安薛嗣昌記。

按，嗣昌乃薛紹彭之弟，其父珦，嘗得定武《蘭亭》，宣和中取入内。今嗣昌所刻，定爲智永善本，故能歷久而彌佳也。

趙崡曰："《南部新書》云：智永《千文》，但'律召調陽'乃真迹。今本正作'召'字。"

賀若誼碑　正書

今在興平縣文廟内。宋時以碑陰刻《夫子廟碑》，原文尚存，惟磨泐過半耳。可讀者有云"公諱誼，字道機，河南洛陽人也"云云。

卷 二

唐

宗聖觀記　武德九年二月　八分書

今在盩厔縣樓觀大殿前。碑首正書"大唐宗聖觀記"六大字，題曰"大唐宗聖觀記，給事中、騎都尉歐陽詢序并□，侍中、江國公陳叔達撰銘"，其"并"字之下字雖殘缺，左方尚有筆畫可認，當是"書"字。信本楷書，名高千古，其分書如《房彦謙碑》，亦多傳於世。今玩碑字，時作篆體，乃唐隸之佳者，微露筆意，似信本楷書。而顧亭林《金石文字記》僅載歐陽詢撰序，趙子函《石墨鐫華》直云無書者姓氏，豈二君於"并"字均未之見耶？且歐已撰序，陳已撰銘，碑首又正書，試思歐之"并"爲何事也？按鄭漁仲《金石略》，歐陽詢書有《宗聖觀碑》分書，此真信而可徵者。又碑末小字題云"中統玄默閹茂之歲[一]，命工鏤剔"，是元時以舊碑開鐫，故其規模無恙。趙子函以爲經翻刻失其筆意，誤矣。備記之，以俟博雅君子。

【校勘】

[一] 默，爲"黓"之形近而訛，玄黓是天干壬的別稱，閹茂是天干戌的別稱。

皇甫誕碑　正書

今在西安府文廟櫺星門內右首，與《廟堂碑》對。碑首篆書"隋柱國弘義明公皇甫府君碑"十二字，題曰"隋柱國、左光禄大夫、弘義明公皇甫府君碑，銀青光禄大夫、行太子左庶子、上柱國、黎陽開國公于志寧製[一]，銀青光禄大夫歐陽詢書"。皇甫君以仁壽四年九月卒，而不書立碑年月，顧寧人考爲貞觀初立。明萬曆中亭圮中斷，亡五十餘字。又按，此碑故在咸寧之鳴犢鎮墓

清代陝西金石學著作十種

前，不知何時移入文廟內，與《廟堂碑》對峙，並垂不朽，皇甫君亦何幸而遭之。書法之佳，顧不重歟。其碑陰有《復唯識記》，唯識者，禪院名也。《記》稱在藍田縣，蓋宋時重修此院，鐫記於《皇甫碑》陰，後人重歐書，移於文廟。趙子函未嘗親至碑下，故既載《皇甫碑》在西安府學，又載《唯識院記》在藍田耳。嗚犢去藍田不數里而近。

【校勘】

[一]"陽"下，據今存此碑，脫"縣"字。

寶室寺鐘銘　正書

今在鄜州城南樓上。康熙時，河水泛決，出於土中，土暈銅花，青翠可愛。略云"鄜州寶室寺上坐羅漢等，以大唐貞觀三年，攝提在歲、蕤賓御律、景丁統日、己巳司辰，用銅三千觔，鑄鐘一口"云云，"大鐘主上大將軍張神安，大鐘主趙夷、杜茂"。計三百十八字。

昭仁寺碑　正書

今在長武縣城東隅。碑首篆書"大唐豳州昭仁寺之碑"九字，題曰"豳州昭仁寺碑文，守諫議大夫、騎都尉臣朱子奢奉敕撰"。碑文三千餘字，完好如新，殘缺者十餘字耳。《集古錄》云："字畫甚工，信不虛也。"按《舊唐書》，貞觀三年詔"建義交兵之處，各立一寺"，此其一也。而碑中無年月，《金石文字記》云貞觀四年十一月，未詳。

孔子廟堂碑　正書

今在西安府學文廟內。碑首篆書"孔子廟堂之碑"六大字，題與額同："太子中書舍人、行著作郎臣虞世南奉敕撰并書，司徒、并州牧、太子左千牛率兼檢校安北大都督、相王旦書碑額。"《金石文字記》云："《舊唐書》宣宗大中五年十一月，國子祭酒馮審奏：文宣王廟碑，始太宗立之，睿宗篆額，加'大周'二字，蓋武后時書也，請琢去偽號。從之。此'大周'字削而相王之銜獨存也。"今碑首無"大唐"字，蓋依碑題額耳。《文字記》又云："其末曰'永興軍節度管內觀察處置等使王彥超再建'，則元碑已亡，此重刻也。”今碑斷爲三，缺百餘字，王阮亭《居易録》載，山東城武亦有此碑，碑陰宋人鐫《教興頌》，篆書。

九成宮醴泉銘　正書

今在麟遊縣北五里九成宮故基。碑首篆書“九成宮醴泉銘”六字，“秘書監、檢校侍中、鉅鹿郡公臣魏徵奉敕撰”，後署曰“兼太子率更令、渤海男臣歐陽詢奉敕書”。碑已磨泐，每行盡處近爲俗子開鐫一二字，穢陋不堪，仍須剔去爲佳。碑中無年月，《金石文字記》云貞觀六年四月。

虞公温彦博碑　岑文本撰　歐陽詢正書

今在醴泉縣北二十五里烟霞洞西、昭陵南十里。碑首篆書“大唐特進、尚書右僕射、虞恭公温公之碑”十六字，碑已漫漶，可識者僅四百字。《金石文字記》云貞觀十一年十月。

懿公張琮碑　正書

今在咸陽縣西北三十里雙照村。碑首篆書“唐故□□光禄大□張府君碑”十二字，碑題已漫滅，有“庶子黎陽公于”六字可識，疑爲撰人。又有“備生萬至”四字，疑爲書人。碑文略云：“公諱琮，字文瑾，武威姑臧人也。祖誼，魏驃騎將軍、涼州刺史、黃門侍郎、散騎常侍、武威郡公；祖睧，周驃騎將軍、郿城郡太守，死王事，贈上柱國、瀛州總管、北河莊公[一]；父辯，隋上柱國、使持節秦州諸軍事秦州總管、潭州總管、左武衛大將軍、河北郡開國公。公釋褐奮武尉，尋除新鄭縣令，遷潁川郡丞。高祖御極，除驃騎將軍，仍加上開府，尋改授左衛中郎將。劉武周稱兵馬邑，公陪從戎麾，授左三總管。還京，授左衛長史，其中郎將如故。尋授上柱國，封南安縣開國侯，食邑七百戶。又檢校參旗軍副，又檢校左領左右中郎將。貞觀元年，授太子左衛率，又檢校右武衛將軍、左領軍將軍。四年，授雲麾將軍，行左衛率如故。十年，授銀青光禄大夫，行睦州刺史。貞觀十一年十二月之任，在道薨，春秋五十有五，謚曰懿公，以十三年二月十一日厝於始平之原。祖母李，景皇帝之女，贈信都郡大長公主；母竇，隋文帝之甥；夫人長孫，文德皇后之姊。”按張琮，《唐書》無傳，無可考証。碑言“祖母李，景皇帝之女”，唐史止載世祖一女同安公主，貞觀時，以屬尊進大長公主。今景皇帝之女不爲立傳，亦史之闕。豈以其生前未有公主位號，死後加贈，故闕之耶？

【校勘】

[一] 北河，《萃編》卷四五作"河北"。

褒公段志玄碑　正書　貞觀十六年

今在醴泉縣北二十里莊河村、昭陵南十里。碑首篆書"大唐故右衛大將軍、揚州都督段公之碑"十六字，題曰"唐故輔國大將軍、右衛大將軍、揚州都督、褒忠壯公段公碑銘"，碑下半已磨泐，可讀者千字而已。

國子祭酒孔穎達碑　于志寧撰　正書

今在醴泉縣北二十里古村、昭陵南十里。碑首篆書"大唐故國子祭酒、曲阜憲公孔公之碑銘"十六字，碑已磨泐，可識者僅二百餘字。《集古録》云"字冲遠"及"與鄭公修《隋書》"，至今可識。《石墨鐫華》所云"貞觀二十二年六月十八日薨，春秋七十有五"，已不可識矣。明荀好善作《醴泉志》，云《孔穎達碑》存字千，時崇禎十一年也，相去百餘年，頓失八九，好古者所宜亟爲保護者也。按《金石文字記・孔穎達碑》作貞觀十六年[一]，《集古録》云二十二年，與《石墨鐫華》合，宜從《集古》。

【校勘】

[一] 按《金石文字記》原文作"貞觀二十六年"，然貞觀僅二十三年，顧氏誤記。

高唐公馬周碑　八分書　貞觀二十二年

今在醴泉縣北二十里古村、昭陵南十里。碑首篆書"大唐故中書令、高唐馬公之碑"十二字，碑已磨滅，存四百字。有云"正月九日□□薨，春秋卅八，詔以其年三月陪葬"，有云"贈幽州都督、高唐縣開國公馬周，宜申旌壤之義，兼加延賞之恩，可贈尚書右僕射，餘官如故"，皆與《傳》合。《金石録》作許敬宗撰[一]，殷仲容書。

【校勘】

[一] 宗，底本脫，據惜陰軒本補。按《金石録》原文正作"許敬宗"。

梁公房玄齡碑　褚遂良正書

今在醴泉縣北二十五里烟霞洞西、昭陵南十里。碑首篆書"大唐故左僕射、上柱國、太尉梁文昭公碑"十六字，可識者約六百字。

芮公豆盧寬碑　正書

今在醴泉縣北二十里下巖峪、昭陵南十里。碑首篆書"唐故特進、芮定公之碑"九字，碑已磨泐，可識者二百餘字。《金石文字記》作永徽元年。

趙崡曰："寬，欽望祖也，高祖改其姓爲盧氏，永徽中復姓豆盧氏。有子懷讓，尚萬春公主。史不爲立傳，附見《欽望傳》。碑已殘泐，僅數十字，無從考其始末，幸碑額無恙，知爲寬碑。正書，精健有法，而無姓氏。"

大唐三藏聖教序并記　太宗撰序　高宗撰記　褚遂良正書　永徽四年十二月

今在西安府城南十里慈恩寺塔下。《序》與《記》各爲一碑，塔中空可登，其東西各爲一龕，置二碑於中。

《序》碑首篆書"大唐三藏聖教之序"八字，後署"永徽四年歲次癸丑十月己卯朔十五日癸巳建，中書令臣褚遂良書"。

《記》碑首篆書"大唐三藏聖教序記"八字，題曰"大唐皇帝述三藏聖教序記"，後署"皇帝在春宮製此文，永徽四年歲次癸丑十二月戊寅朔十日丁亥建，尚書右僕射、上柱國、河南郡開國公臣褚遂良書"。其碑首及記俱自左而右，蓋欲與前碑配合也。按二碑月日後先不同，《金石文字記》作十二月，從最後也，今從之。

萬年宮銘　高宗御製并書　行草　永徽五年五月

今在麟遊縣北五里九成宮故基。碑首篆書"萬年宮銘"四字，題曰"萬年宮銘并序"，後署"大唐永徽五年歲次□□五月景午朔十五日庚申建"，其題下有"御製御書"四字，不知爲何人書。

碑陰"奉敕中書門下及見從文武三品以上并學士，並聽自書官名於碑陰"，其題名分上下二層，書字大小不一，以聽各官自書也。

顧寧人曰："《舊唐書》高宗永徽二年九月戊戌，改九成宮爲萬年宮。

乾封二年二月辛丑，改萬年宮依舊名九成宮。《册府元龜》永徽五年五月，制《萬年宮銘》，刻石於永光門外，仍令中書門下及文武三品以上并學士，自書名位於碑陰刻之。”

定公韓良碑　正書

今在三原縣淡村。碑首篆書“□□太子少保、上柱國、潁川定公之碑”十五字，闕二字。碑上半已漫滅，可識者有云：“上柱國、燕國公于志寧文，門下録事王行滿書。公諱良，字仲良。昔獻子輔政，名重六鄉；師伯執卿[一]，譽高五事：寔潁川之望族。祖褒，侍中、周使持節、開府儀同三司。父紹，周樂昌郡守，隋儀同三司、驃騎將軍、衛尉少卿、金崖縣開國公。公貞觀元年詔授户部尚書，三年改除刑部尚書，又授公右光禄大夫、秦州都督府長史。春秋五十七，謚曰定公。永徽六年歲次乙卯三月辛未朔十四日甲申建。”碑漫滅，斷續不復成文，故所録寥寥。按此碑碑首無姓，碑文中書姓處亦磨泐不可辨，今碑中有“獻子輔政”云云，當姓韓。考《唐書·韓瑗傳》，父仲良，終於刑部尚書、秦州都督府長史。今碑與傳合。碑稱諱良，字仲良，或史以字爲名耳。此碑之姓爲韓，而韓良之即仲良無疑也。其世次與謚可以補史之缺。又，史稱仲良於武德初定律令，碑中不載。碑雖殘缺，如載之，似應約略可識，今竟無之，爲不可曉也。

【校勘】

[一] 卿，《萃編》卷五〇作“鈞”。

獻公薛收碑　正書　永徽十六年[一]

今在醴泉縣北二十里趙村、昭陵南十里。碑首篆書“唐故太常卿、上柱國、汾陰獻公薛府君碑”十六字，碑已磨滅，僅存百餘字，斷續不復成文。

【校勘】

[一] 十，衍。按永徽僅六年，據《昭陵碑石》，此碑建於永徽六年。

化度寺僧邕禪師塔記[一]　正書

今在西安府城南百塔寺旁。“大唐化度寺故僧邕禪師，年六十六，俗姓劉，綏州上縣人也。永徽五年十一月八日卒，禪衆以顯慶二年四月八日於信行禪師所起方墳焉。"僅五十餘字，而字畫不俗，故存之。

【校勘】

[一] 按，《存逸考》卷三録此《記》，毛氏云此石久佚，曾見另一重摹本，與《雍州金石記》所録文字有異，"年六十六"作"年六十有六"，"卒"下多一"於"字，石立於顯慶三年二月廿五日。

尚書張胤碑　正書

今在醴泉縣北二十里西屯邨、昭陵南十里。碑首篆書"大唐故禮部尚書張府君之碑"十二字，碑已殘缺，存六百餘字，可辨者有云"詔葬故金紫光禄大夫張胤"，有"第四子巽、第六子小師，並早亡；第五子律師，泗州司馬；第七子統師，太常丞"。按《唐書·儒學傳》有張後胤，其官爵與碑同，而碑稱"張胤"，字畫分明，可信無疑，是新、舊《唐書》之誤也。《金石文字記》直稱"張後胤"，《石墨鐫華》辨之甚詳，而仍稱"後胤"。考金石者原以正謬誤也，今從碑。

《金石文字記》作顯慶三年三月。

衞公李靖碑　許敬宗撰　王知敬書　顯慶三年

今在醴泉縣北二十五里烟霞洞旁、昭陵南十里。碑首篆書"唐故開府儀同三司、尚書右僕射、司徒、衞景武公碑"二十字，碑下半磨泐，存字二千。碑陰有宋游師雄跋。

卷 三

唐

王居士磚塔銘　上官靈芝撰　敬客正書　顯慶三年十月

向在西安府城南百塔寺，今爲墨客取去。《金石文字記》云“近出終南山梗梓谷中[一]”，乃明末時出諸土中者，出土時石已裂而爲三。其“今大唐王居士磚塔之銘”上半截五行已無存矣，其“靈芝製文，敬客書”下半截五行又裂而爲四，其“罄求彼岸”十一行又裂而爲三，下截亡五十字。此碑盛行於世，摹臨翻刻者不下十餘處，較之原碑不啻霄壤。第碑裂而爲七，又亡去百二十餘字，僅存者其能久乎？故記之以備考云。

【校勘】

[一] 梗，《金石文字記》原文作“楩”。按楩梓谷即今終南山天子峪。

蘭陵長公主碑　正書

今在醴泉縣北二十里老軍營西北、昭陵南十里。碑首正書“大唐故蘭陵長公主碑”九字，碑已磨泐，可辨者八百餘字。有云“太祖武皇帝之孫、太宗文皇帝之第十九女也”，又云“駙馬都尉、慶州諸軍事使持節、慶州刺史扶風竇懷悊，太穆皇后孫，銀青光禄大夫、少府監、上柱國德素子”，又云“春秋三十二，以顯慶四年囗月囗八日薨”云云[一]。按《唐書·蘭陵公主傳》云“太穆皇后之族子”，今碑稱太穆皇后之孫懷悊[二]，又不敘其下嫁時官爵；又碑稱太宗十九女，而史載太宗二十一女，蘭陵公主第十二，傳宜以長幼爲序，蘭陵宜在後。此皆可以正史之缺誤也。又《金石文字記》云顯慶四年十月，今碑已漫漶[三]，“月”上一字殊未分明，不敢妄記也。

【校勘】

[一] □月，《萃編》卷五二作"八月"。 □八，《昭陵碑石》作"十八"。

[二] 按，關於史書和碑文記載懷愻是太穆皇后孫或族子的矛盾之處，《萃編》作了詳細辨證，認爲前人所謂矛盾是斷句有誤所致："太穆皇后之孫直貫下文德素之子爲一句，謂德素是太穆皇后之孫，懷愻是德素之子，方與《表》合也。"

[三] 澸，底本誤作"濾"，據惜陰軒本改。

夫人程氏塔銘　正書

今在西安府城南。此石已失去一角，可見者有云"夫人程氏塔銘并序"，"以顯慶四_{缺三字}四日終於京第，祔徵士靈塔安厝"云云。字畫清婉可喜，於殘滅之餘存之，尤可愛玩也。唐世佛法盛行，此以俗家夫婦用浮屠法起塔安葬者也。

許洛仁碑　正書

今在醴泉縣北二十里趙村、昭陵南十里。碑首篆書"大唐故□□大將軍、代州都督許公之碑"十六字，闕二字，碑下半磨泐，存千五百字。有曰："春秋八十有五，度三人出家，以追其福。謚曰勇。"《金石文字記》云龍朔二年十一月。

大唐三藏聖教序并記　褚遂良正書　龍朔三年六月

今在同州府，此以序、記并書一碑。

顧炎武曰："按《舊唐書·褚遂良傳》，永徽元年出爲同州刺史，三年復拜吏部尚書，顯慶三年卒於愛州，至龍朔三年則遂良之亡已五年矣，恐是後人追刻也。"

王弘撰曰："碑後有'大唐褚遂良書，在同州倅廳'十一字，當是後人補書，其書法亦微不類。"

道安禪師塔記　正書

今在西安府城南百塔寺旁。"大唐故道安禪師姓張，雍州渭南人也。以總章元年十月七日遷形於趙景公寺禪院，春秋六十有一。又以三年二月十五日起塔於終南山信行禪師塔後。"書法瘦硬可喜，此等小碑甚夥，以不著書者姓氏爲可惜也。

王三娘墳記　正書

今在西安府城南十里。"□氏故妻王三娘，長安人也，春秋三十有八，儀鳳二年八月五日捨化，即其月殯亡親院後，至神龍二年二月八日修建墳焉。"書法遒媚可存。

道因法師碑　正書　龍朔三年十月

今在西安府儒學。碑首作佛像，其下正書"故大德因法師碑"七字，字僅寸許，題曰："大唐故翻經大德、益州多寶寺道因法師碑文并序，中臺司藩大夫、隴西李儼字仲思製文，奉議郎、行蘭臺郎、渤海縣開國男歐陽通書。"

比丘尼法願墓誌銘　正書

今在西安府儒學。近出土中，移於學內。題曰"大唐濟度寺比丘尼墓誌銘并序"，略云："法師諱法願，俗姓蕭，蘭陵人。梁武帝之六葉孫，唐故司空宋國公之第三女也。以龍朔三年八月廿六日捨壽於濟度寺之別院，春秋六十三，其年十月十七日營空於少陵原之側。"無書撰人姓名。

騎都尉李文墓誌銘　正書

今在同州府金塔寺。題曰"大唐故騎都尉李君墓誌銘"，略云"君諱文，字緯，隴西成紀人。曾祖□，齊金郡太守。祖突，周任定州錄事參軍。君時屬隋末，不遑儒業，所以學未優贍，志在前鋒，應接義旅，授騎都尉。夫人彭城劉氏。以麟德元年二月合葬於同州馮翊縣武城鄉之平原。孤子武仁等"云云。其云"學未優贍"諸語，可見古人直書無隱，不似近人虛美也。

清河長公主碑　正書

今在醴泉縣北二十里老軍營、昭陵南十里。碑首篆書"大唐故清河長公主碑"九字，碑已漫滅，僅有二三字可識，知爲正書。《唐書》太宗二十一女，清河公主，下嫁程懷亮，麟德時陪葬昭陵。

燕公于志寧碑　正書

今在三原縣北五十里三家店。碑首篆書“大唐故柱國燕國公于君之碑”十二字，碑下半磨泐，存字二千。《金石文字記》云：“令狐德芬撰[一]，子立政書，乾封元年十一月。”今碑中皆漫漶不可識。

【校勘】

[一] 芬，《金石文字記》原文作“棻”。據兩《唐書》等，“棻”是。

淄川公李孝同碑　正書

今在三原縣北五十里三家店。碑首篆書“大唐故左武衛大將軍、淄川公李府君碑”十六字，略云：“公諱孝同，高祖太武皇帝之從子，太宗文皇帝之從祖弟也。曾祖太祖景皇帝，祖寧州趙興郡守、海州刺史鄭孝王，父光禄大夫、宗正卿、□□都督[一]、□衛大將軍、山東道行臺□□[二]、左僕射、□□大將軍、玄武將軍、開府儀同三司、上柱國、贈司空、淮安靖王。太宗時爲秦公，總兵長安之右，及進圖京邑，公即隸焉。承間啓靖王曰：‘秦公瞻視非常，功業又大，雖非儲貳，必膺寶曆。’靖王心然之，因令委質秦府。高祖踐阼[三]，授上柱國、武鄉縣開國公、邑二千户。武德五載，封淄川郡王。太宗御極，授左千牛備身。以總章十二年十二月□□□日薨於京師長安之里第[四]，春秋六十有二，贈左武衛大將軍，使持節都督代、忻、朔、尉四州諸軍事，以咸亨元年歲次庚午五月廿四日，歸窆於靖王之舊塋。”云云。碑下半磨泐，可辨者千五百餘字。其書撰姓氏已不可識，《金石録》以爲諸葛楨書[五]。按《唐書》，孝同附見《淮安靖王神通傳》，其官爵、行寔俱不載。又神通官爵，史與碑亦有小異，故詳録之。

【校勘】

[一] □□，《萃編》卷五七作“左領”。

[二] □□，《萃編》作“尚書”。

[三] 阼，《萃編》作“祚”。

[四] 十二年十二月□□□日，《萃編》作“二年十一月□五日”。

[五] “葛”下，據《金石録》原文脱“思”字。

大唐三藏聖教序記并心經　僧懷仁集王右軍書　咸亨三年十二月

今在西安府儒學。碑首有佛像七，皆極精緻，世所傳"七佛頭"也。弘福寺僧懷仁集王羲之書，太宗序，高宗記，太宗、高宗批答并《心經》。

王弘撰曰："《序》中如'金容掩色'，《心經》中'色不異空''空中無色'，諸'色'字於草法合，至'空不異色，色即是空，空即是色''無色聲香味觸法'，諸'色'字乃'包'字，集書者誤以此作'色'字耳。觀'天地苞乎陰陽''苞'字下體、'文抱風雲之潤''抱'字右邊自見，而昔人無言及之者。"

薛公阿史那忠碑　正書

今在醴泉縣北二十里西峪村、昭陵南十里。碑首篆書"大唐故右驍衛大將軍、薛國貞公阿史那府君之碑"二十字，碑已漫漶，可識者七百餘字。有云"公諱忠，字節義。父蘇空一字，皇朝左驍衛大將軍、寧州都督"云云，"謚曰貞"。按《新唐書·忠傳》，"蘇尼失子也"，今碑作"蘇"，其下虛一字，以下文乃"皇朝"字也。是忠父名蘇，史誤耳，宜從碑。《金石文字記》作上元二年。

內侍張阿難碑　正書

今在醴泉縣北二十里馬旗寨、昭陵南十里。碑首篆書"大唐□將軍張公之碑"九字，碑已漫滅，斷續不能成文，僅存一百五十餘字。有云"汶江縣開國侯張阿難"，有云"銀青光祿大夫、行內侍、汶江縣開國侯"，"咸享二年九月一日瑤臺寺僧□□書"。按，咸亨年號今作"享"，豈亦書者增筆耶？[一]

【校勘】

[一] 按，古"亨""享"二字通。

英公李勣碑　高宗御製并書　儀鳳二十年十月[一]

今在醴泉縣北二十里趙村北、昭陵南十里。碑首篆書"大唐故司空、上柱國、贈太尉、英貞武公碑"十六字，碑題下有楷書"御製御書"四字，碑存千六百字，碑陰有宋游師雄跋。

【校勘】

[一] 十，衍。按儀鳳僅三年，據《昭陵碑石》所録此碑，卒葬年月爲儀鳳二年。

申公高士廉塋兆記　正書

今在醴泉縣北二十五里烟霞洞東、昭陵南十里。碑首篆書“大唐尚書右僕射、司徒、申文獻公塋兆記”十六字，碑已漫漶，存二百餘字，不能上口。可識者有“父勵，□□清河王[一]，改□□樂安王[二]”，與《新唐書》較詳。按《唐書》，高儉字士廉，其以字行，碑中已不能辨，今從諸書稱士廉云。碑側有六代孫題名二，録於左。

大唐會昌四年五月四日，六代孫尚書左丞元裕，□□□□昭陵拜□□□□塋所，六代孫正議大夫、行給事中、上柱國、渤海縣開國男、食邑三百户、賜紫金魚袋少逸，□□□□□謹附名題於碑側。會昌四年五月十五日書。

趙崡曰：“按，《唐史》稱元裕、少逸相代，弟兄迭處禁中，又曰會昌中少逸爲給事中，然則此正兄弟相代時也。而史不書少逸封爵，且又不言二人爲士廉後，非此，幾令申公不得有其孫矣。”

《金石文字記》云碑高宗時立。

【校勘】

[一] □□，《萃編》卷四八作“襲爵”。

[二] □□，《萃編》作“封”。

康公褚亮碑　八分書

今在醴泉縣北二十五里烟霞洞、昭陵南十里。碑首篆書“大唐褚公之碑”六字，碑已磨泐，多不能讀，僅存四百餘字。《金石文字記》云碑高宗時立。

晋州刺史順義公碑　正書

今在醴泉縣北二十里古村、昭陵南十里。碑首八分書“大唐贈晋州刺史、順義公碑銘”十二字，碑已殘缺，可識者僅五十餘字，字極小，故磨泐若此。

卷　四

唐

莒公唐儉碑　正書

今在醴泉縣北二十五里小楊村。碑首八分書"唐故特進莒國公唐府君之碑"十二字，碑已磨滅，僅存四百字。可識者有云"高祖岳，後魏囗州刺史"，有云"新城縣公，尋改爲晉昌郡公，食邑二千戶"，有云"加鴻臚卿、戶部尚書"，有云"夫人河南元氏"。

鄂公尉遲敬德碑　正書

今在醴泉縣北二十里趙村北、昭陵南十里。碑首篆書"大唐故司徒、并州都督、鄂國忠武公之碑"，碑已磨滅過半，其下段每行二十餘字可識。有云"高陽郡開國公許敬宗撰"，其書人姓氏碑中本無。有云"封吳國公"，又云"聯姻瑤肘，結慶瓊枝"。碑已磨滅，斷續無文理可尋。或鄂公始封吳國，其後改封鄂國耳。至其聯姻之事，則不可考也。此碑已陷土中，惟碑額在土上，啓土揭之，約存千字。趙子函《遊九嵕記》云："尉遲敬德碑自額以下埋土中，余出之，了無一字，蓋棰而瘞之耳。"此乃子函啓土時見大半無字，遂不更掘，孰知其可讀者猶在下也，好古者固未可半途而廢也。

姜遐斷碑[一]　正書

今在醴泉縣北二十五里莊河村、昭陵南十里。碑已斷，僅存下段，亦漫滅不可讀，存二百餘字。有云"授東宮通事舍人"，餘俱斷續不能成文。按，遐即柔遠，附見兄簡傳，云"左鷹揚衛將軍、通事舍人"，今碑稱"東宮通事舍人"，可以補史之缺。《金石文字記》云"姪郇公晞撰并書"。

[一] 據《昭陵碑石》，此碑已於1974年發現碑額及上段，經與原有下段相接成爲全碑。

昭公崔敦禮碑　正書

今在醴泉縣北二十里、昭陵南十里。碑首篆書三十字，可識者"大唐太子故少師、中書令、開府儀同三司、并州大都督"二十一字。碑已漫滅，僅存百餘字，可識者有云"于志寧字仲謐作文"，有云"曾祖宣猷，周梁州總管"。按《石墨鐫華》云有千餘字，至今百餘年，殘缺若此，是以亟爲記而存之。又書人姓名已不可見，《金石略》作于立政書，考《于志寧碑》，《金石文字記》作于立政書，其書法與此碑無異，其爲立政所書無疑也。

珍州榮德縣丞梁師亮墓誌銘　正書　萬歲通天二年三月

今在西安府城南五十里百塔寺。題云："大周故珍州榮德縣丞梁君墓誌銘并序。君諱師亮，字永徽，安定烏氏人也。永隆二年，以運糧勛蒙稽上柱國，俄而上延朝譴稽珍州榮德縣丞。以萬歲通天二秊三㘞六㔾，葬於雍州城南終南山至相寺梗梓谷信行禪師塔院之東，陪先塋也。"云云。

顧炎武曰："師亮字永徽，以本朝年號爲字，猶漢袁紹之字本初，古人以無避忌如此。"

《金石文字記》云："碑凡大周年者，'天'作'而'，'地'作'坔'，'人'作'𤯢'，'聖'作'𡔈'，'臣'作'恖'，'年'作'秊'，'月'作'㘞'，亦作'囸'，《韵會》以'囸'字爲'生'字，誤。考此碑及《順陵碑》，'囸'字並是'月'字。'日'作'㔾'，'星'作'○'，'正'作'𢘑'，'授'作'楍'《契苾明碑》'授'作'𥄉'，'初'作'𡔈'。唯'厏'字無考，疑是'應'字。凡數字作'壹''貳''叄''肆''捌''玖'等字，皆武后所改及自制字。"此顧寧人《岱岳觀造像》後語。武后時碑刻不一，故録於此。又按，"授"作"楍"，《契苾明碑》作"𥄉"，今《梁師亮墓誌》作"稽"，凡兩見，均與前有小異。

明堂令于大猷碑　正書　聖曆三年十一月

今在三原縣北五十里三家店。碑首已失，存千二百字。略云："公諱大猷，字徽本。曾祖宣道，隋內史舍人、左衛率、誠安縣開國子，皇朝贈使持節都督涼肅甘瓜沙五州諸軍事、涼州刺史，謚曰獻。祖志寧，禮部尚書、侍中、

清代陝西金石學著作十種

尚書左僕射、太子太傅、太師、上柱國、燕國公，贈使持節都督幽易嬗嫣平六州諸軍事[一]、幽州刺史，謚曰定。父立政，尚書吏部郎中、國子司業、太子率更令、渠虢二州刺史、太僕少卿、上護軍。公聖曆二年制除明堂縣令，聖曆三年七月十日終於萬年縣常樂里之私第，春秋五十七。即以其年歲次庚子十一月，葬於三原縣先塋。"按《新唐書·于志寧傳》，父宣道，隋内史舍人，餘官爵及謚均未載。志寧贈幽州都督，今碑稱幽州刺史，是史誤也，宜從碑[二]。

顧炎武曰："碑云聖曆三年歲次庚子十一月十二日，合葬於雍州三原縣萬壽鄉之先塋，而碑非此時立也，蓋後續爲之，故其書并不用武后所製字。"

【校勘】

[一] 据《唐方鎮年表》卷四，幽州節度使領幽、易、平、檀、嫣、燕六州，此處當脱一"燕"字，"易"當爲"易"，"嬗"當爲"檀"。

[二] 按朱氏此處所謂史誤，岑仲勉《金石證史·于志寧贈幽州都督》辨其非："按都督主軍，刺史主民，都督常兼數州，然必有所守，刺史是其守也。故《樊世興碑》贈洪州都督，江、饒、吉、袁、鄂、虔、撫八州諸軍事、使持節洪州刺史，史衹書贈洪州都督；又《李神符碑》除使持節大都督揚、潤、常、利、楚、方、滁七州，□、蘇、越、括、歙、宣、舒、循、泉九州都督諸軍事揚州刺史，史衹書揚州大都督。結銜過長，史從省略，勢所必爾（《周書》《齊書》中尚有全叙者），贈使持節都督幽、易云云，即贈幽州都督也。朱氏不明唐初官制，遂詆史誤，非矣。"甚是。

順陵殘碑　正書

今在咸陽縣順陵，在咸陽北原。明時地震碑仆，取以修砌渭河之岸，近於岸中崩出三段，一移縣署，二在民間訪得。其一存百三十五字，又一存四十八字，又一存三十六字。碑甚鉅，河岸中當不僅此也。碑字大一寸五分，書法亦自可玩。《石墨鐫華》云："碑已仆於乙卯之地震，而亡於縣令之修河。"豈知陵谷變遷，此碑又出人間耶？

顧炎武曰："首曰'大周無上孝明高皇后碑銘并序，特進、太子賓客、監修囫史、上柱囫、梁王惢三思奉敕撰，太子左奉裕率兼檢校安北大都護、相王惢旦奉敕書'。此武后追尊其母楊氏之碑，其時睿宗爲相王，奉敕書之。字體與《景龍觀鐘銘》同，内'虎'字再見，末筆俱不全，'箎'字、'號'字亦同，猶未斥唐諱。"云云。今殘碑中有"虎"字。

高延貴造阿彌陁像記　正書

略云："渤海高延貴造阿彌陁像一鋪，長安三秊七囤十五◯敬造。"正書，百四十二字。

韋均造佛像銘　正書

略云："雍州富平縣丞韋均，比爲慈親造像一鋪，長安三秊歲次癸卯九囤己丑朔三◯辛卯造。"正書，百七十三字。

蕭元脊造佛讚　正書

略云："前揚州大都督府揚子縣令蘭陵蕭元脊，敬造彌勒像一鋪，以大周長安三秊九囤十五◯雕鐫就畢。"正書，二百八字。

李承嗣造阿彌陁像記　正書

略云："維大周長安三秊九月十五◯，隴西李承嗣爲尊親造阿彌陁像一鋪。"正書，八十八字。

姚元景光宅寺造佛像銘　正書

略云："長安四年九囤十八◯書，朝散大夫、行司農寺丞姚元景，爰於光宅寺法堂石柱造像一鋪。"正書，二百三十八字。

楊將軍新莊像銘　正書

開元十二年十月八日，正書，百三十字。

虢國公揚花臺銘　正書

略云："虢國公揚花臺銘并序。輔國大將軍、虢國公楊等，爰抽净俸，申莊嚴之事也。書工紀事，乃爲銘曰。判官亳州臨渙縣申屠液撰。"正書，二百七字。按題曰"揚花臺銘并序"，今有序無銘，疑別有銘，遺亡不存耳。《金石文字記》載"虢國公主花臺銘"，顧亭林所記爲精確，不知此碑何誤乃爾。又此銘無年月，《楊將軍新莊像銘》乃開元十二年，以俱在花塔寺，故記於此。

右七種，今俱在西安府南門內花塔寺。各種銘讚俱書於石佛座下，諸佛悉在殿之後檐及後殿之前檐，寺僧云石佛舊在塔內，塔毀重修，不復安塔中，故安於殿前後耳。

石龕阿彌陁像銘　正書

今在西安府城南花塔寺，塔上石佛座下。略云："金紫光祿大夫、行殿中監兼檢校奉宸令、琅邪縣開國子王璿，爰於七寶臺內敬造石龕阿彌像一鋪。長安三年七囬□□乙造，王無惑書。"計一百八十三字。

花塔佛像題名　正書

今在西安府城南花塔寺，塔上石佛座下。題云："鎮軍大將軍、行左監門衛大將軍、上柱國梁義深，定遠將軍、守左監門衛將軍、借紫金魚袋、上柱國李善才，銀青光祿大夫、行內侍省內侍、上柱國楊敬法，朝散大夫、守內常侍、上柱國杜懷敬，正議大夫、行內給事、上柱國張元泰，朝散大夫、內給事、借紫金魚袋林招隱，太中大夫、行內給事、上柱國馬玄收，朝散大夫、內給事、上柱國蘇仁義，朝議郎、守內給事、上柱國、借緋趙元志。"計一百四十四字。

隆闡法師碑　行書

今在西安府儒學。碑首已失，題曰："大唐實際寺故寺主懷惲奉敕贈隆闡大法師碑銘并序。法師諱懷惲，俗張姓，南陽人也。以大足元年十月二十二日神遷，春秋六十有二。神龍元年贈隆闡大法師。弟子大溫國寺主思莊等，敬想清徽，勒茲玄琰。"云云。其碑題之下有"懷惲及書"四字，與碑字如出一手，趙子函諸人有紛紛之議，茲四字殊不可曉，當是後人於碑中撮取成字，摩勒於碑題之下，本非一手所書。至書撰人，碑中既無名氏，不可以臆度也。

比丘尼法琬碑　正書

今在西安府儒學。碑首篆書"大唐故比丘尼法琬碑"，題曰"大唐□□寺故比丘尼法琬法師碑，靈安寺沙門承遠撰"。略云："法師諱法琬，俗姓李，應天神龍皇帝之三從姑，高祖景皇帝，曾祖故鄭王亮，謚曰孝。祖神□□空[一]，荊、揚、并三州大都督，上柱國、襄邑王，謚曰恭。父德懋，故紫金光禄大夫[二]、少府監、宗正卿、兵部尚書、上柱國、臨川公，謚曰孝。永徽六年，襄邑王薨，其年奉爲亡父捨所愛之女請度出家，時年十有三，并度家人三七，並以充師弟子。法師即隋故吳國公尉綱之外孫，其寺吳公之本置也。以垂拱四年九月己酉朔日遷神於□□寺，以景龍三年正月十五日起塔於雍州長安縣之神禾原。左□翊□府彭城劉欽旦書[三]。景龍三年五月十日，比丘尼仙悟迦毗等建。"此碑於數歲前土人鬻於市，匠人方磨爲別用，咸寧令柳君見之，移於碑林。按《唐史》，襄邑恭王諱神符，贈司空，今碑内"神"字下缺二字，當是"符"字。又稱神符贈荊州都督，今碑稱荊、揚、并三州大都督；又德懋附見《神符傳》，第云官少府監、臨川郡公，餘官及謚俱不載：皆史之缺誤也[四]。德懋捨女爲尼，爲親資福，誠愚孝也，其謚曰孝，有以夫。

【校勘】

[一] □□，《全唐文》卷九一三《大唐□□寺故比丘尼法琬法師碑文》作缺三字，據《舊書》卷六〇《襄邑王神符傳》，所缺字當爲"符贈司"。

[二] 紫金，當爲"金紫"之誤倒。按《全唐文》作"金紫"。

[三] 左□翊□府，《萃編》卷六八作"左衛翊壹府翊"。

[四] 按此處朱氏所論史書記載李神符贈官之誤，岑仲勉《金石證史·李神符碑》有詳細考辨，根據《舊唐書·神符傳》記載，李神符"武德……四年，累遷并州總管……九年，遷揚州大都督……永徽二年薨，贈司空、荆州都督"。因此認爲"唐初之總管，後來改稱都督，碑稱荆、揚、并三州大都督者概言之，史並未缺。"所考甚是。

紀國陸先妃碑　正書

今在醴泉縣北二十里西屯村、昭陵南十里。碑首篆書"大唐紀國故先妃陸氏之碑銘"十二字，碑已磨滅，存六百餘字。有云："妃諱□，字□，河南洛陽人也。祖立素，益州大都督府長史、太子□庶子。父爽，尚書庫部、兵部二曹郎。妃年十有三歸於紀國，曰惟大皇[一]，高□神堯皇帝之孫[二]。"又云"護輿還京，遣司衛卿楊知止護送至墓所"。按《醴泉志》載有紀國太妃韋氏墓，乃太宗之妃、紀王慎之母也，此陸氏爲紀王慎之妃。《唐書·紀王慎傳》：越王貞初連諸王起兵，慎知時未可，獨拒不與合，將就誅而免，改氏虺。載以檻車，謫巴州，薨於道。碑中護送至墓所，必中宗復位以後事，可以補史之缺。

【校勘】

[一] 皇，《萃編》卷五六作"王"。

[二] □，《萃編》作"祖"。

許公蘇瓌碑　正書

今在武功縣。碑首篆書"唐故司空文貞公蘇府君之碑"十二字，碑已漫滅，存八百餘字。《金石文字記》云："盧藏用序并八分書，張説銘。景雲元年十一月。"《石墨鐫華》云："碑後有'范陽張説'字。"今碑中猶隱隱可讀。

卷　五

唐

景龍觀鐘銘　　正書

　　今在西安府城迎祥觀。略云"景龍觀者，中宗孝和皇帝之所造也。但名在鷲林，而韵停鐘簴；廣召鯨工，遠徵鳧匠"云云，"景雲二年太歲辛亥金九癸酉金朔一十五日丁亥土鑄成[一]"。序銘共二百九十二字，大徑寸許。鐘甚鉅，厚七寸餘，撾之稍輕則不聞聲。《瓻賸》云："必塞其内空，方可撾之。"盖出於傳聞，未嘗目睹也。景龍觀創自中宗，睿宗鑄鐘作銘，開元時因迎老子玉像改今名。樓築於層臺之上，爲城中偉觀。《石墨鐫華》《金石文字記》俱云在西安府鐘樓上，誤，鐘樓在朱雀街之中，非迎祥觀鐘樓也。

【校勘】

　　[一]"九"下，據今存拓本，脱"月"字。

凉國公契苾明碑　　正書

　　今在咸陽縣北五里藥王洞後。碑首篆書"大唐故大將軍、凉国公契苾府君之碑"十五字，題曰"大周故鎮軍大將軍、行左鷹揚衛大將軍兼賀蘭州都督、上柱圀、凉國公契苾府君之碑銘并序，肅政御史大夫、上柱國婁師德製文，肅政御史殷玄祚書"。略云："公以大周萬歲通而元秊歲次景申八匼庚午朔十五乙□申[一]，葬於咸陽縣之先塋。夫人唐膠西公孝義之長女，長子左豹韜衛大將軍兼賀蘭州都督、上柱圀、凉圀公聳[二]，次子右武威衛郎將、上柱圀、姑臧縣開圀子嵩，右玉鈐衛郎、上柱圀、番禾縣開圀子崇。先天元年歲次壬子十二月十六日辛亥，孤子息特進、上柱國、凉國公嵩立父碑。"按《唐書·契苾明傳》悉與碑合，《石墨鐫華》云：“明長子襲封凉國公，而後云孤子息凉國公嵩立，又何也？明葬於萬歲通天元年，碑立於先天元年，仍稱大周革命，仍用武后製字，都不可曉。”《金石文字記》亦以此爲疑。愚謂此盖明葬時婁爲之製文，殷爲之書，是以稱大周，用武后所製字；其碑中稱李孝義爲唐膠西公，以在周時不得不稱唐也；碑文已書而未立，至先天二年始立耳。不然婁師德卒於聖曆元年，至先天元年已十餘年矣，焉能起而爲之製文？其先天元年數行書法似別出一手，且所書俱不用武后字，可爲明驗無疑。至立碑乃次子嵩，或製文書碑時三子無恙，至先天時聳已故，焉知非次子嵩襲爵？葬時嵩與崇不過子爵，今嵩稱凉國公，凉爲契苾氏世爵，此亦一明驗。史止言聳襲爵，不言嵩又襲爵，何知非史之缺耶？

顧炎武曰：“明父何力，史作‘何’，而此碑作‘河’；又其中‘特勤’字再見，皆‘特勒’之訛。按《唐書·突厥傳》，可汗者猶古單于，其子弟謂之特勒。”

【校勘】

[一] □，《全唐文》卷一八七作“甲”。

[二] 聳，《全唐文》《萃編》等均作“㩾”。按契苾明其他二子名“嵩”“崇”，均從“山”，當以“㩾”爲是。

兗州都督于知微碑　正書

今在三原縣北五十里三家店。碑首篆書“大唐故兗州都督于府君碑銘”十二字。略云：“君諱知微，字辯機。曾祖宣道，周儀同大將軍，隋內史舍人、左衛率、上儀同、誠安子，皇朝贈凉州刺史，諡曰獻。祖志寧，皇朝秦王友，禮部尚書、侍中、尚書左僕射、太子太傅、太師，蒲、岐、華三州刺史，上柱國、燕國公，贈幽州都督，諡曰定。父立政，皇朝吏部郎中、國子司業、太子率更令，渠、虢二州刺史，太僕少卿。君除太子左庶子，并累封東海郡侯，除兗州都督。以開元二年六月廿□日薨於里第[一]，開元二年十一月十八日遷祔於京兆府三原縣萬壽鄉舊塋。嗣子朝議大夫、行密州□□[二]、上柱國、東海郡開國子□勤[三]，次子朝議郎、行左監門率府長史、上柱國、武陽縣開國男克搆，朝議郎、行華州司戶參軍、上柱國、黎陽縣開國男克懋等。”《金石文字記》作姚崇撰，今已漫漶不可讀。按知微乃立政之子，與大猷同父，其世次與《大猷碑》及唐史有小異，讀者當自得之。至《唐史·志寧傳》贈幽州都督，《大猷碑》稱志寧贈幽州刺史，今《知微碑》又與《大猷碑》同[四]，則志寧之爲幽州都督，爲史之誤無疑也。

【校勘】

[一] □，《全唐文》卷二〇六作"五"。

[二] □□，《全唐文》作"別駕"。

[三] 子□，《全唐文》作"男克"。

[四] 按此碑文明言于志寧"贈幽州都督"，非"贈幽州刺史"，與史所載同，而與《于大猷碑》異。史并不誤，詳見本書《于大猷碑》校勘。

雲麾將軍李思訓碑　行書

今在蒲城縣二十五里橋陵下。題曰"唐故雲麾將軍、右武衛大將軍、贈秦州都督、謚曰昭公李府君神道碑并序"，略云："公諱思訓，字建。"碑下半已磨滅，存字千許，有"邕書"尚隱隱可識。按，《冬夜箋記》及《春明夢餘録》俱稱李北海有兩《雲麾碑》，一爲李秀，在良鄉，今在宛平令署中；一爲李思訓，在蒲城。《石墨鐫華》以爲在良鄉者爲趙文敏書，蓋不知有兩《雲麾》耳。

尹尊師碑　八分書

今在盩厔縣樓觀。碑首篆書"大唐尹尊師碑"六字，題曰"大唐故宗聖觀主、銀青光禄大夫天水尹尊□□并序[一]，銀青光禄大夫、行太子右諭德兼崇文館學士、上柱國、平涼縣開國公員半千撰"。略云："尊師_{缺四字}景先，天水隴西人也。曾祖洪，字文朝商州長史。大父舒，隋文州別駕。昭考珍，皇朝散大夫。尊師以長壽四年四月十二日遷兆於終南，開元五年□月二日[二]，弟子侯少微等建。"後有正書小字云"碑建於開元，歲久益舛，重摹於石，大元大德□年[三]"云云。

【校勘】

[一] □□，《萃編》卷七一作"師碑"。

[二] □，《萃編》作"十"。

[三] □，《萃編》作"元"。

華嶽精享昭應之碑　八分書

今在華陰縣西岳廟中。其文刻後周《西岳頌》之陰，碑首篆書"華嶽精享昭應之碑"八字，"宣義郎、行華陰縣主簿咸廙撰，殿中侍御史劉升書，銀青光祿大夫、檢校華州刺史、上柱國李光休題額"。碑之右旁有顏魯公大字題名，左側有賈竦《謁華岳廟詩》，碑左下方空處有"檢校水部員外郎崔潁、華陰縣令韋綬，貞元元年二月六日記"。按《金石錄》有劉昇善分書，疑即碑中之劉升。顧炎武曰："此碑前後空處爲宋人攙入題名甚多，幸正文皆八分書，題名或隸，或行，不相混耳。廟中古碑嘉靖末地震多毀，唐碑惟此與《述聖頌》二通僅存。"

又曰："古碑陰多無刻字，故後周之碑而唐人得以刻之。觀此一碑，而周人之質樸、唐人之謙約兩見矣。按此爲華陰縣主簿咸廙，而《新唐書·趙冬曦傳》有大理評事咸廙[一]，亦開元時人，恐即是一人。"

【校勘】

[一] 咸廙，《金石文字記》原文作"咸廙業"，此當朱氏誤抄。按岑仲勉《金石證史·咸廙》考咸廙與咸廙業實爲一人。

華嶽題名　正書

今在華嶽廟後周《華嶽頌碑》之右側，録於左。

皇唐乾元元年歲次戊戌冬十一月戊申[一]，真卿自蒲州刺史蒙恩除饒州刺史，十有二日辛亥次於華陰，與監察御史王延昌、大理評事攝監察御史穆寧、評事張澹、華陰令劉暠、主簿鄭鎮，同謁金天王之神祠。顏真卿題記。

凡四行八十五字，字徑一寸五分。

顧炎武曰："王伯厚言華嶽題名五百十一人，再題三十一人，自開元訖清泰，今存者惟此與《述聖頌》二碑，不過二十餘人而已。又因地震之後，以碎石裝砌嶽廟，大門墻上亦有唐人題名。今王無異所搨得者，通共九十二人，有裴士淹、李德裕、李商隱名。"

【校勘】

[一] 一，當行。據《萃編》卷七九、《關記》卷三等作"十月"。考顏真卿《祭伯父濠州

饒州諸軍事饒州刺史、上輕車都尉、丹陽縣開國侯真卿”，又留元剛《顏魯公年譜》：“（乾元元年）十月除饒州刺史。”則當以“十月”爲是。

賈竦謁華嶽廟詩　正書

今在華嶽廟《華嶽精享碑》之左側。題云：“謁華嶽廟詩，賈竦作并書。老柏寒颼颼，清祠晝寂寂。開門華山北，嵐氣沉日夕。國家崇明祀，五嶽盡封册。福我西土民，報君金天籍。惟神本貞信，以道徵損益。無乃惑聰明，訛言縱巫覡。因循作風俗，相與成舊溺。疲病□□眃[一]，□□往来役[二]，我行歲云暮，登殿拜瑶席。奠酒徹明靈，緒言多感激。鬱然展冠冕，凛若生矛戟。斑駁石色重，陰深香烟碧。虹梁無燕雀，玉座鎮虺蜴。肸蠁似有聞，依稀疑所覿。臀年業文翰，弱冠薦屯厄。天命幾微茫，神遠徒悚惕。今來遊上國，幸遇陶唐曆。正直不吾欺，願言從所適。唐元和元年十月二十八日。”其旁有：“姪男宣義郎、行華州參軍琋，大和六年四月廿六日重修。”

詩之上一層有：“禮部尚書裴士淹出爲饒州刺史，大曆五年六月六日於此禮謁。”字大寸餘，書法極佳。

詩上第二層有：“華州司士參軍郭豐、華陰縣丞李汧、華陰縣主簿姚鵬舉、華陰縣尉韓晤、華陰縣尉苗華、華陰尉崔杕、門下典儀李誠明以上七人各爲一行，元和元年七月七日同會於此，杕題。”

詩下第一層有：“朝議郎、行太子司議郎兼華陰縣令李仲昌，行丞田遊業，行丞同正韋澣，行主簿韋况，行尉崔頍，行尉王卓，行尉蘇淮陽。廣德□年三月韋澣書記。”

又有：“朝議郎、行下邽縣丞孫廣，試衛尉少卿田遇，廣德二年六月十三日謁。”

詩下第二層有：“鄭縣尉李憺，以開元廿四年六月六日□敕簡此字照碑書募飛騎使判官，向陝虢州點復，其月十四日事了迴，便充京畿採訪使勾覆判官，此過赴京。”

又有：“内使奉敕祭，守別駕、臨潼縣開國男蘇穎從[三]，開元六年八月廿七日。”

[一] 疲，惜陰軒本作"疲"。"□□"，《萃編》卷七九作"閭里"。

[二] 役，《萃編》作"客"。

[三] 穎，《萃編》作"潁"。

述聖頌　正書

今在華陰縣嶽廟中。額正書"述聖頌"三大字，略云："京兆府富平縣尉達奚珣撰序，左補闕、集賢殿直學士呂向撰頌并書。"其陰之上方有韓賞《告嶽神文》，韓擇木八分書；下方有大曆九年華陰令盧朝徹《謁嶽廟文》，有貞元九年、十三年題名；左側有乾元二年張惟一《祈雨記》；右側有"上元□年華陰令王宥"等題名，李樞書，上爲篆，下爲八分。《金石文字記》作"開元十三年，就碑陰額上所題也"。按《金石錄》有呂向，當即其人。又《書史會要》：李樞，宗室平均叔，官侍御史，工小楷、古篆。

告嶽神文　八分書

今在華陰縣嶽廟《述聖頌》碑陰之上方，額正書"開元十三年六月九日建"十大字，略云"惟廿七祀孟秋，右補闕韓賞致昭告于泰華府君祠廟，今者内禱于心，外盟于神。如有一心公朝，戮力□□，惟神是福；崎嶇正道，儜僢在位，惟神所殛"云云，"司馬韓擇木書"。按此乃盟神之文，古人居心不昧，於此可見。

祈雨記　八分書

今在華陰縣嶽廟《述聖頌碑》之左側。"大唐中興，尅復兩京後，乾元元年，自十月不雨，至於明年春，朝散大夫、使持節華州諸軍事、檢校華州刺史、平原郡開國公、賜紫金魚袋張惟一，與華陰縣令劉崿、丞□峋、丞員外置同正員李緩、主簿鄭鎮、尉王榮、尉高佩、尉崔季陽，於西嶽金天王廟祈請。初發言雲興，俄登車雨降。蓋精意所感，致明神應期。庶伸□□之能[一]，不愆方伯之事。時二月十日題紀。前金州刺史李權書。"按《書史會要》，李權，宗室李平均叔，官至金州刺史，工八分。

【校勘】

[一] 伸□□，《萃編》卷七九作"似潁川"。

王宥等題名　八分書

今在華陰縣嶽廟《述聖頌碑》之右側。上爲篆書"大唐上元元年冬十有二月十一日，同謁嶽祠書記"，下爲八分書"華陰縣令王宥、前令王紓、丞王沐、尉李齊全、尉權頌，鄭縣主簿張彬、尉寶或，下邽縣丞李演、尉邢涉，處士王季友、張彪，著作郎孟昌原，京兆府法曹參軍李樞書并篆"。按《書史會要》，李樞，宗室李平均叔，官至侍御史，工小楷、古篆。

嶽廟題名殘碑

今在西嶽廟門樓下，俗稱五鳳樓，樓凡五間，中三，左右各一。明時地震後，以碎石砌左右門墻脚，其右一間之墙下，皆碎碑所砌。石已搥鑿漫滅，間有可識者，有云"司勛員外郎薛存、華陰縣令柳聞[一]、華陰縣主簿裴秩、華陰縣尉杜文舉、前華陰縣尉王□[二]、野客李田，元和四年九月十九日"，有云"正議大夫、使持節諸軍事守華州、御史中丞充潼關軍等使、上柱國、開國男、食邑三□□金魚袋李虞□[三]，大和四年七月十□□，詔以立秋脩祀南都，團練料官事柳乘同來"當有脫誤字，有云"監察御史于德晦、華州鎮國軍判官、試大理評門□□，大中六年二月廿二日"，有云"侍御史張權，大中五年八月一日拜廟而西"，有云"紫金魚袋張權"上有七八字已漫滅，"大中七年四月十一日"下有四五字漫滅，有云"戶部侍郎楊凝式銜命祭□疑'時'字清泰"以下漫滅，有云"右諫議大夫李祁方，大中元年三月三"以下漫滅數字。又左角門樓墻下亦多舊碑，皆漫滅無一字可識。按《集古錄》云："華嶽題名五百十一人，再題三十一人，自開元訖清泰，今所存無幾，故於零落殘缺之餘記之，特加詳焉。"云云。今余通計得題名者六十二人，"清泰"字猶依稀可識。顧亭林《金石文字記》云："嶽廟墻上亦有唐人題名，今王無異所揭者，通共九十二人，有裴士淹、李德裕、李商隱名。"今余所收又少三十人，而李德裕、李商隱之名，已不可覓矣。已上各碑及題名各不同時，以俱在嶽廟，故并記於此。

【校勘】

[一] 聞，《萃編》卷八〇作"澗"。

[二] □，《萃編》作"沂"。

[三] □，《萃編》作"仲"。

卷 六

唐

馮十一娘墓誌　正書

今在寶鷄縣二尹署中。盖篆書"唐故馮氏婦墓誌之銘"九字，題曰："唐將作監主簿孟友直女墓誌并序。女十一娘，字心，河間人也。年十九適馮貞祐，敬極如賓，禮優侍櫛，雖靡他之志，將固於同心；而與善之徵，竟虧於異物。嗚呼哀哉！春秋廿，以開元二年七月廿日，終於洋州興道縣廨舍。開元三年四月九日，葬於陳倉縣之興平原，禮也。惟父與母，恩深骨肉，痛切哀憐，方備儀於幽隧，用留念于終年。迺爲銘曰：天道懸遠，神理難明。嗟彼淑譽，淪乎此生。荒埏月照，古樹風驚。人誰不死，爾獨傷情。"此石寶鷄鄉人於土中得之，以爲玉也，携賣於市，久而無售，遂棄道旁。寶鷄丞王君若愚，好古士也，取而藏之。聞余記關中金石，搨以相寄。此誌乃父爲亡女作，可以爲式，故備録之。且唐時州縣，亦足備考也。

鎮軍大將軍吳文碑　集王右軍書

今在西安府儒學。明萬曆末，浚西安府城濠得之，移於學中。俗謂之半截碑，盖惟碑之下半截存耳。存七百餘字，有云"碑在京興福寺，澹常住大雅集晉右軍將軍王羲之行書"，略云："惟大將軍吳公，諱文，字才□。父節，皇朝金紫光禄大夫、行内常侍。神龍二年制，舉公鎮軍大將軍。夫人恒國李氏，圓姿替月，潤臉呈花，先公而殯。公以開元九年十月廿三日偭定。"云云。

顧炎武曰："其文有云'夫人李氏，圓姿替月，潤臉呈花'，唐人寫狀婦容云爾，猶有碩人詩意。今人以爲嫌，不肯作此語矣。"

◎ 雍州金石記

御史臺精舍碑　八分書

今在西安府儒學。碑首篆書"御史臺精舍碑"六字，題曰"大唐御史臺精舍碑銘并序，中書令崔湜任殿中侍御日摹文"，後署"開元十一年殿中侍御史梁昇卿追書"。

顧炎武曰："碑陰題名表，其上格曰侍御史并內供奉，列盧懷慎等名；中格曰殿中侍御史并內供奉，列崔湜等名；下格曰監察御史，下有一'并'字，下缺不全，列陸景初等名。其盧、崔、陸三人姓名，并八分書，蓋梁筆也。餘則正書，乃後人續書之者。碑額空處，前後皆有刻，前刻監察御史及姓名，後刻知雜侍御史及姓名，有'自天寶元載以後'七字。按天寶三年始改年爲載，不當云元載，恐是追書。"按顧《記》詳明，故錄之不再記。又，碑之兩邊俱題姓名，有"侍御史"字，凡兩見，顧《記》失之。

內侍高福墓誌銘　正書

今在西安府儒學。近出於白鹿原土中，移此。蓋篆書"大唐故高內使墓誌銘"九字，題曰"大唐故中大夫、守內侍、上柱國、渤海高府君墓誌銘并序，麗正殿修撰學士、校書郎孫翌字季良撰"。略云："君諱福，字延福，渤海人。嗣曰力士。以開元十一年十二月廿五日終於來庭里之私第，春秋六十有三。明年太歲在甲子正月壬戌朔廿一日壬午，窆於白鹿原。"按《唐書·高力士傳》：力士，馮盎曾孫，高延福養爲子，故冒其姓。延福與妻及力士貴時，故在侍養。今誌中不言養子者，諱之也。

净業法師塔銘　正書

今在西安府城南五十里香積寺。題曰"大唐龍興大德香積寺主净業法師靈塔銘并序，正字畢彦雄文"。略云："法師諱象，字净業，趙姓。父辿，天馬監。法師即監之仲子也。開元十二年甲子之歲六月十五日建。"

涼國長公主碑　蘇頲撰　玄宗八分書

今在蒲城縣。

顧炎武曰："其文有云'開元十二載八月辛丑，薨於京永嘉里第'，按

《唐書》，天寶三年正月丙辰朔，改年爲載，而此在其前二十年已云載矣，蓋字中偶一用之，後乃施之詔令、符牒耳。”

左領軍衛將軍乙速孤神慶碑

今在醴泉縣北六十里叱干村。碑首篆書“大唐故右虞候副率、檢校左領軍衛將軍、上柱國乙速孤府君碑”二十五字，碑斷爲二，漫滅不可讀，存千二百餘字。《集古録》有此碑，而無《行儼碑》。今記《集録》於左，以備考。

《集古録》：“右《乙速孤神慶碑》，弘文館學士苗神客撰。神慶，唐初仕三衛，高宗時，爲太子右虞候副率以卒。乙速孤氏在唐無顯人，惟以其姓見於當時者，神慶一人而已。《元和姓纂》但云代人，隨魏南徙而已，其叙神慶世次又多闕繆。而此碑所載頗詳，云其先王氏，太原人。有闕文代祖顯，爲後魏驃騎大將軍，賜姓乙速孤氏，遂爲京兆醴泉人。曾祖貴，隋河州刺史，和仁郡公。祖安，隋益州都督。父晟，唐驃騎將軍。乙速孤氏，世無可稱，而其姓出夷狄，莫究其詳，僅見於此碑，可以補《姓纂》之略，以備考求，故特録之。”

右武衛將軍乙速孤行儼碑　八分書

今在醴泉縣北六十里叱干村。碑首八分書“唐故右武衛將軍乙速孤公碑”十二字，題曰：“大唐故右武衛將軍、上柱國乙速孤□□碑銘并序[一]，正議以下缺十五字上柱國劉憲撰[二]，朝議郎、行校書郎白羲晊書。”略云：“公諱行儼，字行儼，本姓王氏，太原人也。五代祖有功於魏以下四十三字，多不可辨[三]。曾祖安，齊前鋒都督，右武候、右六府、驃騎將軍、開府儀同以下缺四十二字[四]。祖晟，皇朝上開府，右武候、右□府左車騎將軍[五]、驃騎將軍，藏缺十五字[六]。父神慶，右虞候副率、檢校左□領軍衛將軍[七]。公以神龍二年墨制，授□武將軍[八]、守右武衛將軍。春秋七十有二，景龍元年十二月十五日薨。夫人常樂縣君賀若氏，宋公弼之姪孫，開州刺史懷武之第六女。景龍二年歲次景申二月辛卯朔十五日景午[九]，合葬於醴泉。開元十三年歲次□丑二月景辰朔十六日辛未[一〇]，令□□曹州濟縣令□滿建[一一]。”此碑惜已漫滅，多不能辨，其可識者尚堪與《集古録》互相訂正也。又《金石文字記》作右武衛大將軍，考碑額及碑題文內所叙，均無“大”字，乃誤記也。按，白羲晊善分書，見《金石

雍州金石記

録》。

【校勘】

[一]□□，《昭陵碑石》作"府君"。

[二]此處所缺十五字，《昭陵碑石》作"大夫守秘書監修文館學士監修國史"。

[三]此處缺字，《昭陵碑石》作"始賜而氏焉，因居京兆之禮泉縣。王子晋之上仙，肇聞茂緒；車千秋之作相，重賜華宗。家何代而乏賢，人何時而不貴"。

[四]此處所缺四十二字，《昭陵碑石》作"三司，使持節葛州刺史，隋益州都督，襲封和仁郡開國公，從孝移忠，遷虞事夔，司馬安之四至，晏平仲之一心"。

[五]□，《昭陵碑石》作"廿"。

[六]此處所缺十五字，《昭陵碑石》作"器於身，待時而用，功參列將，寵盛興王"。

[七]□，《昭陵碑石》作"右"。

[八]□，《昭陵碑石》作"忠"。

[九]五，今碑已漫漶，《萃編》卷七五作"六"。

[一〇]□，《昭陵碑石》作"乙"。

[一一]令□□，《昭陵碑石》作"令從自"。□滿，《昭陵碑石》作"秩"。

思恒律師誌文　正書

今在西安府南門外二十里神禾原塗山寺。題曰"大唐薦福寺故大德思恒律師誌文并序，鄠縣尉常□□□文"。略云："律師諱思恒，□□顧氏[一]，吳郡人。曾祖明，周左監門大將軍。祖元，隋門下上儀同三司、蓤蕪郡開國公、使持節洪州諸軍事、行洪州刺史。父藝，皇朝恒州録事參軍。開元十四年十一月廿六日終於京大薦福寺，年七十有六，其年十二月十五日葬神禾原塗山寺東。"

【校勘】

[一]□□，《萃編》卷七七作"俗姓"。

佛頂尊勝陁羅尼經石幢　正書

今在隴州木塔寺内。石幢八面，高六尺餘，諸寺石幢之最莊嚴者。題曰"佛頂尊勝陁羅尼經，罽賓沙門佛陁波利奉詔譯"，後書"大唐開元十六年歲次戊辰十一月甲午朔八日乙丑，汧源縣丞楊淡，上爲開元神武皇帝，下及法界蒼生、夫人韓氏等，敬造佛頂尊勝陁羅尼石幢。"其空處有宋人題名。

比丘尼法澄塔銘　行書

今在西安府城外東南二十里馬頭空。題曰"大唐故興聖寺主尼法澄塔銘并序"，略云："法師諱法澄，字元所得[一]，俗姓孫氏，樂安人也。祖榮，涪州刺史。父同，同州馮翊縣令，法師第二女。上元二年出家，遷神春秋九十，開元十七年十一月三日也。以其月廿三日，安神於龍首山馬頭空塔所。宗正卿、上柱國、嗣彭王志暕撰并書。"此碑七百餘字，筆畫如新，惟"宗正卿"以下十一字微有磨泐，亦俱可識無疑。《金石文字記》僅載"志撰"，其"彭王"及"暕"字俱缺，蓋搨時適有模糊耳。按《唐書》，志暕爲彭思王元則嗣，附見《思王傳》。

【校勘】

[一] 元，《萃編》卷七八、《潛研堂》卷六等作"无"，以其字之寓意度之，當爲"无"，"元"爲"无"之形近而訛。

比丘尼堅行禪師塔銘　正書

今在西安府城南。題曰："大唐宣化寺故比丘尼堅行禪師塔銘。禪師諱堅行，俗姓魚氏，京兆府櫟陽人也。以開元十二年十月廿日遷化[一]，春秋七十有六。開元二十一年起塔，閏三月十日。"此石高僅七寸，廣六寸，計百五十字，文亦不佳，而小楷書極精謹可喜，因思唐世書法之妙，雖片石隻字，皆宜收藏，不必豐碑大碣也。

【校勘】

[一] "廿"下，《萃編》卷七八、《全唐文》卷九九七等多"一"字。

代國長公主碑　正書

今在蒲城縣。題曰"大唐故代國長公主之碑"，略云："公主諱華，字花琬，睿宗第四女，降歸於鄭時中。開元廿二年十二月三日建。"按《唐書》，代國公主下嫁鄭萬鈞，今碑作鄭時中，宜從碑。

雍州金石記

美原縣尉張府君墓誌銘　正書

今在西安府城南二十里杜城。題曰"大唐故京兆府美原縣尉張府君墓誌銘并序"，略云："君諱昕，字道光，京兆長安人。祖宗，隋襄城郡守，和、易二州刺史。祖勣，朝散大夫、上柱國、行閬州西水縣令。父玄禪，中大夫、行寧州長史。君取父蔭，授涇州鶉觚縣尉，秩滿，選授汾州隰城縣尉。父憂服終，選美原縣尉。以開元廿四年秋七月四日終，春秋五十有七，即以其年歲次景子十月三日窆於京城南城東二百步舊塋[一]。"按誌內"祖宗"字，當是"祖"字上失寫"曾"字，其曾祖名宗耳[二]。

【校勘】

[一]"城"上，《萃編》卷八一多"杜"字。
[二]按《全唐文》卷九九五 "祖"上有"曾"字。

大智禪師碑　八分書

今在西安府儒學。碑首篆書"大唐故大智禪師碑"八字，題曰"大唐故大智禪師碑銘并序，中書侍郎嚴挺之撰，右羽林軍録事參軍、集賢院待制兼校理史惟則書并篆額"，略云："法師諱義福，上黨人。廿三年秋八月始現衰疾，明年夏五月奄忽棄世，皇帝降中使特加慰贈，尋榮謚號曰大智禪師。開元廿四年歲在丙子九月丁丑十八日甲午建。"

碑陰題曰："大智禪師碑陰記，河南少尹陽伯成撰"，略云："捨凈財者，人具題爵里。於時歲在辛巳五月庚戌十八日丁卯，皇唐開元廿九年也，通直郎、行河南府伊闕縣尉、待制兼校理史惟則書，施碑石主弟子朝散大夫、行華原縣令劉同。"

進法師塔銘　正書

今在西安府城南實際寺。題曰："大唐大温國寺故大德進法師塔銘并序。法師名進，俗姓高氏，渤海人。"《石墨鐫華》云："太子司儀陳光撰[一]，僧智詳書，磨泐僅存形似。"今更漫滅，并書撰人亦不能辨矣。

【校勘】

[一] 儀，《石墨鐫華》原文作“議”。

比丘尼惠源和上誌銘　正書

今在西安府儒學。近出土中，移於學内。題曰“大唐濟度寺故大德比丘尼惠源和上神空誌銘并序，京兆府倉曹參軍楊休烈撰，姪定書”，略云：“大師諱惠源，俗姓蕭氏。大父諱瑀，皇中書令、左右僕射、司空、宋國公。父鉽，給事中、利州刺史。大師年廿二，詔度爲濟度寺尼，嘗於少陵原爲空。開元廿五年秋九月二日歸寂，即以十一月旬有二日從事於空。”按《唐史》，瑀好浮屠法，間請捨家爲桑門[一]，其後第三女法願、女孫惠源，相繼爲尼，有自來矣。瑀子銳，附見瑀傳，而不及鉽。

【校勘】

[一] 桑，惜陰軒本作“沙”。

祠部員外郎裴積墓誌　正書

今在西安府城南。題曰“大唐故朝議郎、行尚書祠部員外郎裴君墓誌銘并序，族叔禮部員外郎朏撰兼書”，略云：“公諱□，字道安，河東聞喜人。高祖定州大將軍[一]、馮翊太守，襲琅琊公。曾祖仁基，□□光禄大夫兼河南道討捕大使[二]，贈原州都督，諡曰忠。祖行儉，禮部尚書兼定襄道行軍大總管、聞喜公，贈太尉，諡曰獻。考光庭，侍中兼吏部尚書，贈太師，諡忠獻。公開元初舉孝廉高第，授左千牛備身，轉太子通事舍人，調太常寺主簿。丁太師憂。太師公直道不回，同列害其公忠，定諡之辰，將沮其美。公晝夜泣血，詔改諡忠獻。憂制缺，拜起居郎，遷尚書祠部郎。以開元廿八年十二月十九日終，春秋卌。即以辛巳歲二月癸丑廿日壬申，旋葬於長安萬春鄉神禾原。嗣子倩等式刊貞石。”云云。按《唐書》，裴積附見《裴行儉傳》，其世次、官爵悉與史合，惟誌稱舉孝廉高第，史稱以蔭仕，爲不合耳。又，史稱開元末壽王瑁以母寵欲立爲太子，積諫，玄宗改容謝之。誌中未載兹事，有云“明光伏奏，問望攸昭”，抑亦隱約其詞耶？又，“公諱積”之“積”字已漫滅，以唐史考之，猶隱隱可辨，故定以爲積無疑也。

【校勘】

[一] 州，北圖拓本作"周"，此句當斷爲"高祖定，周大將軍"。

[二] □□，北圖拓本作"隋左"。

夢真容碑　行書

今在盩厔縣南三十里樓觀。碑無題，首直書："敕旨中書門下：兵部尚書、侍中張九齡等奏，臣等因奏事，親承德音，夢見一真容，云'吾是汝遠祖，吾之形像可三尺餘，在京城西南百餘里'，即命使同諸道士求得之於盩厔樓觀東南山阜間，迎至興慶宮大同殿，請於開元觀，具寫綸言，勒於貞石。開元廿九年六月一日。"字約寸許，行書殊草草，"德音""陛下"等字俱實寫。碑首正書"重模蘇靈芝書唐《老君應見碑》"十二字，蓋道士重模者，其原碑已不可覓矣。世不知此碑爲重模者，不揚碑額耳。

卷 七

唐

金仙長公主碑　行書

今在蒲城縣北二十里賈堡。玄宗御書，題曰“大唐故金仙長公主神道碑銘”，略云：“高宗天皇大帝之孫，睿宗大聖口皇帝之女[一]。”碑已漫滅不可讀，其碑題之次行有八分書“御書”二字，其下有正書“中大夫”十餘字，已不能辨，蓋撰文徐嶠之銜也。碑後有八分書“散騎郎”十餘字，亦不可辨。

【校勘】

[一] 口，北圖拓本作“真”。

鄎國長公主碑　八分書

今在蒲城縣，玄宗御書。

褒封四子敕　正書

今在盩厔縣南三十里樓觀。敕上篆書“唐褒封四子詔”六字，詔語録如左。

敕門下：昊穹眷命，烈祖降靈，休昭之儀，存乎祀典。莊子、列子、文子、庚桑子，列在真仙，體茲虛白，師玄元之聖教，弘大道於人寰。觀其微言，究極精義，比夫諸子，諒絶等夷。其莊子宜依舊號曰“南華真人”，列子號曰“沖虛真人”，文子號曰“通玄真人”，庚桑子號曰“洞靈真人”。其四子所著書，隨號稱爲“真經”。宣布中外，咸使聞知。天寶元年二月廿日。

陁羅尼經頌序石幢　正書

今在鄠縣草堂寺內。題曰："吏部南曹石幢頌并序，秘書省正字左光胤撰序，醴泉縣丞尹匡祚撰頌，天寶元年九月建。"序述吏部南曹尹謙光等建幢之事，後書經序及經。石幢中書經序甚多，其詞怪誕不足錄也。

玄元靈應頌　八分書

今在盩厔縣南三十里樓觀。碑首篆書"開元天寶聖文神武皇帝夢烈祖玄元皇帝靈應頌并序"二十三字，碑後署："朝散大夫、守倉部郎中、上柱國戴旋撰序，朝散大夫、守戶部郎中劉同昇撰頌，開府儀同三司、尚書右僕射曾孫戴伋書，天寶元年歲次壬午七月癸卯朔十五日丁巳中元建。"按戴伋，唐史無考。所稱曾孫，因旋已撰序耳，疑是族孫，不然曾孫已爲僕射，安能與乃祖同時撰序作書耶？

趙崡曰："此刻於《宗聖觀記》之北面，唐人分書甚佳，但經元人翻本減弱矣。碑側宋蘇軾書并弟轍詩，歲久剝落，元人別摹一碑，視碑側字法亦減。"此顧亭林攝取《石墨鐫華》諸跋語，附見於《靈應頌》後。前人之不沒人善，不肯一語雷同若此。

孝經　八分書

今在西安府儒學。碑四面，上蓋下座，形製甚偉。碑額篆書"大唐開元天寶聖文神武皇帝注《孝經》臺"十六字，第一行"《孝經》序"，第二行題曰"御製序并注及書"，其下小字曰"皇太子臣亨奉敕題額"，第三行至第十行皆序文，其注處皆作雙行。《孝經》盡處爲正書"李齊古表"，後有"天寶四載九月一日，銀青光祿大夫、國子祭酒、上柱國臣李齊古上表"，後有玄宗批答三十八字。字徑四寸，其下分四格，書李林甫等四十五人。

顧炎武曰："有'特進、行尚書左僕射兼右相、吏部尚書、集賢院學士、修國史、上柱國、晉國公臣林甫，光祿大夫、行左相兼兵部尚書、弘文館學士、上柱國、渭源縣開國公臣李適之'等四十五人姓名。惟林甫以左僕射，不書姓，中間人名下攙入'丁酉歲八月廿六日紀'九字，是後人所添。是歲乙酉，非丁酉也。又末二人官銜下不書臣，亦可疑。"

按，四十五人中有"儒林郎、守主簿崔少容"，亦不書臣，蓋偶失之耳。

竇居士神道碑　行書

今在三原縣北十里橋頭鎮。碑首已失，題曰“唐故逸人竇居士神道碑并序，北海郡太守李邕撰，河南府□□縣進士段清雲書[一]”，略云：“居士諱天生，字白□[二]，扶風人也。曾祖居士諱顗，祖居士諱希求，考居士諱□□。長子處賓，仲子思賓，季子元禮。天寶六載歲次丁亥二月丁未朔八日甲寅，嗣子上柱國思賓，季子梨園教坊使、制新加銀青光禄大夫、行內侍省內侍元禮等建。宣德郎、前行將作監、右校丞范岌題額并鑴。”《金石文字記》作在咸陽，誤。此居士者，其子數人，俱爲宦者，己獨事佛稱居士者也。使北海爲之撰文，霍、竇之威，亦云盛矣。

【校勘】

[一] □□，《萃編》卷八七作“□陽”。

[二] 白□，《萃編》作“自然”。按字“自然”正是其名“天生”意之延伸。

周夫人墓誌銘　正書

今在西安府城南二十里杜城。乾隆丁丑，土人取土得之。題曰“大唐故義興周夫人墓誌銘并序”，略云：“夫人義興人也，爲太原王府君靜信之妻，春秋六十有五。以兹吉晨，赴杜城東郊。岳也匪才，忝爲叙述。天寶六載十月三十日葬。”此石高尺五寸，廣亦如之。字僅二百七十餘，小楷極精，可喜也。無書撰人名姓，有云“岳也匪才”，當是撰人名耳。

金剛經石幢　行書

今在西安府城南三里李家村。蔣圖撰，清河張賁書序。天寶七載歲次戊子三月廿八日建。

崇仁寺陁羅尼咒石幢　行書

今在西安府城西門外五里崇仁寺。幢高二尺餘，止書呪語，天寶七載五月十五日建。其後列內侍五人，直官三人，又駕士長上、扶車長上等六十人有姓名者止五人，集賢院侍制張少悌書。

多寶佛塔感應碑　正書

今在西安府儒學。碑首八分書"大唐多寶塔感應碑"，題曰："大唐西京千福寺多寶佛塔感應碑文，南陽岑勛撰，朝議郎、判尚書武部員外郎、琅琊顏真卿書，朝散大夫、檢校尚書都官郎中東海徐浩題額，天寶十一載歲次壬辰四月乙丑朔廿二日戊戌建。"《金石文字記》作"感應篇"，誤。

楊珣碑　八分書

今在扶風縣。碑首篆書"弘農先賢積慶之碑"八字，題曰"□□武部尚書鄭國公碑銘并序"，次行正書"御製御書，皇太子臣亨奉敕題"，有云："右相國忠之父也。公諱珣，字仲珣，華陰人也。曾祖汪，隋國子祭酒、吏部尚書、戴國公。烈考志謙，青城令，追贈陳留太守。公享年五十有一，開元五載遘疾終。夫人中山張氏，以開元二十七年十月十六日合葬於岐陽之安平山。天寶十二載三月，重贈公武部尚書，追封鄭國公，夫人鄭國夫人。"此碑甚鉅，高二丈，廣一丈，額字大徑尺許，碑字大徑二寸。碑下半殘缺，存字及千。珣者，楊國忠之父，爲之製碑逾制若此，未幾而祿山反，玄宗幸蜀矣。碑之存，所以著其君臣之過也，安得與他碑同日而語哉。

內侍孫志廣墓誌[一]　行書

今在西安府城東十五里田家灣。乾隆丁丑，土人取土得之。題曰："唐故內侍省內常侍□府君墓誌銘并序，朝議郎、行陝郡平陸縣尉申堂構撰，文林郎、行文部常選、上柱國南陽韓獻之書。"略云："公諱志廣[二]，字惠達，富陽人也。天寶十二載十一月十一日寢疾，終於咸寧縣來庭里之私第，春秋五十二，即以明年夏葬於長樂原。"誌題府君之姓已漫滅不能識，誌中有云"昔吳稱帝業，飛龍蔚起於江東"，故定爲孫姓云。

【校勘】

[一][二] 廣，北圖拓本作"廉"。

贈工部尚書臧懷恪碑　正書

今在三原縣九陂城臧氏墓上。碑首篆書"唐故東莞臧公神道碑"九字，題曰"唐故右武衛將軍、贈工部尚書、上柱國、上蔡縣開國侯臧公神道碑銘并序，金紫光禄大夫、行撫州刺史、上柱國、魯郡開國公顏真卿撰并書，翰林待詔、光禄卿李秀巖□□"，略云："公諱懷恪，字貞節，東莞人。曾祖滿，隋驃騎將軍。祖寵，皇通議大夫、靈州都督府長史。父德，朝散大夫，贈銀州刺史。公即銀州之第三子也。開元初，遊平盧，屬奚室韋大下，公挺身與戰，所向摧靡。玄宗聞而嘉之，拜勝州都督府長史，俄封上蔡縣開國侯。開元十二年薨，享年五十六，贈領軍衛大將軍。公兄左羽林軍大將、平盧副持節懷亮。七子：遊擊將軍、崇仁府折衝希崇，豐州別駕、贈宋州刺史希昶，左武衛將[一]、朔方節度副使、贈太子賓客希忱，右衛左郎將、劍南討擊副使、贈汝州刺史希愔，右驍衛郎將、靜邊軍使、贈秘書監希景，寧州刺史、左金吾衛將軍、贈揚州大都督希晏，開府儀同三司、行太子詹事兼御史大夫、邠寧山南觀察使、集賢待制、工部尚書、渭北節度使、魯國公希讓。臧氏自天寶距於開元，乘朱輪而拖珪組者數百人。"按"李秀巖"下缺二字，疑是"題額"字。

《金石文字記》云："碑文有'廣德元年十月'字，按懷恪以子希讓貴，贈工部尚書，即其時也。"

按《集古録》跋後漢《司隸從事郭君碑》云："前世碑碣，但書子孫而不及兄弟，惟郭氏載其兄弟甚詳，其以家世爲重，不若今之苟簡也。"今《懷恪碑》亦載其兄，深得古人之意。至唐碑多用駢體，以散體行文，疑自此碑始也。

【校勘】

[一]"將"下，據北圖拓本，脫一"軍"字。

臨淮王李光弼碑　顏真卿撰　張少悌行書

今在富平縣儒學。《金石文字記》云廣德二年十一月。

張希古墓誌銘　行書

今在西安府南鄉。乾隆戊寅，土人取土得之。題曰"大唐故游擊將軍、守左衛、馬邑尚德府折衝都尉[一]、左龍武軍宿衛、上柱國張府君墓誌銘并序，雁門田穎書"，略云："張公字希古，以天寶十四載十月十七日終於醴泉里私第，春秋七十有三。天寶十有五載四月二日，窆於鳳城南樊川之北原。子三，長曰行瑾，次曰崇積，並武部常選，季子談俊，衛尉寺武器署丞。天寶十五載歲次景申四月甲申朔一日甲申建。"按，誌中止書字而不著名，文亦庸近，其書法遒媚爲可存耳。

【校勘】

[一]"邑"下，據北圖拓本，脱"郡"字。

左金吾衛將軍臧希晏碑　八分書

今在三原縣九陂城。碑首篆書"唐東莞臧府君神道碑"九字，碑題及第二行俱漫滅，其二行之末有"撰"字隱隱可辨，乃撰文銜名也。三行"朝議郎、行衛尉少卿、淮陽縣開國男、賜緋魚袋韓秀弼書"。略云："有唐廣德二年八月五日朔，左金吾衛將軍臧公薨。公諱希晏，字恭靖。曾祖君寵，通議大夫、靈州長史。祖君德，銀青光禄大夫、銀州刺史、贈太子少師。父懷恪，右領軍衛將軍、魏州刺史、上蔡侯，贈工部尚書，贈母燕國夫人劉氏。公之季弟希讓，御史大夫、工部尚書、渭北節度、贈太子太師。嗣子睦王府長史叔獻，次子鄆州別駕叔雅，季子河□府河清縣主簿叔清。"此碑已漫滅，惟世次尚班班可考，其祖官爵與《懷恪碑》不同，乃懷恪葬後，德以孫希讓貴，加封耳。

郭敬之家廟碑并陰　正書

今在陝西布政司二門内。碑首八分書"大唐贈太保祁國貞公廟碑"，題曰："有唐故中大夫缺九字州刺史[一]、上柱國、贈太保郭公廟碑銘并序，御題額，金紫光禄大夫、檢校刑部尚書、魯縣開國公顔真卿撰并書，廣德二年歲次甲辰十一月甲午朔廿一日甲寅建。"

碑陰

男：昭武校尉、守絳州萬泉府折衝都尉、上柱國子璠[二]；子儀，武舉及第，歷叙官爵云云，至又拜尚書令兼中書令，餘如故此建碑時官爵，故無尊尚父等事；游擊將軍、左武衛將軍、上柱國子雲；朝議郎、行延州都督府法曹參軍子瑛；朝議

清代陝西金石學著作十種

郎、行衢州盈川縣尉子珪；銀青光禄大夫、衛尉卿、單于副都護、振武軍使、朔方左厢兵馬使、上柱國幼賢；贈太子少保、正議大夫、光禄少卿兼漢州別駕、賜紫金魚袋、上柱國幼儒；銀青光禄大夫、太府卿、上柱國、太原郡開國公幼明；銀青光禄大夫、試鴻臚卿、上柱國幼冲。

按碑陰列郭敬之男九人，此可爲碑陰之式，故詳録之。又按，碑陰作行書，與碑銘正書小異，第考所書官爵，與建碑時合，似是一時所書，不應又出一手，且字畫與魯公書法亦同，其爲魯公所書無疑也。

【校勘】

[一] 此處所缺九字，《萃編》卷九二作"使持節壽州諸軍事壽"。

[二] 珪，此碑今藏西安碑林博物館，作"琇"。

卷　八

唐

太子賓客白道生碑　正書

今在西安府城東十五里鮑陂。近出土中，移於土穀祠前。碑首已失，題曰"大唐故左武衛大將軍、贈太子賓客白公神道碑銘并序，朝議郎、行尚書禮部員外郎、翰林學士、賜緋魚袋于益奉敕撰，宣議大夫、行將作□□、翰林詔[一]、上柱國、賜紫金魚袋摯宗奉敕書并篆額"，略云："公諱道生，其先呼韓之宗。祖廣琮，雲麾將軍、左羽林大將軍。父崇禮，忠武將軍、左金吾衛翊府中郎將。公鎮在疆場，統其蕃部，尋爲寧、朔州刺史，終於左衛大將軍。春秋六十，以永泰元年三月廿四日遷窆於萬年縣鳳栖原，永泰元年歲次乙巳三月壬辰朔廿四日甲寅建。"

【校勘】

[一]"詔"上，當脱"待"字。按《萃編》卷九三作"待詔"。

先塋記　篆書

今在西安府學。碑已斷裂，有云"大曆惟二，刊刻貞石"，其撰文人名適當斷處，僅存一"述"字，"從子陽冰書"，《金石文字記》作季卿撰。碑側有記，大中祥符三年重開。

三墳記　篆書

今在西安府學。碑無題，首已斷爲二。其文有云："先侍郎之子曰曜卿字華、名缺卿字萬天[一]、缺卿字榮寬三墳。季卿述，陽冰書。□大曆改元之明年於斯刻石。”

【校勘】

[一]名，當連下“缺”字爲小字注。

美原田真人碑　大曆六年九月

今在富平縣美原鎮。題曰“美原縣永□觀□□朝散大夫、□并州別駕、上柱國蘭陵蕭森□□政撰并模晋王右軍書”。相傳田真人拔宅上昇處也。

陁羅尼經石幢銘　僧昔真撰　布衣康玠行書

今在富平縣六井。《金石文字》云大曆六年十月。

慈州刺史王履清殘碑　正書

今在高陵縣。碑首篆書“唐故慈州刺史王府君神道碑”，題曰：“唐故同朔方節度副使、紫金光禄大夫[一]、試太常卿兼慈州刺史以下缺朝散大夫、行河中府功曹參軍、上柱國、賜魚袋上谷侯冕撰。府君諱履清，字履清，京兆萬年人。考尚賓，歷原州參軍事、定遠城兵曹參軍、贈紫金光禄大夫以下缺[二]。以大曆十一年正月廿四薨於官舍。兄履堅，朝散大夫、豐州長史。弟履濟，朝散大夫、慈州別駕。子綸，朝散缺葬於高陵之奉正原，大曆十二年二月廿七日建。”碑僅存上半，文多斷續，惜不盡記也。

【校勘】

[一][二] 紫金，據北圖拓本，爲“金紫”之誤倒。

清源公王忠嗣碑　正書

今在渭南縣西門外。題曰：“唐故朔方河東河西隴右節度、御史大夫、贈兵部尚書、太子太師、清源公王府君神道碑銘并序，銀青光禄大夫、守中書侍郎、同中書門下平章事、集賢殿崇文館大學士、修國史、潁川郡開國公元載撰，金紫光禄大夫、門下侍郎、同中書門下平章事、太清太微宫弘文崇玄館大學士、上柱國、齊國公王縉書，大曆十年四月。”

高力士殘碑　　行書　　大曆十二年五月

今在蒲城縣。

無憂王寺真身寶塔碑　　正書

今在鳳翔府法門寺。碑首篆書"大唐聖朝無憂王寺大聖真身寶塔碑"十五字，題曰："大唐聖朝無憂王寺大聖真身寶塔碑銘并序，徵事郎、殿中侍御史、内供奉、賜緋魚袋張彧撰，大曆十三年歲次戊午四月□丑朔廿五日立。"

贈揚州都督段行琛碑　　正書

今在汧陽縣。碑首篆書"唐故段府君神道之碑"九字，題曰"唐贈揚州大都督段府君神道碑銘并序，朝議郎、檢校尚書刑部員外郎、□鳳翔少尹、侍御史、賜緋魚袋張增書"，略云："巨唐大曆己未歲春正月，段府君之子，四鎮北庭涇原鄭潁等州節度使、開府儀同三司、御史大夫、張披郡王曰秀實，追琢貞石，光昭先考，展孝思，旌休烈也。君諱行琛，字行琛。曾門德滂，初罹否運，播遷隴坻，度地肯堂，鬱爲望姓，在周辟奉朝請，入隋直文林館。大父振[一]，握機未發，早齡卒世。考達。府君既齒鄉賦，高標甲科，簡修獨耀於錦衣，從事仍屈於黄綬。天寶九載夏之季序，遘疾於汧陽御史里之第，乙酉奄歸無物，於斯七十五稔。夫人樂平狄氏，吴山縣丞哲第六之女。□子祥潁[二]，仲子秀成，季子□潁等[三]，稽謀宅兆，明年春孟，葬於隴山東麓。廣德二年秋九月乙未，詔追贈府君秘書省著作郎，夫人太原縣太君。大曆十年夏五月，詔加贈府君綏州刺史，夫人太原郡太夫人。十三年季夏，又贈府君揚州大都督，夫人忻國太夫人。大曆十四年閏五月庚辰朔十三日壬午建[四]，□□郎[五]、行□□府□□縣尉李同系篆額[六]。"

按《唐書・段秀實傳》，曾祖師滂，仕爲隴州刺史，留不歸。今碑稱大父振，是秀實之曾祖，所謂德滂者，乃秀實之遠祖，而非曾祖，又以德爲師；又碑稱"初罹否運，播遷隴坻"，疑是流徙於隴，傳稱爲刺史不歸：皆史之誤。又秀實之祖達及父行琛，傳俱不載；又秀實官開府儀同三司、御史大夫，傳亦不載：俱史之缺。以段公忠烈，而使其世次缺繆，可乎？今碑已磨滅，而世次尚隱隱可讀，故詳記之以備考。

[一] 振，據此碑今存宋拓作"操"。

[二] □子祥穎，宋拓作"門子祥穎"。按門子即嫡子。

[三] □穎，宋拓作"同穎"。

[四] 辰，宋拓作"午"。

[五] □□郎，宋拓作"朝議郎"。

[六] □□府□□縣尉，宋拓作"鳳翔府天興縣尉"。

顏魯公與郭僕射書　行書

今在西安府儒學，世謂之《爭坐位帖》。

顏氏家廟碑　正書

今在西安府儒學。碑首篆書"顏氏家廟之碑"，題曰："唐故通議大夫、行薛王友、柱國、贈秘書少監、國子祭酒、太子少保顏君廟碑銘并序，第七子光祿大夫、行吏部尚書、充禮儀使、上柱國、魯郡開國公真卿撰并書，集賢學士李陽冰篆額，建中元年歲次庚申秋七月癸亥朔鐫畢。八月己未，真卿蒙恩遷太子少師，冬十月壬子，男頵封沂水縣男，碩新泰縣男，姪男頊承縣男，頌費縣男，頋鄒縣男。微軀官階、勛爵并至二品，子姪八人無功無能，叨竊至此，子孫敬之哉！"碑兩面，并兩旁爲四面，左側旁一面銘內缺四字。其碑陰之額正書："高祖記室君，國初居此宅，虢州君、舍人君侍焉。堂今置廟地，高祖妣殷夫人居十字街西北壁第一宅，秘書監君、禮部侍郎君侍焉。虢州君居後堂，華州君於堂中生焉，今充神厨。少保君堂今充齋堂，廳屋充亞獻、終獻齋室。"凡十行八十五字，較碑字微小。

碑題之下有記，略云："自唐室罹亂，碑倒於野，都院孔目李延襲告知府郎中，移於文廟，乃命南岳夢英大師秉筆書記。"其碑之右邊有篆書"太平興國七年八月二十九日重立，李延襲記。"篆書極佳，蓋夢英筆也。李延襲官甚微，以移碑之故，附名不朽。官斯土者，踵而行之，豈獨保全翰墨已乎？故余記金石，每表而出之。

顧炎武曰："《顏君廟碑銘》，乃真卿之父也。其文曰：'君諱惟貞，字叔堅。'及叙其先世，則曰：'魏有盛，盛字叔臺，青、徐二州刺史，關內侯。始自魯，居于琅邪臨沂孝悌里。生廣陵太守、葛繹貞子諱欽，字公若；生汝陰太守、護軍、襲葛繹子諱默，字静伯；生晉侍中、右光禄大夫、西平靖侯諱含，字弘都，隨元帝過江；生侍中、光禄勛、西平定侯諱髦，字君道；生州西曹騎都尉、西平侯諱琳，字文和；生宣城太守、御史中丞諱靖之，字茂宗；生巴陵太守、度支校尉諱騰之，字弘道；生輔國、江夏王參軍諱炳子，字叔豹；生齊侍書御史兼中丞諱見遠，字見遠；生梁鎮西記室參軍諱協，字子和；生北齊給事黃門侍郎、待詔文林館、平原太守、隋東宮學士諱之推，字介；生皇秦王記室諱思魯，字孔歸，君之曾祖也，率子弟奉迎義旗于長春宮，拜儀同；生勤禮，字敬，君之祖也，著作郎修國史，夔州長史，贈虢州刺史；生昭甫本名顯甫[一]、敬仲、殆庶、無恤、少連、務滋、辟疆[二]。昭甫字周卿，君之父也，高宗侍讀、曹王屬，贈華州刺史。生我伯父諱元孫□君[三]，君生闕疑、允南、喬鄉、真長、幼輿、真卿、允臧。'自父以上并直書其名而加諱字，其他伯叔群從悉名之。今人自述先人行狀而使他人填諱，非古也。"顧氏引證其詳，節錄於此。又云："文有云'子泉弘都之德行'，子泉即顏淵也，避唐高祖諱。"

【校勘】

[一] 此處小字注爲此碑原注。
[二] 疆，現存碑文作"强"，顧炎武《金石文字記》誤抄，朱氏沿之。
[三] □，碑作"泉"。

顏魯公奉使蔡州書　行書

今在同州府，其下有魯公畫像。

書曰："真卿奉命来此，事期未竟，止緣忠勤，無有旋意。然中心恨恨，始終不改，游於波濤，宜得斯報。千百年間，察真卿心者，見此一事，知我是行，亦足達於時命耳。"又曰："人心無路見，世事只天知。"下有題曰："觀此筆迹，不顯歲月，以事實考之，蓋使李希烈時也。希烈以建中元年陷汝州，盧杞建議遣公奉使。至正元宋諱'貞'，故作'正'元年八月丙戌，公不幸遇害。困躓賊庭者二年，刃加於頸而色不變，度無還期，誓不易節，蓋書此以自表云。靖康元年七月壬申，朝散郎、秘閣修撰、知同州軍事唐重書。"

光禄卿王訓墓誌　正書

今在西安府城東十五里田家灣。乾隆戊寅，土人取土得之。題曰"大唐故光禄卿王公墓誌并序，前秘書監、嗣澤王溈撰并書"，略云："公諱訓，字訓，琅琊臨沂人也，永穆大長公主之中子。曾祖知道，皇贈魏州刺史。祖同皎，皇光禄卿、駙馬都尉，贈太子少保，尚定安長公主。父繇，皇特進、太子詹事、駙馬都尉，贈太傅，尚永穆長公主。公春秋卅一，大曆二年巳月癸巳奄終，其年八月七日遷厝萬年縣滻川鄉滻川原。"

按唐史，嗣澤王溈附見《上金傳》，不書其爲秘書監，《定安公主暨永穆公主傳》載駙馬王同皎、王繇，皆不書其官爵，此誌均可以補史之缺。至定安公主再嫁事，宜誌諱言之也。

景教流行中國碑　正書

今在西安府西城外五里崇仁寺，俗名金勝寺。碑首正書"大秦景教流行中國碑"九字，題曰："景教流行中國碑并頌，大秦寺僧景凈述，大唐建中二年歲在作噩太蔟月七日大耀森文日建，朝議郎、前行台州司士參軍吕秀巖書。"碑下有"助檢校試太常卿賜紫袈裟寺主僧業利"，後有番字，其碑之兩旁皆有僧名及番字。

不空和尚碑　正書

今在西安府儒學。碑首正書"唐大興善寺大德大辯正廣智三藏國師之碑"十八字[一]，題曰："唐大興善寺大德大辯正廣智三藏法師碑銘并序，銀青光禄大夫、御史大夫、上柱國、馮翊縣開國公嚴郢撰，銀青光禄大夫、彭王傅、會稽縣開國公徐浩書。法師諱不空，西域人。建中十二年歲次辛酉十一月乙□朔十五日己巳建[二]。"

【校勘】

[一]八，底本誤作"六"，據惜陰軒本改。

[二]十二，據今存此碑，"十"字衍。□，碑作"卯"。

吳嶽祠堂記　于公異撰　冷朝陽行書　興元二年十月

今在隴州吳嶽祠內。

顧炎武曰："按《唐書》，是年五月二十八日副元帥李晟復京師，七月十三日德宗至自興元，八月晟至鳳翔，斬叛卒王斌等及涇帥田希鑒。此則以其

◎ 雍州金石記

年之十一月告祭吳山，而掌書記于公異爲此文也。碑中所云相國凉公鎮鳳翔者，李抱玉也。"

李元諒懋公昭德頌　八分書

今在華州治大門内。題曰："大唐潼關鎮州軍、隴右節度使、檢校尚書右僕射兼御史大夫、華州刺史、武康郡王李公懋功昭德頌并序，中大夫、行中書舍人、上騎都尉、昌平縣開國男張濛撰，朝散大夫、守衛尉少卿、淮陽縣開國男韓秀弼書，朝散大夫、守宗正寺丞李彝篆額。貞元五年十月十一日建。"後有"萬曆六年華州知州石友麟重建"，其所云重建者，不知碑毀重鐫？抑碑倒重立？細玩碑字，非明時新碑，當是重立耳。此乃州人頌功碑也。

顧炎武曰："《舊唐書·李元諒傳》，元諒本名駱元光，嘗在潼關領軍，積十數年，軍士皆畏服。德宗居奉天，賊泚遣僞將何望之輕騎襲華州，刺史董晉棄州走，望之遂據城，將聚兵以絶東道。元諒自潼關將所部，乘其未設備，徑攻望之，遂拔華州，望之走歸。元諒乃修城隍、器械，召募不數日，得兵萬餘人，軍益振，以功加御史中丞。賊泚數遣兵來寇，輒擊却之。遷華州刺史，兼御史大夫、潼關防禦鎮國軍節度使。與副元帥李晟進收京邑，力戰，壞苑垣而入，遂復京師。賜姓李，改名元諒。官終隴右節度使。"

清代陝西金石學著作十種

卷　九

唐

姜嫄公劉廟碑　正書

今在邠州城南廟中。碑首"姜嫄公劉之廟"六字，題曰："新廟碑_{上缺四字}[一]，太中大夫、行中書舍人、上輕車都尉、賜紫金魚袋高郢撰，節度巡官、將作郎、試大理評事張誼書。"略云："姜嫄、公劉之廟，舊制卑陋，湫隘在市，邠寧節度觀察使、檢校刑部尚書兼御史大夫、朗寧郡王張獻甫，以貞元九年十一月九日作新廟於南郭焉，處士張縮篆額。"碑已中斷，多有殘缺。《金石文字記》作貞元九年四月，今年月適在缺處。

【校勘】

[一]"新"上所缺四字，《萃編》卷一〇三作"姜嫄公劉"。

聖母帖　草書

今在西安府儒學。前有正書"唐釋懷素書"五字，後有篆書"元祐戊辰仲春模勒上石"十字，又後有正書"左拾遺裴休、試大理評事柳乘、鄉貢進士柳槃，大和四年十月十二日同登"。其文左旋，凡五行，殊不可解。

懷素藏真律公二帖　草書

今在西安府學。藏真一則，律公二則，宋游師雄刻石。

草書千文

今在西安府儒學。前有正書"僧懷素"三字，後有跋云："唐懷素以草書

◎ 雍州金石記

鳴，乃觀《千文》，果足以信今傳。後間或毫釐有差，特一時鐵筆未攻耳，茲用摹刻於石。大明成化庚寅歲，陝西右布政使西蜀余子俊跋。"細玩跋語，似前已刻石，余子俊又重摹上石，跋語未詳言耳。至書法，較之《聖母帖》亦覺微遜。又此帖之下有宋克書杜少陵《出塞》九首及宋克尺牘，俱佳。

同州澄城令鄭楚相德政碑　正書

今在本縣南門鄭公祠内。碑首"唐澄城縣令滎陽鄭公德政碑"十二字，題曰："大唐同州澄城縣令鄭公德政碑銘并序，司封郎中、集賢殿學士<small>缺二字</small>撰[一]，衛尉卿鄭雲逵書。"略云："十一年秋閏八月□□辛巳[二]，詔俞銘紀左馮掖、澄城令鄭楚相功德于其理所之南門也。澄人謂余□□□□謬□書殿[三]，飽循吏之事業，聆采詩之風謠，求成其文，實美公政。公<small>'政公'二字適當斷處，其字畫尚可以意求也。此處不書諱者，以楚相之名已見於前也</small>字叔敖，鄭州滎陽人。高祖元冑，皇朝□散大夫[四]、祠部郎中。曾祖慈力，皇朝議大夫、蔡州刺史。祖敬賓，梓州通泉丞。考琨，冀州南宮尉。公擢秀才第，爲東觀校書郎。秩滿授長安尉，而至於宰是邑。於是百姓孫士良等報德誠明，請命朝省，而斯頌作焉。左司郎中宇文邈修功善狀，守令白潛成立，鄉貢進士姜元素篆額，貞元十四年正月廿五日建。"此碑已斷爲二，磨滅甚多，其世次及叙立碑之事猶隱約可辨。《金石文字記》云："文多剝泐，但云公字叔敖而不得其名。"按，文内"詔俞銘紀澄城令鄭楚相功德"，是鄭公名楚相矣，其字叔敖，亦與名合。以鄭楚相之"鄭"字次行，"公字叔敖"之"公"字，適當碑斷處，顧氏遂以爲不得其名，偶未檢耳。果如顧氏之言，"政公"二字爲鄭公所缺之諱，則上文"求成其文實美"六字不成語矣。況碑中有"楚相"二字，分明可辨，非名而何？此可信而無疑者。余記金石，每於零落之餘，偶有所得，可以正史傳之缺謬，闡前人之未發，爲可喜也。詳碑文，澄人立碑乃請於朝，詔允而後行，非若今人之私立多諛辭也。至今鄭公祠宇猶存，碑無愧詞，可以想見。又碑中多叙世次，今人無之，非古也。按鄭雲逵善分書，見《金石録》。

【校勘】

[一] 缺二字，據《金石録》卷九，此碑撰者爲陳京，所缺二字當爲"陳京"。

[二] □□，《萃編》卷一○四作"□□□"。

[三] 余□□□□，《萃編》作"余□從良□"。

[四] 朝□散，《萃編》作“朝散”。

保唐寺燈幢贊　正書

今在西安府城南三里李家村內。題曰：“保唐寺毗沙門天王燈幢贊并序，徵事郎、前太子通事舍人、飛騎尉柳澱字方直篆并書，元和七年壬辰夏五月十五日壬申建。”

尊勝碑打本　正書

今在西安府儒學。題曰：“佛頂尊勝陀羅尼，沙門不空奉詔譯，大唐元和八年癸巳之歲八月辛巳朔五日乙酉，女弟子那羅延建。尊勝碑打本，散施同願受持。”

大德塔銘　正書

今在西安府城南。題曰：“唐故大德塔并序，釋門弟子文湜撰，王叔清書。”略云：“和尚俗姓柳，河東人也。因隨父任，家寄鄭州，出家洛陽。元和十二年八月八日坐化。”云云。後列僧弟子三十餘人。石已磨滅，幾不能讀，和尚之名無由識也。而小楷書字畫近古，故記之。

劍州長史李廣業碑　正書

今在三原縣北五十里三家店。碑首篆書“唐故劍州長史李府君神道碑”十二字，題曰“唐故劍州長史、贈太僕少卿、汝州刺史、隴西李公神道碑銘并序”，略云“公諱廣業，字□□。我景皇帝，公五代祖也。隋海州刺史亮，追封鄭王，贈司空，公高祖也。皇朝山東道行臺、海州牧、淮安王神通，公曾祖也。皇朝左驍衛將軍、淄川郡王孝同，公王父也。皇朝雲麾將軍璲，公之烈考也。公釋褐授寧州參軍，遷許州扶溝縣丞、右羽林司階、陝王府典軍、渭川別駕、劍州長史。開元十八年八月二日，終于劍州官舍，春秋五十有一，以其年十二月遷祔先塋。公之元子□□當是國貞，皇戶部尚書；次子若水，皇金吾衛大將軍；公之元孫錡，即地官之冢嗣。謂雲逵嘗學舊史，庶聞前修”云云，“貞元廿年歲次甲申十一月壬申朔□□建”。碑已磨滅，其世次猶班班可考。按此碑合《孝同碑》考之，其世次上自景皇以至於錡，極爲詳盡，可補史氏之闕。

至于《孝同碑》止稱"淄川公"，今稱"淄川郡王"，存之以俟考[一]。

赵崡曰："王元美謂書撰人皆不可考。"今碑中有云"謂雲逵學舊史"，而前署撰者官刑部侍郎，當是鄭雲逵。考雲逵正與李錡同時，撰文無疑。但碑又云"上柱國原武縣開國男"，《雲逵傳》不及，或史略之耳。書者則誠不可考。

【校勘】

[一] 淄川郡王，按，岑仲勉《金石證史·淄川郡王》據《新書》卷六〇所載孝同初封淄川郡王，太宗時以屬疏降爵爲郡公，認爲此碑書郡王者，從其初封耳。

楚金禪師碑　正書

今在西安府儒學顏魯公《多寶碑》陰。碑首篆書"唐國師諡大圓禪師碑"九字，題曰："唐國師千福寺多寶塔院故法華楚金禪師碑，紫閣山草堂寺沙門飛錫撰，政議大夫[一]、行中書舍人、翰林學士、上柱國、東海男、賜紫金魚袋吳通微書。"後附奉敕追諡號記。貞元廿一年歲在乙酉七月戊辰朔廿五日壬辰建。

【校勘】

[一] 政，今存此碑作"正"。

内侍李輔光墓誌　正書

今在高陵縣。題曰："唐故興元元從、正議大夫、行内侍省内侍李公墓誌銘，朝議郎、行尚書刑部員外郎崔元略撰，宣德郎、前晉州司法參軍巨雅書。"略云："公諱輔光，字君肅，涇陽人。曾祖望華，原縣令。祖萬靖，涇王府長史。父思翌，涇州仁賢府左果毅、賞緋魚袋，公即果毅之第三子也。德宗御宇，時以内臣縱敗，公特以良胄入侍。門吏晉州司法參軍巨雅，以元略長兄嘗賓於北府，以元略又從事中都，俱飽内侍之德，見托爲誌，勒之貞石。"按書人巨雅乃崔元略之兄，以弟已書姓於前，故止書名耳。《石墨鐫華》《金石文字記》俱作"巨雅書"，是以巨雅爲姓名，不知其爲崔姓，誤矣，細讀墓誌，當自得之。[一]

赵崡曰："葬在咸陽東北近涇，萬曆中涇岸崩，壅水不流三日，乃得兹石。其銘曰：'水竭原遷，斯文乃傳'，可謂奇矣。"

顧炎武曰："文稱門吏、司法參軍巨雅，此輔光爲河中監軍所除，唐士人而出於內侍之門者，蓋不少矣。輔光少選入內，而有夫人輔氏，子四人，唐之宦官有權位者，則得娶婦，史之所載高力士娶呂玄晤女，李輔國娶元擢女，皆奉敕爲之，而楊復光至假子數十人。"

【校勘】

[一] 按，巨雅非元略長兄，朱氏讀碑有誤，《石墨鐫華》《金石文字記》不誤。詳考見本書《點校前言》。

邠國公功德銘　正書

今在西安府儒學。碑首已失，題曰："邠國公功德銘，右神策軍護軍中尉副使兼右街功德副使、雲麾將軍、右監門衛將軍員外置同正員、上柱國、弘農開國侯[一]、食邑一千五百戶楊承和撰，朝議郎、權知撫州長史、上柱國、賜紫金魚袋、翰林待詔陸丕篆額。"略云："右街功德使、驃騎大將軍、行右武衛上將軍、知內侍省事、上柱國、邠國公、食邑三千戶、充右神策軍護軍中尉、安定梁公曰守謙，貞元十二年遇蔡人逆戎，命公撫衆，封錫有加。伏以元和、長慶釋教大興，謹於大興唐寺花口院[二]，爲國寫古今翻譯大、小乘經論、戒律，合五千三百廿七卷。嘗求善書者，令絕外塵，不飲茹，浴身，至於精刹，焚香而就筆硯。又立經堂一所，又於堂內造轉輪經藏一所，遂命戒副楊承和文而書之。辭不敢當，公不聽，又辭，公又不聽，流汗如沐，愧顏若丹，輒盡野辭，書於琬琰。長慶二年十二月一日立。"按楊承和以士人而爲宦者，作文書碑，著其二次辭語，幾二百言，可謂不知恥矣，抑亦自慊微詞耶？

都穆《金薤琳琅》曰："邠國公者，內侍梁守謙也。考之唐史，宦者守謙無傳，惟憲宗元和十五年書帝暴崩於太極殿，中尉梁守謙、王守澄等共立太子，殺吐突承璀及澧王惲。而韓文公《平淮西碑》亦載守謙在帝左右，嘗命之往撫蔡師。夫守謙以一宦者而爵至上公，此可見憲宗之信任小人，宜其晚節不終，卒死宦者之手。然則予之錄此，蓋爲天下後世之戒，而非徒取其文字也。"

雍州金石記

【校勘】

[一]"農"下,《萃編》卷一〇七多"郡"字。

[二]□,《萃編》作"嚴"。

西平郡王李晟碑　正書

今在高陵縣。碑首篆書"唐故太尉兼中書令西平郡王贈太師李公神道碑",題曰:"唐故太尉兼中書令、西平郡王、贈太師李公神道碑銘并序,特進、爵司空兼門下侍郎、同中書門下平章事、充集賢殿大學士、上柱國、晋國公臣裴度奉敕撰,朝散大夫、守尚書庫部郎中、翰林侍書學士、上柱國、賜紫金魚袋臣柳公權奉敕書并篆額。"略云:"公諱晟,字良器,其先隴西也,後徙京兆。曾祖嵩,皇岷州刺史,贈洮州刺史。祖思恭,皇洮州刺史,贈幽州大都督。考欽,皇左金吾衛大將軍、隴右節度經略副使,贈太子太保。公幼好學,乾元初嘗客武都,值酋豪以缺守遘亂,公與所從十數馳而射之,殪其爲魁者。狀聞,拜左清道率,歷二府右職,累遷至光祿太常卿。以上世次及客武都事,可以補史之缺,其餘碑與傳不合者,錄《石墨鎸華》述都玄敬之言,不再記。大和三年次己酉四月庚戌朔六日乙卯建[一]。"

趙崡曰:"都玄敬錄其官時與史不合者極詳,今抄於左。碑謂晟由左清道率歷二府右職,累遷至光祿太常卿;傳則云授特進,太常卿。碑謂晟爲涇原四鎮北庭節度都知兵馬使,代宗徵之,以左金吾大將軍爲神策軍兵馬使[二];傳則云以右金吾衛大將軍爲涇原四鎮北庭兵馬使。碑謂晟平蜀還,授檢校太子賓客;而傳不書。碑建中二年以晟爲神策先鋒都知兵馬使,加御史中丞,尋拜左散騎常侍兼御史大夫;傳則云晟爲神策先鋒,加檢校左散騎常侍兼魏府左司馬,尋授御史大夫。碑謂皇居失守,授晟檢校工部尚書、充神策行營節度使;傳則云詔拜神策行營節度使。碑謂大駕再遷,加檢校右僕射,尋轉左僕射、同平章事兼京兆尹、神策軍京畿鄜坊節度觀察等使管內及商華等州副元帥;傳則云進晟尚書左僕射、同中書門下平章事,復詔晟兼河中晋絳慈隰節度使,又兼京畿渭北鄜坊丹延節度招討使,又進京畿渭北商華兵馬副元帥。碑謂鑾輿歸,拜司徒兼中書令,俄以本官兼鳳翔尹、鳳翔隴右節度觀察等使及四鎮北庭涇原等州副元帥,改封西平郡王;傳則云拜晟司徒兼中書令,尋拜鳳翔隴右涇原節度使兼行營副元帥,徙王西平郡。晟之碑作於當時,而史成於後代,要當以碑爲是。又碑所記公十二子，史云十五子，亦當從碑。"

【校勘】

[一]"次"上，據此碑今存拓本脱"歲"字。
[二]大，《石墨鐫華》卷三及《李晟碑》作"衛"。

魏公先廟碑　正書

今在陝西布政司二門内。近出於土中，裂而爲五，僅存七百餘字，斷續不復成文。可讀者有云"博陵縣開國子、食邑五百户、賜紫金魚袋崔下缺，此爲撰人河東郡開國公、食邑二千户柳公權書并篆額"，有云"特進、侍中、贈太尉、鄭國文貞公魏氏，在貞觀立家廟於長安昌樂里"云云。細繹碑文，當是文貞公家廟，其子孫修之，爲建此碑。以文貞廟碑，又爲誠懸所書，所宜護惜者也。

佛頂尊勝陁羅尼經并序　正書

今在西安城南五十里百塔寺内。幢先書序，次書經，後書奉行佛頂尊勝陁羅尼經，後幢銘"内供奉僧叡川文，白閣僧無可書，大唐大和六年四月十日建"。

義陽郡王符璘碑　正書[一]

今在富平縣儒學。題曰："唐故輔國大將軍、行左神策軍護軍知軍事、檢校右散騎常侍兼御史大夫、食邑□□□百户[二]、贈越州都督、刑部尚書符公神道碑銘并序，銀青光禄大夫、守中書侍郎、同中書門下平章事、充集賢殿大學士、上柱國、□□□開國侯[三]、食邑一千户李宗閔撰，翰林學士承旨兼侍書、朝議大夫、守尚書工部侍郎知制誥、河東縣開國男、食邑三百户柳公權書。"略云："公諱璘，字元亮，其先琅邪人。曾祖諱□，嫣州刺史。大父諱暉，游擊將軍，相王府左□事典率，贈青州刺史。烈考諱令奇，昭義軍節度副使、試太常卿、開府儀同三司、琅邪郡公，贈□部尚書左僕射，公實僕射長子。公與先公俱爲薊裨將，薊亂，同奔於潞，潞帥薛嵩□爲軍副[四]。嵩卒，其地分移隸於魏，魏帥田承嗣知公父子有才略，各以右職處之。承嗣死，子悦代爲帥，謀不軌。以下碑與史合，惟詳略易耳。公於是率所部降燧，署爲軍副以聞，詔授特進、試太子詹事兼御史中丞，封義陽郡王，實封百户。先公從容就義，視死如歸。

燧復列上其事，德宗皇帝嘉而悼之，詔公起復，加左散騎常侍兼御史大夫、晋陽第一區祁縣田三十頃[五]，贈先公户部尚書。貞元元年李懷光反，公爲燧腹心之將，將兵五千先濟河，與西師合勢據要，同收長春宫，懷光平。二年，西蕃寇邊，公以偏師擊虜。三年，從燧入覲，擢拜輔國大將軍、行左神策軍將軍知軍事，賜靖恭里第一區，藍田田十頃。初，先公罹魏禍，太夫人潛匿以免，及悦死，詔迎于魏，加號鄧國夫人，賜宴别殿。上又思公之忠烈，再贈左僕射。公之弟琳，授檢校太子賓客、琅琊郡公；瑶授忻州别駕、琅琊縣男，皆號開府，分領禁職。以貞元十四年七月廿四日終於靖恭里第，享年六十有五，贈越州都督。其年黄鐘月庚申日葬於富平，從先僕射之兆。夫人馮氏，封長樂郡夫人，祔焉。有子四人：曰濟，曰□，曰□，曰澤。澈前爲邠寧節度使，後爲河東節度使、太原尹、北都留守、檢校兵部尚書、御史大夫、琅琊郡開國侯，食邑一千户、襲實封一百户。今上元年，再贈公刑部尚書，夫人長樂郡太夫人，從子貴也。"按符璘見《令奇傳》中，今碑與史合者不録，録者皆與史有小異及史之缺。以符氏父子忠孝，史略而不詳，故備録之，考古者當自得焉。又碑稱有子四人，其二三字已殘缺，其後有"澈前爲邠寧節度使"，視缺處筆畫，疑爲第二子。碑已磨滅，驟讀之幾不能辨，所當亟爲表彰也。《金石録》云："題'中書侍郎同平章事李宗閔撰'，宗閔大和七年爲此官。"

【校勘】

[一] 符，今存拓本作"苻"。

[二] 邑□□□百，《萃編》卷一一三作"實封二百"。按此碑今存拓本已漫漶不清，"封"字已磨滅，"實""二"二字隱約可辨，當以《萃編》爲是。

[三] □□□，《萃編》作"襄武縣"。

[四] □，《萃編》作"署"。

[五] 三，今拓已漫漶，《萃編》作"五"。按《新書》卷一九三《符令奇傳》同，當以"五"爲是。

梓州刺史馮宿碑　正書

今在西安府儒學。碑首篆書"大唐故劍州東川節度使、贈吏部尚書馮公神道碑"二十字，題曰："大唐故銀青光禄大夫、檢校禮部尚書、使持節梓州諸軍事兼梓州刺史、御史大夫、充劍南東川節度副大使知節度事、内觀察處置静□軍等使[一]、上柱國、長樂縣開國公、食邑一千五百户、贈吏部尚書馮公神道碑銘并序，銀青光禄大夫、工部尚書、皇太子侍讀兼判太常卿事、上柱國、晋陽縣開國子、食邑五百户王起撰，翰林學士、朝議大夫、守諫議大夫知制誥、上柱國、河東縣開國男、賜紫金魚袋柳公權書并篆額。”略云：“開成元年十二月三日，檢校禮部尚書、東川節度使長樂公，享年七十，薨於位，天子不視朝一日，贈以天官之秩。其明年五月，葬於京兆萬年縣白鹿原先人之塋。公諱宿，字拱之，冀州長樂人。五代祖周烏氏侯，諱早惠□，隋隰州司户，皇朝爲婺州長山令。長山生高祖，皇婺州記曹掾諱文儆[二]。記曹生曾祖[三]，茂才高第，梧州松陽令諱遵儀。松陽生大父，文林郎、宋王府記室參軍，贈禮部員外郎諱嗣。員外生先府君，南昌令、新安郡長史、贈尚書左僕射諱子華。公即僕射之元子也，弱冠以工文碩學稱，年廿六舉進士，是時明有司即兵部侍郎陸公贄。又應宏詞科，試《百步穿楊賦》，其文至今諷之，後生以爲楷。歷比部郎中，爲持權者所忌，會韓文公愈以京師迎佛骨上疏切諫，忌公者因上之怒也，誣公實爲之，出刺歙州。”云云。按馮宿，唐史無傳[四]，不能備考。又此碑後半已磨滅不可辨，未得詳記，爲可惜也。

【校勘】

[一]“内”上，據今存拓本脱“管”字。 □，拓本作“戎”。

[二][三] 記，拓本作“糺”。

[四] 按，《舊書》卷一六八、《新書》卷一七七，均有《馮宿傳》，朱氏失考。

卷　十

唐

國子學石經

《周易》二萬四千四百三十七字_{九石}

《尚書》二萬七千一百三十四字_{十石}

《毛詩》四萬八百四十八字_{十六石}

《周禮》四萬九千五百一十六字_{十七石}

《儀禮》五萬七千一百一十一字_{二十石}

《禮記》九萬八千九百九十四字_{三十三石}

《春秋左氏傳》一十九萬八千九百四十五字_{六十七石}

《公羊傳》四萬四千七百四十八字_{十七石}

《穀梁傳》四萬二千八十九字_{十六石}

《孝經》二千□百□十三字_{一石}

《論語》一萬六千五百九字_{七石}

《爾雅》一萬七百九十一字_{五石}

《五經文字》三卷，凡一百六十部，三千二百三十五字

《九經字樣》一卷，凡七十六部，四百二十一字_{合《五經文字》十石}

《九經》并《孝經》《論語》《爾雅》《字樣》等，都計六十五萬二百五十二字。

今在西安府儒學。其末有年月一行，題名十行，曰：“開成二年丁巳歲月次於玄日惟丁亥[一]，書石學生前四門館明經臣艾居晦，書石學生前四門館明經臣陳玠，書石學生前文學館明經臣□□□□，書石官將仕郎、守潤州句容縣尉臣段絳，校勘兼看書上石官將仕郎、守秘書省正字臣柏嵩，校勘兼看書上

石官將仕郎、守四門助教臣陳莊士，覆定字體官翰林待詔、朝議郎、權知沔王友、上柱國、賜緋魚袋臣唐玄度，校勘官兼專知都勘定經書檢校刊勒上石、朝議郎、守國子《毛詩》博士、上柱國臣章師道，朝散大夫、守國子司業、騎都尉、賜緋魚袋臣楊敬之，都檢校官、銀青光禄大夫□□□□□□□□國子祭酒[二]、同中書門下平章事、太清宮使、監修國史、上柱國、榮陽郡開國公[三]、食邑二千户臣覃。"《金石文字記》云"官銜缺十字，《九經字樣》云右僕射兼門下侍郎國子祭酒平章事覃"。

顧炎武曰："按《舊唐書》，開成二年正月，中書門下奏起居舍人、集賢殿學士周墀，監察御史張次宗，禮部員外郎孔温業，兵部員外郎、集賢殿直學士崔球等，同勘校《經典釋文》；又云，令率更令韓泉充詳定石經官。《新唐書》亦列墀等四人，而碑並不載。"

又曰："《舊唐書·文宗紀》開成二年，宰臣判國子祭酒鄭覃進《石壁九經》一百六十卷。時上好文，覃以經義啓導，稍折文學之士[四]。遂奏置五經博士，依漢蔡邕刊碑列於太學，創立《石壁九經》，諸儒較正訛謬。上又令翰林勘字官唐玄度復校字體，又乖師法，故石經立後數十年，名儒皆不窺之，以爲蕪累甚矣。舊史之評如此，愚初讀而疑之。又見《新書》無貶辭，以爲《石壁九經》雖不逮古人，亦何遽不賢于寺碑冢碣。及得其本而詳校之，乃知石經中之繆戾非一，而劉昫之言不誣也。"按顧氏所指經中脫誤字極多，兹不重記。

又曰："凡經中缺筆，皆避唐諱，'成''城'字皆缺末筆，《穀梁》襄昭定哀四公卷、《儀禮·士昏禮》皆然。此爲朱梁所補刻，考之宋劉從又、黎持二《記》，但言韓建、劉鄩移石，而不言補刻，然'成'字缺筆，其爲梁諱無疑，昔人固未嘗遍讀而博考也。"按朱全忠父名誠。

《五經文字》三卷。前刊張參原序，略云："十年夏六月，有司以職事之病，上言其狀，詔委國子儒官檢校經本，送尚書省。參幸承詔旨，得與二三儒者分經鉤考而共決之，互發字義，卒以所刊書於屋壁。經典之文六十餘萬，既字帶惑體，音非一讀，學者傳授，義有所存，離之若有失，合之則難並。至當之餘，但朱發其旁而已。猶慮歲月滋久，官曹代易，儻復蕪汙，失其本真，乃命孝廉生顔傳經收集疑文互體，受法師儒，以爲定例，凡一百六十部，三千二百三十五字，分爲三卷。大曆十一年六月七日司業張參序。此大曆中張參所爲，書于壁間，其序與劉禹錫《國學新修五經壁記》合，開成時與"十二經"同刻於石者。乾符三年，

◎ 雍州金石記

孫《毛詩》博士自牧以家本重校勘定，七月十八日書，刻字人魚宗會。此開成中既刊石經并《五經文字》及《九經字樣》，孫自牧以家藏之本於乾符時勘定《五經文字》，改正錯誤，故又題於後。"《金石文字記》云："疑爲開成中所刻，其中有磨改數字，意自牧所爲。"得之矣。

《九經字樣》一卷，前刊："國子奏覆定五經字體官翰林待詔唐玄度狀[五]：準大和七年十二月五日敕，覆定九經字體者，今所詳覆，多依司業張參《五經文字》爲準，諸經之中別有疑缺舊字樣未載者，今校勘官同商校是非，取其適中，纂録爲《新加九經字樣》一卷，請附於《五經字樣》之末。奉敕宜依。開成二年八月十二日，中書門下牒。"序略云："《新加九經字樣》一卷，凡七十六部，四百二十一字。"按《書史會要》："唐玄度精於小學，動不離規矩，至於推原字畫，使有指歸，作《九經字樣》，辨証繆誤，古今繩墨，盖亦無遺。其疎放縱逸，則非所長。"今觀所書狀、序，信然。

按，元祐五年黎持《新移石經記》云："舊在本務坊，自天祐中韓建築新城而石經委棄于野，至朱梁時劉鄩守長安，從幕吏尹玉羽之請，輦入城中，置於此地，即唐尚書省之西隅也。今龍圖吕公領漕陝右，以其處窪下，命徙置於府學之北墉而建亭焉。"今西安府學之東偏，中建大亭，置唐玄宗所書《孝經》，今謂之"孝經臺"，備極雄偉。其北搆屋數十間，東西廊各數間，置石經于其中。又于孝經臺北石經前架屋數十間，置種種舊碑，如《聖教序記》之類，爲石墨淵藪，謂之碑林，俗呼碑洞云。

【校勘】

[一] 日，底作誤作"目"，據惜陰軒本改。
[二] 此處缺九字，惜陰軒本作缺七字。
[三] 榮，爲"榮"之形近而訛。
[四] 學，《金石文字記》原文作"章"。
[五] 林，底本脱，據惜陰軒本補。

慈恩寺法師基公塔銘　正書

今在西安府城南四十里興教寺玄奘法師塔之右。題曰："大慈恩寺大法師基公塔銘并序，朝散大夫、檢校太子左庶子、使持節金州諸軍事、守金州刺史兼御史中丞、騎都尉、賜紫金魚袋李弘慶撰。"略云"法師以永淳元年仲冬卒於慈恩寺，陪葬於玄奘法師塔。大和二年，舊摧圮，法師義林奏發舊塔，起新塔。師姓尉遲，諱基，字弘道，其先朔州人。先考宗，松州都督，伯父鄂國公。法師性敏悟，玄奘請於鄂公，奏報許之。時年一十七，脫儒服"云云，"安國寺內供奉講論大德建初書，開成四年五月十六日講論沙門令檢修建"。

大遍覺法師玄奘塔銘　行書

今在西安府城南四十里興教寺。題曰："大唐三藏大遍覺法師塔銘并序，朝議郎、檢校尚書屯田郎中、使持節洺州諸軍事、守洺州刺史兼侍御史、上柱國、賜緋魚袋劉軻撰。三藏諱玄奘，俗姓陳。安國寺內供奉、講論沙門建初書，開成四年五月十六日馮翊沙門令檢修建。"此修塔銘也，文多不錄。

趙崡曰："據史，卒於顯慶六年，即龍朔元年，銘則云卒於麟德元年之二月；史云年五十六，銘云年六十九。"

寂照和上碑　正書

今在咸陽縣城安國寺。碑首篆書"唐故安國寺寂照和上碑"九字，題曰："大唐安國寺故內外臨壇大德寂照和上碑銘并序，宣德郎、守祕書省著作郎、充集賢殿修撰、上柱國段成式篆。大德號寂照，字法廣，俗龐氏，京兆興平人。元和三年住安國寺，自長慶中、寶曆末、大和初皆駕幸安國寺，大和七年季冬，病化於寺。少華山樹谷僧無可書，處士顧玄篆額。"按《金石文字記》作"開成六年正月"，細閱碑中，無"開成"字，不知何據。[一]

趙崡曰："此碑在咸陽西馬跑泉地中，武功康子秀先生過而識之，豎於道傍。其後王咸陽移之咸陽城中佛寺，以碑有'安國寺'字，遂改其寺爲安國。子秀名梣，太史德涵子也。"

【校勘】

[一] 按文宗開成無六年，此當顧氏誤記。

大達法師玄秘塔碑銘　正書

今在西安府儒學。碑首篆書"唐故左街僧錄大達法師碑銘"十二字，題曰："唐故左街僧錄、內供奉、三教談論引駕大德、安國寺上座、賜紫大達法師玄秘塔碑銘并序，□南西道都團練觀察處置等使[一]、朝散大夫兼御史中丞、上柱國、賜紫金魚袋裴休撰，□議大夫[二]、守右散騎常侍、充集賢殿學士兼判院事、上柱國、賜紫金魚袋柳公權書并篆額，會昌元年十二月十八日建。”

碑陰有“敕莊宅使牒及比丘正言疏”，有云：“萬年縣滻川鄉陳村安國寺金經□壹所，大中六年四月廿五日。”

【校勘】

[一] □，據今存宋拓作“江”。

[二] □，拓本作“正”。

陁羅尼神咒石幢　正書

今在西安府儒學。題減數字，有云“陁羅尼神咒”，凡二百七十八句。其末有“已前是根本咒”六字，又有“一切佛心咒”凡十四句，又“一切佛心印咒”凡三句，又“灌頂咒”凡七句，又“灌頂印咒”凡六句，“結戒咒”凡六句，“心咒”凡六句，“心中心咒”凡六句，“佛頂尊勝陁羅尼咒”凡三十六句，“無礙大悲心陁羅尼經咒”凡七十餘句。其後有記，漫滅不可識，大中二年己巳歲正月丙辰朔建。

周公祠靈泉碑　正書

今在岐山縣周公廟。碑無額，題曰：“鳳翔府岐山縣栖鳳鄉周公廟靈泉碑并題奏狀及敕批答，大中二年十二月廿日，鳳翔隴州節度觀察處置等使、銀青光禄大夫、檢校尚書右僕射、鳳翔尹、御史大夫、安平郡開國公、食邑二千户臣崔珙狀奏。”

杜順和尚行記　行書

今在西安府城内東北隅開福寺内。題曰“大唐華嚴寺杜順和尚行記，鄉貢進士杜殷撰，朝議郎、試左武衛長史、上柱國董景仁書，大中六年□月二十四日記。”按，《華嚴寺志》稱在城南三十五里有杜順和尚葬塔，明爲開福寺，今寺在城中東北隅，棟宇弘壯，爲城中偉觀，碑在佛殿前，存之以俟考。又《石墨鐫華》《金石文字記》俱作開佛寺，誤。

圭峰定慧禪師傳法碑　正書

今在鄠縣草堂寺。碑首篆書唐"故圭峰定慧禪師碑"九字，題曰："唐故圭峰定慧禪師傳法碑并序，紫金光禄大夫[一]、守中書侍郎兼户部尚書、同中書門下平章事、充集賢殿大學士裴休撰并書，紫金光禄大夫[二]、守工部尚書、上柱國、河東郡開國公柳公權篆額。圭峰禪師號宗密，姓何氏，大中九年十月十三日建。"碑陰多宋人題名。

【校勘】

[一][二] 紫金，據今存此碑，爲"金紫"之誤倒。

郎官題名石柱　正書

今在西安府學宮門内。形如石幢，高八尺餘，凡八面，面各三層或四層。首書"吏部郎中"，爲第一層。其第一層之末爲記，有"大中十一年十一月十二日書鐫上石柱記"，其下僅空二字，有"左司郎中唐牧"六字。疑《石柱記》爲唐牧所書，不然此層書記之下空格尚多，不應止書一人，況石柱每一層書官之字稍大，其後有百餘人，不應止書一官一名，漫無區別也。石柱有三面，皆磨滅不能辨，餘亦殘缺。《石墨鐫華》記之甚詳，或其時尚可識也，今録於左。

趙崡曰："柱八面，曰左司郎中，曰左司員外郎，曰吏部郎中，曰吏部員外郎，曰司封郎中，曰司封員外郎，曰司勳郎中，曰司勳員外郎，曰考功郎中，曰考功員外郎，曰户部郎中，曰户部員外郎，曰度支郎中，曰度支員外郎，曰金部郎中，曰金部員外郎，曰倉部郎中，曰倉部員外郎，曰禮部郎中，曰禮部員外郎，曰祠部郎中，曰祠部員外郎，曰膳部郎中，曰膳部員外郎，曰主客郎中，曰主客員外郎。按唐制二十四司，以尚書左右丞領之，左右司爲之副，此皆左丞之屬也。題名不及左丞者，自五品以下也。十二司各百餘人。"

按宋張舜民《畫墁録》云："長安今府宇即唐尚書省也，府院即吏部也，府録廳前石幢即郎官題名石也。張長史書序。"云云。《金石文字記》及王阮亭《分甘餘話》皆述之，今細考石幢之記，已漫滅無一字可識，其年月之下有"唐牧"名最爲疑竇。按《集古録》載有"郎官石記"，下注云："歲月缺，右唐右司員外郎陳九言撰，張旭書，此本止其序爾。”云云。考此石柱即張旭所書，則年月尚存。《集古録》不應書缺，且題名者皆左司之官，不應倩右司之陳九言撰記，以臆度之，《集古録》張旭所書石記當另爲一石。今董文敏戲鴻堂所刊《長史石記》，有爲開元廿九年，更爲信而可徵。《畫墁録》未及分晰言之，其後張書之石已失，而今存之石已不可讀，遂混而爲一。鄙意若此，未知果然否耶？又《金石文字記》有司直廳石幢，覓之了不可得，惜未能一證之也。

滻河石幢　正書

今在西安府城外滻河濱，近河水冲決，出於土中。幢書：“陁羅尼經，佛弟子彭城郡夫人爲亡夫造尊勝幢一所，大唐咸通二年辛巳歲八月廿五日，建於萬年縣滻川鄉鄭村。”又石幢一，同時出於土中，僅書“陁羅尼經”，無年月，書法相類，故并記之。

琅琊王氏夫人墓誌銘　正書

今在西安府城西五里金勝寺內。石如幢，高二尺餘，前書梵咒，後書誌銘，云：“夫人即放玉册官、內供奉、賜緋魚袋强瓊妻，夫人年七十七，乾符元年十二月廿二日疾終。”此石近出土中，寺僧以爲井床，今令搨工移於寺內。

內侍吳承必墓誌[一]　行書

今在西安府城十五里田家灣。盖篆書“□□□內樞密使吳公墓誌銘”十二字，題曰：“大唐故內樞密使、特進、左領軍衛上將軍、知內侍省事、上柱國、南陽郡開國侯、食邑一千户、食實封一百户吳公墓誌并序，翰林學士、朝議郎、守尚書司封郎中、知制誥、□柱國、賜紫金魚袋裴廷裕撰，翰林待詔、朝散大夫、檢校右散騎常侍、守蜀王傅兼御史大夫、柱國、賜紫金魚袋姓名不辨書[二]。”略云“公諱承必[三]，字希白。乾寧二年正月二十日薨，十一月二十日葬於萬年縣滻水鄉北姚村”云云，“御史大夫、上柱國、賜紫金魚袋董瓌篆盖[四]”。誌石已磨滅，驟視幾不能讀，書法極精，以字小而瘦，故尤覺漫滅耳。

【校勘】

[一][三]承必，《萃編》卷一一八、《墓誌彙編》均作"承泌"。

[二]姓名不辨，據《寰宇訪碑録》卷四，書人爲閻湘。

[四]瓌，底本作"壞"，據惜陰軒本改。《墓誌彙編》亦作"瓌"。按《寶刻類編》卷六載咸通中所立《右神策軍碑》、中和四年所立《創築羅城碑》、天復二年所立《西平王王公建生祠堂碑》，篆額者均爲"董瓌"。此誌所立時間既與前三碑相近，篆蓋者當亦爲董瓌。

僧彥脩草書

今在西安府儒學。碑二面，每面作三層，其後有正書跋云："乾化中，僧彥脩善草書，筆力遒劲，得張旭法。惜哉名不振于時，遂命模刻，以昭同好。嘉祐戊戌歲十月九日，司農少卿、知解梁郡李邵緒題。"

張旭肚痛帖

今在西安府儒學。草書凡六行，前有正書"張旭書"三字，此帖在《僧彥脩草書碑》之下方，想亦於宋時模勒上石，故附記於此。

重脩法門寺塔廟記　正書

今在鳳翔府寺中。碑首篆書"大唐秦王重脩真身塔寺之碑"十二字，題曰："大唐秦王重脩塔廟記，朝請大夫、守尚書禮部郎中、柱國、賜紫金魚袋薛昌序撰，天祐十九年歲次壬午二月壬子朔二十六日丁丑記，承旨王仁恭書。"

顧炎武曰："《通鑑》後唐莊宗同光二年，封岐王李茂貞爲秦王。今此碑天祐十九年建，而其文已稱秦王，則在同光之前二年矣，蓋必茂貞所自稱。又史言茂貞奉天祐年號，此碑之末亦書天祐十九年，而篇中歷述前事則並以天復紀年，至天復二十年止，亦與史不合。"

三階禪師碑額　正書

今在西安府城南三里薦福寺内。額正書"皇唐三階大德禪師碑"九字，碑文已失，額存寺内，以唐時物，記而存之。

尊勝陁羅尼經咒石鼓　正書

今在醴泉縣北二十里趙村廣濟寺。石鼓高三尺，圍一丈四尺，中空，厚尺許，粗有鼓形，周刻陁羅尼經咒，大半磨滅，隱隱微有字痕而已，可識者六百餘字。下座高三尺餘，圍與鼓同，亦中空，作天王神鬼頂戴狀，駁蝕有古致。鼓無書者姓氏及年月，第寺建於唐，且趙村以石鼓名里，其爲唐時物無疑也。置鼓於臺，以亭覆之。《石墨鐫華》云："疑是唐初時建寺，寺僧不知護持，鼓下爲溷厠。"今且安置莊嚴矣。

清代陝西金石學著作十種

雍州金石記餘

房梁公碑

房梁公玄齡碑，余在醴泉時嘗至碑下，雖已磨泐，尚存六百餘字，字畫如新。以磨滅處乃村氓椎鑿所損，非若《皇甫君》《九成宮》諸碑，日事椎搨，所存不過形似也。近聞此碑已爲鄉人所毀，了無一字可識矣。碑爲褚公所書，書法最精，在慈恩、同州《聖教序記》之上，可惜也。

西嶽頌

隴州吳山，今之西鎮，漢之西嶽也。山去州治六十里，其上有《西嶽頌》，即《五瑞圖》，漢時碑也，墨客褚千峰作《金石經眼錄》載之。余嘗令搨工至隴，適有虎患，及隴而返，至今往來於懷，無由暫釋也。

花塔寺

嘗閱顧寧人《金石文字記》有花塔寺種種造佛記讚，心竊慕之。至西安，即日訪焉。寺在南門内，向名寶慶寺，以寺中塔嘗以五彩塗之，俗呼花塔寺。寺已頹落，於佛座下覓之，了不可得。至殿之後檐，有石佛砌檐下，座下得記銘三種，喜之不勝。以顧記尚夥，遍覓之，無有也。久之，重至西安訪之，又於後殿之前檐得銘記三種，亦在石佛座下，以初至時其下積薪，今薪徙而記見也。因思尚有花臺銘，或在檐右，爲土胚所掩，徘徊久之而返。又歲餘，再過其地，土胚移而花臺銘見矣。銘爲《虢國公揚花臺銘》，顧氏所記微誤，已詳《記》中矣。詢之寺僧，云石佛舊在塔上，塔圮不復安塔中，故置此耳。仰瞻塔上，尚有石佛，命工鈎梯而上，又得王璿《石龕阿彌陁像銘》及梁義深等九人題名。寺内幾無遺刻，向非再三求之，所遺多矣。

蒼頡碑

蒼頡碑在白水縣，有漢碑一，再三求之弗得。癸未歲於閿鄉遇張進士建章，爲蒲城人，詢其所居，去白水不三四十里，乃囑其搨以遺余。張君歸時，親至其地訪之。碑下方上銳，有穿一，高四尺七寸，寬二尺四寸，凡九百餘字，皆磨滅不可讀，有"天生德於大聖四目靈光熹平年"等字可識。碑陰及右側皆磨泐，左側有"永壽二年""延禧四年"二百餘字可識。此碑故在墓前，宋時移於廟中，以其地無搨工，詳録碑字遺余。考鄭漁仲《金石略》，《蒼頡廟碑》，光和二年，又三年，未詳。又云《蒼頡廟人名碑》，延熹五年，未詳。又《集古録》作漢碑陰題名"蓮勺左鄉有秩，池陽左鄉有秩"，《金石録》以爲蒼頡人名皆此碑也。今張君所録亦有"蓮勺"等名，以無搨本，未入《記》中，附記於此。又廟壁有"蒼頡所書"二十八字，考周末時於蒼頡墓下得所書二十八，藏之書府，其後摹入《淳化閣帖》中。又不知何時刊碑於廟，其字與《閣帖》同。

萬年宮碑陰

《唐書》高宗永徽二年，改九成宮爲萬年宮，《册府元龜》永徽五年五月，制《萬年宮銘》，刻石於永光門外，仍令中書門下及文武三品已上，自書名位於碑陰刻之。其書凡三層，字大小不一，皆有可觀。即武臣所書，殊非潦草，可想見當時書法之盛。余歸里時携至漢江，爲水所淹，惜不得盡記之，至今悵悵也。

李靖李世勣碑陰

李景武公靖、李貞武公世勣墓俱在醴泉縣，其碑陰有宋游師雄跋。趙子函《遊九峻山記》自言親至墓上觀諸碑。余謁昭陵，遍觀陪葬諸墓及碑碣，驗之趙《記》，一一皆合，絶無妄語。而景武、貞武二碑，其陰有跋，未之見也。苟見之，固宜載之記中，況游跋書法甚佳，仿佛似東坡筆，子函亦收宋碑，寧肯棄之耶？訪古者不得輒誇親至，所當一過再過耳。

田真人等碑

富平縣美原鎮有《田真人碑》，模王右軍書。又富平之六井有石幢，康玠行書，土人皆禁椎搨，云搨之輒雨雹。求之久而未得，以語車聘岩，曰易耳。未幾，携二紙而來。云於夜間搨得，人固弗知，雹亦無有。愚人之惑，皆此類也。

石刻孟子

唐石刻"九經"之外，有玄宗八分書《孝經》，又《論語》《爾雅》亦書石學生所書。明時刻《孟子》於石，合西安府學中，共十三經云。

魏徵仆碑

魏文貞公徵墓在醴泉縣昭陵南十里鳳凰山麓，墓前有仆碑，其陰向上。余嘗偕張君拱端，令人剔去碑下土，以手摩娑，若未刻者。按《唐書》太宗仆魏徵碑，想當仆時，磨去其文耳。考韓昌黎所爲《平淮西碑》，憲宗旋命仆之，李商隱《韓碑》詩有"粗砂大石相磨治"句，是仆碑必磨其文，唐制或然也。

乾陵碑

唐高宗乾陵在乾州北十里梁山，武后亦祔焉。規模宏壯，窮極侈麗。陵左碑，高三丈，厚六尺餘，闊幾一丈。碑側鐫龍鳳形，其面及陰俱無字，俗所謂無字碑也。有《金都統經略郎君行記》，女直字，後有譯書。其右碑，四方若棋局，面各五尺，高四尺，計七節，每節一石渾成，層累而上，有蓋有座，合高三丈餘。今已仆，七石猶存。按《金石錄》，《述聖紀》碑文，武后製，中宗書，《乾志》稱所刻字以金嵌之。余親至陵上，抉剔苔蘚，未見字迹，豈碑字適在土中耶？碑石甚巨，非百人不能扶而起之，爲之嘆息而已。《石墨鐫華》云："唐《述聖紀碑》，今倒仆，折爲數段，止存兩段。"蓋未知碑有七節[一]，且存亦不止兩段也。

【校勘】

[一] 未，底本作"木"，據惜陰軒本改。

上西嶽書碑

西嶽廟舊有李靖《上西嶽書》碑，詞極荒誕，蓋因《隋唐佳話》有"魏公困於貧賤，過華山廟，訴於神[一]，辭色抗厲"之語，好事者遂爲此不經之詞以厚誣魏公耳。朱竹垞《曝書亭集》嘗辯其僞。華陰令姚君遠翻埋其碑，著說於石，可謂有識。碑字亦佳，王元美嘗稱之。今姚君《去華碑》又出於土中，以搨而售之，較易於他碑也。

【校勘】

[一] 訴，底本誤作"訢"，據叢書集成本改。

西嶽祠殘碑

西嶽廟門內稍西有巨石一座，石形微方，每面丈餘，高亦如之。其上復有小石三四，其下有座高三尺餘，皆奇古可玩。余嘗謁祠，徘徊石旁不能去。老人爲余言，此唐明皇所製碑也，高五丈餘，黃巢入關，以火焚之，故崩頹若此。向使此碑無恙，可爲秦中石墨之冠也。

温泉池石

温泉在臨潼縣城南驪山之陰，俗所謂太子塘者。堂室精潔，注水入池，淙淙可聽，清澈見底，浴之温暖如意，亦大地之奇也。其池甃之以石，上廣而下窄，坐下層則胸以下溶溶在水中。池面之石每長二尺許，廣一尺，厚亦如之，四圍周砌。正、側二面悉有刻字，字大六七分，皆漫滅不可識，幾於摩娑石鼓。詢之執役者，云尚有可識者，以不知書，故不能言。此古時物，不能究其自来也。此石每面書字自右而左，其側亦然，式如法帖。其爲驪山古物，出諸名手無疑。兩面皆刻，則砌內亦有刻無疑，以在邃屋奧堂未爲人所拂拭耳。昔蘭亭石刻爲厨人鎮肉，淳化木刻爲馬槽，自古爲然。而兹石置之穢褻之地，爲不幸也，存以俟好古君子。

西嶽題名殘碑

西嶽祠灝靈樓，俗稱五鳳樓，樓下中爲石闕三，左右各一。其石闕下砌石中，有唐人題名甚夥，漫滅不可識者更多。其題名有橫書者，似本爲石闕之石，題名於上，因經重砌，故顚倒不倫耳。其題名有直書而橫砌於內者，此必古碑。本祠如《精享》《述聖》諸碑，兩旁皆有題名，直書而下，故茲直書之題名石爲漢唐古碑無疑，安知漢郭香察書之碑不在內耶？今時固宜仍舊，或有更置、修葺時，所當一爲檢點耳。姑記之，以告來者。

條子聖教序

明秦藩以懷仁集王右軍書《聖教序記并心經》舊搨之佳者，重摩上石。其書橫列如法帖，世謂之條子聖教序。石在西安府城東關帝廟內，碑字絕佳，以懷仁本已磨泐，此獨完好，墨客書賈以古紙搨之，充唐宋舊搨，多獲善價。第此碑每行十字，懷仁本每行盡處多在秦藩本每行中連處，作僞者能使連者斷，不能使斷者連也，細察當自知之。又《聖教》後有摹《蘭亭記》，亦佳。

温泉碑

後魏《温泉碑》在驪山下，搨工云十年前曾搨之，今不知其處矣。爲時不遠，尚可踪迹求之也。

常醜奴李使君碑

隋《常醜奴碑》在興平縣崇寧寺內，余囑友人至寺覓之，不可得矣。又隋《安喜公李使君碑》在乾州，今亡矣。

石幢

唐人於佛寺建石幢，書《陁羅尼經咒》，幾於美不勝收，其書之佳者，已一一記之矣。外此，醴泉縣新時寺有石幢，小楷書。西安府城臥龍寺佛殿前石幢，僅半段，高二尺餘，蠅頭小楷，有“乾寧年”及“女弟子某氏建”等字，書法甚佳。又開元寺有石幢二。又香城寺石幢高四尺餘。又西安府西城外有弘福寺石幢，有“乾符”字。又西安府城南牛頭寺有石幢一。又城南慈恩寺有石幢二，其一在塔中，寺僧以之支木級。此皆余所目擊，其他所聞未易悉數也。

昭陵各碑

苟好善《醴泉誌》曰："昭陵諸碑，若《文皇后碑》，止存屭屭今併此不存，《長孫無忌碑》存而字盡滅今亦不知其處矣。其碑字尚有存者僅二十一片，《房玄齡》存五百餘字今尚同，《高士廉》存三百餘字今存二百許，《段志玄》存八百餘字今同，《張後胤》同、《馬周》今存四百、《蘭陵公主》原注云：公主碑，李義府撰，殷仲容八分書。今不存各存六百餘字，《姜遐》今存二百、《許洛仁》今存千五百，《志》偶未撿耳各存九百餘字，《孔穎達》存千字今存二百，《阿史那忠》今同、《崔敦禮》今存百餘各存七百餘字，《豆盧寬》存四百字今存二百，《薛收》今同、《張阿難》今同、《監門將軍王君》余遍覓之不得各百餘字，徒存形似。惟《唐儉》存字千一百今存四百，《乙速孤行儼》存字千四百今尚同，《李靖》存字千五百今同，《李勣》存字千八百今同，《乙速孤昭佑》存字二千五百餘今存千二百。又一碑存字百五六十可辨，而前有"蘭陵公主"字，中有詔詞曰'第十九女'，則公主或有二碑，不可知。此碑尚存，可識者八百餘字，詔詞亦可讀。《志》稱存字百五六十，或當時未撿耳。至稱殷仲容八分書之碑，已不存矣。"此崇禎十一年所修志也，相去百有餘年，而各碑所存之字較少於前，其二十一碑中，《監門將軍王君》及殷仲容書之《蘭陵公主碑》已不可覓矣。苟《志》之外，余尚有《尉遲敬德》存字千，《紀國陸先妃》存字六百，《溫彥博》《褚亮》存字四百[一]，《清河長公主》《順義公》額及碑各存形似。計余所收，苟《志》之外，又得六碑，而《溫彥博碑》爲歐陽信本書，有名宇內，苟《志》遺之何也？

【校勘】

[一] 博，底本誤作"溥"，據惜陰軒本改。

漢石經

漢石經在洛陽，爲蔡邕及堂谿典諸人所書，歷晉、魏、齊、周，喪亡殘缺。隋開皇六年，自洛陽載入長安，置於秘書省，議欲補葺，立於國學，屬隋亂事寢。貞觀初，魏徵始收聚之，什不存一。《西溪叢話》云："有《公羊》一段，在長安。"考今西安學之石經，爲唐開成所立，漢之石經殘碑，當亦共在一所，余再三求之，杳無片石矣。

六馬贊

《六馬贊》，歐陽詢書。余嘗親至昭陵，摩挲六馬，了無一字可識。至太宗廟舊址，見游景叔所作《昭陵圖》及《六馬贊》，已知其概。及讀王阮亭《居易録》，載張力臣所作《六馬圖贊辯》，剖晰甚明，以力臣親至昭陵，故能辯別無疑，毋庸更記，爰節録力臣所著於左。“弨於康熙辛亥冬至昭陵，審視六馬，其制琢石如屏風，每方高四尺五寸，廣五尺五寸，厚一尺，周遭邊界稜起，馬身半鑿空處，刳下三寸。西第一四蹄端立，有馬圍，前立拔箭。東第一、西第二則三蹄立，前左一蹄作奔勢，餘三則絕塵而奔。各馬頭之上一隔皆留石一尺正方，與畛邊相平，隱隱有字迹，是當日刻贊處也。下座每邊三馬相連，各離尺許，共置一座，座面之石即與地平，合縫有錠連屬，是石座無容書處也。不知景叔何以不察？紫函以爲馬無座書[一]，誠是矣。弨忍凍盤旋其旁者兩日，撫摩推測，惟喜得上一隔，書贊之處，顯然可見，想因其地位頗狹，筆法細瘦，非同大書深刻，更經千百載風雨剝蝕，固當漫滅。幸趙氏《金石録》云：‘昭陵刻石文《六馬贊》，皆歐陽詢八分書。世或以爲殷仲容書，非是。至諸降將名氏，乃仲容書耳[二]。今附於卷末。’是歐、殷兩書各存之徵也。今馬之上方無一字可見，是歐已亡之徵也。又據《志》云，駿石居後殿，左右下一坎兩行列數石人，或無上半，且下埋入於土，皆不全。弨視之，其餘無幾，安得有胸前之字？是殷書已亡之徵也。紛紛懸擬，不須置辯[三]，但觀趙説自明矣。”

【校勘】

[一]紫，爲“子”之音近而訛。
[二]容，底本作“殷”，據惜陰軒本改。
[三]須，底本作“滇”，據惜陰軒本改。

跋[一]

　　關中金石之富，甲於天下，著録者代不乏人，求其備一方之文獻而勒爲專書者，惟宋元豐中田概《京兆金石録》六卷，見於《直齋書録解題》，而今已不傳。他如陳耀卿《吳中金石新編》、黄玉圃《中州金石考》，以及顧太初《金陵古金石考》、葉井叔《嵩陽石刻集記》，雖一郡一邑，皆有成書，而吾鄉獨缺，聞者慊焉。乾隆間朱近漪先生來游關中，積十年之久，遂成《雍州金石記》十卷，《紀餘》一卷，大抵考證史事，辨別異同，間引趙子函諸家之說，亦多所糾正。雖所收僅二百種，不足盡陸海之藏，而探幽抉隱，多爲前人所未見，且專據所獲之拓本爲編次，非若抄撮於古籍而別無考訂者，亦可以備一方之文獻矣。迨後畢秋帆中丞沅更加蒐輯，上自秦漢，下迄金元，多至七百餘種，著爲《關中金石記》一書，盛行於世，而是編遂晦。要之，創始者難工，繼起者易備，且二書詳略互異，均足爲考鏡之資，固未可因彼而廢此也。

　　道光二十七年七月二十八日三原李錫齡孟熙謹識。

【校勘】

[一] 此跋底本無，據惜陰軒本補。

秦漢瓦圖記

[清] 朱楓 著

點校前言

　　《秦漢瓦圖記》爲朱楓所撰的一部瓦當研究著作。瓦當的收藏與研究在乾隆初年才剛起步，朱楓在自序中提到"余少時賞讀王阮亭《甘泉宮長生瓦歌》及林吉人所爲《瓦圖記》，不禁神往"，指的是林侗於順治末年在陝西淳化甘泉宮舊址訪得長生未央瓦，王士禛作詩讚頌，林佶爲撰《漢甘泉宮瓦記》。此書流播較廣，可視爲清代瓦當研究的先聲。朱楓讀到這些詩文，十分嚮往，到陝後即去甘泉宮舊址搜訪，此時瓦當的出土和康熙時期相比已經比較多，所以朱楓能輕易訪得一枚。此後間有所獲，遂將所得瓦當繪圖、考訂，而成《秦漢瓦圖記》一書。此書刻於乾隆三十九年（1774），爲"朱近漪所著書"之一種，爲僅有之刻本。

　　是書四卷，補遺一卷，共收瓦十六種，異文十六種，共三十二種。如其自序所云，或爲自己得於阿房宮、漢城、淳化甘泉宮舊址，或爲友朋相贈。每瓦繪圖，説明所得之處，略考其功用、所施等。

　　此書爲乾嘉瓦當研究打開了新局面。首先，自宋以來瓦當的出土都是單個的、偶然的發現，清初林佶《漢甘泉宮瓦記》一書，僅因"長生未央"一瓦所作，所收諸人詩文多是借此瓦表達對漢代興亡歷史的感慨，對於瓦文的含義未作深究，對瓦文的釋讀也有訛誤，如王士禛、李澄中、漲潮等即將其誤識爲"長生甘泉"。而朱楓此書首先是著録數量遠遠超過了前人，且其中僅長生未央、長樂未央、漢並天下三瓦見諸前人記載，其餘衛字瓦、蘭池宮當、宗正官當、上林農官等瓦均爲朱楓首次著録。因此朱楓對此書甚是得意，作詩云："憶昔林氏有一圖，朱王詩老争歌呼。請看陸離三十片，此瓦此圖絶世無。摩挲古篆情跳躍，竹垞漁洋墨陣砍。"當年林侗僅得一瓦，已使"藝苑芳聲沸"，著名學者紛紛寫詩讚頌，而自己有三十種，如朱、王輩更應不吝筆墨來讚美了。

其次，此書雖考證稍略，亦有精當處，如將都司空瓦定爲宗正屬官都司空屋宇之瓦，將上林農官瓦定爲上林農官屋宇之瓦，都被後人所肯定。

然其考釋亦有訛誤。一是瓦文的釋讀有誤。如其釋"益壽存富"瓦云："按《漢·郊祀志》，公孫卿言仙人好樓居，於是上令長安則作飛廉桂館，甘泉則作益壽延壽館；《東觀餘論》：'近歲於雍耀間耕夫得古瓦，其首作益延壽三字，即此觀當時瓦也。'考《漢書》止稱甘泉宮作益壽館，而《東觀餘論》又云於雍耀得益壽瓦，則益壽等館不僅一所，宜漢城咫尺亦有茲瓦也。"此種説法後來遭到了程敦的批駁，譏其"不解篆文"，以致錢坫、趙魏等人疑此瓦爲僞造。程敦認爲應當釋爲"八風壽存當"，定爲王莽人風臺瓦。畢沅、翁方綱等學者亦附和程説，今已成定論。又如"宜富當貴"瓦，中央一字，朱氏釋爲"劉"，亦爲程敦等人糾正爲"千金"二字。

二是瓦當的含義，如釋"蘭池宮當"之"當"字爲底之意，宮當爲宮底，"上林儲胥"之"儲胥"爲藩籬之意，又"宮底之與藩籬，義亦相倣"云云。這種説法則多爲後人沿襲，今人陳直糾其謬曰："注家謂當底也，瓦覆檐際者，正當衆瓦之底，又櫛比於檐端，瓦瓦相值，故有當之名。余謂瓦覆於檐際，在衆瓦之上，不在衆瓦之底，以當訓底，甚屬牽強。班固《西都賦》云：'裁金碧以飾璫。'《文選》注引韋昭説，裁金碧以爲椽頭，則璫謂檐口出頭之木，瓦當之位置，正在椽頭之上，或因此得名。一説爲甍字之假借，甍字訓瓦，現有出土長陵東甍可證，義亦可通。"而"儲胥"，陳直認爲，"《三輔黃圖》云：'武帝作迎風館於甘泉山，後加寒露、儲胥二館。'甘泉宮既另有上林苑，故瓦文稱上林儲胥，與元李好文《長安志圖雜説》所記儲胥未央瓦，同爲一觀之物。"[1]所論至當，可爲定論。

朱楓另一個被程敦批駁的地方是他對衛字瓦的判定，朱氏引《史記》所云"秦每破諸侯，寫放其宮室，作之咸陽北阪上"，又《長安志圖》"瓦作'楚'字者，秦瓦也。秦作六國宮室，用其國號以別之"，因而定爲秦爲衛國作宮室之瓦。程敦則以衛字瓦多出土於漢城，而非咸陽；若秦仿六國宮室之瓦，不應衛字出土較多，而他國瓦反而未見出土。又據《漢書》考衛字瓦當爲衛尉寺瓦。至於楚字，僅見《長安志圖》，程敦疑其爲不知篆文者倒認"甘林"爲"楚"字之故。

[1]　陳直《秦漢瓦當概述》，《文物》，1963年第11期。

另外，朱楓將得於漢城者皆定爲未央宮瓦，如與天無極、億年無疆、宗正官當、都司空等；長生未央瓦所得較多，將得於漢城的定爲未央宮瓦，得於淳化甘泉宮舊址的定爲甘泉宮瓦。凡此皆因所獲瓦當較少的緣故，後來隨著瓦當的大量出土，如與天無極、億年無疆、長生未央、長樂未央等各地出土較多，表示一種吉祥寓意，非必爲某宮觀瓦。而當代學者的瓦當研究又加入出土時地層層位來進行更爲科學的判定。

雖然朱楓的考釋訛誤較多，但是從學術史的意義上來講，此書的學術貢獻仍然是主要的，提升了學界對瓦當的關注度，促使了更多的瓦當出土，促進了瓦當的研究日趨深入。

目　録

序…………………………………………………………………………… 193

詩…………………………………………………………………………… 194

原書目録…………………………………………………………………… 195

卷　一……………………………………………………………………… 197

卷　二……………………………………………………………………… 199

卷　三……………………………………………………………………… 202

卷　四……………………………………………………………………… 207

補　遺……………………………………………………………………… 211

詩…………………………………………………………………………… 213

◎ 目　録

序

余少時嘗讀王阮亭《甘泉宮長生瓦歌》及林吉人所爲《瓦圖記》，不禁神往，千里爲遥，往來於懷而已。歲辛未，大兒家濂任醴泉，余亦繼至。暇甚無事，訪所謂甘泉宮者，在今淳化山中，去醴百里而近。求之數年，忽得一枚，不勝狂喜，《圖記》所云不易得者，今竟得之矣。晨夕摩挲，幽興轉劇，思有以益之。適濂兒移咸寧，未幾，丁内艱，留滯未歸。所居地與秦之阿房、漢之未央諸宮不三四十里，於是遍訪故宮遺址，日與田夫牧豎問途探徑，畚土壤，誅草茅，披砂礫，間有所得，珍之逾於珪璋琬琰，或數月無獲，亦訪求勿倦。二三友朋，以余好之，篤凡有舊藏，揭以見遺。積之數年，所得甚夥。乃擇其尤者，得十五種，又文同而書法小異者，亦十五種，各爲圖記之，以公同好，且以廣林氏之傳焉。乾隆己卯仲秋，排山老人朱楓書於秦川之滴水竹堂。

詩[一]

　　咸陽一炬三月紅，漸臺火遠西京空。我來更後二千載，幾欲訪古將何從。嬴劉故宮南山下，田翁拾得當年瓦。秦欵漢欵出泥中，敭如海日生殘夜。形或圓月或半輪，古意磅礴超常倫。土暈銅花蝕精鐵，手欲捫摸猶逡巡。瓦棺石鼎盡辟易，銅盤獵碣成芳鄰。嶧山之碑焚已久，蒼龍署書復何有。於戲！何由倏忽見此書，鴻鸞飛翥蛟龍走。蕭李茫茫錯雜陳，抉剔未易指誰某。憶昔林氏有一圖，朱王詩老爭歌呼。請看陸離三十片，此瓦此圖絕世無。摩挲古篆情跳躍，竹垞漁洋墨陣砍。難弟難兄滿眼中，從此無人研銅雀。

　　排山老人朱楓

【校勘】

[一] 詩，底本無，據版心所刻補。

原書目録

卷一　秦瓦

衛所居之室瓦
　衛圖二
蘭池宮瓦
　蘭池宮當

卷二　漢瓦

未央宮瓦
　長生未央圖二
　千秋萬歲圖二
　漢并天下
　長生無極圖三

卷三　漢瓦

未央宮瓦
　與天無極
　億年無疆
　宗正官當
　都司空ㅌ
　右空
長樂宮瓦
　長樂未央圖六

◎ 秦漢瓦圖記

卷四　漢瓦

上林苑瓦
　　上林圖四
　　上林農官
甘泉宮瓦
　　長生未央圖二
益壽館瓦
　　益壽存富

補遺　漢瓦

甘泉宮瓦
　　宜富當貴
長樂宮溝瓦
　　長樂未央

清代陝西金石學著作十種

卷　一

圖一

圖二

右瓦二，得之阿房宮東北土中，其文僅一“衛”字。按《史記》：“秦每破諸侯，寫放其宮室，作之咸陽北阪上。”又《長安志》云：“瓦作‘楚’字者，秦瓦也。秦作六國宮室，用其國號以別之。”今“衛”字瓦，當是秦爲衛國作宮室之瓦。考《史記索隱》，六國與宋、衛、中山爲九國，又臣瓚云，秦并六國，衛最後亡。《漢書·地里志》：“始皇既并天下，猶獨置衛君，二世時乃廢爲庶人。”衛雖後亡，當與六國並作宮室。“衛”之爲衛，猶“楚”之爲楚，並爲秦瓦，《長安志》信可徵矣。其書似《嶧山碑》，而神采過之。蓋今《嶧山碑》爲鄭文寶模本，茲瓦固未敢定爲李斯所書，要非後人所及也。又其瓦規模遜於各宮之瓦，益知其爲衛瓦耳。

圖三

右瓦得之漢城西。考《水經注》云：“渭城縣有蘭池宮，秦始皇微行，逢盜於蘭池。”《雍勝略》云：“咸陽縣二十五里有蘭池宮。”故定爲秦瓦。其曰“蘭池宮當”，“當”字未詳。按《三都賦》云“玉戹無當”，注云：“當，去聲，底也，今當作底解。”未知是否。再，各《志》有“上林儲胥”，亦爲漢瓦。儲胥，藩籬也，宮底之與藩籬，義亦相倣，存以俟考。

卷 二

此瓦去邊，餘倣此。

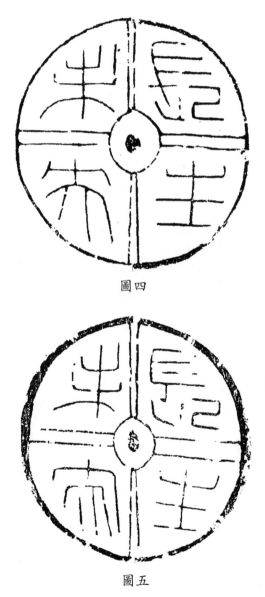

圖四

圖五

圖六

圖七

圖八

圖九

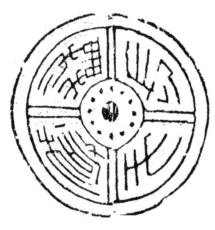

圖十

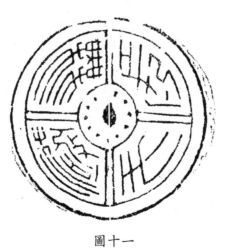

圖十一

右未央宮瓦八。

卷 三

圖十二

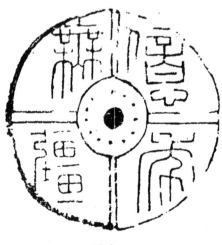

圖十三

清代陝西金石學著作十種

圖十四

圖十五

　　右瓦四，得之漢城中。按《史記·魏其武安侯列傳》："灌夫，頗不讎，欺謾，劾繫都司空。"《索隱》曰："案《百官表》云，宗正屬官，主詔獄也。"《正義》："如淳云：《律》，司空主收及罪人[一]。"是都司空爲宗正屬官，宜在禁中，故附未央宮末。曰"巴"曰"當"，未詳。

【校勘】

　　[一]收，《史記正義》原文作"水"。按《漢書·百官公卿表上》，水衡都尉屬官有水司空，其職責當爲管理刑徒從事水利方面的勞作。

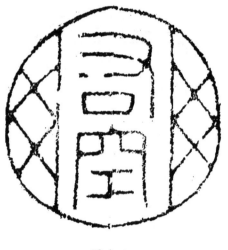

圖十六

　　右瓦得之漢城中，亦附於未央。末曰"右空"，未詳何義，存以俟考。

　　右未央瓦五，合卷二未央八，共十三。得之漢城中，未央宮在焉，故斷以爲未央宮瓦。

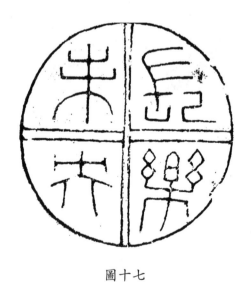

圖十七

圖十八

圖十九

圖二十

圖二十一

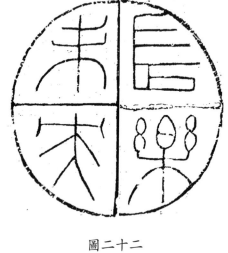

圖二十二

　　右瓦六，得之漢城東隅長樂宮故基也。按《關中記》，長樂周二十餘里，有殿十四。故瓦多小異，因並圖之。

卷　四

圖二十三

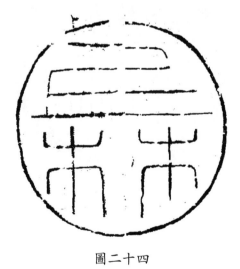

圖二十四

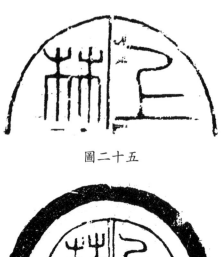

圖二十五

圖二十六

右瓦四，得之漢城承露臺基旁。按，秦有上林苑，至漢武帝則廣開上林，茲瓦之爲秦爲漢，未可以臆斷，而漢之上林地廣於秦，故屬之漢云。

圖二十七

右瓦得之漢城東南，亦上林地也，曰“上林農官”。按《史記·平準書》，“乃令水衡主上林”，又“分緡錢諸官，而水衡、少府、大農、太僕各置農官”。此爲農官屋宇之瓦耳。

圖二十八

圖二十九

　　右瓦二，得之淳化縣甘泉宮故基。按，林吉人《瓦圖記》云"長生甘泉"，今曰"長生未央"，微有不同。《淳化志》載甘泉宮有"萬壽無疆""上林儲胥"等字，猶未央瓦，其文不一也。瓦質細潤，堅與石等，字畫稍肥，與諸瓦異。

圖三十

右瓦得之漢城西南土中。按《漢·郊祀志》，公孫卿言仙人好樓居，於是上令長安則作飛廉桂館，甘泉則作益壽延壽館；《東觀餘論》："近歲於雍耀間耕夫得古瓦，其首作'益延壽'三字，即此觀當時瓦也。"考《漢書》止稱甘泉宮作益壽館，而《東觀餘論》又云於雍耀得益壽瓦，則益壽等館不僅一所，宜漢城咫尺亦有茲瓦也。

右秦漢瓦，身如半筒覆檐際者，其頭有面，外向篆四字，亦有一二字者，字隨勢爲之，間有方整者，皆奇古可玩。今余所得有曰"長生未央"，曰"漢并天下"，曰"長樂未央"，皆見諸紀載者。曰"衛"，曰"蘭池宮當"，曰"千秋萬歲"，曰"億年無疆"，曰"與天無極"，曰"益壽存富[一]"，曰"宗正官當"，曰"都司空ㅂ"，曰"右空"，曰"上林"，曰"上林農官"，皆前人所未見者。昔歐陽公集録古文，獨無西漢時字，久之乃得華林宮燈、蓮勺宮爐等銘數十字。今余所得似爲過之，較之林氏所藏，又奚止十倍耶。語云"物聚於好"，信然。阮亭先生《瓦歌》云"漢宮一百四十五"，乃述《三輔黃圖》之言，以視圖中，纔十一耳，又望後之同好者更有以紀之也。排山老人又識。

【校勘】

[一] 益壽存富，按此瓦後世釋爲"八風壽存當"。

－210－

補　遺

圖三十一

　　右瓦得之淳化縣甘泉宮故基。余於己卯歲在秦川時，集所得秦漢瓦三十種，各爲圖記之，歸里不復作求益之想矣。壬午又來湖城，湖去秦關不數十里，思更訪之。適逢湖人張君遲遠，風雅士也，出圖示之。張君言外舅華州史君嘗爲淳化學博，亦藏此瓦。乃囑其搨以相遺，其文同者不錄，有曰"宜富當貴"，乃前圖之所無者，亟爲補之。其中央有文曰"劉"，又前圖之所絶無者也。甲申仲夏，排山老人識。

圖三十二

　　余游洛陽，遇董君筠皋，言其家藏古碑法帖，邀余過友漢草堂共觀。其
先董子相函精篆隸，所藏漢碑爲多，其秦漢古瓦搨本亦藏數種，皆與《圖記》
同。而“長樂未央”爲溝間、檐際之瓦，形製稍異，其藏不一，乃以其一見
遺，遂附於“補遺”之末云。丁亥春日，朱楓近漪題，時年七十有三。

詩^[一]

古瓦聯秦漢，傳摹畏失真。豈知懷玉意，忽見斷金人。園月浮雲破，春雷屈蟄伸。莫教能事促，聊得往来頻。

秦漢瓦圖，梨棗傳刻失真，高君雲閭昆季以古磚鐵筆模之，絕如拓本，喜賦一首。

林氏昔瓦圖，揚成仍作記。驚喜此一奇，自詫云不易記中語。阮亭竹垞翁，相與題詩亟。不才生較遲，秦中亦繼至。匪惟甘泉宮林氏所藏爲甘泉宮瓦，阿房亦宛在。一百四十五，宮宮披草萊。一年或一逢，數月或一值。既得南宮南，復得北宮北。好事有舊藏，求之如執契。響拓即余圖，一一滿人意。辛勤三十片，輝煌十年積。猗歟林氏圖，藝苑芳聲沸。可望不可親，豈獨余心醉。今我集古文，囊中秦漢會。瘦硬《嶧山碑》，純古蒼龍字。自怡細也夫，將以公同志。棗木傳失真，自笑無他技。雖多亦奚爲，每爲發深喟。何以解吾嘲，聊謂知希貴。豈期落落懷，奇踪偶然遂。言游弦子西，忽把故人袂。故人才藝多，樂與晨夕對。念予廿載心得瓦至今二十年矣，成人奮高義。蕭蕭鍵戶居，咸使朋儔怪。嗟君鳳樓手，茲圖亦其概。相看喜欲狂，捧持如夢寐。相助君惠連，倡和徵友愛。溫溫君子人，追隨風雅内。何以致拳拳，開函稽首拜。雲際潛虬飛，天末翔鸞翮。結如秋蚓盤，渙若春冰解。六書得此圖，應嫌《説文》陋。考古得此圖，翻愁法物壞。迴顧夙昔懷，心神日瀟灑。晴窗自摩挲，匪獨藏篋笥。從此及同人，更作爲余快。余衰習静餘，蕭閒只益睡。於今了此因，空洞無纖芥。眠食此塵中，超然若塵外。

新刻瓦圖成記後四十韵

排山老人朱楓

【校勘】

[一] 詩，底本無，據版心所刻補。

在昔秦川事奔走，古迹爲圖超左右。方伯投余勝瓊玖，醫巫閭瓦得未有。粤稽北鎮廟，乃隋時之所爲，下逮唐宋瞠乎後。翠色蒼蒼萬古春，四射光芒驚户牖。觸處噌吰倏有聲，九天風送来鯨吼。灌廟香姜不足言，相逢當亦泥其首。遐思大舜陶河濱，器不苦窳存應久。試問茫茫好事徒，遠目猶能一驗否。兹瓦流傳百劫餘，呵護聯綿神物守。厥惟一千九百二十銖重五斤，威重莊凝堅復厚。不露文章自闇然，面背睟盎奇而壽。晴窗檢點舊時圖，摇指閒評繞屈拇。

余嘗以所得秦漢瓦爲《圖記》五卷，方伯榮公見之，以舊藏醫巫閭山北鎮廟瓦見遺，蓋欲成人美也。相傳廟爲隋時所建，瓦其故物，奇古可玩，佩德抒懷，成詩一章。

甲午冬日，排山老人又題。

關中金石記

[清] 畢沅 著

點校前言

一

《關中金石記》是畢沅的一部金石學著作。

畢沅（1730—1797），字纕衡，一字秋帆，自號靈巖山人，江蘇鎮洋（今太倉）人，乾隆二十五年（1760）進士。博學多才，精通經史，旁及小學、金石、地理，擅長詩文，著述甚豐。畢沅自乾隆三十六年（1771）到陝，歷任陝西按察使、布政使、巡撫、陝甘總督等職，直至乾隆五十年（1785）離任，在陝任職達十餘年之久。之後歷河南巡撫、湖廣總督等，嘉慶二年（1797）卒。畢沅一生政績平平，但是作爲清代著名的學者型官員之一，畢沅博學多才，精通經史，旁及小學、金石、地理，擅長詩文，著述甚豐；又利用自己的特殊地位，獎掖人才，校刻書籍，對清代學術發展產生了巨大影響。

畢沅十分愛惜人才，在陝西、河南、湖北任職時期均廣泛延攬文人入幕，幕府極一時之盛，無論在規模還是影響上在乾隆時期都是首屈一指的，只有後來的阮元幕府超過了他的影響。乾隆時人符葆森《懷舊集》評論畢沅幕府曰：“（畢沅）開府秦、豫，不獨江左人才半歸幕府，而故人罷官者亦往往依之。”“一時士之奔趨其幕府者，如水赴壑，大都各得其意以去。”[1]而畢沅在陝爲官最久，陝西幕府也是其幕府最輝煌的時期。入其幕者最著名的有嚴長明、洪亮吉、孫星衍、錢坫、吳泰來、張塤等，均爲當時的博學碩儒。

畢沅陝西幕府的學術活動主要是以修書、著書、校書爲主，畢沅個人在陝期間所有著作基本上都有其幕府學者的參與，取得了多個領域、多方面的學術成就。其編撰史書類著作主要有《續資治通鑒》《史籍考》，地理類著作有《山海經新校正》《三輔黃圖》《晋書地道記》《太康三年地記》《晋書地理

---

[1] ［清］李桓輯《國朝耆獻類徵初編》卷一八五《疆臣》三七《畢沅》，光緒刻本。

志新補正》《關中勝迹圖志》等，金石學著作《關中金石記》，文字學著作有《説文解字舊音》《經典文字辨證書》《音同義異辨》等。畢沅又主持纂修多部陝西方志，對保存地方歷史地理文獻有重要意義。

具體到金石學方面，隨著明末清初學術和社會思潮中實學的興盛，陝西關中金石圈率先形成了親身搜、重視金石文獻可靠性的治學態度和學術風氣，金石大量出土，自清初以來，就吸引了衆多的金石學者前往。顧炎武一生數次入陝訪碑，朱彝尊、朱楓等研治金石的學者多有利用公餘、訪友或其他閒暇時間辛勤訪碑的經歷，至乾隆時期，此風更爲熾盛。

和前代學者一樣，畢沅所到之處均留心金石，這在他和幕中學者的著作中留下了大量的記載，如孫星衍跋《關中金石記》所説：“公斯渠所及，則有隋便子谷（按即梗梓谷，今稱天子峪）造像，得于長安；唐爾朱達墓碣，得于郃陽；朱孝誠碑，得于三原；臨洮之垣，互以河朔，公案部所次，則有唐姜行本勒石，得于塞外；梁折刺史嗣祚碑，得于府谷；寶室寺鐘銘，得于鄜州；漢都君開道石刻，魏李苞題名，得于褒城。公又奏修嶽祀，而華陰廟題名及唐華山銘始出焉。”其搜訪足迹遍及陝西各地。嚴長明亦云時常陪侍畢沅“窮日搜訪”，以史籍所載按圖索驥，對於金石仍存、文字完好的，或鈔或拓，對於金石已毀無存的，則尋訪當地曾經目擊者搜集相關資料[1]。

然而這種金石搜訪又有著和前代學者決然不同的一個特點，那就是，畢沅不再是個人的、零散的、隨機式的訪問，而是有組織的、系統的、竭澤而漁式的搜訪。也就是説，畢沅利用他的地位和權力，發動了所有能夠利用的資源去搜訪金石，組織了一個“畢沅——幕府文士——各級官員——地方鄉紳”這樣的大規模的金石搜訪團體。這是由於畢沅幕府學術活動的一個重要内容是編修方志，在修志的工作中，各級官員，各府縣舉人、廩生、生員、鄉紳等基層知識分子都參與了進來。因此，在這樣的組織之下，形成了“拓工四出，氈椎無虛日”的盛況[2]。這是明末清初趙崡、顧炎武、朱彝尊等學者僅憑個人力量所無法做到的。

其搜訪所獲，也是前代學者所不能望其項背的。這種大規模的金石搜訪活動，一方面促使陝西金石在乾隆中後期大量出土，爲世所知；另一方面，畢沅

[1] 見《（乾隆）西安府志》序。
[2] ［清］張塤《吉金貞石録》自序，民國十八年燕京大學刻本。

對於陝西金石做了系統的修繕、維護、載録，對於保護金石文物、保存金石文獻作出了巨大的貢獻。

二

清代金石學乃受考據學推動而勃然興起，所以金石學對學術的貢獻，首先是資經史考據之學，從而形成了清代金石學的明顯特色。清代不僅搜羅金石碑碣蔚然成風，以金石文字考證經史也遠過前人。盧文弨在此書的序中説：“國朝以來，爲金石之學者，多於前代……考證史傳，辨析點畫，以視洪、趙諸人，殆又過之。”顧炎武是清代考據學的開山之祖，故以金石文字考證經史也由其發端。因此學術風氣使然，清代金石學發展初期的著作體例，在著録金石時只撮其文義而節録，如顧炎武《金石文字記》，朱楓《雍州金石記》等，重在辨正誤，正同異，畢沅的《關中金石記》亦是如此。

此書刊刻之初就得到了很多讚譽，錢大昕爲此書所作的序稱：“徵引之博，辨析之精，沿波而討源，推十以合一，雖曰嘗鼎一臠，而經史之實學寓焉。”孫星衍亦給予了很高的評價：“且夫歐、趙之書，徒訂其條目；洪、都之著，第詳其年代。公證古之學，奄有征南；博聞之才，通知荀勖。此之造述，力越前修，談經則馬、鄭之微，辨字則楊、杜之正，論史則知幾之邃，察地則道元之神。旁及九章，淵通内典，承天譜系之學，神珙字母之傳。”[1]認爲此書的價值遠遠超過了歐趙以來金石研究的成就。由於畢沅是一個在史地學、金石學、校勘學、方志學方面都有很高造詣的學者，“金石可證經史”是他的重要史學思想。因此本書中著録每種金石之後，作者均説明源流、刻立時間、撰書人等，并釐定文字，對涉及史事加以考證，據筆者粗略統計，作者引據之書約有一百二十種，文數篇，資料豐富，辨析很有學術價值。

作者對於金石所涉及的史事進行考辨，以正史、補史，如薛收的贈謚唐史未載，見於《贈太常卿汾陰縣公薛收碑》；《李懷讓題名殘字》《紀國先妃陸氏碑》《姜遐碑》等均記載志主陪葬昭陵，而《唐會要》的昭陵陪葬名録未載此數人，據之可以補入；《美原神泉詩》可補史書缺載的韋元旦、尹元凱的歷官、姓字等。又顔真卿的生平、家族譜系散見史書記載，且多有齟齬之處，作者據所見《顔魯公題名》《顔氏家廟碑》，并結合留元剛《顔真卿年譜》、因

---

[1] 《關中金石記》跋。

關中金石記

亮《顏魯公集行狀》、令狐峘《顏真卿神道碑銘》，及唐史記載，製作顏真卿家譜，表而出之，并逐年考證了顏真卿仕歷，對於顏真卿研究極有學術價值。同時，對於史書和金石記載不同之處，作者通過精彩考辨常能糾史之謬。如關於延唐寺，《唐會要》載，寺本名萬善，爲會昌六年奏改。作者則據《安國寺寂照和上碑》於開成末即稱延唐，指出了《唐會要》的記載錯誤。

畢沅亦精通音韵之學，運用到此書碑刻考訂中，時見精彩。如《舍利塔銘》條：

文云"京兆府大興縣御肅鄉便子谷至相道場，建立佛舍利塔"，御肅鄉即御宿川也，古肅與宿通。《祭統》"宮宰宿夫人"，注宿讀爲肅；《少牢饋食禮》"前宿一日宿戒尸"，注宿讀爲肅；《特牲饋食禮》"乃宿尸"，注宿讀爲肅。古文宿皆作羞，凡宿或作速，記作肅，《周禮》亦作宿。案肅與宿通，宿又與羞通，然則漢時所謂御羞苑者，義與御宿亦同矣。

從漢代的《三秦記》《漢書》開始，史書的記載中多見"御宿"，在今長安縣內，"御肅"之名目前僅見於此銘，畢沅則引《周禮》中肅、宿二字互通，而證御肅實即御宿。

畢沅此書的學術價值又不僅僅侷限於以金石證史，道光年間曾校刻此書的蔡錫棟説："且其爲書，有考證史傳以判得失者，有釐訂文字以辨形體者，有研究反切以正音讀者，旁通曲證，又不僅以金石見長也。"[1]此書中《篆書千字文》條，一一辨析碑字字體與古字書體不同之處，指出俗體之謬；《佛頂尊勝陀羅尼經》條，因釋家書經所用某些字歷代有所不同，畢沅一一註音并標明今之讀音。

另外，此書所録很多碑刻今已漫漶不存，多數爲首次著録，雖然大多爲後出之《金石萃編》全文收録，且後出轉精，後者例來被視爲清代金石學集大成的著作，向爲後人所重，對於保存史料爲功更大，但仔細比對兩書所録同一碑刻，多有文字相異之處，如《漢中太守鄐君開石門道碑》，今存碑已多處漫漶不清，一百餘字中，《關中金石記》與《金石萃編》所録有五處文字不同，有的是字形接近，有的則差異很大，如《關中金石記》所録"部掾治級王宏史、苟茂、張宇、韓岑第其功作"句，"其"字《萃編》録作"典"；"凡用功七十六萬六千九百□□"，"九"字《萃編》録作"八"。因原刻已漫漶，兩書所録都很有校勘價值。

[1] 道光二十七年蔡氏校本序。

此書的考辨也存在一些問題，在此書撰成之後，清代學者已經對其出現的訛誤進行了批評。如《內侍李輔光墓誌》，畢沅考云：

元和十年四月立，崔元略撰文，巨雅正書，在高陵。

碑云輔光爲河中監軍使者，蓋監張宏靖軍也。巨雅，元略之弟，巨雅曾爲晉州司法，元略又官于中都，故撰書此志以記功德。

關於此志的書者，盧文弨在《抱經堂文集》中考辨說："巨，姓也，後漢時有漢陽巨覽，爲梁商掾吏著名。碑云：'門吏晉州司法參軍巨雅，以元略長兄嘗賓於北府，以元略又從事中都，俱飽內侍之德，見托爲誌，勒之貞石。'是元略自言因巨雅之遷而作也。《關中金石記》乃云……大誤。"[1]

今按此碑文所云北府，當和朝臣辦公在皇城之南的南衙相對而言，指居於皇城北面、宦官之內侍省，據《李輔光墓誌》，李輔光於德宗朝歷奚官局令、掖庭局令、內寺伯等，"元略長兄嘗賓於北府"句，以北府借指李輔光。又據《李輔光墓誌》，李輔光終河中監軍使，而河中府開元年間曾置中都，"元略又從事中都"句，又以中都借指李輔光。因此碑文是說崔元略及其長兄均曾與李輔光有舊，因此囑托李輔光門吏巨雅爲書此志，巨雅非崔元略之弟明矣。畢沅此處顯然有誤。

岑仲勉也曾指出《關中金石記》中題跋的多處訛誤，如《郃陽令曹全紀功碑并陰》，畢沅認爲曹全即曹寬，全與寬通。岑先生指出其誤："畢氏謂'全'與'寬'相通之誤，其論曰：惟謂全寬相通。就字行文義而言，均難厥證。考碑云'君諱全，字景完'，意傳者誤傳其字爲完，完、寬形似，先訛完而再訛寬也。"[2]當以岑先生所論爲是。

此外還有學者對此書所收金石碑刻的年代排序提出過批評，道光年間蔡汝霖校本所作的校勘工作主要就是針對這個問題。下面就筆者在校勘此書過程中發現的問題，分論此書的存在的疏漏三處。

1. 考述有誤，如《芮定公碑》：

永徽元年六月立，李義府撰文，正書，無姓名，在醴泉西谷村。

---

[1]［清］盧文弨著、王文錦點校《抱經堂文集》，中華書局，1990年6月，第213—214頁。

[2] 岑仲勉著《金石論叢》，上海古籍出版社，1981年，第48頁。

芮定公者，豆盧寬也。《唐書·欽望傳》，祖寬，高祖初擢殿中監。子懷讓，尚萬春公主。貞觀中遷禮部尚書、左衛大將軍、芮國公，卒贈特進、并州都督，諡曰定。此碑額題曰"唐故特進芮國公"，與史所稱正合。文甚渺，趙氏《金石目錄》以爲義府所撰，當無誤也。

豆盧氏，本慕容之後，有名萇者，於魏封北地王，始賜此姓。《元和姓纂》云，慕容連，北地王之後。

首先，此條節引《舊唐書》不當，致文意不清。《舊唐書·豆盧欽望傳》原文爲："祖寬……高祖定關中……累授殿中監，仍詔其子懷讓尚萬春公主……貞觀中歷遷禮部尚書、左衛大將軍，封芮國公。永徽元年卒，贈特進、并州都督，陪葬昭陵，諡曰定。"[1] "貞觀中"云云乃指豆盧寬，非其子懷讓。

其次關於北地王的考述有誤。其一，關於北地王，據《晋書》《北史》《隋書》等先後有後燕慕容精和南燕慕容鍾，豆盧氏爲何者之後，史書記載多有牴牾之處，無從確考，岑仲勉《元和姓纂四校記》豆盧條有詳細辨析，可參看。另，史書記載尚有一北地王後漢劉諶，與豆盧氏無關。其二，據《北史·豆盧寧傳》，豆盧寧"父萇，魏柔玄鎮將，有威重，見稱於時。武成中，以寧勛追贈柱國、大將軍、少保、涪郡公"。[2]無封北地王事。其三，據史書記載，後燕亡後，公卿多歸北魏。而豆盧氏來源，據《北史·豆盧寧傳》，豆盧寧"高祖勝，以燕皇始初歸魏，授長樂郡守，賜姓豆盧氏。或云北人謂歸義爲豆盧，因氏焉。又云避難改焉，未詳孰是。"[3]三種説法各異，但都與燕滅於魏這一歷史背景有關，當非畢沅所説始於"有名萇者，於魏封北地王"。其四，説"慕容連，北地王之後"亦爲舛訛。考《元和姓纂》"慕容""豆盧"條，無慕容連其人。而"豆盧"條云："本姓慕容，燕王廆弟、西平王慕容運孫北地王精之後。入魏，北人謂'歸義'爲'豆盧'，道武因賜姓豆盧氏。精生猶醜，猶醜曾孫萇、永思、寧。寧生勛……永思生通，通生寬，唐禮部尚書芮定公。寬生承業、懷讓。"[4]與"連"形近者只有"運"字，然運非北地王之後，却是始封北地王者慕容精的祖父，"連"或爲"運"之訛。

[1] ［後晋］劉昫等撰《舊唐書》卷九〇，中華書局，2002年，第2921頁。
[2] ［唐］李延壽撰《北史》卷六八，中華書局，2000年，第1565頁。
[3] 同上。
[4] ［唐］林寶撰《元和姓纂》卷九，中華書局，1994年，第1390頁。

又如《金仙長公主神道碑》：

號年缺，徐嶠之撰文，明皇行書，在橋陵。

《唐書·本傳》云："太極元年，與玉真公主皆爲道士。"碑云："丙午歲，度爲道士。"丙午歲者，神龍二年也，兩説不合。

按，此處所謂"兩説不合"事，據現存《金仙長公主志石銘并序》，墓誌刻於開元二十四年（736），神道碑當建於同時。墓誌稱其"年十八入道，廿三受法"，薨於開元二十年（732），年四十四歲。可知公主神龍二年（706）年十八歲入道，其間並未正式接受道籙，到景雲二年廿三歲時才正式接受道法。又畢沅所引《舊唐書·本傳》後仍有一句"築觀京師"，築觀事，《唐會要》卷五十載："金仙觀，輔興坊。景雲元年十二月十七日，睿宗爲第八女西寧公主入道置。至二年四月十四日，爲公主改封金仙，所造觀便以金仙爲名。"[1]按，此處西寧當爲西城，從景雲元年（710）十二月睿宗下詔爲二公主建造宮觀，不惜巨資，工程浩大，一直三年（712），即太極元年仍未完工，其間大臣紛紛上疏諫止，景雲二年有右散騎常侍魏知古、左補闕辛替否，到太極元年春仍有中書舍人裴漼、太傅少卿韋湊等進諫，睿宗終於是年四月下詔停修[2]，則二公主正式入觀修行當在景雲二年年底或太極元年初。因此，碑所云神龍二年當指金仙長公主指入道之年，而史書所云太極元年當指其接受道籙後正式入觀修行之年，二者並無不合。

再如《諸葛忠武侯新廟碑》：

貞元十一年二月立，沈迥撰文，元錫正書，在沔縣。

文稱"貞元三年，府王左僕射、馮翊總師"者，謂舒王謨爲荆、襄、江西、沔、鄂節度諸軍行營兵馬都元帥也。錫字君睍，見《世系表》。

此處所引碑文原文作："貞元三祀，時乘盛秋，府王左僕射馮翊嚴□，總帥文武將佐，洎策輪突歸之旅，疆理西鄙，營軍沔陽。"修廟之人"嚴□"，名已磨泐，後人有補刻此碑者臆補爲"武"，清初以來所修地方誌多承其説，清康熙六年重修之《陝西通志》"諸葛武侯廟"條即載此碑爲嚴武所修。畢沅否定嚴武之説，定爲舒王謨，不知何據。稍後王昶《金石萃編》卷一百三是碑

[1] ［宋］王溥撰《唐會要》，上海古籍出版社，2006年，第1020頁。

[2] 關於營造經過的考論可參見丁放、袁行霈《玉真公主考論——以其與盛唐詩壇的關係爲歸結》，《北京大學學報》，2004年第3期。

條，首先對嚴武之説進行辯駁，認爲兩《唐書》未載嚴武有“左僕射”之職，且嚴武卒於永泰元年，不應貞元三年仍在世，此碑非嚴武所修無疑；同時又對畢沅之説作了辯駁，認爲舒王“爲沔鄂節度，在李希烈反之時，正貞元三年事，宜乎合矣，而亦未嘗有左僕射之官，且與馮翊嚴口亦無著。希烈之亂在淮蔡，舒王漠爲節度在沔鄂，即今湖北漢陽州，非陝西漢中府之沔縣，則《關中金石記》亦不確也。”[1]王昶之辯極是，修廟之人爲誰却未考出。後來毛鳳枝《關中金石文字存逸考》，根據其任官時間在貞元三年、官銜有左僕射、馮翊這三條關鍵材料，考兩《唐書·嚴震傳》嚴震是年爲興元節度使，封爲馮翊郡王，勉縣正在其治下，與此處職銜若合符節，確可證明修廟之人實爲嚴震無疑[2]。

2. 讀碑有誤。如《贈安定郡伯蒙天祐新阡表》：

延祐五年九月立，蕭斡撰文并隸書，篆額，姓名缺，在大荔。

碑題云：“知船橋兵馬都總管萬戶府奧魯、千戶、贈朝列大夫、同知晋寧路總管府事騎都尉、安定郡伯蒙君，諱天祐，字祐之。”蓋蒙君官至總管府萬戶，以子懷口貴，得贈官如之也。子封安定郡伯，職亦不卑，而史傳莫可考，特以惟斗文傳之耳。碑甚磨泐，不可讀。

萬戶、千户，均爲元代軍職，萬戶總領於樞密院，掌管各種軍職，千户僅次於萬戶。知船橋兵馬都總管萬戶府，當爲掌管船橋兵馬的軍事機構，據《元史》，睿宗時張萬家奴即曾任“河東南北路船橋隨路兵馬都總管萬户”[3]。奧魯，元代在萬戶、千户下設奧魯官，管理當役軍士族屬事務。據碑題，蒙氏官至萬户府奧魯、千户，非總管府萬户，畢沅此處讀碑有誤。

3. 抄録有誤。

如《李元諒懋功昭德頌》條，所録碑文有“北連繹臺，南抵黄巷”句。按繹，《（雍正）陝西通志》卷九十收《李懋功昭德頌》作“絳”。史書未見有“繹臺”。絳臺，《後漢書·馮衍傳》引馮衍《顯志賦》有“餡女齊於絳臺兮”句，注曰：“絳，晋國所都，《國語》晋平公爲九層之臺。”[4]可知絳臺在

---

[1] ［清］王昶撰《金石萃編》，嘉慶刻本。

[2] ［清］毛鳳枝撰，李向菲、賈三强點校《毛鳳枝金石學著作三種》，三秦出版社，2017年，第388頁。

[3] ［明］宋濂等撰《元史》卷一六五，中華書局，1976年，第3880頁。

[4] ［南朝宋］范曄撰，［唐］李善注《後漢書》卷二八下，中華書局，2000年，第997頁。

絳州，今山西新絳。碑文此句作："李懷光阻河拒命，竊弄戈鋋，北連絳臺，南抵黃巷，選朔方之健將，保朝邑之離宮。"黃巷即黃巷阪，《元和郡縣志》云："黃巷阪在縣（虢州閡鄉縣）西北二十五里，即潼關路也。"[1]據《舊唐書·李懷光傳》載，涇原兵變時，李懷光率朔方軍自蒲津關渡黃河，敗朱泚於醴泉[2]。蒲津關在朝邑縣西南，東北爲絳州，東南爲潼關，正處於所謂的"北連絳臺，南抵黃巷"的位置。《唐大詔令集》卷六三收《贈郭子儀太師陪葬建陵制》評價郭子儀平涇原兵變時亦有類似説法："絳臺綏四散之衆，涇陽降十萬之虜"[3]。此處"繹"當爲"絳"之形近而訛。

另外，此書還有引書不確的問題，如《九成宮醴泉銘》引《唐書·地理志》考仁壽宮，所引文字實出顧炎武《歷代帝王宅京記》。

四

《關中金石記》問世之後，就成爲金石學者的訪碑手册，如道光間黃本驥、同治時吳大澂、光緒間葉昌熾等，他們到關中訪碑，都以此書爲指導，按圖索驥，也紛紛爲此書作補訂。黃本驥的《隋唐石刻拾遺》即是補《關中金石記》之闕，吳大澂、葉昌熾亦擬續輯《關中金石記》，編纂有年，惜終未成。

因此儘管此書存在很多失誤，但它的學術史地位不容忽視。它是乾隆時期畢沅等學者以金石文獻考據經史的學術觀念的集中體現，它的傳播，使得在金石學研究中，最開始只是作爲一個流派出現的、由顧炎武所強調的以考據經史爲目標的學術觀念，在此後演變成了金石學研究的主流，從而成爲乾嘉考據學的重要内容之一。

畢沅纂成《關中金石記》後，作爲其《經訓堂叢書》的一種，於乾隆四十七年刊刻，是此書最早刻本。此書八卷，前有盧文弨、錢大昕序，後有錢坫、洪亮吉、孫星衍跋。到民國二十五年（1936），王雲五主編、商務印書館發行《叢書集成初編》，據《經訓堂叢書》本排印，文字略有差異。1985年，中華書局又據《叢書集成初編》本排印。2002年，上海古籍出版社出版《續修四庫全書》，據經訓堂刻本影印。

---

[1] ［唐］李吉甫撰《元和郡縣志》卷七，（文淵閣）《四庫全書》本。

[2] 《舊唐書》卷一二一，第3492頁。

[3] ［宋］宋敏求編《唐大詔令集》，中華書局，2008年，第347頁。

道光二十七年（1847），渭南蔡汝霖、蔡錫棟與同鄉人焦興儒[1]，因原書不易得，對所藏本進行校勘編輯，主要是對原書有些未按時間先後排列的條目進行了調整，蔡錫棟給原書增編了目錄，同時蔡汝霖編録了一卷“爲原書漏載或嗣出於其後者”若干種碑刻，作爲《附記》附入原書，由焦興儒重新鐫刻。此刻前有兩蔡氏序、蔡氏新編目録、蔡氏新增金石目録，後附蔡氏附記一卷。此本後又有光緒十三年（1887）大同書局石印本。光緒三十四年（1908），又有渭南人嚴岳蓮於成都重刊蔡氏校本[2]，此本後又有民國十三年（1924）重刻本。然蔡氏校勘與畢沅經訓堂刻本文字上幾無差異，校勘價值不大。

此次整理，以經訓堂刻本爲底本，以《叢書集成初編》本（簡稱叢書集成本）、道光間蔡氏刻本（簡稱道光本）、光緒間嚴岳蓮重刻本（簡稱光緒本）爲參校本，將蔡氏跋及所編《附記》一卷附録於後。

[1] 蔡汝霖字雨田，渭南人，道光二十九年（1849）中舉人，同治元年（1862）進士，官直隸知縣。著有《古今喪禮》。蔡錫棟，字福堂，生平不詳。焦興儒，字子珍，亦渭南人，生平不詳。

[2] 嚴岳蓮，字雁峰，渭南縣孝義里人。嚴氏幼年好學，遍讀經史詩詞，屢試不中，遂淡於仕進。後致力經商，爲蜀中大鹽商。出巨金收集海內外精本圖書五萬餘卷，築賁園書庫以藏。

目　録

叙 ………………………………………………………………… 253

關中金石記目次 …………………………………………………… 255

卷　一 ……………………………………………………………… 256

秦 ………………………………………………………………… 256

繹山碑 ……………………………………………………… 256

瓦當字 ……………………………………………………… 257

漢 ………………………………………………………………… 257

漢中太守鄐君開石門道碑 ………………………………… 257

敦煌太守裴岑紀功碑 ……………………………………… 258

楊孟文石門頌 ……………………………………………… 258

蒼頡廟碑 …………………………………………………… 258

西嶽華山廟碑 ……………………………………………… 259

開西狹頌 …………………………………………………… 259

造郙閣頌 …………………………………………………… 259

司隸校尉楊淮碑 …………………………………………… 260

郃陽令曹全紀功碑并陰 …………………………………… 260

仙人唐公房碑 ……………………………………………… 260

武都太守等題名殘碑 ……………………………………… 260

十三字殘碑 ………………………………………………… 261

瓦當字 ……………………………………………………… 261

魏 ………………………………………………………………… 261

盪寇將軍李苞題名 ………………………………………… 261

十八字殘碑 ………………………………………………… 261

晉 ………………………………………………………………… 262

  蘭亭序 ……………………………………………………… 262

秦 ………………………………………………………………… 262

  廣武將軍□產碑 …………………………………………… 262

北魏 ……………………………………………………………… 262

  石門銘並序 ………………………………………………… 262

  曹續造象銘 ………………………………………………… 262

  造象殘刻 …………………………………………………… 263

  松滋公元萇振興溫泉頌 …………………………………… 263

周 ………………………………………………………………… 263

  聖母寺四面象銘 …………………………………………… 263

  豆盧恩碑 …………………………………………………… 263

  華山神廟碑 ………………………………………………… 263

隋 ………………………………………………………………… 264

  佛座記 ……………………………………………………… 264

  淮安定公趙芬殘碑 ………………………………………… 264

  安喜公李使君碑 …………………………………………… 264

  海陵郡公賀若誼碑 ………………………………………… 264

  舍利塔銘額 ………………………………………………… 265

  唐高祖爲子祈疾疏 ………………………………………… 265

  鷹揚郎將義城子梁羅墓志 ………………………………… 265

  舍利塔銘 …………………………………………………… 265

  常醜奴墓志 ………………………………………………… 265

  正草二體千字文 …………………………………………… 265

  李衛公上金天王書 ………………………………………… 266

  寶慶寺瓦頭 ………………………………………………… 266

卷 二 …………………………………………………………… 267

  宗聖觀記 …………………………………………………… 267

  孔子廟堂碑 ………………………………………………… 267

  寶室寺鐘銘 ………………………………………………… 267

  邕禪師舍利塔銘 …………………………………………… 268

  九成宮醴泉銘 ……………………………………………… 268

  右僕射虞公溫彥博碑 ……………………………………… 268

清代陝西金石學著作十種

昭仁寺碑 ……………………………………… 268

睦州刺史張琮碑 …………………………… 268

左屯衛將軍姜行本勒石之紀文 ………… 269

襄國公段志玄碑 …………………………… 269

申文獻公高士廉塋兆記 ………………… 269

故國子祭酒孔穎達碑 …………………… 269

皇甫誕碑 ……………………………………… 270

褚亮碑 ………………………………………… 270

太尉梁文昭公房玄齡碑 ………………… 270

芮定公碑 ……………………………………… 270

三藏聖教序 ………………………………… 271

三藏聖教序記 ……………………………… 271

萬年宮銘 ……………………………………… 271

碑陰題名 ……………………………………… 271

定公韓良碑 ………………………………… 271

贈太常卿汾陰縣公薛收碑 ……………… 272

崔敦禮碑 ……………………………………… 272

化度寺僧海禪師方墳記 ………………… 272

禮部尚書張胤碑 …………………………… 272

衛景武公李靖碑 …………………………… 272

王居士磚塔銘 ……………………………… 272

鄂國公尉遲恭碑 …………………………… 272

蘭陵長公主碑 ……………………………… 273

夫人程氏塔銘 ……………………………… 273

冠軍大將軍代州都督許洛仁碑 ………… 273

三藏聖教序記 ……………………………… 273

道因法師碑 ………………………………… 274

杜君綽碑 ……………………………………… 274

騎都尉李文墓志 …………………………… 274

于志寧碑 ……………………………………… 274

紀國先妃陸氏碑 …………………………… 274

道安禪師塔記 ……………………………… 274

淄川公李孝同神道碑 …………………… 274

張阿難碑 ……………………………………… 275

高唐縣公馬周碑 ……………………………… 275

阿史那忠碑 …………………………………… 275

贈太尉揚州大都督英貞武公李勣碑 ………… 275

晋州刺史順義公神道碑 ……………………… 276

姜遐碑 ………………………………………… 276

王君碑 ………………………………………… 276

述聖紀 ………………………………………… 276

美原神泉詩 …………………………………… 277

澤王府主簿梁師暕并夫人唐氏惠兒墓志銘 … 277

左領軍衛將軍乙速孤神慶碑 ………………… 277

珍州榮德縣丞梁師亮墓志 …………………… 277

明堂令于大猷碑 ……………………………… 278

順陵殘碑 ……………………………………… 278

王璿造象銘 …………………………………… 278

高延貴造像銘 ………………………………… 278

姚元之造像銘 ………………………………… 278

李承嗣造像銘 ………………………………… 279

韋均造像記 …………………………………… 279

蕭元昚造像記 ………………………………… 279

梁義深等造像銘 ……………………………… 279

姚元景光宅寺造像銘 ………………………… 279

法門寺千佛像碑 ……………………………… 279

王三娘墳記 …………………………………… 280

比丘尼法琬碑 ………………………………… 280

許公蘇瓌神道碑 ……………………………… 280

蕭思亮墓志 …………………………………… 280

景龍觀鐘銘 …………………………………… 280

馮本紀孝之碑 ………………………………… 280

凉國契苾明碑 ………………………………… 281

卷 三 …………………………………………… 282

唐 ……………………………………………… 282

馮十一娘墓志 ………………………………… 282

法藏禪師塔銘 …………………………………… 282

兗州都督于知微碑 ……………………………… 282

祁國昭宣公王仁皎神道碑 ……………………… 282

贈秦州都督李昭公神道碑 ……………………… 282

華嶽精享昭應之碑 ……………………………… 283

鎮軍大將軍吳文碑 ……………………………… 283

御史臺精舍記并題名 …………………………… 283

京兆總監茹守福墓志 …………………………… 283

池州刺史馮仁□碑 ……………………………… 284

高福墓志 ………………………………………… 284

香積寺主淨業法師塔銘 ………………………… 284

虢國公楊花臺銘、楊將軍新莊像銘 …………… 285

涼國長公主神道碑 ……………………………… 285

明皇華山銘殘字 ………………………………… 285

乙速孤行儼碑 …………………………………… 285

鄎國長公主神道碑 ……………………………… 285

述聖頌 …………………………………………… 286

薦福寺思恒律師碑 ……………………………… 286

開元寺尊勝經石幢 ……………………………… 287

敬節法師塔銘 …………………………………… 287

興聖寺主尼法澄塔銘 …………………………… 287

比丘尼堅行禪師塔銘 …………………………… 287

代國長公主碑 …………………………………… 287

李澹題名 ………………………………………… 287

大智禪師碑 ……………………………………… 287

美原縣尉張昕墓志銘 …………………………… 288

無畏不空禪師塔銘 ……………………………… 288

比丘尼惠源和上志銘 …………………………… 288

蘇頲題名 ………………………………………… 288

龍光寺舍利塔記 ………………………………… 289

祠部員外郎裴積墓志 …………………………… 289

夢真容敕 ………………………………………… 289

特進莒國公唐儉碑 ……………………………… 289

◎ 目錄

大智禪師碑陰記 ……………………………… 289

褒封四子敕 ……………………………………… 289

告華嶽文 ………………………………………… 290

老子靈應頌 ……………………………………… 290

吏部尚書南曹石幢 ……………………………… 290

隆闡法師碑 ……………………………………… 290

薛良佐塔銘 ……………………………………… 291

石臺孝經 ………………………………………… 291

逸人竇居士碑 …………………………………… 291

義興周夫人墓志 ………………………………… 291

陀羅尼經幢 ……………………………………… 291

陀羅尼經幢殘木 ………………………………… 292

尊勝陀羅尼經幢 ………………………………… 292

千福寺多寶佛塔感應碑 ………………………… 292

弘農先賢積慶之碑 ……………………………… 292

□志廉墓誌 ……………………………………… 292

施燈功德幢 ……………………………………… 292

張希古墓誌 ……………………………………… 292

金仙長公主神道碑 ……………………………… 293

尹尊師碑 ………………………………………… 293

華嶽廟碑殘石 …………………………………… 293

主簿常冀尉元撝殘碑 …………………………… 293

草書心經 ………………………………………… 293

千字文斷石 ……………………………………… 294

顏魯公題名 ……………………………………… 294

張惟一祈雨疏 …………………………………… 295

王宥等謁岳祠記 ………………………………… 295

太州別駕題名殘字 ……………………………… 295

丘據謁嶽廟題名 ………………………………… 295

贈工部尚書臧懷恪神道碑 ……………………… 295

李懷讓題名殘字 ………………………………… 296

韋胐題名 ………………………………………… 296

劉士深謁華嶽廟記 ……………………………… 297

孫廣題名 …………………………………………… 297

太保祁國公廟碑并碑陰 ………………………… 297

臨淮武穆王李光弼神道碑 ……………………… 297

與郭僕射書 ………………………………………… 297

李仲昌等題名 …………………………………… 298

韋澣題名 …………………………………………… 298

秋官尚書河間公之碑 …………………………… 298

贈太子賓客白道生神道碑 ……………………… 298

焦鍰題名 …………………………………………… 298

光祿卿王訓墓誌 ………………………………… 298

三墳記 ……………………………………………… 298

栖先塋記 …………………………………………… 299

贈營州都督薊郡公李楷洛碑 …………………… 300

第五琦題名 ……………………………………… 300

裴士淹題名 ……………………………………… 300

蘇敦兄弟題名 …………………………………… 300

金吾衛將軍臧希晏神道碑 ……………………… 300

盧綸題名 …………………………………………… 301

永仙觀主田尊師碑 ……………………………… 301

永仙觀主田尊師德行之碑 ……………………… 301

佛頂尊勝陀羅尼幢銘 …………………………… 301

李昌謁嶽廟題名 ………………………………… 301

郎仲堅題名 ……………………………………… 301

侯季文題名 ……………………………………… 301

韋憑題名 …………………………………………… 301

元澄題名 …………………………………………… 302

謁華嶽廟碑 ……………………………………… 302

李謀題名 …………………………………………… 302

兵部尚書王忠嗣神道碑 ………………………… 302

真化寺尼如願律師墓志 ………………………… 302

慈州刺史王履清碑 ……………………………… 302

高力士神道碑 …………………………………… 302

無憂王寺大聖真身寶塔碑銘 …………………… 303

上官沼題名 …………………………………… 303

贈揚州大都督段行琛神道碑 ……………………… 303

孔子廟殘碑 …………………………………… 303

卷　四 …………………………………………… 304

唐 ……………………………………………… 304

顏氏家廟碑 …………………………………… 304

大秦景教流行中國碑 ………………………… 308

大辨正廣智三藏不空和尚碑 ………………… 308

吳岳祠堂記 …………………………………… 309

崔漢衡題名 …………………………………… 309

顏魯公奉命帖 ………………………………… 309

韋綬等題名 …………………………………… 309

尊勝陀羅尼經幢 ……………………………… 309

李元諒懋功昭德頌 …………………………… 309

姜嫄公劉廟碑 ………………………………… 311

參軍事裴濋等題名 …………………………… 311

東陵聖母帖 …………………………………… 311

藏真律公二帖 ………………………………… 312

杜府君夫人韋氏墓志 ………………………… 312

諸葛忠武侯新廟碑 …………………………… 312

鄭全濟題名 …………………………………… 312

澄城令鄭君德政碑 …………………………… 313

劍州刺史李廣業碑 …………………………… 313

楚金禪師碑 …………………………………… 313

尉旻題名 ……………………………………… 313

謁華嶽廟詩 …………………………………… 313

郭豐等題名 …………………………………… 313

柳開等題名 …………………………………… 314

保唐寺毗沙門天王燈幢贊 …………………… 314

張鄂等題名 …………………………………… 314

佛頂尊勝陀羅尼經 …………………………… 314

鄭公幹題名 …………………………………… 315

李紳題名 ……………………………………… 315

清代陝西金石學著作十種

王高題名 ……………………………………………… 315

内侍李輔光墓志 ……………………………………… 315

崔蔚鄭公幹題名 ……………………………………… 315

大德塔銘 ……………………………………………… 316

秘書丞韓常謁華嶽廟記 ……………………………… 316

容府□□題名殘字 …………………………………… 316

張常慶題名 …………………………………………… 316

王播題名 ……………………………………………… 316

雲麾將軍朱孝誠碑 …………………………………… 316

鄭簡之題名 …………………………………………… 317

裴穎修嶽廟中門紀石 ………………………………… 317

邠國公功德銘 ………………………………………… 317

西平王李晟神道碑 …………………………………… 317

李璠題名 ……………………………………………… 318

李虞仲題名 …………………………………………… 318

韋公武題名 …………………………………………… 318

尊勝陀羅尼經并序 …………………………………… 318

義陽郡王符璘碑 ……………………………………… 318

落星石題字 …………………………………………… 318

尚書主客員外郎題名殘字 …………………………… 319

郗宗□題名 …………………………………………… 319

石刻十二經及五經文字九經字樣 …………………… 319

贈吏部尚書馮宿神道碑 ……………………………… 320

馮耽題名 ……………………………………………… 320

大遍覺法師玄奘塔銘 ………………………………… 320

慈恩寺基公法師碑 …………………………………… 321

御史大夫李景讓題名 ………………………………… 321

安國寺寂照和上碑 …………………………………… 321

司直廳石幢 …………………………………………… 321

陳商題名 ……………………………………………… 321

大達法師玄秘塔碑 …………………………………… 322

崔郇題名 ……………………………………………… 322

謁嶽廟七言詩 ………………………………………… 322

◎ 目 録

高士廉碑側記 …………………………………………… 322

內侍王文幹墓志銘 ……………………………………… 322

崔慎由崔安潛題名 ……………………………………… 322

□伏王季題名 …………………………………………… 322

李□方題名 ……………………………………………… 322

陀羅尼經幢 ……………………………………………… 323

楊漢公題名 ……………………………………………… 323

周公祠靈泉碑并題奏狀及敕批答 ……………………… 323

李貽孫祈雪謁廟題名 …………………………………… 323

鄭損盧璬題名 …………………………………………… 323

劉仁□修廟題名 ………………………………………… 323

敕內莊宅使牒 …………………………………………… 323

比丘尼正言疏 …………………………………………… 323

李貽孫題名 ……………………………………………… 324

張權題名 ………………………………………………… 324

薛諤宋壽送坐主尚書赴滑臺題名 ……………………… 324

于德晦題名 ……………………………………………… 324

杜順和上行記 …………………………………………… 324

崔瓘題名 ………………………………………………… 324

定慧禪師宗密碑 ………………………………………… 325

尊勝陀羅尼經幢 ………………………………………… 326

崔彥昭題名 ……………………………………………… 326

李植題名 ………………………………………………… 326

郎官題名柱 ……………………………………………… 326

張權題名 ………………………………………………… 326

李□祈雪題名 …………………………………………… 326

大悲心陀羅尼 …………………………………………… 326

溫璋題名 ………………………………………………… 326

窣堵塔銘 ………………………………………………… 327

王夫人墓志 ……………………………………………… 327

修武安君廟記 …………………………………………… 327

陀羅尼經幢 ……………………………………………… 327

尊勝經幢 ………………………………………………… 327

內侍吳承必墓誌 …………………………………… 327

司空圖題裴晋公題名詩殘字 ………………… 327

濟安侯廟記 ………………………………………… 328

秦王重修法門寺塔廟記 ………………………… 328

劉源李彥鐧等重立秦王碑題名 ……………… 328

爾朱遠墓碣 ………………………………………… 329

大悲心陀羅尼尊勝陀羅尼經幢 ……………… 329

西明寺尊勝陀羅尼經幢 ………………………… 329

重興寺石柱經 ……………………………………… 329

石鼓尊勝經 ………………………………………… 329

净慈寺釋迦牟尼并賢劫象銘 ………………… 329

三階大德禪師碑額 ……………………………… 330

李益等題名 ………………………………………… 330

梁 ……………………………………………………… 330

寄邊衣詩 …………………………………………… 330

折敕史嗣祚神道碑 ……………………………… 330

後唐 ………………………………………………… 331

揚凝式題名 ………………………………………… 331

張希崇題名 ………………………………………… 331

晋 ……………………………………………………… 331

廣慈院東北兩莊地土牒 ………………………… 331

移文宣王廟記 ……………………………………… 331

周 ……………………………………………………… 332

樂安公祭告題名 ………………………………… 332

卷　五 ……………………………………………… 333

宋 ……………………………………………………… 333

王彥超修文宣王廟記 …………………………… 333

篆書千字文 ………………………………………… 333

三體陰符經 ………………………………………… 334

夢英千字文序 ……………………………………… 334

江淹擬休上人怨別詩 …………………………… 334

摩利支天經 ………………………………………… 334

陰符經 ……………………………………………… 334

張仲荀抄高僧傳序 ……………………………………………… 335

修周武王廟碑 …………………………………………………… 335

修周康王廟碑 …………………………………………………… 335

修唐太宗廟碑 …………………………………………………… 335

修龍興寺塔記 …………………………………………………… 335

蒼頡廟碑并陰 …………………………………………………… 335

法門寺浴器靈異記 ……………………………………………… 336

保寧等寺額牒 …………………………………………………… 336

使　　帖 ………………………………………………………… 336

縣　　帖 ………………………………………………………… 336

太上老君常清净經、太上昇元消災護命經、太上天尊説生天得道經 … 336

廣慈禪院新修瑞象記 …………………………………………… 336

周約謁祠記 ……………………………………………………… 337

新譯三藏聖教序 ………………………………………………… 337

香城寺牒 ………………………………………………………… 337

呂文仲題名 ……………………………………………………… 337

王著題名 ………………………………………………………… 337

崔承業題名 ……………………………………………………… 337

侯建中謁詞記 …………………………………………………… 337

贈夢英大師詩 …………………………………………………… 337

説文偏旁字原并自序及郭忠恕答書 …………………………… 338

修文宣王廟記 …………………………………………………… 339

保寧寺浴室院鐘款 ……………………………………………… 339

梁顥李易直安撫巴峽謁祠記 …………………………………… 339

江仲甫謁祠記 …………………………………………………… 339

臥龍寺鐘款 ……………………………………………………… 340

敕賜西嶽廟乳香記 ……………………………………………… 340

重真寺買田莊記 ………………………………………………… 340

修造靈寶三籙壇記 ……………………………………………… 340

□仲卿祭告記 …………………………………………………… 340

虞部郎中淳于廣謁廟記 ………………………………………… 340

御製文宣王贊 …………………………………………………… 340

元聖文宣王贊並加封號詔 ……………………………………… 340

承天觀碑 ……………………………………………… 341

修文宣王廟大門記 …………………………………… 341

晉國大長公主祈福記 ………………………………… 341

□□禪師偈 ……………………………………………… 341

李璿謁廟記 …………………………………………… 341

韓國長公主祈福記 …………………………………… 341

韓國長公主禱謝記 …………………………………… 342

重書唐旌儒碑 ………………………………………… 342

龐房謁祠記 …………………………………………… 342

宋垂遠等謁祠記 ……………………………………… 342

普濟禪院記 …………………………………………… 342

何昌齡謁廟記 ………………………………………… 343

重修元聖文宣王記 …………………………………… 343

陳繼昌謁廟記 ………………………………………… 343

泰寧宮牒 ……………………………………………… 343

任中正謁祠記 ………………………………………… 343

盛亮摹勒御書記 ……………………………………… 343

賜陳堯咨疏龍首渠敕 ………………………………… 343

張懷彬投龍記 ………………………………………… 344

蔡汶祭告並王懷珪嶽廟設醮記 ……………………… 344

薛田魏野謁嶽祠記 …………………………………… 344

□知常建醮記 ………………………………………… 344

保寧寺浴室院建鐘樓碑 ……………………………… 344

許文德題名 …………………………………………… 344

大宋勃興頌 …………………………………………… 345

鄧保□送御書神述碑石記 …………………………… 345

鄧保□豎立神述碑石記 ……………………………… 345

劉鍇謁祠記 …………………………………………… 346

段微明建醮記 ………………………………………… 346

范雍謁祠記 …………………………………………… 346

上官冲謁祠記 ………………………………………… 346

范雍再謁祠記 ………………………………………… 346

宋漢臣祭禱記 ………………………………………… 346

劉近恭謁聖容記 ………………………………… 347

浴室院鐘樓記碑陰 ………………………………… 347

勸慎刑文并箴 ………………………………………… 347

棲禪寺修水磨記 …………………………………… 347

文安公牡丹詩 ………………………………………… 347

永興軍牒 ……………………………………………… 347

中書劄子 ……………………………………………… 348

陳執中謁祠記 ……………………………………… 348

興元府修文宣王廟記 …………………………… 348

興慶池禊宴詩并序 ………………………………… 348

王堯□謁祠記 ……………………………………… 348

浴室院建鐘樓碑陰記 …………………………… 349

普通塔記 ……………………………………………… 349

法門寺重修九子母記 …………………………… 349

程琳謁祠記 ………………………………………… 349

施昌言修廟記 ……………………………………… 350

田況謁祠記 ………………………………………… 350

禮法門寺真身塔詩 ………………………………… 350

葉清臣謁祠石幢 …………………………………… 350

王元等題名 ………………………………………… 350

雷簡夫題名 ………………………………………… 351

程琳再謁祠記 ……………………………………… 351

重修李太尉祠堂記 ………………………………… 351

王宗元題名 ………………………………………… 351

重修扶風縣學記 …………………………………… 351

李杞謁祠記 ………………………………………… 351

復惟識廨院記 ……………………………………… 351

李參毋沆等題名 …………………………………… 352

京兆府小學規 ……………………………………… 352

遊藥水寺詩 ………………………………………… 352

封濟民侯牒 ………………………………………… 352

白水路記 ……………………………………………… 353

張恭禮建醮記 ……………………………………… 353

呂大忠等題名 ……………………………………… 353

种諤題名 ……………………………………………… 354

張渥題名 ……………………………………………… 354

嘉祐殘字 ……………………………………………… 354

程遵路謁祠記 ………………………………………… 354

石林亭詩 ……………………………………………… 354

韓愈五箴 ……………………………………………… 354

妙德禪院明覺殿記 …………………………………… 354

章惇題名記 …………………………………………… 354

題太史公廟詩 ………………………………………… 355

盧盛等題名 …………………………………………… 355

留題玉華山詩 ………………………………………… 355

玉華山詩 ……………………………………………… 355

史焰謁祠記 …………………………………………… 355

唐張説温泉箴 ………………………………………… 355

卷　六 …………………………………………………… 356

　宋 ……………………………………………………… 356

孫永范純仁等題名 …………………………………… 356

王竦題名 ……………………………………………… 356

閻詢謁祠記 …………………………………………… 356

楊遂題名 ……………………………………………… 356

陳繹題名 ……………………………………………… 357

王臨題名 ……………………………………………… 357

陳繹謁祠記 …………………………………………… 357

劉忱謁祠記 …………………………………………… 357

呂賁謁祠記 …………………………………………… 357

范育等題名 …………………………………………… 357

張孝孫謁祠記 ………………………………………… 358

林顏題名 ……………………………………………… 358

蔡延慶謁祠記 ………………………………………… 358

劉航等謁祠記 ………………………………………… 358

盧訥祈雪記 …………………………………………… 358

吳中復題名 …………………………………………… 358

◎ 目 録

陳紘謁祠記 ……………………………………… 358

趙抃皮公弼等題名 ……………………………… 359

王欽臣謁祠記 …………………………………… 359

張叔卿謁祠記 …………………………………… 359

梵書唵字贊 ……………………………………… 359

蔡碻謁祠記 ……………………………………… 359

海公壽塔記 ……………………………………… 359

俞次皐謁祠記 …………………………………… 359

薛昌朝題名 ……………………………………… 359

孫迥謁祠記 ……………………………………… 360

渾王廟記 ………………………………………… 360

蔣之奇題名 ……………………………………… 360

蔡延慶再謁祠記 ………………………………… 360

封忠武王廟敕 …………………………………… 360

天馬賦 …………………………………………… 361

謁太史公冢祠記 ………………………………… 361

王璞題名 ………………………………………… 361

□□祠堂後記 …………………………………… 361

孫真人祠記 ……………………………………… 361

集陶潛歸去來詞詩 ……………………………… 362

劉陶謁祠記 ……………………………………… 362

趙諒謁祠記 ……………………………………… 362

雙皂莢行 ………………………………………… 362

吳鞏等題名 ……………………………………… 362

歐陽修昭仁寺跋尾 ……………………………… 362

謝卿材題名 ……………………………………… 362

蘇軾天和寺詩 …………………………………… 362

薛紹彭題名 ……………………………………… 363

王顓謁祠記 ……………………………………… 363

張琰等題名 ……………………………………… 363

陳康民謁祠記 …………………………………… 363

王子文建醮記 …………………………………… 363

張琬等題名 ……………………………………… 363

清代陝西金石學著作十種

薛俅祭奠記 ……………………………… 363

范□題名 ……………………………… 363

上清宮詞 ……………………………… 363

薛紹彭題名 ……………………………… 364

游師雄祭告記 ……………………………… 364

游玉華宮記 ……………………………… 364

杜純挈家謁祠記 ……………………………… 364

游師雄仇伯玉等題名 ……………………………… 364

王漢卿題名 ……………………………… 364

呂義山等題名 ……………………………… 364

李英公神道碑陰記 ……………………………… 364

李衛公神道碑陰記 ……………………………… 365

昭陵六馬圖并游師雄記 ……………………………… 365

刻李義山題渾忠武王祠堂詩 ……………………………… 365

渾忠武王祠堂記 ……………………………… 365

謁太史公祠記 ……………………………… 365

京兆府新移石經記 ……………………………… 366

轉運使杜孝錫題名 ……………………………… 366

九成宮六言詩 ……………………………… 366

刻唐凌烟閣功臣畫像并贊 ……………………………… 366

摹吳道子觀音二像 ……………………………… 366

張保源游高驪潭記 ……………………………… 366

劉銅等十人宿紫閣題名 ……………………………… 366

重修郃陽縣學記 ……………………………… 366

游師雄題名 ……………………………… 367

坊州刺史盛南仲遊玉華宮記 ……………………………… 367

杜牧阿房宮賦 ……………………………… 367

游安民祈晴記 ……………………………… 367

王詵題名 ……………………………… 367

游師雄章粢等題名 ……………………………… 367

趙光輔觀音變相畫壁跋 ……………………………… 367

王濟叔白耗叟題名 ……………………………… 367

昭陵圖并説 ……………………………… 367

◎ 目録

張重威昭仁寺碑陰記 ……………………… 368

曹調鼎昭仁寺碑陰記 ……………………… 368

胡宗回謁祠記 ……………………………… 368

朱光裔王普題名 …………………………… 368

李行之題名 ………………………………… 368

游玉華宮記 ………………………………… 369

李章游草堂寺詩并子百堅跋 ……………… 369

薛嗣昌詩 …………………………………… 369

關山月關山雪詩 …………………………… 369

朝請郎柴公玉華寺詩 ……………………… 369

游師雄墓志 ………………………………… 369

敕賜重興戒香寺公據 ……………………… 369

游玉華宮記 ………………………………… 370

瞿伯宗題名 ………………………………… 370

陳知存謁祠記 ……………………………… 370

王正臣李援題名 …………………………… 370

白雲山主得利塔記 ………………………… 370

李援蘇昞等題名 …………………………… 370

修鳩摩羅什塔亭記 ………………………… 370

程懿叔遇雪詩 ……………………………… 370

李革等題名 ………………………………… 370

路允蹈宿逍遙寺記 ………………………… 371

孫辣孫淶等題名 …………………………… 371

張景修等題名 ……………………………… 371

梅澤過草堂望終南山、經樊川懷杜牧之行役、述懷諸詩 … 371

凈相寺橙軒詩 ……………………………… 371

王碩題忠武王廟碑記 ……………………… 371

靜應廟記 …………………………………… 371

終南山雜咏 ………………………………… 371

靜應廟敕并封妙應真人告詞 ……………… 371

重修縣學記 ………………………………… 372

鮮于侁游靈巖詩 …………………………… 372

乾陵無字碑題字 …………………………… 372

唐遷棲禪寺詩 ……………………………… 372

□擇仁謁祠記 ……………………………… 372

景興宗題名 ………………………………… 372

浮安寺鐘款 ………………………………… 372

五臺山唱和詩 ……………………………… 372

建安黃公詩 ………………………………… 373

王仲孚題名 ………………………………… 373

張舜民等題名 ……………………………… 373

長興萬壽寺文殊閣圖并記 ………………… 373

大觀聖作之碑 ……………………………… 373

御製學校八行八刑條 ……………………… 373

修蓋嶽祠記 ………………………………… 374

薛絅題名 …………………………………… 374

孫鼇詩 ……………………………………… 374

梁慶祖謁祠記 ……………………………… 374

李傅謁祠記 ………………………………… 374

過臨潼三絕句 ……………………………… 374

乾陵無字碑題字 …………………………… 375

徐處仁等題名 ……………………………… 375

提舉魯公留題遠愛亭詩 …………………… 375

張智周等題名 ……………………………… 375

張智周題名 ………………………………… 375

張智周題名 ………………………………… 375

敕修河瀆靈源王廟碑 ……………………… 375

席旦謁祠記 ………………………………… 376

李逸老自百塔遊翠微諸勝題名 …………… 377

謝□謁祠記 ………………………………… 377

宋達謁祠記 ………………………………… 377

呂湘題名 …………………………………… 377

楊可世謁祠記 ……………………………… 377

張子定謁祠記 ……………………………… 377

司馬朴等題名 ……………………………… 377

遊驪山詩 …………………………………… 377

乾陵無字碑題字二 ……………………………………………… 378

宋雲從謁祠記 ……………………………………………………… 378

重建周西明寺圓測法師碑 ……………………………………… 378

王干謁祠記 ………………………………………………………… 378

實淵題名 …………………………………………………………… 378

謝彥詩 ……………………………………………………………… 378

重修薦福寺塔記 ………………………………………………… 378

趙耘老題名 ……………………………………………………… 378

光濟寺碑 ………………………………………………………… 378

折武恭公克行神道 ……………………………………………… 378

折武恭公神道碑之陰 …………………………………………… 380

趙伾謁祠記 ……………………………………………………… 381

寶雲寺石碣 ……………………………………………………… 381

乾陵無字碑題字 ………………………………………………… 381

崇祐觀牒 ………………………………………………………… 381

圓相觀音菩薩瑞像頌 …………………………………………… 381

提舉顯謨湯公和胡仲文詩 ……………………………………… 381

乾陵無字碑題字 ………………………………………………… 381

暨尹卿等題名 …………………………………………………… 382

登太清閣詩 ……………………………………………………… 382

向子千題名 ……………………………………………………… 382

邵子文等題名 …………………………………………………… 382

暨唐裔清輝閣題記 ……………………………………………… 382

梁龜謁祠記 ……………………………………………………… 382

梁激謁祠記 ……………………………………………………… 382

黎獻民等題名 …………………………………………………… 382

王雲等題名 ……………………………………………………… 383

暨唐裔等題名 …………………………………………………… 383

范智聞詩 ………………………………………………………… 383

乾陵無字碑詩 …………………………………………………… 383

乾陵無字碑詩 …………………………………………………… 383

宋光泰題名 ……………………………………………………… 383

乾陵無字碑題字 ………………………………………………… 383

賈炎饒益寺題名二 …………………………………… 383

解益王佐邵伯温題名 …………………………… 384

湔溪真常游記 …………………………………… 384

于真庵記 ………………………………………… 384

新修太史公廟記 ………………………………… 384

顏魯公奉命帖及畫象跋 ………………………… 384

拱極觀記 ………………………………………… 385

王質劉雍題名 …………………………………… 385

李若水奉命觀稼謁祠記 ………………………… 385

潘淶謁祠記 ……………………………………… 385

金龍寺龍骨塔銘 ………………………………… 385

漢中府新修□記 ………………………………… 385

楊從義神道碑 …………………………………… 386

開石門碑陰記 …………………………………… 387

郭公緒題名 ……………………………………… 387

鮮于申之題名 …………………………………… 387

靈巖叙別記 ……………………………………… 387

星羅寺鐘銘 ……………………………………… 388

哲宗御書忠清粹德之碑額 ……………………… 388

光禄主簿蘇舜欽奉禮郎杜詵題名 ……………… 388

王韶詩 …………………………………………… 388

強至等題名 ……………………………………… 389

杜常等題名 ……………………………………… 389

范埴題名 ………………………………………… 389

乾陵無字碑題字 ………………………………… 389

卷　七 ……………………………………………… 390

金 …………………………………………………… 390

皇弟都統經略郎君行記 ………………………… 390

京兆重修學記 …………………………………… 390

重立泰寧宮記 …………………………………… 390

創修朝元洞碑 …………………………………… 390

仙源圖 …………………………………………… 391

鄭彦文等題名 …………………………………… 391

◎ 目　録

靈泉觀牒 …………………………………………………… 391

戒師誠公塔銘 ……………………………………………… 391

觀音院碑 …………………………………………………… 391

惠濟院牒 …………………………………………………… 391

思政堂記 …………………………………………………… 391

靈泉觀主凝真大師成道碑 ………………………………… 392

重修太史公墓碣 …………………………………………… 392

馬烜題名 …………………………………………………… 392

李成詵謁祠記 ……………………………………………… 392

許沂題名 …………………………………………………… 392

鑄九陽神鐘銘 ……………………………………………… 392

修城記 ……………………………………………………… 392

棲雲老人題名 ……………………………………………… 393

建濟安侯廟碑 ……………………………………………… 393

靈泉觀記 …………………………………………………… 393

仙蛻塋碣 …………………………………………………… 393

棲閑居士張中偉墓表 ……………………………………… 393

崇教禪院鐘款 ……………………………………………… 394

觀京兆府學古碑詩 ………………………………………… 394

驪山有感詩 ………………………………………………… 394

左□遠題名幢 ……………………………………………… 394

重修州學之碑 ……………………………………………… 395

宋雄飛詩 …………………………………………………… 395

孫錡題名 …………………………………………………… 395

虞用康史公奕等題名 ……………………………………… 395

泰寧宮鑄鐘記 ……………………………………………… 395

田曦謁祠記 ………………………………………………… 395

權綱等題名 ………………………………………………… 396

遊草堂寺諸詩 ……………………………………………… 396

趙門白氏題名 ……………………………………………… 396

法門寺真身寶塔詩 ………………………………………… 396

大安二年鐘款 ……………………………………………… 396

孔朝散詩 …………………………………………………… 396

清代陝西金石學著作十種

楊振碑 …………………………………… 397

長安令□公二等題名 ………………………… 397

乾陵無字碑題字 …………………………… 397

宥曲重修食水記 …………………………… 397

宥曲食水碑陰記 …………………………… 397

印公開堂疏 ………………………………… 397

射虎記 ……………………………………… 398

乾陵無字碑題字 …………………………… 398

唐太宗贊姚秦三藏羅什法師詩 …………… 398

改建題名之碑 ……………………………… 398

府學教養之碑 ……………………………… 398

遊草堂寺詩 ………………………………… 398

風流子詞 …………………………………… 398

唐太宗慈德寺詩刻 ………………………… 398

仙游觀永陽圍詩并序 ……………………… 398

雲房二大字 ………………………………… 399

饒益寺藏春塢記 …………………………… 399

敕祭渾忠武王文并尚書禮部牒 …………… 399

敕祭渾忠武王記 …………………………… 399

禹蹟圖 ……………………………………… 399

華夷圖 ……………………………………… 401

卷 八 ………………………………………… 402

元 …………………………………………… 402

皇太子修草堂寺令旨 ……………………… 402

孫真人祝文 ………………………………… 402

劉處士墓碣 ………………………………… 402

重陽宮聖旨碑 ……………………………… 402

孫真人福壽論 ……………………………… 403

題孫韓二真人詩 …………………………… 403

唐太宗賜孫真人頌 ………………………… 403

與李素舟張志和書 ………………………… 403

唐通微道訣碑 ……………………………… 403

長春真人述 ………………………………… 403

陀羅尼經幢 ……………………………………… 403

建文宣王廟記 …………………………………… 404

楊奂碑 …………………………………………… 404

修宣聖廟記 ……………………………………… 404

馮時貴詩 ………………………………………… 404

贍學田記 ………………………………………… 404

敕賜開福寺額記 ………………………………… 404

誠明真人道行碑 ………………………………… 404

重修唐清凉國師妙覺塔記 ……………………… 405

題唐清凉國師塔額 ……………………………… 405

天真觀鐵方響 …………………………………… 405

建極宮蒙古字聖旨 ……………………………… 405

重陽仙跡記 ……………………………………… 406

重修宣聖廟記 …………………………………… 406

府學公據 ………………………………………… 406

皇子安西王盛德之碑 …………………………… 406

寶慶寺記 ………………………………………… 406

玉清萬壽宮碑 …………………………………… 406

天真觀四至題字 ………………………………… 406

棲雲王真人開澇水記 …………………………… 407

何太古題名 ……………………………………… 407

崇靈廟記 ………………………………………… 407

蔡孝子順碑陰記 ………………………………… 407

吳山寺地土執照 ………………………………… 407

馬宗師道行碑 …………………………………… 407

靈應宮鐘款 ……………………………………… 407

陳亞天慶宮詩 …………………………………… 408

重修說經臺碑 …………………………………… 408

李道謙詩 ………………………………………… 408

沁園春詞 ………………………………………… 408

冉德明詩 ………………………………………… 408

王重陽仙跡記 …………………………………… 408

李真人門下記 …………………………………… 408

清代陝西金石學著作十種

古文道德經 ……………………………………… 408

薛文曜重修宣聖廟記 …………………………… 409

陳大中墓塔銘 …………………………………… 409

重修文廟記 ……………………………………… 409

鍾都尉墓碑 ……………………………………… 409

甘澍之記 ………………………………………… 409

西鎮祀香碑 ……………………………………… 409

加聖號詔 ………………………………………… 410

張洵重修縣學講堂記 …………………………… 410

加封至聖文宣王碑 ……………………………… 410

加聖號詔跋 ……………………………………… 410

華嚴世界海圖 …………………………………… 410

修太白廟記 ……………………………………… 410

修太白廟助緣功德主名 ………………………… 410

藏御服碑 ………………………………………… 411

玉泉觀記 ………………………………………… 411

清凉院碑 ………………………………………… 411

郝巨卿墓碣 ……………………………………… 411

祀西嶽文 ………………………………………… 411

祀西鎮碑 ………………………………………… 411

贈安定郡伯蒙天祐新阡表 ……………………… 412

唐開元寺興致 …………………………………… 412

光國寺聖旨敕 …………………………………… 412

橫渠祠堂記 ……………………………………… 412

加封師真人敕 …………………………………… 413

重修香城院記 …………………………………… 413

泰寧宮包砌坤柔殿基記 ………………………… 413

祀西鎮吳嶽廟祝文 ……………………………… 414

王氏世德序 ……………………………………… 414

默庵記 …………………………………………… 414

西臺御史謙齋朵瓦忽都魯別題名記 …………… 414

孫德彧道行碑 …………………………………… 414

祀妙應真人記 …………………………………… 414

◎
目
錄

巙巙與王由義書 ·· 414

御香記 ·· 415

孔子廟制詞 ·· 415

贍學地畝及題名 ·· 415

重修宣聖廟記 ·· 415

馬嵬詩 ·· 415

奉元路重修廟學記 ·· 415

奉元二瑞之記 ·· 415

草堂寺詩 ·· 416

重修后土廟記 ·· 416

雷祥廟碑 ·· 416

重立泰寧宮記 ·· 416

王德成題名 ·· 416

修忠惠王廟碑并陰 ·· 416

修禹廟碑 ·· 417

郭鈞遣愛碑 ·· 417

義門王氏先塋碑 ·· 417

瓊公道行碑 ·· 417

官家石洞碑 ·· 417

東嶽廟碑 ·· 418

周公廟潤德泉記 ·· 418

渾忠武王感應碑 ·· 418

重修宣聖廟記並陰 ·· 418

移落星石題字 ·· 418

也先帖木兒殘碑 ·· 419

道德經 ·· 419

蔡孝子順墓碑 ·· 419

天冠山詩 ·· 419

關中金石記書後三首 ··· 420

附錄：關中金石記附記 ······································· 422

叙

余平生未嘗至關中，聞有所謂碑林者，末由見也。數十年前有人從長安來，叩之，則大率在榛莽中，雨淋日炙，不加葺治，甚且衆穢所容，幾難厠足，蓋未嘗不慨然興嘆也。鎮洋畢公前撫陝之二載，政通人和，爰以暇日訪古，至其地，顧而悚息。於是堂廡之傾圮者，亟令繕完；舊刻之陷於土中者，洗而出之；開成石經，多失其故第，復一一加以排比。於外周以闌楯，又爲門以限之，使有司掌其啓閉。廢墜之久，蘮然更新，儒林傳爲盛舉。及公之復蒞秦中也，乃并裒各郡邑前後所得金石刻，始於秦，訖於元，著爲《關中金石記》八卷。考證史傳，辨析點畫，以視洪、趙諸人，殆又過之。夫人苟趣目前，往往於先代所留遺不甚愛惜，而亦無以爲後來之地。儒生網羅放失，亦能使古人之精神相焕發，而或限於其力之所不能，必賴上之人寶護而表章之，以相推相衍於無窮，其視治效之僅及於一時者相什伯也。公之於政也，綽有餘力，故能百廢具興，即此亦其一也。自國朝以來，爲金石之學者多於前代，以余所知，若崑山顧氏炎武、秀水朱氏彝尊、嘉興曹氏溶、仁和倪氏濤、大興黃氏叔璥、襄城劉氏青芝、黃岡葉氏封、嘉興李氏光映、郃陽褚氏峻、錢塘丁氏敬、山陽吳氏玉搢、嘉定錢氏大昕、海鹽張氏燕昌，皆其選也。繼此者方未有艾，得公書而考之，庶幾古今人之精神命脈不至中絶也乎？

乾隆四十七年季冬，杭東里人盧文弨叙。

金石之學，與經史相表裏：側苗異本，任城辨於《公羊》；戛臭殊文，新安述於《魯論》。歐、趙、洪諸家，涉獵正史，是正尤多。蓋以竹帛之文，久而易壞；手鈔板刻，展轉失真；獨金石銘勒，出於千百載以前，猶見古人真面目，其文其事，信而有徵，故可寶也。關中爲三代、秦、漢、隋、唐都會之地，碑碣之富，甲於海內。巡撫畢公，以文學侍從之臣，膺分陝之任，三輔、漢中、上郡，皆按部所及；又嘗再領總督印，踰河隴，度伊凉，跋涉萬里，周爰咨詢。所得金石文字，起秦漢，訖于金元，凡七百九十七通，雍凉之奇秀萃于是矣。公又以政事之暇，鉤稽經史，決摘異同，條舉而件繫之。正六書偏旁，以糾冰英之謬；按《禹貢》古義，而求漢瀁之源。表河伯之故祠，紬道經之善本；以及三藏五燈之秘，七音九弄之根。偶舉一隅，都超凡諦。自非多學而識，何以臻此？在宋元豐中，北平田概嘗撰《京兆金石録》六卷，其書雖不傳，然陳氏《寶刻叢編》屢引之，揆其體例，僅紀撰書姓名年月，初無考證之益，且所録不過京兆一路，豈若斯記自關内、山南、河西、隴右，悉著於録，而且徵引之博，辨析之精，沿波而討源，推十以合一，雖曰嘗鼎一臠，而經史之實學寓焉。大昕於茲事，篤嗜有年，嘗恨見聞淺尠，讀公新製，如獲異珍。它日桉籍而求，以補藏弆之闕，則是編爲西道主人矣。

辛丑歲七月，錢大昕序。

關中金石記目次

卷第一　秦二，漢十三，魏二，晋一，秦一，北魏四，周三，隋十二。石三十五，瓦三

卷第二　唐六十九。金二，石六十七

卷第三　唐一百三

卷第四　唐一百七，梁二，後唐二，晋二，周一

卷第六　宋一百廿一。金二，石一百十九

卷第七　金五十五。金四，石五十一，附劉豫五

卷第八　元一百三。金三，石一百

計金十三，瓦三，石七百八十一，共七百九十七。以乾隆辛丑歲七月開雕，九月刻竟，沅并識。

卷　一

秦

繹山碑

李斯篆，在西安府學。

秦刻不傳，此即宋徐鉉所摹，淳化四年太常博士鄭文寶所刻，末有文寶跋。《史記》稱"始皇廿八年東行郡縣，上鄒嶧山立石"即此，"繹"記作"嶧"。金石刻因明白矣，作刻石因明白矣。中"動"作"勤"，從"童"，與《婁壽碑》"固不勤心"字同。又《校官碑》"董"，並《街彈碑》"以府承董"，察《古文尚書》"董之用威"，"董"皆作"蕫"。《檀弓》"鄰重汪踦"，注"重當爲童"。《張公神碑》"仙偅"即"仙童"，古"重"與"童"本通也。"戢"作"戎"，從"十"。"十"，古文"甲"字，"戎""早"等字因之。"伎"作"伎"，《説文解字》曰："伎，行水也，從攴、人[一]，水省[二]。"秦刻石作"汲"。今此作"伎"，蓋用水省之意，優於許，而與"汲"則不相合矣。"親巡"作"親軜"，《説文》又曰："親，至也。"軜車約軜，亦古字通也。又"強"作"强"，上變"口"；"專"作"專"，中變"田"；"建"作"聿"，下變"乚"；"數"作"數"；譌"串"爲"胄"；"襲"作"襲"；譌"皀"爲"毛"；"者"作"皆"，省右筆；"德"作"徳"，省中筆。此皆於六書之正不合，或是古本磨泐，鉉臨寫時以意增改，未可知。又"壹"作"壹"，"金"作"金"，"亂"作"乿"，"極"作"極"，"逆"作"逆"，此雖互異，猶未失籀篆之正者也。碑於明時中斷。

[一]"人"上，據《説文》原文，脱"從"字。

[二] 水省，按《説文》段注曰："《衛風》傳：'潃潃，流貌是也。作潃者，俗變也。'"據此，"攸"字亦寫作"潃"。"水省"即謂省去"氵"字邊。此則與畢沅所謂用"攸"代"汝"是"用水省"之意有異。

瓦當字

一曰衛，二曰蘭池宮當。《長安志》又有楚字瓦，云秦作六國宮室於咸陽北坂，用國號別之。考當時衛最後亡，此瓦應即其時造也。蘭池宮遺址，今亦在咸陽。

漢

漢中太守鄐君開石門道碑

永平六年刻，分書，在褒城北石門。

字徑三四寸，體界篆隸之間，甚方整，而長短廣狹不一，余所見漢人書，若諸城縣署內延光四年刻石，亦此類也。其文云："永平六年，漢中郡以詔書受廣漢、蜀郡、巴郡徒二千六百九十人，開通褒余道，太守鉅鹿鄐君，部掾治級王弘史、荀茂、張宇、韓岑弟其功作[一]，太守丞廣漢楊顯將相，囗始作橋格六百二十三[二]，囗大橋五[三]，爲道三百五十八里，郵亭驛置徒司空、褒中縣官等囗[四]，并六十四所，囗凡用功七十六萬六千九百囗囗[五]，瓦卅六萬九千八百。"共計一百二十四字。合之宋晏袤所云一百三十九字，共少十一字，當是所紀歲月也，袤文中似又有永平九年四月字樣，或此創始於六年，成於九年，後刻此石也。中"褒斜"作"余"，"橋閣"作"格"，並古字通。

【校勘】

[一] 其，今存拓本此處已漫漶，《萃編》卷五作"典"。

[二] 囗，拓本作"用"。

[三] 囗，《萃編》作"閣"。

[四] 等囗，《萃編》作"寺"。據張傳璽《釋"郵亭驛置徒司空、褒中縣官寺"》（《秦漢問題研究（增訂本）》，北京大學出版社，1995），此縣官寺指縣令理事、宿止之官署。"寺"是。

敦煌太守裴岑紀功碑

永和二年八月立，隸書，在鎮西府北關，關忠義廟。

岑，《漢書》無名，《西域傳》云，漢"自陽嘉以後，朝威稍損，諸國驕放，轉相侵伐。"蓋當時車師內附呼衍，每與爲難，中國屢發諸國兵討之，不利。岑爲太守，以本郡兵三千扞禦，能克敵全師，故自紀其功若此。

楊孟文石門頌

建和二年中冬立，隸書，在石門。

碑云"楊君厥，字孟文"，故《水經注》稱爲楊厥碑。考之《華陽國志》，則楊君名渙、字孟文也。洪适云：厥，實語助耳，非名。文內有云："高祖受命，興於漢中，道由子午，出散入秦。以子午塗路澀難，更隨圍谷，復通堂光。"説與《郙閣頌》"嘉念高帝之開石門元功不朽"云云合。出散入秦者，散關也。碑爲"漢中太守犍爲武陽王升"立，以"犍"爲"楗"，用古字[一]，《説文》無"楗"字。

【校勘】

[一] 用，叢書集成本作"引"。

蒼頡廟碑

隸書，在白水黃龍山廟內。

是碑圭首，上有穿，文甚磨泐，惟"蒼頡天生德于大聖四目靈光"數字可辯。其陰多"曹"字，蓋是當時人題名，如兵曹、冑曹、賊曹之類。兩側甚明晰，有永壽二年、延熹四年字樣。側又有記，"故有大聖之遺靈，以示來世之及"，下行因紀姓名等説，其云"萬年左鄉有秩""萬年北鄉有秩""蓮勺左鄉有秩""池陽左鄉有秩"者，則是是方民衆之有爵秩者。司馬彪《百官志》以爲三老、游徼、嗇夫之屬也。趙明誠以爲熹平中立，余案碑側已有永壽年號，則非熹平可知。

西嶽華山廟碑

此碑世有兩本，一爲商丘宋氏犖所藏，一爲華州王弘撰所藏，皆宋搨也。宋氏本雍正初姜任修摹刻于揚州，郭本今爲曲阜孔繼涑所刻，兩本字殘泐處悉同。世又有所謂全本，則不足信。

開西狹頌

建寧四年六月刻，隸書，在成縣。

文云：“漢陽阿陽李君諱翕，字伯都。”漢陽前漢爲天水郡，永平十七年更名。後有黃龍、嘉禾、白鹿、承露人、木連理五瑞圖，圖後云：“君昔在黽池，修看欵之道，致此瑞。”因其地異，故洪氏分爲二碑，實非也。看阪謂之“看欵”者，因《公羊傳》以爲“欵巖”故也，考《説文》亦謂之“岑崟”。諱翕，歐陽修以爲會，非。

造郙閣頌

建寧五年二月刻，隸書，在略陽。

此碑刊于崖上，自宋時已泐，今更甚。明申如塤翻本，惡劣不堪，兼多增改。好古者爲所惑亂，今特以洪文惠《隸釋》所載者辯之。序內“濤波滂沛”，“滂”誤作“滴”；“減西□□”，增作“減西潏□□”；“□□□”，增作“臣詰□□”；頌內“□□□□”，增作“上帝綏□愛民”；“如□□□平均”，增足“子遐邇”三字；“豐稔□□□□□樂”，增足“年登居民”四字；“□□□□兮川兑之間”，增作“曰析里之□川兑之間”；“□□□□□□以析分”，增作“西隴鼎峙兮東以析分”；“聖朝閔怜”，“怜”誤作“憐”；“氓艾究□兮幼□□□，□□校傾兮全育□遺”，改作“分苻杭攘兮乃命是君，□歷救傾兮全育□遺”；“黃邵朱龔兮蓋不□□，□□充贏兮百姓歡欣”，改作“拯溺亨屯兮瘡痍始起，閭閻充盈兮百姓歡欣”。豈有洪氏不能見其全，而今反明晰且顯？與洪氏兩異者，于以知明時人之誣妄若此。

碑後題“從史□□□□字漢德爲此頌”者，《隸續》云，《天井道碑題名》內有“仇靖字漢德”。“故吏下辨□□□子長書此頌”者，《天下碑録》云，仇子長名紼。撰書人著名自此始。《華山碑》有郭香察書，洪适以爲察人之書，非以香察爲名也。

司隸校尉楊淮碑

熹平二年二月立，隸書，在石門。

淮，孟文之玄孫，字伯邳。

郃陽令曹全紀功碑并陰

中平二年十月立，隸書，在郃陽。

《後漢書·西域傳》云："靈帝建寧元年，疏勒王與漢大都尉於獵中爲其季父和得所射殺，和得自立爲王。三年，涼州刺史孟佗遣從事任涉將敦煌兵五百人，與戊己司馬曹寬[一]、西域長史張晏，將焉耆、龜茲、車師前後部合三萬餘人討之，攻楨中城四十餘日，不能下，引去。其後疏勒王連相殺害，朝廷亦不能禁。"今碑云：和得殺父篡位，君興師征討，和得面縛歸死。傳無面縛歸死之文，此應從史，碑附會言之耳。所稱"和德"即"和得"，"得"與"德"通。"寬"亦即"全"，"全"與"寬"通也。

【校勘】

[一] 按"戊己"，漢代掌管西域屯田事務的官員。

仙人唐公房碑

年月並缺，隸書，在城固壻鄉。

《水經注》云，公房，城固人也。升仙之日，壻行未返，不得同階雲路，約以此川爲居，因號曰壻鄉，壻水亦即名焉。今案此碑，稱公房以王莽居攝二年與真人期于壻谷口山上，則是公房未升仙之日，其水與鄉已號曰壻矣，并無壻行未還之説，道元不知何所據也。

武都太守等題名殘碑

無號年，隸書，在華嶽廟。

右題名共七行，云"民故武都太守□□□躬曼節，故功曹司隸茂才、司空掾池陽郭旺公休，故功曹司空掾池陽吉華伯房，故功曹司空掾蓮勺田巴叔鸞，故功曹司空掾池陽吉充叔才，故功曹大尉掾頻陽游殷幼齊，故功曹大尉掾池口吉苗元裔”，一人爲一行也。首行下有“故督郵”三字，次行下有“故五”二字，三行下有“故”一字，稽其官制、地名，是漢時碑陰無疑。然考《隸釋》《隸續》及《金石》《集古》等録，並無此刻。乾隆四十四年修理嶽廟，五鳳樓下所出古碑殘石甚多，此爲稱最焉。

十三字殘碑

隸書，在郃陽。

今在郃陽康姓。《宰莘退食記》云，十三字碑向置《曹全碑》之旁，今亡矣。不知爲康姓移去耳。

瓦當字

右共十五種，並篆書。一曰延年益壽，二曰千秋萬歲，三曰長生未央，四曰長生無極，五口長樂未央，六曰與天無極，七曰億年無疆，八曰益壽存富，九曰都司空瓦，十曰宗正官當，十一曰右空，十二曰上林，十三曰上林農官，十四曰永奉無疆，十五曰長毋相忘。李好文《長安志圖説》載有七種，今無儲胥未央、萬壽無疆二種。而別出者又得九種，可見古物之未經前人見者猶多也。宗正官[一]，高帝七年二月置。

【校勘】

[一] 官，底本誤作“宫”，據上文改。按《漢書·高帝紀》七年二月，“置宗正官以序九族”。

魏

盪寇將軍李苞題名

景元四年十二月立，隸書，在石門中。

文云，景元四年十二月十日，盪寇將軍浮亭侯譙國李苞字孝章，將中軍兵石木工二千人，始通此閣道。“苞”字作“苞”。前有潘宗伯、韓仲元題名一行，亦隸書，其歲月莫可考，附置于此。

十八字殘碑

隸書，在郃陽。

今在郃陽屈姓，中有"黃初五"三字可辨。

晋

蘭亭序

永和九年三月，王羲之行書，在咸陽。

此即醴泉苟氏本，今爲咸陽人所有。後有董其昌跋，蓋明時所刻也。

秦

廣武將軍□産碑

建元二年十月立，分書，在宜君。

文有云"使持節冠軍將軍、益州刺史，上黨公之玄孫"，又云"建忠將軍、□□護軍、扶風太守、遷□匡侯之□子，諱産，字"，下缺，又有"與馮翊護軍"云云。皆未詳其事蹟。上有額作"立□山石祠"五字，又有陰刻部將姓名。

北魏

石門銘並序

永平二年己丑正月立，王遠撰文并正書，在石門中。

遠無書名，而碑字超逸可愛，又自歐趙以來不著録，尤可寶貴也。序文有云"此門爲漢永平中所開"，即指都君事言之。都君爲漢中太守，甚有功于民，而史志家皆不載其人，碑又遺其名字，余甚惜之。

曹續造象銘

大統五年二月立，隸書。

文云"見治富平令曹并邑子三十四人"，案其左方有造象人名，大概即邑子三十四人也，有一人亦並作一像。曹時封頻陽縣開國男。

造象殘刻

無號年，隸書，並在富平。

右刻與《曹續造象》制度略同，皆列魏姓人名一人，亦各爲一像。因無歲月可稽，附置于此。

松滋公元萇振興温泉頌

無年月，正書篆額，在臨潼靈泉觀。

碑額三十六字，字體奇詭，不知所自。云"魏使持節散騎常侍、都督雍州諸軍事、西安將軍、雍州刺史、松滋公河南元萇，振興温泉之頌"。萇于孝文時以代尹除懷朔鎮都大將，宣武時爲北中郎將，帶河内太守，歷侍中、雍州刺史，是碑所作當在宣武時也。《本傳》稱萇襲爵松滋侯，例降侯，賜艾陵伯。降侯爲伯在孝文大統十六年，是碑仍稱松滋者，當是尊崇其世爵，故不及其所降之爵也？亦俗情如此耶？

周

聖母寺四面象銘

保定四年九月立，正書，在蒲城東北鄉二十里。

豆盧恩碑

隸書，在咸陽洪瀆原。

碑無號年，以文内有保定元年之語，故附置于此。

華山神廟碑

天和二年十月立，萬紐于瑾撰文，趙文淵隸書，篆額，在華嶽廟。

《周書·唐瑾本傳》，瑾封姑臧縣子，進爵臨淄伯，論平江陵功進爵爲公。于志寧撰瑾碑，乃言封永昌子，不及姑臧。《周書》亦彼時所撰，何兩異耶？文稱"太師大冢宰晉國公"者，宇文護也。碑中"虞書"字作"㣚"，見《左傳》，《正義》云石經古文作"㣚"。"清歌"字作"哥"，見《説文》，云古文以爲"歌"字。惟"旆蒙"字作"旃"，則不解其義。"攸"字從"彳"作"彶"，"暇"字從"目"作"睱"，是時書體偏旁之謬類如此。

隋

佛座記

開皇四年九月立，正書，在西安府城北雷神廟。

淮安定公趙芬殘碑

開皇□年十二月立，正書，撰書人姓名缺，在西安府城東中兆村。

安喜公李使君碑

開皇十七年二月立，隸書，篆額，撰書人並缺，在乾州上官村。

使君凉武昭王之後，祖景超，父通逸，季父琰之。通逸官至使持節東南道都督、狄道縣開國子。官亦不卑，而名氏不見于史記，獨琰之《魏書》有傳，因知史家缺略爲多也。碑三截，字畫工好，使君名缺不詳。

海陵郡公賀若誼碑

號年缺，正書，無撰書人姓名，在興平縣學。

《隋書·本傳》，誼在魏，以功臣子賜爵容城縣男，遷直閣將軍、大都督、通直散騎常侍、尚食典御；在周，拜車騎大將軍、儀同三司、略陽公府長史，除司射大夫，封霸城縣子，轉左宮伯，加開府，歷靈、邵二州刺史，原、信二州總管，尋罷，復熊州刺史，遷洛州，封建威縣侯，進位大將軍，拜亳州總管，進封范陽郡公，授上大將軍；在隋，爲右武候將軍，河間王北征爲副元帥，轉左武候大將軍，免，拜華州刺史，轉敷州，改封海陵郡公，轉涇州，拜靈州，進位柱國。碑叙次往往與《本傳》合。誼之加開府在周閔帝受魏禪之後，碑云三年者，當是明帝武成三年。其治熊州在武帝時，碑云建德，年較傳更明晰。但不及坐兄敦及左武候後兩次免職事耳。碑文下半截殘闕。

清代陝西金石學著作十種

舍利塔銘額

仁壽元年十月立，隸書，在大荔。

今銘已失，只此額存，上有楊繼宗等題名。

唐高祖爲子祈疾疏

大業二年正月立，正書，無姓名，在鄠縣草堂寺。

高祖于隋歷譙、隴、岐三州刺史，大業中爲滎陽太守。此云鄭州刺史，當即是守滎陽時所造。

鷹揚郎將義城子梁羅墓志

大業四年八月立，正書，在西安府城南杜曲。

舍利塔銘

大業五年正月立，正書，在終南山。

文云"京兆府大興縣御肅鄉便子谷至相道場建立佛舍利塔"，御肅鄉即御宿川也，古"肅"與"宿"通。《祭統》"宮宰宿夫人"，注"宿"讀爲"肅"；《少牢饋食禮》"前宿一日宿戒尸"，注"宿"讀爲"肅"；《特牲饋食禮》"乃宿尸"，注"宿"讀爲"肅"。古文"宿"皆作"羞"，凡"宿"或作"速"，記作"肅"，《周禮》亦作"宿"。案"肅"與"宿"通，"宿"又與"羞"通，然則漢時所謂御羞苑者，義與御宿亦同矣。便子谷當即梗梓谷。

常醜奴墓志

正書，在興平學。

碑方尺餘，字甚精整。

正草二體千字文

智永書，在西安府學。

此碑乃宋大觀己丑二月所刻者，後有薛嗣昌跋。石漸磨泐，余家有宋拓本，爲義門何焯所藏，甚可寶也。

李衛公上金天王書

無號年，行書，在華嶽廟内。

此碑乃後世好事者所刻，就文義觀之，應是衛公未遇時所爲。考《唐書·本傳》，靖初仕隋爲殿内直長，大業末遷馬邑丞，故附置于此。

寶慶寺瓦頭

右爲“長安寶慶寺”五字，寺字居中，篆書，在咸寧花塔寺。

清代陝西金石學著作十種

卷 二

宗聖觀記

武德九年二月立，歐陽詢撰序并隸書，陳叔達撰銘，在盩厔樓觀。

是碑末有"中統元黓閹茂之歲，命工鏤剔"行，是元時已經開鐫。信本楷正，名高千古，其隸書如《房彥謙神道》，今已失傳[一]，藉此碑存，猶足見其遺範。然又爲後人所剷壞，殊屬可惜。

【校勘】

[一] 按此碑今未失傳。房彥謙墓在山東省濟南市歷城區彩石鄉東北的趙山之陽，墓前有房彥謙碑，高三米，篆額題"唐故徐州都督房公碑"，李百藥撰文，歐陽詢八分書。

孔子廟堂碑

武德九年十二月立，虞世南正書，長安三年四月相王旦篆額，在西安府學。

碑舊無額，至武后時始命相王書之，額本作"大周孔子廟堂之碑"八字，文宗朝爲祭酒馮審琢去。黃庭堅云："碑末有'長安三年太歲癸卯金四月壬辰水朔八日己亥木書額'行，亦相王所書。又有'朝議郎、行左豹衛長史、直鳳閣鍾紹京奉相王教搨勒碑額，雍州萬年縣光宅鐫字'行。"庭堅云者，因此數行宋時已無之，亦當爲審所琢。彥超翻本，更不復用武周舊樣也。彥超以周恭帝時加檢校太師，宋初兼中書令，太平興國中封邠國公。此題云"檢校太師兼中書令、琅邪郡開國公"者，當是宋初所刊，琅邪郡公猶是周時爵號也。

寶室寺鐘銘

貞觀三年蕤賓月造，正書，在鄜州。

略云："鄜州寶室寺，以大唐貞觀三年攝提在歲蕤賓御律景丁統日己巳司辰，用銅三千斤，鑄鐘一口，大鐘主趙夷杜茂，大鐘主上大將軍張神安。"文詞清綺，字法工雅，非唐初人不能爲之。昔趙德父《集録》始懷州寧照寺鐘，係景龍三年，此足與之較勝矣。

邕禪師舍利塔銘

貞觀五年十一月立，李伯藥撰文[一]，歐陽詢正書，在終南山。

【校勘】
[一] 伯，通"百"。

九成宮醴泉銘

貞觀六年四月立，魏徵撰文，歐陽詢正書并篆額，在麟遊。

《唐書·地理志》："本隋仁壽宮，義寧元年廢，貞觀五年復置，更名。周垣一千八百步，并置禁苑及武庫、官寺等焉。"[一]

【校勘】
[一] 按此段文字兩《唐書·地理志》未見，實出顧炎武《歷代帝王宅京記》。

右僕射虞公温彦博碑

貞觀十一年十月立，岑文本撰文，歐陽詢正書，篆額，在醴泉烟霞洞。

彦博以貞觀四年封虞國公，十年遷尚書右僕射。

昭仁寺碑

貞觀四年十月立，朱子奢撰文，正書，篆額，無姓名，在長武。

此碑不載書人，宋張重威謂是虞世南書，今案筆蹟與《李衛公神道》同，疑是王知敬書。

睦州刺史張琮碑

貞觀十三年二月立，于志寧撰文，正書，姓名缺，在長安北原。

案碑，撰書人姓名並缺，其撰人但有"庶子黎陽公"五字可辨，考志寧當時正官太子右庶子，封黎陽郡開國公，故定爲志寧所撰。文云祖母李，景皇帝

清代陝西金石學著作十種

之女。贈信都大長公主，蓋是定國後追贈之人，故史不及之。

左屯衛將軍姜行本勒石之紀文

貞觀十四年閏六月立，正書，在鎮西府松樹塘。

此即太宗詔伐高昌麴文泰事也，《唐書·高昌傳》稱侯君集爲交河道大總管，薛萬均、薩孤吳仁副之，契苾何力爲葱山道副大總管，牛進達爲行軍總管，率突厥契苾騎數萬討之。據此云“□孤吳仁領右軍十五萬，牛進達領兵十五萬”，與史言相合。中叙君集封陳國公，行本封通川縣男，史俱不及。《行本傳》云：“高昌之役爲行軍副總管，出伊川，距柳谷百里，依山攻械其地，有漢班超紀功碑，行本磨去古刻，更刊頌，陳國威靈。”應即是碑也。文後有“瓜州司法參軍河内司馬太真詞”具行[一]，當爲撰文人姓名。

【校勘】

[一] 真，據《全唐文》卷一六二所收，當作“貞”。

襃國公段志玄碑

貞觀十六年立，正書，篆額，在醴泉儀門村。

《寶刻叢編》云，志玄碑無書撰人姓名。

《唐書·本傳》云志玄臨淄人，此作鄒平；傳云謚忠肅，此作忠壯。

申文獻公高士廉塋兆記

許敬宗撰文，趙模正書，在醴泉劉洞村。

案，《集古録》以爲貞觀二十一年立，趙模即太宗命書《蘭亭序》者，字畫甚工。

故國子祭酒孔穎達碑

貞觀二十六年立[一]，于志寧撰文，正書，篆額，無姓名，在醴泉西谷村。

案《金石録》，世傳虞世南書。據碑文，穎達卒時，世南之亡久矣，蓋規模永興者也。

[一] 按貞觀無二十六年，此當襲《金石文字記》之誤，當從《集古錄》《石墨鐫華》作二十二年。

皇甫誕碑

貞觀中追建，于志寧撰文，歐陽詢正書，在西安府學。

碑文多與史不合。《隋書·本傳》，誕字元慮，安定烏氏人；碑則云字元憲，安定朝那人。《本傳》，高祖受禪，爲兵部侍郎，出爲魯州刺史；碑則云授廣州長史、益州總管府司法，無兵部及魯州兩節。《本傳》叙遷治書侍御史，後爲河南道大使，還判大理少卿，明年遷尚書右丞，以母憂去職，起轉尚書左丞；碑則云遷治書侍御史，授大理少卿、尚書右丞，丁母憂，起復，詔持節爲河北河南道安撫大使，入爲尚書左丞。此並當以碑爲正。碑，子民部尚書、滑國公無逸追建。

褚亮碑

八分書，篆額，在醴泉西谷村。

《昭陵石刻記》云，碑與《馬周碑》如出一手，當是殷仲容書也。亮，遂良之父，貞觀中封陽翟侯。碑無號年，因其卒于貞觀時，故附置于此。

太尉梁文昭公房玄齡碑

號年缺，褚遂良正書，篆額，無姓名，在醴泉烟霞洞。

芮定公碑

永徽元年六月立，李義府撰文，正書，無姓名，在醴泉西谷村。

芮定公者，豆盧寬也。《唐書·欽望傳》，祖寬，高祖初擢殿中監。子懷讓，尚萬春公主。貞觀中遷禮部尚書、左衛大將軍、芮國公，卒贈特進、并州都督，謚曰定。此碑額題曰“唐故特進芮國公”，與史所稱正合。文甚泐，趙氏《金石目錄》以爲義府所撰，當無誤也。

豆盧氏，本慕容之後，有名萇者，於魏封北地王，始賜此姓。《元和姓纂》云，慕容連，北地王之後。[一]

清代陝西金石學著作十種

【校勘】

〔一〕按此段考證舛訛甚多，詳見點校前言。

三藏聖教序

永徽四年十月立，太宗撰文，褚遂良正書并隸額。

劉軻撰《三藏大遍覺塔銘》曰：“貞觀廿年秋七月，法師進新譯經論，請制經序。序成，神筆自寫，太宗居慶福殿，百寮陪位，坐法師，命上官儀讀之。”即此序。

三藏聖教序記

永徽四年十二月立，高宗撰文，褚遂良正書并篆額，並在咸寧慈恩寺。

劉軻撰《三藏大遍覺塔銘》曰：“貞觀廿二年夏，天皇大帝居春宮，又制《述聖記》及《菩薩藏經後序》〔一〕。”據此，則高宗所作又有藏經序也。手答稱所作論序鄙拙尤繁，以此今序不傳。

【校勘】

〔一〕菩，底本作“普”，據此碑今存拓本改。全書“菩薩”之“菩”均訛作“普”，以下徑改，不再出校。

萬年宮銘

永徽五年五月立，高宗御製並正書，篆額，在麟遊。

《唐書·地理志》：九成宮，永徽三年改曰萬年宮，乾封二年復曰九成。

碑陰題名

此刻上下分二層，字兼行楷，大小亦不一。《册府元龜》曰：“永徽五年五月，制《萬年宮銘》，刻石于永光門外。仍令中書、門下及文武三品以上并學士自書名位于碑陰刻之。”《金石録》等書並作六年，非是。

定公韓良碑

永徽六年三月立，于志寧撰文，王行滿正書，篆額，在富平縣學。

良，韓瑗之父。《唐書》作仲良，蓋碑舉其名，而傳及其字也。官終刑部尚書、秦州都督府長史、潁川縣公。

贈太常卿汾陰縣公薛收碑

永徽六年八月立，于志寧撰文，正書，篆額，姓氏缺，在醴泉儀門村。

《唐書·本傳》云永徽中贈太常卿，不及贈謐，可以補史之缺。

崔敦禮碑

于志寧撰文，于立政正書，在醴泉西谷村。

案《集古録》，顯慶元年十月立。《庚子銷夏記》作王知敬書，誤。

化度寺僧海禪師方墳記

顯慶二年四月立，正書，在長安百塔寺。

塔在信行禪師塔之次。

禮部尚書張胤碑

顯慶三年三月立，正書，篆額，在醴泉西谷村。

文云"故金紫光禄大夫張胤"，以《唐書·儒學傳》考之，當即是張後胤。《復齊碑録》云李義府撰文[一]。

【校勘】

[一]"齊"，通"齋"，是書爲宋王厚之所著，復齋爲其號。

衛景武公李靖碑

顯慶三年五月立，許敬宗撰文，王知敬正書，在醴泉劉洞村。

王居士磚塔銘

顯慶三年十月立，上官靈芝撰文，敬客正書，在終南山。

鄂國公尉遲恭碑

許敬宗撰文，正書，篆額，在醴泉小陽村北。

案《集古録》，顯慶四年三月立。

蘭陵長公主碑

顯慶四年十月立，李義府撰文，正書，額同，在醴泉下古村。

《新書·本傳》謂："公主名淑，字麗貞，下嫁竇懷悊。懷悊，太穆皇后之族子。"考之碑，則云太穆皇后之孫。《宰相世系表》在第五格，爲后父毅之玄孫，三者皆不合。若從碑則族子，亦無稱孫之理；或是族子之子，爲族孫，於后爲族祖姑與？[一]

【校勘】

[一] 按，關於史書和碑文記載懷悊是太穆皇后孫或族子的矛盾之處，《萃編》卷五二做了詳細辨證，認爲前人所謂矛盾是斷句有誤所致："'太穆皇后之孫'直貫下文'德素之子'爲一句，謂德素是太穆皇后之孫，懷悊是德素之子，方與《表》合也。"

夫人程氏塔銘

顯慶四年立，正書，在西安府城南。

碑石失去一角，云夫人程氏塔銘者，蓋俗家夫婦用浮屠法安厝者也。

冠軍大將軍代州都督許洛仁碑

龍朔二年十一月立，撰書人姓名缺，在醴泉儀門村。

洛仁，世緒弟也。《唐書》附見《世緒傳》末。洛仁字濟，祖諱彪，齊武川鎮將，襲爵寧國郡公[一]。父諱□，梁州刺史、□夏縣開國公[二]。傳不及之，詳此碑。

【校勘】

[一] 郡，今存此碑作"縣"。
[二] □，今存此碑作"江"。

三藏聖教序記

龍朔三年五月立，褚遂良正書，在同州府學。

遂良以顯慶三年卒，在龍朔前，應是前所書，龍朔時始刻于此也。

道因法師碑

龍朔三年十月立，李儼撰文，歐陽通正書并題額，在西安府學。

此碑題額上書三菩薩名字，與碑文大小略同，審之亦通筆也，前人並未録過。

杜君綽碑

高正臣正書，在醴泉。

案碑文有"龍朔□年"字，知高宗時立。

騎都尉李文墓志

麟德元年二月立，正書，在同州。

于志寧碑

乾封元年十一月立，令狐德棻撰文，子立政正書，在三原長坳鄉。

文云"大業十年爲清河縣長"，《唐書·列傳》以爲冠氏；又不及自中書侍郎遷兵部、授蒲州刺史不赴、後爲衛尉卿判太常卿、以本官兼雍州別駕、遷禮部尚書諸事，此當以碑補正史書者也。

紀國先妃陸氏碑

正書，篆額，在醴泉西屯村。

案妃，河南洛陽人，父爽，尚書庫部、兵部二曹郎中。以貞觀十七年册爲紀王妃，麟德二年六月薨，詔陪葬昭陵，以乾封元年十二月葬于陵南二十二里。紀昭陵陪葬者及《金石文字》諸書皆未載。

道安禪師塔記

總章三年二月立，正書，在長安百塔寺。

淄川公李孝同神道碑

咸亨元年五月立，諸葛思禎正書，在三原。

孝同，淮安王神通之子。

張阿難碑

咸亨二年九月立，僧普□正書[一]，篆額，在醴泉西谷村。

案，碑書"咸亨"爲"咸亨"者，古"亨""享"字同也，如漢《劉熊碑》"子孫亨之"，《張公神碑》"元亨利貞"，並是。後人畫爲兩字者，非。

【校勘】

[一] □，《昭陵碑石》作"昌"。

高唐縣公馬周碑

上元元年十月立，許敬宗撰文，殷仲容隸書，篆額，在醴泉下古村。

周以貞觀五年爲中郎將，常何薦，令直門下省修起居注。六年，拜監察御史，擢給事中。八年，行侍御史，加員外散騎侍郎。十二年，轉中書舍人。十五年，遷治書侍御史，兼知諫議大夫、檢校晉王府長史。十七年，拜中書侍郎，兼太子右庶子。十八年，爲中書令。二十年，以本官攝吏部尚書。明年，晉銀青光禄大夫。二十二年正月九日《太宗本紀》作庚寅薨，贈幽州都督。即以其年三月，詔陪葬昭陵。高宗永徽二年，加贈尚書右僕射、高唐縣開國公。二史叙次官爵略同，唯八年加員外散騎侍郎則缺者也。以"治"爲"持"，避高宗諱改。

阿史那忠碑

正書，篆額，在醴泉西谷村。

案《集古録》作上元二年，《金石録》作咸亨四年。《元和姓纂》云阿史那氏開元中改爲史，《唐書·列傳》云忠尚宗室女定襄縣主，詔姓獨著史。碑建于高宗時，並不言改姓，《唐書》誤也，《姓纂》爲是。

贈太尉揚州大都督英貞武公李勣碑

儀鳳二年十月立，高宗御製並行書，在醴泉劉洞村。

此碑爲高宗行書，惟碑題下"御製御書"四字，及後儀鳳年月字則正書，陰有宋游師雄跋。

碑叙次與《本傳》略同，惟討劉武周一節，傳不及之耳。中稱王世充爲王充，竇建德爲竇德，因避太宗偏諱，牽連及之也。勘薨于總章二年，春秋七十有六，傳云八十六者非。起冢准衛霍故事，象烏德鞬山及陰山鐵山，以旌破北狄東夷之功。游師雄云，墳高七十五尺，東西綿延七十五步，周圍二百步。碑高二丈二尺，廣五尺八寸五分，鼇坐甚偉。

晋州刺史順義公神道碑

號年缺，正書，篆額，在醴泉。

順義公，不詳其人，據《京兆金石録》以爲即《裴藝碑》，亦褚遂良所書，因附置于此。

姜遐碑

姪郇公晞撰文并正書。

遐，姜暮之孫，行本之子。史附見其兄簡傳，但云“簡弟柔遠，則天時仕至左鷹揚衛將軍、通事舍人内供俸”而已。晞即簡之子也，晞代簡襲行本爵，爲郇國公。遐之子名皎。諸書但詳行本陪葬昭陵，而不及遐。考昭陵陪葬例，子孫願從祖父葬者，聽。遐以丁内憂起復，不餘年而即卒，當是從父葬于昭陵，本不得與陪葬者同例也。

王君碑

正書，並在醴泉莊河村。

文云“右監門將軍王君”，又云“武德九年授内侍，貞觀四年遷右監門將軍，進爵爲公，加正議大夫”，又云“吐谷渾據龍沙”，又云“出使吐蕃”，又云“二十二年遷使持節”，其人蓋以宦官而與李衛公同征吐谷渾者也，碑缺其名，此唐時宦寺封公侯之始。

述聖紀

文明元年八月立，武后撰文，中宗正書，在乾州乾陵。

碑折爲數段，今存兩截。

美原神泉詩

垂拱四年四月立，尹元凱篆書，在富平美原鎮。

右詩刻面陰皆有文，面額題云"美原神泉詩序"六字，隸書。文首行題云"五言夏日游神泉序"，序爲太原縣尉韋元旦字烜作，序後詩二首，一爲主簿賈言淑，一亡姓名，詩皆六韵。陰額題云"大唐裕明子書"六字，亦篆書。文首行題云"五言同韋子游神泉詩并序"，序爲雲陽主簿明臺子徐彦伯字光作，序後詩三首，一爲裕明子河間尹元凱字緘，一爲左司郎中温翁念字敬祖，一爲天官員外郎李鵬字至遠，詩亦六韵。垂拱四年戊子四月造。趙德父以四年作元年者，非。韋元旦，史稱其兩爲縣尉，一爲東阿，一爲感義，而不及太原尹。元凱，史稱爲瀛州樂壽人，而碑云河間。《地理志》云深州有樂壽縣，本隸瀛州，大曆中來屬。則其時樂壽猶屬瀛州也，又河間亦屬瀛州。元旦等，史或不著其字，並詳此碑。

澤王府主簿梁師暕并夫人唐氏惠兒墓志銘

垂拱四年十一月立，四品孫義陽朱賓撰文，五品孫滎陽鄭莊正書，在終南山梗梓谷。

左領軍衛將軍乙速孤神慶碑

載初二年二月立，苗神客撰文，釋行滿正書，篆額，在醴泉叱干村。

神慶字昭祐，本姓王氏，五代祖顯，魏時爲驃騎大將軍，賜姓乙速孤，居京兆之醴泉。行儼即其子也，兩墓相去不十餘步，二碑並峙。

珍州榮德縣丞梁師亮墓志

萬歲通天二年三月立，正書，無撰書人姓名，在長安百塔寺。

思亮字永徽[一]，安定烏氏人。起家左春坊別教醫生，以突厥入寇轉粟功，授上柱國；修乾陵，補隱陵署丞，謫授榮德縣丞卒。生平無甚著聞，可見者如斯而已。書者筆迹工整，猶有歐虞遺法。文中多用武后新字，鄭樵《六書略》所載爲板本所亂，以此與契苾明等碑考之，庶得其正云。

【校勘】

[一]"思"，爲"師"之音近而訛。

明堂令于大猷碑

聖曆三年十一月立，正書，撰書人姓名並缺，在三原長坳鄉。

其略云："公諱大猷，字徽本。曾祖宣道，隋內史舍人、左衛率、誠安縣開國子，皇朝贈使持節都督涼肅甘瓜沙五州諸軍事、涼州刺史，諡曰獻。祖志寧，禮部尚書、侍中、尚書左僕射、太子太傅、太師、上柱國、燕國公、贈使持節都督幽易媯檀平□六州刺史[一]、幽州刺史，諡曰定。父立政，尚書吏部郎中、國子司業、太子率更令、渠虢二州刺史、太僕少卿、上護軍。"考《唐書‧于志寧傳》載志寧官爵頗詳，於封燕國公後加尚書右僕射、同中書門下三品兼太子少師，顯慶四年解僕射，拜太子太師，出爲榮州刺史，改華州，卒贈幽州都督。與碑不甚相合，宣道贈官與諡亦不及之，此並可補正史書缺誤。

【校勘】

[一]□，据《唐方鎮年表》卷四，幽州節度使領幽、易、平、檀、媯、燕六州，此當爲"燕"字。

順陵殘碑

長安二年正月立，武三思撰文，相王旦正書，在咸陽。

此武后追尊其母楊氏之碑也，今止存三塊，得百餘字，一在縣署，一在縣學，一在北原。

王璿造象銘

長安三年七月立，王無惑正書。

高延貴造像銘

長安三年七月立，正書。

姚元之造像銘

長安三年九月立，正書。

元之時爲鳳閣侍郎，與史傳合。

李承嗣造像銘

長安三年九月立，正書。

文云“李承嗣爲尊親造阿彌陁像一鋪”，唐時造像皆稱一軀，唯此與岱嶽觀馬元貞所造元始天尊像作鋪。又，“軀”或作“傴”，以此爲異。

韋均造像記

長安三年九月立，正書。

蕭元睿造像記[一]

長安三年九月立，正書。

【校勘】

[一] 睿，《雍州金石記》作“睿”。

梁義深等造像銘

無號年，正書。

右共九人，梁義深、李善才、楊敬法、杜懷敬、張光泰[一]、林招隱、馬玄收、蘇仁義、趙元志，皆内官，亦應是長安時人，故附于此。

【校勘】

[一] 光，北圖拓本作“元”。

姚元景光宅寺造像銘

無年月，正書。以上並在西安府花塔寺。

法門寺千佛像碑

無年月，在扶風。

碑面作千佛，共二十五行，行四十象，有額，額中作釋迦坐象，旁二大士侍立，不詳何時所造。其陰及兩側書《涅槃經》，内"日""月"字作"⊘""卐"，疑是武后時製，故附置于此。

王三娘壙記

神龍二年二月立，正書，在西安府城南。

比丘尼法琬碑

景龍三年五月立，釋承遠撰文，劉欽旦正書，在西安府學。

碑稱："高祖景皇帝，曾祖故鄭王亮，謚曰孝。祖神□，荆揚并三州刺史大都督[一]、襄邑王，謚曰恭。父德懋，少府監、宗正卿、兵部尚書、臨川公，謚曰孝。"以《唐書》考之，祖名神符也。德懋爲刑部尚書，碑云兵部者異。

【校勘】

[一] 刺史，據《全唐文》卷九一三《大唐□□寺故比丘尼法琬法師碑文》、《雍州金石記》卷四、《萃編》卷六八等所録此碑，二字當衍。

許公蘇瓌神道碑

景雲元年十月立，盧藏用撰序，并隸書，張説撰銘，在武功。

碑文與《唐書·本傳》並合，惟神龍初爲尚書右丞，後曾封懷縣男，碑不及之耳。

蕭思亮墓志

景雲二年二月立，顏惟貞撰文，正書，篆蓋，在咸寧神禾原。

案顏惟貞，魯公父，從舅氏殷仲容授筆法，此志疑即其所書也。唐時墓誌篆蓋皆缺，此獨存。

景龍觀鐘銘

景雲二年九月造，睿宗撰文，並正書，在西安府迎祥觀。

馮本紀孝之碑

先天元年十一月立，周朝隱撰文，子敦直隸書，篆額，在高陵縣城西。

右碑中斷，金石家以上截作亳州録事參軍殘碑，下截作紀孝碑者，非是。

凉國契苾明碑

先天元年十二月立，婁師德撰文，殷玄祚正書，篆額，在咸陽。

明，契苾何力之子也，碑作河力。唐時單于稱可汗，其次謂之特勤，柳公權《神策軍碑》所謂大特勤啒没斯者是也。又或作敕勤，亦謂之特勒。今此作勤，與柳書同。字形相近，必有一誤。案《北魏書》有宿勤明達，《北史》作宿勒，其誤與此同。

卷 三

唐

馮十一娘墓志

開元三年四月立，正書，篆額，在寶雞縣丞署。

案，額云"唐故馮氏婦墓誌之銘"，題云："唐將作監主簿孟友直女墓誌，十一娘，字心，河間人也。年十九適馮貞祐，明年終于洋州興道縣廨舍，留葬陳倉縣之興平原。父母爲之立志。"其略如是。此石以乾隆己卯年出土，從前金石家所未著録者。

法藏禪師塔銘

開元四年五月立，田休光撰，正書，在長安終南山。

兗州都督于知微碑

開元七年六月立，姚崇撰文，正書，在三原。

祁國昭宣公王仁皎神道碑

號年缺，張説撰文，明皇隸書，額正書"御書"二字，在同州羌白鎮。

《舊唐書·仁皎本傳》，仁皎以開元七年卒，令張説爲其碑文，玄宗親書石焉。考兩書《本傳》，所載並合。惟擢將作大匠，後轉太僕正卿，《新書》不及之耳。碑自歐趙至今，從未著録。

贈秦州都督李昭公神道碑

開元八年六月立，李邕撰文并行書，在蒲城橋陵。

俗名《雲麾將軍碑》，與今在順天府中者自是二物，此名思訓，順天府廡中者名琇，並是北海書。趙崡曰，朱秉器謂良鄉亦有此碑即順天府廡本，此爲趙文敏臨書。崡謂此是思訓葬處，乃北海真蹟，非文敏所能。良鄉本肥媚，文敏書無疑，朱、趙漫不置考，瞽斷可笑。今琇碑已爲柱礎，不知何時自良鄉移置府廡，思訓碑下截亦爲村人所鑿，磨泐不可辨矣。

華嶽精享昭應之碑

開元八年立，咸廙撰文，劉升隸書，李休光題額，在華嶽廟。

李休光，舊作光休，誤。蘇頲以是年正月罷相，爲禮部尚書，碑云“舊相尚書許國公”，與史正合。升，史作昇，有傳。

鎮軍大將軍吳文碑

開元九年十月立，撰人缺，釋大雅集晉王羲之行書，在西安府學。

明萬曆末浚西安府城濠，得此碑于土中，移之于學，止存半截，故俗稱爲半截碑。文以“鎮軍大將軍、行右監門衛將軍”，則是唐時一內官也。文中“神龍三年”下有所謂“唐元年”者，應是“唐隆元年”，避玄宗諱，去一字耳。

御史臺精舍記并題名

開元十一年立，崔湜撰文，梁昇卿隸書，在西安府學。

碑爲昇卿追書，題名內有“天寶元載”云云，考天寶三年始改年爲載，題名非一時所爲，當亦因追書致誤。

題名有三格，其上格爲侍御史，中爲殿中侍御史，下爲監察御史。侍御史時謂之臺院，殿中侍御史謂之殿院，監察御史謂之監院，唐時所稱三院者是也。

《後漢書·包咸傳》稱：“咸住東海，立精舍講授。”然則精舍乃講授之地，以爲佛寺廬舍，始于五臣注《任彥昇表》，湜蓋本之。

京兆總監茹守福墓志

開元十一年八月立，正書，在咸寧香積寺。

池州刺史馮仁□碑

開元十一年十一月立，崔尚撰文，郭謙光隸書，篆額，在咸陽長陵西。

仁□，道士馮道力父也。道力與劉成祖占玄宗當受命，潛布欵誠。開元中，道力拜銀青光祿大夫、冀國公，而又拜其父朝散大夫、使持節池州刺史。文中稱"意得玄珠，謀參黃石；同心戴舜，以爲天子"，即指其事也。考道力以開元十年坐姜皎事配流雷州，蓋後一年始立此碑。是時詔百官不得與卜祝之人往來，而猶有人爲伊父立碑者，何耶？謙光，即書《韋維神道》之人。

高福墓志

開元十二年正月立，孫季良撰文，正書，在咸寧農家。

福字延福，武后時中人。初爲奚官局丞，轉局令，再轉宮闈局令，兼内謁者監。以養子力士貴，拜中大夫、守内侍、上柱國。《新書·力士傳》云："力士，馮盎曾孫，中人高延福養爲己子，因冒其姓。"又云："力士幼與母麥相失，後嶺南節度使得之隴州。帝爲封越國夫人，而追贈其父廣州大都督。延福與妻，侍養亦與麥均。"《舊書》云："力士義父高延福，夫妻正授供奉。"與碑稱仿佛皆合。力士以誅蕭岑功，拜右監門衛將軍，碑云大將軍，蓋史是。唐制，左右監門衛大將軍，正三品；將軍，從三品。力士之封大將軍在天寶初，此時未得稱此也。中官以内侍爲最貴，内侍拜將軍，自開元以前無之。《唐六典》云："中官之貴，極于内侍，若有殊勳懋績，則有拜大將軍者，然仍兼本職。"《六典》作于是時，殆即因此等事言之耳。季良名翌，以字行。《會要》稱季良以校書郎爲集賢院直學士，考集賢院即麗正殿，爲開元十三年改名，是碑題云"麗正殿修撰孫翌季良"，是在院名未改之前可知。

此碑向在農家，幾爲柱礎者數矣。乾隆辛丑五月，余以二萬錢購得之，今移置于靈岩山館。

香積寺主净業法師塔銘

開元十二年六月立，畢彦雄撰文，正書，無姓名，在長安香積寺。

虢國公楊花臺銘、楊將軍新莊像銘

開元十二年十月立，申屠液撰文，正書，在咸寧花塔寺。

虢國公者，楊思勗也。思勗以開元十二年平覃行章，進輔國大將軍，封虢國公。像即其時造也。是銘爲二石，前石有序無銘，自廿二行乃爲銘曰，以後但署撰人姓名，而無歲月。後石有銘無序，自十七行以後記開元歲月，而無撰人。二石實是一物，舊分爲二者，誤也。

【校勘】

[一] 楊，《雍州金石記》作"揚"。

涼國長公主神道碑

開元十二年十一月立，蘇頲撰文，明皇隸書，在橋陵。

公主字華莊，始嫁薛伯陽，伯陽坐父稷流嶺表，改嫁溫彥博曾孫曦。史于《公主傳》但及伯陽，于《溫彥博傳》不言改嫁，碑則全諱薛事，蓋是時薛已配流自殺矣。

明皇華山銘殘字

開元十二年十一月立，明皇撰文并隸書，在華嶽廟。

今只存"駕如""陽孕"四字，"駕如"者，"仙駕如聞"句也；"陽孕"者，"陰陽孕育"句也。碑爲黃巢所煨，故自歐趙以來不著録。

乙速孤行儼碑

開元十三年二月立，劉憲撰文，白義晊隸書并篆額，在醴泉叱干村。

行儼，神慶之子，于高宗時爲普濟府左果毅，垂拱初爲黃城府左果毅。《新唐書·地理志》不載二府名，未詳所屬。碑稱顯慶爲明慶，避中宗諱改。

鄎國長公主神道碑

開元十三年四月立，張説撰文，明皇隸書，在橋陵。

公主，睿宗第八女，碑云第七者，以安興昭懷蚤死故也。公主崔貴妃所生，始嫁薛儆，又嫁鄭孝義，前有子四，後有子三，碑皆不諱。今碑殘缺，文載《唐文粹》甚詳，大概皆與史合。惟言食邑一千二百户爲稍異耳，亦無足重輕也。

文有云"帝唐降女，天乙歸妹"，用《易》"帝乙歸妹"文也。天乙者，湯之字，京房載湯嫁妹之辭曰："無以天子之尊而乘諸侯，無以天子之富而驕諸侯；陰之從陽，女之順夫，本天地之義也。""往事爾夫，必以禮義"者，即指其事。後世或以帝乙作紂父帝乙者，非。案王伯厚云，子夏傳《易》，荀爽對策，並以帝乙爲湯，不云紂父，知古訓同。

述聖頌

開元十三年六月立，達奚珣撰序，吕向撰頌并正書，在華嶽廟。

頌以述聖名者，以玄宗有《西嶽碑銘》，因述而頌之也。玄宗《銘》曰："十有二載，孟冬之月，步自京邑，幸于洛師，停鑾廟下。"以《唐·本紀》考之，即十二年十一月庚午如東都事。碑云孟冬，史云十一月，微有異。《向本傳》叙向以開元十年召入翰林院，兼集賢院校理，擢左拾遺，進左補闕。帝爲文勒石西嶽，詔向爲鐫勒，使以起居舍人從東巡。玄宗之封太山，在十三年十一月。案孫逖有《春初送吕補闕往西嶽勒碑》詩，是向以是年春奉命華山後，即從往太山矣。考《會要》，華嶽碑十三年七月七日成，則向之進起居舍人，即以鐫勒功而從太山，在七月後更可知。又《向本傳》不及向爲集賢殿直學士，《趙冬曦傳》云冬曦與秘書少監賀知章、校書郎孫季良、大理評事咸廙業入集賢院修撰，是時翰林供奉吕向爲校理，踰年，並爲直學士。此史家互見之例，非缺略也。但云踰年並爲直學士，而集賢院即以十三年改名，此碑立于十三年六月，則向之爲直學士獨未踰年矣。珣後由御史爲河南尹，從祿山爲右相，至德二年伏誅。趙氏《金石録》置此于開元無歲月諸碑内，因未見額陰所題故。

薦福寺思恒律師碑

開元十四年十二月立，常□□撰文，正書，在咸寧。

律師姓顧氏，世爲吴郡人。曾祖明，周左監門將軍。祖元，隋門下上儀同三司、徐無郡開國公、使持節洪州諸軍事、洪州刺史。父藝，唐恒州録事參軍。師初授業于持世禪師，後參素律師新疏。素律師者，長安興善寺僧，新疏即所講《法華經》三萬七千部是也。説見《酉陽雜俎》。"徐無"字並從"艸"作"蒤蕪"，《隋書·地理志》，漁陽郡統縣一，曰無終縣，爲後齊置，後周廢徐無縣入焉。隋時無徐無郡，應是襲周舊號。上儀同三司，從四品。師卒于開元十四年，弟子智舟爲之刻石。

開元寺尊勝經石幢

開元十六年楊淡立，正書，在隴州。

文中有云"諸佛刹土"，"刹"今又作"刹"，唐釋玄應《衆經音義》云："刹"，字書無此字，即"刹"字略也。"刹"音"初"，又作"擦"，音"察"。據此，知"刹""刹"二形皆"刹"之省寫。而徐鉉篆"刹"字以爲《説文》新附，陋矣。此幢字畫精整，爲唐時第一。

敬節法師塔銘

開元十七年七月立，正書，在咸寧杜永村。

興聖寺主尼法澄塔銘

開元十七年十一月立，嗣□王志□撰文并正書，在咸寧馬頭空。

文中有云："托事蔣王，求爲離俗，遂于上元二年出家。"蔣王，太宗子暉也，上元中爲箕州刺史。書撰人名，或云是嗣彭王志暕。

比丘尼堅行禪師塔銘

開元二十一年閏三月立，正書，在西安府城南。

代國長公主碑

開元二十二年十二月立，鄭萬鈞撰文并行書，在橋陵。

公主名華，字華婉，睿宗第四女。萬鈞，即其駙馬都尉也。

李澹題名

開元二十四年六月刻，正書，在華嶽廟。

大智禪師碑

開元二十四年九月立，嚴挺之撰文，史惟則隸書，在西安府學。

美原縣尉張昕墓志銘

開元二十四年十月立，正書，在長安劉氏。

此與《張希古碑》並在劉氏，乾隆辛丑歲，余以二十千錢購得之，今携送於靈岩山館。

無畏不空禪師塔銘

開元二十五年八月立，正書，無撰書人姓名，在咸陽窑店鎮廣化寺。

文稱，不空于師子國從普賢阿闍梨求開十八會金剛灌頂法。又稱，一日調象，俄而群象奔逸，不空遽于衢路安坐，象至皆頓止跪伏，少頃而去。二事並見嚴郢所撰《大廣智不空三藏碑》中，故說者謂此無畏不空與大廣智不空即是一人。案大廣智不空以大曆中卒于興善寺，此卒于廣化寺，爲開元二十三年。時地並異，不得合而爲一。考《開天傳信録》[一]，云無畏三藏初自天竺至，所司引謁玄宗。玄宗謂曰："師來欲何方休息？"無畏曰："臣在天竺時，聞西明寺宣律師持律第一，願往依止。"玄宗可之，因居焉。據此是另爲一人。又案，大廣智不空本無無畏之名，其起塔即在本院；此則瘞于龍門之西山，地屬咸陽，爲非一人更無疑。

【校勘】

[一] 録，當作"記"。按《開天傳信記》，唐鄭棨撰。

比丘尼惠源和上志銘

開元二十五年十一月立，楊休烈撰文，姪定正書，在西安府。

碑云："師姓蕭氏，大父諱瑀，父鈬。"《唐書》稱瑀好浮屠法，間請捨家爲沙門。比丘尼法願，其女也，而惠源又繼之，史之言爲不虛矣。《書本傳》瑀有子銳，而不及鈬。定，瑀之曾孫，終太子少師。

蘇頲題名

開元二十六年八月刻，正書，在華嶽廟。

龍光寺舍利塔記

開元二十八年七月立，正書，在扶風。

祠部員外郎裴積墓志

開元辛巳歲二月立，族叔胐撰文并正書，在西安府城南。

積，《唐書》附見其祖《行儉傳》，裴光庭之子也。《獨孤及行狀》云：積以開元二十九年，官終尚書祠部員外郎，子四人，長曰債[一]，次儆，次倚、季侑，與碑文皆合。傳只及倩者，以倩子均封郇國公，餘三人皆無可表見故也。

【校勘】

[一] 債，爲"倩"之形近而訛。

夢真容敕

開元二十九年六月立，蘇靈芝正書，在盩厔會靈觀。

此非唐原碑，乃後人重刻者。碑首有"重模蘇靈芝書唐老君應見碑"十二字可證。

特進莒國公唐儉碑

正書，篆額，在醴泉小陽村。

案《金石錄》云，開元二十九年，儉曾孫追立。儉，史以爲字茂系，今碑云茂約。儉子，史在《儉傳》以爲名善識，在《豫章公主傳》以爲名茂識，今碑云名尚識，皆當以碑爲正。

大智禪師碑陰記

開元二十九年立，陽伯成撰文，史惟則隸書，在西安府學。

陽伯成，《文苑英華》作楊伯成。

褒封四子敕

天寶元年二月立，正書，在盩厔樓觀。

四子即莊子、列子、文子、庚桑子也。是時加莊爲南華真人，列爲冲虚真人，文爲通玄真人，庚桑爲洞靈真人[一]。其所著書並號《真經》，而不知《庚桑》即爲僞書，蓋明皇好讀道書，而人即造僞以邀功若此。

【校勘】

[一] 庚，底本作"唐"，據叢書集成本改。

告華嶽文

天寶元年四月立，韓賞撰文，韓擇木隸書，在華嶽廟。

擇木自署榮王府司馬者，是時靖共太子改王榮故也[一]。賞名見《御史臺精舍記》及《郎官題名石柱》。

【校勘】

[一] 共，爲"恭"之形近而訛。據兩《唐書》等，榮王琬爲玄宗子，天寶十四載薨，贈靖恭太子。

老子靈應頌

天寶元年七月立，戴旋撰序，劉同昇撰頌，戴伋隸書，在盩厔。

此刻《宗聖觀記》之陰，其隸體與史惟則《大智禪師碑》同，或是惟則代爲之者耶？

吏部尚書南曹石幢

天寶元年九月立，左光胤撰序，尹匡祚撰頌，正書，在鄠縣草堂寺。

後有"奉爲太尉降生令月，特建立吉祥尊勝經幢，上嚴台算。貞明二年七月十一日建，討擊使張虔斌豎立"行。

隆闡法師碑

天寶二年十二月立，正書，無撰書人姓名，在西安府學。

文有云："弟子大溫寺主思莊，敬想清徽，勒茲玄琰。"疑即其人所撰書。

薛良佐塔銘

天寶三載閏四月立，再從兄鈞撰文，弟良史正書，在終南山。

石臺孝經

天寶四載九月立，明皇注并隸書，太子臣亨篆額，後有李齊古《上石臺告成表》及《批答》，並行草書，有李林甫等題名，正書，在西安府學。

明皇序文云："韋昭、王肅，先儒之領袖，虞翻、劉邵抑又次焉。劉炫明安國之本，陸澄譏康成之注。"案陸德明《孝經音義》有孔安國、鄭康成、王肅、韋昭、劉邵，而無虞翻、劉炫、陸澄，陸譏康成而據之爲注，是明皇不宗鄭學者矣。《唐書·藝文志》有"今上《孝經制旨》一卷"，應即是書。《李適之本傳》載適之爲刑部尚書，不及兵部；封清和縣公，不及渭源縣公；席豫封襄陽縣男，而《本傳》以爲縣子。皆《新史》之缺謬，悉當以碑爲正者也。碑末林甫等臣名共四十五人。

逸人竇居士碑

天寶六載二月立，李邕撰文，段清雲正書，范岌題額，在三原橋頭鎮。

居士名天生，有三子，俱爲宦官，長處賓，次思賓，次元禮。元禮行內侍省內侍，加銀青光禄大夫，官最顯。碑末有"元涇陽縣尹姚遠禮重立"題名。

義興周夫人墓志

天寶六載十月立，正書，在長安農家。

文有云："岳也匪才，忝爲序述。"則撰志者名也，逸其姓。此碑近爲山西汾陽某氏携去。

陀羅尼經幢

天寶七載二月立，正書，在咸寧開元寺。

後有"駱齊休重建"跋。

陀羅尼經幢殘木

天寶七載三月立，蔣圖撰文，張賁行書，在咸寧。

尊勝陀羅尼經幢

天寶七載五月立，張少悌行書，在長安崇聖寺。

千福寺多寶佛塔感應碑

天寶十一載四月立，岑勛撰文，顏真卿正書，徐浩題額，在西安府學。

弘農先賢積慶之碑

天寶十二載八月立，明皇撰文并隸書，皇太子亨篆額，在扶風。

此即《贈武部尚書鄭國公楊珣碑》也。碑並隸書，惟"御製御書"及"皇太子題額"等字正書。珣字仲珣，國忠父。《唐書·宰相世系表》以珣爲友子，與此碑云烈考志謙者異。

□志廉墓誌[一]

天寶十三載六月立，申堂構撰文，韓獻之行書，在長安農家。

此碑向在農家，乾隆四十三年，余以數千錢買之，今移置靈巖山館，庶免村童敲火、牧牛礪角之菑也。

【校勘】

[一] □，據此碑現存拓片爲"孫"。

施燈功德幢

天寶十三載立，正書，在長安香積寺。

張希古墓誌

天寶十五載立，田穎行書，在長安劉氏。

碑載府君字希古，不言其名，曾爲馬邑郡尚德府折衝都尉。馬邑即朔州，

《唐書》不及府名，亦可以補史之缺。

金仙長公主神道碑

號年缺，徐嶠之撰文，明皇行書，在橋陵。

《唐書·本傳》云："太極元年，與玉真公主皆爲道士。"碑云："丙午歲，度爲道士。"丙午歲者，神龍二年也，兩説不合。

尹尊師碑

無號年[一]，員半千撰文，書不詳姓名，此係元時重刻。

【校勘】

[一] 據《雍州金石記》卷五，此碑乃開元五年建。

華嶽廟碑殘石

號年缺，權倕文，杜繹分書。

右碑石分爲三，存一百七十七字，文不可讀，惟倕文、繹書數處可辯。考《金石録》有《禹傳》[一]，即倕所撰文，當開元二十五年。又《宰相世系表》以爲即德輿之祖，故附置于此，書法類蔡有鄰。

【校勘】

[一] 禹傳，按當指《崔禹傳》。

主簿常冀尉元撝殘碑

分書，並在華嶽廟。

碑只存六行，共三十四字，不可句讀，惟簿、尉二名可識。又有"史子華刻字"字樣，史子華者，即刻大智禪師之碑者也，故附置于此。

草書心經

無號年。

刻後有跋，指爲右軍，非也。王世貞以爲是鄭萬鈞書，即張説爲之序者。説文見《唐文粹》。

千字文斷石[一]

無號年，張旭草書，並在西安府學。

【校勘】

[一] 石，底本誤作"名"，據道光本改。

顏魯公題名

乾元元年十月刻，正書，在華嶽廟周《天和碑》之側。

碑題曰："皇唐乾元元年歲次戊戌冬十月戊申，真卿自蒲州刺史蒙恩除饒州刺史。十有二日辛亥，次於華陰，與監察御史王延昌、大理評事攝監察御史穆寧、評事張澹、華陰令劉曷、主簿鄭鎮，同謁金天王之神祠。顏真卿題記。"以《唐書·本傳》及留元剛《年譜》考之，公以肅宗二年十一月出爲馮翊太守，三年三月改蒲州刺史，十月又改饒州刺史也。其貶饒州爲唐旻所誣，因亮《行狀》曰：天寶十五載，玄宗以公爲戶部侍郎，依前平原太守，充本郡防禦使。公以景城長史李暉爲副，前侍御史沈震爲判官。又詔公爲河北採訪處置使，公又以前成陽尉王延昌爲判官，張澹爲友。是年秋，禄山遣將史思明、尹子奇等併力攻河北諸郡，前後百餘日，饒陽、河間、景城、樂安相次而陷，所存者平原、博平、清河三郡而已，人心潰亂，不可復制。公乃將麾下騎數百棄平原，渡河取路，朝肅宗于鳳翔。初公之未渡河也，謂判官穆寧、張澹曰："賊勢既爾，若委命待擒，必爲所快心，今計經赴行在[一]，公以爲何如？"寧、澹與諸將然之，遂行。朝廷除公爲憲部尚書。令狐峘《神道碑》曰：時前殿中侍御史沈震、鹽山尉穆寧、武邑丞李銑、清河主簿張澹，各抒器能，參贊成務。此王延昌、穆寧、張澹等與偕之所自來，然考《穆寧傳》，寧以明經調鹽山尉，禄山反，寧募兵斬偽景城守劉道玄。聞真卿拒禄山，即馳謁謂曰："我可從公死。"既而賊攻平原，寧勸固守，真卿不從，夜亡過河，見肅宗行在。帝問狀，真卿對"不用寧言以至此"。帝異之，召寧，將以諫議大夫任之。會真卿以直忤旨，寧亦罷。上元初，擢殿中侍御史。與《行狀》"寧、澹與諸將然之"之説有不合，則當以史爲正者矣。《年譜》曰：是年九月有《祭姪季明文》，十月有華嶽廟題名，至東京拜掃，有《祭伯文豪州刺史文》[二]。

[一] 經，據因亮《顏魯公集行狀》原文，當作"徑"。

[二] 文，爲"父"之訛。

張惟一祈雨疏

乾元二年二月刻，李權隸書。

《書史會要》：李權，唐宗室李平均叔也，工八分，官金州刺史。惟一名見《宰相世系表》。

王宥等謁岳祠記

上元元年十二月刻，題名隸書，號年篆書，並李樞書。

樞，李權弟。《述書賦注》云：李權，淮安王神通曾孫，工八分；弟樞，工小篆。內有處士王季友，即杜甫所稱"酆城客子"是也。《豫章圖經》云："季友，酆城人，家貧賣履，博極群書。李勉引爲賓客，甚敬之。"

太州別駕題名殘字

無號年，正書。

案，文只存十三字云："正議大夫、太僕少卿，兼太州別駕"，考華州以上元二年改名太州，則此爲肅宗時人所題矣。[一]

【校勘】

[一] 按，據兩《唐書》記載，華州名改爲太州有兩次，一在垂拱二年，神龍元年復舊；一在上元元年十二月，寶應元年復舊。則此題名或爲睿宗、武則天時，或肅宗時人所題。

丘據謁嶽廟題名

寶應二年六月刻，正書，並在華嶽廟。

贈工部尚書臧懷恪神道碑

廣德元年冬十月立，顏真卿撰文并正書，李秀巖□□，在三原九陂城。

魯孝公子彄，字子臧，他書不見，惟《春秋左氏傳》孔穎達《正義》言之，是承杜預《公子譜》舊説耳，今碑亦云。又《文苑英華》載李邕《左羽林大將軍臧公神道碑》文云："其先派于后稷,演于周公,洎魯孝公子臧因而氏焉。"説亦與此同。懷恪少隸戎級,起官拜勝州都督府長史,轉左衛率府左郎將,再轉右領軍中郎將,兼安北都護、中受降城使、朔方五城都知征馬使,充都知兵馬使、河西軍前將、河源軍使、兼隴右節度副大使、關西兵馬使,拜右武衛將軍,封上蔡縣開國侯,薨贈右領衛大將軍[一],又贈魏州刺史,三贈太常卿,四贈工部尚書。有七子,長曰希崇,游擊將軍、崇仁府折衝;次曰希昶,豐州別駕,贈宋州刺史;三曰希忱,左武衛將軍、朔方節度副使,贈太子賓客;四曰希愔,右衛左郎將、劍南討擊副使,贈汝州刺史;五曰希景,右驍衛郎將、静邊軍使,贈秘書監;六曰希晏,寧州刺史、左金吾衛將軍,贈揚州大都督;七曰希讓,開府儀同三司、行太子詹事,兼御史大夫、邠寧山南觀察使、集賢待制、工部尚書、渭北節度使、魯國公。希讓官最顯,父以子貴,故得贈工部尚書也。懷恪有二兄,文中所稱"兄左羽林軍大將軍、平盧副持節懷亮",未知居何行也。又稱"兄子謙",亦未知爲何人之子。又《元和姓纂》以希讓爲懷亮子,據碑可証其誤。

【校勘】

[一]"領"下,據現存此碑,脱一"軍"字。

李懷讓題名殘字

無號年,正書。

右只存三行,每行七字,共二十一字。首行云"軍兼同華兩州節",次行云"卿使持節華州諸",三行云"丞、上柱國、汧國公"。考唐常衮《華州刺史李公墓誌銘》云:"公諱懷讓,以佐命功特授鎮國大將軍,加特進,兼鴻臚卿,封汧國公,充潼關鎮國軍使、同華等州節度使、華州刺史。以廣德元年九月薨于華州軍府,詔陪葬建陵。"則此乃懷讓題名也。再考《唐會要》叙陪陵名位,建陵只及汾陽王郭子儀一人,而無懷讓,應爲缺略。懷讓薨于廣德改元,故附置于此。

韋胐題名

廣德二年二月刻,正書。

題云“銀青光禄大夫、太常卿、使持節延州都督、侍御史、上柱國、岐陽縣開國男韋伷，以廣德二年二□□七日，越自師旅，將詣朝廷”云云者，以是時僕固懷恩叛也。韋君，不詳其名。

劉士深謁華嶽廟記

廣德二年三月刻，正書。

内有李遜、李迪、李遥、李遠四人名，《宰相世系表》俱有，在東祖李氏下。

孫廣題名

廣德二年六月刻，正書，並在華嶽廟。

太保祁國公廟碑并碑陰

廣德二年十一月立，顏真卿撰文并正書，隸額，在西安布政司。

公名敬之，漢光禄大夫廣意之後。廣意，《世系表》作廣智。碑載子儀官爵甚詳，大略與史傳合。史稱振遠軍使，即單于副都護；九原太守，即兼豐州都督也。又《通鑑》稱是年十二月拜尚書令，此碑建於十一月，即稱尚書令者，應是碑陰後書及之也。傳稱武舉及第，授左衛長史，應依碑作長上。碑載子儀兄弟七人，孫十五人，曾孫二人。孫除子儀子八人外，曄是子琇子；昕、煦、晅，幼明子；昉、曉，幼賢子；晛，子瑛子。曾孫鋭是曜子，銑是映子。

臨淮武穆王李光弼神道碑

廣德二年十一月立，顏真卿撰文，張少悌行書，在富平縣學。

與郭僕射書

顏真卿撰文并草書，在西安府學。

碑不著號年，《金石録》附于大曆之末。余考宋留元剛《年譜》，代宗廣德二年十一月，有《與郭僕射書》，則附大曆者誤也。碑或以爲宋永興守吴中復所刻，或以爲安師文刻，未詳孰是。

李仲昌等題名

廣德□年三月刻，韋澣正書。

《宰相世系表》云，澣官昭應令。案，此云行華陰縣丞同正，當在未爲昭應令之先。又有云，行尉崔頤，《表》以爲頤終同州刺史。

韋澣題名

無號年，並在華嶽廟。

秋官尚書河間公之碑

永泰元年二月立，撰書人姓名並缺，隸書，篆額，在高陵鹿臺鄉。

贈太子賓客白道生神道碑

永泰元年三月立，于益撰文，摯宗正書并篆額，在咸寧鳳栖原。

道生，南陽郡王元光之父，官終左衛大將軍，追贈太子賓客。夫人康氏，爲趙國太夫人。《唐書・元光傳》以爲終寧朔州刺史者，非也。

焦鍰題名

永泰七年春刻，正書，在華嶽廟。

光禄卿王訓墓誌

大曆二年八月立，嗣澤王溠撰文并正書，在咸寧滻川原。

訓，字訓，琅邪臨沂人，永穆大長公主之仲子，定安長公主之孫。永穆尚王繇，繇，同皎子也。定安尚同皎。訓後尚博平郡主，官至光禄卿。卒葬於滻川原。其閥閱世系如是。溠，義珣之子，見《宗室世系表》。

三墳記

大曆二年立，李季卿撰文，李陽冰篆書。

文有云"下土得澬"者，用宋玉《九辯》文也，"澬"，《玉篇》以爲即古文"乾"字。"以講陰堂","講"從"冓",聲與"搆"字通。《史記》《漢書》凡"媾",解字多作"講",亦是也。"豁"字見魏《張猛龍碑》及周《華嶽廟頌》。"嵩少"字應即用"崇",見于《漢書》,而竟作"嵩"。"劇甚"字應用"勮",見于《漢隸字原》,而竟作"劇"。"猾"字應從"允"作"𤞤",而從"犬"作"猾"。"禮"字應從"豊"作"禮",而從"豐"作"禮"。"徹"字從"育"作"徹","斷"字從"㡭"作"斷","燁"字作"焯","埶"字作"藝","昪"字作"昊",皆其不合于六書之正者也。又《說文》無"第"字,只作"弟",而孔穎達《正義》引以爲從"竹"從"弟"。《說文》無"莅"字,只作"隶",故鄭康成注《儀禮》每讀"位"爲"莅"。此竟有"第"字、"莅"字,蓋後人隸寫之譌,而以之作篆,則尤謬也。

摭先塋記

大曆二年立,李季卿撰文,李陽冰篆書,並在西安府學。

陽冰書結體茂美,而多乖于六書之義,然蔡邕《石經》已多別體,豈書家多不究小學耶?文中若"寄"從"宋",碑作"粤";"高"從"口"讀如"圍",碑下"口"從"口""口舌"之"口";"賣",碑作"碣";"龕"從"含",碑省從"合";"棲"或作"西",碑合作"栖";"樊"中從"爻",碑從"夕";"佐",古只作"左",碑加"人";"岡",碑譌作"崗";"勢",古只作"埶",見《漢書》,碑加"力";"宜"從"夕",碑從"肉";"隧",古只作"隊",見《竹書·穆天子傳》,碑作"隧";"輜",碑作"輺";"藏",古只作"臧",《詩》"中心臧之",先儒有"藏""臧"二義,碑作"藏";"悅",經傳多作"說",碑作"悅";"版"加作"版":皆詭于文字之正。若"臬"作"泉",借"洎"字爲之;"改"從"已",借"殺改"字爲之;"寶"作"珤",案"珤"字見《竹書·穆天子傳》,《玉篇》引《聲類》亦曰"古文珤字",此或古人省文借字之法,猶未大失也。篆者,聖人不虛作,非可依隸以造。昔徐鉉作《說文新附》,識者多譏其謬。獨怪陽冰自言"斯翁之後直至小生"。又欲求刻石經立于大學,而不究小學如此,倘任鴻都之役,未見其勝於張參、唐玄度諸人也。

是碑宋大中祥符三年重刻。

贈營州都督薊郡公李楷洛碑

大曆三年三月立，楊炎撰文，史惟則八分書，在富平縣西北覓子店。

楷洛，太尉光弼之父，漢李陵之後裔也。累官左羽林大將軍，封薊郡公，加雲麾將軍，《唐書》附見《光弼傳》。

第五琦題名

大曆五年六月刻，正書。

文云“前相國第五公自戶部侍郎出牧梧州”，蓋坐與魚朝恩善，貶也。又云“子婿虞當”，子婿之稱自此始。“婿”作“聟”者，《干祿字書》云，“聟”“聟”“壻”，上俗，中通，下正。“婿”一變爲“壻”，再變爲“壻”，三變爲“聟”，四變爲“聟”，皆由“胥”變爲“胃”致誤。又“聟”或亦寫作“聟”，故“月”“耳”相溷。

裴士淹題名

大曆五年六月刻，正書。

士淹之出，亦坐朝恩黨，見《唐書·朝恩傳》。

蘇敦兄弟題名

大曆五年六月刻，正書，並在華嶽廟。

《宰相世系表》蘇氏：河南尹震有七子，敦、發、教、徹、璵、政、儼。此云汝州司馬敦，弟華陰縣令發，弟咸陽縣主簿敫，弟前華原縣丞徹，弟太常寺主簿敞，弟吏部常選曒，弟少府監主簿教，弟儼。不同者，璵，疑即是曒，有敦不應後有璵也。政，疑即是“敞”，字形相近，此等要當以碑爲正。

金吾衛將軍臧希晏神道碑

大曆五年十月立，撰人缺，韓秀弼隸書，篆額，在三原長坳鄉。

《諸道石刻録》云張孚撰文。

盧綸題名

大曆六年二月刻，正書，在華嶽廟。

永仙觀主田尊師碑

大曆六年十月立，蕭森撰文，□名德集晋王羲之書。

永仙觀主田尊師德行之碑

號年及撰人缺，□光書并篆額，並在富平美原鎮。

相傳美原鎮爲真人拔宅上昇處，故後人立碑于此。碑甚磨泐，號年莫可考，故附置于此。

佛頂尊勝陀羅尼幢銘

大曆六年十月立，僧昔真撰文，康玠行書，在富平六井。

李昌謁嶽廟題名

大曆六年刻，正書。

郎仲堅題名

大曆七年正月刻，正書。

侯季文題名

大曆七年三月刻，正書。

題內有“開州刺史崔微男溉”等名，《宰相世系表》云：微，河南少尹；溉，太常少卿。

韋憑題名

大曆七年十月刻，正書。

元澄題名

大曆八年十二月刻，正書。

題内有"大理評事盧恒"，《宰相世系表》云：恒，殿中侍御史。

謁華嶽廟碑

大曆九年季春立，盧朝徹撰文並正書。

李謀題名

大曆九年十月刻，正書，並在華嶽廟。

兵部尚書王忠嗣神道碑

大曆十年四月立，元載撰文，王縉行書，趙慈篆額，在渭南鄉賢祠。

載，忠嗣壻也。史稱忠嗣與皇甫惟明輕重不得，貶東陽府左果毅；爲李林甫所惡，貶漢陽太守。碑皆不及之。《舊唐書》叙載、縉官爵較詳，亦無載封潁川郡公，縉太微宮使、齊國公事。是史、碑兩失之，可互証而兩得之者也。崇玄館本崇玄學，天寶二載置大學士一人，以宰相爲之，領兩京玄元宮及天下道院。考《嵩陽觀聖德感應頌》《石臺孝經》，李林甫、陳希烈等題名並同，《新史·百官志》及《縉本傳》並稱爲崇賢館者誤。

真化寺尼如願律師墓志

大曆十年七月立，沙門飛錫撰文，秦昊正書，在咸陽畢原。

志作于大曆十年七月，文有云"貴妃獨孤氏，弟子長樂公主"，獨孤氏者，代宗妃也，于是年十月薨，追册爲皇后。長樂公主，即肅宗女宿國公主。

慈州刺史王履清碑

大曆十二年二月立，侯冕撰文，正書，姓名缺，在高陵奉正原。

高力士神道碑

大曆十二年五月立，行書，在蒲城。

無憂王寺大聖真身寶塔碑銘

大曆十三年四月立，張或撰文，楊播正書，篆額，在扶風法門寺。

《困學紀聞》曰："《舊史・德宗紀》貞元六年，岐州無憂王寺有佛指骨寸餘，先是，取來禁中供養，二月乙亥，詔送還本寺。此迎佛骨之事也[一]。《韓愈傳》云，鳳翔法門寺有護國真身塔，内有釋迦文佛指骨一節。寺名與前不同。"閻若璩駁之曰："法門寺即無憂王寺，紀載非一手，故其名互異。"説非也。

【校勘】

[一] 事，《困學紀聞》原文作"始"。

上官沼題名

大曆十三年七月刻，行書，在華嶽廟。

《宰相世系表》有上官詔，當即其人，宜從碑，作沼爲是。

贈揚州大都督段行琛神道碑

大曆十四年閏五月立，無撰文人姓名，張增正書，李同系篆額，在汧陽。

行琛，忠烈公秀實父也。《金石録》又有一碑，爲楊炎撰文，蕭正正書，在大曆四年，却無此碑標題。"揚州"字作"楊"[一]，考開成《尚書》石經"淮海惟揚州"，字亦從木，則是時兩字通用矣。

【校勘】

[一] "揚州"字，底本缺，據叢書集成本補。

孔子廟殘碑

程浩撰文，顏真卿正書，在華州。

此文浩以大曆二年作於扶風，魯公曾書此于湖州，華州有之，非也，疑後人僞作。

卷　四

唐

顏氏家廟碑

建中元年七月立，顏真卿撰文并正書，李陽冰篆額，在西安府學。

此即俗呼爲四面碑者是也，其額陰爲《齋堂記》。

魯公世系

《唐書》無顏氏世系表，今以此碑所叙及《唐書·本傳》並師古、杲卿《傳》，《晋書·欽傳》《北齊書·之推傳》考定，附載於後。

盛，字叔臺，魏青、徐二州刺史、關內侯。因亮云，始自魯國，居郎邪	欽，字公若，廣陵太守，給事中，葛繹貞子	默，字静伯，汝陰太守，襲葛繹子	含，字弘都，晋侍中，右光禄大夫，西平靖侯。因亮云，始自郎邪，居丹陽	綝，字文和	靖之，字茂宗，宣城太守、御史中丞	勝之，字宏道，巴陵太守、度支校尉	炳之，字叔豹，輔國江夏王參軍
				謙，安成太守			
				約，零陵太守			
			幾，含兄				
見遠，字見遠，齊侍書御史，兼中丞	協，字子和，梁鎮西記室參軍	之推，字介，北齊給事黄門侍郎，待詔文林館，平原太守。因亮云，始自丹陽，居京兆長安	思魯，字孔歸，隋司經校書，東宮學士，唐爲秦王記室	勤禮，字敬，弘文、崇賢學士，贈號州刺史	昭甫，本名顯甫，字周卿，晋、曹二王侍讀，贈華州刺史	元孫，滁、沂、濠三州刺史，贈秘書監	春卿，偃師丞

		之儀,之推兄,周御正御史,中大夫,麟址學士,隋爲集州刺史,新野公					
		之善,之推弟,隋蕪令					
						杲卿,攝常山太守,贈太子太保,諡忠節	
						曜卿,淄州別駕	
						旭卿,允山令	
						茂曾,犍爲司馬	
					惟貞,薛王友,贈秘書少監、國子祭酒、太子太保	闕疑,杭州參軍	
						允南,膳部司封郎中,司業,金鄉男	
						喬卿,富平尉	
						真長	
						幼輿,左清道兵曹	
						真卿,太師,魯國公	有三子,曰頗,曰碩,曰頵
						允臧,江陵少尹	
				敬仲			
				殆庶			
				無恤			
				少連			
				務滋			
				辟强			
			師古,字籀				
			相時				
			育德				
		愍楚,直内史省					
		游秦,典校秘閣					

關中金石記

魯公官階

《唐書·本傳》載魯公遷轉官爵多誤，今以《行狀》《神道碑銘》及《家譜》《年譜》與《本傳》互考，附載於後。

舉進士以《唐書·本傳》爲主，下並同

案《本傳》以此爲在開元中，令狐峘《神道碑銘》云進士出身，尋判入高等，授秘書省校書郎。因亮《行狀》云開元二十二年進士及第，登甲科，二十四年吏部擢入高等，授朝散郎、秘書省著作局校書郎。

又擢制科，調醴泉尉

《碑銘》云天寶初。《行狀》云天寶元年，舉博學文詞秀逸科試上第，授京兆府醴泉縣尉。案《碑銘》《行狀》，下並云授通直郎、長安尉，傳缺者非也。留元剛《年譜》云，《唐會要》所載諸科，如文詞秀逸，皆謂之制。通直郎從六品，朝散郎從七品。《年譜》並載在天寶元年。

遷監察御史

《本傳》遷監院後，公使河隴。《行狀》云充河東朔方軍試覆屯交兵使，又充河西隴右軍試覆屯交兵使。蓋先使河東，後使河隴，其使河東爲天寶六載，使河隴則七載也。《本傳》于此下又云，復使河東，則八載更充河東朔方軍試覆屯交兵使也。

遷殿中侍御史，爲東都採訪判官

八載之八月也，魯公《家譜》以五月，非是，從《行狀》。

再轉武部員外郎

《行狀》遷殿中侍御史後，九載又遷侍御史。《本傳》缺，故云再轉。《年譜》云判南曹。

出爲平原太守

公之爲平原在天寶十二載，《年譜》于十四載下，又云轉兵部員外郎。公既以武部員外郎出爲平原，不得于此再轉兵部，且兵部即武部也，《年譜》誤。

拜户部侍郎

《碑銘》云再領平原，《行狀》云玄宗以公爲户部侍郎，依前平原太守，充本郡防禦使。

加河北招討採訪使

拜工部尚書兼御史大夫，復爲河北招討使

《碑銘》云拜工部尚書，兼御史大夫，採訪、招討等使如故。

授憲部尚書，遷御史大夫

《家譜》云，肅宗至德二載四月，授憲部尚書；六月，遷御史大夫。《行狀》云，至德元載，授憲部尚書；二載正月，兼御史大夫。其日月不同《年譜》，從《家譜》。

出爲馮翊太守

轉蒲州刺史，封丹陽縣子

《行狀》云，改蒲州刺史，充本郡防禦使，封丹陽縣開國子，食邑一千户。

貶饒州刺史

《碑銘》《行狀》云，乾元元年貶饒州，二年拜昇州，《本傳》不及昇州，誤。

拜浙西節度使

《行狀》云，充浙江西道節度使，兼宋亳都防禦使。《年譜》云充浙江節度使，兼江寧軍使。江寧，乾元元年爲昇州。

召爲刑部侍郎

《碑銘》云，追拜刑部侍郎，進爵縣公。

貶蓬州長史

起爲利州刺史，不拜，遷吏部侍郎，除荆南節度使，未行，改尚書右丞

《碑銘》云，移利州刺史，徵拜户部侍郎，轉吏部侍郎，加銀青光禄大夫，充荆南節度觀察使。《行狀》云加銀青光禄大夫、上柱國。其移利州在寶應元年五月；户部，十二月；改吏部，二年三月；除江陵尹，充荆南節度，八月；轉尚書右丞，十月。《傳》叙次不甚明白。

以檢校刑部尚書爲朔方行營宣慰使，未行，留知省事，更封魯郡公

《行狀》云，廣德二年正月，除檢校刑部尚書，兼御史大夫、朔方行營汾晋等六州宣慰使，尋罷前命，唯知刑部尚書事。三月，進封魯郡開國公，食邑三千户。《碑銘》云食邑二千户，稍異。

貶峽州別駕，改吉州司馬，遷撫、湖二州刺史

《行狀》云，大曆三年，遷撫州，七年，除湖州。

擢刑部尚書，進吏部充禮儀使

《年譜》云，大曆十二年八月，爲刑部，十三年二月，進吏部。《家譜》以爲十二年十二月進吏部。

換太子少師，領使

《行狀》云，授光禄大夫，遷太子少師，依前爲禮儀使。

改太子太師

《年譜》云，罷其使。

薨，贈司徒，謚文忠

《碑銘》云，興元元年八月三月^[一]，薨于蔡州之難。貞元二年十一月，歸葬，册贈上公，謚曰文忠。《行狀》云，貞元元年八月二十四日，希烈幽殺之。《年譜》從《行狀》。《本傳》云年七十六，《年譜》云年七十七，異者，《傳》用《碑銘》，不從《行狀》故也。案公以大曆十三年爲刑部尚書，時年七十三，抗章乞致仕，不允，後薨于貞元元年，當是七十七，《傳》非也。

【校勘】

[一] "月"，據《碑銘》，爲"日"之誤。

大秦景教流行中國碑

建中二年太簇月立，僧景净撰文，吕秀巖正書并題額，在西安府崇聖寺。

大秦即梨靬，《説文》作麗靬，《漢書·西域傳》所稱"梨靬條支臨西海"者是也。《後漢書》云："以在海西，故亦云海西國。"《水經注》："恒水又逕波麗國，是佛外祖國也。法顯曰：恒水東到多摩梨靬國，即是海口。《釋氏西域記》曰：大秦一名梨靬。"道元之據此，蓋以梨靬爲即波麗矣。考條支即波斯國，《魏書》云地在忸密之西，東去梨靬猶一萬里。《長安志》義寧坊有波斯寺，唐貞觀十二年，太宗爲大秦國胡僧阿羅斯立，應是大秦僧人入中國之始，合之碑，則云于義寧坊造大秦寺。兩國所奉之教略同，故寺名通用耶？阿羅斯，碑作阿羅本，當是敏求之誤。

大辨正廣智三藏不空和尚碑

建中二年十一月立，嚴郢撰文，徐浩正書，在西安府學。

吴岳祠堂記

興元元年十月立，于公異撰文，冷朝陽行書，在隴州岳祠内。

碑云“相國涼公鎮鳳翔”者，李抱玉也，是時副元帥李晟復京師，德宗至自興元，晟至鳳翔斬叛卒王斌等及涇帥田希鑒，即以其年十一月祭告吳山。公異爲掌書記，撰此文。

崔漢衡題名

興元元年十二月刻，盧倣隸書，在華嶽廟。

題云“守兵部尚書、博陵郡開國公”，《唐書》載漢衡官爵甚詳，不言封博陵郡公，亦是缺略。婁機《漢隸字源》云：“漢《樊毅復華下民租碑》，唐興元中，華陰縣令盧倣求得而爲之記，八分書于碑末。”即此人。

顔魯公奉命帖

留元剛《年譜》以爲興元元年，行書，在同州府學。

右碑上刻書，下刻像，中則宋唐重跋也。云觀此筆迹，不題歲月，以事實考之，蓋使李希烈時也，至貞元元年八月丙戌，公不幸遇害，困躓賊庭者踰二年。案魯公以興元元年奉使，貞元元年八月廿四日死難，《唐書·本紀》以爲八月丙戌，獨《行狀》以爲興元元年者，非。跋爲靖康元年七月作。

韋綬等題名

貞元元年二月刻，正書，在華嶽廟。

《唐書·韋綬傳》：綬字子章，京兆萬年人。建中中爲長安尉，朱泚亂，嬴服走奉天，拜華陰令。案唐有兩韋綬，一爲韋貫之兄，非此人。

尊勝陀羅尼經幢

貞元五年八月立，郭謂正書，在乾州。

李元諒懋功昭德頌

貞元五年十月立，張濛撰文，韓秀弼隸書，李彝篆額，在華州治大門外。

元諒本姓安氏，出自武衛大將軍興貴，文稱"武衛，巨唐之爪牙"者即此[一]。元諒爲潼關鎮國軍隴右節度使、檢校尚書右僕射兼御史大夫、華州刺史、武康郡王，《唐書》以爲檢校尚書左僕射者，非也。文中云"陛下薄狩郊甸，爰幸巴梁。何望之墾掘咸林，敬釭窺覦蒲坂"者，謂德宗幸奉天，朱泚將何望之等襲華州，刺史董晉弃城走，元諒自潼關引兵拔其城是也。云"進次昭應，稟命于副元帥之軍；列屯光泰[二]，分援于尚可孤之壘"者，謂尚可孤以襄鄧兵五千次藍田，元諒屯昭應，賊兵不能踰渭是也。時李晟爲京畿、渭北、商華兵馬副元帥，云"姚令言望旗而潰[三]，張光晟弃甲而奔。賊泚憂窮，鼠死真寧"者，謂賊將姚令言與晟兵遇，十鬬皆北，張光晟以精兵壁九曲，距東渭橋，密與晟約降，泚引殘軍西走至寧州，爲朱惟孝等所斬是也。時元諒與渾瑊、尚可孤等皆從晟軍，云"李懷光阻河距命，陛下特詔攻圍，重鞠戎旅"者，謂懷光反，元諒與馬燧、渾瑊、韓游環等進討也[四]。懷光將徐廷光素易元諒，侮斥其祖父，元諒與游環約[五]，即日斬之，所稱"才殲當道之豺，且躒吠籬之犬"者[六]，應指此。云"藩戎匿詐求和，諸軍畢會，是獨沉疑，陳其不誠[七]，請以爲備"者，謂吐蕃請盟，詔元諒軍潘原，韓游環軍洛口[八]，援渾瑊會平涼盟，吐蕃劫盟事也。云"距平涼二十里，所栅爲壁，塹爲壕，設晉師敖前之伏，修楚臣勁後之殿"，皆與史《本傳》合，此貞元三年事也，蓋更隴右節度即在其時。云"依其制度[九]，峻以規模。役不二旬，隱然岳立。乃修盧井，乃闢田疇"者，則元諒修治良原隍堞，闢田數十里，使士卒墾治諸事。《水經注》曰："河水自潼關東北流，水側有長坂，謂之黃巷坂。"潘岳《西征賦》"溯黃巷以濟潼"，今二書"巷"皆作"卷"，此云"北連繹臺[一〇]，南抵黃巷"可以証其誤矣。碑在華者，華人思其功，請于朝，故作此頌也。

《文苑英華》有任華《送李彝宰新都序》云：宗室後進，有以學術辭藻著稱者，彝也。少好學，通九流百家之言。善屬文，有大節。召試西掖，與莊若訥、高郢同入高等，執政以彝大人在蜀故，授新都以榮之。

文內有"行軍司馬董叔經"，考《唐書·藝文志》：《博經》一卷，貞元中董叔經上。《墨池編》云：《唐開汾河記》，董叔經書。即此人。

【校勘】

[一] 爪牙，《（雍正）陝西通志》卷九〇收《李懋功昭德頌》作"牙爪"。

[二] 光，《陝西通志》作"興"。

清代陝西金石學著作十種

[三] 潰，《陝西通志》作“隤”。

[四][五][八] 環，爲“瓌”之形近而訛。

[六] 才，《陝西通志》作“未”，按以文意，當以“未”爲是。

[七] 誠，《陝西通志》作“誠”。按以文意，當以“誠”爲是。

[九] 依，《陝西通志》作“恔”。按以文意，當以“恔”爲是。

[一〇] 繹，當爲“絳”之形近而訛，詳考見本書點校前言。

姜嫄公劉廟碑

貞元九年四月立，高郢撰文，張誼行書，張綰篆額，在邠州廟内。

文中有云“邠寧節度觀察使、檢校刑部尚書兼御史大夫、邠寧郡王張公獻甫，戎醜是膺，授鉞而至，肅肅王命，惟公將之”，蓋即指獻甫代韓游瓌領節度邠寧事。《唐書》稱獻甫從渾瑊討朱泚，累遷至金吾將軍、檢校工部尚書，不及刑部；爲邠寧後，加檢校尚書左僕射，不及封邠寧郡王。並史之缺誤，當從碑爲是。

參軍事裴潾等題名

貞元九年七月刻，潾行書，在華嶽廟。

潾，河東聞喜人，善隸書，《唐書》有傳。《宣和書譜》云：“（潾）隸書爲時推重，晚歲行草尤勝。”考潾以蔭起家，此稱參軍事而不著地，當即是華州諸參，但未辯何司耳。題内又有盧渚、盧佩，渚名見《宰相世系表》，佩名見《河東記》。

東陵聖母帖

貞元九年，釋懷素草書，宋元祐戊辰歲刻。

聖母，晉康帝時人，其得建號爲東陵聖母者，以其主食江淮故也。《禹貢》“導江過九江，至于東陵”，《漢書·地里志·廬江郡》“金蘭西北有東陵鄉”者是也[一]。王松年《仙苑編珠》曰：“聖母，杜氏妻也。學劉綱術，坐在立亡，杜氏不信，誣以姦淫，告官付獄，聖母入獄，即從囱中飛出，入雲中而去。”與帖所云正合。聖母自晉迄隋，無不崇奉，至唐尤甚。此帖書于德宗時，文稱“皇從叔父淮南節度觀察使、禮部尚書、太原郡公”而不署名，蓋指建立祠宇之人。案其文義，當在廣陵郡地。帖蓋宋時以墨本摹刻者，後有“柳槃、柳乘、裴休同登"題名。

【校勘】

[一]金蘭西北有東陵鄉，此句爲《漢書》"廬江郡"顏師古注。

藏真律公二帖

無號年，釋懷素草書，宋元祐八年九月安宜之刻，有游師雄跋，並在西安府學。

後有宋人題名，蓋亦以墨本鈎摹者。藏真，懷素字也。文云"所恨不與張旭長史相識。近于洛下逢顏尚書真卿，自云頗得長史筆法"，考今世猶有魯公傳《長史十二筆法記》，與帖所云正相合，然則爲後人依托爲之者，是非矣。

杜府君夫人韋氏墓志

貞元十年八月立，李宣撰文，姪成均行書，在西安府寺坡。

杜君名濟，官至京兆尹。

諸葛忠武侯新廟碑

貞元十一年二月立，沈迥撰文，元錫正書，在沔縣。

文稱"貞元三年，府王左僕射、馮翊總師"者[一]，謂舒王謨爲荆、襄、江西、沔、鄂節度諸軍行營兵馬都元帥也[二]。錫字君睨，見《世系表》。

【校勘】

[一]師，據今存此碑爲"帥"。

[二]按此碑原文作："貞元三祀，時乘盛秋，府王左僕射馮翊嚴□，總帥文武將佐，洎策輪突歸之旅，疆理西鄙，營軍沔陽。"修廟之人爲"嚴□"，非爲舒王謨，詳考見本書點校前言。

鄭全濟題名

貞元十三年三月刻，正書，在華嶽廟。

內有華陰尉鄭暐，《世系表》有之。

澄城令鄭君德政碑

貞元十四年正月立，陳京撰文，鄭雲逵正書，姜元素篆額，在澄城縣南門祠內。

鄭君字叔敖，泐其名。案文中有云“詔京銘紀左馮翊澄城令鄭楚相功德于其理所之南門”[一]，則其名爲楚相矣。京字慶復，官至秘書少監，集賢學士。見柳宗元《行狀》。

【校勘】

[一] 京，《全唐文》卷五一五作“諭”。

劍州刺史李廣業碑

貞元二十年十一月立，鄭雲逵撰文并正書，在三原北原。

楚金禪師碑

貞元二十一年七月立，沙門飛錫撰文，吳通微正書，後附奉敕追諡號記，在西安府學。

尉旻題名

元和元年正月刻，正書。

謁華嶽廟詩

元和元年十月，賈竦作并正書，後有“大和六年四月竦姪琡重修”題名。

竦，賈餗兄。據《宰相表》，則竦官著作郎也。無姪琡名，可以補史之缺。

郭豐等題名

元和元年十月刻，崔杙正書。

題內有“門下典儀李誠明”，門下典儀者，門下省屬官也。

柳開等題名

元和四年九月刻，行書，並在華嶽廟。

開時爲華陰令，《宰相世系表》開官至侍御史。

保唐寺毗沙門天王燈幢贊

元和七年五月立，柳澈撰文并正書，在咸寧。

盧弘正《毗沙門天王記》云：“毗沙門天王者，佛之臂指也。左扼吳鉤，右持寶塔，其旨將以摧群魔，護佛事。在開元，則玄宗圖像於旗章，在元和，則憲宗交神於夢寐。”據之，則是時正崇奉其教也。

張鄂等題名

元和八年四月刻，行書，在華嶽廟。

佛頂尊勝陀羅尼經

元和八年八月，女弟子那羅延建正書，在西安府儒學。

唐刻此經甚多，惟此爲沙門不空所譯。首云“曩謨”，即今所云“南無”也，或稱“曩莫”，並同。“縛”，音无可反者，《春秋左傳音義》釋其“縛”，舊音扶卧反。“扶卧”與“无可”同也。“抳”，音尼整反者，如“叭呢”之“呢”，二合呼爲“納銘”，“銘”“整”聲相同故也。其作“誐”，即與“揭”同，“賀”即與“呵”同。其稱“娑婆呵”爲“娑嚩賀”，考古本無“婆”字，此故以“嚩”爲“婆”。此釋氏對音之法，亦不謬于古人音讀之正者也。

釋家書多于字旁加“口”，此咒誦之說也，如“嚩”字之類。道家書多于字上加“雨”，此符籙之說也，如“霋”字之類。見宋陳景元《上清大洞真經玉訣音義》，所謂出唐史崇《一切經音義》者是也。唐時有兩《一切經音義》，僧玄應所著者爲釋書音義，史崇所著者爲道書音義，兩書引據多古書，雖爲二氏之學，其于博雅猶不遜陸德明《經典釋文》，余每欲合而刊之，以供同好也。

“菩薩”二字皆以“草”受名，本曰“菩提薩埵”，華言之曰“覺有情”

也，其"薩"即"薛"字。唐玄應《一切經音義》云，"菩薩"本作"扶薛"，宋張有《復古編》亦云"薛"別作"薩"，非。唐人書"薩"猶作"立"下"主"，此碑亦然，自宋以後乃改從"產"形矣。古無"那"字，即"郮"字也，《說文》云安定有朝郮縣，今"朝郮"之"郮"亦作"那"。今"郮"讀如含反，"那"讀諾何反，居然分爲兩字。此刻"那羅"字體作"郮"，猶不失古人之意。唐劉晏云"字唯*朋*字不正"，蓋"朋"之古篆爲"冊"，依形而書，勢不能不稍存欹仄，今人則皆正書之矣。如"郮"字例得正書，今人則反作欹仄之形。唐人去古未遠，于本字之義猶可近求，故能不戾于古人若是。

鄭公幹題名

元和八年十月刻，正書。

李紳題名

元和八年刻，正書。

王高題名

元和八年□月刻，正書，並在華嶽廟。

内侍李輔光墓志

元和十年四月立，崔元略撰文，巨雅正書，在高陵。

碑云輔光爲河中監軍使者，蓋監張弘靖軍也。巨雅，元略之弟，巨雅曾爲晋州司法，元略又官于中都，故撰書此志以記功德。[一]

【校勘】

[一] 按巨雅非崔元略之弟，畢沅此處讀志有誤，詳考見本書點校前言。

崔蕆鄭公幹題名

元和十年五月刻，正書，在華嶽廟。

大德塔銘

元和十二年八月立，沙門文湜撰文，王叔清正書，在西安府城南。

秘書丞韓常謁華嶽廟記

元和十二年十月刻，韋泰正書。

《宰相世系表》：常，官至岳州刺史。

容府□□題名殘字

元和十四年正月刻，正書。

《宗室世系表》有容府經略推官李慶之、容府經略使左庶子李景仁，容府者，即容州都督府也，屬嶺南道。

張常慶題名

元和十五年七月刻，正書。

王播題名[一]

元和十五年十一月刻，正書，並在華嶽廟。

題云“起居舍人、賜緋魚袋王播”。考憲宗初有王播，字明敫，封太原郡公，以元和四年卒，非此人。《唐書·王璠傳》，璠字魯玉，元和初舉進士、宏辭，累遷監察御史，以起居舍人副鄭覃宣慰鎮州，長慶末擢職方員外郎中。則此即王璠無疑。

【校勘】

[一] 播，《萃編》等作“璠”。

雲麾將軍朱孝誠碑

長慶元年二月立，蘇遇撰文，曹郢行書并篆額，在三原。

孝誠，字孝誠，京兆三原人。弱冠入侍，爲局丞，轉宮闈局令，再轉爲謁者監，遷内給事，守内常侍，加寧遠將軍、上柱國。其稱忠武軍監軍使者，以李光顏爲忠武軍節度，孝誠常監其軍也。以元和十五年卒。文有云"元和初，張伯靖負固叙州，嘯聚蠻落，公銜命于俶擾之際，撫諭于溪洞之中"者，謂六年伯靖寇播、費二州事也，以八年爲崔能、嚴綬、潘孟陽、柳公綽等所破降。云"元戎授鉞，問罪淮西，恩加朝散大夫、内侍省内給事，以護許軍"者，謂九年吳元濟自稱知軍事，詔嚴綬、李光顏、李文通、烏重胤合軍討之也。云"是歲李師道逆，窺竊近郊，憲宗移司空公光顏鎮守滑臺，以行天討，兩道全師，委公監撫，收斗門，下臨濮，皆公之力"者，謂十三年光顏徙義成節度使，帥陳許兵攻師道于濮陽，拔斗門、杜莊二屯事也，其爲監軍即在其時。又云"出入四朝"，則其入侍之初猶在代宗時也。

鄭簡之題名

長慶元年二月刻，行書。

裴穎修嶽廟中門紀石

長慶元年刻，張從本正書，並在華嶽廟。

《宰相世系表》：穎，衛尉卿，駙馬都尉。

邠國公功德銘

長慶二年十二月立，楊承和撰文并正書，陸邳篆額，在西安府學。

邠國公者，中人梁守謙也。韓愈《平淮西碑》稱守謙"出入左右，命撫蔡師"，碑中云"蔡人迎戎，命公撫衆"，與之正合。守謙于興唐寺寫經，爲國祈福，故立此頌。承和亦中人。碑末云"天水强瓊摹勒并刻字"，强瓊亦中人，見其妻《王夫人墓銘》。碑額已失。《文獻通考》，唐"《六譯〈金剛經〉》，弘農楊翶集[一]，中貴人楊承和集右軍書，刻之興唐寺"，亦應是其時所爲。

【校勘】

[一] 翶，《文獻通考》原文作"穎"。

西平王李晟神道碑

太和三年四月立，裴度撰文，柳公權正書并篆額，在高陵奉正原。

右碑敘次忠武功績官爵，不及《本傳》詳盡，而大略並與傳合。惟傳云有子十五人，碑載者十二人，考《世系表》亦只有十二人名。又《李聽碑》以爲十六人，《舊史》云侗、仙早世，然則以侗等早世，碑故不及之也。

李璠題名

太和三年十一月刻，正書。

李虞仲題名

太和四年七月刻，正書。

虞仲，李端之子。《唐書·本傳》：虞仲字見之，第進士宏詞，累遷太常博士。寶曆初，以兵部郎中知制誥，遷中書舍人，出爲華州刺史，歷吏部侍郎。末有云“判官事柳乘同來”，乘名又見懷素《聖母帖》後，蓋以大理評事出判華州事也。

韋公武題名

太和四年刻，正書，並在華嶽廟。

尊勝陀羅尼經并序

太和六年四月立，僧叡川撰文，無可正書，在西安府百塔寺。

無可，賈島從弟，字法學柳公權。

義陽郡王苻璘碑

太和七年立，李宗閔撰文，柳公權正書并篆額，在富平學。

今額上並無字迹，應是勒碑時未及之也，或謂後人磨去者，非。

落星石題字

太和□年刻，陳元錫記，正書，在興平。

古以太和紀年者三，一晉海西公，一北魏文帝，一唐文宗。海西去穆帝不及十年，字體又不類北魏，爲唐人書無疑。

尚書主客員外郎題名殘字

開成元年八月刻，行書。

郗宗□題名

開成元年閏□月刻，正書，並在華嶽廟。

石刻十二經及五經文字九經字樣

《易》九卷，共九石。《書》十三卷，共十石。《詩》二十卷，共十六石。《周禮》十卷，共十七石。《儀禮》十七卷，共二十石。《禮記》二十卷，共三十三石。《春秋左氏傳》三十卷，共六十七石。《公羊氏傳》十卷，共十七石。《穀梁氏傳》十卷，共十六石。《孝經》一卷，共一石。《論語》十卷，共七石。《爾雅》二卷，共五石。《五經文字》三卷，大曆十一年六月張參撰，《九經字樣》一卷，唐玄度撰，共十石。

開成二年元月立，艾居晦、陳玠、□□□□、段絳等正書，隸題首，在西安府學。

《舊唐書》云：文宗開成二年，宰臣判國子祭酒鄭覃進《石壁九經》一百六十卷。案實共一百五十卷，外《文字》《字樣》又四卷，《舊書》總成數言之，故不符耳。

《禮記》中《月令》用明皇刪定本，列在《曲禮》前。

《舊唐書》謂："石經立後數十年，名儒皆不窺之，以爲蕪累。"其評雖不盡然，然就諸經中最不堪者推《儀禮》，如"揵"之爲"建"，"祖"之爲"祖"，"奉"之爲"拳"，"拜"之爲"敗"。或以形譌，或以聲誤，皆當時書石者不通禮制，於此書全未寓目，故臨時致多謬戾如此。他如《論語》之"脱貧而樂道"，"道"字使後人因循不改，未必非此書之作俑。

今本《周禮·太宰三》曰"郊甸之賦"，"郊"應作"邦"；《左傳》"毛伯衛來錫公命"，"錫"應作"賜"；"晋侯代鄭及郔"，"郔"應作"延"；《論語》"爾愛其羊"，"爾"應作"女"；《爾雅》"皇華也"，應作"華皇也"；"楊鳥白鷹"應作"楊白鷹"者，皆石本之正，而後代俗本之誤也。或反據以辯正石本者，非。石經内有旁改字，有添注字，如《書》

"予有亂十人"，添一"臣"字；《左傳》"昭二十二年辛丑，伐京，毀其西南"，下添"子朝奔郊"四字；《論語·陽貨篇》添"子曰：巧言令色，鮮矣仁節"，誣謬之至。或云即張參、孫自牧所改，或云宋晁公武據蜀石經增入。吾鄉惠徵君棟以爲是晁，未知何所據。或以爲即明王堯惠等所爲[一]，然其中亦有從古本改正極是處，恐堯惠并不能也。

唐時雖云依漢蔡邕刊碑立於太學，創立《石壁九經》，却不在學中。故黎持《記》云："舊在務本坊，自天祐中韓建築新城，而委棄于野。朱梁時劉鄩守長安，從幕吏尹玉羽請，輦入城中，置唐尚書省之西隅。"今龍圖呂公又移立于府學，而建亭焉。是石經置學之始末。

西安府學大成殿後，舊爲碑林，今稱碑洞。經始於宋元祐庚午龍圖閣學士呂大忠，自明迄本朝，屢加輯治。余以乾隆壬辰歲，政務稍暇，進訪古刻，見屋宇傾圮，經石及諸碑率棄榛莽，瞻顧悚息，復議興修，前後堂廡皆鼎新焉。旋於土中鑿得舊刻數十片，遂取石經及宋元以前者，編排甲乙，周以闌楯。明代及近人所刻，則汰存其佳者，別建三楹以存，置其鎖鑰，則有司掌之，設法保護，以冀垂諸永久。壁經、貞石，頓復舊觀，後有好古者舉而弗替可也。

【校勘】

[一] 王，底本訛作"工"，據叢書集成本改。按王堯惠，明嘉靖間西安府學生員，曾補刻石經。

贈吏部尚書馮宿神道碑

開成二年五月立，王起撰文，柳公權正書并篆額，在西安府學。

宿字拱之，馮審之從兄也，官終吏部尚書，卒諡曰懿。起字舉之，終太尉，卒諡曰文。

馮耽題名

開成三年四月刻，正書，在華嶽廟。

大遍覺法師玄奘塔銘

開成四年五月立，劉軻撰文，沙門建初正書，在西安府城南。

《舊唐書·本傳》云，師洛州偃師人，此云緱氏人，未知孰是。所稱"東印度王拘摩"者，即尸鳩摩也。"戒日王"者，即中印度尸羅逸多也。"坊州刺史竇師倫"，"倫"，史作"綸"。

慈恩寺基公法師碑

開成四年五月立，李洪度撰文，僧建初行書，在咸寧興教寺。

基公者，尉遲敬德之從子也。常譯經于慈恩寺，卒于永淳中，太和間始建此塔，至是勒銘焉。

御史大夫李景讓題名

開成四年六月刻，正書，在華嶽廟。

景讓字後己，李憕之孫也。《唐書·本傳》稱景讓入爲尚書左丞，至大中始進御史大夫，劾免爲侍御史。據此則開成時已爲此官也，當是爲節度使時兼攝之官，故史不記之耳。

安國寺寂照和上碑

開成五年正月立，段成式撰文，僧無可正書，顧玄篆額，在咸陽。

唐安國寺有二，一在西京，一在東京。在西京者爲睿宗龍潛宅，以景雲元年九月爲寺，即此是也。在東京者爲中宗節愍太子宅，神龍二年爲崇恩寺，後爲衛國寺，亦以景雲元年十二月改名。其並得名爲安國者，以睿宗本封故也。大德以太和七年卒，文稱"太和二年來延唐寺"，以《會要》考之，延唐本名萬善，爲會昌六年奏改。碑於開成末即稱延唐，是《會要》云云亦不甚是矣。

司直廳石幢

庚申正月立，鄭模撰文，裴諸正書，在西安府學。

庚申當是開成五年，續有"會昌元年評事李口述"一通。

陳商題名

會昌元年七月刻，行書，在華嶽廟。

此題云司門郎中、史館修撰，題後又有"後六年，商自禮部侍郎出鎮分陝"云云。考商以禮部侍郎主文，以延英對見，辭不稱旨，改授王起，即其出鎮之事也，見《唐摭言》。《唐書》云，商字述聖，官至秘書監，封許昌縣男。

大達法師玄秘塔碑

會昌元年十二月立，裴休撰文，柳公權正書并篆額，在西安府學。

大達，憲宗時奉詔與迎佛骨之僧，正言是其弟子。

崔郇題名

會昌二年六月刻，行書。

郇時官京兆尹，《宰相世系表》云郇官至大理卿，崔邠之弟，鄲之兄也。

謁嶽廟七言詩

會昌二年六月刻，强至撰并行書，並在華嶽廟。

高士廉碑側記

會昌四年五月刻，一爲六代孫元裕，一爲少逸，並正書，在醴泉。

内侍王文幹墓志銘

會昌四年十月立，趙造撰文，蕭睦正書，在西安府龍首原。

崔慎由崔安潛題名

會昌五年二月刻，正書。

慎由爲宣宗相，寓尺柬於所知，必稱安潛，故時人有"王凝、裴瓚、舍弟安潛"之語。後亦位至侍中，古人之升沈後進若此。

□伏王季題名

會昌六年六月刻，行書。

李□方題名

大中元年□月刻，正書，並在華嶽廟。

陀羅尼經幢

大中二年正月立，于惟則撰文，正書，在西安府學。

楊漢公題名

大中二年五月刻，正書，在華嶽廟。

漢公，隋越公後裔，字用乂，官至天平軍節度使、檢校戶部尚書。題稱其官爲給事中，當在爲同州刺史之前，《唐書·本傳》不及之者，略也。

周公祠靈泉碑并題奏狀及敕批答

大中二年十二月立，正書，在岐山周公廟。

時崔珙爲鳳翔、隴州節度使，奏泉靈異，詔加泉名曰"潤德"。

李貽孫祈雪謁廟題名

大中三年十二月刻，正書。

鄭損盧璬題名

大中四年九月刻，分書。

損，時爲臨晋縣令；璬，鄉貢進士。《宰相世系表》：損字慶遠，禮部尚書；璬，魏州刺史。

劉仁□修廟題名

大中四年十月刻，正書，並在華嶽廟。

敕內莊宅使牒

大中五年正月立，正書。

比丘尼正言疏

大中五年正月立，正書，並在西安府學。

正言名見裴休《大達法師碑銘》，此與《敕内莊宅使牒》同刻其陰。

李貽孫題名

大中五年七月刻，行書。

張權題名

大中五年八月刻，正書。

薛諤宋壽送坐主尚書赴滑臺題名

大中五年十月刻，正書。

于德晦題名

大中六年三月刻，正書，並在華嶽廟。

德晦時官同州刺史，《世系表》同。

杜順和上行記

大中六年□月立，杜殷撰文，董景仁草書[一]，在西安府開佛寺。

宋白《續文獻通考》：法順，姓杜氏，萬年人。爲隋文帝所重，月給俸供之。有病者對之危坐，少即愈；生而聾者與言，即聰；啞者與語，即能言；狂顛者使人領往，向之禪定，少選，即拜謝而去。又嘗臨溪，侍者懼不可濟，順率同涉，水即斷流。其神迹類如此。太宗素敬之，嘗引入宮禁，妃主、戚里、諸貴奉之如生佛。集《華嚴法界觀門》，弟子智儼尊者傳其教。

【校勘】

[一] 草書，按此碑今存西安碑林，爲行書。

崔瓘題名

大中七年三月刻，行書，在華嶽廟。

《宰相世系表》：瓘字汝器，官至吏部尚書。

定慧禪師宗密碑

大中九年十月立，裴休撰文并正書，在鄠縣草堂寺。

宗密姓何氏，果州西充縣人。嘗登進士，二十五歲時于遂州涪江西岸遇道圓禪師，問法契心，遂受圓教。文云："自迦葉至達摩廿八世，達摩傳可，可傳璨，璨傳信，信傳忍，爲五祖。忍傳能，爲六祖。忍又傳秀，爲北宗。能傳會，爲荷澤宗；又傳讓，讓傳馬，爲江西宗。荷澤傳磁州如，如傳荊南張，張傳遂州圓，張又傳東京照，圓傳之師，師于荷澤爲五世。"可即慧可，信即道信，忍即弘忍，弘忍與道信並居靳州雙峰山東山寺，故謂其法爲東山法門，贊寧《高僧傳》稱"弘忍七歲至雙峰，道信密付法衣，號爲東山法門"者是也。六祖本住寶林寺，後刺史辛據命出大梵寺，辭住雙峰曹侯溪，故六祖時亦稱爲雙峰和尚，所謂曹溪宗者是也。弘忍既傳能爲南宗，又傳秀爲北宗，其弟又各以其師爲六祖，秀之弟子普寂爲七祖。王縉《大證禪師碑》叙達摩歷傳及大通，大通傳大照。大通即秀，大照即寂也。後能宗衰而秀宗盛，惟會以能門高弟，直入東都，與北宗相抗。獨孤及《三祖碑》所謂："曹溪頓門，孤行嶺南。秀公師弟，兩京法主，三帝門師。帝王分坐，后妃臨席。"惟荷澤會公，致普寂之門盈而復虛，能祖宗風于斯不振者，以此秀宗盛于開元。會乃復于天寶，至貞元十二年，敕以會爲七祖，北宗自是遂無所聞矣。會亦稱神會。如即法如，如之弟子爲惟忠，惟忠即荊南張也。文又云："師初謁遂州，繼謁荊南，謁東京，後謁華嚴觀。"觀即澄觀，唐時所稱清凉國師，我朝雍正十二年，特封妙正真乘禪師者也。師本不識觀，後遣人持書以門人禮通之，觀答書有云："伯牙絶弦，仲尼傾蓋，矧乎不面而傳，意猶吾心。"其自作《圓覺經論》，序有云"叨沐猶吾之納，謬當真子之印"者，即指其事。文裴休撰，其《圓覺經論》書前亦有休序，傳次師事與此略同。有沙門如山注云："休先世名許玄度，因建越州塔未終，後托梁武帝之孫蕭詧訪曇彦禪師，爲入定觀，明其宿因。師云：'許玄度，來何暮，昔日浮屠今如故。'後衆請師起龍興大殿，師云：'非吾所爲，三百年後，當有非衣功德主來。'至唐三生爲休。"考宋沈仁衷《祇園寺舍利塔記》文云云與此相合。説雖近誕，然相傳有其事，用以博異聞焉也可。

尊勝陀羅尼經幢

大中十載四月立，薛志顥建，正書，在扶風。

崔彥昭題名

大中十一年五月刻，正書。

彥昭，僖宗相。

李植題名

大中十一年十一月刻，正書，並在華嶽廟。

郎官題名柱

大中十二年十一月立，不題書人姓名，在西安府學。

柱八面，面爲三段或四段，有左司郎中、左司員外郎、吏部郎中、吏部員外郎、司封郎中、司封員外郎、司勳郎中、司勳員外郎、考功郎中、考功員外郎、户部郎中、户部員外郎、度支郎中、度支員外郎、金部郎中、金部員外郎、倉部郎中、倉部員外郎、禮部郎中、禮部員外郎、祠部郎中、祠部員外郎、膳部郎中、膳部員外郎、主客郎中、主客員外郎等官，官各百餘人。

張權題名

大中□□年四月刻，行書。

李□祈雪題名

咸通元年十二月刻，正書，並在華嶽廟。

大悲心陀羅尼

咸通二年孟春立，正書，在咸寧卧龍寺。

溫璋題名

咸通五年六月刻，正書，在華嶽廟。

窣堵塔銘

咸通五年八月立，高墉撰文并正書，在咸陽龍華寺。

王夫人墓志

乾符三年立，正書，在長安崇聖寺。

夫人，中官强瓊妻也。瓊名見《梁守謙功德頌》後，銘後刻《佛頂尊勝經》。

修武安君廟記

乾符五年十二月立，正書，在咸陽縣東廟内。

陀羅尼經幢

乾符六年二月立，沙門詞浩正書，在咸寧牛頭寺。

尊勝經幢

乾符元年□月，女弟子陳氏建，在咸寧卧龍寺。

寺于隋爲福應禪院，唐名觀音寺，宋太宗更名卧龍寺，以僧惟果居此故也。

内侍吴承必墓誌[一]

乾符二年十一月立，裴廷裕撰文，行書，不辨姓名[二]，董瓛篆蓋，在咸寧田家灣。

【校勘】

[一] 必，《萃編》卷一一八、《墓誌彙編》均作“泌”。

[二] 據《寰宇訪碑録》卷四及《墓誌彙編》，書人爲閻湘。

司空圖題裴晋公題名詩殘字

正書，在華嶽廟。

《唐摭言》云："裴晉公赴敵淮西，題名岳廟之闕門。大順中，戶部侍郎司空圖以一絕紀之曰：'嶽前大隊赴淮西，從此中原息戰鞞。石闕莫教苔蘚上，分明認取晉公題。'"今此詩只存首二句，作"嶽前大旆討淮西"，則有二字異矣。圖書世所罕見，則此十四字可寶也。

濟安侯廟記

光化二年四月立，李巨川撰文，柳懷素正書，在華州城隍廟。

濟安侯，華州城隍神也。爲唐昭宗所封，文稱許國公者，韓建也。懷素字知白，河東人，見《宰相世系表》。

秦王重修法門寺塔廟記

天祐十九年二月立，薛昌序撰文，王仁恭正書，篆額。

天祐十九年，即梁主瑱之龍德二年也。秦王即李茂貞。唐亡，梁稱帝，改元開平，而茂貞與李克用並襲天祐。蜀王建稱天復七年，以明年改元武成。吳楊渥稱天祐十五年，以明年改元武義，並是也。茂貞踞有鳳翔等二十州，于梁主瑱貞明乙亥丙子之間，鳳翔爲蜀所克，史不言復爲茂貞所有，據碑可見其脫誤。碑又稱天復十二年、十九年、二十年，天復之十二年即天祐九年，其十九、二十年則天祐十六、十七兩年也，是茂貞稱天復、天祐號年之限。克用專稱天祐，茂貞兼用天復、天祐，此其所異者也。茂貞本姓宋，僖宗賜姓爲李氏。或云茂貞封秦王在同光初，天祐十九年不得有是稱。案天祐十九年即梁亡之年，明年則爲同光元年也，豈茂貞自稱爲秦王，莊宗因是封之耶？蓋不獨武都楊盛不改義熙年號，比志于陶靖節矣。

劉源李彥鐗等重立秦王碑題名

天祐二十年癸未四月立，正書，並在扶風法門寺，刻《秦王重修法門寺塔廟記》之側。

是爲後唐同光元年，是年四月己巳，存勗稱制改元，己巳當是二十五日，此云四月二十九日，是存勗已立五日矣。

爾朱逖墓碣

號年缺，程彥矩撰文，正書，無姓名，在郃陽朱家河。

府君名逖，字正道，其先河南郡人。祖澤，官于馮翊，因家焉。起家自懷州軍事押衙，授山南東道節度散兵馬使，改東都留守押衙，以檢校太子賓客兼監察御史終焉，年三十有九，卒於江陵府無競里，葬於澄城縣武安鄉。號年殘泐不可得，其可見者如是。朱家河本名大谷河，世傳爾朱之後改爲朱氏，居於河濱，因建逖廟，砌此碣于廟內，近世陝人某作彼縣志，即名此爲廟碑，誤矣。

大悲心陀羅尼尊勝陀羅尼經幢

大朝丙午仲夏立，正書，在慈恩寺。

西明寺尊勝陀羅尼經幢

號年泐，正書，在三原縣東北田村。

重興寺石柱經

號年缺，正書，在同官。

石鼓尊勝經

無號年及書人姓名，在醴泉昭陵。

鼓下作石山，山上作天王鬼神以戴之，斧鑿甚工。

净慈寺釋迦牟尼并賢劫象銘[一]

號年缺，分書，在西安府。

今世佛寺每造千佛閣者，即賢劫象也。《水經注》據《釋氏西域記》，言"放弓仗塔。國王有千子，勇健無比，來伐一國。先是，一國王有小夫人，生肉胎，大夫人妒之，即盛以木函，弃之恒水。國王游觀，開函見千小兒，端正殊好，取歸養之。後伐父國，父大恐，小夫人曰：'勿愁，但于城西作高樓，賊來置我樓上。'賊來，小夫人令千子張口，以兩手捋乳，乳作五百道，俱隊千子口中。賊知是母，即放弓仗，後于其處立塔”者，即其事矣。象爲裴行純造。

【校勘】

[一] 慈，按此碑今藏西安碑林，據銘文當作“住”。

三階大德禪師碑額

正書，在咸寧薦福寺。

此不知何碑之額，今存寺中，碑猶存半截，却無一字可見。

李益等題名

無號年，正書，並在華嶽廟。

唐有兩李益，一宰相揆族，官至禮部尚書，一爲太子庶子，此未知孰是。廟內凡爲唐人題名而無號年可見者，又有盧舒、韓解、劉承口、李賞、李成允、崔恭、蔣羅漢、韋彪等，共八石。考《宰相世系表》，韓解官至太子中允，崔恭至汾州刺史，韋彪至唐州刺史，餘皆不得其人。蔣羅漢則内侍省官也。廟中舊碣極多，向爲明人修五鳳樓用作令適柱礎，予以乾隆四十三年奉敕重修，乃始易以瓦石。既于舊址加整，亦使古物不墜于地，後來者共寶之也。

梁

寄邊衣詩

乾化四年刻，唐裴説撰，釋彦修草書，在西安府學。

説，唐末登進士，終禮部員外郎。此詩一云説作，一云裴羽仙作。羽仙，説妻也。

折敕史嗣祚神道碑

號年、撰書人並缺，在府谷西北李家洼。

文云有子五人，三曰從遠，從遠即從阮，以後唐莊宗鎮太原時領府州刺史。文内又有“當今晋王感公有大忠”云云，則是碑梁時所建也。

文云"大魏之苗裔，宇文之別緒"，又云"爰因忠烈，爲唐裔隴西氏"，《于克行碑》云"折出河西折屈"，《五代史》從阮父嗣倫，與此異。

後唐

揚凝式題名[一]

清泰乙未□月刻，行書。

王應麟云華岳題名自開元迄清泰，所稱清泰蓋即此是也。黃庭堅云："見顏魯公書，則知歐、虞、褚、薛未入右軍之室；見楊少師書，然後知徐、沈有塵埃氣。"少師筆札重于一時，得片紙寸書者，寶逾共貝。而此題名竟埋湮于殘題斷砌之間，數百年莫有問之者，于以見採録之功爲不小也。

【校勘】

[一] 揚凝式，即楊凝式(873—954年)，字景度，號虛白，陝西華陰人。唐昭宗時進士，官秘書郎，後歷仕後梁、唐、晉、漢、周五代，官至太子太保。在書法史上被視爲承唐啓宋的重要人物，宋人深受影響。西漢揚雄本姓楊，好標新立異，改"楊"爲"揚"。故後人亦常在姓上通用二字。

張希崇題名

清泰二年十月刻，正書，並在華嶽廟。

晉

廣慈院東北兩莊地土牒

天福六年八月立，正書，在咸寧香城寺。

牒爲晉天福時給，其刻石則在宋淳化三年六月。

移文宣王廟記

開運三年正月立，馮道撰文，楊思進行書，在同州府學。

文清簡有法，行書亦精整可傳。

周

樂安公祭告題名

廣順癸丑六月刻，□遜正書，在華嶽廟。

清代陝西金石學著作十種

卷　五

宋

王彦超修文宣王廟記

建隆三年八月立，劉從乂撰文，□昭吉行書并篆額。

《宋史·文苑傳》有劉從義，善爲文章，常纘長安碑文爲《遺風集》者，當即其人。

篆書千字文

乾德三年十二月立，釋夢英書。

夢英字皆作"英"，惟此碑作"瑛"，與他碑異。

夢英以篆法自名，而體多閒架，筆趨便易，不若少温之安詳端雅也。且多繆體字，如"宙"字應從"由"而作"宙"，"往"字應從"㞷"而作"㳹"，"閏"字應從"王"中畫近上爲帝王字，而作"閏"三畫正均乃金玉字，"嚴"字應從"厂"而作"嚴"，"匡"字應從"㞷"而作"匡"，"頓"字應從"屯"而作"頓"，"嫡"字應從"啇"而作"嫡"，"出"字應從"屮"而作"出"，"克"字應作"克"而作"克"，"列"字應作"㓞"而作"列"，"殿"字應作"殿"而作"殿"，"丞"字應作"丞"而作"丞"，"穀"字應作"穀"而作"穀"，"敕"字應作"敕"而作"敕"，"觸"字應作"觸"而作"觸"，"眺"字應作"眺"而作"眺"，"盟"字應從"血"而作"盟"。或省，或增，或改變，皆非正體。又古無"藏"字只用"臧"，古無"崑"字只用"昆"，古無"潔"字只用"絜"，古無"邈"字只用"藐"，古無"懸"字只用"縣"，古無"塗"字只用"涂"，古無"貽"字實用"詒"，古無"妙"字實用"眇"，古無"悦"字實用"説"，此亦並用俗字。揆其故，蓋因"玉出昆岡，昆池碣石，女慕貞絜，紈扇員絜”等字本重疊故也。又“逍遥”，古只用“消摇”；“藝”，古只用“埶”，此竟作“逍遥”與“藝”。“律吕調陽”本爲“律召”，隋智永、唐歐褚所書皆然，今則作“吕”，更徵謬陋矣。英書已傳數百年，然不能免後人之譏如此，搦管者可不知所取法耶？

三體陰符經

乾德四年四月立，郭忠恕書。

此刻《唐懷惲禪師碑》之陰，三體者以篆爲正，而以古隸分注于下也。“蠹”字本從“𧂭”從“𧂭”，而省爲“𧂭”，最謬者則“烈”字之作“𤊽”耳，其所用古文多無所本。《宋史》稱忠恕有《古文尚書》并《釋文》行世，今其所作汗簡中採録甚多，字體亦正俗參半，乃博覽之家，非求精之學也。篆體既變少監舊法，又加之筆畫謬戾，何以示後？

夢英千字文序

乾德五年九月立，陶穀撰文，皇甫儼正書。

江淹擬休上人怨別詩

乾德五年立，釋夢英十八體篆書，注解分書，贈詩正書，並袁允中書。

贈詩共十二人：馬去非、宋白、賈黄中、陳摶、趙逢、李頌、盧岳、許道寧、何承矩、吕端、僧永牙、元寶，與咸平元年刻者，惟賈黄中、吕端二詩相同。此題端爲太常丞，當是太祖定國初所贈，然則咸平刻云“特進、太子太保致仕”者，爲追録無疑也。米芾《書史》曰：“夢英諸家篆，皆非古失實，一時又從而贈詩，使人媿笑。”

摩利攴天經

乾德六年十月立，袁正己正書，前有摩利攴天像，李奉珪繪。
《書史會要》：正己，汝南人。

陰符經

乾德六年十一月立，袁正己正書，前有李筌遇驪山老母圖象，翟守素繪。

清代陝西金石學著作十種

張仲荀抄高僧傳序

無號年，陶穀文，釋夢英正書，並在西安府學。

修周武王廟碑

開寶六年十月立，盧多遜撰文，孫崇望行書。

崇望書宋時謂之院體，蓋用《集聖教序》筆意而加豐潤者。趙嵋謂出于吳通微，恐未必然。《宋史·禮志》："廣南平，遣司農少卿李繼芳祭南海，除去劉鋹所封僞號及宮名。又命李昉、盧多遜、王祐、扈蒙等，分撰嶽瀆祠及歷代帝王碑。遣翰林待詔孫崇望等分詣諸廟，書于石。"即其事。

修周康王廟碑

開寶六年十月立，黃遜浮撰文，孫崇望行書，並在咸陽廟內。

文有云"我應天廣運聖文神武明道至德仁孝皇帝"，《宋史·本紀》：乾德元年十一月，百官上尊號曰"應天廣運仁聖文武至德皇帝"；開寶元年十一月，上尊號曰"應天廣運大聖神武明道至德仁孝皇帝"，與此云聖文者異。

修唐太宗廟碑

開寶六年十月立，李瑩撰文，孫崇望正書，在醴泉廟內。

修龍興寺塔記

開寶八年四月立，正書，在同州。

碑無撰書人姓名，文內有"岾也德行無取，文學甚虛"之言，當是撰文者名，而姓無考。

蒼頡廟碑并陰

開寶八年大呂月立，韓從訓撰文，韓文正行書，在白水。

碑字甚拙，其陰列孔子弟子姓名。書冉耕字百牛，考漢《啓母廟石闕銘》，"百川""栢鯀"義作"伯"，漢碑陰又有"出錢幾伯"之文，是古"百""伯""栢"三字通用也。書公冶長字子之，范宷曰："公冶長名芝，字子長。"以芝爲名非也，古"芝"與"之"同字。書漆雕開字子修，樊遲字子緩，又分樊須爲二人，則非是。

法門寺浴器靈異記

太平興國三年四月立，正書，無撰書人姓名，在扶風。

保寧等寺額牒

太平興國三年四月立，正書，在興平。

牒云："興平縣清梵寺，宜賜保寧之寺爲額；西禪院，宜賜净相禪院爲額；誌公塔院，宜賜多寶院爲額；法花院，宜賜惠安之院爲額。"後有"中書侍郎平章事盧"者，盧多遜也。"右僕射兼門下侍郎平章事，左僕射兼門下侍郎平章事"者，當是沈義倫、薛居正兩人。

使　帖

太平興國三年六月立，正書。

中署"右贊善大夫、通判軍州事揚"而不及名，劉敞等《漢書刊誤》曰："楊氏世有兩族，出赤泉侯者從木，子雲當從手。"吴仁傑正之曰："子雲先世食我，食采于楊而得姓字，亦應從木。"案《魏志》，楊修字從木，而自稱爲修家子雲，知兩字古本通也。後有武功郡王，《宋史·宗室列傳》云："太祖子德昭，太平興國元年鎮永興，封武功郡王。"

縣　帖

太平興國三年六月立，正書，此與《使帖》並刻牒文下。

太上老君常清净經、太上昇元消災護命經、太上天尊説生天得道經

太平興國五年閏三月立，龐仁顯正書，前有老君像，白廷璨繪，在西安府學。

廣慈禪院新修瑞象記

雍熙二年三月立，希夷先生陳摶撰文，楊從義正書并篆額，在咸寧香城寺。

周約謁祠記

雍熙二年八月刻，正書，在華嶽廟。

新譯三藏聖教序

端拱元年立，太宗御製文，釋雲勝隸書，在西安府學。

香城寺牒

淳化二年四月立，正書，刻香城寺地土碑下方，在咸寧。

呂文仲題名

淳化四年三月刻，正書。

文仲時以左諫議大夫，與陳堯叟爲關西巡撫使，見《宋史·本傳》。

王著題名

無號年，正書，刻唐《定慧禪師碑》陰，在鄠縣。

著以攻書事太宗爲侍書，傳以爲與呂文仲同時人，故附于此。

崔承業題名

淳化四年十一月刻，正書，在唐《大智禪師碑》之陰。

侯建中謁詞記

淳化五年春仲刻，正書，在華嶽廟。

贈夢英大師詩

咸平元年正月立，釋正蒙正書。

共三十二人：陶穀、楊昭儉、趙逢、王著、蘇德祥、趙文度、郭從義、何承裕、楊徽之、范杲、李建中、張洎、呂端、賈玭、李鑄、師頑、李若拙、宋白、賈黃中、趙昌言、鄭起、許仲宣、馬去非、韓溥、臧丙、蘇易簡、王承衍、陳文顥、穎贊、郭忠恕、陳搏、宋溫舒。敘次官職往往與史傳合，唯李若拙、范杲、臧丙爲左諫議大夫，鄭起爲左拾遺，史並作右，爲非耳。又楊徽之不及爲翰林侍讀學士，亦其脱略。考碑作咸平元年刻石，而史載徽之以二年爲兵部侍郎兼秘書監，師頏以三年爲翰林學士，吕端以太子太保致仕，亦在真宗立後一二年，並在刻石後者，疑碑追刻歲月，實非元年所製也。碑書諸人官職皆舉其後且顯者，故有不合耳。詩並言“某人上”，或無“上”字，唯范杲作“狂筆”，言甚粗鄙，不足法也。夢英一沙門耳，其傾動朝士，不必皆如詩所云云，或好事者依托爲之，以張大其教耶，然非所考矣。諸詩亦俱無可觀。王著題云“翰林學士、中書舍人知制誥”，當是單州人，以開寶二年卒，無書名，與太宗時爲侍書者是兩人。

説文偏旁字原并自序及郭忠恕答書

咸平二年六月立，《字原》篆書，《自序》《答書》正書，並釋夢英書，並在西安府學。

英書多繆體，如“[illegible]”字作“[illegible]”，“旻”字作“[illegible]”，“叀”字作“[illegible]”，“[illegible]”字作“[illegible]”，“[illegible]”字作“[illegible]”，“[illegible]”字作“[illegible]”，“瓦”字作“[illegible]”，皆不合于六書之正者也。英公書法與郭恕先如出一手，故每相標榜，恕先答英公書亦頗稱之。而自序直云“自李監之後，惟洛陽郭忠恕共余深得其妙”，未免太自詡矣。

《字原》于每字下各著一音，皆自爲音切，不本前人所製、合之紐弄之例，猶無所誤。其最謬者有三，如音“皀”爲方木反，考“皀”字古有兩音，一音“香”，一音皮及反，從無“方木”之音；音“犛”爲陌包反，“犛”字從“牛”，“𠩺”聲，“氂”字從“犛”，“毛”聲，是誤以“犛”爲“氂”字；音“甾”爲方九反，《説文》曰：楚東名“缶”爲“甾”[一]，本音側詞反。又誤以“甾”爲“缶”字。是英公非但不識字，亦並不知音。

顔元孫《干録字書》，無當于古人之正字也，然習之可以無無來歷之字。賈昌朝《群經音辯》，無當于古人之正音也，然習之可以無無來歷之音。當合此兩書，刊布于時，以爲初學者法式。

《説文》切音，乃徐鉉等以《唐韵》附入者，其《廣韵》爲宋人增删，已非唐本。今陸德明《經典釋文》、李善及五臣《文選注》、張守節《史記正義》、顔師古《漢書注》、章懷太子《後漢書注》、張湛《列子注》、史崇及僧玄應兩《一切經音義》、楊齊宣《晋書音義》、顔師古《急就章注》等書具在，世多讀書好古之士，而卒無一人採録諸家之説，以復《唐韵》之舊者，何也？夫由《唐韵》以合之周、沈，更由周、沈以合之漢魏，上溯三代，音之古今正變可睹矣。而後人乃指吴棫之書爲古音之正，取以証《詩》《騷》、漢賦，何其謬歟！

【校勘】

[一] 楚東，《説文》原文作"東楚"。

修文宣王廟記

咸平三年八月立，王漢撰文，蕭資隸書并題額，在臨潼縣學。

保寧寺浴室院鐘款

咸平三年十二月建，正書，在興平保寧寺。

款内稱府主者，知京兆府事者也。内品者，内侍官也，所謂把門内品、後苑内品及内品矣。鎮將及副鎮，則鎮砦官耳。

梁顥李易直安撫巴峽謁祠記

咸平三年刻，正書。

《宋史·顥本傳》：是年冬，王均平命顥爲峽路安撫使。題稱"右司諫知制誥"，《梁顥傳》不及爲右司諫者，略也。《通鑑長編》："命翰林學士王欽若、知制誥梁顥，分爲西川及峽路安撫使，國子博士李及甫[一]、秘書丞李易直副之。所至録問繫囚，自死罪以下得第降之。上諭欽若等曰：'朕以觀省風俗尤難，其人數日思之無易。卿等各宜宣布德澤，使遠方知朕勤卹之意。'"

【校勘】

[一] 李，《通鑒長編》原文作"袁"。

江仲甫謁祠記

咸平四年閏十二月刻，何淑正書，並在華嶽廟。

卧龍寺鐘款

咸平六年十二月造，正書，在咸寧。

敕賜西嶽廟乳香記

咸平六年九月立，韓見素撰文，□□正書，董泊篆額，在華嶽廟。

後題名內有“宣德郎、守右司諫、直史館、知華州軍州事、輕車都尉高紳”。江少虞《皇朝事實類苑》曰：“紳，江東人，善篆文，與李無惑同時齊名。”

重真寺買田莊記

咸平六年□月立，撰書人缺，在扶風。

修造靈寶三籙壇記

景德二年冬十一月刻，龐奎題，正書。

□仲卿祭告記

景德二載□月刻，正書。

虞部郎中淳于廣謁廟記

祥符建號弍載季秋刻，分書，並在華嶽廟。

御製文宣王贊

大中祥符元年十月立，正書，篆額。

元聖文宣王贊並加封號詔

大中祥符元年十一月立，真宗御製并正書。

《宋史·禮志》，是年十一月幸曲阜，備禮謁廟。《本紀》，加謚孔子爲元聖文宣王，遣官祭以太牢，給便近十户奉塋廟。

承天觀碑

大中祥符二年二月立，李維撰文，尹熙古行書并篆額，在正寧[一]。

觀，唐天寶元年建，明皇夢群仙，使求之，得石象二十七，因置此也。《唐書·地理志》云，縣本名羅川，以獲玉真人像，改名真寧。

【校勘】

[一] 正寧，即下文之真寧，清雍正初避清世宗（胤禛）諱，改爲正寧，沿用至今。

修文宣王廟大門記

大中祥符二年六月立，孫僅撰文，冉宗閔正書，張格篆額，並在西安府學。

《宋史·禮志》：是年以國諱，改元聖文宣王爲至聖文宣王。五月，通封十哲爲公，七十二弟子爲侯，先儒爲伯。

晋國大長公主祈福記

大中祥符己酉十月立，賈得升題並正書，在華嶽廟。

大長公主即延慶公主，下嫁石保吉，以淳化元年改封，即以是年十二月薨逝。悟真大師賈得升，陳希夷弟子。文內又有"張德□"，應是張德昇，見龐房《報祀記》。

□□禪師偈

大中祥符三年正月立，沙門靜己行書，省中篆額，在西安府學。

此刻唐《栖先塋記》後，額已失，禪師泐其名。

李璿謁廟記

大中祥符三年二月刻，正書。

韓國長公主祈福記

大中祥符三年三月立，賈得升題並正書。

《宋史·本傳》："楊國大長公主，至道二年封宣慈長公主，咸平五年進魯國，下嫁柴宗慶，歷徙韓、魏、徐、福四國。仁宗立，進鄧國大長公主。"以《真宗本紀》考之，封韓國後應是衛國，非魏國也。《本紀》是年閏三月[一]，帝幸第視疾，即指此事。案太宗七女，惟此歷封韓國爲長公主，若雍國大長公主亦改封韓，非此人。

【校勘】

[一] 三，爲"二"之訛誤。按《宋史·本紀》，是年爲閏二月，非閏三月。

韓國長公主禱謝記

大中祥符三年四月立，賈得升題，正書，並在華嶽廟。

重書唐旌儒碑

大中祥符三年五月立，唐賈至撰文，張綽重書并篆額，在臨潼縣學。

文云："天寶中，改坑儒鄉爲旌儒鄉。"《册府元龜》云："天寶元年，改麗山爲會昌山，仍于坑儒之處立祠以祀遭難諸儒。"

龐房謁祠記

大中祥符季秋刻，正書。

宋垂遠等謁祠記

大中祥符庚戌季秋立，張綽隸書，並在華嶽廟。

文云："閤門祗候宋垂遠，奉命提點京西刑獄公事。詔旨給假，迎侍北堂。與弟秘書省正字寧遠、知邑棘丞師仲宰、知京兆昭應縣張綽、進士龐房，同告謁嶽祠。"案《宋史·宋璫傳》："子明遠，都官員外郎；次子垂遠，閤門祗候。"不及寧遠名。龐房《報祀記》云："師仲宰，以大理寺丞知華陰縣事。"

普濟禪院記

大中祥符三年十一月立，閻仲卿撰文，沙門善儔習王右軍行書，在汧陽龍泉山。

　　善儁自署爲"廣慈禪院文學沙門"，廣慈禪院者，即府城之香城寺也，爲晋天福時改名。古有集書，無稱習書者，習書應是依仿爲之。此碑筆畫雖近，却甚拙陋，如"閻"字作"門"内"陷"，右軍時必無此體，尤爲無所據矣。

何昌齡謁廟記

　　大中祥符四年二月刻，正書，在華嶽廟。

重修元聖文宣王記

　　大中祥符四年，皇帝祀汾陰之月立，董儲撰文，僧嗣端隸書，在藍田。

陳繼昌謁廟記

　　聖宋祀汾陰歲仲春月刻，第十孫陳知新正書，在華嶽廟。

泰寧宮牒

　　大中祥符四年三月立，正書，在渭南，今名后土廟。

任中正謁祠記

　　大中祥符四年十一月刻，正書。
　　題云"樞密院直學士，知□州迴，路由名嶽"者，時代張詠知益州也。中正字慶之，官終禮部尚書。

盛亮摹勒御書記

　　皇帝祀汾陰明年三月立，正書，姓名泐，並在華嶽廟。

賜陳堯咨疏龍首渠敕

　　大中祥符七年九月立，堯咨行書，在西安布政司廨。
　　堯咨自署"龍圖閣直學士、尚書工部郎中、知永興軍府"，與史《本傳》合。傳云"長安地斥鹵，無甘泉。堯咨疏龍首渠，注城中，民利之"，即指其事。堯咨字嘉謨，堯叟之弟。

張懷彬投龍記

天書九載孟春立，孫可久題，正書。

懷彬官入內供奉，可久官入內高班，又有李懷凝，官入內高品，並中人也。《宋史·真宗本紀》："大中祥符元年春正月乙丑，有黃帛曳左承天門南鴟尾上，守門卒塗榮告有司以聞，上召群臣拜迎于朝元殿，啓封，號稱天書。"

蔡汶祭告並王懷珪嶽廟設醮記

大中祥符九年六月刻，張綽正書。

薛田魏野謁嶽祠記

大中祥符□年正月立，正書。

《宋史·魏野傳》："魏野，字仲先，陝州陝人，隱居州之東郊。祀汾陰之歲，與李瀆並被薦，不赴。"案此題云"徵君魏野"，當是被薦之後。薛田，字希稷。

□知常建醮記

大中祥符□年六月立，正書，並在華嶽廟。

知常亦中人，官入內高品。

保寧寺浴室院建鐘樓碑

天禧二年六月立，冉曾撰文并行書，冉商篆額，在興平。

文甚華贍足傳，行書亦整健。商自署官爲"三班借職監商稅"者，三班借職，武臣之初階；監商稅，隸太府寺都提舉，所謂諸州易務、雜買務、雜買場者是也。

許文德題名

天禧三年十月刻，正書，在華嶽廟。

大宋勃興頌

無號年，虛儀先生撰文，唐英篆額，在西安府學。

此刻虞永興《夫子廟堂碑》後，碑題"皇帝嗣明離之三葉，歲在未、月建午、日丁卯"，宋自太祖至真宗，有天下者三世。真宗即位之後，歲在未，是爲天禧三年也。《宋史·文苑傳》有馬應，自稱先生，于開寶初傚元結《中興頌》體，作《勃興頌》，以述太祖下荊湖之功。碑序所稱"文表起戎，保權告難"，頌所稱"洞庭漣漣，巴陵遷遷"，皆荊湖間事，此稱虛儀先生而不置姓名，當即其人。

鄧保□送御書神述碑石記

天禧四年十月立，正書。

文有云"巳後午前丙時竪之"，所稱丙時，即二十四路法也。其法出之《淮南子·天文訓》，子午卯酉爲二繩，丑寅辰巳未申戌亥爲四鈎。東北爲報德之維，西南爲背陽之維，東南爲常羊之維，西北爲號通之維。所謂四維者，乾巽坤艮四路也。故下又有斗指子則冬至，指癸則小寒，指丑則大寒，指報德之維則立春，指寅則雨水，指甲則驚蟄，指卯則春分，指乙則清明，指辰則穀雨，指常羊之維而立夏，指巳則小滿，指丙則芒種，指午則夏至，指丁則小暑，指未則大暑，指背羊之維而立秋，指申則處暑，指庚則白露，指酉則秋分，指辛則寒露，指戌則霜降，指號通之維而立冬，指亥則小雪，指壬則大雪等説。道家傳《黃帝宅經》，多有其法，世蓋襲用之，而不知其出於《淮南》矣。

鄧保□竪立神述碑石記

天禧四年十月立，正書。

題云"神述碑一庁"，《玉篇》有"庁"字，云平也。又有"廰"字，云客廚。此蓋以"庁"爲"廰"，案聽事之所爲廰，古無"庁""廰"二字，是即用"聽"字矣。

劉鍇謁祠記

天禧庚申歲刻，正書。

段微明建醮記

乾興元年二月刻，正書。

題云“奉宣差入内、内侍省内侍高品段微明，往慶成軍太寧宫太寧廟開啓道場”，慶成軍即河中府榮河縣，以大中祥符中陞爲軍，太寧宫即后土祠。《禮志》曰：“大中祥符四年，改奉祇曰太寧宫。”

范雍謁祠記

乾興壬戌四月刻，正書。

題云“陝西轉運使、尚書兵部員外郎、賜紫金魚袋”，以傳考之，當由京東轉運副使，歷河北轉運使及陝西也。史不及兵部員外郎，是其缺略。

上官冲謁祠記

乾興元年五月刻，正書。

范雍再謁祠記

天聖癸亥九月刻，正書。

題云“今歲自三司度支副使遷此官，復爲本路轉運使”，以傳合之，蓋由陝西轉運使入爲三司户部副使，又徒度支，以尚書工部郎中爲龍圖閣待制、陝西都轉運使耳。

宋漢臣祭禱記

乙丑歲乙酉月刻，正書。

文稱壬戌歲乙巳月，又稱甲子歲丁丑月，又稱乙丑歲戊寅月，又稱當歲壬午月、乙酉月。壬戌當是乾興元年，甲子爲天聖二年，乙丑則三年也。考文安公《牡丹詩》爲漢臣所刻，是漢臣其時人。

清代陝西金石學著作十種

劉近恭謁聖容記

天聖三年口月刻，正書，並在華嶽廟。

浴室院鐘樓記碑陰

天聖四年五月，僧思詮正書，在興平。

勸慎刑文并箴

天聖六年五月立，晁迥撰文，盧經正書，在西安府學。

迥判西京時年已八十餘矣，其爲殿中丞，嘗失入死囚，奪官二秩，故晚年津津慎刑若此，於此可見古人悔過之亟。

棲禪寺修水磨記

天聖八年八月立，沙門志陸撰文并行書，在鄠縣草堂寺。

文云"寺之東南隅曰高觀之谷"，《長安志》作高冠，在林谷之東，去縣三十里。水磨之法，置車輪於水中，軸高丈餘，設板使軸上出以置磑，磑石兩層，上層四周繘懸之，使不復動，水從高下卸激輪，則下磑旋轉如風，能濟千人食。明徐光啓《農政書》有其遺製，乃泰西龍尾等車法之祖也，今秦地人猶用之。

文安公牡丹詩

天聖九年五月立，劉孟堅序，行書，篆額，無姓名，在咸寧香城寺。

永興軍牒

景祐二年二月立，僧惟悟書。

此刻唐《邠國公功德銘》之陰。時范雍以户部侍郎知永興軍，請以府城隙地立學舍，并乞國子監九經書籍，故給此牒。牒以元年正月下，至二年二月始書上石也。上有門下侍郎兼吏部尚書、平章事吕者，吕夷簡也；工部尚書平章事李者，李迪也；户部侍郎、參知政事王者，王曙也；刑部侍郎、參知政事宋者，宋綬也；下皇叔、行雍州鳳翔牧、荆王者，周恭肅王元儼也。考史《本

《紀》及諸傳，並合。

中書剳子

景祐二年十一月立，正書，並在西安府學。

陳執中謁祠記

景祐四年十月刻，正書，在華嶽廟。

《宋史·本傳》：執中字昭譽，明道中安撫京東，進天章閣待制。使還，知應天府，徙江寧府，再遷工部郎中，改龍圖閣直學士，知永興軍。案此云陳執中自天章待制除龍圖閣直學士、知永興軍府，與史傳合。

興元府修文宣王廟記

慶曆二年正月立，竇充撰文并正書，篆額，姓名闕，在褒城。

興慶池禊宴詩并序

慶曆壬午歲上巳日立序，張子定撰。詩共十八人，范雍、張奎、劉渙、張子定、張揆、王揚庭、李諷、尹仲舒、閭詢、趙濟、宋宏、雷簡夫、楊初平、史瑜、董士廉、文彥若、趙寅、王沖。正書，隸額，在西安府學。

四六序典雅清麗，詩並卓卓可傳。子定，高平幕下士也[一]，可想見一時之盛。

【校勘】

[一] 高平，按即范雍。張子定《序》云，與其事者有"資政大學士左轄高平公"，詩作署名者有"資政殿大學士、尚書左丞、知永興軍府事范雍"。

王堯□謁祠記

慶曆壬午仲冬刻，正書，在華嶽廟。

題云"被詔綏撫涇原"，又云"經畫西事"，以史考之，即王堯臣也。堯臣以翰林學士知審官院，陝西用兵，爲體量安撫使。韓琦徙秦州，范仲淹徙耀州，堯臣言二人不當置之散地，又薦种世衡、狄青有將帥才。慶曆二年九月，趙元昊自鎮戎軍原州入寇，乘勝掠平涼，關中震恐。仁宗思其言，復以琦、仲淹爲招討使，使堯臣再撫涇原。其所論沿邊城砦設險阨要，賊徑通屬及備禦輕重之策，動關利害，故史節載其文。以《仁宗本紀》考之，是年十月甲寅有遣使安撫涇原路之文，而不署姓氏。夫堯臣能識韓、范於既敗之後，舉种、狄於未用之先，所見已爲卓然；又經略西兵，朝廷多從其計，至以疏請諸事付之各鎮，用取爲法。是堯臣之出爲當時重有關係之人，《本紀》反略之，《宋史》之採摭失當，於此可見。

浴室院建鐘樓碑陰記

慶曆癸未五月刻，正書，在興平。

普通塔記

慶曆五年二月立，盧覬撰文，沙門可度正書，在扶風。

法門寺重修九子母記

慶曆五年閏五月立，張奭撰文，魏戩正書，在扶風法門寺。

程琳謁祠記

丁亥六月立，正書。

題云"推誠報德功臣、宣徽北院使、武昌軍節度、鄂州管內觀察處置等使、光祿大夫、檢校太傅、使持節都督鄂州諸軍事、行鄂州刺史兼御史大夫、充陝西路安撫使兼鄜延路經略使、馬步軍都部署、判延州軍事管內勸農使、上柱國、安定郡開國公、食邑三千九百户、食實封七百户程琳"，案《宋史·本傳》云：琳字天球，永寧軍博野人。累官太常博士、權三司户部判官。大中祥符中，修起居注，提舉在京諸司庫務，知制誥，判吏部流內銓，權三司使。改樞密直學士，知益州。遷給事中，權知開封府。再遷工部侍郎、龍圖閣直學士。復爲御史中丞，不拜，以翰林侍讀學士兼龍圖閣直學士，再知開封府。改三司使。遷吏部侍郎、參知政事，遷尚書左丞。尋爲户部侍郎，知天雄軍。又以左丞爲資政殿學士，遷工部尚書，加大學士、河北安撫使。改武昌軍節度使，知永興軍，陝西安撫使。以宣徽北院使判延州，仍爲陝西安撫使，拜同中書門下平章事、判大名府。

施昌言修廟記

慶曆七年秋立，隸書。

題云"天章閣待制、知華州事施昌言"，《宋史·本傳》：昌言字正臣，通州靜海人。累官屯田員外郎、知太平府，入爲殿中侍御史、開封府判官。安撫淮南還，以禮部員外郎兼侍御史，遷三司度支副使，除天章閣待制、河北轉運副使，降知華州。

田況謁祠記

慶曆丁亥仲冬立，正書，並在華嶽廟。

云"樞密直學士田況"，《宋史·本傳》：況字元均，趙元昊反，夏竦經略陝西，辟爲判官，後遷陝西宣撫副使。

禮法門寺真身塔詩

慶曆戊子暮春立，張問作，王宗元行書，在《秦王重修法門寺塔廟記》之陰。

葉清臣謁祠石幢

慶曆八年四月立，正書，在華嶽廟。

題云"翰林侍讀學士、尚書户部郎中、知永興軍府事、本路安撫使、兵馬都部署、吳興郡侯葉清臣"。《宋史·本傳》：清臣字道卿，蘇州長洲人。歷官太常丞、直史館，以左正言、知制誥判國子監。陝西用兵，擢起居舍人、龍圖閣直學士、權三司使。爲呂夷簡所惡，出知江寧府。踰年，入翰林爲學士。以父憂，服滿，除翰林侍讀學士，知邠州，改澶州，進尚書户部郎中，知青州，徙永興軍。仁宗御天章閣，召公卿，出手詔問當世急務。清臣聞之，爲條對，復爲翰林學士、權三司使。案此內有"慶曆丁亥秋赴官，明年四月蒙恩召還"云云，當是復爲翰林學士時事。

王元等題名

慶曆八年九月刻，正書。

慈恩寺塔栨石上多作佛象，皆唐筆也。凡宋元人題名，並在空處。明人則大書佛像之上。考《歷代名畫記》云，塔內面東西間，尹琳畫；塔下南門及西壁千鉢文殊，尉遲畫；南北兩間及兩門，吳畫。唐寺多畫壁，故記云爾。其稱南門及南北兩間，當即是栨石所刻，筆畫精整有法，猶可寶也。

雷簡夫題名

慶曆年月缺，隸書，並在慈恩寺。

程琳再謁祠記

皇祐己丑四月立，正書，在華嶽廟。

內有云"太常博士蔡挺"，即工部尚書蔡敏肅公也，字子政。史但載從王堯臣、范仲淹兩次宣撫陝西，不及程琳，并不及爲太常博士，俱是缺略。

重修李太尉祠堂記

皇祐元年六月立，王晢撰文，張大中正書，廖山甫題額，在富平覓子店。太尉，唐李光弼也。其地有赤眉廟，晢爲縣令，改爲祠堂，至今尚存。

王宗元題名

皇祐己丑清署之月刻，宗元行書，在《秦王重修法門寺塔廟記》之陰。

重修扶風縣學記

皇祐元年九月立，姚嗣宗撰文，正書，在扶風。

李杞謁祠記

皇祐辛卯仲冬刻，正書，在華嶽廟。

蘇軾有《臘月遊山訪惠勤惠思二僧》詩，又有《李杞寺丞見和前篇復用元韻答之》詩，疑即其人。

復惟識廨院記

皇祐三年立，黄庶撰文，□□元正書，在西安府學。

此刻隋《皇甫君碑》後。唯識廨院者，藍田故龍泉寺也。有洪集者，與姚氏共復之，而爲之碑。碑書或正，或行，或草，或兼篆籀分隸，奇怪遒偉，莫名一器。余所見隋開皇時曹永恪修《陳思王廟碑》亦如是[一]，後世無人敢效之矣。

清代陝西金石學著作十種

【校勘】

[一] 恪，據現存此碑，當作"洛"。

李參毋沆等題名

皇祐甲午上巳日刻，行書，在鄠縣草堂寺。

此即至和元年，是年四月改元。參字清臣，知興元府。時又有李清臣，字邦直，非此人。

京兆府小學規

至和元年四月立，裴衿正書，在西安府學。

遊藥水寺詩

至和三年立，劉異撰，正書，在略陽。

寺在縣南七里嘉陵江之藥水巖。《方輿勝覽》稱"去沔州城七里南有二石洞，洞有泉，能療疾"者，此也。異詩自注云："山上有石乳洞，昔人采石乳入此洞中，約行半日，忽見天氣清朗，奇花異木，非凡境所有。爲白鹿所觸，驚迷而返。後再遊，則有大石塞其門矣。"今洞又在藥水巖之上五里云，洞口石尚存。

封濟民侯牒

嘉祐二年二月立，正書，隸額，無姓名。後有金正大三年二月蔡囗題名，在郿縣太白廟。

案牒以至和二年七月給，後叙四人：給事中、參知政事程者，程戡也；戶部侍郎、平章事富者，富弼也；兵部侍郎、平章事劉者，劉沆也；吏部尚書、平章事文者，文彥博也。濟民侯，太白湫神也。是時李昭遘知鳳翔府事，以祈雨感應，請於朝，因得以封之也。昭遴稱"山有祠宇，不知建置之始，唐貞元中詔京兆尹韓皋重修，據《柳宗元集》，有碑具載感應。後唐清泰中復加繕葺，國朝祥符二年專遣使修完。春秋邑令致祭，列在祀典。臣兼聞慶曆七年，河南府王屋縣析城山聖水泉特封爲潤德侯，其例未遠，可舉而行。牒奉敕宣，特封濟民侯。"考太白神，唐天寶八載封爲神應公，十四載爲靈應公，而宗元《碑》不載。宋真宗已封通泉廟爲靈沠侯，而昭遴亦不及。《宋志》王屋縣，熙寧五年屬孟州，則是時猶屬河南也。碑爲縣令賈番立石，書法仿顏平原，疑即所書。

白水路記

嘉祐二年二月立，雷簡夫撰文并正書，篆額，在略陽。

文云："至和元年冬，利州路轉運使李虞卿以入蜀青泥舊路高峻，請開白水路以便公私之行。具上未報，先預畫材費，以待其可。又請知興安軍劉拱總督工作，命僉署興安判官李良祐、權知長舉縣令商應，案視險易。因知河池縣令王令圖首建路議，即移文令圖，通幹其事。明年七月，詔可，十二月畢工。初，路未成，李先遷東川路。新轉運使田諒至，審其績狀，以嘉祐二年三月奏上且曰：'虞卿以至和二年仲春興役，仲夏移去，其經營建樹之狀，與令圖同，願朝廷旌虞卿、令圖之勞，用勸來者。'朝廷依其請。"其略如此。案白水路因江爲名，白水江，《水經注》所稱濁水者是也。青泥亦水名，《太平寰宇記》有"左溪水入嘉陵江"者即是。《水經注》：漢水又東南，于樂頭郡南與濁水合。水出濁城，東流與丁令溪水會。又東逕武街城南，故下辨縣治也。又東弘休水注之，又東逕白石縣南，又東南泥陽水注之，又東南與仇鳩水合，又東南與河池水合，又東南兩當水注之，即故道水，又南注漢水。

張恭禮建醮記

嘉祐四年三月立，正書，在華嶽廟。

恭禮，中人也，官入內內侍省內侍高品。

呂大忠等題名

嘉祐庚子三月刻，正書，在白水《蒼頡廟碑》之上方。

种諤題名

嘉祐庚子四月刻，正書，在華嶽廟。

諤字子正，种世衡之子。題云“大理寺丞、知縣”者，蓋以棘丞出知華陰縣事也，《本傳》不及之。

張渥題名

嘉祐六年四月刻，正書，在《秦王重修法門寺塔廟記》之側。

嘉祐殘字

嘉祐壬寅五月刻，正書，在慈恩寺。

程遵路謁祠記

嘉祐七年三月刻，隸書，在華嶽廟。

石林亭詩

嘉祐七年十二月立，劉敞、蘇軾倡和作，李部正書，篆額，在麟遊。

石本唐苑中物，原父購得之，爲此亭，與東坡倡和。王象之云，亭在麟遊縣治東。

韓愈五箴

嘉祐八年二月立，李寂篆書，在西安府學。

寂於宋不甚著名，筆格方整可觀，惜其有譌體處，書家所不避也。

妙德禪院明覺殿記

嘉祐八年六月立，雷簡夫撰文，劉戡正書，在耀州。

章惇題名記

甲辰正月立，行書，在鄠縣草堂寺。

清代陝西金石學著作十種

文云"惇自長安率蘇君旦、安君師孟至終南謁蘇君軾"者，《宋史·惇傳》："惇舉甲科，調商洛令。與蘇軾游南山，抵仙遊潭，潭下臨絶壁萬仞，橫木其上。惇攝軾書壁，軾懼不敢書。惇平步過之，乘索挽樹，攝衣而下，以漆墨濡筆，大書石壁曰'蘇軾、章惇來'，既還，神彩不動。"即其事也。今仙遊寺題名已失，所存者惟此耳。

題太史公廟詩

治平元年閏五月刻，李奎作，正書，在韓城。

盧盛等題名

治平甲辰六月刻，正書，在慈恩寺。

留題玉華山詩

治平三年四月刻，宋球、張道宗作，冀上之正書。

宮在縣西三十五里，《唐書·地理志》："貞觀二十年置玉華宮，宮在縣北四里鳳皇谷，永徽二年廢爲寺。"舊云縣有玉華山，宮以山名。據此知山實以宮名也。金於此置玉華鎮。《書史會要》：冀上之，字冠卿，西河人，楷書師歐陽率更。

玉華山詩

治平丙午五月立，張峋作，冀上之正書，並在宜君玉華宮。

史炤謁祠記

治平三年十月刻，正書，在華嶽廟。

唐張説温泉箴

治平丁未孟冬立，楊方平正書，在臨潼。

卷 六

宋

孫永范純仁等題名

熙寧元年三月刻，正書，在慈恩寺。

王竦題名

熙寧戊申三月刻，行書，在麟遊《萬年宮碑》額之陰。

閻詢謁祠記

戊申重陽日刻，正書。

《宋史·詢傳》：詢知商州，神宗初轉右諫議大夫，改邠、同二州，提舉上清、太平宮使。此詢自署諫議大夫，是從商州還朝，道經於此留題耳。

楊遂題名

熙寧庚戌七月刻，正書，並在華嶽廟。

題云“宋馬軍都使、容州觀察使、新環慶副都總管楊遂”，《宋史·本傳》遂作燧，云開封人，累遷榮州團練使、京城左箱巡檢。英宗即位，以爲鄧州防禦使、步軍都虞候。歷環慶、涇原、鄜延二路副都總管[一]，至馬軍副都指揮使。由容州觀察使拜寧遠軍節度、殿前副都指揮使。卒謚莊敏。《地理志》，容州屬廣南路。

【校勘】

[一] 二，“三”之訛。按此指環慶、涇原、鄜延三路，《宋史》原文正作“三”。

陳繹題名

熙寧三年九月刻，行書。

王臨題名

熙寧庚戌中冬刻，行書，並在渭南唐《王忠嗣碑》之陰。

陳繹謁祠記

熙寧三年十二月刻，正書。

題云“熙寧二年九月，守彰化。十一月，移本路轉運副使、制置解鹽使。明年十一月，移京東轉運使。”案《宋史·本傳》，繹字和叔，開封人。神宗立爲陝西轉運副使，入直舍人院，修起居注，知制誥，拜翰林學士，以侍講學士知鄧州。史不及爲京東轉運使者，缺也。

劉忱謁祠記

熙寧辛亥孟夏刻，正書。

忱即議遣河東疆界者，見《宋史·神宗本紀》。

呂蕡謁祠記

熙寧四年五月刻，正書，並在華嶽廟。

題內有大忠、大鈞、大臨、大觀名，范育《呂大鈞墓表》云：“考蕡，比部郎中，贈左諫議大夫。六子，五子相繼登科，知名當世，其季賢而早死。君其第三子也。”考《宋史·呂大防傳》云：“兄大忠，弟大鈞。”故大鈞爲第三子。文云“蕡自京師□□安”，當是自京師至延安，時大防知延州，蕡至其任所也。

范育等題名

熙寧四年六月刻，正書，在同州《聖教序記》之陰。

育字損之，范祥之子，官終給事中、户部侍郎。

張孝孫謁祠記

熙寧辛亥中元日刻，正書。

林顏題名

熙寧辛亥中冬刻，正書。

蔡延慶謁祠記

熙寧六年正月刻，正書。

云："治平丁未夏，領本路提點刑獄，謁祠下。後六年，蒙恩除天章閣待制、秦鳳等路都轉運使，過祠下，恭謁金天帝。"《宋史·本傳》：延慶，齊從子，字仲遠。歷官福建路轉運副使、提點京東陝西刑獄。神宗初，以集賢校理爲開府推官，加直史館，知河中府，同修起居注，直舍人院，判流內銓，拜天章閣待制，秦鳳等路都轉運使。

劉航等謁祠記

熙寧癸丑仲秋刻，正書。

盧訥祈雪記

熙寧癸丑仲冬刻，王讜正書，並在華嶽廟。

《宋史·神宗本紀》，熙寧六年十一月丙寅，大雪。案是歲八月壬申朔，此云仲冬十九日祈雪，當猶在丙寅之前也。

吳中復題名

熙寧七年二月刻，中復隸書，在慈恩寺。

陳絃謁祠記

熙寧七年二月刻，正書，在華嶽廟。

趙抃皮公弼等題名

熙寧七年仲冬刻，吳中復隸書，在慈恩寺。

王欽臣謁祠記

熙寧十年三月刻，正書。

欽臣，王洙之子，字仲至。欽臣曾爲陝西轉運副使，此云權發遣群牧判官公事，當在爲副使之前，史不及之也。

張叔卿謁祠記

熙寧十年三月刻，正書，並在華嶽廟。

梵書唵字贊

熙寧丁巳八月立，太宗御製贊，沙門顯俊正書，在咸寧臥龍寺。

蔡確謁祠記

熙寧□□六月刻，正書，在華嶽廟。

題云“直集賢院溫陵蔡確”，以《宋史・本傳》考之，確直集賢院正在其時，故附於此。

海公壽塔記

元豐改元九月立，釋慧觀撰文，王賾正書，在咸寧。

此刻香城寺《地土牒碑》後。

俞次皋謁祠記

元豐元年十月刻，次皋正書。

題云“出帥華池”者，知慶州也，華池以熙寧四年改名合水，此存舊稱。

薛昌朝題名

元豐戊午中冬刻，正書。

孫迥謁祠記

元豐戊午囗月刻，迥正書，並在華嶽廟。

渾王廟記

元豐二年三月立，馬唐民撰文，郭仲益正書，在宜川。

廟在鳳翅山上，在今縣之東南五里。文云"廟直丹州之東二里，在兩崖間"者，唐舊治也，舊誤爲閏王廟，以閏、渾聲近。後左藏庫副使、知丹州事高渙爲之改正，唐民撰文以紀其事。

蔣之奇題名

元豐己未六月刻，正書。

題不署官職，考之奇于神宗初爲殿中侍御史，因誣劾歐陽修，貶監道州酒稅，改監宣州。是時正在退貶之時，故不及之耳。

蔡延慶再謁祠記

元豐己未夏刻，正書，並在華嶽廟。

云"自龍圖閣直學士、涇原路經略使赴召"者，《本傳》，延慶以應辦熙河軍須功，進龍圖閣直學士。王韶入朝，攝熙帥。不及爲涇原經略使者，略也。

封忠武王廟敕

元豐二年八月立，前載中書門下牒，後載加封敕，側載中書劄子，並郭仲益正書，馬唐民題額，在宜川。

內有"右諫議大夫、參知政事蔡"者，蔡確也。云："渾王珹生有勛勞，歿而英顯，伏望朝廷特沛殊恩，別加徽稱，即敕封爲忠武王。"考珹在唐時已諡忠武王，此亦因其故封耳。時高渙知丹州軍事，以祈雨感應，請于朝，故有"應期得雨，潤深一赤"云云，赤與尺，古字通。碑後有崇寧元年九月王碩跋。

天馬賦

元豐三年正月，米芾行書，在西安府學。

此是明人以墨本鉤摹者，後有魏應龍、黃公望諸人跋。

謁太史公冢祠記

元豐庚申季春刻，王景修正書，在韓城。

王璞題名

元豐庚申初夏刻，正書，在麟遊唐《九成宮碑》之側。

□□祠堂後記[一]

元豐庚申立，馬唐民撰文，郭仲益正書，在宜川。

此碑相傳以爲渾瑊廟後記，案其文云："□□在三堡原，唐高宗永徽辛亥，遷于丹陽川之口，昭宗景□刺史王公，惜其德施於人而名晦不顯，因訪舊，得使君舊塋於西嶺，構屋而祠之。"則非渾瑊矣，史傳莫可考證，姑志之以俟知者。

【校勘】

[一] □□，《萃編》卷一三八作"□□使君"，且録其姓爲閻。

孫真人祠記

元豐四年六月立，王巘撰文，後有金重刻祠記跋，係大定九年七月米孝思撰文並正書，在耀州五臺山。

文云："華原本京兆屬邑，後建爲別郡曰耀，其城之東有沮水，水東二三里有山曰五臺，爲孫真人舊隱之地。"案今沮水在州城之西，是城亦非華原舊築矣。五臺山本名風孔山，《長安志》云風孔山在華原縣東五里，今山在城東猶二三里，稽以道里，以《長安志》爲是，碑云在水東二三里者，恐非也。碑又云有昆明池龍，胡僧利其寶貨取去，求救於真人，真人因得其方書。此事出《酉陽雜俎》，云胡僧利其腦，非寶貨也。《續仙傳》云，《千金方》以救龍子得之，與此説異。今《千金方》書前有真人自叙，惟言集古方書，知此説近誕，用以博異聞焉可耳。

集陶潛歸去來詞詩

元豐四年九月立，蘇軾撰并行書，在西安府學。

劉陶謁祠記

元豐五年正月刻，正書。

趙諒謁祠記

元豐五年孟秋月刻，正書，並在華嶽廟。

諒自署爲文思副使者，武階也，有文思使，又有副使。“東染院使應轉洛苑使，有戰功得轉文思使；東染院副使應轉洛院副使，有戰功得轉文思副使”，其叙遷之例如是。

雙皂莢行

元豐五年七月立，陳叔度作，子正舉隸書并跋，在臨潼温泉。

吴翬等題名

元豐五年季秋日刻，張覿正書，在麟遊唐《九成宮碑》之側。

歐陽修昭仁寺跋尾

元豐五年十一月刻，張浮正書，在長武唐《昭仁寺碑》之陰。

謝卿材題名

元豐癸亥三月刻，正書，在朝邑饒益寺。

蘇軾天和寺詩

元豐癸亥六月，軾行書，陳雄跋，正書，在扶風。

清代陝西金石學著作十種

薛紹彭題名

元豐六年六月刻，正書。

王顙謁祠記

元豐六年九月刻，正書，並在華嶽廟。

張琰等題名

元豐癸亥仲冬刻，陳琳正書，在麟遊唐《九成宮碑》之側。

陳康民謁祠記

元豐七年八月刻，正書。

王子文建醮記

元豐乙丑戊寅月刻，正書，並在華嶽廟。

張琬等題名

元祐元年閏三月刻，正書，在慈恩寺。

薛佽祭奠記

元祐元年十一月刻，正書，在華嶽廟。

范□題名

元祐二年四月刻，正書，在慈恩寺。

上清宮詞

元祐二年六月刻，蘇軾作并行書，在盩厔縣學。

《玉海》有："神降於盩厔民張守真家，守真爲道士，即所居創北帝宮。太宗嗣位，真君降言，有'忠孝加福、愛民治國'之語，詔于終南山下築宮。

凡二年，宮成，中有通明殿，題曰上清太平宮。祀神之夕，上望拜。"《宋史·禮志》："太祖神御之殿，鳳翔上清太平宮。"

薛紹彭題名

元祐□年□月刻，正書，在鄠縣唐《定慧禪師碑》之側。

此應是元祐二年，時與蘇軾等同遊鄠杜，故題名於此。

游師雄祭告記

元祐三年正月刻，正書，在華嶽廟。

游玉華宮記

元祐三年四月立，游師雄撰文並正書，在宜君。

杜純挈家謁祠記

元祐戊辰閏四月刻，男開奉命書，在華嶽廟。

題云"轉運使濮陽杜純"，《本傳》云：元祐元年，范純仁、韓維、王存、孫永交薦之，除河北轉運判官，歷徙陝西轉運使。

游師雄仇伯玉等題名

元祐三年五月刻，正書，在同州《聖教序記》之陰。

王漢卿題名

元祐三年八月刻，正書，在慈恩寺。

呂義山等題名

元祐戊辰十二月刻，行書，在溫泉。

李英公神道碑陰記

元祐四年二月刻，游師雄撰文，黎持正書。

李衛公神道碑陰記

元祐四年二月刻，游師雄撰文并正書。

昭陵六馬圖并游師雄記

元祐四年端午日立，刁玠正書，蔡安時篆額，並在醴泉。

師雄記曰："六馬像贊，歐陽詢書，高宗時敕殷仲容別題于石坐。"歐書今不復見，而仲容之字尚存。如寫白蹄贊云"平薛仁果時乘"，益知《唐史》誤以"果"爲"杲"。考吳縝《新唐書舛繆》亦有其説，蓋"果""杲"字形相近，致誤也。

刻李義山題渾忠武王祠堂詩

元祐四年重陽日刻，游師雄跋并正書，後有五年仇伯玉、張舜民題名。

祠爲奉天令錢景逢建，師雄跋云："公有大恩於斯民，宜乎百世血食，然而廟貌闕如，常與邑宰錢君語及，君因圃亭葺爲祠堂，既圖公之像，并刻李商隱詩以附焉。"今像不存。

渾忠武王祠堂記

元祐五年清明日立，幸育撰文，安宜之正書并篆額，並在乾州。

謁太史公祠記

元祐五年夏四月立，邵鱸題，正書，在韓城芝山。

是不著書人姓名，字體瘦勁，與《游師雄墓志》略同，應即邵書無疑。邵字仲恭，丹陽人，嘗授筆法於蔡元長，元長教以學沈傳師者。文云"元祐五年春不雨，夏四月丁酉，詔書委所在長史躬禱境内名山大川，將以戊午有事于禹廟"者，《宋紀》是年二月辛丑，罷修黃河；癸卯，禱雨嶽瀆，罷浚京城濠；丁未，減天下囚，罪杖以下釋之；四月甲辰，呂大防等求退，不允；丁巳，詔避殿減膳。諸所書，皆以旱故也。考是年至五月始得雨，《紀》于二月書禱雨岳瀆，而是題四月猶有事禹廟，則其往復遣官禱祭，情事可知。考史是年正月丁卯朔，二月有丁酉，不言朔，當是二日，則辛丑爲六日，癸卯爲八日，丁未爲十二日也。四月丁酉應是三日，甲辰爲十日，丁巳則二十三日也。史于三月亦著丙申朔，合大小餘之例，亦無誤。

京兆府新移石經記

元祐五年九月立，黎持撰文，安宜之正書，篆額，在西安府學。

轉運使杜孝錫題名

元祐庚午十月刻，行書，在鄠縣唐《定慧禪師碑》之側。
孝錫即杜純，此以字行，與前書名者異。

九成宮六言詩

元祐五年十二月立，游師雄作，下有閻上功跋，正書。

刻唐凌煙閣功臣畫像并贊

只存王珪、魏徵、李勣、侯君集四人，上有像贊並正書，亦元祐五年游師雄所刻，並在麟遊。

摹吳道子觀音二像

元祐辛未仲夏刻，下有呂由聖贊并跋並正書，在西安布政使司廨。

張保源游高驪潭記

元祐壬申刻，正書。
高驪潭即高觀谷水所滙者也，驪、觀亦字通。

劉銅等十人宿紫閣題名

元祐壬申秋社後一日刻，正書，並在鄠縣唐《定慧禪師碑》之陰。

重修郃陽縣學記

元祐癸酉正月立，時彥撰文，王寔正書并隸額，在郃陽。
時彥字邦美，開封人，官終吏部尚書，史有傳。

游師雄題名

元祐八年正月刻，正書，在華陰玉泉院。

右在山蓀亭下，字徑一尺五六寸，景叔書莫大於此。

坊州刺史盛南仲遊玉華宮記

元祐癸酉二月立，王績正書，在宜君。

杜牧阿房宮賦

元祐八年六月，安宜之正書，後有游師雄記，亦宜之書，在西安府學。

游安民祈晴記

元祐癸酉仲秋刻，正書，在華嶽廟。

王詵題名

元祐癸酉刻，行書，在慈恩寺。

游師雄章粢等題名

元祐甲戌中和節後一日刻，正書，在同州《聖教序記》之陰。

趙光輔觀音變相畫壁跋

紹聖元年四月立，游師雄作并正書，在耀州。

《宣和畫譜》：光輔官大理評事，善畫蕃馬，時人稱趙評事蕃馬。《圖繪寶鑑》：光輔，耀州人，太宗朝爲畫院學士，工畫佛道人物，兼精蕃馬。

王濟叔白耘叟題名

紹聖元年仲夏刻，隸書，在鄠縣唐《定慧禪師碑》之陰。

昭陵圖并説

紹聖元年端午日立，楊安繪，游師雄撰文並正書，在醴泉唐太宗廟。

右圖太宗昭陵并附肅宗建陵，在今縣北五十里。《陵寢記》以爲在縣東三十里者，唐縣也。并附陪葬諸臣一百六十五人姓名，考新、舊《唐書》《唐會要》及《文獻通考》，所載互有不同，《唐書》七十四人，《通考》百五十五人，《會要》一百六十七人。考昭陵陪葬例，子孫願從其祖父者聽。如姜遐爲行本之子，行本在陪葬諸臣之例，遐得從其父葬；又陸先妃葬于麟德中，特請陪葬。此皆在常例之外者，故諸家互有不同也。惟是當時各冢皆有穿碑，夾以蒼松、翠柏、巨槐、長楊，下宮寢殿與表裏山河共成形勢，一時君臣際會之隆，號稱極盛。自朱梁盜發而後，再歷千年，金虎石麟淪没榛莽，不但基址荒蕪，即金石文字亦漸剝蝕無存。余以乙未春季，閱視涇陽龍洞渠，道出醴泉，瞻拜元宮，周覽封域，因飭地方官重加修葺，並爲釐正疆界，建立碑亭，庶使樵牧牛羊知所禁辟，而遺徽先烈得以垂諸永久云。

張重威昭仁寺碑陰記

紹聖元年七月刻，正書。

曹調鼎昭仁寺碑陰記

紹聖元年八月刻，正書，並在長武。

胡宗回謁祠記

紹聖元年季秋刻，正書，在華嶽廟。

《宋史·本傳》：宗回字醇夫，官陝西轉運使、吏部郎中，紹聖初以直龍圖閣知桂林。此題云“自陝西轉運使被命，移帥桂林”，與傳皆合。

朱光裔王普題名

紹聖二年三月刻，正書，在鄠縣唐《定慧禪師碑》之陰。

李行之題名

紹聖二年四月刻，行書，在扶風唐《弘農先賢積慶碑》後。

游玉華宮記

紹聖二禩五月立，錢景允撰文，隸書，在宜君。

李章游草堂寺詩并子百堅跋

紹聖二年九月立，百堅正書。

薛嗣昌詩

紹聖二年季秋月立，正書，並在鄠縣草堂寺。

嗣昌，紹彭之弟。

關山月關山雪詩

紹聖丙子宋構作並正書，在隴州大佛寺。

朝請郎柴公玉華寺詩

紹聖四年九月立，胡授正書，在宜君。

游師雄墓志

紹聖四年十月立，張舜民撰文，邵䶵正書，在西安府學。

師雄，橫渠弟子，治平元年舉進士，爲儀州司曹參軍。自治平迄元祐二十餘年，皆在邊帥幕府。始因范忠宣薦，韓魏公委督築熙寧塞糧餉，後歷蔡挺、韓絳、劉琯、趙卨諸幕，而在卨幕最久。元祐以後屢經遷轉，十餘年始徙知陝州，而公已歿矣。神、哲二宗知之未爲不深也，而卒不得大用，此議者所以有用不盡才之恨歟。《宋史·西夏傳》載，秉常嗣國後二十年中，凡屬戰守之事，得失具見。合此志考之，大略出之師雄者居多。余集陝省金石目錄，見留遺筆跡幾至廿種，其才略風概瑰偉卓犖，宋世少其儔匹。採錄之餘，令人企慕久之。

敕賜重興戒香寺公據

紹聖四年十月立，僧文才正書，在郃陽百里社。

游玉華宮記

紹聖年月缺，錢景迪撰文並正書，在宜君。

瞿伯宗題名

元符己卯三月刻，正書，在鄠縣。

陳知存謁祠記

元符己卯季春刻，正書，在華嶽廟。

王正臣李援題名

元符己卯仲夏刻，正書，在鄠縣。

白雲山主得利塔記

元符二年十月立，趙宗輔撰文，僧道雅正書并題額，在高陵。

文云"師初居鄠縣白雲山净居禪院，後居縣之隆昌寺"，净居在白雲山下，唐舊寺也；隆昌寺在毘沙鎮，《金史·地理志》云縣有毘沙鎮者是也，寺爲宋太宗賜額。宗輔，鎔之子，官至西京左藏庫副使。

李援蘇昞等題名

元符三年二月刻，隸書。

修鳩摩羅什塔亭記

元符三年六月立，甯祖武撰文，隸書，無姓名，並在鄠縣。

程懿叔遇雪詩

元符三年十月刻，正書，在臨潼温泉。

李革等題名

建中靖國元年三月刻，正書。

路允蹈宿逍遥寺記

建中靖國改元四月，正書，刻《定慧禪師碑》之陰。

孫竦孫浹等題名

建中靖國元年五月刻，正書，並在鄠縣。

張景修等題名

崇寧元年二月刻，正書，在同州《聖教序記》之陰。

梅澤過草堂望終南山、經樊川懷杜牧之行役、述懷諸詩

崇寧改元三月刻，崔珙正書，在鄠縣草堂寺。

净相寺橙軒詩

崇寧壬午九月刻，彭迪明作，正書，在興平。

王碩題忠武王廟碑記

崇寧改元九月立，正書，在宜川元豐二年《敕封忠武王記》之上方。

静應廟記

崇寧二年三月立，王允中撰文，束長孺正書并題額，在五臺山。
廟於唐爲静明寺，是時敕賜静應廟額爲孫真人祠。

終南山雜咏

崇寧二年六月刻，李騊作，崔珙行書，在鄠縣草堂寺。

静應廟敕并封妙應真人告詞

崇寧二年八月立，王毖正書并題額，在五臺山。
中有中書侍郎趙挺之，又有尚書左僕射兼門下侍郎京，蔡京也；門下侍郎

－ 371 －

◎ 關中金石記

將，許將也；尚書右丞居厚，吳居厚也；吏部尚書執中，何執中也；吏部侍郎
洵仁，鄧洵仁也。

重修縣學記

崇寧二年立，蘇時撰文，謝□正書，□敏篆額，在褒城。

鮮于侁游靈巖詩

號年缺，隸書，在略陽。

案侁又有《游靈巖詩序》云"崇寧三年秋行部，與太守某等游此"云云，
則此爲崇寧三年作也。侁字子駿，閬中人，官終集賢修撰，知陳州。

乾陵無字碑題字

崇寧癸未季冬刻，王正叔正書，在乾州。

唐遘棲禪寺詩

崇寧甲申冬至前二日刻，正書，在鄠縣。

□擇仁謁祠記

崇寧四年五月刻，分書，在華嶽廟。

景興宗題名

崇寧四年仲秋刻，正書，在鄠縣《定慧禪師碑》之陰。

浮安寺鐘款

崇寧四年十月造，正書，在朝邑。

寺故址在渭水濱，元至正元年没于渭，明改建于王林村。款云同州朝邑縣
魯苑鄉，《金史》有鎮名四，而無魯苑之名，亦可以補地志之缺。

五臺山唱和詩

崇寧四年十二月立，于巽、王允中、尚佐均、王需、張魴、張介夫、高

鈞、何賁等作，正書并題額，在耀州。

前有巽上允中啓云“拜呈知府屯田”，考宋制，諸府州縣皆以京朝幕等官攝之，故有以某官知某府事、知某州事、知某縣事之稱，或不帶京朝幕官等衙，亦云某府知府、某州知州、某縣知縣，至明則竟改稱知府、知州、知縣。近人作碑刻，有用宋時舊例，云知某府事等稱者，亦始於明世有意好古之徒，通人所無有也。

建安黃公詩

崇寧丙戌三月立，束長孺正書，有跋，在咸陽縣署。
黃公不詳其名。

王仲孚題名

崇寧丙戌孟秋刻，篆書，在鄠縣《定慧禪寺碑》之陰[一]。

【校勘】

[一] 寺，爲“師”之音近而訛。

張舜民等題名

崇寧丙戌重九日刻，正書，在慈恩寺。

長興萬壽寺文殊閣圖并記

大觀元年七月立，爾朱權撰文，楊時中正書，在同州。

大觀聖作之碑

大觀二年四月立，徽宗行書，蔡京題額，李時雍摹寫，在興平縣學。
此刻隋《賀若誼碑》之陰，京以大觀元年五月爲尚書左僕射兼門下侍郎，二年正月進太師，碑題太師、尚書左僕射，與史傳合。

御製學校八行八刑條

大觀二年十月奉御筆建，行書。

八行者，善父母爲孝，善兄弟爲弟，善內親爲睦，善外親爲婣，信于朋友爲任，仁于州里爲恤，知君臣之義爲忠，辨義利之分爲和也。孝、弟、忠、和爲上，睦、婣爲中，任、恤爲下。士有全備八行者，貢入太學，爲太學上舍；全備上四行，或不全一行而兼中等二行，爲州縣上舍上等之選；不全上二行而兼中二行，爲上舍中等之選；不全上三行而兼中一行，或兼下行，爲上舍下等之選。反之者加以八刑，有犯不忠、不孝、不弟、不和，終身不齒，不得入學；不睦，十年；不婣，八年；不任，五年；不恤，三年。有能改過自新不犯罪，而有三行之實，聽入學。在監一年又不犯第三等罪，聽齒于諸生之列。其例如此。

修蓋嶽祠記

大觀己丑季春刻，正書，在華嶽廟。

薛絪題名

己丑歲中元日刻，正書。

此刻《定慧禪師碑》之側，云“河東薛絪遊諸山，獲觀先公題字”，則絪爲紹彭之子。此題稍已磨泐，前有“後二十二年”字樣，元祐後二十二年，當己丑，應是大觀三年，故置於此。

孫鼇詩

大觀己丑九月刻，正書，並在鄠縣草堂寺。

梁慶祖謁祠記

大觀四年九月刻，行書。

李傅謁祠記

大觀四年十月刻，正書，並在華嶽廟。

過臨潼三絕句

大觀四年十二月刻，李梴作，子熙民正書并跋，在臨潼溫泉。

乾陵無字碑題字

政和元年天祺節後一日刻，范致明正書，在乾州。

徐處仁等題名

政和改元孟夏刻，正書，在慈恩寺。

處仁字擇之，時以資政殿學士出知永興軍，與史傳合。

提舉魯公留題遠愛亭詩

辛卯八年刻，魯百能作[一]，正書，在扶風。

辛卯當是政和元年。

【校勘】

[一] 魯百能，按《宋詩紀事》卷三二錄其《醉仙崖》詩，作者小傳謂其吳興人，元祐元年進士。《宋詩紀事小傳補正》卷三二載：“魯百能，安吉人，元豐八年進士。大觀初通判慶源州，領雲騎尉。長於吏治，兼工文藻。嘗作《望漢臺銘》《慶源軍使廳續題名記》，爲世所稱。歷知虔州，卒。有《文集》三百餘卷。”

張智周等題名

政和改元孟冬刻，正書，在同州《聖教序記》之陰。

張智周題名

政和元年十月刻，正書，在鄠縣草堂寺。

張智周題名

正書，在慈恩寺。

右無號年，故附置於此。

敕修河瀆靈源王廟碑

政和二年正月立，陳振撰文，王愨正書并篆額，在韓城東王村。

文稱：“河自大觀以來，變濁爲清者三。乾寧、保平，率以累日，惟二年冬見於同州之韓城、郃陽，其袤百里，其久彌月。"考《徽宗本紀》，自大觀至政和，凡三書河清，並在同州。惟大觀三年，兼有陝州保平軍，即陝州也。又于二年云，以乾寧軍爲清州。改乾寧爲清，應即以河清之故，而史不及之，疑是略矣。河自三代以來皆有崇祀，故《公羊傳》以太山、河、海爲三望，望者，謂不能親詣所在，就其近郊祭之之義也。其置祠，實自秦始，《史記·封禪書》云河祠臨晉，《漢志》云，臨晉，故大荔，秦獲之更名，有河水祠，今同州府朝邑縣是其地，蓋昭王作河橋於此，即因而祭之耳。《郊祀志》：高祖置祠祀官女巫，令河巫祠河於臨晉；又宣帝詔五嶽四瀆皆有常禮，河於臨晉，使者持節侍祠，歲五祠。《太平寰宇記》："西魏文帝大統十三年，于漢祠更加營造。周武帝天和四年，太宰宇文護于祠西建碑一所。靈帝大象元年，江淮濟各從本所祠，惟河一祠，依舊不改，每歲發使致璧加牲以祠焉。"《文獻通考》：唐武德、貞觀，四瀆年別一祭，祭西瀆大河于同州，歷代相傳，並因而不改。至明皇開元十五年，始以有司言改祠于河中府，在今山西之榮河縣，而同州之祠廢矣。考唐自明皇以後，嶽瀆之制，互有輕重，然猶封河神爲靈源公；真宗封禪，進號爲顯聖靈源公；仁宗康定，封爲靈源王；金章宗明昌，爲顯聖靈源王；元太祖至元，爲靈源弘濟王；順帝至元，爲靈源神佑弘濟王；明則革去前號，改稱西瀆大河之神，亦並存河中府之舊。此唐以前、宋以後祠祀異地之大較也。考唐王延昌撰《廟碑》云："安禄山反，其將崔乾祐守蒲坂，時郭子儀軍渭沨，與之相持。子儀夢神告曰：'永豐倉側，將有急變，姑以避之。'比軍退，賊騎雲集，子儀賴以獲全。後請于朝而修祠。"此猶是同州之舊，其建于韓城者，乃當時別祠，如宋時檀州、河南，亦得置河廟者是也。文所云"詔遣尚書郎張勘致祭，既抵其野，訪故祠，得破屋一區，傾圮殆甚，還請修建，詔可之"，此宋世修建之事。念陝省爲全河之襟帶，而祀典闕，如今雖不能復臨晉之故，而韓城舊址不應委棄榛蕪，過而弗問，此守土之責也。余將請於朝，鼎新廟貌，修復祀典，以妥神庥，而慶安瀾焉。

席旦謁祠記

政和壬辰二月刻，正書，在華嶽廟。

《宋史·本傳》，旦以顯謨閣直學士知成都府，徙鄭州，黜知滁州，復知成都府，徙永興軍。後加述古殿直學士，命復知成都府，未赴卒。此題云"再守成都”，史不詳時月，則據碑可考。

李逸老自百塔遊翠微諸勝題名

政和壬辰上巳後一日刻，正書，在鄠縣《定慧禪師碑》之陰。

謝□謁祠記

政和壬辰三月刻，正書。

宋達謁祠記

政和二年重五日刻，正書，並在華嶽廟。

呂湘題名

政和二年六月刻，正書，在鄠縣《定慧禪師碑》之陰。

楊可世謁祠記

政和四年二月刻，□譽正書。

可世即與郭藥師、高世宣襲燕者，又有可韓、可昇、可輔、可弻、可晟，當並爲可世之弟，俱邰陽人。書字人不著姓。

張子定謁祠記

政和四年二月刻，行書，並在華嶽廟。

司馬朴等題名

政和四年四月刻，行書，在慈恩寺。

朴字文季，范純仁之甥也，後留于金。

遊驪山詩

政和四年七月刻，孫漸作，正書，在臨潼温泉。

乾陵無字碑題字二

一政和甲午仲秋刻，一十月刻，並宋孝先正書，在乾州。

宋雲從謁祠記

政和甲午刻，正書，在華嶽廟。

重建周西明寺圓測法師碑

政和五年四月立，宋復撰文并正書，在咸寧興教寺。

王干謁祠記

政和乙未仲冬刻，正書，在華嶽廟。

竇淵題名

政和乙未刻，正書，在鄠縣《定慧禪師碑》之陰。

謝彥詩

政和丙申三月刻，行書，在臨潼溫泉。

重修薦福寺塔記

政和六年五月立，李樊撰文，正書，篆額，無姓名，在咸寧薦福寺。

趙耘老題名

政和丙申七月刻，行書，在慈恩寺。

光濟寺碑

政和丙申歲八月立，張鑑撰文，僧洪禧正書，篆額，無姓名，在部陽。

折武恭公克行神道

號年缺，毛友撰文，宇文虛中正書，在府谷孤山堡南。

文云"武恭公既葬八年，其子可求請立隧道之碑"，克行以大觀二年卒，既葬八年，當是政和六年也。可求降金者，故《克行本傳》不及其名。

折氏世系

嗣祚，五代時麟州刺史。史作嗣倫	從阮，本名從遠，避漢高祖名改。漢爲永安、武勝軍節度使，周爲宣義、保義、靖難三鎮，贈中書令	德扆，周永安軍節度使，宋乾德二年卒，贈侍中	御勛，太寧軍節度使			
		德愿	御卿，永安軍節度使，贈太師,燕國公	惟正，洛苑使，知府州事		
				惟昌，興州刺史		
				惟忠，簡州團練使，贈崇信軍節度使	繼宣，左監門衛將軍，楚州都監	
					繼閔，宮苑使，果州團練使，鄜府路駐泊兵馬鈐轄，贈太尉	广孝
					克行，秦州觀察使，贈武安軍節度使	可大，榮州團練使，知府州

							可求，康州刺史，知府州。歸金
						克柔，史並稱繼祖兄子，碑稱爲克行之兄	
					繼祖，成州團練使		
					繼世，忠州刺史，果州團練使	克勳	
				惟信，惟忠之兄			

碑叙次克行家世、官爵，大略與史並合。惟御卿贈太師、燕國公，惟忠贈崇信軍節度使，史不及之耳。世以此碑爲《折太君碑》，考折太君，德扆之女、楊業之妻也，墓在保德州折窩村，非此也。《金史·張奕傳》云，天眷三年，夏人侵界，詔奕往征。還奏曰：折氏世守麟府，以抗夏人，本朝有其地，遂以與夏。夏夷折氏墳隴，而戮其屍，折氏怨入骨髓而不得報，今復守晋寧，故激怒夏人，欲開邊釁，以雪私讎。朝廷遂移折氏守青州。據此，則折氏之祖墳在府州者，多爲夏人所夷。今此及嗣祚兩墳，翠石嵬然，歷千年而不泯，當是折氏世篤忠貞之報。今因以五代、宋書三史及碑，叙其世系，綴古者庶有所考焉。

折武恭公神道碑之陰

陰並列所統各寨主姓名，史稱折氏自從阮於唐莊宗時起家府州，至宋高宗建炎二年可求以地降金，凡七世，父子兄弟相繼扞衛邊境者，歷二百餘年。而《嗣祚碑》有“自武德中詔府谷鎮遏使”之語，遏使者，唐鎮官名，是折起于唐初，迄于宋金之際也，幾歷五百餘年，簪纓不替，其勛業彪炳史册，卓絕千古，睹此碑陰，益見其控禦邊陲、鈐轄蕃漢之遺制焉。

趙佖謁祠記

政和丁酉孟冬刻，正書，在華嶽廟。

寶雲寺石碣

政和八年閏正月立，上官革命吏題，正書，在隴州。

乾陵無字碑題字

政和戊戌孟夏刻，暨唐裔正書，在乾州。

崇祐觀牒

政和八年九月立，行書，在朝邑東嶽廟。

後題云"通議大夫、守左丞王押"者，王黼也；"起復少傅、太宰押"者，鄭居中也，居中以六年爲少保、太宰，七年八月以母憂去，十一月起復，八年進少傅；"少宰、少保押"者，余深也，深以七年十一月爲特進、少宰，八年七月爲少保、太師；"魯國公"不押者，蔡京也。以《本紀》《列傳》考之，皆合。

圓相觀音菩薩瑞像頌

政和八年孟冬立，僧彥泯作頌，麻應神作跋，仇章正書，在扶風法門寺。石上作像，頌跋並書其下，像爲無爲子楊傑所傳。

提舉顯謨湯公和胡仲文詩

正書，在隴州大佛寺。

此不著號年，碑後有"權汧源縣尉高愷、主簿張正功立石"字樣，考《寶雲寺石碣》後亦有尉高愷名，當是一時之作，因附於此。

乾陵無字碑題字

宣和改元仲春刻，李士觀正書，在乾州。

暨尹卿等題名

宣和辛丑清明前二日刻，行書，在同州《聖教序記》之陰。

登太清閣詩

宣和三年四月刻，宋□作[一]，行書，在高陵。

【校勘】

[一] □，《萃編》卷一四七作"京"。

向子千題名

宣和辛丑孟夏刻，正書，在臨潼溫泉。

邵子文等題名

宣和辛丑夏五月刻，王正叔行書，在慈恩寺。

子文名伯溫，康節之子。伯溫以大觀時監華州西嶽廟，後除知興元府，不赴，擢提點成都路刑獄。石即其時所題也。

暨唐裔清輝閣題記

宣和辛丑七月立，行書，在韓城北寺。

梁鼇謁祠記

宣和辛丑九月刻，正書。

梁激謁祠記

宣和辛丑重九後二日刻，行書，並在華嶽廟。

黎獻民等題名

宣和辛□刻，正書，在慈恩寺。

王雲等題名

宣和四年春刻，行書，在西安府學唐《大智禪詩碑》之陰[一]。

【校勘】

[一] 詩，为“師”之音同而訛。

暨唐裔等題名

宣和壬寅上巳後三日刻，行書，在同州《聖教序記》之陰。

范智聞詩

宣和四年八月刻，行書，在慈恩寺。

乾陵無字碑詩

宣和五年三月刻，宋京作，正書。

乾陵無字碑詩

宣和五年仲夏刻，張子剛正書，並在乾州。

宋光泰題名

宣和五年十一月刻，行書，在慈恩寺。

乾陵無字碑題字

宣和癸卯刻，劉錫正書，在乾州。

賈炎饒益寺題名二

一政和三年五月，一政和五年六月，并行書，炎子公傑于宣和六年四月刻，在朝邑。

先題云“顯謨閣待制、提舉南京鴻慶宮賈炎，政和三年五月蒙恩罷延帥，奉母歸居潁昌”，後題云“炎自鄜延帥移守南陽侍親，道饒益寺。顯謨閣待制、新知鄧州兼京南路安撫使賈炎題"[一]。考《宋史》，炎，昌朝之子，歷官工部侍郎。政和中，以顯謨閣待制知應天府，徙知延安。求內郡以養母，乃命爲潁州。未行，復留改河陽，又改鄧州，加直學士，知永興。入對，留爲工部侍郎。卒贈銀青光禄大夫。前後奉母過饒益寺者，始則由延帥之潁州，再則由河陽改鄧州也。傳文叙次不甚明白，不如碑之詳著也。又公傑題此云"先考成正公留題"，傳亦不及其謚，其缺略如此。南京即應天府，唐之宋州也。鴻慶宮，太祖神御殿名。

【校勘】

[一]"京"下，《萃編》卷一四七多"西"字。按《宋史·地理志》，鄧州屬京西南路，《萃編》所録是。

解益王佐邵伯溫題名

宣和六年七月刻，隸書，在鄠縣《定慧禪師碑》之側。

灞溪真常游記

宣和甲辰夏刻，正書，在慈恩寺。
碑不題姓名，疑黃冠者流也。

于真庵記

號年缺，徽宗御製，任諒集歐、虞、褚、薛、顏、柳諸家書，集李陽冰篆額，在三原縣學。
此爲道士于元隱所作也。諒字子諒，眉山人。常以宣和中知京兆府，此當即其時所爲，故附于此。

新修太史公廟記

靖康改元四月立，尹陽撰文，焦丙正書，在韓城芝山南嶺。

顏魯公奉命帖及畫象跋

靖康元年七月立，唐重撰并正書，在同州府學。
重字聖任，自署爲"朝散郎、秘閣修撰、知同州軍州事"，考重以右諫

清代陝西金石學著作十種

議大夫疏斬蔡京父子，遷中書舍人，言宰輔當先補外，爲宰相所惡，落職知同州。傳不載其爲秘閣修撰，當是略也。是年金兵破晉絳，重度不能守，開門縱州人使出，自以殘兵數百守城，金兵疑其有備，不渡河而返。尋擢天章閣待制，即其時事矣。後爲京兆府路經略制置使，爲金將婁室所攻，城陷殉節。考《欽宗本紀》，金破晉絳乃是年九、十兩月事也，婁室破永興軍乃高宗建炎二年正月事也。重在同州繪公圖像，刻置祠堂，是其忠義之氣，根于天性。觀此圖者，不特使真卿英靈千載不沫，重之氣節亦於是乎可見矣。

拱極觀記

靖康元年八月薛存撰文，紹興九年中元日立，雷道之跋，權詵正書，篆額，在華嶽廟。

中有云"杯應如響"者，即"丕應"也，"杯"與"丕"通。

王質劉雍題名

靖康丁未四月刻，正書，在鄠縣唐《定慧禪師碑》陰。

此即高宗建炎元年，是年四月欽宗北遷，五月高宗即位改元。

李若水奉命觀稼謁祠記

無號年，正書。

題云"直史館李若水"，若水以靖康元年爲太學博士，改著作佐郎，此應其時所刻也。傳不著其直史館，當是略耳。

潘淶謁祠記

建炎改元刻，正書，並在華嶽廟。

金龍寺龍骨塔銘

紹興甲子三月立，僧修信撰文，正書，無姓氏，游國佐題額，在褒城。

漢中府新修□記

乾道元年刻，正書，在褒城東三里烏龍江上。

此是修棧中道路所立，今俗名堰界石，又有嘉定七年刻者，亡。

楊從義神道碑

乾道五年三月立，袁勃撰文，李昌諤正書，王椿篆額，在城固。

從義字子和，以靖康丙午歲應募起，隸吳忠烈玠麾下。云建炎二年八月被圍于同州者，謂金將婁室亦作妻宿，同取下邽，九月破同州事也，時公在圍中。云"四年九月我師不利於富平"者，謂金太子宗輔爲副元帥，督師陝西，九月敗張浚五路兵於富平也。云"紹興改元十月，金四太子必欲取和上原，先遣兵攻神垈以警我師，忠烈遣公擊之"者，謂是年十月，玠保和上原，金將没立自鳳翔，烏魯折自階成出散關，約日會和上原。折合先期至，陳北山索戰，玠命諸將堅陳待之，更戰迭休，金兵潰散。没立方攻箭括關，玠復遣將擊退之。會婁室死，兀术復會諸道兵十餘萬，造浮梁跨渭，自寶雞連結諸營，與玠兵相拒。玠復命諸將以勁弓强努却之，先設伏兵於神垈以待。金兵至，大亂，縱擊破之是也。云"三年二月，四太子擁大軍由商于侵饒風關，再攻和上原，玠遣公引擊"者，謂金撒離喝分兵攻關，統制郭仲敗走。金兵入興元，經略使劉子羽棄城走三泉，玠退保仙人關。金兵深入，既由褒斜谷還興元，玠子羽追擊之是也。饒風關在今石泉縣西五十里。云"四年二月，金兵入，殺金平，自元帥以下盡室而來，示無返意"者，謂吳璘守和上原，饋餉不繼。玠謂其地去蜀遠，命棄之，于仙人關右殺金平，創築一壘，移兵守之。至是，兀术撒離喝及劉夔等三十萬騎入侵，玠與璘及金人轉戰數晝夜不息是也。云"九年，金歸我河南侵疆"者，謂金以陝西地來歸，遣使王倫受地是也。云"十年五月，金背盟，撒離喝侵陝右，公與諸軍會於涇州回山原。七月，金據鳳翔。八月，與金戰于蒲坂河"者，謂是年金兵犯石壁，及吳璘與金鶻眼郎君戰，撒離喝入邠州，胡世將遣公及王彥分道摧敗之，撒離喝退屯鳳翔。九月，楊政遣公夜襲金兵，至十一月又襲之寶雞是也。至是，公隸楊政軍。云"十一年七月，與金戰於陳倉，撒離喝再犯和尚原，又戰却之"者，謂是年春正月，公既敗金兵於渭南，政克隴州，與戰於寶雞，擒金通檢字董是也。《宋史·高宗紀》作十月，與此小異。是時和議已成，朝廷召政還，以商秦之半畀金。公亦移守鳳州，復退保仙人關，垂二十年無所事者，皆公之力也。云"三十一年，金主完顏亮遽背盟好"者，謂是年九月，金兵攻黃牛堡，爲吳璘所敗也。云"三十二年閏二月，公乘勢出攻，金兵宵遁"者，謂璘遣公攻拔大散關，分兵據和上原，金人走寶雞是也。蓋是時始以功真拜和州防禦使，賜爵安康郡侯。而棄三路之議起，璘於是乎班師，公於是乎丐歸矣。公以乾元五年二月卒，有子八人，女十人，子及智並爲郎官。《宋史》不立公傳，其詳並見《高宗本紀》及璘、玠、政等傳，因疎出之，並見碑刻之爲功於史者不小也。

開石門碑陰記

紹熙甲寅四月立，晏袤撰文并隸書。

碑叙漢鄐君及楊孟文開石門之事，文醇雅可觀，字亦深得漢人法意，宋人隸書中出色者。袤，臨淄人，時爲南鄭縣令。

郭公緒題名

嘉定庚午清明前一日刻，正書。

鮮于申之題名

嘉定三年三月刻，隸書，並在石門。

文曰"际堰山河，泝褒水，登石門"者，即山河堰也。本蕭河所開，曹參繼之，以灌漑南鄭、褒城兩縣田，後誤蕭河爲山河。其地有曹參廟，宋政和中敕修，賜爲山河惠遠侯廟。

靈巖叙別記

嘉定戊寅六月刻，李耆壽撰文並正書，在略陽。

其文云："嘉定丁丑十二月二十有三日，金兵入寇關表，明年正月，四川制置使、寶謨閣學士臨川董公居誼，進益昌督師，利川路安撫節制軍馬、直徽猷閣古汴楊公九鼎，進屯河池，以三月十七日斬其元帥一，統軍七，俘獲甚衆。後十日，金以忿兵自天水犯西和，董公進沔陽，不戰而退。尋犯大散關、舊岷州，皆以敗去，由是關表按堵如故。楊公還駐沔陽，董公復駐益昌，以六月十有四日，叙別於靈巖寺。幕下士眉山任處厚、揚師復、祥符李耆壽、臨川過椿年、李劉、晏大正從行，會稽虞剛簡、眉山成申之、寶城楊恢、同谷李榮仲，俱不及舉酒而別，耆壽以承乏郡寄，謹書刻之巖石云。"案《宋史·寧宗紀》，嘉定十年四月，金人分兵圍棗陽光化軍，詔江淮制置使李珏、京湖制置使趙方，措置調遣，仍聽便宜行事。命四川制置使董居誼酌量緩急，便宜行事。十二月，金鳳翔副都統軍完顏贇以步騎萬人犯四川，迫湫池堡，破天水軍，攻白環堡，迫黄牛堡。統制劉雄棄大散關遁，金人據之。十一年二月，金人焚大散關而去。三月，利州統制王逸等率忠義人復皂郊，金完顏贇、包長壽遁去。沔州軍郭雄斬贇首，包長壽合長安鳳翔之衆復攻皂郊，趨西和州。沔州都統劉昌祖焚西和州遁，金人破西和州，復犯大散關。即其事也。是時金源多難，元運方興，諸兵出没無常，故勝負亦無定。讀是記具見當時疆埸景狀，且於以見金之不振焉。

星羅寺鐘銘

嘉定甲申二月造，兩截，上截篆書，有四神立像。下截銘及題名，正書，在興安州城南純陽宫。

哲宗御書忠清粹德之碑額

紹定三年三月立，田克悉上石，隸題額，在略陽。

額係元祐戊辰哲宗於崇慶殿篆書，蓋《司馬光神道碑》首也，詳見《宋史·本傳》，克悉摹刻於沔州公廨耳。篆法精整，宋時所少見者。

光禄主簿蘇舜欽奉禮郎杜誂題名

號年缺，正書。

王韶詩

號年缺，正書，並在華嶽廟。

韶字子純，此作子淳，與《宋史》異，案米南宫《蕭閒堂記》亦作純。此外又有蔡挺題名，只姓名二字，雙鈎刻之。又范宗傑題名，又長子益恭、次子益昌等題名，亦未識何人之子。又游靖兄弟題名，又崔鸝題名，又麻温舒題名，又王嘉欽題名，又得閑居士祐晟題名，又孫昌夏題名，皆無年月可考。又有“韓庶”二字，小篆書，筆法挺勁，似是宋人題昌黎事者。又有“嶧山”二字古篆，亦似舊人所書，附誌於此。

强至等題名

□□丁未十一月刻，紀號缺，行書。

杜常等題名

號年泐，隸書，並在慈恩寺。

常字正甫，衛州人，昭憲皇后之族孫，官至龍圖閣直學士，知河陽軍。此外又有章諒題名，李諷題名，李遷題名，並正書，亦無號年，附誌於此。

范埴題名

丁丑仲夏刻，王霽正書，在鄠縣《定慧禪師碑》之陰。

此外又有堅之、正叔、公亮、集之題名，正書，無號年，並不詳其人。

乾陵無字碑題字

丁亥清明日刻，范益正書，在乾州。

卷 七

金

皇弟都統經略郎君行記

天會十二年仲冬立，前爲女直書，後正書譯之，篆額，在乾州乾陵。

此刻《乾陵無字碑》上，文曰："大金皇弟都統經略郎君，嚮以疆場無事，獵于梁山之陽，至唐乾陵，殿廡頹然，一無所睹，爰命有司，鳩工修飭。今復謁陵下，繪像一新，迴廊四起，不勝欣然，與醴陽太守酣飲而歸。"考天會九年，金以陝西地賜齊，則其時地猶屬劉豫，劉豫帝齊，惟撻懶《宋史》作撻辣以左監軍鎮撫之。撻懶，穆宗子也，爲太宗之弟。文稱皇弟而不著名，合之史，當即撻懶無疑。

京兆重修學記

正隆二年十一月立，李栗撰文，潘師雄正書，錢義方題額，在西安府學。

學爲府尹完顏胡女修建，文云："舊學在府城之坤維地前，宋崇寧二年命郡縣建，府帥樞密直學士虞策改築于此。"據之則宋金時學，非復唐國子監舊址也。

重立泰寧宮記

正隆四年十月立，喬逢辰撰文，王仲成正書，在渭南南門外。

創修朝元洞碑

泰定二年下元日立，井道泉撰文，李暐正書，楊演篆額，在華陰朝元洞。

仙源圖

年月同上，李元覽正書。此載長春真人以下門徒、法孫等姓氏，刻前碑後。

鄭彥文等題名

大定甲申六月刻，正書，在同州《聖教序記》之陰。

靈泉觀牒

大定三年九月，行書，在同官。

後有"中奉大夫、禮部尚書、翰林學士承旨、知制誥、修國史王"者，王競也。競字無競，彰德人，以二年從太傅張浩朝京師，進禮部尚書。

戒師誠公塔銘

大定五年八月立，僧師偉撰文，正書，僧有晦篆額，在興平。

中叙述塔冢放光一節，襲用嚴挺之《大智禪師塔銘》文，弟子神奇其師，每有此等異説，不足重也。

觀音院碑

大定丙戌九月立，李□撰文，李居仁正書，王從簡題額，在隴州。

惠濟院牒

大定七年十月立，正書，在郿縣槐北寺。

碑題王競爲通奉大夫，與前題異者。金制，通奉從三品中，其下爲中奉也。文稱："本院自來別無名額，已納訖合著錢乙伯五十貫，乞立惠濟院名額。"案金世賣僧、道、尼、女冠度牒，紫褐衣，師號，寺觀名額之例，乃世宗大定五年所罷，此額給于四年，蓋七年所刻石也。

思政堂記

大定辛卯十二月立，鄭彥文撰文并正書，崔良弼篆額，在乾州署內。

文有云："乾，本漢池陽縣，至唐改奉天，後置爲州。梁乾化中，升威勝軍，後唐同光年復今名。"以《唐志》合之，改縣爲州乃乾寧二年也。《太平寰宇記》云："李茂貞建，後覃王出鎮，爲威勝軍。"文又云"距京兆不越數舍"，《寰宇記》，東至長安一百八十里。

靈泉觀主凝真大師成道碑

大定丙申四月立，王鎬撰文，李輔正書，篆額，在臨潼温泉。

碑三乘，上刻成道圖，中刻記，下刻本觀山林水磨田土地基。

重修太史公墓碣

大定己亥清明後二日立，趙振撰文，正書，不著姓名，在韓城。

《水經注》："陶渠水又東南，逕司馬子長墓北，墓前有廟，廟前有碑。永嘉四年，漢陽太守殷濟瞻印遺文，大其功德，遂建石室，立碑樹桓。太史公自序曰'遷生龍門'，是其墳墟所在矣。"考陶渠即芝川水，今墓在水南，俗説云漢武帝于此得芝草改名也。

馬烜題名

大定十八年八月刻，正書，在西安府學，刻唐《大智禪師碑》之陰。

李成詵謁祠記

大定十九年刻，正書，在華嶽廟。

許沂題名

大定庚子刻，正書，在慈恩寺。

鑄九陽神鐘銘

大定二十一年四月造，宋元豐中柴震撰文，正書，在臨潼靈泉觀。

修城記

靳康侯撰文并正書，在鄠縣。

案碑不書紀元，惟云“皇帝即位十有六年”，又云“越二十二年”，考金惟世宗大定二十九年，餘皆不及數，則碑爲大定時立。文有“彭城劉公以壽州酒使來鄂”，金制，京都及真定置都麴使司，他處置酒使司，劉公蓋以監壽州酒務爲其縣令者，而不傳其名。

棲雲老人題名

大定壬寅仲冬刻，隸書，在臨潼溫泉。

建濟安侯廟碑

大定二十四年十月立，張建撰文，蔚□正書并篆額，在華州。

濟安侯，華州城隍神也，昭宗光化元年所封。文云：“光化元年，以華州爲興德府，封城隍神爲濟安侯。”今考《唐志》，改興德府在乾寧四年，《志》誤也，昭宗以乾寧五年八月改元光化，始陞州爲府，不得在四年也。

靈泉觀記

大定二十五年重陽日立，楊峻撰文，劉光正書，劉利賓篆額，在同官。

右碑兩截，上截即刻三年牒文，下截刻此記。文甚華贍，字法亦似褚、虞，金人碑刻之最佳者。

仙蛻塋碣

大定二十七年八月立，范若水撰文，孫肯堂正書，徐安上篆額。有陰，亦正書，在華陰雲臺觀。

棲閑居士張中偉墓表

明昌改元立，撰書人缺，篆額，在鄜縣北大歷寺東南。

中偉爲中孚、中彥之弟，其二兄史並有傳。碑云：“父諱達，贈太師。靖康末，以守吉州死，援太原之難。”中孚以宋之鎮戎軍安撫使降金，爲鎮洮軍節度使知渭州，兼涇原路經略安撫使，後封原國公。中彥以宋之涇原副將知德順軍降金，代李彥琦爲秦鳳經略使，後封宗國公，咸與碑說合。金載割河南、陝西畀宋，中孚、中彥入宋被留臨安，中彥又爲宋之龍神衛四廂都指揮、清遠軍承宣使、提舉佑神觀、靖海軍節度。皇統初，金復河南，中孚、中彥又北歸。故文又有"宗公解印恒山，對君清話"云云，中孚、中彥以宋忠臣之子，仕於宋，仕於金，仕於齊。地還宋載，仕於宋；地還金載，仕於金，恬然無所恥怍。而中偉不事仕進，消遥終身，此宋之遺民、達之孝子矣。碑題"翰林侍講學士、奉政大夫、知制誥兼同修國史、護軍、馮翊郡開國侯撰文[一]，資政大夫、參知政事、柱國、安定郡開國公書"，而泐其名。

【校勘】

[一]"翰林侍講學士"句，按《山左金石》卷二〇《棣州重修廟學記》，撰文者黨懷英，題銜爲"翰林侍講學士、朝列大夫、知制誥兼同修國史、護軍、馮翊郡開國侯、食邑一千户、食實封壹伯户、賜紫金魚袋"，或即此文撰者。黨懷英，字世傑，號竹溪，馮翊人。然《金史·本傳》言其遷翰林侍講學士爲明昌二年事，與此碑"明昌改元"已任翰林侍講學士之説不合，未詳孰是。

崇教禪院鐘款

明昌壬子二月題，正書，在咸寧薦福寺。

崇教禪院本在武功，于金爲武亭縣。是鐘于康熙中出自河畔，時巡撫某公方修薦福寺，因載歸焉。鐘後有尚書禮部牒文。

觀京兆府學古碑詩

明昌五年二月刻，劉仲游撰并草書，在西安府學。

驪山有感詩

承安屠維協洽書雲後七日刻，移剌霖撰，孫極之正書，在臨潼溫泉。

移剌即耶律，《金史》有移剌履，《元好問集》作耶律履，是其証。商挺《增修華清宮記》有"太傅移剌公"，疑即其人。後有跋，自署"晋陽舊部吏"，而無姓名。

左□遠題名幢

承安庚申秋三日刻，行書，在華嶽廟。

重修州學之碑

泰和改元正月立，正書，篆額，撰書人姓名並缺，在綏德州。

碑後有"綏德州義合寨主簿郇□、知臨洮府康樂寨事劉完"，《金史·地里志》云，綏德州有義合寨，置第二將，臨洮府有康樂縣。康樂當是先爲寨，後升爲縣也。又有"知軍州事、天水縣子""同知軍州事、廣平郡侯"兩銜，文中稱"秦君守正以通儒來守，高君□□以名進士爲軍州判官"，當即兩人姓名。

宋雄飛詩

泰和改元三月刻，行書，在鄜縣觀村老君庵。

孫錡題名

泰和四禩冬十月刻，正書，在同州《聖教序記》之陰。

此碑云："褚河南《聖教序》在州龍興寺，宋政和中，吉觀國任通判日，移置公署。"蓋是碑初移于通判署，至明正統間乃移于金塔寺也。

虞用康史公奕等題名

泰和五年春四十日刻[一]，正書，在慈恩寺。

《歸潛志》云："史公奕字宏父，大名人，工書，自號歲寒堂主人。"

【校勘】

[一] 春四十日，按指立春後四十日，在二月間。《寰宇訪碑録》卷一〇《史公奕觀石經題名》作"泰和五年二月"。

泰寧宮鑄鐘記

泰和六年上元日造，正書，無撰文人姓名，在渭南。

田曦謁祠記

泰和七年四月刻，正書，在華嶽廟。

權綱等題名

泰和丁卯重九日刻，正書，在同州《聖教序記》之陰。

遊草堂寺諸詩

大安元年二月刻，行草書，前爲雪嵓老人、後爲東原田曦作，在鄠縣草堂寺。

趙門白氏題名

大安二年四月刻，正書，在興平關忠義廟。

法門寺真身寶塔詩

大安二年中元日刻，僧師偉作，朱景祐正書，在扶風法門寺。

大安二年鐘款

大安二年□月造，正書，在郿縣東嶽廟。

鐘不知所從來，舊在縣治，形家言不利于長官，以數十牛舁置于廟。款云重一萬八千斤，題內有"以明威將軍攝軍資兼軍器庫使、定遠大將軍攝縣簿尉"者，此以武階四五品攝八九品官者也。有以"徵仕郎行縣令"者，此以文階八品攝七品官者也。金制，中縣置簿尉，下縣不置尉，郿有簿尉，是在金爲中縣矣。

孔朝散詩

貞祐二年七夕日刻，行書，在郿縣觀村老君庵。

碑題"積石太守孔朝散"，當是以朝散大夫出知河州者也。碑不著其名，楊焕《射虎記》又有孔臨洮[一]，或亦即其人。

【校勘】

[一] 焕，爲"奂"之誤。按楊奂，又名知章，字焕然，生于金世宗大定二十六年（1186），卒于元憲宗五年（1255），卒年七十。後文《射虎記》作者亦誤。

清代陝西金石學著作十種

楊振碑

貞祐四年正月立，元好問撰文，張□正書，王元禮篆額，在乾州。

《唐書·宰相世系表》載，鄖國公佈子行基，行基子荣，荣子温，温子幼言，自幼言以下不及之。碑云："幼言生顒，顒生皋，皋生免，免生珍，珍生光贊，光贊生懷順。懷順官金紫，仕至西臺御史，襲封，至五代漢國始除。"此可以補《唐史》之缺。又云西臺公有子十二人，長曰公候，次公神、公留、公賢、公洪、公素、公石、公祚、公良、公通、公演、公伏，號十二楊村。公候子舜靖，舜靖子信，信子禹，禹子言，言子宗，宗子懋，懋子超道，公爲超道之次子。考唐以奉天之地四百頃賜楊氏，故子孫遂爲縣人。好問作《楊免碑》文云"譜系之詳，見君自叙"，然則此即本免所叙述矣。免即振子元禮，華陰人，見《免碑》。

長安令□公二等題名

貞祐五年春上丁刻，行書，在西安府學，刻唐《大智禪師碑》之陰。

乾陵無字碑題字

興定五年四月刻，張秀華行書，在乾州。

甯曲重修食水記

興定五年冬下元日立，高褒撰文，張待舉正書，康節篆額。

甯曲食水碑陰記

年月全上，正書，上有圖，並在郿縣。

甯曲水即金渠之上流，其源自赤谷來者，自甯曲以上爲居民食水，以下則灌田爲金渠。蓋因其地多砂，不能鑿井，故引山水以資用，迄今猶然。碑稱爲齊相甯戚所開，無所依據，不足信也。

印公開堂疏

元光二年二月立，行書，在鄠縣草堂寺。

文後云"内族昭武大將軍、宣權統軍使兼知府事完顏"者，完顏阿打也。

射虎記

元光二年十月立，楊煥撰文，謝良□正書，張待舉篆額，在鄠縣東門外。

乾陵無字碑題字

正大改元夏刻，鄭□邠正書，在乾州。

唐太宗贊姚秦三藏羅什法師詩

正大乙酉仲冬刻，釋義金正書，在鄠縣草堂寺。

改建題名之碑

正大乙酉十二月立，孔叔利撰文，吳聽正書，盧元篆額。

府學教養之碑

正大二年十二月立，劉渭撰文，楊煥正書，張邦彥篆額，在西安府學。

遊草堂寺詩

正大三年立秋日刻，趙閑閑作并行書，後有方亨跋，在鄠縣草堂寺。

風流子詞

正大三年刻，僕散汝弼作，正書，在臨潼湯池。

僕散希魯跋云："宋元至今刻石甚多，殆難勝紀，而當以此爲第一。其詞幽麗悽惋，字畫勁峭，有如拱壁，因砌而珍之。"

唐太宗慈德寺詩刻

正大丁亥刻，李文本跋並正書，在武功。

仙游觀永陽園詩并序

甲子正月立，藺世一正書并篆額，在麟遊。

雲房二大字

移剌松齡草書，在臨潼縣城東門內。

松齡，霖之子。自紀云"雲房，鍾離子別號"，此蓋擬鍾離書法爲之者。

饒益寺藏春塢記

阜昌癸丑九月立，趙抃撰文，正書，在朝邑。

抃自署爲新市監，《金史·地里志》朝邑縣有新市鎮是也，寺在鎮之西，梁天監中建，唐貞觀二年起浮圖，以明嘉靖地震圮。文稱："自唐宋以來，名人賢士經由往返，莫不於此題名，主僧勒之于石。"案今題名惟宋政和中賈炎、謝卿材二石尚存，唐人名跡皆無之矣。自此以下五種並劉豫時刻，故附置金後。

敕祭渾忠武王文并尚書禮部牒

阜昌六年八月立，正書。

敕祭渾忠武王記

阜昌七年正月立，王蔚撰文，王寵正書，孟醇篆額，並在宜川。

碑爲僞知丹州軍事安撫使劉議立，議以渾忠武王謚犯徽祖廟諱，抗章請避。徽祖者，豫之祖也。李心傳《繫年要錄》稱："紹興二年四月庚寅，豫遷都汴，奉祖考于宋太廟，尊其祖忠曰毅文皇帝，廟號徽祖。"《宋史》以爲四月丙寅非庚寅者，誤也，是月壬戌朔，庚寅，月之廿九日也。史又云"豫召迪功郎王寵，不至"，此記爲寵所書，不至之說恐未必是。孟醇，趙宗室。王蔚，字叔文，史有傳。

禹蹟圖

阜昌七年四月立，正書。

圖劉豫時刻，考豫以宋紹興元年爲金所立，則是年當丁巳，亦金天會之十五年也。每折地方百里，所載山川多與古合，唐宋以來地圖之存，惟此而已。考宋毛晃《禹貢指南》，稱先儒所刻《禹蹟圖》，黑水在雍州西北，而西南流，至雲南之西南乃有黑水口。東南流而入南海，中間地里濶遠。今此圖黑水與毛説合，是爲宋以前相傳之舊也。《唐書》稱賈耽繪《海内華夷圖》，廣三丈，縱三丈三尺，以寸爲百里，中國本之《禹貢》，外夷本班固《漢書》。古郡國題以墨，今州郡題以朱，豈此圖之權輿與？圖象之學，自古重之，《山海經》前五篇乃益經也，其後十二篇爲周秦以來釋圖之言，故往往雜以後代郡縣。今案，其文有云"在其東"或"在其北"，云"捕魚水中"，云"兩手各操一蛇"，云"右手指青丘北"之屬，皆據形言之耳。《山海經》本有圖，故陶潛以之入詩，張駿、郭璞以之作讚，始知班固《藝文志》入之形家，有以也。不知者乃以爲域外之言，堪輿之學，非聖經矣。又《史記》言蕭何收秦圖書，《大宛傳》言昆侖天子，案古圖書《三王世家》有御史奏輿地圖，《漢書》言李陵圖所過山川地形，元帝示後宮人單于圖，明帝賜王景《禹貢圖》。又班固案秦地圖，虞喜《志林》、薛瓚《注漢書》皆案漢輿地圖，《晋書》言裴秀自製《禹貢地域圖》十八篇，李吉甫《元和郡縣圖志》言起京兆府，盡隴右，凡四十七鎮，每鎮皆圖在篇首，今俱不存。則此圖之傳，良足寶矣。地理之學，古今互異，試條其得失，附以鄙証，爲讀《禹貢》者有所採也。

案圖，嶓冢山在秦州東南，深合自漢以來相傳之説。考《水經》"禹貢山水澤地所在"，言嶓冢在隴西氐道，班固《地理志》言在隴西西縣，漢氐道及西縣治皆在今秦州。自魏收《地形志》以嶓冢山爲在華陽郡嶓冢縣，《括地志》《元和郡縣志》並承其誤，山乃移今之寧羌州矣。然唐人猶兩存其説，據魏收以駁班固，自胡渭《禹貢錐指》始。

案圖，西漢水出秦州，南至涪州入江東，漢水出興元府，東至漢陽入江，亦合于班固《地理志》之説。其圖西漢水不通于東漢，則不合于古，何則？余嘗謂《禹貢》言"嶓冢導漾"，是言水之在今甘肅秦州者也；東流爲漢，是言水之在今陝西漢中府者也；又東爲滄浪之水，則言水之在今湖北省者也。西漢至寧羌州西北，有水通于東漢，班固所云東漢水首受氐道水，郭璞《爾雅音義》謂之潛水，《水經注》謂之通谷水，《括地志》謂之復水，云出利州綿谷縣龍門山，今俗以爲燕子河也。其水于圖，當自興元府南承東漢水，流至利州，北合于西漢，而殊未之及。今四川廣元縣是唐宋利州治，寧羌州是其東北境，龍門山在州北百五十里，即李吉甫所云利州東北有龍門山者也。樂史又云龍門山下有燕子谷，或水之所以名矣。郭璞既稱舊云，即《禹貢》沱潛，缺之非也。

案圖，黑水是三危之黑水，黑水實有二，余考華陽黑水惟梁州，孔安國言東據華山之南，西距黑水，張守節《史記正義》案，《括地志》黑水源出梁州城固縣西北太山，以此釋梁州黑水，較長酈道元。案諸葛亮牋稱"朝發南鄭，暮宿黑水" 即此，諸家解書以二黑水爲一，非也。今水在漢中府城固縣西北五里。

案圖，漆沮之洛，至同州南入于河，古説皆入渭，是洛自宋金時改流入河也。近韓邦靖著《朝邑縣志》云"洛水，明成化改流入河"，不察之至矣。

案圖無漆沮，蓋洛即漆沮，孔安國書傳《水經》見《史記》注晉灼所引，今本無之，闞駰皆言是也，李季卿《三墳記》石刻亦云"漆沮泛溢，馮翊昏墊"，是唐人猶存其説矣。漢人言漆縣西有漆水入渭，在今麟遊縣，合雍入渭者，爲《詩》"自土沮漆"之漆，是古但有兩漆水耳。《水經注》洛水下又有漆水，又《遁甲開山圖》長安西有漆渠，俱非《禹貢》之漆，然自樂史、宋敏求以來，所在多漆水矣。

華夷圖

阜昌七年十一月立，正書，並在西安府學。

卷 八

元

皇太子修草堂寺令旨

癸卯年五月、乙未年十月、丁未年四月、又十月立，並正書，篆額，在鄠縣。

右碑分四格，上二格爲皇太子令旨教修草堂寺者，第三格則爲修寺不蘭奚並匠人等覷當衣食，第四格則恐缺少修寺不蘭奚人等補數，皆令旨也。皇太子名闊端，太宗之第二子，是時未立號年，所稱癸卯，蓋當宋理宗之淳祐三年，丁未則七年也。其第二格稱乙未，當爲乙巳之誤，是淳祐五年，就令旨上下來歷觀之自見，不然，則乙未爲端平二年，前淳祐癸卯更八年，與修寺事何涉，此則刊字時之誤也。

孫真人祝文

丙午歲二月立，皇太子闊端撰，正書，在五臺山。

劉處士墓碣

己酉孟夏立，楊英撰文，張徽隸書，李微題額，在西安府學。

處士字希文，名章，又名九隴，又名渭，又名於菟，字則不易也。金以天興三年甲午之歲亡，而元自世祖始以中統紀號，是年歲在己酉，當是定宗未即位之前、馬真太后臨朝稱制之日也。

重陽宮聖旨碑

虎兒年七月立，上蒙古字，下正書釋之，在盩厔。

孫真人福壽論

丙辰九月立，楊聰正書。

題孫韓二真人詩

丙辰歲重九日刻，楊聰作，並行書。

唐太宗賜孫真人頌

丙辰重九日立，後有邳邦用跋，並楊聰正書。

與李素舟張志和書

無號年，楊聰行書，並在五臺山。

唐通微道訣碑

唐乾元二年六月，明皇製文，元戊午歲人日，本觀道士楊思聰重立，行書，在三原大化觀。

戊午，憲宗八年。

長春真人述

大朝癸未重九日刻，正書，在咸寧牛頭寺。

《輟耕録》：丘處機，號長春子，登州棲霞人。金大定丁亥，謁重陽真君于寧海，請爲弟子。戊申，召見闕下，隨還終南山。金主召，不起，宋使來召，亦不起。太祖遣近侍劉仲禄持手詔致聘，至行在所，命掌天下道教。至燕，居太極宫。仲禄，《元史·處機傳》作"仲福"，《祖庭真仙傳》亦作"仲禄"。

陀羅尼經幢

釋海覺唐、梵二體書，在咸寧開元寺。

幢内梵書，與《同文韵統》所載番相阿努所製西番字母相同，爲元代所建無疑。

建文宣王廟記

中統二年五月立，王處厚撰文，馮慶正書并篆額，在高陵縣學。

楊奐碑

中統五年建巳月立，元好問撰文，姚燧正書并篆額，在乾州。

碑文往往與史合，惟"作萬言策，未及上，歸，教授鄉里。後安撫使辟經歷，官京兆行尚書省以便宜，署君隴州經歷，皆辭不赴。應參乾、恒二州軍事。庚寅春試，授館張公信甫之門"等事，史不及之耳。又史言著《還山集》六十卷，《天興近鑑》三卷；碑云《還山集》一百二十卷，紀正大以來朝政，號《近鑑》三十卷，亦異。燧，奐之第三女壻。

修宣聖廟記

至元三年四月立，張鼎撰文，正書，在高陵。

鼎自稱下人，爲不知者加點水于旁作汴。志書因之，不可不知其誤。文有云"舍宇無丹楹刻桷之美，無山節藻梲之麗"，此本鄭康成《禮記注》，不用朱子藏龜之室之解者也。字亦精整可愛。

馮時賈詩

至元戊寅春三月刻，正書，在鄠縣觀村老君庵。

贍學田記

至元六年正月立，賈仁撰文，雷孜正書，在西安府學。

敕賜開福寺額記

至元六年十月立，沙門志清撰文，正書，無姓名，在同官。

誠明真人道行碑

至元九年九月立，王盤撰文，賈庭臣正書，在盩厔樓觀。

重修唐清凉國師妙覺塔記

至元九年九月立，沙門印撰文，或正書。

國師即澄觀，字大休，俗姓夏侯氏，會稽人。初居本州寶林寺，後居五臺，閣錫于華嚴寺十年，死，賜諡清凉國師，塔曰妙覺。本朝雍正十二年十月十五日奉旨，清凉觀著封妙正真乘禪師，仍著該地方官致祭一次。《清凉山志》載：師示寂後，有梵僧至闕，表稱于葱嶺見二使者凌空而過，以呪止而問之，答曰：北印度文殊堂神也，東取華嚴菩薩大牙歸國供養。有旨啓塔，果失一牙，唯三十九存焉。遂闍維舍利，光明瑩徹，舌如紅蓮色，仍賜諡清凉國師。考師以唐開成三年三月死，先未死時，文宗已號爲僧統清凉國師矣，故志云仍賜諡師。以天寶二年出家，大曆三年，代宗令同大辯正三藏譯《華嚴經》，爲潤文大德。後辭入五臺，著經疏。貞元十二年特召入京，與罽賓般若三藏譯烏荼國所進《華嚴》，後分梵夾成，賜號教授和尚，後加僧統國師，爲華嚴六祖。

題唐清凉國師塔額

至元九年重陽日立，正書，並在咸寧華嚴寺。

天真觀鐵方響

至元十一年四月造，正書，在郿縣署。

款云"郿州天慶宮下院天真觀"者，考《宋史》大中祥符七年，"鳳翔府天慶觀甘露降"，宮名仿于宋時也。方響，世亦謂之雲版，《雲仙雜記》以爲磬之遺制，但磬以石，雲版以金爲之耳。

建極宮蒙古字聖旨

至元十二年二月立，上蒙古字，下正書，在韓城龍門。

王鶚《建極宮記》曰：禹門舊有神祠，因兵而毀。今道者姜善信，河東趙城人。師蓮峰靳貞，屬陝右兵亂，士大夫避地者皆依之。一日語及禹門神祀因兵而毀，公即有潛復之志，即抵其所，因其舊制而蓋之，上即信徵聘，陛辭，敕賜宮曰建極，殿曰明德，閣曰臨思，命大司農姚樞大書其額，以示歸榮。據之則建極宮亦禹廟也，《世祖本紀》至元元年七月，龍門禹廟成。在今縣東北之六十里。

重陽仙跡記

至元丙子中秋日立，劉祖謙撰文，姚燧正書并題額，在鼇屋重陽宮。

祖謙之文以金哀宗天興元年作，至是始刻于石耳。唐順之《左編》：重陽，姓王名嚞，咸陽人。

重修宣聖廟記

至元十三年九月立，徐琰撰文，正書，篆額，無姓名。

府學公據

至元十三年十二月立，正書，隸額。

皇子安西王盛德之碑

至元十四年正月立，孟文昌撰文，駱天驤正書，篆額，並在西安府學。

寶慶寺記

至元十五年八月立，商挺撰文并正書，在平涼府空同山。

碑云“至元九年十一月分封皇子安西王”，案《元史·世祖本紀》：“至元九年十月丙戌，封皇子忙哥剌爲安西王”，與此微異。《商挺傳》：至元九年忙阿剌爲安西王，以挺爲王相。

玉清萬壽宮碑

至元十五年上春立，姚燧撰文，王元輔正書，篆額，在汧陽。

天真觀四至題字

至元十六年正月立，正書，在郿縣。

題云“京兆郿縣東關天慶宮下院天真觀”，以前十一年《方響》考之，即郿州也。前云州，此云縣，是改州爲縣當在十一年之後、十六年之前矣。史云至元元年省鄜州爲鄜縣，恐非。又史稱十六年改京兆爲安西路總管府，此猶稱京兆，則在未改之前可知。

棲雲王真人開澇水記

至元十六年中元日立，薛友諒撰文，孫德彧正書，在盩厔樓觀。

何太古題名

至元十七年仲夏刻，飛白書，在慈恩寺。

崇靈廟記

至元十七年十月立，王博文撰文，僕散祖英正書，駱天驤篆額，在渭南尹村。

崇靈廟者，土人祠周孝侯處設也。碑只載處與氏人齊萬年戰歿事，謂秦人思而祠之，措詞得正，明人因之，乃謂孝侯。即渭南人，且指到獸山爲孝侯殺白額虎地，附會縣東之赤水橋爲即長橋，穿鑿可笑。碑云，崇靈，金大定間賜額。

蔡孝子順碑陰記

至元十七年十月立，鄒任志撰文，正書，在渭南鄉賢祠。

吳山寺地土執照

至元二十年四月，僧永輝立，正書，在乾州。

馬宗師道行碑

至元癸未歲重五日立，王利用撰文，孫德彧正書，李頵篆額，在盩厔重陽宮。

靈應宮鐘款

至元二十一年二月造，正書，在朝邑。

陳亞天慶宮詩

至元甲申春二月刻，正書，在郿縣觀村。

重修説經臺碑

至元二十一年立，李道謙撰文，李志宗正書，在盩厔樓觀。

道謙字和甫，汴梁人。初事洞真真人，至元十四年，安西王開府陝西，著提點五路道教，兼領重陽、萬壽宮事。元貞元年，賜號天樂真人。

李道謙詩

至元乙酉春三月刻，正書。

沁園春詞

至元乙酉夏刻，李如堅撰，正書。

冉德明詩

至元乙酉孟冬刻，正書，並在郿縣觀村。

王重陽仙跡記

至元己丑七月立，劉祖謙撰文，劉汾正書并題額，在咸陽。

李真人門下記

至元二十七年三月立，正書，在郿縣觀村。

古文道德經

至元辛卯立。高翻書，古文；末有記，篆文；李道謙跋，隸書。在盩厔説經臺。

經爲翻所書，云出《古文韵海》，《宋史·藝文志》無此書。字體奇詭失實，非古人之遺也。唐太史令傅奕校定《道德經》古本，字字有據，如"號而不嚘”，見《玉篇》，今本譌作“嗄”；“如春登臺”，見易州所刻唐明皇注本，今作“如登春臺”；“儽乎其若客”，與下句“釋”字爲韵，而王弼本作“若容”。此類甚多，唯傅本不誤，惜翶不依此作篆，而僅依俗本，專輒造字，未免爲識者所笑耳。翶以憲宗乙卯歲書，至元時刻石。

薛文曜重修宣聖廟記

至元三十年三月立，劉忠撰文，齊天祥正書并題額，在澄城。

陳大中墓塔銘

至元三十年仲夏立，郭汝弼撰文并正書，在韓城。

大中字子正，韓城縣人。初仕韓城尹，至元二年改楨州判官，四年移乾州，七年爲澄城尹，加敦武校尉，復調韓城，二十九年卒，葬縣之東南陳莊。

重修文廟記

元貞建元十月立，韓擇撰文并正書，在臨潼。

擇字從善，《元史》傳附蕭斢後。

鍾都尉墓碑

大德四年立，正書，在同官神水鄉。

碑僅存上截，無撰書人姓名。

甘澍之記

大德九年重九日立，顏守淪正書并篆額，在華嶽廟。

西鎮祀香碑

大德十一年七月立，梁□□撰文，正書，姓名泐，蒲明德篆額，在隴州。

文有云“皇帝以大德十一年五月二十二日誕膺寶位”，合之《元史》，則武帝以是月二十一日即位于上都也，小異。

加聖號詔

大德十一年七月立，正書，一在西安府學，一在韓城縣學。

《元史·武宗紀》：大德十一年，武宗即位，七月，加封至聖文宣王爲大成至聖文宣王。

張洵重修縣學講堂記

皇慶元年季秋立[一]，岳松撰文，劉堯澤正書，篆額，在澄城。

【校勘】

[一] 年，底本作“年年”，衍一字，據叢書集成本刪。

加封至聖文宣王碑

皇慶二年正月立，趙世延撰文并正書。

世延以至大四年爲陝西行臺侍御史，是年陞浙江行省參知政事，尋召拜侍御史。

加聖號詔跋

皇慶二年五月立，趙世延撰文，正書，篆額，並在西安府學。

華嚴世界海圖

皇慶癸丑七月立，釋圓覺正書，在咸寧開元寺。

修太白廟記

延祐元年四月立，李昶撰文，文禮愷正書，郜從禮篆額，在郿縣。

世祖時有東平須城李昶，與此是兩人。

修太白廟助緣功德主名

年月全上，正書，刻前碑陰。、

題名中里社內有柿林社者，即廢柿林縣也。《元志》舊於郿州添置柿林

清代陝西金石學著作十種

縣，至元元年《省一統志》，柿林廢縣，在郿縣東四十里。

藏御服碑

延祐二年三月立，趙世延撰文，趙孟頫正書，李□□篆額，在鰲崋重陽宮。

玉泉觀記

延祐乙卯四月立，潘汝劼撰文并正書，題額，在澄城玉泉。

觀爲和陽子棲眞之所，其徒純靜大師王永謙所造也。汝劼，時爲陝西諸道行臺御史。

清涼院碑

延祐三年褣月立，長老垠撰文，蒲忠孝正書，蒲明德篆額，在隴州。

郝巨卿墓碣

延祐四年十月立，岳崧撰文，曾孫惟賢正書，段□□篆額，在韓城柳村。

文云“天興壬辰，大中書丞相耶律公爲董軍國事適汴，張晏以待四方之士”者，即耶律楚材也，天興壬辰，當元太宗之三年。是年八月，太宗幸雲中，始立中書省，改侍從官名，以楚材爲中書令。是歲，元兵克鳳翔，還攻洛陽、河中諸城，盡下之，此其事也。岳崧字景山，郃陽人，延祐中三聘不起。解禽鳥語，常讀書于臥龍岡，與蕭㪍友善。

祀西嶽文

延祐四年臘月立，正書，篆額，無姓名，在華嶽廟。

祀西鎮碑

延祐四年十二月立，莫勝撰文，賈幹魯思台正書并題額，在隴州。

文云“延祐丁酉秋，秦山摧裂，小民震駭”者，《成宗本紀》是年七月，成紀縣山崩，土石潰徙，壞田稼廬舍，壓死居民。十月，遣御史大夫伯忽、參知政事王桂祭陝西嶽鎮名山，賑卹秦州被灾之民，即其事也。又稱伯忽爲開府儀同三司、太傅、御史大夫，王桂爲中奉大夫、中書省參知政事，與史略同。

贈安定郡伯蒙天祐新阡表

延祐五年九月立，蕭頊撰文并隸書，篆額，姓名缺，在大荔。

碑題云："知船橋兵馬都總管、萬戶府奧魯、千戶、贈朝列大夫、同知晋寧路總管府事、騎都尉、安定郡伯蒙君，諱天祐，字祐之。"蓋蒙君官至總管府萬戶[一]，以子懷□貴，得贈官如之也。子封安定郡伯，職亦不卑，而史傳莫可考，特以惟斗文傳之耳。碑甚磨泐，不可讀。

【校勘】

[一] 萬戶，按蒙氏官至萬戶府奧魯、千戶，非總管府萬戶，畢沅此處讀碑有誤，詳考見本書點校前言。

唐開元寺興致

延祐六年正月立，正書，篆額，在咸寧開元寺。

碑序"開元二十八年，明皇與勝光法師論佛功德，令天下州府各置開元寺"，故上方繪明皇及法師像。考鄠縣重雲寺有吳思溫《唐太宗與玄奘對譚》畫壁，即此等事也。碑具載上石勒字人名，不及書及篆額者，當時人之草率可見。

光國寺聖旨敕

延祐六年八月立，上蒙古字，下正書釋之，在郃陽。

敕稱馬兒年四月，應是延祐五年。

橫渠祠堂記

延祐七年正月立，文禮愷撰文，楊粹正書并隸額，在郿縣。

文有云"先生之書，有覆瓿之議"，又云"天相斯文，無往不復"，是當時尤有未信其學者。考《西銘》初成，楊時致書伊川曰："《西銘》言體不及用，恐其流至于兼愛。"伊川答云："橫渠立言，誠有過者，乃在《正蒙》。《西銘》爲書，推理以存義，與孟子性善養氣之論同功，豈墨氏之比？"朱子跋《太極》《西銘》二書曰："始余作《太極》《西銘》二解，未常敢出以示人，近見儒者多議兩書之失，或未通其文義而妄肆詆訶，余竊悼焉。"由是言之，宋時之議橫渠者不少，得程朱表章，久而論定，程朱之爲功于橫渠大矣。

加封師真人敕

延祐七年重陽日立，陳德定正書并篆額，在五臺山。

右共四敕，並以至大三年二月下，第一敕加贈東華帝君爲東華紫府輔元立極大帝君；第二敕加贈鍾離真君爲正陽開悟傳道垂教帝君，呂真君爲純陽演正警化孚佑帝君，劉真君爲海蟾明悟弘道純佑帝君，王真君爲重陽全真開化輔極帝君；第三敕加贈丘處機爲長春全德神化明應真君；第四敕加贈馬鈺爲丹陽抱一無爲普化真君，譚處端爲長真凝神玄靜蘊德真君，劉處玄爲長生輔化宗玄明德真君，王處一爲玉陽體玄廣慈普度真君，郝大通爲廣寧通玄妙極太古真君，孫不二爲清净淵真玄虛順化元君。敕並付玄門演道大宗師、掌教凝和持正明素真人苗道一收執。案《元史·丘處機傳》，處機與馬鈺、譚處端、劉處玄、王處一、郝大通、孫不二同師重陽王真人，金宋之季俱遣使召，不赴。歲己卯，太祖自乃蠻命近臣札八兒、劉仲福持詔求之，處機與弟子十八人同被見。此加贈處機敕內有云"逮芝綸之疊降，躡雲鳥以來從；率英賢凡十八人，言宗社非一二事"者，與之合。馬鈺，寧海人，本名從義，字宜甫；譚處端，本名玉：並重陽改名。全真學者稱鍾、呂、劉爲三祖，又以重陽爲祖師，然重陽之教皆長春張大之者也。劉字元英，名哲，自號海蟾子，五代時人。處機弟子十八人，今可考者共四人，敕贈清和妙道廣化真人尹志平、敕贈真常上德宣教真人李志常、敕贈玄通弘教披雲真人宋德芳、賜號玄門弘教白雲真人綦志遠，並見《祖庭仙真內傳》。

重修香城院記

至治二年五月立，字术魯沖撰文，正書，在咸寧香城寺。

泰寧宮包砌坤柔殿基記

至治三年八月立，同鶚撰文并正書，篆額，在渭南。

祀西鎮吳嶽廟祝文

一泰定四年五月，一泰定五年四月立，並馮道安正書，在隴州廟內。

碑後題云馮道安立石，而碑實鎔鐵爲之。余集陝西諸金石，得鍾款十有一件，鐵碑則一而已。又爲陰識，字體精整，尤可愛也。

王氏世德序

泰定四年七月立，歐陽玄功撰文，巎巎正書并篆額，在朝邑。

此碑明時所刻，巎巎即康里子山也。

默庵記

泰定四年立，趙良弼撰文，并集唐顏真卿正書，在咸寧楊萬坡。

元有兩趙良弼，皆非此人。韓國文正公字輔之，卒於世祖至元二十三年。又有一人字君卿，東平人，爲嘉興路史，遷杭州，亦能書。出鍾嗣成《録鬼簿》。

西臺御史謙齊朶朶忽都魯別題名記

至順二年九月立，正書，在興平縣治前。

孫德彧道行碑

元統三年九月立，鄧文原撰文，趙孟頫正書，在盩厔重陽宮。

文原字善之，一字匪石，綿州人，以天曆元年卒，當是子昂追書其文也。

祀妙應真人記

至元二年上元日立，周德洽撰文，後刻《完者台皇后祭文》，並正書，在五臺山。

完者台皇后，即順帝第二皇后奇氏。

巎巎與王由義書

至正元年四月刻，草書，在朝邑。

御香記

至正二年上元日立，高巎撰文，李拱正書，王道清篆額，在五臺山。

孔子廟制詞

至正三年九月立，正書，篆額，在鄜縣。

內《加封啓聖王制》，爲至順二年九月；《加封大成至聖文宣王制》，爲大德十一年七月；《加封大成至聖文宣王夫人制》，爲至順二年六月。并刻於至正三年也。以"亓官"爲"并官"，與漢《韓敕碑》、宋大中祥符《封郇國夫人詔》、宋鄧名世《姓氏書辯証》、王伯厚《姓氏急就章》諸書合。

瞻學地畝及題名

年月仝上，正書，刻前碑陰。

重修宣聖廟記

至正四年四月立，任惟孝撰文，白好義正書，篆額，在宜川。

馬嵬詩

至正六年六月立，張洵正書，在興平貴妃墓上。

奉元路重修廟學記

至正六年十月立，虞集撰文，王守誠正書，蘇天爵篆額，在西安府學。

守誠字君寔，著《經世大典》成，拜陝西行臺監察御史。字法近虞世南，合以虞文、蘇額，可稱三絕。

奉元二瑞之記

至正九年七月立，何恭撰文，傅夢臣正書并篆額，在西安府。

碑上層爲二瑞圖，下刻記。二瑞者，嘉禾、岐麥也。圖刻甚工，惜文與字俱不佳，恐不足以傳遠耳。

草堂寺詩

至正壬辰四月刻，釋溥光作并行書，在鄠縣。

雪庵詩石凡二，又一石爲《草堂值雪詩》，行書，前書"衛尉副使奧屯公留題"，名不可辯。《書史會要》：溥光，字玄暉，號雪庵，俗姓李氏，特封昭文館大學士，賜號玄悟大師。

重修后土廟記

至正十一年七月立，余闕撰文，李成正書，泰不花篆額，有陰，在渭南南門外。

雷祥廟碑

至正十二年十一月立，潘懇撰文并正書，篆額，在白水。

祥善醫能陶，所造磁器甚工，時人謂之雷公器。歿爲彭衙土神，常顯靈異，蝗不爲害，寇盜不至，境內里人祠之。文稱"天朝加封致祀"，銘又有"擬周班爵明王之封"等語。而不明著其號，又不載祥爲何代人，是所缺略。

重立泰寧宮記

至正十三年八月立，王璞撰文并正書，篆額，在渭南南門外。

碑上方刻宋大中祥符牒，右刻金正隆四年記。此刻於左，其陰刻當時縣尹、丞、尉、簿史姓名。是碑蓋磨去唐《渭南縣令李君清德頌》而重刻者，內陰陰有文云渭南令李君云，聖曆二年。考趙明誠《金石錄》作元年，疑誤。

王德成題名

至正十三年九月刻，行書，在慈恩寺。

修忠惠王廟碑并陰

至正甲午仲夏立，黃理仙撰文，正書，篆額，姓名缺，碑陰亦正書，篆額，在興安州牛山。

忠惠王者，唐刺史崔堯封也。或曰堯封名偉，中和三年，黃巢亂，有太白山人獻計于偉曰：“一發牛山，巢滅掘之，得黃要獸，置劍其上，斬之巢敗。”偉由是得道，至宋封爲忠惠王。至正十一年，總兵官月魯帖木兒擊破紅巾賊劉福通，重新此廟。理仙時爲興安學正，命爲文以紀之，碑甚豐偉。

修禹廟碑

至正十四年仲夏立，李克敏撰文，裴時靜行書，百嘉納篆額，在韓城。

郭鈞遣愛碑

至正十五年正月立，常視遠撰文，李琇正書，養安處篆額，在鄜縣。

義門王氏先塋碑

至正十五年戊子月立，歐陽玄撰文，危素正書，趙期頤篆額，在蒲城。

《書史會要》：“期頤字子奇，汴梁人，官至陝西行臺，治書工于篆。”

《六研齊筆記》[一]：“期頤篆迹渾樸高古，以禹碑、周鼓爲宗，無一筆似陽冰。”

【校勘】

[一] 齊，通齋。按《六研齋筆記》爲明李日華撰。

瓊公道行碑

至正二十二年四月立，釋口洪撰文，朵羅台正書，在咸寧開元寺。

朵羅台，唐兀氏，積官昭信校尉、芍陂屯田千戶所達魯花赤，《元史》有傳。

官家石洞碑

至正二十二年十一月立，正書，在三水東北洞內。

文有云：“居士蕭元義任御史，見居斯窟，顯清縣尹睢恭娘子張氏、達魯花赤秀堅帖木兒夫人周氏、趙氏亦居此處，時至正十九年六月初六日。後二十二年壬寅十一月，黃鐘吉日立石。”

清代陝西金石學著作十種

東嶽廟碑

至正二十三年九月立，孔克任撰文并正書，篆額，在長武。

文並正書，唯前題孔克任名及後號年二行篆書。

周公廟潤德泉記

至正二十五年三月立，孔克任撰文并正書，篆額，在岐山。

碑李思齊所建，文及書體並雅令，但以《崔琪碑》誤指爲宋，則甚可笑。其叙思齊官爲銀青光禄大夫、邠國公、陝西等處行中書省平章政事兼知四川等處行樞密院事、皇太子詹事，考《元史·本紀》，則是年正月封思齊爲許國公，至五月始加銀青光禄大夫、邠國公及樞密、詹事等官也。碑立于三月，已有是稱，疑史誤。

渾忠武王感應碑

至正二十五年三月立，魏志遠撰文，王克明正書，崔安平篆額，在宜川。

文有云："至正二十二年冬十月，總兵官太保、中書右丞相孛羅帖木耳，特奉聖旨爲守禦延安，分命中奉大夫、河南江北等處行中書省參知政事朱希哲守禦宜川。"考《元史·叛臣傳》，是年八月，孛羅帖木耳據延安，欲東渡以奪寧晋，十月乃南侵擴廓帖木耳所守之地。是時孛羅跋扈，與擴廓、李思齊等相持，彼此踐襲，故文又有"亂兵侵我疆場，殺我良民"云云，再三公表。孛羅以至正二十年爲太保，此著其稱于二十二年下者，當是追書。文體卑靡不足道，篆額亦甚戾。

重修宣聖廟記並陰

至正二十六年三月立，董立撰文，張冲隸書，在西安府學。

《雍大記》："董立字植夫，以明經中經元，隱居教授，徵拜翰林修撰，輔導儲副。遷司業，以績著，累擢陝西行臺侍御史，卒諡文定。"

移落星石題字

至正二十八年刻，米克明記，正書，在興平縣治。

右刻在唐太和中陳元錫題名之後，石即晋昇平元年所隕者也，詳見元錫《記》及《晋書》。本在縣東北田間，克明舁之縣署，因有此題。

也先帖木兒殘碑

號年缺，正書，在華嶽廟。

也先帖木兒，脱脱之弟，曾爲御史大夫、陝西行臺監察御史，此碑當即其時所立。

道德經

正書，無號年及書人姓名，在盩厔説經臺。

《石墨鐫華》云此碑似出杜道堅、李志宗輩，而不著姓氏。

蔡孝子順墓碑

田遠撰文，正書，在渭南縣東十里孝子村。

天冠山詩

無號年，趙子昂作并行書，在西安府學。

此是明刻，末有文待詔徵明跋。

關中金石記書後三首

　　彞鼎之顯由二漢，則許浚長言之矣；志碑之著由二魏，則酈中尉詳之矣。皆以金石刻叢考古事古言，用資洽聞。然或代易物湮，始存終軼，往往不可得徵，老沙勒之猶不能久，寧論易殄耶？《唐史》載：乾元中，京師坏鐘像，私鑄小錢；會昌中，李郁彥以鐘鐸納巡院，充鼓鑄用。《宋史》載，姜遵知永興軍，太后詔營浮圖，遵毀漢唐碑碣，以代磚甓。摧敗之事，豈特前世，後或甚之矣。巡撫公監茲放失，欲永其傳，講政之暇，日採集焉。又用真知條證肆考，傅合別否，務得故實，取其片羽，可用爲儀，蓋荚然于洪、薛、歐、趙之上矣。令坫校字，得審觀焉。點次卷目，謹識其尾。時乾隆重光赤奮若歲相月，後學錢坫撰。

　　魏酈道元撰《水經注》四十卷，凡引漢碑百，魏碑二十，晋及宋魏稱是。竊嘗謂金石之學，惟道元能見其大。今讀其注，如華陰載祠堂碑，鉅鹿載神壇碑，則祀典可定也；滎陽石門之銘，沛郡石坡之頌，則水利可興也；洛陽南界、冀州北界之石，則區域可正也；曲江瀧中碑、新城大石山碑，則幽遠可通也。魏收倣之，故撰《魏書·地形志》，于郡縣下，每引漢魏以來石刻。巡撫畢公，再涖陝西，前又兩攝蘭州之節，凡自潼關以西，玉門以東，其道路險易，川渠通塞，及郡縣之興廢，祠廟之存否，莫不畫然若萃諸掌，今《記》中所散見是也。夫歐、趙、洪、薛之撰集金石，僅藉以考古，而公則因以興灌溉之利，通山谷之邃，修明疆界，釐正祀典。既非若道元之注，托之空言；又非若歐陽諸書，僅資博識：則所得實多焉。公既嘗以案部至咸陽，讀周文公廟諸石刻，爲守墓之裔，請于朝，增置五經博士，近又欲考定臨晋河伯之祠，郃陽子夏之墓，皆公經世之務之獲於稽古者也。讀是記者，可以觀其概焉。後學洪亮吉跋尾。

雍涼之域，實曰神皋，吉金樂石之所萃也。爾乃竹書紀異，昆侖樹王母之眉；韓非著書，華嶽勒天神之字。休與藐哉，其詳軼矣。若其列侯尸祀，銘業乎奇器；漢將揚武，紀威乎絕域。西京崇秩望之儀，蜀魏盛開鑿之蹟，固亦有焉。是以岐陽石鼓，厥貢於上京；裴岑紀功，揚光于昭代。暨乎唐葉，作都渭陽，宮室陵寢，此焉是集。移山壽績，壓岫標奇。贔屭負文而疑神，螭虬挾篆而欲走，亦越宋元，彌工題唱。鐫名百仞之翠，沈字九回之淵。莫不比重崑瓊，方珍華玉。自是厥後，廢興忽然。頹坁晝落，則偉額潛埋；野燎霄飛，則貞趺渙碎。承平以來，廛居愈阜，削員珉而代甃，卧方闕以治礎。或乃因文昌之小辭，劚皇象之逸製。耆古之士，蓋其閔矣；隱顯之候，豈其恆歟。今陝西巡撫畢公，江左之望，蔚矣儒風；漢庭之才，褒然舉首。逮乎為政，其學益敦，開府乎咸林，攝節乎涼肅。外傳有云，夕而序業，周公之美，讀書百篇，公其體之，斯為大矣。時則鄭白之沃，互有泛塞。公斯渠所及，則有隋便子谷造象，得于長安；唐爾朱達墓碣，得于郃陽；朱孝誠碑，得于三原；臨洮之垣，互以河朔。公案部所次，則有唐姜行本勒石，得于塞外；梁折刺史嗣祚碑，得于府谷；寶室寺鍾銘，得于鄜州；漢都君開道石刻，魏李苞題名，得于褒城。公又奏修嶽祀，而華陰廟題名及唐華山銘始出焉。公釋奠學校，而開成石經及儒學碑林復立焉。自餘創見，皆後哲之未窺，前賢之未錄。公受之以藏，是云敦素；獲之有道，乃惟賢勞。其知者曰，可以觀政矣。重光之歲，月移且相；武橐有緘，嘉禾告瑞。公始從容晨暮，校理舊文，考厥異同，編著韋册。且夫歐、趙之書，徒訂其條目；洪、都之著，第詳其年代。公證古之學，奄有征南；博聞之才，通知荀勖。此之造述，力越前修。談經則馬、鄭之微，辨字則楊、杜之正，論史則知幾之邃，察地則道元之神。旁及九章，淵通內典，承天譜系之學，神珙字母之傳。固已奪安石之碎金，驚君苗以焚硯，君子多乎，于公末也。公既理其打本，藏諸名山；刊其嘉言，詒之來學。謬承校錄，略悉源流，若公惠政之列，國勛之章，方與往刻共不朽焉，非所及也。後學孫星衍撰。

附録：關中金石記附記

蔡汝霖編

跋

關中爲漢唐舊郡，金石之文富甲天下，歐、趙以來著録者屢矣，至勒爲專書，則惟宋田概《京兆金石記》一編，見於《直齋書録解題》，而今已不存。國朝乾隆間朱近漪先生楓著《雍州金石記》十卷，考核雖精，而所收僅二百種，亦不及宋元，未爲備也。洎後畢秋帆中丞撫陝，重加蒐輯，積至七百餘種，編年撰紀，釐爲八卷，名曰《關中金石記》，記關中金石者蓋至是而集其成焉。顧其書不易得，焦生子珍欲以所獲重付剞劂，廣其流傳，亦盛舉矣。因與同人讎校一過，又參以諸家記録及家藏拓本，有爲原書所漏載，或嗣出於其後者，共得若干種，附之卷末，非敢云續貂也，亦以見古物之顯晦有時，幸而得之，宜加寶愛，勿使就湮云爾。質之焦生，不知其有當否。道光丁未夏六月，蔡汝霖雨田識於敦夙好齋之補拙軒。

《關中金石記》一編，畢中丞秋帆前輩所著也。蒐輯古迹，上自秦漢，下迄金元，多至七百餘種，陸海珍藏，幾無遺矣。且其爲書，有考證史傳以判得失者，有釐訂文字以辨形體者，有研究反切以正音讀者，旁通曲證，又不僅以金石見長也。惜其元刻攜歸鎮洋，購求頗難。歲丙午，余借本鈔録，友人焦子珍見而寶之，謀付梓以公同好，因爲做《金石録》例，於原書總目後增編目録一册，每條下標明書人姓名與建造之年、存亡之地，俾閱者一開卷即可得其梗概，斯亦庶乎便於搜覽之一助云。道光二十七年丁未春二月望日，渭陽蔡錫棟識於述德堂。

關中金石記附記目次_{共計石三百九十二}

關中金石記附記目次共計石三百九十二

魏

大將軍頌斷碑並陰，隸書_{年月缺}，_{在長安縣民家}

晋

同州蘭亭序，王羲之行書_{元至元辛未年刻}，_{在同州府文廟}

唐

濮陽令于孝顯碑，正書_{貞觀十四年}，_{在西安府碑林}

文州總管陸讓碑，郭儼正書_{貞觀十九年}，_{在西安府碑林}

琅琊公牛秀碑，正書_{年月缺}，_{在醴泉昭陵}

左監門大將軍襄城思公樊積慶碑，正書_{永徽元年}，_{在三原督學院署}

西閣祭酒蕭勝墓誌，正書_{永徽二年}，_{石爲楊方伯購去}

比丘尼法願墓誌銘，正書_{龍朔三年}，_{在西安府碑林}

定公碑，隸書_{麟德元年}，_{即于德芳碑}，_{在三原縣}

武康公令狐熙碑，□□秀正書_{乾封二年}

彭陽公令狐德棻碑，□□政正書_{年月缺}。_{並在耀州柳家原}

三藏聖教序並心經，僧懷仁集王羲之行書_{咸亨三年}，_{在西安府碑林}

韓寶才墓誌，正書_{咸亨四年}，_{在西安府碑林}

昌樂令孫義普墓銘，正書_{文明元年}，_{在西安府}

冠軍大將軍金城郡公李公墓誌銘，正書_{開元二十一年}，_{石爲某氏購去}

任令則碑，李邕行書_{年月缺}，_{在武功縣學}

空寂寺大福和尚碑，釋惟嵩行書_{天寶二年}，_{在藍田縣}

雲麾將軍南陽張安生墓誌銘，正書_{天寶十四載}，_{在長安裴氏}

劉智墓誌銘，蘇靈芝正書_{天寶十五載}，_{在西安府城南}

幽歌行，李白行書_{無年月}，_{在邠州}

張旭肚痛帖，草書_{無年月}，_{在西安府碑林}

文安王張維岳碑，□膺正書_{貞元八年}，_{在高陵}

千字文，僧懷素草書_{明成化庚寅刻}，_{在西安府碑林}

宣州司功參軍魏邈墓誌銘，子匡贊行書_{元和十年}，_{在西安府碑林}

魏夫人趙氏墓誌銘，王儔行書_{會昌五年}，_{在西安府碑林}

魏公先廟碑，柳公權正書_{大中六年，在西安府布政司廨}

漣河石幢，正書_{咸通二年，在西安府城外漣河濱}

宋

夫子廟堂記，釋夢英正書_{太平興國七年，在西安府碑林}

王居士甎塔銘碑陰詩，蘇軾行書_{元祐二年，在郃陽縣庫}

元

蘭州千字文，趙孟頫書_{在蘭州府學}

雙柏行，何補之集晉王右軍行書_{無年月，在咸寧花塔寺}

溫泉池石_{在臨潼南門外}

漢以下據《寰宇訪碑錄》增入，無跋記，其中亦有石軼與漫漶無字者，錄之以存其目。

西嶽廟神道石闕題字，篆書《金石錄》云永和元年五月，在華陰

保子宜孫甎文，八分書_{光和六年，在郃陽}

武都太守耿勛碑，八分書_{熹平三年四月，在成縣}

倉頡碑額衡□升題名，八分書_{熹平六年五月}

倉頡碑額間尹碩題字，八分書_{無年月。並在白水縣}

晉

潘宗伯等造橋格題字，八分書_{泰始六年五月，在襃城}

前秦

鄧太尉祠碑，八分書_{建元三年六月，在蒲城縣}

後魏

石門題字，正書_{無年月，計七行，在襃城}

道士張相造天尊象銘，正書_{延昌二年三月，在涇陽}

袁□靳神子等造像記，正書_{正光三年八月，在高陵}

西魏

僧□演造像記，正書_{大統四年七月，在長安}

司空周惠達碑，八分書_{大統十三年，在咸陽}

吳神達等造像記，正書_{大統十五年，在涇陽}

岐法起造白石象記，正書_{大統十六年九月，在長安}

惠□造彌勒象銘，正書_{無年月，中有"惠訶"及"僧顯"字，凡四面，在淳化}

田僧敬造像記，正書_{無年月，在咸寧}

後周

王妙暉等五十人造像銘，正書武成二年二月，在咸陽

皇甫景元等造千象碑，正書武成二年四月。陰刻元至正十一年《觀音寺記》

韓纂玉佛像銘，正書保定二年

邑子同琦永樂等造像銘，正書保定四年六月

王瓮生四面造像銘，正書保定四年。並在長安

合邑三十人造像記，正書天和二年，在涇陽

張祥造像銘，正書天和三年四月，在長安

邑子造像記，正書天和四年八月，在涇陽

宇文康等造像記，正書天和五年六月，在咸寧

嚴迴達造像記，正書天和五年十月

費氏造四面像記，正書天和六年五月

永樂縣□王□造觀音象座，正書無年月，橫刻於座。並在長安

魏姚樹等題名，正書無年月，四行，在高陵

比丘僧□道軏等十六人題名，正書無年月，三列

杜禮等造像，正書無年月，二列

杜阿暉等題名，正書無年月，二行

邑師洪遵等題名，正書無年月，六列

趙建宗等造象題名，正書無年月，刻於佛座上。並在高陵

邑子任□等四面象題名，正書無年月，一面有"至正十四年八月"字，在三原

孫□造四面象碑，正書無年月，亡其下截，題名多孫姓，在長安

惠訓造玉彌勒象銘，正書無年月，四面滅其二

王懷忠等六人造象題名，正書無年月

何文義造釋迦象銘，正書無年月，上有篆額

王倫妻陳女婆造觀音象銘，正書無年月，九行。並在淳化

隋

邑子六十人造四面象銘，正書開皇三年五月，在三原

楊遵義造象銘，正書開皇三年十二月，在涇陽

王忻造象記，正書開皇七年七月，在長安

邑子八十人造阿彌陀象銘，正書開皇十六年三月，在涇陽

關中金石記

唐

趙克弼造阿彌陀象，正書垂拱元年二月

朝請大夫雷府君墓誌，正書永昌元年，石存數十字，惟額全

華塔寺僧德盛造象記，正書長安三年九月

尊勝陀羅尼經幢，正書年月泐，首三面有武后制字，餘俱後時補刻，下存"戊午歲三月"等字，末有大順時題

將軍柱國史公石象銘，正書延和元年七月。並在長安

古義士伯夷叔齊碑，梁昇卿撰并八分書開元十三年，在蒲城

華嶽廟推官劉繼元等題名，正書開元十三年

華嶽廟鄭虔題名，八分書開元二十三年四月

左輔頓寮西嶽廟中刻石記，權倕撰，杜繹八分書開元十四年十月。並在華陰

令長新誡，唐明皇御製，韋堅正書開元二十五年二月，在大荔

檀法師塔銘，姜立祐撰，正書開元二十五年，在長安

尼決定等造尊勝陀羅尼經幢，正書天寶六載九月，在長安興聖寺

尊勝陀羅尼經幢，正書天寶六載十二月司馬霜讚，在咸寧

吏部常選潘智昭墓誌，行書天寶七載七月，在長安

華嶽廟張懷彬題名，正書天寶九載，在華陰

雲麾將軍劉感墓誌，李震撰，席彬行書天寶十二載十月，在咸寧

尊勝陀羅尼經幢，正書沙門譚素述記，贊爲大德尼元真作文，中有永泰年號。並在長安

華嶽廟韋況杜錫等題名，正書大曆九年四月

華嶽廟張孝孫題名，正書無年月

華嶽廟崔頲鄭齊眴等題名，行書貞元元年二月。並在華陰

佛頂尊勝陀羅尼經幢，元□清正書貞元十八年五月，下有元和十三年題字，在長安

孟簡題名，正書元和元年二月

留別南溪詩，李渤撰，正書元和元年。並在華陰

孟再榮造象銘，行書元和三年七月，在長安

華嶽廟薛存等題名，正書元和四年九月，在華陰

尊勝陀羅尼經幢，正書元和六年二月，衛洵贊序，又有"大中六年重立"題字，在長安縣

華嶽廟協律郎李□等題名，正書元和十五年五月，在華陰

興國寺上座憲超塔銘，沙門玄應撰并行書元和十三年，在淳化

清代陝西金石學著作十種

華嶽廟李朝式題名，正書元和十四年正月，在華陰

華嶽廟裴頵等題名，正書無年月，在華陰

終南山陀羅尼經幢，行書寶曆元年四月，釋惟净爲師應澄建，在長安

主簿吳達墓誌銘，寇同撰，正書寶曆元年，在長安

華嶽廟方參題名，正書太和二年八月，在華陰

大悲心陀羅尼經幢，行書太和三年七月徐智端刻

尊勝經幢，正書太和六年二月董瑾爲父造，後有序贊。並在長安

李貽孫題名，正書太和七年三月，在華嶽廟

尊勝經幢，正書太和七年四月，前有沙門法惠等題名，在涇陽

華嶽廟□庾題名，正書開成二年九月，在華陰

重修大像寺記，沙門義叶行書會昌元年五月，在隴州

佛頂尊勝陀羅尼經幢，沙門敬思正書會昌元年，後云"杜城店合村老宿等同會"，在長安

鐵塔寺陀羅尼經幢，正書會昌三年八月，末有"龍首鄉興臺里"字，在西安府

尊勝經幢，正書大中二年六月，内侍省李文端夫人造，有掖庭局宫教博士等銜，在長安

陀羅尼經幢，行書大中五年六月，黎園店爲敬聖文思和武光孝皇帝及文武百官衆施主造，在淳化

陀羅尼經幢，行書大中六年正月，石裂爲二，末有"寺主幼恭都維邨從謹"名

陀羅尼經幢，正書大中十四年九月，止存二尺許

開元寺尊勝陀羅尼經碑，正書咸通七年二月李君佐建，左有"光化二年男繼宗"題字

内莊宅使劉遵禮墓誌銘，劉瞻撰，崔筠正書咸通八年，並在長安

許環等題名，正書咸通十一年十月，在華嶽廟

卧龍寺大悲心陀羅尼經，正書咸通十二年正月，後有北丘洪維及王元諗名，在咸寧

弘福寺經幢，行書乾符三年十二月，内供奉楊萬歲建，在長安

陀羅尼經幢，正書天復六年三月，太原郡君許氏建，在鳳翔府

濟木薩殘碑，正書無年月

葬舍利文，正書無年月。並在迪化州

兵部常選朱庭璋造象殘字，正書無年月

韋府君墓誌篆蓋，篆書無年月，並在長安

嚴□題名，正書

趙宗孺題名，正書

崔恭伯題名，正書

穆準等題名，正書

李境等題名，正書

裴賁等題名，正書

孤獨愻等題名，正書俱無年月。並在華陰華嶽廟

尊勝陀羅尼經，司馬霜正書無年月，在長安

尊勝陀羅尼經并銘，張鍊撰，行書銘中有"三年夏四月"，而不見年號

尊勝陀羅尼經并後序，行書無年月，後有"歲在作噩"及"安定皇甫賓"字。並在涇陽

香積寺尊勝陀羅尼經幢，正書年月泐，記云張延美自述及眷屬題名，末又有"開元寺青龍院三峰石作"等字

開元寺唐梵二體陀羅尼經幢，沙門海覺梵書無年月，"薩"字不從"産"，唐梵者，唐人梵書也，當是唐刻無疑

開元寺尊勝陀羅尼經幢，行書年月、上下俱失，存止二尺，經序自"爾時三十三天"起

開福寺尊勝陀羅尼經幢，行書年月缺，上下俱失，存止二尺餘，經序自"一時薄伽梵"起，末記數行漫滅。並在咸寧

尊勝陀羅尼經幢，行書無年月，存下截尺許，中有"中散大夫、試太子贊善"五行，末有"六日建"字。舊在廢寺，今移長安臬司署

尊勝陀羅尼經幢，正書無年月，上下俱失，存二尺許，舊在廢寺，今移陝西臬司署

南山尊勝陀羅尼經幢，正書無年月，高二尺，闊幾二寸，面各三行，行各十八字，末有記五行，在長安

南山尊勝陀羅尼經幢，正書無年月，高尺餘，前有李得淵書，後有明季款，皆補刻

慈恩寺尊勝陀羅尼經殘幢，正書無年月，上下俱失，存一尺餘。並在長安

法門寺尊勝陀羅尼經幢，正書無年月，凡七面，面七行，行六十五字，在扶風

大馬村尊勝陀羅尼經幢，正書無年月，末有"三聖院主僧""經院主僧""助緣鹽酢""助緣□食"等字，在乾州

後梁

草堂寺張虔斌題名，正書貞元二年[一]，在鄠縣

後周

廣慈禪院殘牒，行書廣順三年八月，後刻天福四年買地券，在咸寧

永興軍停廢無額諸院殘牒，行書顯德二年七月，在長安

廣慈禪院記，劉從義撰，正書顯德二年十月，在咸寧

宋

萬壽禪院牒，正書_{建隆元年八月}，下附長興二年九月賜額牒，在寶雞

重修開元寺行廊功德碑，劉從義撰，袁正己正書_{建隆四年七月}，在咸寧

顏氏家廟碑李延襲題字，篆書_{太平興國七年}，在西安府碑林

家廟碑跋，夢英正書_{太平興國七年}，在碑林

回山重修王母宮記，陶穀撰，釋夢英行書_{咸平元年}，在涇州

高紳等題名，分書_{咸平□年}

高紳謁祠記，正書_{咸平四年閏十二月}。並在華嶽廟

青峰山萬壽禪院記，梁鼎撰，僧正蒙正書_{景德二年正月}

檢校太尉程德元神道碑，王坦行書_{景德二年}。並在寶雞

龐奎題名，行書_{景德三年十一月}

西嶽詩贊殘碑，真宗御製，行書_{大中祥符六年三月}，只存三石

內侍鄧□題名，正書_{天禧五年}。並在華嶽廟

回山王母宮頌，陶穀撰，上官佖篆書_{天聖三年三月}。按此碑二通，其文皆同，一系釋夢英行書，在涇州

蘇舜欽題名，正書_{景祐四年九月}

王榮題名，正書_{慶曆七年八月}

工部郎中□□謁嶽廟題名，正書_{慶曆七年}。並在華嶽廟

慈恩寺提點刑獄劉建勛等題名，正書_{慶曆八年九月}，在長安

兵部郎中傅□謁祠題名，行書_{皇祐三年七月}，在華陰

玉華宮詩，唐杜甫作，李元瑜題跋，正書_{至和元年八月}，在宜君

郭忠武王廟碑，王彰撰，行書_{嘉祐六年五月}，明季重刻，在華州

福津縣廣嚴院牒，正書_{嘉祐七年十二月}，在陷州

先秦古器記，劉敞撰，正書_{嘉祐八年六月}，在長安

遊玉華山記，張岷撰，冀上之書_{治平三年五月}，在宜君

臨川王安禮題名，正書_{熙寧元年}，在醴泉

吳中復題名，八分書_{無年月}。按雁塔題名中有中復，故附此

李侃華嶽廟祈雨題名，正書_{甲寅三月}，乃熙寧七年也，在後周《華嶽廟碑》正面空行下。並在華陰華嶽廟

賜廣濟寺僧文海紫衣牒，正書_{熙寧八年閏四月}，在寶雞

刻杜甫白水縣詩記，呂昌彥撰，李愷行書_{熙寧九年，在白水}

福津廣延院記，正書_{元豐元年八月，在階州}

留題坊州玉華宮詩，蔣之奇作，全載正書_{元豐三年正月，在宜君}

張舜民題名，正書_{元豐五年，在華嶽廟}

胡淳夫題名，正書_{元豐六年二月，在玉華宮蔣之奇詩左}

溫泉□希古等題名，正書_{元豐□年，在臨潼}

呂大中題樓觀南樓詩，薛紹彭正書_{元祐元年三月}

薛周留題樓觀詩，薛紹彭正書_{年月仝上，並在盩厔}

張舜民題名，正書_{元祐二年，在華嶽廟}

青峰山寶月禪師龕銘，王篯撰并行書_{元祐三年四月，在寶雞}

涇陽縣重修孔子廟記，杜德機撰，王驥分書_{元祐五年七月，在涇陽}

程奇遊師垤寺留題詩，正書_{元祐五年十二月，在咸寧}

蘇軾懷弟轍詩，行書_{元祐五年，在扶風}

知華州陳知新題名，正書_{元祐六年，在華嶽廟}

紫閣寶林寺蔡京題名，行書_{元祐七年，在鄠縣}

溫泉游師雄題名，正書_{元祐九年四月，在臨潼}

高陵重修縣學記，吳柔嘉記，朱草正書_{紹聖元年五月，在高陵}

石門賈公直等題名，正書_{紹聖二年二月，在褒城}

溫泉薛俅等題名，正書_{紹聖二年六月，在臨潼}

華嶽廟張重題名，正書_{紹聖二年八月}

張舜民題名，正書_{後八年歲乙亥，在元祐二年題名下，乃紹聖二年也}

中丞李深題名，正書_{紹聖二年。並在華嶽廟}

草堂寺李譓等題名，正書_{元符元年十月，在鄠縣}

華嶽廟蔡挺等題名，正書_{元符二年，在華陰}

溫泉王純臣等題名，行書_{元符□年六月}

華嶽廟呂至山題名，正書_{無年月，按草堂寺至山爲建中靖國時人，故附此。在華陰}

武功縣建唐太宗祠碑，趙茂曾撰，朱光旦正書_{崇寧元年，在武功}

玉盆張元等題名，正書_{崇寧元年，在褒城}

武功縣新作廟學碑銘，趙茂曾撰并正書_{崇寧二年四月，在武功}

王評題名，正書_{崇寧四年六月，在鄠縣《高宗功德頌》碑陰}

石門楊逵等題名，正書_{崇寧四年閏月，在褒城}

華嶽廟王叙等題名，行書_{崇寧四年，在華陰}

石門鮮于翔等題名，正書_{崇寧五年九月，在褒城}

慈恩寺王端等題名，行書_{崇寧五年九月，在長安}

草堂寺張素翁題名，正書_{崇寧五年，在鄠縣}

慈恩寺王詠題名，正書_{大觀元年三月，在長安}

席旦題名，正書_{大觀元年}

董宗師題名，正書_{大觀三年三月，並在華嶽廟}

温泉李德初題名，行書_{大觀四年正月，在臨潼}

趙佺題名，正書_{大觀四年九月，在涇陽}

尚書省指揮，正書_{政和二年十月}

府州諸部落寨主題名，正書_{刻前碑下方，並在府谷}

范子嚴墓誌銘，張今撰，權維正書_{政和三年六月}

左丞侯蒙行記序，張鼇撰，正書_{政和四年十月，並在寶鷄}

温泉任知幾題名，行書_{政和六年七月，在臨潼}

吳□仁題名，正書_{政和□年六月，在華嶽廟}

慈恩寺王正叔題名，行書_{宣和三年五月，在長安}

乾陵無字碑宋伸題名，行書_{宣和五年正月，在乾州}

杜開題名，正書_{宣和六年，在華嶽廟}

淳化縣吏隱堂記，石彦政記并行書_{宣和七年□月，在淳化}

内寺省李懷設醮記^[一]，正書_{無年月}

李自明題名，正書_{無年月}

王正叔題名，正書_{無年月}

劉成搆題名，正書_{無年月}

郝隨子題名，正書_{無年月}

李供題名，正書_{己巳孟夏二十三日}

錢若水題名，正書_{無年月}

工部侍郎杜衍題名，正書_{無年月}

梁亙題名，正書_{□□歲九月}

内謁者張□進題名，正書_{無年月}

蘇耆題名，正書_{無年月}

中丞李深題名，正書_{無年月}

李侃題名，正書_{甲寅三月}

仲孺題名，正書_{□元二年}

成麟等題名，正書_{無年月。以上並在華嶽廟}

紫陽□□題名，正書_{無年月，在鄠縣草堂寺}

郭仲辰題名，正書_{辛未清明}

殷從龍題名，正書_{戊申春}

□桂孫題名，正書_{戊午秋季}

李炳文等題名，八分書_{無年月}

章復之題名，正書_{無年月}

章升之題名，正書_{無年月}

趙旻題名，正書_{無年月。以上並在褒城石門}

玉盆李鼇等題名，正書_{無年月}

玉盆瑞同題句，正書_{無年月。並在褒城}

雍方賢題名，正書_{甲申正月}

雍元之題名，正書_{乙酉閏二月}

向子山等題名，行書_{庚子}

宋□源題名，正書_{無年月}

吳機等題名，正書_{無年月。並在臨潼温泉}

俞希及等題名，八分書_{無年月}

陳知益等題名，正書_{無年月。並在長安慈恩寺}

游甘泉詩并序，正書_{無年月，後有"丙戌秋分符淳化"及"羽書旁午"之語，在淳化}

玉盆李□彥等題名，正書_{建炎三年三月，在褒城}

平陽台宗孟等題名，行書_{紹興七年六月，在沔縣}

卧龍寺玉皇閣威顯神君像，正書_{淳熙五年十月，在階州}

玉盆晏德廣等題名，八分書_{淳熙十一年}

玉盆石邵等題名，八分書_{淳熙十二年三月}

石門文岡等題名，八分書_{淳熙十四年二月}

石門宋之源題名，八分書_{淳熙十五年二月。又題名一種，無年月。並在褒城}

福津廣嚴禪院碑，魏鯨撰並正書淳熙十五年八月，在階州

石門張伯山等題名，正書淳熙十六年閏月

山河堰落成記，晏褒撰，八分書紹興五年二月

漢都君修道碑釋文，晏褒正書無年月，並在褒城

鳳凰山神昭烈公廟碑，王仲記，何炎正書紹熙二年十一月

魏潘宗伯等題名釋文并跋，晏褒八分書慶元元年八月，在褒城

玉盆閭丘資深等題名，分書慶元二年二月，上有"玉盆"二大字，亦八分書

石門趙公茂等題名，正書慶元二年三月

石門宋積之等題名，行書慶元三年四月

石門范鼎等題名，正書慶元三年九月，並在褒城

武功縣種松碑，正書慶元三年，在武功

石門王還嗣等題名，正書慶元四年二月，在褒城

萬壽山修觀音祠記，張寅撰，劉震正書慶元五年六月，在階州

汲郡孟猷等題名，行書 開禧元年十月

玉盆牟節甫等題名，正書開禧二年正月，在褒城

妙嚴院記，比丘道虞記，正書嘉定元年正月，在城固

玉盆李□熊題名，八分書嘉定元年五月

玉盆安丙等題名，正書嘉定二年閏月

石門安丙題名，正書嘉定閏月，蓋與前刻同時也

石門成都劉恭題名，八分書嘉定四年閏月

玉盆何武仲等題名，正書嘉定四年八月

靈顯公敕，行書嘉定十一年十一月

玉盆李□能題名，八分書嘉定十七年，下半爲李一鼇磨去，刻"石盆如有意，要洗貪者廉"十字

石門趙彥呐等題名，正書寶慶二年

玉盆曹濟之等題名，八分書邵定二年三月

石門曹濟之等題名，正書邵定二年三月

石門趙崇齊題名，正書邵定三年。以上並在褒城

終南山遇仙宮于真人碑，正書寶祐二年，在長安

金

重修唐太宗廟碑，孫九鼎撰，正書_{天眷元年三月，在醴泉}

重修碑院七賢堂記，曹誼撰，郭孝忠正書_{正隆四年，在臨潼}

洪明院牒，正書_{大定二年二月}

妙因院牒，正書_{大定二年十一月}

法明院牒，行書_{大定二年十二月。並在涇陽}

勝嚴院牒，行書_{大定三年正月，在長安}

寶峰院牒，正書_{大定三年十一月，在涇陽}

洪福禪院牒，正書_{大定四年四月，在長安}

清涼禪院牒，正書_{大定四年四月，在涇陽}

莊嚴禪院牒，行楷書_{大定四年五月，在高陵}

洪福院牒，正書_{大定四年六月，在涇陽}

開化寺重公大師壽塔銘，宋壽隱撰，正書_{大定四年七月，在長安}

福勝禪院牒，正書_{大定四年七月}

正覺寺牒，正書_{大定四年十月}

造像記，正書_{大定十五年四月。並在涇陽}

三官宮存留公據碑，正書_{大定二十年五月。下有明昌年趙□記，在高陵}

重修靈峰寺記，陳協用撰，李曦正書_{大定二十一年}

終南山重陽王真人玉花疏，程華正書_{大定二十三年，在盩厔}

華州城隍神新廟碑，張建撰，蔚文正書_{大定二十四年十月，在華州}

涇陽縣令許真君詔，張秉跋并正書_{大定二十六年五月}

重修北極宮記，蕭貢撰，杜萬石正書_{大定二十七年七月。並在涇陽}

蓮峰真逸二絕句，申天録跋，正書_{大定二十八年正月}

蓮峰真逸題名，正書_{即《多寶塔碑》側，無年月，姑附於此。並在長安}

隆昌寺牒，正書_{大定二十九年八月，在高陵}

玉華宮詩，□繼祖撰，行書_{大定二十九年，在宜君}

乾陵無字碑劉仲游題武后廟詩，草書_{明昌五年十月，在乾州}

雷公壽堂記，王昌期撰，李善治行書_{明昌六年，在長安}

佛母準提等咒幢，正書_{明昌七年三月，太平院沙門□□立，在長安}

改修唐相鄭國文貞魏公廟碑，孫鎮撰記，牛頭祖正書_{承安三年二月。何夢華云，此}

碑磨唐碑重刻，碑首猶存唐字。在澄城

莊嚴禪寺宗派圖，正書承安三年七月，在高陵

重陽子書無夢令詞，草書承安五年九月，在長安

荊山神泉谷后土廟記，王希哲撰，劉光正書泰和六年三月，在三原

興國禪寺刻佛題字，正書泰和六年八月，在高陵

太極宮建醮記，正書崇慶元年，在臨潼

進士題名記，正書始阜昌元年，終興定二年，皆京兆人也。在長安

元

重修長春觀記，鄭起南撰，王道明正書定宗三年，在寶鷄

旭烈大王令旨碑，楊聰行書定宗皇后稱制二年五月，在涇陽

重陽延壽宮碑，秦志安撰，楊聰正書憲宗元年八月，在涇陽

清貧寂照順化真人王君道行記，郭時中識，正書上刻真人昇仙圖，憲宗元年八月，在涇陽

三真會仙圖銘，大霞老人述，李輝正書憲宗元年九月，在涇陽延壽宮碑陰

昇元經，楊聰草書憲宗七年六月日，在三原

大化觀四頌，楊聰草書憲宗七年六月，在三原

重修東岳廟記，王處厚記，馮慶正書中統三年五月，在高陵

大元重修古樓觀宗聖觀記，朱鼎撰，朱象先正書中統四年三月，陰刻宮觀觀綱目姓氏，在盩厔

長春真人題虛亭詞，白懋德正書中統五禩二月，在寶鷄

修華嶽廟殘碑，孫志信正書至元二年，在華陰

重修大安寺記，張巽撰，僧悟應正書至元三年，在涇陽

李君義行碑，同毅撰，薛均正書至元六年三月，在三原

至德常寧宮聖旨碑，盧德洽行書至元六年九月，在寶鷄

重修通玄宮記，張介圭撰，馮志冲行書至元十一年三月，在長安

贈默庵詩，劉從政行書，樂用之草書至元十一年五月，胡紹開行書至元十一年八月，魏初行書，吳衍行書至元十二年十一月，在咸寧

重修三元觀記，道士張志柔撰，王志靈正書至元十一年七月

希元真人張君紀行碑，俞應卯撰，王志靈正書年月同上，並在高陵

終南山重陽真人全真教神碑，密國公璹撰，李道謙正書至元十二年七月，在盩厔

◎ 關中金石記

－ 435 －

觀村老君庵詩，馮時賁撰，正書至元十五年三月，在鄠縣

浮山靈感禪院地土記，僧福燈記，正書至元十五年十月，在三原

寇志靜功行碑，唐埜撰，王□正書至元十七年二月，在涇陽

重修磻溪長春成道宮記，魏初撰，孫德彧正書至元十七年五月，在寶雞

西嶽廟祈雨記殘碑，正書至元二十年九月，在華陰

重修慈雲寺碑記，張應戊撰，僧有宣正書至元二十四年七月，在三原

樓觀先師傳碑，朱象先識并正書至元三十年八月

碑陰，正書

樓觀繫牛柏記，朱象先撰并正書元貞元年四月。並在盩厔

璨和尚塔銘，正書元貞元年八月，在涇陽

鹿臺將軍廟碑，周逢春撰，張希穎正書大德四年五月

賜紫弘教圓通大師超公塔銘，張希顏撰，沙門寶光正書大德七年四月。並在高陵

終南山古樓觀大宗聖宮建文始殿記，杜道堅撰，八分書大德七年九月，在盩厔

前碑陰，釋溥光正書"文始之殿"四大字

元君廟建露臺題識，正書大德九年五月，在咸寧

慈恩塔薛六等題名，正書大德九年七月，在長安

重立四皓廟碑，宋王禹偁撰，蕭恭八分書大德九年十一月，在商州

慈恩寺張馬等題名，正書大德九年，在長安

加封孔子制誥碑，邵悦古八分書大德十一年七月，元統三年刻，在三原。

又，正書大德十一年七月，在臨潼

涇陽縣重修公宇記，蕭斛撰，蕭恭八分書大德十一年八月，在涇陽

樓觀大宗聖宮重修説經臺記并陰側，正書皇慶元年八月，在盩厔

重修北極宮記，朱象先撰，楊道遠正書延祐三年八月

重修延壽宮聖旨碑，行書至治三年十月。並在涇陽

龍首鄉浙東道宣慰使答里麻世禮墓誌銘，焦可撰并正書泰定元年二月，在咸寧

丹陽萬壽宮記，張仲壽撰，楊光祖行書泰定三年二月

碑陰，正書在咸寧

文殊寺碑，正書泰定三年八月

碑陰，畏吾書在肅州

涇陽縣學田記，何希淵撰，正書至順三年十一月，在涇陽

樓觀宗聖宮碑，正書後至元二年，即《繫牛柏記》碑之陰，在盩厔

洞陽顯道忠貞真人井公道行碑，何約撰，真聖奴正書至正八年九月，在渭南

徐偃王廟碑，唐韓愈撰，黃潛後記，吳叡八分書至正九年四月

奉元路圓通觀音寺記，斡勒海壽撰，石寶金正書至正十一年二月。並在長安

樓觀璽書碑，唐道明識，正書至正十三年正月，在盩厔

清陽宮公據碑，賀道榮識，正書至正十六年十二月，前列中統二年公據，在咸寧

關中金石記原本總數七百九十七，續刻有跋記者三十條，無跋記者三百六十條，共三百九十條。

【校勘】

[一] 元，《寰宇訪碑録》原文如此，當爲“明”之誤。

[二] 寺，《寰宇訪碑録》原文作“侍”。

[三] 六，《寰宇訪碑録》原文作“四”。

魏

大將軍頌斷碑并陰

號年缺，隸書，無姓名，在長安民家。

此碑近出於土，上下俱缺，中存二百餘字。大將軍不詳其人，以官爵事迹考之，當爲魏曹真碑。《按魏志·曹真傳》，文帝即王位，以真爲鎮西將軍，假節都督雍、涼州諸軍事，錄前後功，進封東鄉侯。張進等反於酒泉，真遣費耀討破之，斬進等。黃初三年，還京都，以真爲上軍大將軍，都督中外諸軍事，假節鉞。與夏侯尚等征孫權，擊牛渚屯，破之，轉拜中軍大將軍。明帝即位，封邵陵侯，遷大將軍，諸葛亮圍祁山，南安、天水、安定三郡反，應亮。帝遣真都督諸軍，軍郿。遣張郃擊亮將馬謖，大破之。安定民楊條等略吏民保月支城，真進軍圍之，條降，三郡皆平。碑文斷續多不成讀，而所稱拜官與事跡可辨者，正與傳合。又玩後數行語義，應是真歿後，二州之民追述其德，爲之立碑耳。碑陰字差小，上下兩層，俱書州民某地某官某姓字，與漢碑陰署名例同。謹錄缺文於左，以俟博雅。

□□□□之後，陳氏有齊國，當愍王時，伐宋并其□□□□□□爲基，長以清慎爲限，交以親仁爲上，仕以忠勤□□。□□□□騎矢石間，豫待坐公子[一]，將穌同生，使少長有□□□□□。公使持節鎮西將軍，遂牧我州。張披張進□□□□□□，羌胡詿之妖道，公張羅設罟，陷之坑网。□□□□□□□公不能，於是徵公拜上軍大將軍，擁□□□□□□□轂，節鉞如故。□□□□□□□□□□□蜀□諸葛亮稱兵上邽[二]，公拜大將軍，授□□□□□□□援於賊，公斬其造意，顯有忠義，原其脅□□□□□□□□約立化柔嘉，百姓恃戴，鈗印陽春，殊□□□□□□袞霜於陸議，奮雷霆於未然，屠蜀賊於□□，□□□□□□□績，家有注記，豈我末臣所能備載。□□□□□□□□□兵，如何勿旌一命，而俯宋孔之敬□□□□□□□□□□□從

俗以枉法[三]，不恣世以違憲。寬□□□□□□□□□□□□嗟
悼群賓，哀酸賻賵之賵[四]，禮□□□□□□□□□□□冀令
趙護大尉掾嚴武，雒州□□□□□□□□□□□岳登華岱，鑽
志石[五]，示後嗣□□□□□□□□□□□□爲周輔東平，峨
峨作漢□□□□□□□□□□□□毛杖鉞，牧我陝西，威同霜
□□□□□□□□□□□□□爰立碑作頌，萬載不亐[六]。

碑　陰

上缺定皇甫□□忠，上缺孚泰甫，上缺翊山泰伯謀，上缺季超，上缺珍仲儉，上缺詳元衡，上缺兵安定梁瑋稚才[七]，上缺郎北地梁幾彥章，上缺隴西彭紬士蒲，上缺安定皇甫聲季雍，上缺尉北地謝述祖然，上缺代公時，上缺竺誼公達，上缺地傅均休平，上缺騎都尉西鄉兵京兆張絹敬仲[八]，上缺司馬馮翊李翼國祐，上缺農丞北地傅信子思，上缺茂林北地傅芬蘭石，上缺將軍司馬安定席觀仲歷，上缺尉主簿中郎天水姜兆元龜，上缺將軍馮翊李先彥進，上缺督廣武亭兵南安龐孚山舉，上缺尉參戰事郎中京兆韓汜德脩，上缺司金丞扶風韋舄巨文，上缺前典虞令安定王嘉公惠，上缺民京令京兆趙審安偉，上缺民臨濟令扶風士孫秋鄉伯，上缺民郿令隴西李溫士恭，上缺民永平令安定皇甫肇幼載，上缺民中。

右上、左下層缺文。

州民中郎下缺，州民中郎北地衛下缺，州民中郎京兆郭胤，州民中郎安定胡牧，州民中郎隴西幸纘，州民秦國長史馮翊，州民護羌長史安定，州民西郡長史安定，州民下辨長天水趙[九]，州民廣志長安定胡，州民脩武長京兆郭，州民武安長京兆趙欽，州民玉門長京兆宋恢，州民小平農都尉安定，州民曲沃農都尉京兆[一○]，州民郎中扶風姜潛公隱，州民郎中安定皇甫隆始，州民郎中馮翊王濟文雍，州民郎中京兆尹夏休和，州民郎中天水尹肇叔轂，州民郎中安定胡廣宣祖，州民郎中安定楊宗初伯，州民玉門侯京兆鄡靖幼[一一]，州民騎副督天水古戌凱伯，州民雍州部從事天水梁苗，州民雍州部從事安定皇甫，州民雍州部從事安定梁馥，州民雍州從事天水孫承季，州民雍州從事京兆蕭儀公，州民雍州書□安定[一二]。

【校勘】

[一]待，故宮拓本作“侍”。

[二]蜀□，《萃補》作"蜀賊"。

[三]柱，故宮拓本作"衽"。

[四]賻，故宮拓本作"贈"。

[五]志，故宮拓本作"玄"。

[六]勹，光緒本作"刊"。

[七][八]兵，故宮拓本作"侯"。

[九]天，道光本作"史"，據光緒本改。按故宮拓本即作"天"。

[一○]安定州民曲沃農都尉，道光本脱，據光緒本補。

[一一]鄢，故宮拓本作"鄏"。

[一二]□，《萃補》作"佐"。

晉

同州蘭亭序

至元辛未刻，王羲之書，在同州府文廟。

按此序字徑三寸許，體兼行草，末有蔡挺、折叔寶跋，叙次頗詳，録於左。

王右軍《蘭亭記》，按唐《逸史》載此書與太宗偕葬，文云長公主以僞本易之，則是書猶在人間世也。吾家舊藏此書，乃陶學士穀之裔孫遺余。言江南李國主酷愛之，褾爲坐屏，旦暮玩之，誠希世之珍也。我祖使江南，李國主因舉爲贈，受之，更爲卧軸，庶便於觀閲也。邇者定州石刻小字，朝廷尚取而置之禁中，則此書尤可寶重也。紹聖二年六月既望，莆陽蔡挺子正書。

觀東坡題《蘭亭記》後，稱真本已入昭陵，及觀蔡樞使所跋，則二賢之語幾若矛盾，予亦未能審於是非。三復沈學士跋曰："字畫壯麗，如饑鷹夜歸，渴驥奔泉，俊逸有餘，其妙不可得而形容斯言也。"與鄙見若合符節。昔陶學士曾得此本於江南李國主，今予又得之於西蜀散亂圖籍中，信斯文顯晦各有其時哉。心乎愛矣，尚慮歲久缺壞，因模刻於所守同之郡學，別爲四圖，庶便於士君子文房瞻視云。至元辛未小春，府谷折叔寶數字殘缺記。

唐

濮陽令于孝顯碑

貞觀十四年十一月立，正書，無書撰人姓名，在西安府碑林。

額篆書“大唐故騎都尉濮州濮陽縣令于君之碑”十六字，道光三年出於富平土中，書法秀挺，且全文具在，尤可寶也。

盧坤曰：碑云曾祖提，魏建平公；祖瑾，周太師、燕國公；父禮，周安平公。考《周書》，提封茌平縣伯，追贈公；瑾，太師，亦贈官。碑文追述，故應如是耳。瑾，碑作“瑾”，史作“謹”，當以碑爲是。孝顯，《唐書》無傳，賴有此碑得以正史之誤，金石之有裨於史傳，信然。

文州總管陸讓碑

貞觀十九年立，撰人姓名缺，郭儼正書，在三原縣。

王魯泉曰[一]：前人皆未著錄，亦近時出土者，文凡千餘字，僅存十之一二，不能成誦，惟“大業五年正月薨於河南郡洛陽縣之私第，大唐貞觀十九年葬於雍州三原縣，禮也”尚可辨識。

書法秀整，不在于孝顯之下。

【校勘】

[一] 王魯泉，按即王志沂，魯泉爲其字或號。生卒年不詳。華州人，活動於清道光年間。著述主要有《關中漢唐存碑跋》《陝志輯要》《漢南遊草》等。

瑯琊公牛秀碑

正書，年月及撰書人姓名並缺，在醴泉縣昭陵。

石已磨泐，惟上半段存三百餘字，前一行署銜及“公諱秀，字進達，其先隴西狄道人也”，皆極清晰。王魯泉謂秀亦貞觀時人，陪葬昭陵，故附於貞觀之末。

左監門大將軍襄城思公樊積慶碑

永徽元年立，正書，無書撰人姓名，在三原縣督學院署。

額篆書“唐故大將軍樊君之碑”九字，題曰“大唐故左監門大將軍襄城郡開國公樊府君碑銘並序"，略曰："公諱□，字積慶，安陸人也。曾祖璿，魏員外散騎常侍、巴州刺史、新淦縣開國侯。祖文實，隋南陵太守。父方，皇朝金紫光禄大夫、慶善宮監。公破西河，平霍邑，特以戰功，薦加勛級，殊貸稠疊，難用詳言。貞觀十八年轉襄城郡開國公，二十三年除左監門大將軍。以永徽元年四月二十三日卒於雍州長安縣懷遠里第，春秋六十有三，贈左武衛大將軍、洪州都督，謚曰思。公粵以其年七月九日陪葬獻陵。"文約一千七百餘字，磨滅者一百六十餘字，書法清腴，而韵亦唐碑中之不多得者，近出於土，故從前金石家皆未著録。

西閣祭酒蕭勝墓誌

永徽二年八月立，正書。

題曰"大唐蜀王故西閣祭酒蕭公墓誌"，略云："公諱勝，字玄寂。東海蘭陵人。梁中宗宣皇帝之孫，太尉、安平王、周柱國嚴之第十三子也。永徽二年八月十五日遘疾，薨於萬年縣之崇義里，即以七年八月二十二日甲申窆於萬年縣寧安鄉鳳棲之原。"約三百六十餘字，中斷損二十餘字。書法瘦勁，初出土時無撰書人姓名，墨賈謂其書類河南，增鐫"刺史褚遂良書"六字於尾，以求善價，後爲楊桂山方伯購去，今所搨者乃翻刻也。

比丘尼法願墓誌銘

龍朔三年十月立，正書，無書撰人姓名，在西安府碑林。

題曰"大唐濟度寺比丘尼墓誌銘並序"，略云："法師諱法願，俗姓蕭，蘭陵人，梁武帝之六葉孫，唐故司空宋國公之第三女也。以龍朔三年八月二十六日，捨壽於濟度寺之別院，春秋六十三。其年十月十七日營空於少陵原之側。"

定公碑

麟德元年立，隸書，在三原縣。

姓名、爵里及撰書人姓名俱泐，康熙年間福建林侗於土中搜出。

王魯泉曰：《寶刻叢編》載有《越州都督于德芳碑》，從弟志寧撰文，蘇季子分書。麟德元年四月建，在三原縣。與此碑正合。又考《唐會要》，隴州刺史于德芳謚定，亦是一證。其爲德芳碑無疑。

武康公令狐熙碑

乾封二年五月立，子德棻撰文，□□秀正書，在耀州柳家原。

文約二千七百餘字，剥落過半。

王魯泉曰：考《隋書·本傳》，熙卒於仁壽二年八月，貞觀十一年葬於雍州華原縣，碑立於乾封二年五月，詎歸葬之期已三十年。考《唐書》，德棻卒於乾封元年，則立碑時德棻已卒，蓋其後人附葬德棻，因追刻其遺文，爲熙立碑也。書法秀勁，亦學虞永興者。

彭陽公令狐德棻碑

□□正書，年月及撰書人姓名并缺，在耀州柳家原。

文約二千七百餘字，存者不及七百字。

王魯泉曰：德棻卒於乾封元年，今附於乾封二年熙碑之後，書碑者泐其姓，尚存"政"字，以《于志寧碑》證之，爲德棻撰文，子立政書，其時爲乾封元年，在此碑之前一年，此碑亦立政書無疑也。

三藏聖教序並心經

咸亨三年十二月立，僧懷仁集王羲之行書，在西安府碑林。

碑首刻佛像七，極精緻，即世所傳七佛頭也。明嘉靖中地震，碑斷爲二，近時所榻，略存形似而已。

郭胤伯曰：《書法苑》云，唐文皇製《聖教序》，都城諸釋諉弘福寺僧懷仁集右軍書勒石，累年方就，逸少劇迹，咸萃其中。按貞觀二十二年，高宗在春宮，《述聖記》至高宗咸亨三年始，建碑已二十八年矣，則碑非文皇刻也。豈懷仁集書於貞觀間，至咸亨始勒石耶？

王無異曰：序中如"金容掩色"，《心經》中"色不異空""空中無色"諸"色"字，與草法合。至"空不異色""色即是空""空即是色""無色聲香味觸法"，諸"色"字乃"包"字，集書者誤以此作"色"字耳。觀"天地苞乎陰陽""苞"字下體、"抱風雲之潤""抱"字右邊自見，而昔人無言及之者。

王魯泉曰：玄奘法師自西域載佛經歸，詔譯於慈恩寺，太宗製序，高宗製記，褚遂良奉敕書石。又因太宗喜王右軍真迹，懷仁以一金易一字，集成斯碑，故又謂之"千金帖"。惟結體無別構，偏旁多假借，爲世所譏。

附：條子《聖教序》

朱近漪曰：明秦藩以懷仁集右軍書《聖教序記並心經》舊搨之佳者重摩上石，其書刻如法帖，世謂之"條子《聖教序》"。石在西安府城東關帝廟內，碑字絶佳，以懷仁本已磨泐，此獨完好，墨客書賈以古紙搨之，充唐宋舊搨，多獲善價。序後又有摩《蘭亭記》，亦佳。

韓寶才墓誌

咸亨四年十月立，正書，無姓名，在西安府碑林。

略云："君諱寶才，長安人也，以咸亨四年歲次己酉十月二十九日，卒於京城懷德之第，即以其年十一月九日，葬於京城西布政之原小嚴村之左。"書法秀潤。

昌樂令孫義普墓銘

文明元年五月立，正書，無姓名。

蓋篆書"大唐故孫府君之墓銘"九字，略云："君諱義普，字智周，樂安人也。曾祖信，魏州露門博士。祖進，周晉州長史、魏州刺史。父乾，隋郾城、陳倉二縣令。君以明經擢第，釋褐魏州昌樂縣令。二年正月二日終於官舍。子承景，今任雍州高陵尉。聿遵先旨，改窆京畿，即以文明元年五月二十一日，卜葬於高陵縣之西南樂安鄉之偶原，禮也。"文詞清麗，字帶分法。

冠軍大將軍金城郡公李公墓誌銘

開元二十一年四月立，正書，無書撰人姓名。

按志云："公曰仁德，族李氏，其先蓋樂浪望族也。以開元二十一年正月薨於醴泉里之私第，即以其年四月十三日葬於高陵原。有子二人，長曰思敬，次曰思讓。"此石近出於咸寧郭都鎮土中，字畫完好，書法亦佳，惜爲某氏購去。

任令則碑

年月缺，李邕撰文并書，在武功縣學。

石泐已甚，惟"李邕文并書"數字尚隱約可辨，嘉慶二十年縣令段嘉謨訪得之。

王魯泉曰：北海書《嶽麓》《雲麾》數種外，僅見此碑。從來金石家皆未著録，可見古人遺迹汨没者甚多也。

空寂寺大福和尚碑

天寶二年立，陸海撰文，釋惟嵩行書，在藍田縣。

王魯泉曰：書法頗佳，有北海筆意，雖漫漶過甚，尚可句讀。前代考據家皆未著録，惟《寶刻叢編》載其目，近時碑估搜出，始行於世。

雲麾將軍南陽張安生墓誌銘

天寶十四載二月立，正書，無姓名。

按此石已爲某氏購去，今長安裴氏有摹刻本。

劉智墓誌銘

天寶十五載五月，蘇靈芝正書，在西安府城南。

略云："君諱智，字奉智，其先彭城郡人也，今爲京兆府涇陽縣人。天寶二載九月十二日終於私第。夫人孫氏，以天寶十五載歲在涒灘五月甲寅朔十九日壬申，合葬於京兆府長安縣國城門西七里龍首原龍門鄉懷道里。"

豳歌行

無年月，李白行書，在邠州。

此石近出於土，字徑五六寸許，凡四行，前二行題云："豳歌行，唐翰林李白書，上新平長史兄粲。"後二行爲歌詞，詞不完，想非一石。

張旭肚痛帖

無年月，草書，在西安府碑林。

帖凡六行，前有正書"張旭書"三字。

朱近漪曰："此帖刻於僧彦脩草書之下方，想亦於宋時摹刻上石者。"

趙子函曰："此帖殊勝斷碑《千文》十倍，當與《藏真》《聖母》三帖同觀。"

文安王張惟岳碑

貞元八年立，邵説撰文，□膺正書。

王魯泉曰：道光五年出於高陵土中，碑雖中斷，僅缺二十餘字，餘皆清晰，而前代金石家皆未著録，知其湮没者久矣。碑稱惟岳精於兵鈐，萬人之敵，與郭、李同時，平安史之亂，頗著戰功，官至開府，封王，賜金券，畫像凌烟閣，而新、舊《唐書》皆不爲立傳，何也？

千字文

明成化庚寅刻，僧懷素草書，在西安府碑林。

前有正書"僧懷素"三字，後有跋云："唐釋懷素以草書鳴，乃觀《千文》[一]，信足以信今傳[二]。後間或毫釐有差，特一時鐵筆未攻耳[三]。茲用摹刻於石[四]。大明成化庚寅歲，陝西右布政使西蜀余子俊跋。"

朱近漪曰："細玩跋語，似前已刻石，余子俊又重摹上石，跋語未詳言耳。至書法，較之《聖母帖》亦覺微遜。此帖之下，又有宋克書杜少陵《出塞》九首及宋克尺牘，俱佳。"

【校勘】

[一] 乃，今存此碑作"及"。
[二] 上"信"，今存此碑作"果"。
[三] "耳"下，今存此碑多"其于筆法可少貶哉"句。
[四] "石"下，今存此碑多"期與學者共之"句。

宣州司功參軍魏邈墓誌銘

元和十年四月立，子匡贊撰文并行書，在西安府碑林。

按志云："元和四年，相府裴公因人而知其善，補待制官，掌握絲綸，廉慎益著。"又云："拜婺州司功參軍，轉宣州司功參軍，未滿，今年復有詔，令之本官。以其年十月十三日，終於宣州宣城縣之公館。匡贊親侍靈輀，以明年乙未四月八日己酉，葬於京兆萬年縣之畢原。"以夫人趙氏墓誌證之，所稱今年即元和九年，其明年乃元和十年也。

魏夫人趙氏墓誌銘

會昌五年十一月立，王儔撰文，行書，無姓名，在西安府碑林。

按志內叙邈事迹，惟不及補待制官，餘尚與《邈志》略同。至叙夫人子女則有不可解者，《邈志》云生男女六人，女三人，長曰素恭，適李氏；仲曰季風，適侯氏；季曰季雅，猶未從人。此云有女四人，長適皇甫氏，次適李氏，次適侯氏，幼適王氏。《邈志》云，兒三人，長即匡贊，仲曰文質，皆三衛出身；季曰齊貢，拜袞州都督府參軍。此云有子三人，長曰齊貢，前任延州豐林縣令；次曰匡贊，前任□州普安縣主簿；幼曰文質，任梓州永泰縣令。伯仲班行，何歧異若是耶？

魏公先廟碑

大中六年十一月立，崔□撰文，柳公權正書，在西安府布政司廨。

碑已裂而爲五，僅存七百餘字，斷續不復成文，可讀者有云"博陵縣開國子、食邑五百户、賜紫金魚袋崔下缺，此爲撰人，河東郡開國公、食邑二千户柳公權書"，有云"特進、侍中、贈太尉、鄭國文貞公魏氏，在貞觀立家廟於長安昌樂里"云云。《寰宇訪碑録》作崔絢撰。

王魯泉曰：貞觀中，鄭公立家廟於昌樂里。大中中，來孫暜爲相，再新之，而屬誠懸書碑也。碑石惟上左一段完好，不及二百字。

滻河石幢

咸通二年八月立，正書，無姓名，在西安府城外滻河濱。

朱近漪曰："近河水冲決，出於土中，幢書《陀羅尼經》，佛弟子彭城郡夫人爲亡夫造尊勝幢一所，大唐咸通二年辛巳歲八月二十五日，建於萬年縣滻川鄉鄭村。又石幢一，同時出於土中，僅書《陀羅尼經》，無年月，書法相類，故并記之。"

宋

夫子廟堂記

唐程浩撰，釋夢英正書并篆額、自序，在西安府碑林。

據後自序，此記原刻在湖州臨安縣，太平興國七年英重書，刻石於京兆。趙子函謂字體蹶張，全用柳誠懸《玄秘塔》法，蓋不誣也。

王居士甎塔銘碑陰詩

元祐二年，蘇軾行書，在郃陽縣庫中。

詩爲七絶一首，後署“元祐二年春日，眉山蘇軾”十字。按甄塔銘石，明末時出終南山梗梓谷中，出土時石已裂而爲三，繼又裂而爲七，亡去百二十餘字。向在西安府城南百塔寺後，爲墨客取去，以興訟故，追置鄜陽縣庫中。今祇存五方中一方，六尺許，詩刻其背，書法頗類。豈北宋時此石猶在人間，坡公曾見而題之，後乃埋没，至明復出耶？

元

蘭州千字文
年月失記，趙孟頫書，體兼行楷，在蘭州府學。

雙柏行
無年月，集王羲之行書，在咸寧縣花塔寺。

右古風一首，後署“達菴周傳頌，門人何補之集晉右將軍王羲之書”。補之，不詳其人，故附於此。

溫泉池石
朱近漪曰：“溫泉在臨潼縣城南驪山之陰，俗所謂太子塘者，堂室精潔，注水入池，淙淙可聽，清澈見底，浴之溫暖如意，亦大地之奇也。其池甃之以石，上廣而下窄，坐下層則胸以下溶溶在水中。池面之石每長二尺許，廣一尺，厚亦如之，四圍周砌。正、側二面悉有刻字，大六七分，皆漫滅不可識，幾於摩娑石鼓。詢之執役者，云尚有可識，以不知書，故不能言。此古時物，不能究其所自来也。此石每面書字自右而左，其側亦然，式如法帖。其爲驪山古物，出諸名手無疑。兩面皆刻，則砌內亦有刻無疑，以在邃室奧堂未爲人所拂拭耳。昔蘭亭石刻爲厨人鎮肉，淳化木刻爲馬槽，自古爲然。而兹石置之穢褻之中，爲不幸也，存以俟好古君子。”此説附載《雍州金石記》中，余嘗道經溫泉浴焉，親覽石迹，猶如所云，急録其説，表而出之。

秦漢瓦當圖

[清] 畢沅 著

點校前言

　　《秦漢瓦當圖》是畢沅所撰的一部瓦當研究著作。關於瓦當研究，之前已有林佶《漢甘泉宫瓦》與朱楓《秦漢瓦圖記》，而畢沅此書在著録數量上遠遠超過前兩書。林佶《漢甘泉宫瓦》著録僅長生未央瓦一種，朱楓《秦漢瓦圖記》著録瓦當十六種，包括異文者共三十二瓦。畢沅此書則收瓦多至四十種，多數瓦當圖形、釋文爲首次見諸記載，這也是乾隆後期陝西瓦當出土日益增多、研究越來越深入的實際情況的反映。

　　此書成於乾隆五十六年（1791），每種繪圖，並繫以四言贊語。贊語雖非嚴格意義上的考證，但也可以從中看出畢沅對瓦當的釋文、功用、來歷等相關信息的認識，大多和其後以至今天的研究結論一致。如右空瓦，贊語云“少府之屬，曰右司空”，定其爲少府所屬右司空之瓦；大字瓦云“未央大厩，徵自黄圖。塞淵之頌，駃牝于于”，定爲未央宫内養馬之大厩殿瓦；右將瓦云：“中郎三將，五官左右。郎中三將，車户騎守。漢官之儀，如列户牖。”定爲右將署瓦，畢沅所據當爲《漢·百官公卿表》的記載：中郎有五官，左右三將，秩比二千石；郎中有車騎户三將，秩比千石。有的瓦當已見於朱楓著作，然朱楓釋讀有誤，畢沅所云可糾其誤。如八風壽存當，朱楓誤釋爲“益壽存富”，畢沅則云：“八風之臺，壽存之堂。新氏所經，甄豐所述。”即認爲是王莽八風臺壽存堂瓦。此説後成定論。

　　此書中土未見傳本，《石刻史料新編》第四輯影印所據之本，爲目前僅存刻本。此本爲一和刻本，是日本學者館機所刻。館機字樞卿，號柳灣，江户時代中期至後期漢詩人、書家。據其序言，可知此書爲其友人高木道介所贈，乃嘉慶年間清朝商人傳入日本者。戊戌年，當道光十八年（1838），館機命其子儁刊刻，以公同好。爲此書撰書序跋者，如龜田綾瀬、松崎復、卷大任等，皆當時日本漢詩人、學者、書家。

秦漢瓦當圖

此本序言之後、正文之前有手書題識一行：“光緒甲申陳明遠得於日本使廨。”陳明遠字哲父，浙江海鹽人。於光緒十年（甲申，1884）至十五年（1889），隨徐承祖、黎庶昌出使日本，充駐日本參贊六年。此書即其初到日本時所得，後或帶回國內。

原本無緣見到，然據《美國國會圖書館藏中文善本書續録》，美國國會圖書館藏有一本，即此和刻本。《續録》提供了一些影印本未能提供的信息，因詳録於下：

秦漢瓦當圖一卷，畢沅輯。日本天保九年（1838）江都書肆朱墨黛三色套印本，一冊一函。四周單邊，白口，無魚尾。上圖下文。書名頁正中題“秦漢瓦當圖”，右上題“清畢秋帆先生輯”，下鐫長方印題“賞雨茆屋藏梓”，左題“江都書肆，萬笈堂、北林堂發兑”。開卷爲翁方綱書“秦漢瓦當圖”六字，每字一葉，後爲乾隆辛亥（五十六年，1791）畢沅序，以上均綠印。後墨印日本天保九年松崎《秦漢瓦當圖引》，幷鳴子崔《秦漢瓦當圖序》，戊戌（1838）綾瀨龜田梓題。正文每葉上朱印瓦當圖文拓片，下綠印文字。卷末有蕭遠堂主人識語，釋圖內文字。另有柳灣館機跋述刻印緣起云（略）。可見當時中日文化之交流。此版本日本多館藏。1953年1月23日入藏。[1]

可補充者，卷末書跋之松崎爲松崎復，字明復，號慊堂。日本肥後國（今熊本縣）益城郡人，江户時代後期著名學者；蕭遠堂主人，據其署名下印章可知爲卷大任，字致遠，號弘齋，一號菱湖，江户時代後期書家。

本書所著瓦當原無標題，爲方便閱讀，整理時結合畢沅所書贊語及書末蕭遠堂主人識語，每種以瓦文擬爲標題，書於瓦圖之上。

---

[1] 范邦瑾編《美國國會圖書館藏中文善本書續録》，上海古籍出版社，2011年，第213頁。

目 録

序……………………………………………………………………………455

衛　字　………………………………………………………………457

狼干萬延　………………………………………………………………457

大萬樂當　………………………………………………………………457

甘　林　…………………………………………………………………458

蘭池宮當　………………………………………………………………458

上　林　…………………………………………………………………458

嬰桃轉舍　………………………………………………………………459

八風壽存當　……………………………………………………………459

維天降靈延元萬年天下康寧　…………………………………………459

與天無極　………………………………………………………………460

右　空　…………………………………………………………………460

大　字　…………………………………………………………………460

鹿甲天下　………………………………………………………………461

宗正官當　………………………………………………………………461

右　將　…………………………………………………………………461

拝　宮　…………………………………………………………………462

延　年　…………………………………………………………………462

都司空　…………………………………………………………………462

長樂萬歲　………………………………………………………………463

延年益壽　………………………………………………………………463

永受嘉福　………………………………………………………………463

長樂未央 ……………………………………………………… 464

永壽無疆 ……………………………………………………… 464

宜富貴當 ……………………………………………………… 464

延壽萬歲 ……………………………………………………… 465

千秋萬歲 ……………………………………………………… 465

仁義自成 ……………………………………………………… 465

萬有憙 ………………………………………………………… 466

億年無疆 ……………………………………………………… 466

長生未央 ……………………………………………………… 466

萬物咸成 ……………………………………………………… 467

長生無極 ……………………………………………………… 467

平樂宮阿 ……………………………………………………… 467

黃　山 ………………………………………………………… 468

上林農官 ……………………………………………………… 468

高安萬世 ……………………………………………………… 468

便　字 ………………………………………………………… 469

甘泉上林 ……………………………………………………… 469

長毋相忘 ……………………………………………………… 469

金　字 ………………………………………………………… 470

秦漢瓦當圖引……………………………………………………… 471

清代陝西金石學著作十種

序[一]

瓦當之制，權輿秦漢，相如所稱璧瑙，班固所謂金飾是也。玉橡之説，唐人既臆釋其文；西京之書，宋賢復未窺其迹。向余廉訪西安，同人多尊古本。兔葵燕麥，足有必經；金薤琳瑯，目多未睹。近復摹爲屏幛，繫以贊詞，凡班、馬所稱，歐、劉所冀，莫不列諸户牖，是足補《説文》之遺。世有子雲，當不蒙覆瓿之議也夫。乾隆辛亥吉月既望，纕蘅畢沅偶書。

觀物知政，西漢之璧瑙金飾，已非陶唐氏之茅茨，但代退物銷，無蹤可尋。然荒墟廢丘往往會其真，博古之家足徵其奇文焉。則此編宜與林佶《漢甘泉宮瓦記》俱稱案頭雙璧也。戊戌五月竹醉日，綾瀬龜田梓題，雪城中澤俊卿書。

作無益害有益，君子之所必戒；而作無益不害有益，君子之所不必戒也。其曰爲無益之事，喜有涯之生者，昔人以爲達矣，况此瓦圖狀高古而文殊絶，足以觀秦漢之制，補許、賈之遺，而裨益於後學不鮮鮮者乎？所謂娛情利物兩得之者，而與世之假聖經而衒己邪説以誤人者，其害其益如何也？翻鍥之舉，何可非焉？斯知古器以廣見聞，益於學者之言不誣，而其或謂古經獨古，而他古物必不求者，未可爲通論也。時天宇清朗，桂香襲帷，穩坐點《周易》之暇，書以應請。五華山人井鳴子崔。

貫齋大野善書

文政中，長碕高木君道介來謁幕府，余屢訪其館舍。一日，君出此圖貽余，云是廿年前清商所齎，當時惟此一通，後不復來，子其寶之。爾後好古士聞之，不憚僻遠來觀，深加嘆賞。或冒寒暑，衝風雨，逢余不在，或適遭人借去，不得觀，望望然歸者，往往而有。余意不安者久矣。今兹戊戌之夏，命兒儁模勒上梓爲册子，與同好者俱之，刻成記其顛末云。

柳灣館機識于目白小圃石香齋，時年七十七。男儁書。

【校勘】

［一］按，底本卷首序文原無標題，惟井鳴子崔一篇題曰"秦漢瓦璫圖序"，今爲編排之便，删去井鳴之題，而總名之曰序。

清代陝西金石學著作十種

衛　字

六國既滅，咸來於秦。寫仿宮室，牂牂渭濱。有楚有衛，聞見同珍。

狼干萬延

狼池之干，萬延之觀。遺文可索，奧義特刊。我來西陂，田遊用嘆。

大萬樂當

曰樂上樂，古意盤紆。十千大萬，古語敷腴。我遊汧隴，我憶康衢。

甘　林

甘泉林光，索隱共注。甘林之名，足備掌故。勿敗永珍，邵樹同賦。

蘭池宮當

蘭池之宮，祖龍之宅。洸洸將軍，裹足不適。秦與漢與？將作是釋。

上　林

猗與孝武，上林迺開。彌山亘谷，蒭蕘不來。主詞譎諫，司馬奇瓌。

嬰桃轉舍

嘗丞羞桃，先薦寢廟。不匱孝思，吉蠲焜耀。傳舍迺營，詎供清眺。

八風壽存當

八風之臺，壽存之堂。新氏所經，甄豐所述。厥數爲五，黃中是律。

維天降靈延元萬年天下康寧

維天降靈，延元萬年。詞偕春永，篆挾華妍。藏則玉韞，享以金填。

與天無極

封禪有詞，與天無極。人民蕃息，天禄永得。文丽西京，頌諧帝力。

右　空

少府之屬，曰右司空。山海池澤，懋昭熙豐。沃土千里，寅亮天工。

大　字

未央大厩，徵自黃圖。塞淵之頌，駃牝于于。遺文僅覯，三輔傳呼。

鹿甲天下

瞻彼牲牲，用昭廣廈。甲觀之遺，眾鹿兆馬。天禄辟邪，敢徵淵雅。

宗正官當

赫赫炎劉，九族維叙。迺展懿親，迺鋤諸呂。宗正是彰，成周之緒。

右　將

中郎三將，五官左右。郎中三將，車户騎守。漢官之儀，如列户牖。

拜宮

文王作邑，漢有新豐。爰及五季，鄜宮迺崇。邈哉蒙古，誰氏之風。

延年

長樂既築，鴻臺亦儲。或云秦始，觀宇凌虛。圖形紀頌，霞思蘧蘧。

都司空

惟都司空，宗正之庭。迺繩邪枉，迺理渭涇。水行用協，期于無刑。

長樂萬歲

萬歲之殿，三輔是圖。萬歲之宮，長安志模。皇哉長樂，星拱階符。

延年益壽

或曰延年，或曰益壽。秦皇所經，漢武所候。僊人樓新，秋風客舊。

永受嘉福

念茲嘉福，皇永受之。蟲書虎爪，斯邈所垂。遐哉秦璽，媲美交馳。

◎ 秦漢瓦當圖

長樂未央

漢都關中，始營長樂。父老苦秦，三章法約。於萬斯年，羽蕭鐘鎛。

永壽無疆

欽哉永奉，弈禩無疆。其流毖緯，衆説荒唐。卜祀五百，當塗迺將。

宜富貴當

長命富貴，出入千金。吉祥止止，老氏所蔵。垂戒盛滿，攲器同斟。

延壽萬歲

孝武甘泉，延壽館著。孝平之年，延壽門署。二千餘年，用深記疏。

千秋萬歲

韓兆有言，千秋萬歲。載瞻西京，斯殿實制。聒耳可徵，三呼罔替。

仁義自成

懋哉帝德，仁義自成。丹書戶牗，目擊心營。函德宣德，用銘高閎。

萬有憙

龍門有言，天心獨憙。曰萬有之，胡不克紀。德至八方，祥風戻止。

億年無疆

五福首壽，億年迺書。長年歲壽，詞不厭譽。無疆之祝，昭示渠渠。

長生未央

鄷侯功最，迺作未央。覃思三月，蕭籀孔彰。庭燎之義，爲天子光。

<h2 style="text-align:center">萬物咸成</h2>

穆穆長秋，取義成孰。后德乃昭，坤靈是淑。萬物芸芸，養以之福。

<h2 style="text-align:center">長生無極</h2>

文曰長生，繼以無極。阿房之基，所在充塞。爲漢爲秦，苔封蘚蝕。

<h2 style="text-align:center">平樂宮阿</h2>

平樂之館，民觀角抵。有卷者阿，輪奐邐迤。春滿上林，嬉遊帝里。

黄　山

鬱鬱黄山，寔惟槐里。有宮巋然，孝惠所履。經始秦菀，斜臨渭水。

上林農官

上林五丞，其屬十六。緡錢既盈，水衡並瀆。楊可之告，農官迺卜。

高安萬世

翩翩聖卿，高安第榮。洞門重殿，衣緜簪纓。昔者瓦解，今復瓦鳴。

便　字

小顏有言，便以就安。玄成所注，諸廟承懽。爰以時祭，俎豆不刊。

甘泉上林

宸遊之所，是曰上林。南山既闢，甘泉亦臨。青蔥玉樹，王度愔愔。

長毋相忘

嵯峨雲陽，鬱鬱靊香。爰有遺瓦，長毋相忘。是耶非耶？躑躅彷徉。

x

熠熠金華，未央之廐。十二天閑，數馬之富。協彼金行，爲我奇邁。

秦漢瓦當圖引

　　凡瓦蒙屋脊曰薨，屋脊，棟也，鎮棟兩端曰獸瓦，又曰鴟尾。灣中而仰其兩邊，駢比鱗次，覆其屋曰版瓦，又謂之瓯。瓯之覆檐際而臨階砌曰階瓦，又謂之甋。狀如半箇，覆版瓦之兩邊而下曰箇瓦，又謂之瓿。瓿之垂檐際而一端形圜有文者曰瓦當，當者，當也，當檐端也。何以知之？衣有裲襠，謂一當胸，一當背也。知裲襠之當胸背，則知瓦當之當檐端也。然則纕蘅氏之圖，何不遍及薨、瓯、甋、箇，而獨錄瓦當也？取其文也。故曰言之無文，其行不遠。瓦之有文，猶能經千載而不泯滅，況於人之有斯文者乎？館君之表此圖而傳於世，其得已乎哉！大保九年秋中，益城松崎復識。

　　菱湖卷大任書

秦漢瓦當爲員四十，爲牒十二，曰衛，曰狼干萬延，曰大萬樂當，曰甘林，曰蘭池宮當，曰上林，曰嬰櫻桃轉傳舍，曰八風壽存當，曰延年，曰都司空瓦，曰右空，曰大，曰甲天下，曰宗正宮當[一]，曰右將，曰拜豐，曰維天降靈延元萬年天下康寧，曰與天無極，曰長樂萬歲，曰延年益壽，曰永受嘉福，曰長樂未央，曰永壽無彊彊，曰宜富貴千金當，曰延壽萬歲，曰千秋萬歲，曰仁義自成，曰萬有憙憙，曰億年無疆，曰長生未央，曰萬物咸成，曰長生無極，曰平樂宮阿，曰黃山，曰上林農官，曰高安萬世，曰便，曰甘泉上林，曰長毋相忘，曰金。畢秋帆係以贊辭，併裝題跋，以爲屏風者。今茲戊戌，佺傛更撫刻成册子，以貽同好。余細翫其文，布置工穩，用筆勻净，氣象樸茂，古意可挹。凡在書家，尤所宜稱賞者也。瓦當字，舊説謂玉卮無當之當，讀去聲，畢《跋》以爲璧瑭，蓋本于《三輔黃圖》注，今松崎益城《序》則以兩禂衣解之瑭、禂並平聲，其説愈出愈奇，因附記，俾覽者擇焉。蕭遠堂主人識。

【校勘】

[一] 宫，爲"官"之訛。

吉金貞石録

［清］張塤 著

點校前言

《吉金貞石録》是清代乾隆年間江蘇學者張塤的一部金石學著作，是其在陝西纂修興平、扶風、郿三縣縣志後，將其中的金石志部分共五卷抽出匯集而成。

一

張塤(1731—1789)，字商言，又字商賢，號吟蘸，又號瘦銅，別號小茅山人、石公山人。江蘇吳縣（今屬蘇州市）人，乾隆三十年(1765)中舉，歷官內閣中書、景山學宮教習，入四庫館任編校。詩與蔣士銓齊名，與翁方綱、趙翼、孔繼涵等友善，曾在京結都門詩社，著有《竹葉庵文集》三十三卷，有乾隆五十一年(1786)刻本。喜考據金石書畫，金石學著作僅《吉金貞石録》一部流傳。生平散見《（同治）蘇州府志》《竹葉庵文集·序》等。

據《吉金貞石録》書前張氏自序所云，乾隆四十二年（1777），張塤以母憂歸鄉，四十三年（1778）受畢沅所邀至陝。時畢沅任陝甘總督，其在陝任職已近十年。其間廣泛延攬文人入幕，其幕府極一時之盛，除了張塤序中所提及的嚴長明、錢坫之外，孫星衍、洪亮吉、吳泰來等著名學者都曾入其幕下。張塤入陝主要爲助修陝西方志。重修地方志是畢沅在陝一項重要的文化舉措，其在陝先後纂成二十八種方志，多數成爲志書典範，如嚴長明所纂《西安府志》至今仍是最好的一部西安志。畢沅屬張塤所修興平、扶風、郿三縣縣志後來也成爲典範之作，三志於乾隆四十四年（1779）修成，即現存乾隆《興平縣志》二十五卷、《郿縣志》十九卷、《扶風縣志》十八卷。

同時，由於畢沅重視金石考據，他和他的幕府學者們大多都有金石著作傳世，他們將其金石考經證史的學術觀念體現到了志書撰寫當中，這一時期所修的陝西方志中有近半數增設了"金石"爲一級門類，這在之前和當時其他地域的方志纂修中都是極爲少見的一個現象，極大地提升了金石的學術地位，對於金石學科的確立有創始之功。[1]這其中，張塤所修三縣金石志有著重要的貢獻。

如張塤序言中所説："秦中故多前代金石，而同志嗜古之士若嚴侍讀長明、錢明經坫並在幕府，於是拓工四出，氈椎無虛日。"陝西搜訪摹拓金石的風氣很盛，畢沅利用他的地位和權力，組織學者們對陝西金石遺迹做了系統的、竭澤而漁式的搜訪與整理，這一時期畢沅和其幕府學者所著金石著作均建立在實地搜訪的基礎之上，保存文獻之功甚偉。張塤對於三縣金石無論見於前人記載還是時人傳聞，皆不遺餘力去尋訪，此書除了三五種已佚的碑石據傳世文獻記載或拓本録文，其餘均爲其親自訪得。卷三《元重修扶風學記》條叙其搜訪經歷云："《聞見後録》載一條云，法門寺塔下有石芙蕖，製作工妙，每芙蕖上刻施金錢人姓名，有宮女張好好、李水水之類。尋之不可得。又聞隋陵有石馬、斷碑，予冒暑行五十里至陵下，荒原濯濯，無所見。縣史誑予已碎而瘗之。後書院諸生來會，言有殘碑，去陵五里尚在也。然不及載往，既將輟簡，書以告後之君子，續吾志一訪焉。"可見其勤苦。因此，三縣金石志收羅齊備，考論精當，學術價值很高。張塤云"不敢廢棄"，在其服闋歸京後，將三志整理修訂，成《吉金貞石録》一書，時在庚子中秋後一日，即乾隆四十五年（1780）八月十六日。

二

《吉金貞石録》書成之後，不知何種原因，張塤生前並未刊刻。然而由於自乾嘉以降，金石學漸成爲顯學，各種金石著作層出不窮，各類地方志中的金石志也多被抽出單刻。在這種學術背景之下，張塤所修興平等三縣金石志也長期分別以單刻本的形式廣爲流傳。《清史稿》著録有"《扶風金石録》二卷、《郿縣金石遺文録》二卷、《興平金石志》一卷"[2]，標明爲張塤所撰，即此三縣金石志。然而，目前這幾種著作見於全國各大館藏、各類書目著録及各種影印出版的情況很複雜，各書名稱不一，《扶風金石録》或名《扶風金石記》，或名《扶風縣石刻記》，《郿縣金石遺文録》又有名《郿縣金石遺文》者。作者署名也歧互不同，如國家圖書館所藏《興平縣金石志》《扶風縣石刻記》各

[1] 關於畢沅金石考據觀念在志書中的體現，拙文《論畢沅及其陝西幕府的金石學成就》（《長安學研究》第三輯，科學出版社，2018年）有詳細論述。

[2] 趙爾巽等著：《清史稿》卷146《藝文二》，中華書局，1977年，第4317頁。

有幾種不同版本，作者或署張塤，或署黃樹穀；《中國古籍總目·史部》著録《興平縣金石志》《扶風縣石刻記》兩種清抄本，則均署爲清黃樹穀輯[1]；《涵芬樓秘笈》據舊鈔本所刻《扶風縣石刻記》，亦署"錢塘黃樹穀輯"，孫毓修將其與畢沅《關中金石記》相較，認爲畢書不如此書完善，然亦不辨其非黃氏所著[2]；《郿縣金石遺文》又多被誤認爲是沈錫榮所撰，如《石刻史料新編》所據以影印之本[3]。

筆者校讀現存三種單本金石志，將其與乾隆年間張塤所修三縣金石志作了比較，發現《興平金石志》即《興平縣志·金石志》，爲張塤所撰無疑；《郿縣金石遺文》，乃從《（宣統）郿縣志》中抽出單刻者，因沈錫榮宣統二年（1910）曾增修過《郿縣志》，其金石志在張塤志的基礎上增加了三種，標明"續金石遺文録"，後人遂將其全部歸之沈錫榮；《扶風縣石刻記》則是將《扶風縣志·金石志》所收金刻删去，考論部分作了删節，學者容庚即認爲"乃節取張氏原作而嫁名於黃氏"。

與以上單刻本的複雜情況相比，集三縣金石志爲一書的《吉金貞石録》的刊刻流傳情況比較簡單，目前所見僅民國十八年（1929）燕京大學刻本。此本容庚跋云："是書向無刻本，繆氏《藝風堂藏書續記》所著録者乃傳鈔本，今依燕京大學圖書館藏原稿本校刻，並爲補目録於首。"其原稿本和鈔本的具體情況目前尚不明確，此書張塤自序稱書名爲"吉金貞石録"，而刻本題作"張氏吉金貞石録"，顯爲容庚擬題。

張塤此書在三縣金石志的基礎上，做了一些增訂，如興平部分增加了《唐寂照和尚碑》一種，扶風部分增加了《唐無憂王寺碑》，又據舊拓本校補了二十九字，其他題跋亦多有删改。或將考論中引用的碑文作了删節以避免重複，或將所引《金石録》《石墨鐫華》等全文引用改爲節引。

此書卷一爲"興平志稿"，録後魏至元，金一種，石十六種；卷二、三爲"扶風志稿"，録周至元，金四種，石十八種；卷四、五爲"郿志稿"，録唐至元，金二種，石二十一種。共録金七種，石五十五種。每種之下有録文，絶大多數有考論，包括金石所涉及的人物、地理、職官、史實、文字、書法等，

[1]《中國古籍總目》，中華書局2009年版，第4828—4829頁。

[2]《扶風縣石刻記》（《涵芬樓秘笈》第五集）附孫毓修跋。

[3] 見《石刻史料新編》第三輯第三十二册，（臺北）新文豐出版公司，1986年。

◎ 吉金貞石録

有時亦記載其搜訪經歷等相關信息。

三

此書雖僅限於著録三縣金石，但在體例、內容上，其學術價值並不遜於同時期的其他金石著作。其一，此書全録碑文，卷一《唐寂照和尚碑》條云："洪氏之先未有全録碑文者，後賢著録或限鈔寫之勞，或苦剞劂之儉，略存碑目，已有大功藝苑，況多傳一篇漢晋隋唐之文乎？予撰縣志，全載金石原文，仿洪氏之例也。"而同時其他專録陝西金石的著作如畢沅《關中金石記》、嚴長明《西安金石志》等都不録碑文，因此張氏所録具有極爲重要的史料價值，可以糾正傳世文獻及他書著録的謬誤。

此書《興平志序》云："能爲前史之助者，維貴金石。然汝南擅道人之號（原注：《汝南公主墓誌》曰：公主，隴西狄道人。不知誰家一本割去'公主隴西'字，而鄭樵《金石略》直書曰狄道人。墓誌虞世南書，未詳，此可關也）、虢國公主之稱（原注：《虢國公楊花臺銘》爲驃騎大將軍楊思勖作，《金石記》乃以爲虢國公主），嗜古者不免嗤笑，若見全碑，詎抱此憾？"指出前代金石學家因未能親見原碑而多有訛誤，如鄭樵《金石略》之誤稱汝南公主爲狄道人，顧炎武《金石文字記》（按即張氏所云《金石記》）誤虢國公爲虢國公主；而當地人又有毀碑之舉，因此及時保存碑石原始文獻十分必要且重要。作者由於親自訪碑亦多有所獲，如唐《寂照和尚碑》，趙崡《石墨鐫華》云出咸陽馬跑泉，碑文亦載寂照之父詮"鎮於咸陽馬跑泉精祠"，然張氏因親見此碑，發現此碑"馬跑泉"三字似後人摩損原石重刻，因此推測蓋此碑出馬跑泉，因而土人附會鑿此字，此可糾正流傳已久的謬誤。

其二，此書共收金石六十二種，其中唐代四種、宋代六種、金代六種、元代十三種，爲他書所未著録。如興平的《宋太平興國三年牒》《使帖》《縣帖》，扶風的《唐花歡喜碑》《宋修扶風縣廟學記》諸碑。特別是此書收録了很多前代及同時代人不大關注的金元碑石，如金大安二年四月題名，郿縣的金大定四年牒、大安二年鐘款、金人射虎記、元天真觀雲版題款等等。關於這一點，容庚在此書跋語中評曰："《兩漢金石記》於《孔彪碑》、居攝墳壇刻字、魯王墓石人刻字、《武梁祠堂畫象》、魏元年碑皆引其説。……《金石萃編》《金石續編》《八瓊室金石補正》等書不收元代碑刻，而此獨著録十餘種；金代碑刻，《萃編》等書雖收矣，尚不若此之備。"因此此書具有《金石萃編》等所不具備的獨特史料價值，今人可利用其輯録宋元之遺詩遺文。如卷三"扶風志"收"宋人詩刻"云："提舉魯公留題□□□遠愛亭（原注：此十二字是上石人標題）。溪南一帶列千家，高下樓臺傍水斜。天闊亂鴻橫晚照，烟輕白鳥戲晴沙。波光瑩澈涵山影，秋色澄清鑒物華。僧倚上方雲繞檻，市聲昏曉自喧嘩。辛卯八月二十八日行部至扶風，登此亭。吳興魯百能懋成題，承議郎、知鳳翔府扶風縣管句學事兼管勸農公事兼兵馬都監武騎尉高完上石。"按，《全宋詩》録魯百能詩二首，而未及此詩，應據此碑補入。今人《重修鳳翔府志》收録此詩，然誤題作者爲元代魯懋，又有誤作者爲元盧懋者[1]，均應據此碑正之。

又卷三所録"宋斷碑二"，其中一碑文字較多，曰："（上闕）行縣，自好畤過重真寺（闕）詩而去。（闕）非，世人誹謗亦奚爲。何（闕）佛，邂逅相逢自不知。（闕）丙戌歲十二月廿五日，三班借職□岐陽鎮酒稅向□命工刊。"所録詩歌不見於他書著録，亦可補入《全宋詩》。

又如《郿縣志》收至元十五年馮時賁詩殘句"疏通汧渭河千里，灌溉岐郿稻萬畦"，至元廿一年陳亞題天慶宮詩："郿邑西連五丈原，琳宮一境絶翛然。窗含太白山頭雪，門鎖華陽洞裏天。塢記堆金無逆黨，丹成換骨有飛仙。我來不過庚桑楚，聊向青童借榻眠。"均可補元詩之佚。

其三，此書考論精當，多有可取之處。如卷二著録唐石幢二，其一曰："唐大中十載丙子四月癸酉朔廿二日甲午，右神策軍奉天鎮□□將宣威將守左衛晉州神山府折衝都尉員外□□正員飛騎尉薛志顥權氏男從諗、男從禮。"張塤考云："神策軍屬隴右道，凡戍邊之兵大曰軍，小曰守捉，曰城曰鎮。又京畿之西多以神策軍鎮之，今碑題曰神策軍，又題曰奉天鎮，是鎮又隸於軍矣。今奉天之鎮名亦不傳也。鎮將有三等，上鎮將正六品，中鎮將、下鎮將正七品。奉天之鎮將不知是上、是中下也。折衝府亦分三等兵，千二百人爲上，千人爲重，八百人爲下，府置折衝都尉一人，上府正四品上，中府從四品下，下府正五品下。今碑題曰神山府折衝都尉亦不知是上府、是中下府也。天下十道置府六百三十四，皆有名號，神山其一也。各府名號多不傳，余從地志、世系、碑石尋之，惜不能全。鎮將匪折衝都尉，應題碑時並書其銜爾。"按唐後

[1] 寶雞市文化廣播電視局編：《歷代詩人詠寶雞》，三秦出版社，1988年。

期神策軍各地多有行營，所隸各鎮究竟有哪些，又唐時六百三十四府又有哪些，史料缺乏已無從詳知，張氏所收此刻可補史書之缺，其所考論對於釐清史實亦有參考價值。

《鄜縣志》所收"元天真觀四至題字"，張氏考曰："前至元十一年雲版題款稱鄜州，此題字在十六年，稱鄜縣，則知省鄜州爲鄜縣在至元十一年之後、十六年之前，史稱至元元年省鄜州爲鄜縣者，此語不確。中統三年立陝西四川行省，治京兆，至十六年改京兆爲安西路總管府，此在十六年正月，故猶稱京兆鄜縣也。至皇慶初，乃改安西路爲奉元路耳。"此段考證，對於研究鄜縣之建置沿革，以及對金石可靠性優於史書的揭示都很有意義。

又如上文所引卷三扶風志"宋人詩刻"，張氏後作考證云："右詩刻在飛鳳山，觀其題銜知是宋人。曰遠愛亭者，以坡詩'遠望若可愛'之句故名也。曰辛卯者，徽宗政和元年也。提舉之司不一，有常平司提舉、茶鹽司提舉、茶馬司提舉、坑治司提舉、市舶司提舉、學事司提舉，又有都大提舉，止加於茶馬、坑治二司。此碑曰提舉者，當是學事司，掌州縣學政，歲巡所部，察師生之優劣、勤惰，故碑曰行部至扶風也。此時初置此司才九年，又十年此司廢矣。宋縣令有成兵者兼兵馬都監，而管勾學事未見之職官志。元祐之後列郡已並置學官，猶是縣令之兼職也。"今按，魯百能，《宋詩紀事》卷三十二錄其《醉仙崖》詩，作者小傳謂其爲吳興人，元祐元年進士。《宋詩紀事補遺》則云："魯百能，安吉人，元豐八年進士。大觀初通判慶源州，領雲騎尉。長於吏治，兼工文藻。嘗作《望漢臺銘》《慶源軍使廳續題名記》，爲世所稱。歷知虔州，卒。有《文集》三百餘卷。"[1]據此刻，則可補其字懋成。其歷官亦可據碑石作一補充，據《嘉泰吳興志》卷一三"等慈院"條載："大觀中重修，宗子博士魯百能撰記。"按宗子博士爲宗子學博士的省稱，《宋史·職官志》五《宗學》："崇寧五年，又改稱某王宮宗子博士，位在國子博士之上。"[2]則魯百能當慶源州通判之後又於大觀中任宗子學博士。又據此碑，於政和元年八月已任提舉。此碑之外，石刻又有魯百能撰書大觀四年《思武堂記》，署"判趙州軍州事"[3]。張氏考此碑提舉是學事司，當由上石之高完題銜中有"管勾學

[1] ［清］陸心源撰，徐旭、李建國點校：《宋詩紀事補遺》，山西古籍出版社，1997年，第2419頁。
[2] ［元］脫脫等著：《宋史》，中華書局，2000年，第2624頁。
[3] 見［清］陸耀遹《金石續編》卷一七，同治刻本。

事”而誤。今按《宋會要·職官》載，政和二年十二月二十四日，“提舉秦鳳路常平魯百能奏事”[1]，則此碑所謂提舉爲提舉常平司，《宋史》卷一六七《職官志七》：“提舉常平司，掌常平、義倉、免役、市易、坊場、河渡、水利之法。視歲之豐歉而爲之斂散，以惠農民。”[2]高完爲兼管扶風的勸農公事，正爲提舉常平司之屬下。

其四，此書所收部分碑刻，雖亦見於他書著録，然張氏録文仍有校勘價值。如卷一“宋詩刻”所録崇寧壬午秋九月彭迪明《留題净相院橙軒》詩：“萬葉扶疏雙幹修，植臨禪坐色長幽。影分渭北千家月，香散江南一檻秋。清液冰寒承露結，圓苞金重帶霜收。會應登列西州貢，庭實寧無橘柚羞。”其中“香散江南一檻秋”句，《金石萃編》作“山南”。此類異文很多，不能一一例舉，應充分利用此書來對史料文獻進行校勘。

在乾嘉時期的群星璀璨的金石學界，張塤並不突出，即便是在畢沅陝西幕府的學者當中，其聲名也遠遠不及嚴長明、孫星衍、洪亮吉等人。其金石學著作僅一種，也限於對陝西興平、扶風、郿三縣碑銘所作考論，和同時代其他金石名著相比，如畢沅《關中金石記》、王昶《金石萃編》等，其影響和地位也不能相提並論。然而，張塤《吉金貞石録》自有其獨特的發現和貢獻，其保存歷史文獻之功不小，其將自宋代歐陽修提出，至清顧炎武、畢沅等人倡導的金石考據觀念，融入史志的修撰當中，對於金石學在乾嘉時期的大放異彩作出了相應的貢獻。

此次整理所用底本爲民國十八年（1929）容庚校刻本，以（乾隆）《興平縣志》《扶風縣志》《郿縣志》三縣金石志及三縣金石志各單刻本爲校本。底本晚出，較各金石志本在文字上作了較多刪改。凡底本有較大改動之處，均在校勘記中説明。

[1] ［清］徐松輯：《宋會要輯稿》《職官》六八之二七，中華書局，1957年，第99冊，第3921頁。
[2] ［元］脱脱等著：《宋史》，中華書局，2000年，第2659頁。

◎ 吉金貞石録

目　録

原書目録 ·· 487

卷第一　興平志稿 ·································· 490

　落星石後魏題名 ······················· 491

　隋賀若誼碑 ····························· 491

　隋常醜奴墓志 ··························· 495

　唐多寶塔碑 ····························· 496

　唐楚金禪師碑 ··························· 499

　唐寂照和上碑 ··························· 501

　宋太平興國三年牒 ····················· 504

　使　帖 ································· 504

　縣　帖 ································· 505

　宋浴室院鐘欵 ··························· 506

　宋浴室院碑 ····························· 506

　宋詩刻 ································· 508

　宋大觀二年碑 ··························· 509

　金辯才塔銘 ····························· 511

　金人題名 ······························· 513

　元人題名 ······························· 514

　馬覓詩刻題名 ··························· 514

卷第二　扶風志稿上 ·································· 515

　古毛伯敦銘 ····························· 515

　古伯庶父敦銘 ··························· 516

古叔高父簋銘 ·························· 516

古尸臣鼎銘 ···························· 516

唐千佛碑 ······························ 516

唐楊珣碑 ······························ 517

唐無憂王寺碑 ·························· 520

唐石幢二 ······························ 524

唐重修法門寺記 ························ 524

卷第三　扶風志稿下 ···················· 528

宋法門寺浴器靈異記 ···················· 528

宋斷碑二 ······························ 529

宋重真寺買田莊記 ······················ 529

宋普通塔記 ···························· 530

宋法門寺重修九子母記 ·················· 531

宋修扶風縣廟學記 ······················ 532

宋蘇文忠公詩刻 ························ 533

宋人詩刻 ······························ 534

宋觀音像 ······························ 534

金人詩刻 ······························ 535

元重修扶風學記 ························ 535

卷第四　郿志稿上 ······················ 538

唐花歡喜碑 ···························· 538

唐柳宗元禱雨碑記 ······················ 538

宋至和二年牒 ·························· 539

金大定四年牒 ·························· 540

金張中偉碑 ···························· 541

金泰和元年詩刻 ························ 543

金孔公渠水利碑記 ······················ 544

金大安二年鐘款 ························ 545

金貞祐二年詩刻 ························ 548

金宵曲水利記 ·························· 548

金人射虎記 ···························· 549

卷第五　郿志稿下 ······················ 551

元天真觀雲版題欵 ······················ 551

清
代
陝
西
金
石
學
著
作
十
種

元至元十五年詩刻 ‥‥‥‥‥‥‥‥‥‥‥‥‥‥‥‥‥‥‥ 551

元天真觀四至題字 ‥‥‥‥‥‥‥‥‥‥‥‥‥‥‥‥‥‥ 552

元至元廿一年詩刻 ‥‥‥‥‥‥‥‥‥‥‥‥‥‥‥‥‥‥ 552

元至元廿二年詩刻二種 ‥‥‥‥‥‥‥‥‥‥‥‥‥‥‥ 552

元人七言詩沁圍春詞 ‥‥‥‥‥‥‥‥‥‥‥‥‥‥‥‥ 553

元憑風石記 ‥‥‥‥‥‥‥‥‥‥‥‥‥‥‥‥‥‥‥‥‥ 553

元太白廟記 ‥‥‥‥‥‥‥‥‥‥‥‥‥‥‥‥‥‥‥‥‥ 553

元橫渠祠堂記 ‥‥‥‥‥‥‥‥‥‥‥‥‥‥‥‥‥‥‥ 557

元制詞 ‥‥‥‥‥‥‥‥‥‥‥‥‥‥‥‥‥‥‥‥‥‥‥ 558

元郭鈞碑 ‥‥‥‥‥‥‥‥‥‥‥‥‥‥‥‥‥‥‥‥‥ 559

跋‥‥‥‥‥‥‥‥‥‥‥‥‥‥‥‥‥‥‥‥‥‥‥‥‥‥‥‥ 561

原書目録

卷一　興平志稿

自序

興平金石志原序

落星石後魏題名

隋賀若誼碑

隋常醜奴墓志

唐多寶塔碑

唐楚金禪師碑

唐寂照和上碑

宋太平與國三年牒

使帖

縣帖

宋浴室院鐘欵

宋浴室院碑

宋詩刻

宋大觀二年碑

金辯才塔銘

金人題名

元人題名

馬嵬詩刻題名

右興平，後魏至元，金一種，石十六種。

◎ 吉金貞石録

卷二　扶風志稿上

古毛伯敦銘

古伯庶父敦銘

古叔高父簠銘

古尸臣鼎銘

唐千佛碑

唐楊珣碑

唐無憂王寺碑

唐石幢二

唐重修法門寺記

卷三　扶風志稿下

宋法門寺浴器靈異記

宋斷碑二

宋重真寺買田莊記

宋普通塔記

宋法門寺重修九子母記

宋修扶風縣廟學記

宋蘇文忠公詩刻

宋人詩刻

宋觀音像

金人詩刻

元重修扶風學記

右扶風，自周至元，金四種，石十八種。

卷四　郿志稿上

唐花歡喜碑

唐柳宗元禱雨碑記

宋至和二年牒

清代陝西金石學著作十種

金大定四年牒

金張中偉碑

金泰和元年詩刻

金孔公渠水利碑記

金大安二年鐘款

金貞祐二年詩刻

金甯曲水利記

金人射虎記

卷五　郿志稿下

元天真觀雲版題款

元至元十五年詩刻

元天真觀四至題字

元至元廿一年詩刻

元至元廿二年詩刻二種

元人七言詩沁園春詞

元憑風石記

元太白廟記

元橫渠祠堂記

元制詞

元郭鈞碑

右郿，自唐至元，金二種，石二十一種。

都三縣金七種，石五十五種。

卷第一　興平志稿

　　乾隆四十二年丁酉，予以憂去職，奉太夫人柩南歸。明年戊戌，會故人畢中丞_沅開府於秦，要予游於秦。秦中故多前代金石，而同志嗜古之士若嚴侍讀_{長明}、錢明經_坫並在幕府。於是拓工四出，氈椎無虛日。中丞以興平、扶風、郿三縣志屬予重輯，予纂列金石一門。內中若賀若誼、楊珣碑，彰彰在人耳目，而郿之金石自昔未登著録者，亦搜得二十餘種，頗謂於斯道有功。又明年己亥書成，予服闋，還京師，篋中所存金石志稿共五卷，不敢廢棄，統入予《吉金貞石録》中。凡碑銘款記全載其文，志之體例如此。碑中譌字亦照原碑録之，後人鈔刻此書者，幸弗輕易塗改耳。太歲庚子中秋後一日，吳郡張塤序。

　　能爲前史之助者，維貴金石。然汝南擅道人之號_{《汝南公主墓誌》曰：公主隴西狄道人。不知誰家一本割去“公主隴西”字，而鄭樵《金石略》直書曰：狄道人墓誌，虞世南書，未詳。此可笑也、}虢国有公主之稱_{《虢國公楊花臺銘》爲票騎大將軍楊思勗作，《金石記》迺以爲虢國公主，嗜古者不免嗤笑。若見全碑，詎抱此憾？}或里中姦黠厭於承應，瀉金壺之墨，橦索升高；撫翠珉之文，氈椎犇命。公然曳倒，大致捶缺，是雖關虖人事，實必陷於天刑。用告君子，無墜斯文。_{《興平金石志》原序。}

落星石後魏題名_{元人題名附見}

□□石者^[一]，晋穆帝昇□元年正月丁□^[二]，□□□西南皇甫村□□□□爲石，至大和□□□□百九年。是年正月□五日因移在縣之後□。長城陳元錫記。

落星石埋没縣東北荒蕪地_{下闕}，恐久沉迷，移來縣廨_{下闕}。大元至正廿八年_{下闕}^[三]，郎中崆峒米克明峻_{下闕}^[四]。

右石在縣治。《晋書》穆帝升平元年正月丁丑，隕石於槐里一，此是也。上有大和至正人題名，凡以大和改元者有三，晋帝奕、後魏之孝文帝、唐之文宗。此之大和，後魏之改元也。升平元年至後魏大和九年是一百廿九年，此題名"九"字上當有脱字。長城屬吳興郡，陳霸先，吳興長城下若里人是也。

此落星石上後魏人陳元錫題名云"移在縣之後□"，元人米克明云"恐久沈迷，移來縣廨"，而唐人韓琮詩序又有"野中落星石移置縣齋"之語，乃悟魏之縣治非唐之縣治，唐之縣治又非元之縣治。摩挲片石，人生安得如汝壽邪？是日因拓題名，漫記於後。

【校勘】

[一] □□，《萃編》卷一〇八作"若星"。

[二] 昇□，《萃編》作"昇平"。

[三] "年"下，《萃編》作"□□中旬"。

[四] "峻"下，《萃編》作"德記"。

隋賀若誼碑

大隋使持節柱國靈州總管海陵郡賀若使君之碑_{以上二十字題額，小篆}

□□□□□廣^[一]，生民之衆，□□□以_{下闕}朽乎^[二]。公諱誼，字道機，河南洛□是"陽"字人也。昔軒丘啓_{下闕}^[三]，則我洪宗盛緒，佐帝從王，鬱爲卿相之門，□稱_{下闕}而贊萬機^[四]。祖伏連，襲爵安富公，雲州刺史。父統右衛將軍_{下闕}公之第三子□^[五]，感降則輔宿台星，儀表則□庭□□^[六]。澄波瀾於_{下闕}觀載藉^[七]，撮其指歸，悟聖人設教之方，體君子立身之義。_{下闕}成九合爪牙之任^[八]，延納奇士，乃命公以大都督領□信于時_{下闕}機其神^[九]，見可而進，不暇請命，馳駈赴之。憑軾緩□，備加導誘，群□愧_{下闕}身爲輕重^[一〇]，東鄰遣使，已入虜庭。朝廷□□連和[一]，莫能□絶，以下闕更在樞機[二]，匈奴駭服，厚相禮待。乃執齊使舍□□□是"人楊暢"三字等付公將下闕年[三]，除司射大夫，封霸城縣開國子，轉左宮伯。三年，加開府□□□[四]。遷下闕安之地[五]，衝要斯在，三峽設險，八陣成圖，自非□武兼運[六]，無以當斯下闕萬餘户[七]。建德年，治熊州刺史，周武揚旌□浦席下闕瀚[八]，委質玁狁，憑引寇戎。每爲邊患，以公聲□遠裔，信著殊方，乃下闕是"范"字陽郡公[九]。皇隋撫運，授□是"上"字大將軍。開皇二年，除□□□是"左武候"三字大將軍下闕管靈州刺史[二〇]，進位柱國。公管仲之翮，亦既上騰；陶侃之翅，屢飛下闕[二一]。年迫崦嵫，志□謝事，上表陳遜，優詔不許。春秋□十有下闕能[二二]，傳劍術於白猿，受兵符於黄石，龍韜豹韜之法，牡陣牝陣之奇。□悟下闕鳥落[二三]，固亦妙絶，一時聲高六郡。既而宦成，名□禮縟位□[二四]，居下闕濠梁郊郭之外[二五]，別廬一所，類洛西之金谷，□山陽之竹□[二六]。每休沐餘下闕無百年[二七]，西山之景不追，東嶽之期奄至。郭門既□[二八]，長別曲沼高臺；泉□一□，□□寒原下闕金而寫狀[二九]，況乎宿承教義，親□鞭板[三〇]，□墳塋□表[三一]，贊頌□聞。乃相下闕[三二]。

肇自黄神，分於白帝。業盛千古，福流萬世。朔野建功，下闕公[三三]，鬱標器望。志識恢達，襟神高亮。□□□城[三四]，下闕種落紛綸[三五]。關塞擾攘，□□□□□□。見機而作，下闕高賞茂下闕[三六]。

右一碑在縣學，凡二十八行，下半捶闕。

賀若誼，《隋書》有傳。碑有曰大都督，曰除司射大夫、霸城縣子，轉左宮伯，加開府，曰熊州刺史，曰范陽郡公，曰靈州刺史，進位柱國，咸與史合。其曰憑軾緩□，備加導誘，群□愧□。此史所謂周太祖使誼詣杏城，屬茹茹携貳，屯於河表，誼譬以禍福，誘令歸附，降者萬餘口也。其曰東鄰遣使，已入虜庭，朝廷□□連和，莫能□絶，又曰乃執齊使付公。此史所謂齊遣舍人楊暢結好於茹茹，誼因聘茹茹，啗以厚利，茹茹與周連和，執暢付誼也。其曰郊郭之外，別廬一所，類洛西之金谷。此史所謂誼家富於財，郊外構一別廬，多植果木，邀賓客，列女樂，遊集其閒也。惟碑曰皇隋撫運，授□大將軍[三七]，而史謂在高祖爲丞相之時，此史之誤也。又碑曰三峽設險，八陣成圖，自非□武兼運，無以當斯。則誼或爲西南道行臺省，或爲巴蜀郡總管府屬之官，傳所不載，史之佚也。舟人吉桑對趙簡子曰[三八]：鴻鵠高飛，所恃者六翮，背上之毛，腹下之毳，加之滿把，飛不能爲之益高。不知門下左右客千人，亦有六翮之用虖？將盡毛氂也[三九]。又齊桓公謂管仲曰：寡人之有仲父，猶飛鴻之有羽翼。碑云管仲之翮，陶侃之翅，正用此語。《石墨鐫華》云：“宋人磨其陰，刻《夫子廟記》”[四○]。案碑陰是刻《大觀聖作碑》，非廟記也。

【校勘】

[一] □□□□□，《魯迅輯校稿》作“觀夫宇内之”。

[二] “朽”上，《魯迅輯校稿》作“其爲不”。

[三] “啓”下，《魯迅輯校稿》作“祚若□降□玄闕紫（闕十七字）及□□□龍騰□變鯤運鵬□□□代以開都補嵩□”。

[四] “稱”下所闕，《魯迅輯校稿》作“冠蓋之里□祖拔（闕十七字）安□公□司空並宇□恢弘□□□□坐南宮而儀北斗參八座”。

[五] “軍”下所闕，《魯迅輯校稿》作“散騎常侍克（闕十六字）以□德□規□時濟世□□□□□□□勒功□鼎”。□，《魯迅輯校稿》作“也”。

[六] □庭□□，《魯迅輯校稿》作“山庭月角”。

[七] “於”下所闕，《魯迅輯校稿》作“□□辣□幹於（闕十二字）逸響之摻以爲尋章摘句□生之常談雕蟲篆刻□子之事耳博”。

[八] “成”上所闕，《魯迅輯校稿》作“□□既遠聲望日高□以（闕十字）遷□閣將軍大都督□直散騎常侍□食典□□太祖業啓三分功”。

[九] □，《魯迅輯校稿》作“親”。 “時”下所闕，《魯迅輯校稿》作“（闕十六字）乃命公□使□於杏城□北狄□分左賢交爭茹茹種落屯結河表公知”。

[一○] □，《魯迅輯校稿》作“狄”。 “愧”下所闕，《魯迅輯校稿》作“□□□□□□□二□餘口□馬三□餘匹太祖深相器異賞以□鉞弓□□□□□志相傾□□突□”。

[一一] □□，《魯迅輯校稿》作“深懼”。

[一二] “以”下所闕，《魯迅輯校稿》作“公（闕二十二字）犯□鋒□□九攻九□之勢施於樽俎百戰百勝之□”。

[一三] “將”下所闕，《魯迅輯校稿》作“□除□騎大將□□□□□□祖世子略陽公遭后□□望實□□□裾上□妙□時□□以公□長史周元”。

[一四] □□□，《魯迅輯校稿》作“天和□”。

[一五] “遷”下所闕，《魯迅輯校稿》作“靈□二州刺史原州總管原州刺史□六條□化萬□按□□□□三□仁風被於□民甘雨隨其軒蓋□□”。

[一六] □，《魯迅輯校稿》作“文”。

[一七] “斯”下所闕，《魯迅輯校稿》作“鎮撫乃以公□□州□管□□□□□□授位表□□公深□秘略每出□兵□地□邊威振殊俗凡所招納六”。

[一八] “席”下所闕，《魯迅輯校稿》作“卷河□公□於□谷□□□□□□治□州刺史又除□□□洛州諸軍事洛州刺史封建威縣□□□□□陽□□紹義竄身沙”。

[一九] “乃”下所闕，《魯迅輯校稿》作“遺徽（闕十九字）式加榮禮□□家□□□大將軍

◎ 吉金貞石録

□除涼州總管進爵范"。

[二〇]"軍"下所闕，《魯迅輯校稿》作"河間□北伐以□□□□□□武□大將軍除華敷二州刺史改封海□□公轉涇州刺史十二年除靈州總"。

[二一]"飛"下所闕，《魯迅輯校稿》作"（闕二十四字）蕩而□心不矯□以求譽□未□月□化大行□"。

[二二]"有"下所闕，《魯迅輯校稿》作"□以十六年春二月□□□□□於□□八月廿二日厝於始□原王人吊祭諡曰威公禮也惟公□兹偉器苞此多"。

[二三]□，《魯迅輯校稿》作"獨"。 "悟"下所闕，《魯迅輯校稿》作"（闕九字）鵠□□□□□搖□勒而□□□馳□□□赴□□□□開而□艴銀鏑飛而"。

[二四]位□，《魯迅輯校稿》作"位隆"。

[二五]"居"下所闕，《魯迅輯校稿》作"則羅鼎□□出則（闕十三字）於三朝酌損之忠（闕十二字）軒冕而□寄"。

[二六]□山，《魯迅輯校稿》作"有山"。

[二七]"餘"下所闕，《魯迅輯校稿》作"聞退朝□暇（闕九字）袖舉而□□□□□□□放曠懷抱而□有千歲人"。

[二八]□，《魯迅輯校稿》作"遠"。

[二九]"原"下所闕，《魯迅輯校稿》作"（闕十二字）命陳通等（闕十二字）越俗思范猶鑄"。

[三〇]□，《魯迅輯校稿》作"預"。

[三一]□墳，《魯迅輯校稿》作"而墳"。

[三二]"相"下所闕，《魯迅輯校稿》作"（闕十五字）碑□□而無絕其詞曰"。

[三三]"公"上所闕，《魯迅輯校稿》作"玄□□契（闕二十二字）心靈人倫□□神□□□□啓□范樹以風聲□□□"。

[三四]□□□，《魯迅輯校稿》作"學劍曲"。

[三五]"種"上所闕，《魯迅輯校稿》作"受書汜上見義□踐當仁不（闕十八字）虹連□□□□□□門□□□□□心□林□長□□"。

[三六]"高"上所闕，《魯迅輯校稿》作"外降五□內□三（闕二十四字）營（闕九字）移□□時□□□功"。 "茂"下所闕，《魯迅輯校稿》作"德（闕十二字）扇啓□家聲（闕三十九字）物□終□□□□萬（闕十九字）。"

[三七]"大"上，《興平志》多"是上字"三字。

[三八]"舟"上，《興平志》多"昔趙簡子遊於西河而嘆安得賢士而與處焉"數字。

[三九]"也"下，《興平志》多"同此旨也"四字。

[四〇]《興平志》引《石墨鐫華》文字稍多："此碑正書，方整精健，是唐初諸人前茅，在興平縣文廟。宋人磨其陰刻《夫子廟記》。而此文止存十三，聞曾完好，一縣令苦貴人之摹拓，使捶去之。誼事見《隋史本傳》，兹不贅云。"

隋常醜奴墓志

隋都督滎澤縣令故常府君墓志

君諱醜奴，扶風始平人也。黄運肇興，既冠冕於東國；金行失馭，遂流奔於西土。亂離瘼矣，從姑臧之客遊；天保定爾，爲鄯善之强族。祖黑獺，門傳劍騎，久雄汧隴[一]。授大都督，領本州兵。父歡，立履□毅[二]，志懷剛勇。魏明帝去河洛之王里，遷崤函之帝宅，經綸王業，實寄腹心。以君關右豪室，詔追宿衛，任右旅侍，累遷直寢。言遊京輦，爰賜井田，去六郡之桑麻，承三輔之風俗，民良土樂，因以家焉。君器局貞正，識度詳雅，弦揮雁落，筆動雲奔。保定元年，起家右勛侍下士。鵬搖始振，鴻漸初飛，式允折衝，□推英果。五年[三]，轉膳部下仕，位因寵進，爵以才升，鼎餁攸宜，肴饗惟禮。建德元年，遷天官府治中士。司會治本，文昌樞密，是曰登賢良，稱德舉。皇朝纘運，寶命惟新，君養志家園，深知止足。開皇十九年，明詔以周代文武，普加優選，蒙授都督。又授鄭州滎澤縣令。中牟乳雉，非獨魯君；重泉宿鸞，寧唯王昪[四]。禄滿言歸，縱情丘壑，方遵日秩，庶永月存。而漏盡鳴鍾，歌哀曳杖，奄焉不愁，遽矣上賓。大業元年十一月十九日，終於神皇鄉宅，春秋八十有六。夫人宋氏，人推貞婉，族茂金張，未永修齡，早辭明世。以今三年歲次丁卯八月丁丑朔廿六日壬寅，合葬於本縣湯臺鄉之始平原，禮也。君孝以承親，誠惟事主，愛賢重士，輕財守信。文淵□□，差得相方，次公投轄，足爲連類。而徽猷長往，蘭□空傳[五]，知與不知，有識同恨。子鹽州五原縣令緒等，兄弟并克隆堂搆，無騫負荷，出忠入孝，揚名顯親。若趙嘉逸士，猶題圓石，繆韵文宗，尚銘泉礎。嗚呼似哉，迺爲頌曰[六]：

節全奉使，仁兼分穀。烈烈太常，巖巖光禄。降神餘慶，誕膺多福。惟祖惟禰，世雄邊服。波瀾罔已，挺生吾子。扇席承顔，腰鞬入士[七]。見利思義，在官能理[八]。卓犖齠年，優遊暮齒[九]。逝川難息，離光易侵。昭塗憭晦，大夜遄深。□墳共掩[一〇]，□藏俱沉[一一]。九原永畢，千載騰音。

右一碑今佚。顧氏謂在興平縣崇寧寺，此祖趙崡之説，寺今亦不可考，鄙人爲此碑踏破芒鞋矣。[一二]《金石文字記》："墓之有志始自南朝，宋元嘉中顔延之作王球石志[一三]，素族無碑策，故以紀德，自爾王公以下咸共遵用。今傳於世者[一四]，惟此及梁羅二志爲隋代之文爾。"

◎ 吉金貞石録

【校勘】

[一] 久，據今存此誌拓本作“人”。

[二] □毅，拓本作“沉攸”。

[三] 五，拓本作“三”。

[四] 异，拓本作“阜”。

[五] □，拓本作“藥”。

[六] 曰，底本闕，据《興平志》補。

[七] 士，拓本作“仕”。

[八] 在官能，拓本作“能在□”。

[九] 暮，拓本作“慕”。

[一〇] □，拓本作“丘”。

[一一] □，拓本作“杜”。

[一二] “矣”下，《興平志》多“《石墨鐫華》：醜奴，始平人，爲都督滎澤令。大業元年卒，志在興平崇寧寺壁間，爲童子摩挲幾平。余榻一紙，書亦不大佳，但以隋物存之。興平即古始平，今不知墓所在”。

[一三] “宋”上，《興平志》多“《南齊書》云”四字，《金石文字記》原文同。

[一四] “今”下，《興平志》多“之”字，《金石文字記》原文同。

唐多寶塔碑

大唐多寶塔感應碑以上分書題額

大唐西京千福寺多寶塔感應碑文[一]

南陽岑勛撰

朝議郎、判尚書武部員外郎瑯邪顏真卿書

朝散大夫、檢校尚書都官郎中東海徐浩題額

粵妙法莲花，諸佛之秘藏也；多寶佛塔，證經之踴現也。發明資乎十力，弘建在於四依。有禪師法號楚金，姓程，廣平人也。祖、父並信著釋門，慶归法胤。母高氏久而無姙，夜夢諸佛，覺而有娠，是生龍象之徵，無取熊羆之兆[二]。誕彌厥月，炳然殊相，岐嶷絕於葷茹，髫齔不爲童遊。道樹萌芽，聳豫章之楨幹；禪池畎澮，涵巨海之波濤。年甫七歲，居然厭俗，自誓出家，禮藏探經，法華在手。宿命潛悟，如識金環；總持不遺，若注瓶水。九歲落髮，住西京龍興寺，從僧籙也。進具之年，昇座講法。頓收珍藏，異窮子之疾走；直诣寶山，無化城而可息。爾後因静夜持誦，至多寶塔品，身心泊然，如入禪定，忽見寶塔，宛在目前，釋迦分身，遍滿空界。行勤聖現，業净感深，悲生

悟中，淚下如雨。遂布衣一食，不出戶庭，期滿六年，誓建此塔。既而許王瓚
及居士趙崇、信女普意，善來稽首，咸捨珎財。禪師以爲輯莊嚴之因，資爽塏
之地，利見千福，默議於心。時千福有懷忍禪師，忽於中夜見有一水，發源龍
興，流注千福，清澄泛灧，中有方舟。又見寶塔自空而下，久之乃滅。即今建
塔處也。寺内净人名法相，先於其地復見燈光，远望則明，近尋即滅。竊以水
流開於法性，舟泛表於慈航，塔現兆於有成，燈明示於無盡。非至德精感，其
孰能與於此。及禪師建言，雜然歡恢，負畚荷插，于蕢于囊，登登憑憑，是板
是築。灑以香水，隱以金鎚，我能竭誠，工迺用壯。禪師每夜於築階所懇志誦
經，勵精行道，衆聞天樂，咸嗅異香，喜歡之音，聖凡相半。至天寶元載，
創構材木，肇安相輪。禪師理會佛心，感通帝夢。七月十三日，敕内侍趙思
侃求諸寶坊，驗以所夢，入寺見塔，禮問禪師，聖夢有孚，法名惟肖。其日
賜錢五十萬，絹千匹，助建修也。則知精一之行，雖先天而不違；純如之心，
當後佛之授記。昔漢明永平之日，大化初流，我皇天寶之年，寶塔斯建，用符
千古[三]，昭有烈光。於時道俗景附，檀施山積，庀徒度財，功百其倍矣。至二
載，敕中使楊順景宣旨，令禪師於花萼樓下迎多寶塔額。遂總僧事，備法儀，
宸睠俯臨，額書下降，又賜絹百疋。聖札飛毫，動雲龍之氣象；天文挂塔，駐
日月之光輝。至四載，塔事將就，表請慶齋，歸功帝力。時僧道四部，會逾萬
人，有五色雲團輔塔頂，衆盡瞻睹，莫不崩悦。大哉！觀佛之光，利用賓於法
王。禪師謂同學曰：鵬運滄溟，非雲羅之可頓；心遊寂滅，豈愛網之能加。精
進法門，菩薩以自强不息，本期同行，復遂宿心。鑿井見泥，去水不遠；鑽木
未熱，得火何階。凡我七僧，聿懷一志，晝夜塔下，誦持法華。香烟不斷，經
聲遞續，炯以爲常，没身不替。自三載，每春秋二時，集同行大德四十九人，
行法華三昧，尋奉恩旨，許爲恒式。前後道場，所感舍利凡三千七十粒。至六
載，欲葬舍利，預嚴道場，又降一百八粒。畫普賢變於筆鋒上，聯得一十九
粒。莫不圓體自動，浮光瑩然。禪師無我觀身，了空求法，先刺血寫《法華
經》一部、《菩薩戒》一卷、《觀普賢行經》一卷。乃取舍利三千粒，盛以石
函，兼造自身石影，跪而戴之，同置塔下，表至敬也。使夫舟遷夜壑，無變度
門，劫算墨塵，永垂貞範。又奉爲主上及蒼生寫《妙法蓮華經》一千部、金字
三十六部，用鎮寶塔。又寫一千部，散施受持。靈應既多，具如本傳。其載，
敕内侍吳懷實賜金銅香鑪，高一丈五尺，奉表陳謝。手詔批云：師弘濟之願，

感達人天；莊嚴之心，義成因果。則法施財施，信所宜先也。主上握至道之靈符，受如來之法印。非禪師大慧超悟，無以感於宸衷；非王上至聖文明[四]，無以鑒於誠願。倬彼寶塔，爲章梵宮。經始之功，真僧是葺；克成之業，聖主斯崇。爾其爲狀也，則岳聳蓮披，雲垂盖偃，下欻崛以踴地，上亭盈而媚空，中晻晻其静深，旁赫赫以弘敞。礌碨承陛，琅玕絳檻，玉瑱居楹，銀黃拂户。重簷疊於畫栱，反宇環其壁璫[五]，坤靈贔屭，以負砌天。祇儼雅而翊户，或復肩挐摰鳥，肘摄修虵，冠盤巨龍，帽抱猛獸。勃如戰色，有奭其容，窮繪事之筆精，選朝英之偈贊。若乃開扃鐍，窺奧秘，二尊分座，疑對鷲山，千帙發題，若觀龍藏，金碧炅晃，環佩葳蕤。至於列三乘，分八部，聖徒翕習，佛事森羅。方寸千名，盈尺萬象，大身現小，廣座能卑，須弥之容欻入芥子，寶盖之狀頓覆三千。昔衡岳思大禪師，以法華三昧，傳悟天台智者，爾來寂廖，罕契真要。法不可以久廢，生我禪師，克嗣其業，繼明二祖，相望百年。夫其法華之教也，開玄關於一念，照圓鏡於十方，指陰界爲妙門，駈塵勞爲法侶，聚沙能成佛道，合掌已入聖流。三乘教門，總而歸一，八萬法藏，我爲最雄。譬猶滿月麗天，螢光列宿，山王映海，蟻垤群峰。嗟乎，三界之沉寐久矣。佛以法華爲木鐸，惟我禪師超然深悟其兒也。岳瀆之秀，冰雪之姿，果脣貝齒，蓮目月面，望之厲，即之温，睹相未言，而降伏之心已過半矣。同行禪師抱玉飛錫，襲衡台之秘躅，傳止觀之精義，或名高帝選，或行密衆師，共弘開示之宗，盡契圓常之理。門人芯苴、如巖、靈悟、净真、真空、法濟等，以定慧爲文質，以戒忍为剛柔，含朴玉之光輝，等旃檀之圍繞。夫發行者因因，圓則福廣；起因者相相，遣則慧深。求無爲於有爲，通解脱於文字，舉事徵理，含豪强名。偈曰：

佛有妙法，比象蓮花[六]。圓頓深入，真净無瑕。慧通法界，福利恒沙。直至寶所，俱乘大車。其一。於戲上士，發行正勤。緬想寶塔，思弘勝因。圓階已就，層覆初陳。乃昭帝夢，福應天人。其二。輪奂斯崇，爲章净域。真僧草創，聖主增飾。中座眈眈，飛檐翼翼。荐臻靈感，歸我帝力。其三。念彼後學，心滯迷封。昏衢未曉，中道難逢。常驚夜杌，還懼真龍。不有禪伯，誰明大宗。其四。大海吞流，崇山納壤。教門稱頓，慈力能廣。功起聚沙，德成合掌。開佛知見，法为無上。其五。情塵雖雜，性海無漏。定養聖胎，染生迷瀫。斷常起縛，空色同謬。蒼蔔現前，餘香何嗅。其六。彤彤法宇，緊我四依。事該理暢，玉粹金輝。慧鏡無垢，慈燈照微。空王可托，本願同歸。其七。

　　天寶十一載歲次壬辰四月乙丑朔二十二日戊戌建。敕檢校塔使、正議大夫、行內侍趙思偘，判官、內府丞車沖，檢校僧義方，河南史華刻。

　　右一碑，明世秦藩移置西安府學宮。魯公此帖固爲臨池俎豆，季海八分書額，亦妃匹千秋。歐陽公謂唐世分書惟史惟則、韓擇木、李潮、蔡有鄰四人，而不及浩者，何哉？《本傳》：浩書四十二幅屏，八體皆備，草隸尤工。隸者，楷書也，今人俱以分書爲隸矣，不可不知。墻制卑小，岑君所狀全是夸詞[七]。此碑側別有題名。

【校勘】

[一]“寶”下，據今存此碑，脫“佛”字。

[二]羆，底本作“熊”，據《興平志》改。按今存碑正作“羆”。

[三]用，今存碑作“同”。

[四]王，今存碑作“主”。

[五]壁，今存碑作“璧”。

[六]花，今存碑作“華”。

[七]“詞”下，《興平志》多“《金石錄》：右唐《多寶塔感應碑》，岑勛撰，顏真卿書。多寶塔者，僧楚金所造，楚金嘗寫《法華經》千餘部置塔中，今猶存者。余於士大夫家數見之，余亦得其一卷，迺乾元二年肅宗所造，卷首佛像絹素畫迹尚如新也”。

唐楚金禪師碑

唐國師謚大圓禪師碑以上小篆題額

唐國師千福寺多寶塔院故法華楚金禪師碑

紫閣山草堂寺沙門飛錫撰

正議大夫、行中書舍人、翰林學士、柱國、東海男、賜紫金魚袋吳通微書

潭碧一丈[一]，無隱月容；松青萬嶺，莫靜風響。夫德充于內而聲聞于天者，有以見之於禪師矣。禪師法諱楚金，程氏之子，本廣平郡，今爲京兆之盩厔人焉。祖宗閥閱，存而不論。母渤海高氏，夜夢諸佛，是生禪師，真可謂法王之子者也。行素顏玉，神和氣清。七歲諷花經，十八講花義，三十構多寶於千福，四十入帝夢於九重。上睹法名，下見金字，詰朝使問，罔不有孚，聲沸江海，豈唯京轂。於是傾玉帛，引金繩，千梁攢空，一塔聳漢，迴廊飛閣，無不創焉。風起而鈴鳴半天，珠懸而月生絕頂，清淨眼耳，駿奔香花。度如恒沙

而無所度者，有之矣。嘗於翠微悟真，捫蘿靈趾，乃曰：此吾棲遁之所。遂奏兩寺各建一塔，咸以多寶爲名。度緇衣，在白雲，昭其靜也。矧夫心洞琉璃，思出常境，工人桴匠，僉訝生知，毗首所未悟，斑輸所愕視。若然，則浮圖之化，髻珠之教，風靡千界，皆禪師之力，豈正真丹五天而已哉。禪師雲雷發空谷之響，金石吐鏗鏘之音，吟詠妙經六千餘遍。寶樹之下，髣髴見於分身；靈山之上，依俙覿於三變。心無所得，舌流甘露，瑞鳥金碧棲于手中，天樂清泠奏于空際。凡諸休應，皆不有之。乃曰：法本無名，焉用彼相，長而不宰，其在茲焉。若非法花三昧，禀自衡陽，正觀一門，傳乎台嶺，安能迂象王之法駕，迴聖主之宸睠。承明三入，弘道六宮，后妃長跪於御筵，天花每散而不著。玄宗題額，肅宗賜幡。鵲返雲中，住香樓而不下；龍蟠天上，挂金刹而常飛。玉衣盈箱，璽書滿篋，寫千經滴瀝而垂露，答萬乘渙汗之渥澤。夔龍貂冕，下黃道以整襟；隱逸高僧，入青蓮而扣寂。微塵知識，如從百城而至；無邊勝士，若自千花而來。豈榮冠於一時，亦庶幾於佛在也。雖林茂鳥歸，人高物向，澄渟天地之鏡，委曲虛空之姿，無來乃來，不往而往。所作已訖，吾將去乎？有夢綵座前，迎諸天獻菓。粵以乾元二年七月七日子時，右脇薪盡火滅，雪顏如在，昭乎上生於安養之國矣。享齡六十二，法臘三十七。天子憫焉，中使吊焉。尋敕驃騎大將軍朱光暉監護，即以其年八月十二日，法葬于長安城西龍首原法華蘭若塔之禮也。於戲！禪師齠年詔度，初配龍興，中歲觀心，閉關千福。罷玉柄，葆天光，悟炎宅清凉，駕一乘獨運。乃夢塔從地涌，因用模焉，今之所製，抑有由矣。至若神光熠燿於其巔，聖燈明滅於其下，畫普賢則舍利飛筆，會群釋乃卿雲澹空。頂中之血，刺寫經王，衣裏之珠，指呈醉士。當其無，有其用，不立心境，同乎大通，彼五色之相宣，我摩尼之何有，豁如也。繰纊皮革，多由損生，屬徒衣布，寒加艾納，慈至也。若乃降龍之鉢，解虎之杖，蓮花之衣，甘露之飯。凡諸法物，率多敕賜，不住於相，咸將施焉。室不貯於金錢，堂每流乎香積，澹然閑住，爲天人師。允所謂利見於大雄，釋門之亞聖者也。又曰：吾自知終於六十有二矣，尔曹誌之。以其言驗其實，宛如也。噫！八部增怛，萬國同哀。有詔令荼毗遵天竺故事，於是金棺閟，香木燒，玉兔馳，白鶴唳，霧咽松檟，風悽郊坰，月飛青天，無照玄夜。法花弟子當院比丘慧空、法岸、浩然等，表妹萬善寺上座契元、萬善寺建多寶塔比丘尼正覺、資敬寺建法華塔比丘尼奔吒利等，真白凡數萬人，悲化城之不

清代陝西金石學著作十種

住，痛寶所而長往。貝葉飜手，孰指宗通；金磬發林，誰宣了義。以予分座御榻，同習天台，爰托斯文，鏤之貞石，式揚真古，敢不銘云：

天上雲飄，海中日出。如何落照，大明奄失。蓮花之外，別有蓮花。廖廓之表，又逢寥廓。法離去來，道無今昨。松門一塔兮，誰爲寂寞。寂而常照，死而不亡。其響弥高兮，其德弥彰。白鶴雙雙，飛香郁郁。明月既出，更無星宿。

建塔國師奉敕追謚號記：以貞元十三年四月十三日，左街功德使、開府、邠國公寶文場奏，千福寺先師楚金是臣和尚，於天寶初爲國建多寶塔，置法華道場，經今六十餘祀。僧等六時禮念，經聲不斷。以歷四朝，未蒙旌德。伏乞聖慈，特加謚號，以廣前修。奉敕“宜賜謚曰大圓禪師，中書門下准敕施行”者。今合院梵侶，敬承恩旨，頂奉修持，用資皇壽。將恐代隔時遷，真縱^{作蹤}靡固，輒刊碑末，以紀芳猷，遠追鷲巔之風，聿光不朽之迹。貞元廿一年歲在乙酉七月戊辰朔廿五日壬辰建，廣平宋液模刻。

右碑刻《多寶塔碑》之陰，題額小篆亦佳，大約亦通微所書。

吳通微，海州人。德宗立，與兄通玄並爲翰林學士。陸贄建言：承平時，工藝書畫之冗皆待詔翰林，而無學士。至德以來，命集賢學士入禁中草書詔，待進止於翰林院，因以名官。今四方無事，制書職分宜歸中書舍人，請罷學士。帝不許。而通玄賜死，在貞元七年。通微白衣待罪，帝宥之。此於廿一年題銜曰“翰林學士”，是德宗於通微特以恩禮相終始者已。《本傳》，通微未嘗行中書舍人，通玄以不得此職，怨望及禍。則通微之行中書舍人，其在通玄死之後也？貞元廿一年即順宗永貞元年，此時七月，德宗已崩，順宗已將禪位矣[二]。寶文場，左神策護軍中尉，累擢票騎大將軍，碑題開國、邠國公，可補史之缺。

【校勘】

[一] 一，據今存此碑爲“千”字之誤。

[二] 按此處張氏所述有誤，貞元廿一年正月，德宗已崩，順宗即位，八月禪位於憲宗，始改元永貞。

唐寂照和上碑

大唐安國寺故內外臨壇大德寂照和上碑銘并序

宜德郎、守秘書省著作郎、充集賢殿修撰、上柱國段成式纂釋氏徒毗尼者，雖不轍乎意地，而形骸之外，是釭是幅[一]，大宅煽烘，羊鹿効駕，亦各也。視中夏聖人，刑自墨數三千，或由性戾，將墨而之贖金也，將贖而之畫衣慚懼也，以至蹙莂視袷，未嘗犯者，信生于手，鄉可約束，至顏氏子也。西方聖人設戒二百五十，俾隄限身口，徑出生死。今言法者，殼喉舌鏑鎧其人。我性鎪戾垢，不嘗澡雪，近非延奘，或不能孕業人天也。言禪者失之理圯漸磴，一念五位不及能者，吾見其爲泥人，若射箭也。至乎畛生死之流，閫身口之歧，其在毗尼乎。國初有宣聲乎毗尼，寂寂然將二百年，有照公嗣焉。大德號寂照，字法廣，族龐氏，京兆興平人。父詮，灌鍾府折衝，鎮于咸陽馬跑泉精祠。母寶氏，嘗夢禮掌塔，既而有娠，不嗜葷腴。及產，吭而不啼，懬而始誰。寶氏日滋善種，福塍顙碩，請介處不慁，其夫許之。塊然若居士之室，太常之齋也。雖蚖口于淋，將蠚不觸。遂同謁抱持寺積禪師，始具五戒，大德隸執箆。年防七歲，宇泰定者，伉如顛白。積公異之。父即留爲童，俾勤汲煬，不難離別。初讀《法華經》，五行俱下。次授《維摩經》《俱舍論》，未終，热際腹三百幅。衆號聖童，遂毀髮焉。如匠之口木[二]，中若蠹蝎，心入震火，叩之其聲虛嘶[三]，爲桴則速腐，不能久持大廈。故鼓地之桐，大士之種也；澗梓之腹，大士之聲也；荊氏之材，大士之用也。而猊弦號鐘，一鼓殷然。大曆十四年，西明寺遇方等壇試得度，隸于慈悲寺。初肄《四分》，勤不交睫，即開講於海覺寺，著名兩街。後弋志於《涅槃經》《起信論》。功汰六麁，理混四生，壞隄澒激，宗流于性。或有墨守慢堞，利喙三尺，一被偈答，暗革埏範，固毗耶比丘不足以解疑悔也。貞元六年，詔啓無優王寺舍利，因遊鳳翔，擅律學者從而響臻。大德規規不怠，處衆如表，影惟宜矣。或珥多羅葉者，鉢蒲萄蔓者，不病面而鑑壁者，染爪而半月形者，悉懃由右門而出也。十年春，將夏于清凉山。清凉山曼殊大士是司鱗長，遊之不誠，必有疾雷烈風。大德胝趼膜拜，終日不息。見若白構而梁，口散而釭[四]，虞乳剝於霓末[五]，戟網栒於曦表。其光大而緶直，網而壺滴[六]，詭狀雲手，瞥影電挻。千變萬化，不可窮極。居山雪首者驚曰："自有此山，未有此相，由大德行潔誠著也。"因屨及蔚州，入到此山，險如楞伽，勢如喬陟，梗檜駢植，衢柯四布，夏籟所及，百雋苔色。其下揭車夜千，絲攣芊芊，相傳云普賢地也。大德望麓一禮，五雲觸石。越一年，之口白[七]。復賓于虢，止法會福慶寺，往來於渭濱郿塢間十餘年。後教授於隴州，稠林槎枒，魔界日蹙。時昭義劉公邑在普潤，息女出家，請大德具戒焉。元和初，疊鐘創鉅，戚難跂及。至三年，於咸陽魏店立尊勝幢，祈褫法界也。其年，功德使請住安國寺，尋移聖容院。俾二望僧主之，錫二時服，各隸七人，大德一數也。自長慶中、寶曆末、大和初，皆駕幸安國寺，大德導于前蹕，儀形偈答，不隔旒纊。因詔入内，夏于神龍寺。大和二年，來延唐寺。數乎菩提，恫乎禪郲。洎七年冬季，上弦而疾，下弦而病。將化之夕，異香滿風，體可折支。其月闍維於寺北原，僧年七十六，僧夏五十七。置幢于積祖師塔院，門人神晏、啓初紀日于幢，其詞蔚然[八]，門人律大德智文其行惟肖，門人契玄駕説者也。大德設臬玄構，心迹規矩，若日出于湯谷，至于昆吾，是謂正中。其徒化之，賓賓然不差净觸。噫！大德之去，佛曰虞泉矣。門人興善寺實相上人，恶俗决疣，頵處塵外，嗣師之志，以成式腹笥三藏，請詞其德。銘曰：

汗汗玄流，導于港溝。觉路垣夷，揄廲其輈。燧明厚夜，業白東晷。由之不懈，二乘其軓。惟宣斯述，惟寂斯紹。傴鼇槮柱，影直其表。性苦擢筠，貇寒聳冰。珠數絶貫，衣持壞媵。志完海囊，爲正法朋。隄防意地，林猨不騰。瞻蔔惟嗅，多羅不斷。鳴癡翼慧，無明破卵。燼其業□[九]，弦厥乘緩。駃絶中流，平漚扶渾。一雨濯枝，嵐飆鼓翰。偈古雲碧，庭秋桂丹。群木繩方，衆景圭端。資糧跰跣，長途僅半。翛然而往，慧曦晼晚。卯樹螬實，柰萎霜苑。甚垢斯濘，衆縛斯蠒。覺原昉醮，大宅災燀。廸毫詎昏，品蓮詎凋。行著高石，劫窮不消。

少華山樹□僧无可書，处士顧玄篆額，刻玉册官李郢刻字。

寂照者，興平人，故録此碑。趙崡曰："碑出咸陽馬跑泉地中，後人移之城中一寺，以碑有安國寺字，遂名此寺曰安國。"愚考馬跑泉隸咸陽，在興平東二十五里交界之地。碑曰"父詮，灌鍾府折衝，鎮於咸陽馬跑泉精祠"，"精祠"字，文理不可曉。"馬跑泉"三字，似是後人摩損原石重刻，蓋此碑既出之馬跑泉土中，而土人傅會鑿此字爾。趙岐《孟子注》，爲長者折枝，謂是按摩。唐人太醫署有此一種，今人猶傳其術。此碑云體可折枝，言雖死猶如按摩支體之和輭。枝、支，古文同。

洪氏之先，未有全録碑文者，後賢著録，或限鈔寫之勞，或苦剞劂之儉，略存碑目，已有大功藝苑，况多傳一篇漢、晋、隋、唐之文虖？予撰縣志，全載金石原文，仿洪氏之例也。

【校勘】

[一]幅，據今存此碑爲"輻"。

[二]□，今存此碑作"度"。

[三]斯，今存此碑作"嘶"。

[四]□，今存此碑作"木"。

[五]虞，今存此碑作"虔"。

[六]網，今存此碑作"細"。

[七]□，今存此碑作"太"。

[八]"然"下，據今存此碑脱"矣"。

[九]□，今存此碑作"茀"。

宋太平興國三年牒

中書門下牒京兆府：京兆府奏，准敕，分拆所管存留有無名額僧尼寺院共陸拾壹所，伍拾柒所並合勝任額。數内興平縣肆所並無額：一、清梵寺，宜賜"保寧之寺"爲額；一、西禪院，宜賜"净相禪院"爲額；一、誌公塔院，宜賜"多寶之院"爲額；一、法花院，宜賜"惠安之院"爲額。

牒：奉敕，據分拆到先存留無名額寺院等，宜令本府係未勝任得額外，其諸寺院各依前項名額，勒額懸掛。牒到准敕。故牒。

太平興國三年四月三十日牒。中書侍郎平章事盧，右僕射兼門下侍郎平章事，左僕射兼門下侍郎平章事。

右牒刻《浴室院鐘樓記》碑陰上層。是年中書侍郎是盧多遜，右僕射是沈義倫，左僕射是薛居正。倫好釋氏，應有此牒。

使　帖

使帖興平縣

右准敕命如前。撿會昨准轉運衙牒：奉敕命指揮，仰子細分拆逐寺院見在殿宇、房廊、功德、佛像及僧尼、人妓，仰逐處官員等相度内有合勝任得敕額寺院，定奪，别坐聞奏者。

使司尋備録帖司録司：仰一依敕命指揮，遍下管内厢界諸縣，仰子細分拆無名額存留寺院，見在殿宇、房廊、功德、佛像、僧尼、人妓，仰攢都大文帳申上。

續據司録司狀申：據長安等一十三縣及左右厢司供申到，准敕命存留無名額僧尼、寺院、殿宇、房廊、屋舍、佛像及壁畫、功德、僧尼、人妓、文帳。

使司尋具此繳連申□^[一]，申堂^[二]，牒轉連銜，及申大王訖。

今奉敕命，宜令本府除未勝任得額外，其餘寺院各依前項名額書勒懸掛者，事須帖本縣，仰一依降到敕命指揮管界諸寺院，速便各勒逐寺製造額牌，依降到名額書勒大字了，將赴衙呈過，各赴本寺懸掛，兼具知委、結罪文狀供申者。

太平興國三年六月五日，觀察推官范，節度推官閻，右贊善大夫、通判軍府事揚，水部員外郎、知軍府事奚，使武功郡王在京。

劉氏《漢書刊誤》，楊氏有兩族，赤泉氏_{楊震也}，從木子，雲，從扌。而楊修稱曰"修家子雲"，又似震族亦是揚。吳仁傑辨之，謂子雲先世楊食我食采於楊而得姓，則皆氏木名之楊，明矣。然此帖中右贊善通判軍府事有姓揚者，《大安鐘欵》亦有揚海，則據劉氏之言，世上自有揚氏苗裔，不能概言從木也。

【校勘】

[一]□，《金石續編》卷一四作"奏"。

[二]"申"下，《金石續編》多"使"字。

縣　帖

縣帖

保寧之寺、清梵寺，准使帖，奉敕宜賜"保寧之寺"爲額。今帖縣，仰一依降到敕命指揮，勒□寺製造額牌，依降到名額書勒大字了，各將赴衙呈過，歸本寺懸掛，兼具知委、結罪文狀供申者。

右准使帖如前。續准使帖指揮，切緣諸縣例，是各有寺院，若將牌上府呈過，況當時暑，又緣去府往覆地遙，仰立便指揮管界等院，依降到名額，各令如法書勒大字了當，只仰本寺院便自懸掛，不得更將上府申呈者。事須本寺一依敕命指揮降到名額製造額牌，如法書勒大字了，便於本寺懸掛，仍具知委懸掛^[一]，結罪文狀申上，以憑申使，不□□□□者^[二]。

太平興國三年六月二十日帖，主簿權知縣事彭。

大宋□_{是天字}聖四年歲次丙寅五月一日丙子，當寺賜紫沙門□□共浴室院主僧善海同建。官表白僧潛用寺主僧□□^[三]，尚座僧□□^[四]，維郁僧楚玉，東京大相國寺僧思詮書，安文晟刻字。

大宋慶曆三年歲次癸未五月戊午朔三月己巳^[五]，闔寺衆僧同立。寺主僧寶全，尚座僧志堅，維郍僧務本。安元吉立石。

右二帖，刻《浴室院鐘樓記》碑陰下層。

【校勘】

[一]"掛"下，《金石續編》卷一四多"月日"二字。

[二]□□□，《金石續編》作"得有違"三字。

[三]□□，《金石續編》作"時□"。

[四]□□，《金石續編》作"守勤"。

[五]"大"上，《金石續編》多"時"字。

宋浴室院鐘欵

皇□萬歲，府主千秋。

張福、陳美、李蓁、温輔、焦詮、王順、王誦、李祚、程寬、張重、陳和。

大宋國咸平三年十二月十八日，奉敕鑄鐘。京兆府興平縣保寧寺鐘頭、浴室院主僧知遵，小師善欽、善明，表白崇廣，殿直知縣事元朝宗，内品監酒税陳紹遷，主薄_{作簿}王湛，鎮將穆贇，副鎮趙朗，押司王坦，維郍頭趙温、許得一、張超、王順。

右鐘在《保寧寺欵識》三層，左旋。曰府主，謂京兆府也。内品，隸内侍省，由把門内品、後苑内品轉内品，由内品轉貼祇候内品。陝西雖榷酤，民尚有利。咸平中，又數增其課助邊費，最爲煩刻。此以内臣監酒税，更可知矣。鎮將是鎮砦官，置於管下人烟繁盛處，管火禁或兼酒税，招收土司，閲習武藝，以防盜賊。杖罪以上，並解本縣，餘聽決遣。押司，如内東門司有押司，御藥院有押司，補正名後，理三年出，借職也。

宋浴室院碑

保寧寺浴室院新修鐘樓之記_{小篆題額}

京兆府興平縣保寧寺浴室院新建鐘樓碑文，前郷_{此六字今缺}貢進士冉曾撰并書，弟三班借職監商税商篆額粵自鶴林入滅，大雲之教方行；金字垂文，甘露之源攸邈。是以廣大千之世界，闡不二之法門，用道群迷，俾登正覺。故得朱星紫氣，炳煥於禎祥；銀樹金花，精虔於供養。所謂神道設教於不滅，民德歸厚於無邊。爰從魏晉已來，降及齊梁之際，竺乾之法漸暨於西方，貝多之言盛傳於中夏。蘭若櫛比，固非五里以鳴牛；浩劫輪迴，曷睹三年而拂石。前則達摩、惠可，更珍七聖之財；後則羅什、圖澄，愈大三乘之本。蓋有神於王化，實無紊於國經。遂俾當宁之尊，益堅於信尚；而變可封之俗，盡溺於修持。矧乃削髮毀形者，實繁有徒；貪福畏禍者，無遠弗屆。是故捨圭田之利，以飾白蓮之宮；殫圓府之財，用嚴紫金之像。剎宇之勢相望於康莊，鐘唄之音交逸於雲漢，欲以圓如來万字之印，開菩提七寶之房者矣。興平縣居龍渭之陽，隸鄠都之右，周稱槐里，唐號金城。乃石星殞異之鄉，實浪井發祥之地，咽喉甸服，襟帶神皋。田疇上腴，民物豐富，故車航之混混，信往來之憧憧。驗以版圖，提封幾乎万井；觀其地志，列樹廣乎三條。顧象雷之居方，乃劇驂之要害。保寧寺，茲邑之大招提也，面正离方，位當乾鄙。三扉顯敞，上規閶闔之形；百雉紆餘，俯臨闤闠之隘。煥乎淨土，昭然化城。惟此邦之居民，多專心而佞佛，香燈之供，幾乎重賦，木石之功，殆乎勝人。故此寺鐘樓者，乃浴室沙門知遵所修也。知遵紹諸祖之基，稟先師之訓，深成密行，克持淨名，更精福地之因，謹守小乘之戒。而心實無相，身尚有爲。乃觀寶地之廷，攸闕豐山之器，則何以聲乎晝夜，節於迻遞。歸依之間，莫安於四眾；參請之際，或失於六時。師乃堅匪石之純誠，鳩潤屋之餘利，十方之所景附，千室之所悅隨，總萃豐財，克成能事。師於咸平中遂詣坊州大冶，鑄斯洪鐘重三千觔。從革既成，尚秘秋分之韵；在懸攸擊，漸揚霜降之音。其鑄也，同夏鼎之功；其名也，類景鐘之大。伊薄厚而得所，在侈弇以居中，豈可同樂府以編形，並靈臺而振響。師乃成茲重器，載以大車，不逾暮旬，便臻攸館，艱危荐歷，功庸克全。於是乃擇良辰，遂營層構，當乎蒼震之位，居於定星之中。蕆事彌精，厖徒胥悅，運斤者成風之妙，荷鍤者如雲之繁。既豐撲斲之形，復煥丹青之飾，陰虬增絢，陽馬騰光。名翬飛以神行，紺獸蹲而峰峙，睹壯麗之象，極般爾之全。能聽輪奐之詞叶，趙文之善頌；信可俾井幹之制度，擬麗譙之規模。雖一匱以從微，俄三休而崇峻，形勝斯萃，物力告殫。簨簴攸張，舉萬鈞而在上；鯨魚用刻，扣九耳以居旁。象在其中，盡睹有緣之相；聲聞於外，咸臻極樂之方。足以通法界之威靈，感神龍之護衛。西霞非擊，乃天風之自鳴；大海初聞，故劫輪而不下。方袍之士，允發於至誠；比屋之家，愈遵於善道。師以懿勤式備，勝利斯周，忽夢兩楹之間，示寂雙林之下。蓋以歸三空之勝境，正七覺之妙花，俾白鶴以哀鳴，動青牛之悲感。師之善果，夫豈偶然？上足弟子共以門人克隆堂構，堅挺雞鳴之操，不忘蟻術之勞，每於焚修之餘，恪奉莊嚴之事。復乃净心蓮而不撓，傳法印於無窮。曾寓迹公齋，游心道素，忽因暇日，多訪仁祠。與其嗣師常相往復，故聞其鐘則切於待扣，登其檻則何止銷憂。是以先師之令名，已垂於僧史；先師之營事，尚闕於文言。曾輒以謏才，恭承重請，察勤拳而彌固，在牢讓以靡遑。不然何以啓迪鴻猷，形容盛事。睹此干雲之狀，還疑變化以云爲；聽斯雛雉之音，豈徒鏗鏘而已矣。但磬空疎之識，聊書崇制之因，僶俛成文，祇副來命。

天禧二年歲在戊午六月壬辰朔十八日己酉立。小師前院主僧善明、院主僧善海建，供養主僧善林，典座僧善通、善江，師孫曉成，三綱僧永進，本真法智，官表白僧□□。將仕郎、守武功孫，主簿權，簿尉郝，承奉郎、守大理寺丞、知縣事兼兵馬監押冉宗元，將仕郎、守縣尉陸，刊字安文晟。

右一碑在保寧寺。題額曰商者，冉會之弟也。三班借識，武臣之初階。監商稅，隸太府寺都提舉，所謂諸州市易務雜買、務雜賣場是也。

宋詩刻

留題净相院橙軒

宣義郎知縣事彭迪明

萬葉扶踈雙幹修，植臨禪坐色長幽。影分渭北千家月，香散江南一檻秋[一]。清液冰寒承露結，圓苞金重帶霜收。會應登列西州貢，庭實寧無橘柚羞。

崇寧壬午秋九月書。

右詩刻在縣治前。

【校勘】

[一] 江，《萃編》卷一四三作“山”，當是。

宋大觀二年碑

大觀聖作之碑_{六字題額}

　　厚風俗[一]，明人倫，□人材所自出也[二]。今有教養之法，而未有善俗明倫之制，殆未足以兼明天下。孔子曰："其爲人也，孝悌而好犯上者，鮮矣。不好犯上而好作亂者，未之有也。"蓋學校置師儒[三]，所以教孝悌[四]，孝悌興則人倫明，人倫明則風俗厚，而人材成，刑罰措。朕考成周之隆，教萬民而賓，興以六德六行，否則戒之以不孝不悌之刑[五]。比已立法，保在孝悌任恤忠和□士[六]，□里選[七]，□□科舉[八]，不孝不悌，有時而□[九]。故任官□敢[一〇]，趨利犯義，詆訕貪污，無不爲者，此官非其人，士不素養故也。近因餘暇，稽周官之書，制爲法教學[一一]，明倫善俗，庶幾於古。諸士有善父母爲孝，善兄弟爲悌，善內親爲睦，善外親爲婣，信於朋友爲任，仁於州里爲恤，知君臣之義爲忠，達義利之分爲和。諸士有孝、悌、睦、婣、任、恤、忠、和八行，見於□狀[一二]，著於鄉里，耆鄰保伍以行實申縣，縣令佐審察，延入縣學，考驗不虛，保明申州如令。八行[一三]，孝悌忠和爲上，睦婣爲中，任恤爲下。士有全備八行，保明如令，不以時隨奏，貢入太學，免試爲太學上舍。司成以下引問考驗，較是不誣[一四]，申尚書省取旨，釋褐命官，優加拔用。諸士有全備上四行，或不全一行而兼中等二行，爲州縣上舍上等之選[一五]；不全上二行而兼中等一行，或不全上三行而兼中二行者，爲上舍中等之選；不全上三行，而兼中一行或兼下行者，爲上舍下等之選；全有中二行，或有中等一行，而兼下一行者，爲內舍之選；餘爲外舍之選。諸士以八行中三舍之選者，上舍貢入內舍，在州學半年，不犯弟二等罰，升爲上舍；外舍一年不犯弟三等罰，升爲內舍，仍准上法。諸士以八行中上舍之選，而被貢入太學者，上等在學半年，不犯弟三等罰，司成以下考驗行實聞奏，依太學貢士釋褐法；中等依太學中等法，待殿試；下等依太學下等法。諸士以八行中選在州縣若太學，皆免試補爲諸生之首選，充職事及諸齋長諭。諸以八行考士，爲上舍上等，其家依□戶法[一六]；中下等，免戶下支移析變借借身丁，內舍□支移身丁[一七]。諸謀反、謀叛、謀大逆、□□及大不恭，□訕宗廟[一八]，指斥乘輿，爲不忠之刑；惡逆、詛罵、告言祖父母、父母、別籍、異財、供養有闕，居喪作自娶[一九]、釋服、匿哀，爲不孝之刑；不恭其兄，不友其弟、姊妹，叔嫂相犯、罪杖，爲不悌之刑；殺人、略

◎ 吉金貞石錄

人、放火、强姦、强盜若竊盗及不道，爲不和之刑；謀殺及賣略緦麻以上親，□告大功以上尊長[二〇]、小功尊屬若内亂，爲不睦之刑；詛罵、告言外祖父母與外姻有服親、同母異父親若妻之尊屬相犯，至徒違律，爲婚停妻、娶妻若無罪出妻，爲不嫻之刑；毆受業師、犯同學友，至徒應相隱而輒告言，爲不任之刑；詐敗取財[二一]、罪杖告屬者鄰保伍，有所規求避免，或告事不干己，爲不恤之刑。八行[二二]，縣令佐州知通以其事□書於籍報學[二三]，應有入學，按籍檢會施行。諸士有犯不忠、不孝、不悌、不和，終身不齒，不得入學；不睦，十年；不嫻，八年；不任，五年；不恤，三年。能改過自新，不犯罪而有三行之實，□鄰保伍申縣[二四]，縣令佐審察，聽入學。在學一年，又不犯弟三等罰，聽齒於諸生之列。大觀元年九月十八日，資政殿學士兼侍讀臣鄭居中奏，乞以八行詔旨摹刻于石[二五]，立之宮學，次及太學、辟廱、天下郡邑。二年八月十九日，奉□□賜臣禮部尚書兼侍講久中[二六]，令以所賜刻石，通直郎、書學博士臣李時雍奉敕摹寫，承議郎、尚書禮部員外郎、武騎尉臣萬□[二七]，朝散郎、尚書禮部員外郎、雲騎尉臣韋壽隆，承議郎、試尚書禮部侍郎、學制局同編修官、武騎尉、隴西縣開國男、食邑二百户、賜紫金魚袋臣李圖南，朝請郎、試禮部尚書兼侍講、實録修撰、飛騎尉、南陽開國男、食邑三百户、賜紫金魚袋臣鄭久中，太師、尚書左僕射兼門下侍郎、上柱國、魏國公、食邑一萬一千二百户、食實封叁阡捌百户臣蔡京奉敕題額，承節郎、權縣尉臣李任，迪功郎、權主簿、管句學事臣盧端仁，通直郎、知京兆府興平縣事、管句學事勸農事兼兵馬都監臣陳亦。

右碑刻《賀若誼碑》之陰，瘦金書體，摹刻不佳，元常題額，飛舞可觀。

【校勘】

[一] 厚，今存此碑作"學以善"。

[二] □，今存此碑作"而"。

[三] "學"上，今存此碑有"設"字。

[四] 教，今存此碑作"敦"。

[五] 戒，今存此碑作"威"。

[六] □，今存此碑作"之"。

[七] □，今存此碑作"去古綿邈士非"。

[八] □□，今存此碑作"習尚"。

[九] □，今存此碑作"容"。

［一〇］□敢，今存此碑作“臨政”。

［一一］教學，今存此碑作“度頒之校學”。

［一二］□，今存此碑作“事”。

［一三］“八”上，今存此碑有“諸”字。

［一四］是，今存此碑作“定”。

［一五］縣，今存此碑作“學”。

［一六］□，今存此碑作“官”。

［一七］□，今存此碑作“免”。

［一八］□，今存此碑作“祗”。

［一九］“作”下，今存此碑有“樂”。

［二〇］□，今存此碑作“殿”。

［二一］敗，今存此碑作“欺”。

［二二］“八”上，今存此碑有“諸犯”二字。

［二三］□，今存此碑作“目”。

［二四］□，今存此碑作“耆”。

［二五］“八”上，今存此碑有“御筆”二字。

［二六］□□，今存此碑作“御筆”。

［二七］萬□，今存此碑作“葛勝”。

金辯才塔銘

故戒師誠公塔銘以上篆書題額

大金故辯才大師誠公戒師塔銘

德順僧師偉撰

古雕講僧有晦題額

詳夫經史載事，碑碣紀[一]，事無妄而可以書，人有實而可以紀。安可莊德於珉，弄文作錦，徒駭視聽矣，其惟純粹者孰歟。故有我師諱德誠，字信之，□□乾州武功縣田氏之子。幼日聚沙戲之，而猶爲佛塔；長乖慕道辭親，而願入僧門。遂投京兆府興平縣實相院芯蒻善江之庭。侍而不厭，勞而不怨，磨而不磷，涅而不緇。十九歲中方逢落彩，即元祐四年□□□其□乃美質好□□志□□□[二]，不學守株待兔，便乃訪□□□第歷二□師參多士虛而往，則實可歸德而堅□石□□□川潛和尚，亦吾家龍象也，知師問望，傳戒與之。政和四年，聞丞相种公許師等，□□□紫□師號辯才，□□□後教風大扇，佛日增輝，法遍轉[三]。關中學士□趨座下[四]，論□□響□領百人□□□講因□□□□下□□僅五十年矣。每於講暇，自誦蓮經，□乃詞鋒□□法□□□時功不

□□□不減□□寡學海□□非一□二□□□輸金激問[五]，有千義萬義，廣場之中，多有成名□□□□不群□□銳□□由師而起□□講□□□□□皆師登門客也[六]，於法門寺塔，四十年中□□□□□□百□□二壇□□禮首二□樞密趙□請住□□院[七]，改故重新。有實相院舊基，前臨官道，後闕二十字寺，□上高崗，而對南山，眼觀渭水，搆屋立像，□□天成[八]。闕七字道過武功郊□□□□邀□□□誤□一牙[九]，主人收惜，覆帛藏之。後取瞻玩，□生感應，四□□一象豆上三□麻，與玉爭朗，緇□嘆異。□□七十七，僧臘五十八。度門弟子六人，曰法潤、法雲、法雨、法□、法□、法□、僧□□□十一人[一○]，曰意清、惠通、廣□[一一]、法□、道溥、清惠、海洪、法然，善學聞爽。天德二年秋亥月，□緫卧驚去□，出戶過□小徑徘徊，東有□□□高二丈，飛身誤墜，下坐儼然，語笑清泠，襟帶完結。種非神物護衛，安能毫髮無虞？是年十二月初三日，□入寂滅之界，靡示少疾之因，觀心無常，絕殄齋粥□□□身不净□飲清水十朝[一二]。至十二日，索以浴湯，著鮮潔服，曲肱而卧，掩目而終，當祈修墮指之時，有肌膚柔軟之異，□變□紅色還□壯年。時停喪十日，吊客盈門，巾冠總角之流，摩肩疊足之望。□緇□集□□交并，悲則□其人，喜則異其事。將臨宅兆，預請諸師建壇，演尸羅之文，靈圍萬衆，隔館傳德初之戒。最後一人，夜當□月；三宵頓現，白□二道。自靈堂幕下而來，至佛事場中而住，人人備睹，漸漸潛消。□自舉棺[一三]，葬於寺右，墳深二丈，上起一□。庶□哀號[一四]，禱乎感應，掬土在□，尋得戒珠。一人喜躍，騰聲四遠，欣然響應，以指以□□□□□成坎成□□□没陷。晝即臨風攤土，日下輝生；夜即背月撥埃，手中光出。其戒珠也，若□□小□色鮮明[一五]，□得人也，有□有□[一六]，□方不等[一七]。墳壠初起之夜，行人驛路之中，望見紅紫數段，曲繞幾盤，上實虛空，繽然成蓋，煥赫如□□作大明□怪喧吁□震村落。寢人攬衣離闥，與客同瞰神毫，問之曰，奚爲爾□爲□□泣相告，喪我戒師菩薩矣。衆耳既聞，同音稱善。自後聯綿百夜，示現不同，現其燈則作金作銀，現其尣則如旛如旐。自從壠起，來入寺中，有自寺外，去歸壠內。或斷或續，還同截繡縫花；或高或低，渾似舒霞□錦。異事非一，採略言之。子孫惠慕真風，議乃圖形建卯。斯可見有實事而無纖塵莊德，排諦語而絕點墨加文，不盡發揚，聊賦銘曰：

秦中法將，慧劍倚天。蕩除妖孽，弼輔金仙。教風浩浩，佛道平平。如何不世，失我巨賢。月沉碧落，珠没清淵。山原骨宅，竹帛名編。陵移谷變，嘉譽長傳。

大定五年八月十日，小師僧法遠立石，管勾助緣僧惟□。

右碑在郭空寺，即實相院。[一八]

【校勘】

[一]"紀"下，《金文最》有"人"字。

[二]"志"下，《金文最》作"宏性直"。

[三]"法"下，《金文最》有"輪"字。

[四]□，《金文最》作"爭"。

[五]"乃"上，《金文最》作"雖"。 "不"下，《金文最》作"休"。 "一"下，《金文最》作"文"。 "二"下，《金文最》作"文吼石"。

[六]"不"上，《金文最》作"拔萃"。 "講"下，《金文最》作"匠僧傑大半"。

[七]"百"上，《金文最》作"仍建"。 "趙"下，《金文最》作"公"。 "住"下，《金文最》作"明因"。

[八]□□，《金文最》作"狀出"。

[九]"誤"下，《金文最》作"落"。

[一〇]"十"上，《金文最》作"小師"。

[一一]□，《金文最》作"教"。

[一二]□□□，《金文最》作"半粒觀"。

[一三]□自，《金文最》作"翼日"。

[一四]□，《金文最》作"俗"。

[一五]"色"上，《金文最》作"五"。

[一六]有□有□，《金文最》作"有少有多"。

[一七]□，《金文最》作"四"。

[一八]此句下，《興平志》多"内叙述塔冢放光一段，正襲用唐人嚴挺之撰《大智禪師碑文》言，有白虹數道，通亘不滅也。師偉並有《法門寺真身寶塔》詩"。

金人題名

大安二年四月三十日未時，老爺感化趙門白氏捨宅建廟。

右題名小碑，龕於縣西關帝廟壁，是年宋寧宗嘉定三年也[一]。

【校勘】

[一]"是"上，《興平志》多"大安，金主永濟改元"。

元人題名

至順二年秋九月十有九日，西臺御史謙齊朵歹忽都魯別、正卿范可仁、周誼、宋紹明子逵，分守四川、甘肅省事，偕行書吏皇甫通彥亨、張英世傑、李松年修齡、吳密安之，仝宿槐里驛，明年春王月清明後二日刻石。全文甚俚，不錄，存其題名。

右題名在縣治前。

馬嵬詩刻題名

至正六年六月上澣，西臺監察御史美台吉洪範，偕書吏丁宜驥克馴、賀中彥正審，囚西道至興平[一]，知馬嵬去此不遠，因感興，乃述口號，以紀歲月云。詩不錄。

承事郎、興平縣達魯花赤木薛飛兒，承德郎、興平縣尹張壽，進義副尉、興平縣主簿牛仲明。興平縣尉劉元德，典史仵淵立石，教諭張洵書。

右題名在馬嵬貴妃墓上，舊刻維此一種。張壽有詩名，惜不仿《螢苑曲》題一詩於後爾。

【校勘】

[一] 囚，當爲"因"字之訛。

清代陝西金石學著作十種

卷第二　扶風志稿上

古毛伯敦銘三銘見《集古録》，言俱得之扶風

　　《集古録》釋文：“佳二年正月初吉，王在周昭宫。丁亥，王格于宣射，毛伯入門，位中庭，右祝。鄭王嘑内史，册命鄭王曰：鄭昔先王既命女作邑，□一字未詳五邑祝，今余佳亂商，廼命錫女赤芾、同冕、齊黄、繺旂用事。鄭拜稽首，敢對揚天子休命。鄭用作朕皇考龔伯尊敦，鄭其鬵壽，萬年無疆，子子孫孫，永寶用享。”薛尚功釋文：“惟二年正月初吉，王在周召宫。丁亥，王格于宣榭，毛伯内門立，中庭佑祝。郱王嘑内史，册命郱王曰：郱昔先王既命女作邑，繼五邑祝，今余惟疃京，廼命錫女赤芾、彤冕、齊黄、鑾旂用事。郱拜稽首，敢對揚天子休命，郱用作朕皇考龔伯尊敦，郱其眉壽，萬年無疆，子子孫孫，永寶用享。”

古伯庶父敦銘

《集古録》釋文："佳二月戊寅，伯庶父作王姑舟姜尊敦，其永寶用。"
薛尚功釋文，釋"月"爲"周"，餘同。

古叔高父簠銘

叔高父作煮簠，其萬年，子子孫孫永寶用。

古尸臣鼎銘此見《册府元龜》，云宣帝時美陽得鼎獻之

王命尸臣，官此栒邑，賜爾旂鸞、黼黻、琱戈，尸臣拜首稽首曰：敢對揚
天子，丕顯休命。

右敦、簠、鼎俱不傳，以宋得之扶風，漢得之美陽，故録其銘詞。《春
秋》有尸氏，漢有尸鄉，故知尸是姓，臣是名也。周無栒邑，或是"郇"字傳
寫之譌，然漢之栒縣迺近美陽，又匪伐晉之郇矣。

唐千佛碑

右碑在法門寺，白石娟緻，可鑑圭首。碑高今尺三尺五寸，寬一尺八寸，

清代陝西金石學著作十種

上刻千佛，圭首處刻一稍大佛、兩侍佛、兩獅，陰刻《大般涅槃經》，後分卷上，凡十七行，兩側刻衆佛名，共廿二行。無款識，以內中“日”“月”字作“⊘”“㊑”，故知是唐則天后時碑也。波磔神肖黃庭，刻匠亦天真渾雅，在唐初葉，頡頏虞、褚，有過之無不及，何論馮承素以下，而偏晦其名，嗚嗼！此所以爲高也，關中唐碑此推上上。經、佛名不錄。

唐楊珣碑

弘農先賢積慶之碑八字篆書題額

□□武部尚書□國公碑銘并序以上一行，分書

御製御書皇太子臣亨奉敕題以上第二行，楷書

□□易與天地准，故君子洗心焉。夫出處審乎時，默語存乎道，簡易□其大[一]，下闕右相國忠之父也。純孝足以合禮，移忠足以和義，體仁足以長人，貞固足以幹事。包大易之四德下闕有以爲嗣者矣。公諱珣，字仲珣，華陰人也。叔虞剪圭，自周封晋；伯喬食菜，受邑君楊：氏族之先也。下闕五公四代，乘朱輪者兩漢百人：門閥之宗也。公曾祖汪，隋國子祭酒、吏部尚書、戴國公。探道秉德下闕守[二]，講信修睦，不隕厥問。烈考志謙，青城令，追贈陳留太守。修辭辯學，薄遊以取榮；冲用晦德，積慶以垂裕。下闕積善之陽報[三]，氣禀清明，生資禮樂。故藝能無不揔，博覽無不該。嘗讀書至《事親章》，乃輟卷長嘆曰：夫子下闕心所至[四]，誓不違親。然鳴鶴遠聞，招弓屢辟，確乎不拔，皆以色養懇辭。青城府君每加誘誨，俾之從政下闕庭訓[五]。孝乎惟孝，友于兄弟，施於有政，是亦爲政也。府君乃撫而慰之，就成雅志。自是三十餘載，非躬薦甘旨，不以下闕昏定下闕致養，極三牲之樂。當時君子議以爲難。及丁家艱，哀毁踰制，遂結廬墓左，手植松楸。郡縣以孝聞，服滿下闕曰[六]：生極其養，不違親以易身；孝本乎仁，豈懷寶而迷國。又太夫人有苦切之誠，乃應命焉。□在衡下闕及欒棘僅起[七]，衰麻外除，謂楚禄萬錘，永無及已，孔門四教，庶有立乎？乃息心參調[八]，優遊著述。尋以下闕從政也。蘊中和以息機，推誠信以動物，草木無夭，況人庶乎？鬼神知感，況豪右也。所以堂上鳴琴下闕公之志[九]，推以一邑，持宰天下，亦信然乎。神欺輔仁，位不充德，亭伯勞於郡掾，仲躬止於下闕時宰竊仁而下闕猶今[一〇]。享年五十有一，開元五載，遘疾終於玄武之縣廨。公始自解褐應召，及乎易簀歸□，□六徒下闕無愠恚於三黜[一一]；以之造次，必

周旋於四科。傳曰涅而不緇，摩而不磷，公之謂矣。夫人中山張氏，下闕宮貞信之教行于嬪族，命之不造，華年早凋。以開元二十七年十月十六日，合葬于岐陽之安平山□□□□。天寶七載，追贈□郡太守[一二]，夫人中山郡夫人。其孤國忠，濟美代業，應期王佐。則我有社稷，爾能衛之；我有廊廟，爾能□之[一三]。叶和九功，九功□□《金石錄》作“惟序”；平章百姓，百姓昭明。□□□□冠萬邦黎獻[一四]，丕乃大言曰，咸有一德，思皇萬年，時惟爾勞，時惟爾弼。若然者，雖我君臣之遇，□契理運，亦乃□□之□[一五]，貽厥門風。於是□□□之□□[一六]，霈春澤以流葉。天寶十二載三月，重贈公武部尚書，追封□□公夫人鄭國夫人。所以彰□教子忠[一七]、君嘉□□也[一八]。□□□得推恩下闕希音[一九]。則鉅鹿名將，空深漢主之懷；闕里先師，逾愧魯侯之誄。銘曰：

先王至德，訓人惟孝。倬哉楊侯，獨立名教。宏道由己，聚學依仁。悾悾勵節，諄諄奉親。□惟其物[二〇]，暗不欺神。下闕孰比，顏冉其倫。君子委和，嵩神屬慶。挺生王宰，精微亞聖。光爾前烈，毗予大政。延贈夏卿，追封舊鄭。□平康兮岐之陽[二一]，下闕歸兮泉路長[二二]。獨九京之豐石，播終古兮名揚。以上分書。

　　□□□二載□□癸巳下闕[二三]。以上末行，楷書。

碑陰題名

洛陽李行之、岐山劉唐□仝觀，紹聖二年四月望日。

右碑在縣北二十二里高原之上，分書廿六行，行五十七字。捶闕者三之一，然猶有可辨者。碑今尺高二丈三尺，寬六尺二寸，方趺，刻海馬垂雲，寬九尺。制造鉅麗，書法媲美《孝經》。末行有“二載癸巳”字，上下闕，知是天寶十二載建立也。題額亦工甚，摩娑碑下，不忍別去。

歐陽《唐書·世系》，楊琦出太尉震之後，上谷太守珍生清河太守真，真生洛州刺史、弘農公懿，懿生冀州刺史、三門縣伯順，順生儀同三司、平鄉縣公琛，琛生梁郡通守汪，汪生庫部郎中令本，令本生吳陵令友諒，友諒生宣州司士參軍琦，琦生國忠，而友諒之弟志謙生蜀州司戶參軍玄琰，玄琰生太真妃。或謂妃是玄琰之第二弟玄璬之女，故妃與國忠應爲同曾祖之兄妹。而碑云琦之考爲青城令志謙，是玄琰與琦同志謙所生，琦生國忠，玄琰生貴妃，妃與國忠爲同祖之兄妹，匪同曾祖之兄妹也：此史之誤於世系也。碑以汪爲隋國子祭酒、吏部尚書、戴國公，而世系只言梁郡通守：此史之誤於職官也。《貴妃傳》言詔爲玄琰立宗廟，帝自書其碑。此因帝有題碑之事，曠代作史，訛傳珣爲玄琰，不曾親察此碑爾：此史之誤於紀事也。嗚嘑！金石之文不泯於世功豈淺鮮哉！題額曰“太子亨”者，肅宗也，名嗣昇，初封陝王，更名浚，又封忠王，更名璵，爲皇太子，更名亨。碑中“孝乎惟孝”四字爲句，“摩而不粼”，今經書本作“磨”者，非。“涅而不緇”，漢州輔碑作“緇”。

【校勘】

[一]□，《萃編》卷八九作“成”。

[二]“守”上，《萃編》有“大父令本，庫部郎中、□沂□三郡”數字。

[三]“積”上，《萃編》有“公承□□之陰騭，體”數字。

[四]“子”下，《萃編》有“志在春秋□□之□行在孝經”數字。

[五]“庭”上，《萃編》有“面承大人”四字。

[六]“曰”上，《萃編》有“以旌□行，遷延不行者久之，或”數字。

[七]在衡下闕，《萃編》作“左衛兵曹，以□□□□州司士，轉杭州司士，□□□□職”數字。

[八]調，底本作“訓”，據《扶風志》改。

[九]“公”上，《萃編》有“用公之道，行”五字。

[一〇]“於”下，《萃編》有“太丘”二字。“而”下，《萃編》有“□嘆命之不偶”數字。

[一一]□，《萃編》作“凡”。

[一二]□，《萃編》作“魏”。

[一三]□，《萃編》作“宰”。

[一四]□□□□，《萃編》作“俾九流衣”。

[一五]□□之□，《萃編》作“祖□之訓”。

[一六]“之”下，《萃編》作“克家”。

[一七]□，《萃編》作“父”。

[一八]□□，《萃編》作“臣節”。

[一九]□□□，《萃編》作“俾萬歲”。

[二〇]□，《萃編》作“明”。

[二一]□平康，《萃編》作“安平原”。

[二二]“歸”上，《萃編》有“冥冥”二字。

[二三]“二”上，《萃編》作“天寶十”。“載”下，《萃編》作“歲次”。“巳”下，《萃編》有“八月”“十六日”數字。

唐無憂王寺碑

大唐聖朝無憂王寺大聖真身寶塔碑以上十五字小篆題額

大唐聖朝無憂王寺大聖真身寶塔碑銘并序

徵事郎、殿中侍御史內供奉、賜緋魚袋張彧撰

弘農楊播書

夫萬物混成，天地恒其數；一真妙用，龍象演其教。教也者，因言以見性；數也者，任氣而爲名。我釋迦闢兩儀，應三廿，步連臺，而清風自扇，攀桂樹，□白月□□[一]。故能□□根身，□弘頓漸，高懸佛日，遠照昏衢。了緣扣寂，合大空而泯相；從有入無，破群迷以登覺。眇矣遐矣，旨哉實哉。有若此寺大聖真身寶塔者，□摩伽王之系孫阿育王之首建也。噫！如來滅後，報應斯在。究乎其容，則卅二相形焉；□乎其變，則八萬四千所明焉。或曰華夏之中有五，即扶風得其一也。雖靈奇可睹，而載紀莫標□者[二]。漢□□□齊梁□□遭時毀歇，晦迹丘墟，菅蓉□□□□無□□祥異□往往閒出[三]，故風俗謂之聖塚焉。空傳西域之草，獨享中人之薦，厥有太白二三沙門，攝心住持，得□清淨。其始遠地望而□□，其□近□□而信之[四]，周流一方，□□□□[五]，□□□色□□熖光通宵更雄，達曙不散者久之矣。咸請奉以身命，硏於微塵，精誠克孚，指掌斯獲，驗其銘曰育王所□[六]，因以名焉。聞大魏二年，岐州牧□冢宰□拔□以爲□□□古名同於今□□舊規形新意[七]，廣以臺殿，高其閈閎，度僧以□之[八]，刻石以紀之。隋開皇中，改爲成實道場。仁壽末，右內史李敏復修之，廣其銘矣下闕十三字燒殫□□□廢其□逐□□以州□寶□而配焉[九]。我聖唐太宗文武皇帝鳳鳴中天，龍躍北朔，吊薛舉以問罪，次湋州而犒師。欽承靈蹤，宿布虔懇，□或遂□[一○]，載下闕十三字京城□十□大德□□□彌□□十□舊大德以輔□贊有功也。僧徒濟濟，□百其衆；梵宇轥轥，數千其多。貞觀五年二月十五日，岳伯張德□目覩神光下闕以望□□寢殿□施焉[一一]。古所謂三十年一開，則歲穀稔而兵戎息，自□至顯德五年蓋三十霜矣[一二]。八部瞻仰，再□開發，即以其年二月八下闕奉迎護舍利，觀其氣□□潤[一三]，皎潔冰淨，靈不可掩，堅不可磨。寸餘法身，等虛空而無盡；一分功德，比恒沙而莫量。示不思議之致也。二□親造九重寶函□以下闕絹□□五百疋□□□復益令增修[一四]。有禪師惠恭、意方等遵睿旨，購宏材，役寓縣之工，寫蓬壺之妙。咨

□匠而蔵製，獻全摹以運斤，不日不月，載營載葺。且□□□□隈_{下闕}山之□□□□隱□□面太白之群峰^[一五]，陽烏矯其翅。由是危檻對植，曲房分起。欒櫨疊拱，枕坤軸以盤鬱；梁棟攢羅，拓乾崗而抱闕。適將□會□□□□□宗師□□□□佛之□□域中之□□□□□□□□□乃瓌奇蓄□豐麗。穹崇岳立，拔一柱以戴天；蜿蜒霞舒，揭萬楹而捧□^[一六]。則天聖后長安四年，敕大周_{下闕}同_{下闕}七□行道蹋踖荷□於東都明堂^[一七]，而陳其供焉。萬乘焚香，千官拜慶。雲五色而張蓋，近結城樓；日重光以建輪，遠浮郊_{下闕}絹三千疋^[一八]。景龍四年二月十一日，中宗孝和皇帝旌爲聖朝無憂王寺，題舍利塔爲大聖真身寶塔，度僧四十九_{下闕}鎮_{下闕}之謂聖^[一九]，陰陽不測之謂神。況每欲開臨，皆呈異相。或風烟歊欱，蕩覆河山；或雷雨震驚，机動天地。倏往而香花_{下闕}^[二〇]。我肅宗文明大聖大宣孝皇帝，纘承丕緒，恢復盛業，德包有截，化揔無垠以澤及四海，爲□□以功_{下闕}心上□□五月十□日□□□法燈^[二一]，中使宋合禮、府尹崔光遠，啓發迎赴內道場，聖躬臨筵，書夜苦行，從正性之路，入甚□之門。以其年七月一日展如初□□□□本寺_{下闕}像一鋪□□金□□具□百□□□□□髮玉簡及瑟瑟數珠一索^[二二]，金欄袈裟一副，沉檀等香三百兩以賻之，道俗瞻戀攀緣，號訴哀聲振乎林□痛□□乎海裔^[二三]，故得□源_{下闕}靈光_{下闕}嘆室人□□□□之□寺之□樓^[二四]，及鍾經等閣，及東西行廊，星霜殆改，罔克厥構。有元琰上人者，釋林之秀也。壞衣昧道，却粒□真，起大慈□^[二五]，聿宏製造，是多喜捨_{下闕}有輪奐□□□□□有曁茨而未盡其。沙門法筠者，法將之□也^[二六]，上座唐興寺主法昭泉都維郁澄演等，蓮華之粹也。同力致用，誓相爲謀，□□塻以營之，又結括以成之。層層_{下闕}崇□焉，極樂□□也^[二七]。嗟夫太音希聲，大覺無形，或芬芬馨馨，或杳杳冥冥，如髣髴分有靈，有靈有道，有道則壽考。凡人莫□□□物於自然^[二八]，故達士樂全真而_{下闕}相□□王□公□□□心居其泊，志處其約，或謇謇謣謣，或汪汪綽綽，若昂藏之野鶴，野鶴得性，得性則常静。凡人莫不繫百寶於□□，故_{下闕}公秉□讓以成_{下闕}^[二九]，人□□勸^[三〇]；□□懲惡，人□□懼^[三一]；任□□善，人焉而悦；務農省税，人焉而康。君子自不肅而威^[三一]，不嚴而教。龍門講德，載揚元□□風；馬首行春，更墮里嵩之雨。良足奇_{下闕}縱□□月□□□□懸□□□稜，劍鋒長倚天外而已。在少尹，時則有若檢校刑部員外郎兼侍御史張公增，少尹、檢校司勛員外郎兼侍御史丘公鴻漸，並_{下闕}；在幕□，□□有若侍御史、內供奉梁公□^[三三]，侍御史、內供奉姜公邑高，監察御史裏行嚴公霆，秘書省校書郎、掌書記韓公計：皆人倫之傑也。或間氣逸發，或含意挺生，騰□□□鳳采飛□□□則□□□映本□兵馬使、開□儀同三司□□監李奉忠[三四]，文武呈才，風雲合變，英威獨斷，問望孤高。監軍使、左監門衛大將軍焦奉超，武略濟時，忠下闕寵冠兩朝，答主年□□□量宏深，清□卓絕，聿□□命[三五]，克著吏能，共□元戎之佐[三六]，喜聞微妙之偈，以爲命者身之質，身者命之資，法本皆如，性應無著。筏喻下闕福相与□間□言頌□。□曰[三七]：

我佛在兮廿獨尊，我佛化兮道長存。□正法兮不二門[三八]，赫惠日兮破重昏。摩伽國兮下闕佛大□兮遍六□□全□□□□勤，度衆□兮施百納[三九]。□□□□□□臘，心清净兮眼不雜。伏騰猿兮救怖鴿，混丘墟兮將如何？絕榛棘兮與菅蒉，觀變現兮信轉多。下闕過。呼洞穴兮見釋迦，邦伯奏兮發睿旨。屢開迎兮歸帝里，捨琛玩兮具法喜。駢星宮兮勢崛起，會天人兮浴定水。偉嘉祥兮爭効祉，下闕我尹忠兮□克□[四〇]。踐福地兮□□生，□真容兮忘□情[四一]。琢巨石兮讚休□[四二]，歷曠劫兮揚善聲。

大曆十三年歲次戊午四月□丑朔廿五日立[四三]，刻字□秀。

右碑在法門寺[四四]，文筆洵唐代之佳者。年有社會，婦女、童稺以瓦礫擲之，陷十數穴，每穴異聲，擲者益衆，穴大者圍一尺矣。又寺荒圮，無能守護，此碑有日損之勢[四五]，故急爲攜録，垂諸藝苑爾。

憲宗元和十三年十二月庚戌，迎佛骨於鳳翔，韓愈上疏争之者，即此寺也。豈知高宗迎之，武后迎之，中宗迎之，肅宗迎之，而史皆不書，乃書之憲宗之紀，豈此事因愈一疏傳耶？此碑在元和之前，愈疏便不傳，此事爲朝廷玷闕，亦不能泯。愈疏入，帝怒謂裴度曰："愈言我奉佛大過，猶可容。至東漢奉佛以後，天子咸夭促，言何乖剌！"而憲宗享祚果不復久。其後懿宗咸通十四年迎之，亦便殂落。碑以肅宗世啓發佛骨迎赴内道場者，爲府尹崔光遠。案光遠，《唐書》有傳，玄宗時爲京兆尹，肅宗擢御史大夫，再爲京兆尹，與碑合。

乾隆庚子中秋，再以舊拓本對校，補二十九字，今拓無之矣。

【校勘】

[一]□，《萃編》卷一〇一作"而"。

[二]□，《萃編》作"目"。

［三］"異"下，《萃編》作"氛"。

［四］□近□，《萃編》作"少近也"。

［五］□□□□，《萃編》作"磅礴□里"。

［六］□，《萃編》作"建"。

［七］"牧"下，《萃編》作"小"。冢，底本作"家"，據《扶風志》改。"舊"上，《萃編》作"削"。 形，《萃編》作"創"。

［八］□，《萃編》作"資"。

［九］"矣"下，《萃編》作"煬皇帝嗣位省□下伽藍□□□"。

［一〇］□或遂□，《萃編》作"一戎遂定"。

［一一］□目，《萃編》作"亮日"。

［一二］□，《萃編》作"育"。

［一三］□潤，《萃編》作"玉潤"。

［一四］□以，《萃編》作"櫬以"。

［一五］"山"上，《萃編》作"襟帶八川□□"。

［一六］□，《萃編》作"日"。

［一七］"同"上，《萃編》作"□□□□□□鸞臺□□□□□□公暐"。 "同"下，《萃編》作"往開之□□作□"。七□，《萃編》作"七日"。 荷□，《萃編》作"荷擔"。

［一八］"郊"下，《萃編》作"樹"。

［一九］"之"上，《萃編》作"變化□□"。

［二〇］"花"下，《萃編》作"戾止"。

［二一］爲□□，《萃編》作"爲勛華"。□法，《萃編》作"僧法"。

［二二］□金□□，《萃編》作"事金銀之"。□髮，《萃編》作"爪髮"。

［二三］林□，《萃編》作"林簿"。

［二四］"源"下，《萃編》作"嗚咽"。

［二五］□，《萃編》作"悲"。

［二六］□，《萃編》作"雄"。

［二七］□，《萃編》作"所"。

［二八］□物，《萃編》作"萬物"。

［二九］□，《萃編》作"廉"。"成"下，《萃編》作"□□□□□□□克己復禮"。

［三〇］［三一］□□，《萃編》作"焉而"。

［三二］自，《萃編》作"曰"。

［三三］公□，《萃編》作"公傑"。

［三四］開□，《萃編》作"開府"。□□，《萃編》作"侍中"。

［三五］□□，《萃編》作"膺宰"。

［三六］□，《萃編》作"參"。

［三七］□，《萃編》作"詞"。

［三八］□，《萃編》作"流"。

［三九］□，《萃編》作"僧"。

[四〇] 克□，《萃編》作"克清"。

[四一] □真，《萃編》作"對真"。

[四二] 休□，《萃編》作"休禎"。

[四三] 立，《萃編》作"辛□建"。

[四四] 右，底本作"石"，據《扶風志》改。

[四五] 勢，底本作"執"，據《扶風志》改。

唐石幢二

佛頂尊勝陁羅尼經經不錄

唐大中十載丙子四月癸酉朔廿二日甲午，右神策軍奉天鎮□□將、宣威將軍、守左衛晉州神山府折衝都尉員外□□正員、飛騎尉薛志顥，權氏，男從諗，男從禮。

右幢一，有款。神策軍屬隴右道，凡戍邊之兵，大曰軍，小曰守捉，曰城，曰鎮。又京畿之西，多以神策軍鎮之。今碑題曰神策軍，又題曰奉天鎮，是鎮又隸於軍矣。今奉天之鎮名，亦不傳也。鎮將有三等，上鎮將正六品，中鎮將、下鎮將正七品，奉天之鎮將不知是上，是中、下也。折衝府亦分三等，兵千二百人爲上，千人爲中，八百人爲下。府置折衝都尉一人，上府正四品上句，中府從四品下句，下府正五品下。今碑題曰神山府折衝都尉，亦不知是上府，是中、下府也。天下十道，置府六百三十四，皆有名號，神山其一也。各府名號今多不傳，余從地志、世系、諸碑石尋之，惜不能全。鎮將匪兼折衝都尉，應題碑時，並書其銜爾。

佛頂尊勝陁羅尼經

右幢一，無款。比前幢高五寸，同在法門寺。

唐重修法門寺記

大唐秦王重修真身塔寺之碑以上十二字，小篆題額

大唐秦王重修法門寺塔廟記

朝請大夫、守尚書禮部郎、上柱國、賜紫金魚袋薛昌序撰

夫大聖示其不滅，證以無生，燃慧炬以燭幽，泛慈航而拯溺。在三千界，分八万門，誘捨愛河，勸離苦海。香山月殿，常侍晬容；鷲嶺龍宮，時聞半偈。与消塵劫，令出昏衢。按《後魏誌》，阿育王役使鬼神，於閻浮提造

八万四千塔，華夏之中有五，秦國岐山得其一焉。又按《神州三寶感通録》，華夏有塔一十九所，岐陽聖迹復載其中。朝觀光相，夕睹聖燈，究異草之西來，驗靈蹤之所止。供盈香積，鑪馥㢓檀，面太白而千疊雲屏，枕清渭而一條翠帶。而又文皇遷寢殿而修花塔，冀拔群迷；天后闢明堂而俟真身，庶康萬彙。編於史册，傳以古今。粵自有周，泊乎大漢，至於晋魏，爰及齊梁。隋文則誓志焚修，我唐則累朝迴向，莫不歸依聖教，恭敬真宗。募善行於阿育王，結慈緣於金龍子，嘉徵迭變，靈應無窮。或玄鶴飛翔，不離於紺宇；或卿雲摇曳，靡捨於金繩。分舍利於五十三州，增福田於千万億祀。閒生芝草，頻現雨花。真形試火而火不焚，因其吳主；寶塔居水而水不近，彰自葘門。禮懺者沈痾自痊，瞻虔者宿殃皆滅，金仙入夢，白馬戒途，傳經既自於西天，演法俄流於中土。今則王天潢禀異，帝園承榮，立鴻勛於多難之秋，彰盛烈於阽危之際。遍數歷代，曾無兩人，增美儲圍，傳芳玉諜，將中興於十九葉，纂大業於三百年。竭力邦家，推誠君父，身先万旅，屢掃攙搶，血戰中原，兩收宫闕。故得諸侯景仰，八表風隨，當□踞於山河，即龍騰於區宇，朝萬國而無慙伯禹，叶五星而不讓高皇。惡殺好生，泣辜罪己。然而早□大□□尚下闕禪林之嚴餝[一]。天復元年，施相輪塔心樅柱方一條。天復十二年，以舊寺主寶真大師賜紫沙門下闕大師繞塔修覆堦舍二十八閒[二]。至十三年，迄契至誠，果諧玄感，迅雷驟起，大雨下闕吹沙，涌出寶堦，化成金像，移山拔海，未足稱奇，聖力神功，咸驚不測。天復十四下闕十八閒，及兩□□□□天王兩鋪，及塑四十二尊賢聖菩薩，及畫西天二十□祖，兼題傳法記及諸功德，皆彩繪下闕并鑄造八所銅鑪[三]，□内外塑畫功德八龍王[四]。天復十九年至二十年，蓋造護藍墻舍四百餘閒，及甃塔庭兩廊講□□□□及□□□□□天復十九年。二十年四月八日，遣功德使、特進、守左衛上將軍、上柱國、隴西縣開國伯、食邑七百户李繼潜，僧録明□大師，賜紫沙門彦文，首座普勝大師，賜紫沙門寮辭，宣奉絲言，敷傳聖懇兩件，施梵夾《金剛經》一萬卷。蓋自王晝夜精勤，躬親繕膂，不墜祇園之教，普傳貝葉之文。塔前俵施，十方僧衆受持，兼香油、蠟燭，相繼路岐。至天復二十年庚辰至壬午歲，修塔上層緑琉璃瓾瓦，窮華極麗，盡妙罄能，斧斤不輟於斯須，繩墨無虧於分寸。法雲廣布，佛日高懸，不殊兜率天中，靡異菩提樹下。悟其實相，了彼真空。金像巍峩，福護於鳳鳴之境；神光煜爚，照臨於鶉首之郊。必使玉曆常新，瑶圖永焕。紹高祖、太宗之丕搆，邁三皇五帝之令猷，王子天孫，光承運祚，大君聖后，罔墜花香。□修寺主安遠大師、賜紫沙門紹恩，戒行圓明，精持堅愨，禀先師之遺訓，成大國之良因。放鶴掌中，降龍座下，護珠內潔，世垢莫侵。虔奉宸嚴，遐禆勝果，希傳永永，爰刻磷磷。昌序藝愧彩毫，詞非黃絹，謬承睿旨，俾抒斯文，殊匪研精，難逃荒鄙。天祐十九年歲次壬午二月壬子朔二十六日丁丑記。承旨王仁恭書，玉册官孫福鐫字。

天祐二十年歲次癸未四月乙巳朔二十有九日癸酉建立。都維郍內大德惠初，上座內講經大德、賜紫神靜，寺主內講論大德、賜紫諗琦，左□武軍副軍使、充岐德軍使、金紫光禄大夫、檢校司空兼御史大夫、上柱國李彥鑭，充法門寺都監、特進、守左威衛上將軍、彭城縣開國子、食邑五百戶、上柱國劉源。

碑陰宋人詩題名

禮法門寺真身塔，殿中丞漢南張問昌言。衆生瞻窣堵，迴向大覺身。內顧六尺軀，一雨無諸塵。慶曆戊子暮春廿九日，友人衛尉寺丞琅邪王宗元題。

琅邪宗元與渤海遵禮、贊皇宗古、彭城舜卿、汝南永錫同謁，道者廣秘。皇祐己丑清署之朔。

又碑側宋人題名

嘉祐六年四月十九日，監歧陽倉稅、三班奉職兼巡防張渥題。

又明人題

萬曆癸未三月廿日重立此迺仆而重立，匪重摹立石也。

右碑在寺內。天祐二十年以下字刻在碑側，蓋作記之時刻而未立也。寫刻俱不佳，款識草草，想見亂離滿目之象。

右碑題天祐十九年二月二十六日丁丑撰記，碑側題天祐二十年四月二十九日癸酉建立。昭宗縣天復改元天祐，朱全忠弒帝，以太子祝嗣位，不改元，明年稱天祐二年。四年，全忠滅唐，自稱帝，改元開平。而晉王李克用、岐王李茂貞仍稱天祐，至二十年四月己巳當是四月二十五日，克用子存勗亦稱制，改元同光。此碑立於天祐二十年四月二十九日，存勗已立帝五日。嗚嘑！此時稱天祐者，獨有茂貞爾。蜀王王建稱天復七年，明年改元武成。吳王楊渥稱天祐十五年，明年改元武義。碑又題秦王重修法門寺，秦王者茂貞也，茂貞姓宋，僖宗賜姓李，故碑曰"王天潢稟異，帝裔承榮"，又曰"增美儲闈，傳芳玉牒"也。茂貞罪惡犯京師者不一，而碑飾其辭曰"身先萬旅，屢掃欃槍，血戰中原，兩收宮闕"，可笑也。法門寺在鳳翔府，茂貞有二十州，鳳其一州。天祐十二年，蜀克鳳翔，而十三年，蜀又圍鳳翔，可知此時州郡奕棋不定，不得疑天祐二十年之鳳翔非茂貞所有也。茂貞雖未稱帝，然宮殿、后妃擬之天子，在秦則自稱秦王，復何不可？不得疑秦王是同光初受封於後唐，而天祐十九年不可嘑秦王也。碑又稱天復十二年、十九年、二十年，案天復十二年即天祐九年，天復十九年、二十年即天祐十六年、十七年。昭宗天復僅有三年，明年改元天祐而崩。克用以劫天子遷都者梁也，天祐匪唐號，不可稱，稱天復五年，及梁滅唐，克用又稱天祐四年。讀此碑始知茂貞天祐十七年以前皆稱天復，不稱天祐，與克用特異也。唐世金石，此碑最爲殿末，亦有春秋獲麟之感矣。明宗子從榮亦封秦王，此在天成三年，匪此時也。碑中"修""條"從彳，本《開母廟石闕》。"裔"作"襃"〔今只存衣〕，"茸"作"胥"，本後魏、後周碑。其它譌文，不壹而足。余皆衣碑字存之，它石刻仿此，内如"昬"作"昏"，"諜"作"諫"，"葉"作"蓁"，皆避太宗諱，匪譌文也。

【校勘】

[一] 早□，《萃編》卷一一九作"早欽"。□尚，《萃編》作"風尚"。

[二] "門"下，《萃編》有"筠"字。"師"尚，《萃編》有"爰命"二字。

[三] "繪"下，《萃編》有"畢天復十七年"六字。

[四] □，《萃編》作"塔"。

卷第三　扶風志稿下

宋法門寺浴器靈異記

法門寺浴室院暴雨衝注，唯浴鑊器獨不漂没。靈異記，古者諸侯亦有史，書之於籍[一]，小事簡牘而已，尚采野史，以廣所聞，蓋欲明好惡，示懲勸，以資治本，亦爲政之方也。今所書者，則府城之東，岐山之陽，有釋迦如來真身寶塔，因塔置寺，寺號法門，隨時廢興，垂百千祀。人天恭敬，龍神守護，不思議事，豈可殫論。寺之東南隅有浴室院，或供會幅湊，緇侶雲集，凡聖混同，日浴千數。洎百年已還，迄於今日，檀郍相繼，未嘗廢墜。早者歲在乙亥月採林鍾二十日夜戌亥之際，飄風忽作，驟雨如傾，雷火雷車[二]，驚魂駭目。洪波浩浩，莫見津涯；黔首惶惶，但虞墊溺。洎乎風日初霽[三]，川原始分，水注之地，悉無完堵，唯浴室鑊器獨不濡濕。其水跡上高數尺，蹱蹺而過，觀者靡不驚嘆。又至丁丑歲秋七月十有八日□丑，暴雨復作，驚飆四吹，漂溺有情，傷害苗稼，盈川注壑，壞屋頹垣，愈甚於前。其浴室器用一無霜污，亦復如初。噫！尚慮反道貶德，越禮違謙者不悛，龍神振怒，未能悛心而致於是。不然者，迅雷烈風，何以荐臨於聖境，傲誕之輩，宜改往以修來。懷道之士，可加功而用行，斯則景風靈雨，不期而至矣。浴室社長王重順與社衆等，早植善根，將成法器，期生內院，猶假外緣。於此精懃，多歷年所，睹兹靈應[四]，不可闕書。遂請前節度推官毛文恪文而識音至之，欲令千古已降，斯言不泯，咸得聞知。時大宋太平興國三年歲次戊寅四月日記。

常年結緣社衆具姓名列之於後：楊延昭、張鐸、索仁義、曹知溫、謝知遠、趙延昌、王思、董延美、趙景順、李敬順、張思順、李思義、藺仁美、郭景稠、馬延永、宋廷訓、宗君武、胡思義、皇甫羨、張溫、曹彥溫、康筠、雷進、趙思順、路從遇、楊知權、李鮮卑筠[五]、張保珣、馬知信、房劉延康[六]、輔孟[七]、馬知謙、劉□□、賜紫志實。

右碑在寺内。

【校勘】

[一]"書"上,《金石續編》卷一三有"大事"二字。

[二]上"雷",《金石續編》作"電"。

[三]日,《金石續編》作"雨",

[四]兹,底本作"慈",據《扶風志》改。

[五]"李"下,《金石續編》有"□□"。

[六]"房"下,《金石續編》有"□□"。

[七]"輔"下,"孟"下,《金石續編》均有"□□"。

宋斷碑二

勝。因。界勔。來。國辛巳。

右石一甴碑,最下層經火燒斷,今以砌墻腳。字徑二寸一二分,可辨者五行八字,有"國辛巳"三字,余斷之爲宋太平興國六年碑也。便是建中靖國元年,亦不必傅會朱勔之"勔"字。

上闕行縣自好時過重真寺上闕詩而去上闕非,世人謗毀亦奚爲。何上闕佛,邂逅相逢自不知上闕丙戌十二月廿五日,三班借職□岐陽鎮酒稅向□命工刊。

右石火燒斷,與前同。字左行,徑寸。迺一斷句有烏絲界畫,應題於前碑之側爾。五月十七日游法門寺,大暑,蒿草數尺,有病者呻吟墻下,余皆不辭穢臭尋之,亦好事可嗤已。

金世鳳翔府領縣九、鎮四,其一鎮岐陽鎮也,然則已沿於宋代可知。

宋重真寺買田莊記

買田地莊園記以上題額

重真寺真身塔寺兼都修治主、賜紫大德志□遺留記

□□□露易曦,方信田横之感;夜舟雖守,誠哉莊叟之言。静思覆載,閒可□循環,趣石光遠下闕何堅,日月逝而四代各歸,寒暑運而八還逐便。以思□益[一],□不喟然[二]。志□家□□□[三],俗姓楊氏,昔恭父母,無□於冬温夏凉[四];□事先師,罔怠於晨參暮省。先師掩化,余□住持,六時匪闕焚修,八節不虧供養。自叨睿□五十餘秋,一□□□信□七十二矣。邇□期倦□誨□□

第一勿昧檀郁，第二無辜皇化。識了達本，背景求真，牛車須喜，□□□□，終諧憑□，四息莫弃，三友常存。羔羊尚立尊卑，鴻雁自分次第。余與師兄志永、師弟志元，輟郁衣鉢，去寺北隅置買土田四頃有餘，又於西南五里已來有水磨一所，及泬渠田地，一則用供僧佛，一則永□法□□□誠朂[五]，各□留心[六]。餘有事端，具列□琰。所有土田，段數如後。

寺南魏衖東邊地二十畞，寺後東北上地一段，計八十五畞。東北上地一段，計四十五畞。東北上地一段，計五十五畞；東北上地一段，計三十畞。東北上地一段，計□□□畞。正北上地一段，計二十五畞。正北上地一段，計七畞。西北上地一段，計五十畞。西北上地一段，計三十五畞。西北上地一段，計二十畞。莊子一所，内有舍八閒，牛口一具，車一乘，磚碌大小五顆。稅名小師法遂、法滿、師姪法遵、師姪法遇、小師□□、小師法岸、小師法因、小師法顯、小師法輪、師姪法沼、師姪法義、小師法□、小師法□、小師法遂、小師法明、小師法海、小師法宗、小師法泰、小師法全、小師法氳下闕、小師法慶、小師法月、小師法演。田地及水磨□牛□[七]，計錢七百九十六貫五百文足□[八]。時大宋咸平六年歲□癸□是卯字。下闕記。

右碑在法門寺。可知宋時有水磨之利，當是用漳水，今不聞行之者矣。水磨、水輪、水碓，凡水勢激昂者[九]，便可用之，水車則用之平岸，皆因天地自然之利。西北人不諳此法，豐歉委之年運，束手無爲，嘻哉惰已。

【校勘】

[一] □，《金石續編》卷一三作"無"。

[二] □，《金石續編》作"寧"。

[三] 志□，《金石續編》作"志謙"。 □□□，《金石續編》作"本邠州"。

[四] □，《金石續編》作"勢"。

[五] 永□，《金石續編》作"永滋"。 □□誠，《金石續編》作"所述誠"。

[六] □，《金石續編》作"仰"。

[七] "田"上，《金石續編》有"右上件"三字。 □牛，《金石續編》作"車牛"。

[八] □，《金石續編》作"陌"。

[九] 勢，底本作"執"，據《扶風志》改。

宋普通塔記

普通塔記

弟子沙門可度書

張遵刻

塔非中國之有也，制起於西域，自東漢世旁行，書來爲教以示人。日既侵熾，塔則或大或小，郡縣幾普矣。謂藏佛骨舍利之所也，外則其裔能燀揚經律論，暨施用厚者，死則其徒咸起以貯骨焉。重真寺天王院沙門智顒，姓李氏，京兆武功人。自幼依師爲浮圖，嗣長則能恭養父母，久以孝聞。父母死，又能以送終之禮封樹之，此其浮圖嗣之難者也。復常悲其寓泊僧骨棄露零散，乃於寺之南城外不盡一里募施，掘地爲壙，際水起塔，出地又丈餘，塼用萬餘口。既成，近左收捃得亡僧骨，僅四十數，於慶曆二年二月二十一日夜，建道場，請傳戒師爲亡僧懺罪受戒，塔頂開一穴，以備後之送骨。嗚呼！古稱葬者藏也，欲人之不得見也，今智顒師能盡力於親，而又悲其類作普通塔，使遊方之徒來者、未來者，死悉有所歸，其用可嘉也。五年乙酉春二月一日，前寧州從事盧覬過其院，智顒悉以事白，余素熟其行，因應請而記。

右班殿直、監鳳翔府岐陽鎮商税兼巡防李用衡，三班借職、前監鳳翔府岐陽鎮商税兼巡防劉昌珏，文林郎、守扶風縣尉任化成，太廟齋郎劉夐立石。吉祥院主僧瓊玉，五會院主表白沙門登演，師弟智廣、智仙，師姪智全，地藏院主僧義光、潘永、李定基、楊守貴、王全勝、程垠、巨立、安宥、楊文玉等施石，助緣張守斌、馬中象、姚文信、魏平、齊女和[一]、趙英、郭士新、潘守用、魏德輔、元宗説。

右碑在法門寺，書仿褚河南，頗可觀。

【校勘】

[一] 女，《萃編》卷一三三作“安”。

宋法門寺重修九子母記

法門寺重修九子母記

儒林郎、守乾州司理參軍張奭撰

夫九子母，學浮圖氏者言之，在異趣矣。始則憑負恡力，突戾慈忍，洎大雄氏示現威德，攝以正道。故力殫氣沮，神弗克兢，而旋能服義畏威，降志下體，慄然歸順。逮夫能仁之教，流被震旦，嚴祠善剎，充滿天下。故存其像貌，儼列左右，蓋録其背邪鄉正之道，亦足尊尚矣。法門寺東廊下有故像一堂，以其子孫衆多，耆舊傳云，寡續乏後者，苟蠲禋精禱，則身枝蕃茂，而席其福。然年禩寖久，堂宇傾圮，雖有陳形弊質，亦不克副瞻仰者之恭畏也。景祐丙子歲，里人試匠簿鉅鹿魏德宣，與同闬人清河房君有鄰、武威奉職安君召，相與建圖，再議裝緝。時屬西夏跋扈，邊鄙興師，供億頗勞，故不果蚤就其志。今年五月中，方畢其事，繢塑一新。其母則慈柔婉約，且麗且淑，端然處中，視諸子如有撫育之態；其子則有裸而携者，有襁而負者，有因戲而欲啼者，有被責而含怒者，有迷藏而相失者，有羈午牽衣而爭恩者二人焉，有勝冠服膺而夾侍者二人焉，擁戀庭闈，天姿駿冶，不可得而談。悉非施者之心專勤，匠氏之功精妙，亦不能允臻其極，□□君子之肇意也。以家鐘餘慶，業茂素封，惟兹有後，未□狘狘。因相爲祝寅，馨迺衷功，未及終咸，遂其應噫。神道冥昧，昭感之績，信未可誣。奭不佞辱見，請文其事，讓不獲已，因敢聊序其大略云爾。時慶曆五年閏五月一日記。

院主僧廣隨、進士魏戡書。塑人王澤，畫人任文德，真身塔主兼都修造主正辯大師、賜紫法能立石，勾管本殿僧廣嚴、張遵刻字。

右碑在寺内。仁宗寶元二年，趙元昊反。四月，募陝西民入粟實邊。康定元年正月，詔陝西運使募彊壯備邊。二月，括陝西馬，又陝西市糴軍儲。三月，治陝西城池。而此後契丹亦閒有萌蘗。碑故曰："西夏跋扈，邊鄙興師，供億頗勞。"然其時尚藉韓琦、范仲淹踵爲撫綏，不然，民其堪命也虖？

宋修扶風縣廟學記

扶風大夫王宗元廣孔聖廟爲學宮，會京兆姚嗣宗宦蜀，過宮下。大夫請觀學，又請文於石。學中孔子堂即重阜上，最宏大，左右有序，屋中敞明扉，橫限廟位。廟外大廡，循高絡平，周數百楹，屋牖櫛櫛。學子之舍，東南北向。又次爲射飲講肄之地，飛閣連洞以壯矚覽，禮器祭具以輔儒事，門垣穹穹，髹丹融融。魯廟不嚴，泮宮不崇，制盡宏矣，器盡飾矣。惟聖人之道，忽虖茫然，似隱似顯，不矢於言，無以疏學者之室，顧宮中之有采采可觀，因作規以爲時戒。規孔子之堂曰：王如公如，橑桷之煌如，人心兮何如？講會之規曰：得之在口，傳之在口，施用在心，君子曰："非口之口吉。"食舍之規曰：己食足，思天下之食未足；己食不足，思天下之食足。是古之飽者，飽聖心而已。射次之規曰：與其不正而中，不若正而不中，射虖射虖，其弓矢虖？規學舍曰：彼儒而得者，非此儒而失者。是失者探其要，得者為後世笑。如曰不然，胡為虖孔子之廟？規門曰：既入矣，出則骇；既闌矣，闍則邀。奔犀憧憧，誰梏其角？規器用曰：不以古禮而没今禮，不以今禮而忽古禮。便者今之，厚者古之。淺人之侮，舂人之嗤。大夫知儒，則儒師來；大夫不知儒，則庸師來。師不敢規，其師哲則其徒哲，其師愚則其徒愚，徒不敢規。王扶風之立是學，隆冬不言寒，盛暑不言煥，上抑之益堅，下從之益勤。秦蜀相距三千里，不以愚無似，三走書丐辭，故極言學之當然，以警秦儒之好古者。皇祐元年九月十五日，京兆姚嗣宗記。

右碑佚。宋於慶曆四年始置縣學，置教授，其人在幕職，州縣内薦，或本處舉人充之。熙寧六年，委中書門下選差，迺有學官。此碑在皇祐中，學官未命於朝廷，故云“大夫知儒則儒師來，不知儒則庸師來”，蓋正用幕職舉人之時，大夫可以主薦也。

宋蘇文忠公詩刻

癸卯九月十六日，挈家來遊。眉山蘇軾題。

遠望若可愛，朱欄碧瓦溝。聊為一駐足，且慰百迴頭。水落見山石，塵高昏市樓。臨風莫長嘯，遺響浩難收。

天和寺在扶風縣之南山，東坡蘇公留詩於廳壁，迄今二十年矣。予承乏斯邑，因暇日與絳臺田愿子立，洛陽趙卯勝翁同觀。愛其真墨之妙，慮久而漫滅，乃召方渠閻圭公儀就模於石。時元豐癸亥六月二十三日，終南陳雄武仲題。

又碑側看經女子題名

南无清凉寶山一万菩薩麼訶薩敬者，念者罪滅福生。南无兜率天宮慈氏菩薩麼訶薩願與含識速奉慈顏，一切清衣名姓，史氏看經十部，糺首妻李氏經三部，糺首女姊妹二人張氏、屈氏各看經二部，楊氏、姚氏、楊氏各二部。以下尚有彭氏等六十一人，不全錄。右以功德迴向四恩三友、法界一切有情，同霑利樂，香花供養。

右碑在飛鳳山，坡詩橫刻碑側，豎刻看經女子題名。玩其文筆、製造，是元豐以前碑，摹刻坡詩借用其石爾。

此詩本集不載，唯子由和詩見《欒城集》。嘉祐六年，先生年二十六，授鳳翔府簽判。十二月，赴鳳翔任。此日癸卯者，嘉祐之八年，先生年二十八，應自鳳翔到扶風也。曰"挈家來遊"者，知王夫人同在鳳翔。明年治平元年，先生去鳳翔，王夫人同入京師，亦尋卒也。陳雄刻石在癸亥，是元豐六年，時先生在黃州也。此碑書法較遜中年以往，然已爲同時人珍重如此。余童子時隨祖母徐太夫人至德清，游半月泉，有坡詩碑云"請得一日假，來游半月泉。何人施大手，擘破水中天"，後題云"元祐六年三月十一日，蘇軾、劉季孫、鮑朝懋、鄭嘉會、蘇堅同游"，此詩亦不見坡集，乃知率意之作，先生多不存。余纔十一二歲，默識之，今日尚能記憶，知於此事亦具夙緣。

宋人詩刻

提舉魯公留題□□□遠愛亭<small>此十二字是上石人標題</small>

溪南一帶列千家，高下樓臺傍水斜。天濶亂鴻橫晚照，烟輕白鳥戲晴沙。波光瑩澈涵山影，秋色澄清鑒物華。僧倚上方雲繞檻，市聲昏曉自喧嘩。

辛卯八月二十八日行部至扶風，登此亭。吳興魯百能懋成題。承議郎、知鳳翔府扶風縣管句學事兼管勸農公事兼兵馬都監、武騎尉高完上石。

右詩刻在飛鳳山。觀其題銜，知是宋人。曰遠愛亭者，以坡詩"遠望若可愛"之句故名也。曰辛卯者，徽宗政和元年也。提舉之司不一，有常平司提舉、茶鹽司提舉、茶馬司提舉、坑冶司提舉、市舶司提舉、學事司提舉，又有都大提舉，止加於茶馬、坑冶二司。此碑曰提舉者，當是學事司，掌州縣學政，歲巡所部，察師生之優劣、勤惰，故碑曰"行部至扶風"也。此時初置此司纔九年，又十年此司廢矣。宋縣令有戍兵者，兼兵馬都監，而管句學事未見之《職官志》，元祐之後列郡已並置學官，想猶是縣令之兼職也。

宋觀音像

圓相觀音菩薩瑞像

無爲子楊傑次公秘本

熙州慧日禪院僧彥泯頌

妙覺慈悲主，身雲瑩碧霞。光輪停夜月，瓔珞綴千花。無畏全心普，分形應類差。圓通斯第一，名號遍恒沙。處處傳消息，頭頭感嘆嗟。和風飛語燕，斜日噪寒鴉。昂首清塵眼，稱名斷苦芽。諦觀圓滿相，砧杵落誰家。

政和八年戊戌孟冬三日，邠州白雲居士麻應伸跋。永壽仇璋書丹，鳳翔府扶風縣橫瓏華嚴庵小師僧崇囗立石，解梁張崇智刊。

右碑在法門寺，上層刻圓相觀音像，妙麗無倫，若真蹟，更可知已。麻跋不錄。

政和八年即重和元年，是年十一月朔，大赦改元。此碑題於孟冬三日，故猶稱政和也。十一月朔改元，是言改元重和，匪言改元宣和。明年改元宣和，亦是本年改元。史臣皆於改元之後，追書一年之號爾。時道君以道教倡天下，方士林靈素先曾爲浮屠，受僧笞辱，至是見寵信，大修釋氏之郤，改佛號爲大覺金仙。僧爲德士，易服飾，稱姓氏，故彥泯頌曰"無畏全心普，分形應類差"，又曰"處處傳消息，頭頭感嘆嗟"，皆有慨虖言之，有揚雄寂寞投閣之恨。楊傑號無爲子，即與東坡倡和詩者。坡詩曰"在家頭陀無爲子"，則傑之信佛可知。

金人詩刻

謹賦律詩九韻，奉贊法門寺真身寶塔，德順僧師偉稽首。大安二年中元日，門人法誥上石，京兆晚進朱景祐書，長安樊春刊。

右詩有曰"可笑異宗聞鬪觜，比虖吾道不同肩。世人朽骨埋黃壤，唯佛浮圖倚碧天"。餘不稱，不錄。

大安，金主永濟改元，明年再改元崇慶，放進士榜之日，有狂僧公言殺天子，求之不知所在。"可笑異宗聞鬪觜"，此詩亦先識已。朱景祐書頗仿蘇長公。

元重修扶風學記

重修宣聖廟記小篆題額

重修扶風縣學記

前扶風縣儒學教諭常視遠撰

前成州儒學正郭謙書丹并篆額

聖元開天創業以來將百年矣，我世祖皇帝仗大順奄有區宇，乃偃武修文，首聘魯齋許文正公衡講明正學，作新斯民，詔四方路府州縣大修夫子廟，俾守令主之，是時孔孟程朱之學已煥乎明於世矣。延祐改元，聖天子繼聖祖之志，始設科取士，經明行修者舉而用之，文華過實者悉棄不錄。雖三代治教之隆，無以加矣。扶風在漢爲右輔，今乃名鳳翔，屬縣民囂雜，難以力屈。惟時邑令有怠有勤，學校之設或興或廢，是以人材放失，儒校濶疎，亡以稱上意旨。是歲冬，隴西張侯庭祐來尹是邑，公正嚴肅，令不苟出。其養民也以厚生，其教民也以明倫，恥任威刑，專事學校。未期年，政教流行，乃因民之悦喜，下令新廟學。衆踴躍勸趨，咸自賦材屬役。正殿仍舊規而葺新之，創廡門、講堂、齋房、庖廩，秩秩有序，陶甓朽堊，斧斤板築，雲油雨沛，併力偕作，晨夜不休。越四旬而成，始於二年孟冬之初，畢於十一月之末。及繪畫七十二賢、歷代名儒，凡祭祀供棹器皿，悉皆完成。而又給閒田三百畞，以廩師生監縣宜陽也。先主簿奉元于德成、尉彭衙潘勛，皆敏於爲政。而尉世儒家，志慮與侯克合，典史奉天趙懷英亦賛成之。嗚呼！聖人之道，如水之在地中，無所往而不有。欲求泉者，鑿井而得；欲求道者，學之而成。自匹夫至王公，行之可以修身，可以齊家，可以治國，可以平天下。彼火書坑士，欲帝萬世者，豈不愚哉。今國家逮鰥寡，出滯淹，禁淫慝，薄賦歛，赦過宥罪，節用愛人，以建中和之極，以行仁義之教，聖人之道，蓋與天地相爲無窮矣。令也上以忠其君，下以新斯民，於職分内事有思其外無不爲者，雖古之名卿材大夫未必多讓，羽儀朝著，亦且有日矣。走忝教職，特書始末，以告來者。大元延祐五年歲次戊午三月吉日，本縣官吏同儒學教諭姚琇等立，皇甫秀刻石。

碑陰題名

將仕佐郎、鳳翔府扶風縣達魯花赤兼本縣諸軍奧魯勸農事也先，鳳翔府扶風縣副達魯花赤阿剌不花，承事郎、鳳翔府扶風縣尹兼管本縣諸軍奧魯勸農事張庭祐，進義校尉、鳳翔府扶風縣主簿于得成<small>得代</small>，進義校尉、鳳翔府扶風縣主簿周璟<small>新任</small>，鳳翔府扶風縣尉潘勛，典史趙懷英<small>得代</small>、張益<small>新任</small>，務官張瑞、盧瑜，馬政仵伯昌、高琛、任謙、蘇禎、吳瑞，站官郭安、杜信、宋茂、馮才廣、史政、史信，永興局提領張玉史，忠信閑良官宣受，茂州長官唐仲賢，德陽縣達魯花赤張忽都不花，四川廉訪司書吏冉義，前典史史天祐，麟遊縣典史張忠，寶雞縣典史李諒，開成路務官侯壽，前稅務都監史文貴，打捕鷹房提領張斌，投下管民提領侯英，醫學教諭曹文勝，陰陽教諭孫直，管民提領王順，江南總統所譯史于哈剌不花，蕰屋務大使張之才，管民提領虢士明，投下長官史聰、李懋、田子寬，環州吏目亓彧、劉千戶男劉文義，莊浪州吏目韓福，奉元路管㐌扎提領曹天祐，慶陽府吏耿瑞外有耆老、僧道儒、社長、里正、庫官諸人名，不録。

學田杜成村壹頃，内東至溝，南至高崖，西至坡下，北至東西橫嶺，種地人齐作齊村周全、南莊胡子成、劉仲、付村谷、宋祐、杜成、辛文進、韓文青。壹頃内壹段伍拾畝，東至溝，南至韓九地界，西至坡，北至溝爲界。壹段貳拾畝，東至坡，南至無地户界，西至坡，北至韓九地界。壹段叁拾畝，東至南北坡，南至韓九，西至溝，北至場寨坡。種地人户韓子成、韓文寶、韓文貴、韓林，俱在杜城。

右碑在學宫。

此碑陰題名曰達魯花赤兼諸軍奥魯勸農者，凡江以北則兼諸軍奥魯也。曰副達魯花赤者，或同知，或治中，故言副也。曰承事郎、扶風縣尹者，承事郎是正七品，扶風下縣尹，是從七品，應稱從事郎，此稍僭稱一階也。曰打捕鷹房提領，曰管民提領，各路有之，皆正七品也。曰醫學教諭、陰陽教諭，又撰碑文者曰儒學教諭，今元代所傳官志只有教授，無教諭，此可補史之不備也。曰江南總統所譯史者，江南總統所即江浙等處財賦總管府，應置譯史一人，並無階也。曰奉元路管紙札提領者，吏部所隸有抄紙坊提領，正八品，不傳奉元路有紙札提領，此亦史之佚也。

右石刻，余皆親至碑下拓之，又訪龍光寺唐開元碑，則斷爲階石，不存一字。訪伏波祠宋元祐碑，則已礱作新碑，僅可辨其題額。烏虖！金石之文日少一日，豈不可珍惜也哉。

《聞見後録》載一條云，法門寺塔下有石芙蕖，製作工妙，每芙蕖葉上刻施金錢人姓名，有宫女張好好、李水水之類。尋之不可得。又聞隋陵有石馬斷碑，予冒暑行五十里至陵下，荒原濯濯無所見，縣吏詭予已曾碎而瘞之。後書院諸生來會，言有殘碑，去陵五里，尚在也。然不及載往，既將輟簡，書此以告後之君子，續吾志一訪焉。

卷第四　鄜志稿上

唐花歡喜碑

右碑在五會寺，高三尺有奇，兩面鑿佛，寶鬘瓔珞，深寸許，不能以紙椎拓。約有數十字，不可辨，可辨者"花歡喜"三字。制造古麗，爲唐世之物無疑。花歡喜，閨秀小名，別見唐人《阿彌陀佛會碑》在歷城。此碑不類題名，亦可證唐人結習之語，匪後代所撰也。

唐柳宗元禱雨碑記[一]

雍州西南界於梁，其山曰太白，其地恒寒，冰雪之積未嘗已也。其人以爲神，故歲水旱則禱之，寒暑乖候則禱之，厲疾祟降則禱之，咸若有答焉者。貞元十二年孟秋，旱甚，皇帝遇灾悼懼，分命禱祀，至於茲山。又詔京兆尹宜飾祠廟，遂下令於甸邑。邑令裴均臨事有恪，革去狹陋，恢宏棟宇，階室之廣，三倍其初。翌日大雨，黍稷用豐，野夫懽謠，欽聖信神，願垂頌聲，刻在金石。時尹韓府君諱臯，祗奉制詔，發付邑吏，令裴府君諱均承荷君之命，督就祠宇。涖事謹甚，克媚神意，用獲顯貺，邑人靈之，其事遂聞。詔書嘉異，勞主者甚厚，乃刻茲石，立於西序右階之下。肆刻裴氏之政於碑之陰曰：惟君教行於家，德施於人。撫字惠厚，柔仁博愛之道洽於鰥嫠；廉毅肅給，威斷猛制之令行於彊禦。訟獄不私於上，罪責不及於下。農事課勵，厚生克勤，徵賦首入，而其人益贍；創立傳館，平易道路，改作甚力，而其人彌逸。韓府君每用褒嘉[二]，稱其理爲甸服最。今茲設廟位神，神歆而寧，宜爲君之誠敬，克合於上用啓之也。

石碑宋時已佚，明時重刻之，亦毀。"其地寒冰積雪"云云，王應麟《地理通釋》已引用之。

【校勘】

[一] 據《河東先生集》卷五所收，此爲兩文，"刻在金石"以上爲一篇，題爲《太白山祠堂碑》，以下爲一篇，題爲《碑陰文》。

[二] 褒嘉，《河東先生集》作"嘉褒"。

宋至和二年牒

封濟民侯之敕六字隸書題額

中書門下牒鳳翔府：工部郎中、直龍圖閣、知鳳翔府李昭遘奏：臣聞《祭法》[一]："山林川谷，能出雲雨，見怪物，皆曰神。有天下者祭百神，諸侯在其地則祭之，亡其地則不祭。"又《漢·郊祀志》："湫淵陳祠，天下山川隩曲往往有之。"臣本府管縣有九，郿縣即其一也。縣有太白山，山在縣南四十里。謹按《圖經》所載辛氏《三秦記》云："太白山在武功縣南，去長安三百里，不知高幾許，俗云'武功太白，去天三百'。山下軍行，不鳴鼓角，鳴則疾風暴雨立至。"《周地記圖》云："太白山上常積雪，無草木，半山有橫雲如瀑布，則澍雨常以爲候。故語曰'南山瀑布，非朝即暮'。"乃知兹山候雨，自古而然，神靈尸之，宜有禱應也。山有祠廟，不知建置之始，唐世祀之。貞元中，詔京兆尹韓臯重修。據《柳宗元集》有碑，具載靈應，今録柳碑於前。後唐清泰中，復加繕葺。國朝祥符三年，專遣使修完，春秋邑令致祭，列在祀典。山巓有湫，每遇歲旱，府界及他境必取水禱雨，無不即驗。朝廷近年累遣內臣投實龍簡。臣自到任已來，詢訪前後之異，其事既出傳聞，不敢寫録，今止具今年春夏已來兩次得雨親驗事實，所陳二事非臣獨視，道路之人不可誣也。伏見朝廷恤民之意甚厚，崇祀之志甚恭。前件太白山，本前世欽奉之地，靈貺昭晰，今古所信，靈湫在上，顯應如此。其太白湫水，欲望聖慈特加封爵。臣兼聞慶曆七年五月，河南府王屋縣析城山聖水泉特封爲淵德侯，其例未遠，可舉而行。或蒙報可，寔慰群願。伏候敕旨。

牒奉，敕：《禮》云："五嶽視三公，四瀆視諸侯。"非有豐功，曷膺上爵？太白山湫，名山之下，神龍所潛，每遇旱暘，必伸禱請，能爲霖雨，以澤民田，守臣有言，蒙福甚遠。宜降十行之詔，用疏五等之封，以答神休，以從人欲。宜特封濟民侯，仍令本府耆官祭告。牒至准敕故牒。至和二年七月十三日牒。給事中、參知政事程，户部侍郎平章事富，兵部侍郎平章事劉，吏部尚書平章事文。嘉祐二年三月一日，將仕郎、守鳳翔府郿縣令賈蕃立石，張遵鐫字。

碑側題名

大金正大三年二月十有下闕，蔡□題下闕。

右碑在清湫廟。

"至和二年七月十三日牒，給事中參知政事程"者，程戡也；"户部侍郎平章事富"者，富弼也；"兵部侍郎平章事劉"者，劉沆也；"吏部尚書平章事文"者，文彥博也。是年六月，陳執中罷，彥博再相，弼亦同入中書。小人道消，君子道長，復之象也。此牒正書，仿顏平原。撰文整雅，宋碑之佳者。余嘗論金石之録，不獨録其紀載資文獻，即碑材、書寫之工繆，亦覘一朝運會之隆替如此，碑豈匪盛世之物哉。

此濟民侯，封太白湫水也，故李昭遘舉慶曆七年聖水泉封淵德侯爲例，然真宗時已封通泉廟爲靈派侯，昭遘只就仁宗時言之爾。皇祐元年五月丁未遣官祈雨，三年三月分遣朝臣詣天下名山大川祠廟祈雨，至和二年四月甲午遣官祈雨。故碑云"朝廷近年累遣内臣投寘龍簡"也。

【校勘】

[一]"法"下，《金石續編》卷一五有"曰"字。

金大定四年牒

尚書禮部，據鳳翔府郿縣青秋鄉槐芽社住院僧懷正狀告："本院自來別無名額，已納訖，合著錢壹伯伍拾貫，乞立'惠濟院'名額。"勘會是實，須合給賜者。牒奉，敕：可，特賜"惠濟院"。核□准敕故牒。大定四年月日。令史向昇押。主事盧押。奉議大夫、行太常博士權，員外郎劉押。中散大夫、行員外郎李，宣威將軍、郎中耶律，侍郎、通奉大夫、禮部尚書兼翰林學士承旨知制誥、修國史王。大定七年歲次丁亥十月日。小師僧了悟。古槐樹四棵，柏樹四十八棵，索羅樹一棵，藥樹一棵，苦蓮樹一棵，柿樹三棵，其小樹不計。

右碑在槐芽鎮槐北寺，明成化中重刻。

右牒題曰"通奉大夫、禮部尚書兼翰林學士承旨知制誥、修國史王"者，王競也。競字無競，彰德人，天德中擢禮部尚書、同修國史，大定二年復爲禮部尚書兼翰林學士承旨、修國史，與碑合。禮部尚書，金人官志爲正三品，而競以遷睿宗山陵，儀注不合典禮，削兩階，故碑稱通奉大夫。通奉大夫爲從三品之中階，則競之向爲禮部尚書，當是制授。資善大夫爲正三品之下階也。禮部掌釋道事，有侍郎、郎中、員外郎、主事令史。此牒所載並詳備。大定五年，世宗語宰臣曰：“今邊鄙已寧，賣僧、道、尼、女冠度牒，紫褐衣師號，寺觀名額，悉罷之。”此牒在四年，故猶云納錢一百五十貫，乞立惠濟院也。章宗時仍復之。

金張中偉碑

故棲閑居士張君墓表九字篆書題額

大金故義谷棲閑居士張君墓表

翰林侍講學士、奉政大夫、知制誥兼同修國史、護軍、馮翊郡開國侯、食□一千户食實邑一百户下闕撰并篆額

資政大夫、參知政事、柱國、安定郡開國公、食邑□千户食實□□百户下闕書

君張氏，諱中偉，字充甫，其先安定人，徙居五原之張義者，最號望姓。君張義族也。曾大父諱遇，贈太保。大父諱存，贈太傅。父諱達，贈太師。宋靖康末以右下闕，舊志作“武大夫刺”四字，不可信也吉州。王師圍太原，引兵赴援，力戰城下死之。宋人嘉其節，繡袞之贈，上及再世，諸子皆以蔭補官。君甫七歲，授保義郎，累陞忠翊郎。比冠，特授昭毅郎，閤門祗候，而兩兄皆已貴顯。伯氏原國公中孚，時經略涇原。仲氏宗國公中彥，亦經略秦鳳。故辟君涇原幕書寫機宜文字。君性純質，重氣義，尚志節，凛然有父風。既秩滿，會關輔多故，遂無復仕進意。兩兄屢相稱引，當途者將處以郡佐，不屑也。少日屏居□山，築室開軒，榜曰“睡樂”，以寓起居閒適之意。先時有宅京兆，松檜交陰，深閟清閟，如在嵩野。而城南別墅，又當杜曲佳處，於是種竹引流，日加營治，幅巾杖屨，往來其閒，山人野老，或與接袂。未識君者，不知其爲貴公子也。齊國既廢，河南之地復歸版圖，而原公入被柄用，顧問所及，首以君材爲對。他日，安問之西[一]，因諭君以膴仕，趣其行。君復書辭之，大略以爲貴賤窮達，各行其志。累辭數百，陳義甚高。且以詩繼其後，獨道韋杜閒花繁酒熟之樂，而不及其他。原公讀之，惝然自失，曰，是不來矣。宗公解印恒

◎ 吉金貞石録

山，對君清話，□□□□憂患[二]，抵掌嘆息。蓋羨君閒中所得之勝，而愧君早退之勇也。君素懷經濟之略，而養志既久，滋厭仕宦，故晦不自顯，若與世相忘者。及酒酣，慷慨論説古今人物，與夫治亂成敗之迹，皆詣理極人，然後知君非無意於世也。平生嗜讀書，尤善作詩，語意冲澹，蓋感而不懟，樂而不流，有晋宋詩人風致。善五言□□□□□文集□數百篇[三]，號曰三谷。蓋原公曰長谷，宗公曰野谷，而君曰義谷云。君天資孝悌，常以不得養親爲恨，霜露所感，□不自勝[四]。原公有疾，日夜侍左右不少去，□□□密剪臂肉，雜藥以進，疾遂以平。宗公薨于臨洮，聞訃悲痛，嘔血累日，扶護歸葬，哀動行路，鄉里稱之。大定二十五年十二月庚戌，以疾終于家，享年六十七。服官□昭毅更換新命，凡六遷爲承信校尉。先室王氏，繼董氏，前□□男三人，曰仔，曰佐，曰佑。女四人，皆適士族。三孫涇渭□□□□□□□以明年二月甲申，奉君之喪，葬於郿塢之斜渭鄉原公墓之東。明昌改元，仔來京師，以君阡表爲屬。初君之葬也，翰林直學士黃久約既述治行之詳，誌諸墓矣。乃獨論其出處大致，而繫之以辭。《書》云：“惟孝友于兄弟，施於有政，是亦爲政。”孔子曰：“君子之仕也，行其義也。”又曰：“隱居以求其志，行義以達其道。”惟君孝友所立，卓卓如此，施之有政，□□□君子之達道□舍曰義而已矣。聞之昔人，貴則公之，賢則君之，竊哀君之志，而高君之風，故去公而書君，賢之也。辭曰：

義谷之雲兮，油然而霖雨。義谷之木兮，隆然而棟宇。嗟君之□兮，胡爲乎隱。處□谷之樂兮，惟義是取。□□墓兮□□，□□□兮流淙。我則倦游兮，豈曰不逢。胡爲中谷兮，惟義是從。孝悌兮至行，雖不用世兮□□。□□□處□義兮，窮達有命。□德□□兮□德之下闕。琢神門兮翠琰，君乎存兮不亡。

右碑在縣北大歷寺東南高原之上，碑材穹隆，正書，仿李北海。金碑之上上者。

張中偉爲中孚、中彥之弟，中孚、中彥，史有傳。碑以父諱達，贈太師，靖康末，以守吉州死，援太原之難。而史言，父達，仕宋至太師，誤也。中孚以宋之鎮戎軍安撫使降金，爲鎮洮軍節度知渭州兼涇原路經略安撫使，後封原國公；中彥以宋之涇原副將知德順軍降金，代李彥琦爲秦鳳經略使，後封宗國公：咸與碑合。金載割河南、陝西畀宋，中孚、中彥入宋，被留臨安，中彥又爲宋之龍神衛四厢都指揮、清遠軍承宣使、提舉佑神觀靖海軍節度。皇統初，金復河南，中孚、中彦又北歸入於金。故碑曰"宗公解印恒山，對君清話，自慮涉履憂患"，爲嘆息也。中孚、中彦以宋忠臣之子，仕於宋，仕於金[五]，地還宋載，仕於宋，地還金載，仕於金，恬然無所耻怪，匪狗彘而若是虖。然則中偉不樂仕宦，寄書中孚，自道韋杜曲花繁酒孰之樂者，誠有大不得已於中，而又不忍彰其兩兄之醜者。其一佐涇原幕府，爲中孚屈，不爲金屈。嗚嘑！中偉爲宋之遺民，達之孝子，金之高士虖！碑云中偉善詩，能感而不懟，迹其躊躇家國，俯仰身世，必有可觀者焉。余尋碑墓下，嘆達之生中孚兄弟，爲大官垂名汗青，不如郿塢之旁，蕭然殘碣，生一中偉之爲榮也。碑以中偉剪臂肉療兄疾，史亦言中孚孝友，與中彦無聞言，然脱脱諸君獨不傳中偉於孝友、隱逸之林，何哉？

【校勘】

[一] 西，《金文最》卷四四作"日"。

[二] □□□□，據下文所考爲"自慮涉履"，《金文最》同。

[三] □數，《金文最》作"凡數"。

[四] □，《金文最》作"每"。

[五] "金"下，《郿縣金石》多"仕於齊"三字。

金泰和元年詩刻

我本麋鹿姿，山野是所適。混□冠帶囚，未免衣食迫。每到幽人居，恍然與世隔。閑來挈家來[一]，誤入神仙宅。忘形□棄飲，知音有雙栢。高謝俗緣拘，深愛歲□碧。光陰過隙駒，去□諒何益。始信住庵人，早退是長策。去留且隨緣，大笑乾坤窄。它日復再游，俯仰便陳迹。和□居士宋雄飛來游[二]，時泰和改元三月十一日。

右詩刻在縣南二十里觀邨老君庵，庵即金時天慶宮下院天真觀。

【校勘】

[一] 來，北圖拓本作"中"。

[二] □，《鳳臺志》卷一九"金蓮寺詩刻"作"安"。

金孔公渠水利碑記

事拊嫗以爲恩，務姑息而爲惠，區區然將欲仁民者，可以爲德乎？曰是德而已，非實德也。求耳目之近功，取膚寸之薄效，孑孑然將以利民者，可以爲政乎？曰是政而已，非恒政也。蓋區區之仁，可以周於寡，而不可被於衆；孑孑之利，可以行於近，而不可及於遠。豈若人閒有大丈夫，天下有奇男子，規模宏遠，氣岸超騰。立一事則傳於無窮，建一功則垂於不朽，大而於郡，小而於邑。衆耳驚聽，群目駭矚，交口稱嘆，而復商較曰："自非負不世之才，抱非常之器，能如是乎？"乃如是人，吾於孔公見之矣。郿塢舊引斜谷水通流縣城，歷皇統饑饉，人烟凋敝，邨落丘墟，懸隔六十餘載。宰是邑者不爲不多，例於爲政，貴於因循，故此水之利不惟不知，雖知之亦不爲慮。明昌七年，邑宰孔公涖事之暇，以郿城古之名邑，至於山川勝概，古迹人物，土貢風俗，無不畢覽，採其宜於時政者，首議行之。於是詢之鄉老曰："以是邑山水明秀，土地肥腴，似非窮髮不毛之比，而何至枯稿，雖園甲溪毛，皆仰足於旁境乎？"鄉老咸曰："明公之鑒何神耶！縣衢舊實有水通流，自皇統癸亥於今六十餘年，源流堙塞。郿人有幸，實賴明公規畫，萬一復古，豈特吾生受賜，雖百世之下子孫亦若是矣。"公乃詢諸耆老，無可與議者。越翌日，謁道士楊洞清，從容論及水利。楊揣知公意，忻然敬諾曰："不勞明公餘力，借明公之德，誠指日可畢其事。"於是公暨楊偕至谷口，剗苔剔蘚，披尋故道，計度貲力，大具工役。名實楊也，其經營之力，皆出於公。將垂成，俄以公被命赴省，爲奸人所阻，幾敗乃事。憲司張公子明巡行過鳳翔，潛知其由。張公覬有攸濟，於是按攝奸黨，仍召楊，與之爲約。楊曰："三日可濟矣。"遂呼縣胥，責如楊約。楊到縣三日，功已告成。俄而玄雲四作，雨若瓢注，水亦通流，似有靈物護持者矣。順流而下，通衢廣陌，黃童欣躍，白叟歡呼。公室賴之，芻粟無憂，私門仰之，游覽有勝。至於汲引灌溉，塗暨洗濯，無復曩時之艱虞。未朞，綠槐夾路，細柳交岸。龍鬚蘸碧，給萬宇之焚膏；鸚粒翻紅，被千門之饟簋。鬱薁益渭南之珍味，桑麻增陝右之上腴。碾磑區計，僅有數千，園田畦計，不啻幾萬。有粟者易爲之粒，有麥者易爲之屑，有食者易爲之蔬。其利益不足縷白，此特舉其崖略。憲司録其事白臺，臺具奏，尋騰美除。與夫魏之西門豹知漳水之利，而不爲之興，漢之許商梗屯民之塞，而不爲之浚，才

清代陝西金石學著作十種

識過於十倍遠矣。昔史起引水溉鄴，以富魏之河內，鄭國、白公俱能鑿涇爲渠，注填閼之水，溉舄鹵之地，而民並歌之。迨夫孔公鑿南山之水，延袤五十餘里，通於邑衢，以富郿民。郿民六十載之間，猶處陸之魚，方且相呴以濕，相濡以沫，賴一水之利，遽若相忘於江湖之中。復若車轍之鮒，丐升斗之水，活絲毫之命，一旦遠於枯魚之肆，而不待徼西江之水。顧惟若此，迴視三子之事業，夫何歉焉。竊嘗論之，君子不得志則已，得志則澤加於民；不居位則已，居位則思利於人。彼黃文疆，守田令而不分郡人之穀；公儀休，拔園葵而不奪農夫之利。即諸用意，良亦嘉矣。方我孔公德之有實，政之有恒，水利一興，官民兩利，無乃勿乎。如孔公之功，利無不被，福無不斂，豈特躬享其榮，其餘膏剩馥沾丐子孫者亦多矣。余在二曲，熟知其事，欲爲之記而未暇也。泰和戊辰夏巑賓後旬，邑人趙璧君瑞惠然見訪，具道始末，求余作記，余喜而爲之書。泰和八年進士鳳泉強造記。

右一碑佚。

金大安二年鐘款

皇帝萬歲，臣佐千秋 以上題字上曾

鑄鐘功德主住太白寺習經論緣化沙門法洪，鑄鐘大鑑京兆府終南縣趙孝光、男伯通、弟万奴，小博士高福、張興、郭喜兒、郭下、喬興祐、馬進、王道善、何忠孝、張松、張榮、張皋、王貴、岳保寧、賈資成、馬玉、寶琛□、李小一郎、辛四郎。

保義副尉、郿縣稅務同監王侃，進義校尉、新受郿縣稅同監韓瑋，保義校尉、郿縣稅務都監韓珫，進義校尉、郿縣酒務同監李玠，忠顯校尉、郿縣酒務都監姚浞，明威將軍、應州軍資兼軍器庫使王昉，宣武將軍、行鳳翔府郿縣簿尉閆鶴壽，金源郡君奧里郎君小哥，定遠大將軍、前鳳翔府郿縣簿尉溫廸罕麻海，徵事郎、行鳳翔府郿縣令、賜緋銀魚袋楊居厚。

净法界真言 唵嚂

南無僧伽吒法門

唵摩尼達哩吽撥吒

本院僧寶臻、寶珠、覺詈、覺秀、覺照、覺倚、善均、守信、覺琳，十煉寺智溫、智潤、智良、福因、守賢、守圓、守堅，甯曲寺善品、善岑、法寶、法性，念濟寺全忠，下村寺全悟，曲坑寺惟紹，鳳翔府圓容大師，前僧錄賜紫釋義普，崇寶大德、本府管內僧判知教門事權僧錄普真，天住寺高成師，開元寺□□□普□院秀法師，西講院悟法師，瞻監□□意下闕寧王吉，講唯識論當講沙門了微，講唯識論加持主傳戒沙門紹真，岐陽鎮重真寺上生院廣秀。

昨自慶曆二年賜紫僧顏智與王慶等鑄鍾一鼎，明昌五年主僧法洪同蘇禮等鑄鍾一鼎，其鍾俱下闕□安□□歲次庚午八月戊辰朔十一下闕鍾一鼎，計重壹萬捌下闕爲記耳。會首姓名開列于後。

强忠、趙壁、李照、李顯、曹珎、楊清、段仔、李祐、王堅、曹珪、薛真、李壽、董政、呂禎、賈翊、張澤、郭守一、陳廣、賈平、王真、焦德、魯達、楊茂、李士安、王丹、王濟、馬昌、劉再興、馬順、張通、王昇、李顯、王顯、趙順、王仲、張勝、李德、馮濟庫、王子融以上中曾。

劉二典史、劉典史、苗孔目、高都料，房寧路、仲路助教獨孤、老宿馬璘、王都料、鞏乞住、符典史、蘇宅張氏、呂宅劉氏、元宅王氏、陳氏、李信、劉院士、辛三郎、嚴威、丁三郎、呂五郎、寇三郎、蘇三郎、嚴先生蘇、劉一郎、史小一郎、常□、寶博油、張一郎、趙玥、屈四郎、安□郎、張一郎、馬三郎、王五郎闕馬彦、段恕、劉一郎、陳聽、李博、王寧、達大郎、馬三郎、王典史、劉典史、王宅孫氏、王從、賈二郎、曹宅李氏、孫家姨、曹宅馬氏、曹宅閆氏，磨石谷口康平左方村魏選、梁文信，西關王四郎、王五郎、王打廚、牛四郎、□一郎，東關鋪三四郎，西碨杜李□、陳信、韓宬阿、張善方、王老宿、趙四郎、楊官人、張□漢、馬老宿、王二郎、李添僧、馬碃、安四郎、東下闕牛豬兒、張海、來氏、王□張下闕張瑋侯、段社王小大郎、石小子、杜二郎，西梁郭劉大户、□大郎、楊老宿、李大户、李善友、張平士，董延社孫善友，内方村劉宅馬氏、劉宅，西凹社麻善友、郭四郎、魏大户，甯曲社段助教、劉解元、劉小二郎、于善友、蕭三郎、張二郎、張花腿、□□宿、蕭一□、張大户、蕭小三郎、□□□、楊一郎、王二郎、王建闕李闕郭氏、□

老宿并□□氏闕老宿闕李三善友、□博士闕皇闕郎闕郎闕社闕王三郎，北營田社郭大郎、魏大戶，辛家村趙顯、辛大戶，蕭大夫社蕭老宿，裴家社李松，念濟社張小一郎、張宅梁氏、張氏老、趙一郎、李一郎，坈子社梁四官人，聶保社陰大郎、王喜、僧五井、劉待詔，高井社□八郎、李二郎、王十三郎、油王闕郎、王三漢、薛二郎、紀大郎、劉三郎、薛一郎、王大郎、李老宿、趙宅王氏，豆村朱一郎、馬老宿，高望社王照、梁二哥、程首領，河南豆村姚三郎、姚四郎，柿林劉四郎，下斜城薛演，杜渭社郭一郎，河北雲亭社宋保，康大夫社張更兒，□莊許老宿，巾子石裴德、馬碏、鎮西關張宅強氏、宋□□、淡顯、淡四郎。□瘦、段大郎，西礶社焦宅彭氏、韓宅暮氏，溝東吳善友，大王莊王元，呂村韓二郎，加今村社會首李林、次男改僧，城南社進義馬貴、野氏、馬五郎，上斜社劉彥、李氏、馮吉、劉大郎、孫臯、王節級、郭宅王氏、郭氏、馮氏、董氏、石氏、王氏、李移壽、鄧氏，斜城社王宏、李氏、王二郎、王進□、石兒、薛小四、王六郎、王氏、薛彥、魏俊、薛真、薛六郎、王海、桑二郎，辛村社陳用、劉氏，上斜城馮宅彭氏、□定村戴信、楊万伏、大戶伏四郎，中礶社闔王信、王万、梁選、王仲常，莊社強氏、史檠、董氏、史榮、張五郎、張小大郎、張德、劉五郎、趙思政、劉八郎、劉小大郎、胡仲，巾子石社國大郎、李從，坈子社梁政、梁從、梁小三郎、李平、李二郎、王宅鞏氏、王小助教、蘭保、巖進、張松，加令村安善友，嶺西社揚海、楊春、張小大郎，小召社闕劉闕王照闕溝東社闕郎趙二闕仲闕同谷口毛裕闕大郎闕一郎、李一郎闕侯顯闕趙大郎、常德闕呂宅野氏闕小一郎、王三郎闕仵助教、馬大戶闕大郎、張闕、劉典史、段詵、馮立、孔大郎以上下曾。

右鍾製造巨麗，欵云"一萬八□斤"，不知所從來，上有"安"字，"歲次庚午"字，故知是金主永濟大安二年也。舊在縣治，形家言不利於縣長官，數十牛舁之不能行，刲牲祭之乃行，移寘縣東東嶽廟。題欵三曾，姓氏稍繁，以有邨社之名，全錄之。

欵題曰明威將軍，五品也，攝八品之軍資兼軍器使。曰宣武將軍，五品也。曰定遠大將軍，四品也，攝九品之簿尉。此以大攝小者也。曰徵事郎，八品也，攝七品之縣令。此以小攝大者也。中縣置主簿與尉，下縣不置尉，郋有簿尉，在金世為中縣也。曰金源郡君，在大安中，匪是郡侯之母妻，應是四品文散、武散之母妻也。曰博士，曰孔目，曰助教，官也。曰典史，曰都料，曰節級，吏也。曰老宿_{猶漢人之稱三老}，曰大户，鄉人之尊稱也。曰某郎，鄉人之通稱也。曰油張一郎，曰油王□郎，曰王打廚，舉其素業以名之也_{猶稱丹王君房、豉樊少翁之類}。曰張花腿，諢稱也_{花腿疑是割青也}。有揚海，又是楊春，從才，從木，信有兩族也。全錄其文，髣髴夢華舊事之遺。嚴長明曰，欵内所有梵書净法界真言，迺"唵嚂"二字也。"唵摩尼達哩吽"，迺大明真言也。持誦常儀，下當用大輪一字咒。文爲部林，今作發吒，降伏法也，並見《神變疏》及《曼茶羅疏鈔》。但"唵嚂"字今梵書作"𑖌𑖼"，"唵摩尼達哩吽"字，今作"𑖌𑖩𑖱_{二合}"，"發吒"字，今作"𑖪_{二合}"。款内所書小異，蓋金時梵書如此，大藏密圓二十五部中，無從考証。

金貞祐二年詩刻

飲中用昌裔韵。左峰附右後攀前，如弟如兄翠接肩。償我多年憶山願，此行信是不徒然。

右詩積石太守孔朝散題，庵主李守一命工刻，貞祐二年七夕日。

右碑在觀邨老君庵。

金時有府尹，無太守，蓋沿前代之舊稱。朝散者，稱其大夫之階。

金甯曲水利記

甯曲重修水記_{六字小篆題額}

甯曲社重修食水記

郿之東南有村曰甯曲，右高阜，左平野，清渭經其北，太白當其南。厥田沃壤，物産蕃茂。然土厚而泉深，人羸于井汲，賴有流水繚於藩籬、門庭之間，爲斯民之大便。僉云此齊相甯戚所導之水，故宅遺址猶有存者焉，名之甯曲者，自此始矣。又村之東北有二塜，曰相之塜也，歲時祭祀，故俗相傳，禮無少衰。蓋思其德而敬其塜，猶人慕羊公之德，而淚峴山之碑也。或曰：初，相嘗往於南山下，中道遇汲者，問之，知其艱於獲水，乃惻然作意，盼隰瞰原，順夫地勢，渠而浚之。決赤谷之水，北過於亮伏暨李義村，又北過於吳家社，以至於甯曲。又析水之數，分入留番干董延，其水之所行及所流之多寡，二者有常，無相爭奪。使上下居民均得食用，不假於遠負而深汲，逸其所勞，而易其所難。噫！賢者之舉，其利博哉！降及後世，古道寖淫，淳風殄滅，衆暴寡，彊陵弱。瀕於上流者，盜決其水，專於己而遺於衆，使夫居末流者，當暑曾不得涓滴以相濡，構怨連禍，訟於有司者積年不絕，是豈前賢導水之意哉？夫智者創物，則能者述焉；明者作法，則愚者守焉。後之人當修廢革獘，納民於軌度，以和其心志，以息其憑陵，均水利於室家，不亦懿乎！儒生劉文秀者，乃甯曲士人也，世號富家。目擊其事，遂衰衆具牒，詣有司以請曰："夫民之用水，固有定制，自下而上，彊不得陵弱，富不得兼貧，遵其次序，周而復始，重其罰以防姦邪，明其禁以示弗渝。然後水之利可均，民之訟可息，不惟發揚賢相便民之餘休，抑亦副國家張官所以爲民之意也。"時治鄜者皆賢，深然其辭，判而授之。一日，劉與鄉友命襃爲記。襃曰："夫述一事，紀一功，當在於俊才傑士。其淺識寡學者，將何益哉？"牢讓數日，竟不見察。襃寓居於教坊，常住來於甯曲[一]，素辱諸公之厚眄，辭不獲已，於是退而援毫，以書其父老之所云爾。二曲高襃記。

隴東進士康節篆額，雨金進士張待舉書丹，郃陽馮善刊。武節將軍、行恒州鄜縣尉張住哥，武義將軍、行恒州鄜縣簿謝恩，宣武將軍、行恒州鄜縣丞、騎都尉周元，輔國上將軍、行鳳翔路恒州鄜縣令、口密院軍民都彈壓、金源郡護國軍開國侯、食邑一千户食實封一伯户完顏九住。興定五年冬下元日，張通、蕭德、趙勝、徐忠、段濟、張新、蕭吉、蕭林、姚珪、張維、李儀西、張宏、李彬、本院主僧法斌、道士岳欽禮，同立石。

碑陰

甯相創興食水之圖圖不録

凡願食用水者，碑上有名，不願者無名蕭松以下凡七十七人，今不全録。

右碑在甯曲，余於金石喜録其全文，此記有不成文理之處，故節去一百二十餘字。

金時鄜屬鳳翔路鳳翔府，此碑云恒州鄜縣者，蓋自貞祐四年升鰲屋縣爲恒州，以鄜隸焉。元初廢恒州，又升鄜縣爲鄜州，後又省鄜州爲鄜縣爾。

【校勘】

[一] 住，當爲"往"之訛。

金人射虎記

射虎記三字篆書題額

◎ 吉金貞石録

吾友隴東康楫來，乞射虎記。問其故，爲郿尉曹侯設也。吁！人之所欲詳，誠吾之所欲略。子徒知其去虎之虎，焉知其去非虎之虎，衆且多乎哉！夫虎之虎殺人也，見於迹，人猶得而避之，其害細。所謂非虎之虎殺人也，藏於心，使人不知其所避，狎而就之，其害鉅。一擾之後，無地無之，奚獨郿也哉。若夫嘯兇嗥醜，伏晝神夜^[一]，禁緩則跳踉，勢窮則騰躑者，盜虎也。氣吞一邑，塊視四鄉，逞貪婪之慾，啗孤羸之利者，豪虎也。朦昏昧田^[二]，誣下罔上，掉難折之舌，吐無證之詞者，訟虎也。假威官府，擇肉墟落，志在攫挐，情忘畏惕者，此吏虎也。爪牙爲名，意氣自若，倚事以下鄉，幸贓以中人者，此兵虎也。又若鉤鉅成性，擊搏克己，據案弄威，攘權護失者，同僚之虎也。公衙上檄，私爭己忿，擁妖抱妍，醉濃飽鮮者，過客之虎也。人謂郿有曹侯，則盜者遁，豪者懾，訟者弭，吏爲之縮首，兵爲之歛迹，同僚伏廉而更讓，過客憚正而引避，綱而舉之，其政亦足知矣。宜乎邑之民，途不掇遺，寢不闌戶，熙熙然，坦坦然，各保其性命。子以射虎爲勇，則漢豈無李廣，唐豈無裴公？勇於政，斯可矣。裴、李世聞其射，而未聞其政，如曹侯者，可謂兩得之矣。然吾不以去虎之虎爲賢，而以去非虎之虎爲賢者，郿志實在兹。侯諱大中，字特正，隆安人。家世官秩，孔臨洮嘗載之，皆不書。子袖此以歸，其告郿人，既去而思，當涙吾文。元光二年十月初四日，紫陽楊煥記。

雨金張待舉□，郿縣令謝良□書丹、立石，待闕楨州司候楊利貞，前稅都監王□□□監酒稅□同立石，鐫者馮□。

右碑在縣東門外。

【校勘】

[一] 神，《遺山遺稿》卷上作"伸"。

[二] 田，《遺山遺稿》作"由"。

卷第五　郿志稿下

元天真觀雲版題欵

天慶宮三字在中央

郿州天慶宮□下院天真觀尊宿、提點前郿州道正□□大師宋志明，郿州道正知天慶宮事楊志和，知觀趙志元、羅志方，副觀任志清、王志珠，知庫杜志堅、楊德謹，知客陳德祥、張德净，典庫楊德清、楊德順，知莊馮志實、高□。至元十一年四月上日記。重陽宮造。

右雲版鐵重七十斤有奇，背圖日月、鷄兔，甚工妙，今在縣廨。聲喤然，相傳能聞五里。雲版[一]，磬之遺制，唐梨園馬仙期方響類此，但今所傳者稍大，不可入樂耳。宋大中祥符七年二月，鳳翔府天慶觀甘露降。則知天慶宮創於宋，時在鳳翔，在郿者爲天真觀，故曰下院也。元初升郿縣爲郿州，欵所題亦合。

【校勘】

[一]“版”下，《郿縣金石》多“見《雲仙雜記》”五字。

元至元十五年詩刻

至元戊寅春三月旦日，進義校尉、盩厔縣主簿兼尉馮時賁題，郿縣天慶宮前知宮趙志元立石，衍真大師南陽白拱真刊。

右詩在觀邨老君庵。有曰“疏通汧渭河千里，灌溉岐郿稻萬畦”，當是頌道士宋□敬導修水利之詩，餘甚俚，不錄。

◎ 吉金貞石録

元天真觀四至題字

京兆鄠縣東關天慶宫下院天真觀四至地土步所下項，觀東右墻外東至四百步，觀西水渠西至四百步，觀南至党家退水渠，觀北墻外北至一百步，内南北水磨四窠。至元十六年正月日。

右横石題字，在觀邨道旁。

前至元十一年雲版題欵稱鄠州，此題字在十六年，稱鄠縣，則知省鄠州爲鄠縣，在至元十一年之後、十六年之前。史稱至元元年省鄠州爲鄠縣者，此語不確。中統三年立陝西四川行省，治京兆，至元十六年改京兆爲安西路總管府，此在十六年正月，故猶稱京兆鄠縣也。至皇慶初，迺改安西路爲奉元路耳。趙明誠曰：“史之歲月、地理、官爵、世次，以金石考之，牴牾十常三四。蓋史牒出後人之手，不能無失，而刻詞當日所立，可信不疑。”旨哉斯言！日得佳碑數種，繙書妙悟，婆娑永晝，可以忘老矣。

元至元廿一年詩刻

鄠邑西連五丈原，琳宫一境絶翛然。窻含太白山頭雪，門鏁華陽洞裏天。壜記堆金無逆黨，丹成换骨有飛僊。我來不過庚桑楚，聊向青童借榻眠。至元甲申春二月望日，將仕佐郎、陝西漢中道提刑按察司知事陳亞題，天慶宫保真崇道大師、鄠縣道門提領康德仁上石，衍真大師南陽白拱真刊。

右詩在觀邨老君庵。

元至元廿二年詩刻二種

至元乙酉春三月既望，余行香於岐山□□廟。翌日回，過鄠壜，爲提點宋□敬□□觀村之天真觀□則視其□□□□□宗翊教之事因下闕陝西五路西蜀四川道教都□□天□真人李道謙題，天慶宫元壇掌籍大師□德□立石，南陽白拱真刊。

右詩刻在老君庵，故天慶宫也。詩中有宋練師開渠决水之語，即提點宋□敬也。詩不録。

陝西等處行省領秦蜀五路，至至元二十三年以後四川立行樞密院，轄本省，於是陝西惟四路矣。此碑在至元二十二年，故稱陝西五路西蜀四川云云。

然道教雜流，亦同行省分轄諸路，可笑已。錢坫曰：元高翿古文《道德經》，道謙有隸書跋；《重陽教祖碑》，道謙正書；《重修說經臺記》，道謙撰文。道謙，王重陽弟子也。

至元乙酉孟冬望日，夔府路都道錄院提點冉德明題，天慶宮元壇監齋陳德祥立石，衍真大師白拱真刊。

右詩同在老君庵，有曰"更疏斜水通郿塢"，亦是頌導水利之詩。

元人七言詩沁園春詞

大元至元乙酉夏藜上弦日，應詔法師衡山中谷翁李如堅題，知天慶宮事道士馮德淵立石，南陽白拱真刊。

右碑同在老君庵，詩詞甚邨俚，不可錄。

元憑風石記

李真人門下記六字在石之上曾，似是題額

憑風石記，郿縣東關天慶萬壽宮下院二虎下闕觀村天下闕東中渠下二行字全闕連下闕至元廿七年三月日記。

右石在觀邨道旁，高四尺五寸有奇，廣五尺有奇，下豐上銳，似是屏風，故題曰憑風石也。新出之土中，字刓不可辨。余親至石下，手模肚畫，髣髴得三十九字，亦不知其所謂也。

元太白廟記

重修太白廟記六字篆書題額

□□□□□□記

承務郎、陝西等處行中書省架閣庫管勾兼照磨李昶撰

奉元路儒學學正文禮愷書丹

奉政大夫、陝西等處行中書省左右司都事郜從禮篆額

□□□□□□南距縣四十里，山之陰一十五里，曰清湫鎮者，即神祠之所在。其山雄傑奇秀，盤礴霄壤，拔出於終南褒斜之上。山冢峰□，湫水鼎峙，蜿蜒側徑，遵溪而去。左右挾峻崖，大壑峭立，穹林叢薄，蔽虧日月。盛夏積雪皎然，地高且寒，人蹟之者茹糗糒，冒瘴厲，閱信宿而後返，往往恇怯

畏懼。故四方香火率詣祠下，前有湫五，垔涌兩掖，凡雨暘蟊疫，請必響應。然祠宇歷年滋久，雀穿鼠穴，日就不支。大德丙午，陳侯仲宜來尉是縣，進謁畢禮，顧而嘆曰："惟神疏封王爵，策名巨鎮，澤物捍災，功烈昭晰，祠迺卑痺破露若此，將何以答神之休，寧神之棲，而聳遐邇之聽也哉？事每患不立志，苟志立，而因人之欲，豈拾瀋爾。"既而秋七月，旱禱而雨。越明年夏，旱禱又雨。其後沴气間作，禱而輒雨。仲宜口告于衆曰："神貺不可以不酬，廟貌不可以不修，神固靡責，怠而弗舉，無迺爲邑人之羞乎！"於是縣治帥府官吏望族秦守、王振，提點希静口師、康德仁，耆老李平、于庭秀、李顯、張琳、盧口明、陳德、陳政、張甫、李琛、趙文秀、侯臯、李伯祥、江澤、周成等，聞仲宜之言，莫不交欣踴躍，溥口協志，鳩貲相役。始於至大己酉之冬，終於皇慶癸丑之十月，最材木之數以千計，瓦甓之數以十餘萬計，金穀之數以三萬緡計，斲礱鍛鑞搏埴之功，皆極一時之選，仍命侍祠者張秀以董之。去舊基可廿餘武爲正殿一，凡四楹，其廣八尋，其高如之制度，淑詭百堵。外施三閣口列湫，各構堂於其上。或烟霏四開，山峰倒射，池影涵碧，竹木環廕，黿遊魚曜，光景炳燿。河水東西奔流于渭，涼气襲人，衣被餘潤。南俯通逵，田夫行旅，駕肩結軫，稻塍麥朧，某布森列，徙倚周覽，一目千里，真天下之絕觀也。夫天人之理一爾，人能篤敬以格于上，神必垂誠以福于下，古之人鬼龐雜，聖人雖絕地天通，使各有秩，然薦享之道，未嘗不致意焉。故類禋柴望之祭口口書祈報由弭之義，著于《禮·周官》，陳雩禜之法。而詩列懷柔百神之頌，推而至於山林、川澤、丘陵、墳衍之族，與夫八蜡順成而索饗之，其口世而設教也詳矣。後之人信不足以自孚，惑者則狎而玩之，誣者則疏而忽之，由是感通之道不彰，而天人之理裂矣。我國家恪遵古典，丕隆聖化，德音屢降，若曰名山大川，載在祀典者，廟宇損壞，官爲修理。嗚乎！仁澤宏深，可謂得恤民之旨矣。然郡縣長吏不時奉行，廢格沮撓，視官舍猶傳舍，菱而弗葺，尚奚暇以及此？今仲宜一尉耳，禦盜職也，迺能上體國家恤民之旨，鼓舞率導，作新斯宮，俾渙散之人，萃其篤敬之心以格于上神，錫豐年之慶以福于下，天人之理合，而永享太平之樂矣，豈不偉哉！一日，李平等踵門懇予曰："斯役也，陳侯之功居多，不有所述，曷以示後？願丐文以刻于石。"予嘉仲宜立志有成，而悅邑人之向善也，遂爲書其本末如右，而繫以詞。仲宜名安義，冀寧平定州人。繇憲史而除是任，政績著聞，擢陝省掾令，陞都鹽運司知事云。其

清代陝西金石學著作十種

詞曰：

節彼太白，群山之宗。祠宇傾圮，既□□□。陳侯戾止，惕然于中。退而
游徼，律己奉公。桴鼓夜閑，囹圄畫空。迺卜高岡，迺建新宮。金碧翬翼，气
象顯崇。元衮赤舄，神望愈隆。有□□□，□□災凶。神赫斯怒，迺憫我農。
變化揮霍，油然影從。前驅列缺，後駕靁霆。靈湫鼎沸，叱咤蛟龍。渥澤獲
醜，歡聲四同。仰事俯育，□□□□。□□□賜，亦侯之功。報祀無疆，罄爾
丹衷。

延祐元年四月旦日立石。廟下闕孫仲達、郭巨源、仇恭、宋郁、陳文鑑、俱
文瑞、張謙，典史關撝、趙善、李時中，將仕佐郎、奉下闕忠，將仕佐郎、奉元
路鄠縣主簿苟觀，忠翊校尉、奉元路鄠縣下闕，將仕佐郎、奉元路鄠縣達魯花赤
兼管本縣諸軍奧魯勸農事奴忽兒丁，功德主武略將軍秦州下闕提調修造官、從仕
郎、陝西等處都轉運鹽使司知事、前鄠縣尉陳安義。

碑陰題名

助緣功德主銘<small>此六字題額</small>

莊浪州前吏目亓或，扶風縣飴原鄉清禪峒山主賢人，古興平縣達魯花赤兼
勸農事黑的，敦武校尉、前蒙古軍百戶征西万戶府知事達海，宣授武德將軍達
思，千戶娘子阿畱也落罕，統軍都元帥夫人馬連娘子，鎮□張琛，百戶齊璋府
知印王鼎，鎮撫所彈壓劉興，百戶李□，進義校尉、管軍上百戶陳百祥，敦武
校尉、管軍總把常珎，府吏巨達權，百戶林繼祖、程萬戶，二舍人府吏李庭，
忠顯校尉、管新附軍千戶楊元鑑，進義副尉、千戶所彈壓苟揚，進義校尉、管
軍上百戶兀郎吉□，將仕郎府經歷田瑞，武略將軍、陝西萬戶府副萬戶曹繼
周，武德將軍、陝西萬戶府萬戶程文演，省注柿林務都監薛元恭，省注柿林務
同監白，省注鄠縣在城務大使武謙，省注鄠縣在城務副使張德顯，案□任慶，
令史龐天祐，經歷□□知事豆冲□，次官李文□，次官吳良，長官王亨，同知
張子安，闕五字<small></small>元帥劉質彬闕花赤也先脫忽里<small></small>闕縣尉張植<small></small>闕主簿□，尉王君瑞，<small></small>闕
諸軍奧魯勸農事王□<small></small>闕達魯花赤兼諸軍奧魯勸農事小云失脫因<small></small>闕西路鄠縣達魯花
赤兼諸軍奧魯勸農事小云失帖木兒，進義校尉、鄠縣達魯花赤兼管本縣諸軍奧
魯勸農事那海，懷遠大將軍、前興元路總管耶律遜。<small>以上題字弟一曾。</small>

鳳棲鄉清湫本社修造功德施主花名<small>張□等三十八人</small>，道南<small>馬德等二十四人</small>，太白鄉
教坊社<small>王良甫等二十五人</small>，諸葛鄉廊下社<small>社長甯等二十九人，不全錄，下仿此。以上二曾姓名。</small>

道北胥繼口等十九人、豆村社社長趙得進等三十四人、甯曲社社長李平等十七人、普濟社李社長等十七人、譽田社郭同知等十八人。以上三曾。

溫泉社樓觀村李文進等二十一人、屯莊王社長等十五人、華谷口楊義室人李氏、銀氏等十四人、駱口社趙庭等二十五人、曲坑村劉彈壓等六人、西礎社楊社長等六人、廣積社楊社長等三人。以上四曾。

槐芽社社長李顯等十四人、包家社陳社長等十五人、法義社社長張山等二十三人、嶺西社王社長等八人、常樂社楊道進等三人、同谷社劉信之等十二人、遷善社助緣神子社于玉等九人、仁智社陳副使等七人。以上五曾。

柿林社姚社長等九人、橫渠社社長秦堅等十人、侯家社劉社長等五人、路井社楊社長等八人、務平社馬社長等若干人，有闕、梁村社姜都監等十四人、清遠社李社長等九人、臨渭社游社長等十人、巾子石郭平甫等十二人、斜城社社長侯皋等八人、利物社田社長等三人。以上六曾。

岐山縣南務村朶口等若干人，有闕、河口周全等三人、北務村石頭河王四總領等十三人、盩厔縣在城司吏景天祥等二人、南關周覺悟等若干人，有闕、大角寺僧人王師青華，臨泉庵陳道元，槐花村千户李蒙古夕，武功縣東扶風白寺村侯伯進等若干人，乾州在城宋珪，白村孛羅朮宣冉都官，紫遥村郭祿、郭用，仙仁鄉趙原村劉澤，旋村羅大，扶風縣飴原鄉牛蹄村待詔王資，東作村社長楊皡、安四哥、呂伯口、王四提領，口村提領孫二哥，大川鄉三頭村李百户、李二哥、李三口、喬大哥、喬二哥，興平縣仙林鄉上村石神子李神等八人，辛莊村魏卿等六人，扶風縣焦生村張總管夫人李氏等四人，文殊村陳祐青，大同村馬一哥、馬進，涇陽縣西柳村打捕鷹房劉提領，同州馮翊縣西里村完顏主簿王，乾州郭村口明，錄事劉文進。以上七曾。

助緣功德主宣授前安西路民匠總管任佐男，宣授管民總管任友直孫男，宣授民匠總管同知任豫，盩厔縣青花鎮夏，奉元路石匠豆村萬居儒、王玉斛書銘，奉元路石匠提控湯仲信并弟湯口，咸寧縣木匠提領劉德，泥匠提領王舒口。以上另二行題名。

右碑在清湫廟，碑陰題名凡七曾。

元有二李昶，一是此記撰文之人，一是東平須城人，世祖時人也。

元時官制稍冗，至順帝漸汰之，而國事亦陵替矣，此欵所載官名咸與史合。娘子阿畣、娘子馬連，可補宮閫小名之遺。畣字、夕字，元人之譌字。內有柿林社之名，故元時置柿林縣。

元橫渠祠堂記

祠堂記_{隸書題額}

重修橫渠先生祠堂記

賜進士、承事郎、前興元路同知洋州事文禮愷撰

奉元路鄠縣尉楊粹書丹并題額

延祐四年冬十有一月朔，陽陵李中從正，捧紫薇檄赴鄠文學掾，道橫渠，進謁故宋張獻公祠，下輿薦禮畢，徘徊願瞻。檐內則鼠穴雀穿，榱棟霖毀，寢危神位；外則豕圂蛇藪，蔓葛叢棘，牆垣悉頹。嘆息良久，乃詣縣諗主簿劉君楫，請重葺以副具瞻。適廣宣聖廟廡，董役孔亟，力不暇及。越明年春，始鳩工徵材，祠之故壞腐者咸易之。會劉丁內憂，旋復中畫，今尉楊君粹至，怵然恊規偲力。迄冬而功告成，薈簷扉牖，奐然一新，囑記於走，且曰："是鎮之南，先生故居，今皆蕪沒，疑爲緇黃有，欲髣髴一覽不可得。是祠元貞初所建，陋復若此，向非嗣葺，日就廢矣。子居鄠積年，悉其事，盍筆以詔永久。"竊惟先生以道德鳴於嘉祐、熙寧間，方河南兩程夫子，傳濂溪周子學，而先生實相後先，羽翼孔孟，淵源洙泗，著書立言，垂範後世。從祀清廟，其來尚矣。矧其一時德業之盛，則昔儒紀述之詳，蓋已備列簡冊而布之天下學者，至今稱關中之橫渠，與春陵之濂、河南之伊洛，擬聖賢鄒魯，茲姑可略已。病夫俗學之士猶吝舊習，或局於詞藻，或馳騖詭怪，既自遠乎正大之域，斯先生之書容有覆瓿之議者，天相斯文，無往不復。今聖天子龍飛乾造，恢崇儒雅，科舉定制，摭實去華。原本道學體用，該具天下之學，翕然向風，則嚮之覆瓿者，匪徒珍而誦之，而第將行其所知矣。君等乃能上體國家崇儒復古之意，一新是祠，展鄉曲之敬，申歲時祀事，鄠人不獨擅其美，吾道亦以之而增輝焉。若夫窮神化，一天人，立大本，斥異端，同志之士瞻拜遺像，于以想見先生之風采，則其胸次興起者，又當何如也。走敢以不辭而辱爲其記，亦附管見，方與君等共勉之云。七年春正月戊子謹記。儒學教諭李中立石，典史石堅，承事郎、奉元路鄠縣尹兼管本縣諸軍奧魯勸農事李仁。

右碑在橫渠祠堂，已仆矣。余屬邑令重爲建立。

記云"先生之書容有覆瓿之議"，又云"天相斯文，無往不復"，是在延

祐以前，人猶有未信橫渠之學者。昔《西銘》書成，楊時致書伊川曰："《西銘》言體不及用，恐其流至於兼愛。"伊川答曰："橫渠立言誠有過者，乃在《正蒙》《西銘》，爲書推理以存義，與孟子性善養氣之論同功，豈墨氏之比？"朱子跋《太極》《西銘》二書曰："始予作《太極》《西銘》二解，未嘗敢出以示人。近見儒者多議兩書之失，或未通其文義而妄肆詆訶，予竊悼焉，由是言之。"宋人之議橫渠者不少，得程朱表章，久而論定，如日月之明。嗚嘑，道統之正，豈容中晦哉！《西銘》大段處是仁，仁有區分處是理，故曰民、曰物、曰長、曰幼，理之所在便是義，故伊川曰"推理以存義"也。楊氏恐流於兼愛之言，是不知仁之中有理，理之所在爲義。墨氏用仁不當，故無理無義。若仁之體全，則義理兼該，用自在其中。楊氏言體不及用之語，吾所不解。

元制詞

大元詔命加封<small>六字篆書題額</small>

啓聖王制：上天眷命，皇帝聖旨。闕里有家，系出神明之冑；尼山請禱，天啓聖人之生。朕聿觀人文，敷求往哲，惟孔氏之有作，集群聖之大成。原道統則堯授舜，傳之周文王；論世家則契至湯，下逮正甫考。其明德也遠矣，故生知者出焉。有開必先克昌厥後，如太極之生天地，如鉅海之有本源，雲仍既襲於上公之封，考妣宜际夫素王之爵。於戲！君子之道，考而不繆，建而不悖，于以敦典；而叙倫宗廟之禮，愛其所親，敬其所尊，于以報功；而崇德尚，篤其慶，以祖斯文。齊國公叔梁紇可加封啓聖王，魯國太夫人顏氏可加封啓聖王夫人。主者施行。至順二年九月日<small>寶</small>。<small>右刻碑上曾。</small>

大成至聖文宣王制：上天眷命，皇帝聖旨。蓋聞先孔子而聖者，非孔子無以明；後孔子而聖者，非孔子無以法。所謂祖述堯舜，憲章文武，儀範百王，師表萬世者也。朕纂承丕緒，敬仰休風，循治古之良規，舉追封之盛典。加號大成至聖文宣王，遣使闕里，祀以太牢。於戲！父子之親，君臣之義，永惟聖教之尊，天地之大，日月之明。奚馨名言之妙，尚資神化，祚我皇元。主者施行。大德十一年七月日<small>寶</small>。

特封大成至聖文宣王夫人制：上天眷命，皇帝聖旨。我國家敦典禮以彌文，本閨門而成教，乃睠素王之廟，尚虛元媲之封，有其舉之斯爲盛矣。大成至聖文宣王妻并官氏，來嬪聖室，垂裕世家。籩豆出房，因流風於殷禮；瑟琴在御，存燕樂於魯堂。功言邈若於遺聞，儀範儼乎其合德，作爾褘衣之象，稱其命鼎之銘。噫！秩秩彝倫，吾欲廣關雎鵲巢之化；皇皇文治，天其興河圖鳳鳥之祥。可特封大成至聖文宣王夫人。主者施行。至順二年六月日_寶。右刻碑下曾。

碑陰

忠翊校尉、奉元□鄠縣達魯花赤兼管本縣諸□□□勸農事唐元亥，從仕郎、奉元路鄠縣尹兼管本縣諸軍奧魯勸農事楊世準，主簿、奉元路鄠縣尉楊楫，省注典史李安，縣史張琮、雍圭、齊郁、丘文郁，尉史薛恭，三華真逸盧德洽刊，古雍喬有章書。至正三年秋九月重陽日，儒學教諭郎天秩□。右刻碑上曾。

鄠縣士版駱家社史伯貞，教坊社冉義方，法義社黃文□，瞢田社孫士從、羅□，廣積社閆文貴，仁智社何文秀、袁應真、扶大亨，普濟社□實，曲圫社樊伯祥，同谷社何德淵在廓、岳玉，普濟社洒掃戶何謙。右刻碑中曾。

一、總計瞻學地五頃式拾壹畞，廟學週圍叄拾伍畞，清遠社式頃捌拾畞，梁村社壹頃貳拾畞，瞢田社巾子石絕戶儒人黃先生抛下桑園地捌拾畞，東至水渠，南至志師，西至古道，北至道西磴社地六畞。

一、總計瓦房壹拾壹間，空地基九間_{下闕}，西關道北學房陸間，在城街南空地基叄間。右刻碑下曾。

右碑在學官。據碑，加號孔子大成至聖文宣王是大德十一年七月，其時成宗已崩，武宗明年迺改元，故猶稱大德。《祭祀志》作至大元年加封者，誤也。封叔梁紇爲啓聖王，是至順二年九月，《文宗紀》作元年七月，皆當以碑爲正。又《志》載朱子加封齊國、朱松追諡獻靖制詞，而不載加封啓聖、大成之制，亦是闕漏。

漢永壽二年《禮器碑》，宋大中祥符元年《郓國夫人敕》，作并官氏。鄧名世《姓氏書辨證》、王應麟《姓氏急就章》及《廣韵》亦俱作并官氏。不知何時忽以爲丌官氏，一唱百和。余在書局重校《玉海》，力陳於總裁，不可誤改亓官。今讀此碑，知元人書寫猶存古字也。

元郭鈞碑

郭儒林遺愛記_{六字小篆題額}

郭儒林遺愛記

承事郎、奉元路澄城縣尹兼管本縣諸軍奧魯勸農事常視遠撰

忠勇校尉、陝西等處行中書省豐備總庫提領養安處篆額

陝西行省除奉元路郿縣典史李琇書

伏聞官得人，則百事舉而黎庶安；非其人，則百事隳而黎庶擾。今聖朝於路府州縣之長，遴選賢能，得與是選者，百□一二。累□詔旨示於四方，□命御史，詳考其六事備不備，以憑黜陟，□稱是職者，尤難其人。郿，奉元路之屬縣，人物繁夥，公務倍於鄰邑。□□辛卯十有二月，郭鈞尹郿。下車之初，謂農桑爲民之急務，故督於勸課，四民飽煖，設立學校，□通經之士而教養之。□鄉村之中，樂於爲善，感他郡之人，□其姓者四家，來爲郿邑之氓。時有害政蠹民者，與不率教者，刑之於市曹，故得以訟。簡壯者各勉焉，得盡力於田畝。化愚民以脩孝弟，禮遜之風漸興。盜賊因自而息縱，别境之徒潛來攘□，公設以方術，必獲刑之。兩遇亢陽，遍禱於神，甘霆霈作，百穀皆登，易爲豐歲，家家得以安飽。□常平倉粟四千餘斛，挑□□時。適興元金翔以及江漢群盜竊弄干戈，申給關隘、丁壯，每遇運籴軍儲，公第分九等，均派於民，禁委吏輿儓之徒，而不敢高下其手，中無苞苴之行，前後輸粟數萬餘石，而民了無一語以陳其偏負。仍引斜谷之水溉田千有餘畝，使縣民永被其澤。遣壯士晝夜守把巡護，以警不虞，内外得以寧謐。嗚呼！公之來也，督農桑，感時雨，民不凍餒；設學校，興禮遜，息民詞，可不謂之能乎；禁强暴，均賦役，常平有法，引水溉田，以潤斯民，不可謂不能也。公之歸也，解印之日，促車而行，惠及於民，民請文爲久思之計，不賢者能如是乎？余曰：官得其人而百事舉，良因此夫。至正十有四年秋九月，蒙秦省以國調遣之急，選前豐備總庫提領養安處來□是邑，尤長於治民，言行與公相孚。冬十月，王德義尹代其公。簿王申福，典史李琇□□□儒飾吏下及吏□大小熙和，凡事咸贊成之，視他邑之政，鮮有及焉。公名鈞，字平叔，朝邑人。由儒□□□職，轉陞儒林□選，爲前尹鄉之耆艾。劉思明等慕公之恩，懷公之政，請文刊諸石，以傳之不朽，故爲闕書。至正月十有五年歲次乙未正月日，劉思明等立石，石工張文通、張敏中刊。

右一碑在今縣治倉内。

跋[一]

　　張氏《吉金貞石録》五卷，清張塤撰。塤字商言，號瘦銅，江蘇吳縣人。乾隆三十年舉人，官内閣中書，與翁方網、趙翼友善。考證金石及書畫題跋，俱詳贍可喜。《兩漢金石記》於《孔彪碑》《居攝墳壇刻字》《魯王墓石人刻字》《武梁祠堂畫象》《魏元丕碑》，皆引其説。著有《竹葉庵文集》。畢沅巡撫陝西，招致幕府，屬其重輯興平、扶風、郿三縣志，此書即增訂三縣金石志而成者也。其自序作於乾隆四十五年庚子，距今百五十年矣。《興平志》增《唐寂照和上碑》，《扶風志·唐無憂王寺碑》據舊拓本校補二十九字，題跋亦多删改。《金石萃編》《金石續編》《八瓊室金石補正》等書不收元代碑刻，而此獨著録十餘種。金代碑刻，《萃編》等書雖收矣，尚不若此之備。惟《隋安喜公李君碑》，《萃編》云在興平縣馬嵬堡北五里，此書亦失録。《落星石題名》此入後魏大和，《萃編》入唐大和。升平元年至後魏大和九年爲一百廿九年，至唐大和九年爲四百七十九年，皆與原文“□百九年”不合，疑以存疑，姑俟後人考證耳。是書向無刻本，繆氏《藝風堂藏書續記》所著録者乃傳鈔本，今依燕京大學圖書館藏原稿本校刻，並爲補目録於首。曾見《涵芬樓秘笈》第五集《扶風縣石刻記》題爲黃樹穀輯，正與此書《扶風志》相同，而删去金刻，可知《石刻記》乃節取張氏原作，而嫁名於黃氏，非此書出，孰從而證之？且秘笈本譌奪滿紙，則是書之刻又惡可已乎。十八年除夕，東莞容庚記。

【校勘】

[一] 按，底本無標題，今爲編排方便而補。

秦漢瓦當文字

[清] 程敦 著

點校前言

乾隆中後期瓦當出土日多，研究著作也日益增多。其中，程敦《秦漢瓦當文字》一書，代表了當時瓦當研究的最高成就。

一

程敦，字厚孫，號彝齋，安徽歙縣人。其生平見於文獻記載的很少，能夠勾勒出來的只有兩個時期。一是其少年時代。據鄭虎文《程彝齋文題辭》云：

> 槐塘程生敦，少嘗客蘇杭閒，從其賢士大夫遊。好子史百家之言，而薄制科文爲不足學，超然有高世之志。歸而讀不疎園主人汪君在湘《西湖紀遊》，心折曰：'不意柳州近出吾里。'遂往師在湘。在湘固嘗受經學於婺源江氏永，受古文法於桐城劉氏大櫆，茲土之學者也。既見生，大嗟賞之，復進生於余，學爲制科文。余老病荒陋，無以益生也，而生終不喜作時文，時強之乃作，作輒離奇變滅，絕出筆墨町畦之外，非埋頭兔園冊子者胸腹閒物。世故目生狂者，余曰：生不狂，生其狂於文者歟。一年在湘病殁，屬課其幼子於生，生遂去，故所得止此。嗚呼，在湘可謂知人能得士矣。[1]

可知程敦少時負才有狂名，工古文辭，不喜科舉時文。曾師事汪在湘。汪在湘其人，據鄭虎文《汪明經松溪行狀》，名梧鳳，在湘其字，號松溪，亦歙縣人。一生無意仕途，師事劉大櫆、江永，常與戴震、鄭牧、金榜等論學，著有《松溪文集》，卒於乾隆三十六年（1771）[2]。程敦當在是年之前從其學古文，又從鄭虎文學時文[3]。

汪梧鳳卒後十餘年間，程敦的行蹤不詳。其後可考知的是其客居陝西的

---

[1] ［清］鄭虎文《吞松閣集》卷二七，清嘉慶刻本。

[2] 《吞松閣集》卷三五。

[3] 鄭虎文，字炳也，號誠齋秀水人，乾隆壬戌進士，至翰林院贊善。

秦漢瓦當文字

十年。程敦《秦漢瓦當文字》序云"乙巳、丙午間，敦客西安"，乙巳、丙午乃乾隆五十年（1785）、五十一年（1786），似其這兩年間才至陝西。然王昶有《蘇文忠公生日，秋帆中丞招企晉、東有、友竹、稚存亮吉、淵如、敦初、家半庵開沃、程彝齋敦，集終南仙館作》詩[1]，終南仙館爲畢沅在西安時營建的一處園林別館，據此詩題，畢沅於蘇軾生日，邀王昶、程敦等在其中宴集唱和。按蘇軾生日在十二月十九日，而畢沅乾隆五十年三月調任河南巡撫，離開西安，則此次宴集最晚發生在乾隆四十九年（1784）十二月。則程敦是時已到西安。又程敦《續秦漢瓦當文字》序云"著録成於乾隆丁未……自敦稽留於此，又踰七年……甲寅八月望後一日，程敦又識"云云，甲寅爲乾隆五十九年（1794），程敦是時仍在陝。則其居陝至少十年。此後行蹤亦不詳。

其在學術圈的友人，除了陝西諸文士之外，著名的還有楊蓉裳、翁方綱、阮元等人[2]。其著作，除《秦漢瓦當文字》之外，據翁方綱《程彝齋書劍小像二首》詩所云："夫褉琫珌羅倉雅，合入先生釋器圖。程君撰《禮經釋器》。"[3]則尚有《禮經釋器》，惜今不見。

二

《秦漢瓦當文字》上、下二卷，《續》一卷。其著書緣由，先後兩篇自序説得很清楚。乾隆五十二年（1787）序云，西安諸文士，趙魏、錢坫、俞肇修、申兆定先後在陝，收藏瓦當較多，而申兆定又善仿造，他人所有皆能仿製。程敦因與四人皆友善，因此瓦當拓本多得自四人，收藏亦富。因嘆諸瓦聚之不易，而著此書記載。

此書成於乾隆五十二年，初刻於臨潼橫渠書院。收三十四瓦，一百餘種。縮印每瓦拓本，説明所出，考訂瓦文。此後程氏陸續又有所獲，遂在此本基礎上不斷遞修增刻。至乾隆五十九（1794）年，修訂重刻，將初刻本中所收多種申兆定仿本以真本換去，對釋文和考證做了修訂。又將五十二年以後所獲二十五瓦單獨成《續秦漢瓦當文字》一卷。

[1] ［清］王昶著《春融堂集》卷一八，清嘉慶十二年刻本。

[2] 《秦漢瓦當文字》成後，程敦曾寄楊蓉裳請教；翁方綱有《程彝齋書劍小像二首》；阮元《積古齋鐘鼎彝器款識》時引程氏之搨本。

[3] ［清］翁方綱著《復初齋詩集》卷二五，清刻本。

目前所見此書版本主要有兩種，一爲乾隆五十九年刻本，一爲咸豐四年（1854）朱克敏重裝本，《石刻史料新編》第四輯據朱本影印。

乾隆五十九年本，《秦漢瓦當文字》一卷，收瓦三十四，釐爲上、下；前有程敦丁未年（五十二年）自序、程敦與孫星衍書、鄭際唐與程敦書。《續》一卷，收瓦二十五，書前有程敦甲寅年（五十九年）序。

朱克敏重裝本的情況比較複雜。朱克敏字時軒，號游華山人、太華山人等，甘肅皋蘭人。生於乾隆五十七年，卒於同治初。道光七年至八年，遊學西安。十年，再次入陝。十二年至十六年，在藍田玉山書院講學，任山長。後歸甘肅。《秦漢瓦當文字》應是其在西安時購得，藏於篋中數年。朱克敏似對所藏此書頗爲自得，多次邀請友人同觀，此本中有其手書識語數則，有的爲邀人同觀此書的記載，一云"戊申（即道光二十八年）夏日，同河南李石生觀於皋蘭縣署神仙洞中"，又云"戊申暇日，同徐小山世叔、李石生同硯觀於樂天山房"。其在陝數年，購置有多種瓦當，因此書中亦有數條識語記錄自己在陝購置某瓦的情況，如延年益壽瓦圖下云："嘉慶十八年癸酉鄉試，得於長安好古書室。"至咸豐四年，朱克敏將此書重裝，書中有裝後自題曰："咸豐四年甲寅巧日時軒重裝"，"咸豐四年甲寅秋七月，重裝於樂天山房西花亭，重遊太華山人朱克敏記，時年六十有三"。

重裝的原因，或因年代久遠，此書漸有殘泐，又或因翻閱頻繁，書葉已散亂。重裝時朱氏將部分殘泐文字，手書補齊，但其手書文字和原書已有差異。書葉亦時有竄置，如永奉無疆、億年無疆兩種未按書前目錄順序編排；衛字瓦兩次出現，第二次出現時考證文字僅存半葉，九圖僅有六圖，且混入了上林瓦三圖；長生未央瓦、與天無極瓦均出現兩次，後一次則無一字說明。另外朱本在目錄、序文之後，正文之前，又有一目錄。因原本無緣見到，從《石刻史料新編》影印本看，此目錄爲"秦漢瓦當文字一卷上""秦漢瓦當文字一卷下"，兩葉疊加在一起，"上"在下，內容不可見；"下"在上，其目溢出書前目錄範圍，似爲《續》之內容。書前目錄三十四瓦，起十二字瓦，終八風壽存當。正文則八風壽存當以下，又有二十餘瓦，當爲程敦所云乾隆五十二年後所續得之瓦。

又朱氏重裝時似將每頁裁爲半葉，再拼合裝訂，絕大部分書葉無版心。然長生未央、與天無極瓦、衛字瓦圖重複出現時，却有幾葉是整葉的形式，版心可見，刻有"秦漢瓦當文字上""秦漢瓦當文字下"字樣。

三

朱本呈現出如此複雜的樣貌，將其與乾隆刻本内容上的差異作一比較，正可以看出程敦對此書多次修訂的過程。

首先，在乾隆五十二年初刻與乾隆五十九年重刻本之間，應還有數次增刻。

此書附有鄭際唐給程敦的信。鄭際唐字大章，號耘門，侯官人，乾隆三十四年（1769）進士。五十二年，鄭氏爲山西學政。是年二月，程敦完成《秦漢瓦當文字》，寄以就教。鄭氏的回信中對"鳥蟲書四字瓦"的釋文提出了異議，此瓦程敦釋爲"迎風嘉祥"，而鄭氏認爲應釋爲"永受嘉福"。乾隆五十九年刻本中，此信刻於目録之後。在正文此瓦的考訂中，程敦先云已釋爲"迎風嘉祥"，次引鄭説云："及此書著録已成，適鄭耘門閣學督學山西，寄以就正，復書解爲永受嘉福，其説遂定。因附刊其説於卷首，不敢掠美也。"但在朱氏重裝本中，此瓦仍釋爲迎風嘉祥，並未提及鄭氏之説，而在屬於《續》部分又收録了此瓦另一種異文，依然釋文迎風嘉祥，但在文首加了一句"鄭學士耘門先生與敦書云永受嘉福"。由此可以推測，朱氏所藏本當早於乾隆五十九年本，介於乾隆五十二年刻本與五十九年刻本之間，當爲程敦乾隆五十二年刻成之後，又陸續修訂增刻，鄭氏書信及"鄭學士耘門先生與敦書云永受嘉福"一句，即爲增刻内容。

又如長毋相忘瓦的考訂，朱氏本先云拓本爲"申朝邑從張舍人拓本放出"，末又云："乾隆戊申六月，俞太學訪得真瓦於長安賈人，遂將放本易去。"末句所云顯然爲乾隆五十二年初刻之後第二年戊申六月（五十三年）所增刻。而乾隆五十九年本則云"遍訪數年不獲，因以張舍人所拓本仿爲之。乾隆戊申六月，得於淳化縣北鈎弋夫人雲陵"，又爲五十九年的修訂之説。

另外，朱氏本收一瓦，前後重出，前文釋爲"樂當大萬"，後乃釋爲"大萬樂當"，考論文字稍有不同。而乾隆五十九年本此瓦爲《續》之第一種，釋爲"大萬樂當"，考證與朱氏本後一種相同。亦可證所謂"大萬樂當"爲後之增刻。

因此，此書於五十二年刻成，之後陸續遞修，未改動原版，僅增刻了一些内容。朱氏本就是這個過程中的一個遞修本。而上述"上""下"的標識，或許初刻之後、五十九年重刻之前，曾將陸續所得與前刻分爲上、下而刊刻過，大概因爲上三十四瓦，一百餘種，下僅二十五瓦（種），篇幅懸殊，因此在乾隆五十九年重新編排，將三十四瓦釐爲上下，後得之二十五瓦編入《續》，重新刊刻。

其次，程敦主要從兩方面作了修訂，一是瓦圖的置換添加。如長生未央瓦，朱氏本收十七種，乾隆五十九年本收十九種，數量增加了兩種，然瓦圖已大不相同，相同者僅三種。當即程敦所云以真本換掉了仿本。又如都司空瓦，朱氏本收三圖，實爲一種，五十九年本則刪爲一種。

瓦之真仿直接影響到對瓦文的考訂。程敦考訂的一個關鍵根據就是出土地，因初刻所收很多仿本，無法確定出土地，瓦之所施、用途遂難以確考，因此初刻考訂時不確定之語稍多。後訪得真瓦於某地，遂刪去前之猜測，而確定其功用等。如上文提及的長毋相忘瓦，乾隆五十二年得申兆定仿製之本，不知其所出，雖疑爲後宮殿瓦，且據《漢書》《長安志》等考爲漢後宮宮殿瓦，然疑不能定。次年因俞肇修得真瓦於長安賈人，遂得易去仿本，然仍不知具體所出，因此只增刻一句説明。後又訪得真瓦於雲陵，出土地既定，遂定之爲趙婕伃雲陵瓦。

又如大萬樂當瓦，程氏先釋爲"樂當大萬"，考萬爲舞名，樂爲大樂官，然以瓦得於隃糜，因定爲神祠瓦，而强解瓦文意爲樂舞極盛之狀。後又得瓦於漢城，遂得以推翻前説，而定爲大樂署瓦，釋爲"大萬樂當"。

另一方面的修訂是針對初刻釋文中訛誤以及考論不夠精當之處。

釋文有誤的，如上述鳥蟲書四字瓦，此瓦俞肇修、錢坫釋爲"椒風嘉祥"，而程敦釋爲"迎風嘉祥"，以《漢書》有迎風宮，又篆字類迎風，然疑不能定，以兩説並存。後得鄭際唐書，引《説文解字》等書從字形上辨其爲"永受嘉福"，且認爲瓦文多吉祥語，未必皆宮殿名。程敦後接受鄭説而對考論作了修改。

考論不精的，如衛字瓦，此瓦朱楓《秦漢瓦圖記》考其爲秦瓦，云秦平六國後，仿六國宮室於咸陽，則此爲衛國宮室瓦。程敦則駁朱説之非，認爲是漢衛尉寺瓦。其關鍵性證據即以趙、錢、申、俞所得此瓦皆出漢城，而非咸陽。初刻本中又説到各瓦文字大小、形製、輪廓各異，若爲衛國宮室瓦，則應一

秦漢瓦當文字

致。後來修訂時將此句刪去，或因這一點並非必然，而又提出疑問，若有六國宮室瓦，爲何衛字瓦多見，而他國瓦無所見。則是對朱楓之說是有力反證。下又附論楚字瓦，初刻本中已云未見此瓦，却又確定其爲秦作楚國宮室瓦，正與前論相矛盾。因此重刻時，刪去此爲楚國宮室瓦之說，認爲楚字或爲人對篆書"甘林"二字之誤識，雖然無據，然不損前論。因此後之修訂論證完整，較前精當。

四

乾隆年間的瓦當研究，除了朱楓、畢沅等人以外，程敦在《秦漢瓦當文字》中反復提到的申、俞、錢、趙四君，是乾隆後期陝西瓦當研究的主要學者。四人中，俞肇修生平、學術情況不詳；趙魏約乾隆四十一年至五十一年在陝，金石收藏宏富，其中瓦當收藏超過了四十種；錢坫乾隆四十一年入畢沅幕府，居陝二十餘年，金石著作以先秦古器研究爲主，關於瓦當的有一部《漢瓦圖録》，目前存佚情況不詳；申兆定約乾隆四十八年至五十二年在陝爲官，著有《涵真閣秦漢瓦當圖說》，今已佚，其人最爲著名的是其逼真的瓦當仿製技術。因四人瓦當著述缺佚，學術成就無法判斷。而程敦與四人友好，其瓦當拓本多得自四人，日常切磋交流密切，因此其《秦漢瓦當文字》一書實際上也可以看作是包括申、俞、錢、趙在內的乾隆時期瓦當研究的最高成就。

此書將瓦當研究進一步推向了深入。一是所收數目大大超過前人，其所收銘文相同的三十四種，數量和畢沅等人的著録相頡頏，僅有一兩種不同。然勝在同一銘文的瓦當異品多，十二字瓦、永奉無疆瓦異文各有三種，長生無極、千秋萬歲瓦異文各有九種，與天無極、延年益壽瓦異文各有七種，長樂未央、長生未央瓦異文各多至十九種。由於在現代考古方法出現以前，瓦當研究者以出土地來判別其來歷及功用是主要研究方法，程敦收藏種類既多，其出土地常散在多處，對於對該瓦的認識就很有幫助，因此考證常有高出前人之處。如上文提到的"衛字瓦"，從朱楓到畢沅均定爲秦瓦，認爲是秦在咸陽北阪上仿造六國其宮室，衛字瓦即衛國宮室之瓦云云。然程敦以衛字瓦得於漢城，而非咸陽，力證前人之誤。

二是其考論大多數到今天仍是確論。如蘭池宮當，朱楓據"《水經注》

云：'渭城縣有蘭池宮，秦始皇微行，逢盜於蘭池。'《雍勝略》云：'咸陽縣二十五里有蘭池宮。'"故定爲秦瓦。畢沅云"不知秦與漢與"。程敦則考云："考《漢書·地理志》，渭城有蘭池宮，不言何帝所起，又《楊僕傳》云受詔不至蘭池宮，如淳曰，蘭池宮在渭城。《文選》李善注云，咸陽縣東南二十里周氏陂南一里，有漢蘭池宮。據此，則蘭池宮乃漢宮，非秦宮也。而《三輔黃圖》因《史記·始皇本紀》有逢盜蘭池之説，遂與阿房、興樂並列而目爲秦宮矣。《本紀》云爲微行，與武士四人俱夜出，逢盜蘭池。夫曰微行，曰夜出，則不在宮中可知；又曰逢盜蘭池，則無宮可知。《正義》引《括地志》云'蘭池陂即古之蘭池，在咸陽縣界'，亦不言有宮。然則史言蘭池者，特著逢盜之地，漢乃因池以建宮耳，烏得爲以秦宮哉。《黃圖》又云蘭池觀在城外，此則別近漢城之觀，與同名，非此蘭池宮也。"考證十分精當，此瓦爲漢蘭池宮瓦之説遂定。

又如長樂未央瓦，從朱楓以來以出土地斷爲未央宮或長樂宮瓦。申兆定即認爲朱氏之説過於拘泥。程敦則認爲："長樂、未央本兩宮，此瓦文合而一之，亦取吉祥語意，配合成文耳。非必某宮即用某字瓦也，他宮殿瓦文意亦放此。……觀古人銘器款識，不曰千萬年，即曰子子孫孫永寶用，可見吉祥語意，靡所弗施矣。"認爲此爲表達吉祥語意的普遍使用的一種瓦當。從今天此瓦出土地散佈西安各處漢宮遺址，可證程敦所論之確。

然限於所見，程敦有的考論今天看來也存在問題。如長生未央瓦，程敦因所見出於淳化，因此仍附和林侗、朱楓等將其目爲漢甘泉宮瓦。但是到了晚清，據金石學家吳大澂統計，此瓦異品多達有一百二十種，出土地不一。今之學者陳直則因此瓦西安隨處可見，而將之歸入吉語類瓦當[1]。同時，隨著考古方法的不斷發展，今天判斷瓦當的時代，除了關注其出土地點之外，會更多地注意其出土時的地層層位。學者劉慶柱即據文字瓦當的出土地層認爲秦代並無文字瓦當[2]，則畢沅、程敦等人關於秦瓦漢瓦的諸多爭論皆可休矣。

綜上，程敦此書代表了乾隆時期瓦當研究的最高成就，其有超出前人的卓越之處，也有其考證的局限性，閱讀、利用此書時應該把它放到瓦當研究的發展演變中客觀地去看。

---

[1] 見陳直《秦漢瓦當概述》，《文物》，1963年第11期。
[2] 劉慶柱《秦十二字瓦當時代質疑》，《人文雜誌》，1985年第8期。

此次整理所用底本爲乾隆五十九年刻本，以咸豐四年朱克敏重裝本（簡稱朱本）爲校本。本書所繪瓦當圖片，爲方便閱讀，整理時標以序號。

目　録

目 ·· 575

　　附：致孫編修淵如書 ················· 578

　　　　鄭閣學耘門先生與敦書 ········· 578

上 ·· 580

下 ·· 605

續秦漢瓦當文字一卷 ··················· 628

目

十二字瓦三

長生無極瓦九

長樂未央瓦十九

長生未央瓦十九[一]

與天無極瓦七[二]

億年無疆瓦一[三]

延年益壽瓦七

延壽萬歲瓦一

千秋萬歲瓦九

仁義自成瓦一

萬物咸成瓦一

長毋相忘瓦一

鳥蟲書四字瓦一

永奉無疆瓦三

便瓦一

飛廉瓦一

朱鳥瓦一

玄武瓦一

鳳瓦一

蘭池宮當一[四]

黃山瓦一

狼干萬延瓦一

鹿甲天下瓦一

◎ 秦漢瓦當文字

三雀瓦一

上林瓦五

衛瓦九[五]

宗正官當一

都司空瓦一

右空瓦一

上林農官瓦一

高安萬世瓦一

有萬熹瓦一

冢當萬歲瓦一

八風壽存當一

【校勘】

[一]九，朱本作"七"。

[二]七，朱本作"五"。

[三]一，朱本作"三"。

[四]一，底本脫，據朱本補。

[五]九，朱本作"七"。

右共瓦當文字一百一十有二，異文者三十有四，同文者字畫小有不同，亦並著焉。瓦當者，宋李好文《長安圖志》謂之瓦頭，蓋屋瓦皆仰，當兩仰瓦之際，爲半規之瓦以覆之，俗謂之筒瓦。古筒瓦長二尺餘，兩端皆有筍距。至覆檐際之瓦，一端下嚮爲正圜形，徑五六寸，有至七八寸者，其面篆書吉祥語意，或宮殿門、觀主名，有十二字、六字、五字、四字、三字、一、二字不等，篆文皆隨勢詘曲爲之，閒有方整者，以當藻飾。謂之瓦當者，以瓦文中有蘭池宮當洎八風壽存當等[一]，是秦漢時本名。《説文解字》云："當，田相值也。"《韓非子·外儲説》"玉巵無當"，注家謂："當，底也。"瓦覆檐際者，正當衆瓦之底。又節比於檐端，瓦瓦相值，故有當名。關中爲秦漢故都，去西安城西北十餘里，俗名楊家城，即漢舊城也，從此直抵咸陽境上，延袤二三十里，居民數十堡，盡其地，漢城闕宮殿基阯隱隱尚存，瓦礫雜塵土中，滿目皆是。其仰瓦之背，橫縱作繩痕，故舊相傳，用以固泥，有此痕者，悉爲漢瓦。瓦當有華有字，字者至爲難得，耕夫牧豎，偶然値之，則收弆於家，賈人鬻以入市，字中最多者爲長生無極、長樂未央，次則長生未央、與天無極、上林、衛字等，其他則不數覯。然同文之瓦，而字又有不同處，蓋當時非一人一手所造，至三原、耀州、淳化亦往往有得者，終不及漢城之多。瓦當文字不著於宋歐陽文忠公《集古錄》，蓋當時人猶未之見。逮元祐六年，寶雞縣民權氏濬地得古瓦，銘曰羽陽千歲，乃秦武公羽陽宮瓦。其事載王闢之《澠水燕談錄》，瓦當文字之見於記籍始此。後李好文著《長安圖志》[一]，所見有長樂未央等七瓦，號爲至多，又黃伯思《東觀餘論》稱有益延壽三字瓦，自是而後闃無聞焉。國朝康熙閒侯官林侗游甘泉宮阯，得漢瓦，文曰長生未央，一時知名士爲文賦詩者，幾遍宇內。乾隆初，浙人朱楓以其子宦關中，獲瓦當三十，異文者多至十六七，因作《秦漢瓦圖記》，瓦當文字之有專書始此。乙巳、丙午間，敦客西安，友人仁和趙文學魏愛搜集古金石銘識，獲瓦二十餘，獨珍秘之，不輕示人。既而嘉定錢別駕坫亦出重值購瓦三十餘，以與趙君相抗。厥後兩君皆去，全椒俞太學肇修耽好尤甚，故獲瓦四十餘爲獨多，三人各爲拓本，皆有識別，不相紊也。其時舊朝邑令陽曲申君兆定亦深好古篆籀之文，得瓦之多，不及三君，然一瓦出，即用舊磚摹放其字，能使毫髮無差繆，雖塵坌滿前，錐鑿之聲丁丁，達夜分不息，不自以爲苦也。以故三君所得瓦，苟有異文奇字，申君皆放而弄之，靡有遺者。敦與四人者皆友善，是以有其拓本特備。先是，鎮洋畢公巡撫陝西，著《關中金石記》，采瓦當文字十餘入記中。幕府之士若吳縣張舍人塤獲長毋相忘瓦，安邑宋學博葆醇獲十二字瓦，後俱携入都門，一時名公鉅卿皆争先睹爲快。久之，青浦王公來爲廉訪，亦獲瓦十餘，而海內通博之士，依兩公以游陝者，歲不乏人，亦往往獲瓦以去。若錢、趙諸君乃其最著者也。逮兩公相繼遷移，而諸人皆已星散，瓦當之後出者率爲申、俞二君所有。近亦不可多遘，蓋物之顯晦有時，誠有莫知其然者。敦以諸君聚之不易[三]，無所記載，久恐散亡，爰刺取其文之不同，迄文同而字異者[四]，都爲一卷，每文之下著所從獲。但拓本有真有放，真本已不可得，則取放本足成之，亦著明焉。更爲覆檢群籍，知秦漢宮殿門觀所施，用以遺世之嗜古者，題爲“秦漢瓦當文字”，而目不著秦漢字者，蓋疑以傳疑，不敢以臆見斷也。乾隆歲在強圉協洽月名極如己亥朔越二日日躔降婁之次，歙人程敦著錄於臨潼橫渠書院。

【校勘】

［一］洦，朱本作"宗正官當"。

［二］圖志，當爲"志圖"。

［三］君，朱本作"瓦"。

［四］迄，底本作"近"，據朱本改。

附：致孫編修淵如書

奉上秦漢瓦文一卷，乃敦近所著録者，以成書太速，考訂未免譌漏，幸爲檢正之。敦爲此書，附諸小學之末，竊謂非他金石文字所能比數，蓋秦漢篆文留於今者絶少，許氏《説文解字》序所列秦書八體，自小篆摹印隸佐而外，其他不可得聞。今兹所存，雖不知何人作，要是署書之遺，亦頗有鳥蟲之屬，得瞻八體大略。又《説文》所録，但取正文，斯則一字之變，多至數十，是爲宮闕所施，不同鄉壁偽造，已參錯若此，殊非古書同文之旨。此馬文淵所以上書，許叔重所以論定也。然存此於今，足以覘一代風尚所趨，而於説文解經不無裨助。至玄武、朱鳥等瓦，可以明古行陳旌旗所繪，而朱鳥之象，説者未有明文，觀此始知爲鷙捷之鳥，若鷹隼之類。夫自昔傳注之學，得於意度者，恒不若目擊其物爲明確，以鄭康成之精審，而讀犧尊爲娑，訓鳳皇毛羽婆娑。迨晉太康鑿背之犧出，而其説遂定。此古制流傳，足寶貴也。然則敦之著録所關，豈淺尠哉。誠恐世人不察，但以篆文爲觀美，則流於翫物喪志，或與好事者相比擬，斯失碪碪之指趨矣。故於足下一發明之，並以質之任子田、邵二雲、王懷祖諸先生，以爲然乎否也。又此書瓦文始用棗木摹刻，較諸原字，終有差池。後以漢人鑄印翻沙之法，取本瓦爲範，鎔錫成之。獨長毋相忘、有萬熹二瓦猶爲放本，他日儻睹真文，尚當更鑄之。此序録所未及，亦附聞於足下焉。

附：鄭閣學耘門先生與敦書

承惠示《秦漢瓦當文字》，所載迎風嘉祥瓦，釋爲未風嘉祥固非，然謂迎風嘉祥，亦恐未確。細玩首一字，乃"永"字甚明白，次一字上從爪，下從又，乃"受"字。惟一下似多一畫，嘗見漢銅印有陳受私印，"受"字亦多一畫，則爲"受"字無疑。《説文》受從爪，舟省聲，多一畫，或不省耳。

"祥"字左偏，羊旁，亦不類。竊以爲"福"字異文，上作"⌒"者"一"也，次多波疊者"口"字，上下牽連，如今隸作"啚"是。下"田"字屈曲作勢，案畫求之，毫髮不爽。宜直以永受嘉福釋之。蓋自三代以至秦漢，每有製作款識，率取吉祥語，不必定署宮殿名也。書中所著録，若延壽萬歲、萬物咸成、長毋相忘、仁義自成之類甚多，不獨此也。又冢當萬歲，亦當作萬歲冢當，順讀。秦漢款識多回文，隨意起訖，不拘上下，著録有大萬樂當、兒氏冢舍皆當如此讀法。鄙見如是，想大雅不以爲妄耳。

上

凡瓦六十有六。

圖1

圖2

圖3

　　右"維天降靈延元萬年天下康寧"十二字瓦三,其二宋博學、錢別駕得於長安市肆,其一俞太學得於咸陽。篆法圓渾古妙,諸君皆斷爲秦瓦,或當然與。

圖4

圖5

圖6

圖7

圖8

圖9

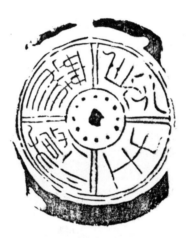

圖10

圖11

圖12

　　右長生無極九瓦，諸人皆有之，諸瓦文中以此爲最多，出處亦不一，蓋自咸陽以南，濱渭而東，直抵驪山北麓，廢堡陒垣閒往往得之，故土人目爲阿房宮瓦。其文大率與首三瓦相同，而“長”作“常”，“極”作“橄”者，則不多見。長、常，古通借字。極字，《説文》從木，亟聲；敬從攴，苟聲；苟，自急敕也，從芌，包省，從口，口猶愼言也。《唐韵》，己力切，故極字可從敬得聲。此許叔重之所未録者，蓋東漢人未見之字也。敦爲此書，以瓦文重疊而下，無暇詳稱字義，特舉斯文以竢觀者隅反焉。

圖13

圖14

圖15

圖16

圖17

圖18

圖19

圖20

圖21

圖22

◎ 秦漢瓦當文字

圖23

圖24

圖25

圖26

圖27

圖28

圖29

圖30

圖31

右長樂未央十九瓦，亦四君皆有之，皆得自漢城。考《漢書·高帝紀》，五年後九月，關中治長樂宮。《史記·高帝紀》，七年，長樂宮成。八年，蕭丞相營作未央宮。九年，未央宮成。據此，長樂、未央本兩宮，此瓦文合而一之，亦取吉祥語意，配合成文耳。非必某宮即用某字瓦也，他宮殿瓦文意亦放此。又《詩·庭燎》正義：未央者，前限未到之辭。故漢有未央宮，古詩有樂未央也。蓋蕭丞相因秦興樂宮在長安鄉，故治秦宮而易名長樂，即取樂未央之義以銘瓦，後再作宮于西南隅，遂以未央名之。觀古人銘器款識，不曰千萬年，即曰子子孫孫永寶用，可見吉祥語意，靡所弗施矣。

圖32

圖33

圖34

圖35

圖36

圖37

圖38

圖39

圖40

圖41

圖42

圖43

圖44

圖45

◎ 秦漢瓦當文字

圖46

圖47

圖48

圖49

圖50

　　右長生未央十九瓦，首一瓦乃青浦王公取得者，餘則四君皆有之。此瓦出於淳化，故林侗、朱楓皆目爲甘泉宮瓦，其信然與。

圖51

圖52

圖53

圖54

圖55

圖56

圖57

右與天無極七瓦，四君皆有之，不知所從出。此瓦應與長生無極同意，然考《漢書·武帝紀》"元封元年，上登封泰山"注，應劭曰："刻石紀績，其辭曰：事天以禮，立身以義，事親以孝，育民以仁。四守之內，莫不爲郡縣。四夷八蠻，咸來貢職，與天無極，人民蕃息，天祿永得。"據此，則與天無極者亦頌禱之通辭耳。或乃疑此爲郊廟祠室之瓦，不知郊者壇而不廟。獨《郊祀志》載文帝用辛垣平言作渭陽五帝廟，帝親拜霸渭之會以郊見五帝。郊之有廟惟此，然《志》又稱五帝廟臨渭，其北穿蒲池溝水云云。則廟在渭北，不在宮城可知。又《志》載漢諸帝祠室甚多，俱作於雍及甘泉諸處，亦無在宮城者，則此瓦總不得爲郊廟祠室之瓦也。

圖58

右億年無疆瓦一，俞太學得於長安市肆。此瓦不知所施。或引《漢書·王莽傳》"莽妻死，謚曰孝穆皇后，葬渭陵長壽園西，令永侍文母，名陵曰億年"，故以爲莽妻陵瓦。然考秦漢宮殿之以年壽命名者，若祈年、長年、延年、永壽、益壽、步壽、萬歲、壽安、壽成之類甚夥，率皆取頌禱之辭，億年無疆亦即此意。以爲莽妻陵瓦，恐拘泥已甚，所不取也。

圖59

圖60

◎ 秦漢瓦當文字

圖61

圖62

圖63

圖64

圖65

右延年益壽七瓦，趙、錢、俞、申四君皆有之，亦得於長安市肆，不知所從來。案《史記·封禪書》及《孝武本紀》，公孫卿曰僊人好樓居，於是上令長安則作蜚廉桂觀，甘泉則作益延壽觀。《索隱》云，小顏以爲作益壽、延壽二觀。據此，當是甘泉宮益壽觀瓦與。又有延壽萬歲瓦見後，又未央宮有延年殿，見宋次道《長安志》引《殿記》。

圖66

　　右延壽萬歲瓦一，俞太學得於長安市肆，當亦萬歲殿或延壽觀瓦。説皆見前。又《史記索隱》引《漢武故事》云："作延壽觀，高三十丈。"又案黄伯思《東觀餘論·二館辨》云："《漢·郊祀志》，武帝因公孫卿言僊人好樓居，於是令甘泉作益延壽館。師古曰：益壽、延壽，二館也。予案《太史公記》作益延壽館，而近歲雍耀閒耕夫有得古瓦，其首作'益延壽'三字，即此觀當時瓦也。然則當以《史記》爲正，但一觀，名'益延壽'三字耳。顔説非是。"敦謂黄氏以所見瓦證小顔之誤是矣，然今所得瓦既有延年益壽，又有延壽萬歲，安知非二觀之瓦？況《郊祀志》因《封禪書》之文，"益"下已增"壽"字，云作"益壽延壽館"，是其説已不始於小顔，而《漢武故事》又有"作延壽觀"云云，則黄氏之辨亦未可據爲定論耳。

清代陝西金石學著作十種

下

凡瓦四十有八。

圖67

圖68

圖69

圖70

圖71

圖72

圖73

圖74

圖75

右千秋萬歲九瓦，亦諸人所皆有，出於漢城。案《長安志》引《三輔黃圖》，未央宮有萬歲殿，此即其殿瓦與？

圖76

右瓦爲仁義自成四字，出於漢城，不知所施。考《漢書·宣帝紀》及《三輔黃圖》有函德、宣德等殿，《長安志》有昆德殿，又引漢宮闕名有溫德觀，是皆以勗成君德爲名，有類斯瓦文辭之旨。《大戴記·踐阼篇》稱武王受丹書之戒，於盤几戶牖悉爲之銘。後世人君居處宮室，師法此意，著爲嘉言，以垂雅訓。或以數字見義，或取篇章成文，世祀遙遠，史書佚載，遂不可考。以斯觀之，漢瓦銘辭，殆難意擬矣。

清代陝西金石學著作十種

圖77

　　右萬物咸成瓦一，申朝邑得於長安市肆，漢后宮長秋殿瓦也。考《三輔黃圖》云："后宮在西，秋之象也，秋主信，故以長秋、長信爲名。"《後漢・馬后紀》注稱："長秋者，皇后所居也，長者，久也，秋者，萬物成孰之初也，故以名焉。"又《漢・百官表》有中長秋、大長秋，皆皇后之官。師古曰："秋者，秋成之時；長者，常久之義。"以斯言之，是皇后所居宮及屬官，皆以秋成爲名，取萬物成孰之意。故知此爲后宮殿瓦。《黃圖》又云"長樂殿西有長信宮、長秋殿"，《長安志》引《關中記》云"長樂宮有長秋、永壽、永寧、長定四殿"。蓋長秋等殿本在長樂宮中，後因太后居之，遂分以爲長信宮，而太后亦恒居長樂。故《百官表》有長信少府，又有長樂少府。張晏謂以太后所居宮爲名，是其證矣。又未央宮有長秋門，亦以皇后所居得名，見《漢書・衛太子傳》。

圖78

右長毋相忘瓦，遍訪漢城數年不獲，因以張舍人所拓本仿爲之，乾隆戊申六月得於淳化縣北鈞弋夫人雲陵，始將仿本易去。考《漢書·昭帝紀》"追尊趙婕仔爲皇太后，起雲陵"，文穎曰："婕仔先葬於雲陽，是以就雲陽起陵。"此瓦當是武帝葬婕仔時所製也[一]。

【校勘】

　　[一] 按，此段文字朱本作"右長毋相忘瓦一，申朝邑從張舍人拓本放出，長安賈人云得於漢城，此瓦不知所施，敦疑爲後宮殿瓦。《漢書·班婕仔傳》云爲婕仔居增城舍，應劭曰：後宮有八區，增城第三。《三輔黃圖》云，武帝時後宮八區，有昭陽、飛翔、增城、合歡、蘭林、披香、鳳皇、鴛鸞等殿，長毋相忘者，或即合歡、鴛鸞之屬殿瓦銘歟。然《長安志》引漢宮殿名有相思殿，不知所在。又《漢書敘傳》有宴昵殿，張晏曰，親戚宴飲會同之殿也。瓦銘四字，亦類此等，存以俟考焉。乾隆戊申六月俞太學訪得真瓦於長安賈人，遂將放本易去。"

圖79

　　右四字瓦，俞太學得於長安市肆，即鳥蟲書書幡信者。太學以《漢書·董賢傳》云"賢女弟爲昭儀，位次皇后，更名其舍爲椒風，以配椒房"，據此釋爲"椒風嘉祥"云。椒字作未，反書，風字上加虎形，取《易》風從虎之義。錢別駕寓書和成其說。敦又因《漢書·揚雄傳》有迎風宮，釋爲迎風嘉祥。及此書著錄已成，適鄭耘門閣學督學山西，寄以就正，復書解爲永受嘉福，其說遂定。因附刊其說於卷首，不敢掠美也[一]。

【校勘】

　　[一] "敦又"至"美也"數字，朱本作"敦謂椒字即作未，反書，亦不類，風上虎形取

《易》義亦太穿鑿。案《漢書·揚雄傳》云，甘泉本因秦離宮，而武帝復增通天、高光、迎風宮。據此當即迎風宮瓦也。迎字小篆作𨒫，與首一字相似。風字上著蟲形，此篆每每如是，不必取易義也。嘉祥二字甚明白，然筆畫亦有所加增，又何取義耶。姑存二説，以俟能者擇焉。"

圖80

圖81

圖82

◎ 秦漢瓦當文字

右永奉無疆瓦三，錢、俞、申三君有之，皆得於漢城。錢別駕説爲漢太廟瓦，或當然與。

圖83

右便字瓦一，申朝邑得於長安市肆。考《漢書·武帝紀》六年四月，高園便殿火。小顏曰："凡言便殿、便室、便坐者，皆非正大之處，所以就便安也。園者，陵上作之，既有正寢，以象平生正殿，又立便殿爲休息閒宴之處耳。"説者不曉其意，乃解云"便殿、便室，皆是正名"，斯大惑矣。敦案《韋玄成傳》注，如淳引《黃圖》"高廟有便殿，是中央正殿也"，小顏之説即駁此注。然《玄成傳》云："京師自高祖下至宣帝，與太上皇、悼皇考，各自居陵旁立廟。園中各有寢、便殿。日祭於寢，月祭於廟，時祭於便殿。"據此，則便殿之設，他陵廟皆有之，不獨高廟爲然。《黃圖》特因《武帝紀》有"高園便殿火"之文，遂爲高廟正殿，其誤不辨自明。此瓦不知出自何陵，要爲便殿瓦無疑也。又諸瓦當字文皆突起，此獨污下爲異，豈以閒宴之處，不欲同於正大與？

圖84

右瓦俞太學得於漢城，其文不知何物，敦斷爲飛廉觀瓦。考《史記·孝武本紀》，公孫卿曰僊人好樓居，於是上令長安則作飛廉觀。應劭曰："飛廉，神禽，能致風氣。"晉灼曰："身如鹿，頭如雀，有角而蛇尾，文如豹文也。"又《淮南子·俶真訓》高誘注曰："飛廉，獸名，長毛有翼。"司馬相如《上林賦》郭璞注曰："飛廉，龍雀也，鳥身鹿頭。"夫同一飛廉，而言其狀者諸家各別如此，蓋出於意擬之辭，非實睹其物也。今瓦文鹿頭有角，龍身長毛，豹文蛇尾，又四旁皆繪風氣，其爲飛廉無疑，此殆蛟螭之屬，而能致風，故《廣雅》有風師之稱，應氏有神禽之目。《易》著飛龍在天，《禮》云往往能言，不離禽獸。豈必傅翼者始得謂之飛，四足而毛者不得謂之禽哉？又《上林賦》張揖注云："飛遽，天上神獸也，鹿頭而龍身。"殆亦蛟螭之屬，而亦有飛之稱矣。

圖85

　　右朱鳥瓦，錢別駕得自漢城。所謂朱鳥者，本於行陣所繪旌旗，然不知何鳥。考《周禮·春官·司常》云"鳥隼曰旟"，鄭注："鳥隼，象其勇捷也。"又《曲禮》云"行前朱鳥，而後玄武，左青龍而右白虎"，鄭注以此四獸爲軍陣，象天也。《正義》稱四獸爲四方宿名，故云象天，軍前宜捷，故用鳥；軍後須殿捍，故用玄武；左爲陽，陽能發生，象龍變生也；右爲陰，陰沈能殺，虎沈殺也。據此則朱鳥者，但爲捷疾勇鷙之鳥，若鷹隼之屬矣。瓦中所圖，不能指名，但狀甚勇捷，其爲朱鳥無疑。案張平子《西京賦》李善注引漢宮闕名有朱鳥殿，又《長安志》云未央宮有朱雀殿，一名朱鳥殿，此或即其殿瓦與。

圖86

　　右玄武瓦一，趙文學得自漢城。考《史記·高帝紀》八年，蕭丞相營作未央宮，立東闕、北闕。注引《關中記》："東有蒼龍闕，北有玄武闕。"《索隱》曰："東闕名蒼龍，北闕名玄武。"據此，當即玄武闕瓦與。

圖87

　　右建章宮鳳闕瓦一，俞太學從漢城貞女樓下得之。考《漢書·武帝紀》及《郊祀志》太初元年乙酉，柏梁臺災，粵人勇之迺曰："粵俗，有火災，復起屋，必以大，用勝服之。"於是作建章宮，度爲千門萬戶。前殿度高未央，其東則鳳闕，高二十餘丈云云。小顏曰："今長安故城西，俗所呼貞女樓者，即建章宮之闕也。"案此瓦形質堅好，與玄武闕瓦輪廓大小無異，可知當日起建章時，特法未央而益加侈大，即此可見一端。又宣帝神爵二年，鳳皇集祋祤，後閏歲，鳳皇集京師，其冬，鳳皇集上林，酒作鳳皇殿。明年，改元曰五鳳云云。見《宣帝紀》及《郊祀志》。此雖曰作鳳皇殿，其基阯已不可考。今瓦既獲於貞女樓，又質類玄武，故斷爲鳳闕瓦無疑也。又武帝後宮八區，有鳳皇殿，説已見前。

圖88

　　右蘭池宮當，趙文學得自咸陽。考《漢書·地理志》，渭城有蘭池宮，不言何帝所起，又《楊僕傳》云受詔不至蘭池宮，如淳曰，蘭池宮在渭城。《文選》李善注云，咸陽縣東南二十里周氏陂南一里，有漢蘭池宮。據此，則蘭池宮乃漢宮，非秦宮也。而《三輔黃圖》因《史記·始皇本紀》有逢盜蘭池之説，遂與阿房、興樂并列而目爲秦宮矣。《本紀》云爲微行，與武士四人俱夜出，逢盜蘭池。夫曰微行，曰夜出，則不在宮中可知；又曰逢盜蘭池，則無宮可知。《正義》引《括地志》云“蘭池陂即古之蘭池，在咸陽縣界”，亦不言有宮。然則史言蘭池者，特著逢盜之地，漢乃因池以建宮耳，烏得爲以秦宮哉。《黃圖》又云蘭池觀在城外，此則別近漢城之觀，與同名，非此蘭池宮也。

圖89

清代陝西金石學著作十種

右黄山瓦一，俞太學得自興平。考《漢·地理志》，槐里有黄山宫，孝惠二年起。此即其宫瓦與？《長安志》云興平漢黄山宫在縣西南十里。

圖90

右瓦文曰狼干萬延，俞太學得於長安賈人，不知所從來。敦斷爲郎池觀瓦。案《長安志》引《關中記》云上林苑有郎池觀，《三輔黄圖》云西陂池、郎池皆在古城南上林苑中。陂、郎，二水名。陂、郎，晋灼引作波、浪，是郎池又呼浪池矣。《史記·張良傳》稱秦始皇東游至博浪沙中，《漢書》作博狼。據此，則狼、浪二字，古蓋通用，故定爲郎池觀瓦也。《易》云鴻漸于干，《經典釋文》引鄭説“干，水旁，故停水處”，又引陸説“水畔稱干”。蓋觀作於狼池之干，故有狼干之稱。又揚子《方言》云：“延、永，長也，凡施於年者謂之延，施於衆長謂之永。”據此，萬延即萬年之意與。瓦文無可考者非一，而此爲差有所憑依，故敢妄説如是，尚俟博雅者擇焉。

圖91

右瓦上有二鹿形，下"甲天下"三字，右行書，乃俞太學走書於淳化友人處索得者。不知所從來，太學自説爲天禄閣瓦。敦案天禄，異獸名，字亦作鹿。《漢書·西域傳》烏弋山離國有桃拔獸，孟康曰："一名符拔，似鹿，長尾，一角者或爲天鹿，兩角者或爲辟邪。"今鹿形兩角，又短尾，非天鹿可知。考《長安志》引《關中記》上林苑中二十二觀有衆鹿觀，此瓦畫二鹿者，非一之意，甲天下亦云多也，豈衆鹿觀瓦與？

圖92

右瓦上有三鳥形，乃俞太學得於長安市肆者。考《長安志》引《關中記》，上林苑二十二觀有三爵觀，又引漢宮殿名云長安有三雀觀。二書皆同，其三雀觀瓦與？

圖93

圖94

圖95

圖96

圖97

　　右上林瓦五，皆得於長安市肆，錢、申、俞三君皆有之。考《史記·秦始皇本紀》三十五年，營作朝宮渭南上林苑中。又《漢書·揚雄傳》："武帝廣開上林，南至宜春、鼎胡、御宿、昆吾，旁南山而西，至長楊、五柞，北繞黃山，瀕渭而東，周袤數百里。"又《東方朔傳》："使中大夫吾丘壽王與待詔能用算者二人，舉籍阿城以南，盩厔以東，宜春以西，提封頃畝，及其賈直，除以爲上林苑，屬之南山。"據此，則秦漢皆有上林苑，漢特因秦，益開廣之耳。然上林苑中宮殿極多，各有主名，此特門署或垣衛之瓦也。班孟堅《西都賦》曰："上囿禁苑，繚以周墻，四百餘里。"又司馬子長《上林賦》曰："離宮別館，彌山跨谷。"二賦所稱，皆可據矣。

圖98

◎ 秦漢瓦當文字

圖99

圖100

圖101

圖102

圖103

圖104

圖105

圖106

　　右衛字九瓦，趙、錢、俞、申四君皆有之，皆得自漢城。《秦漢瓦圖記》云“《史記》：秦每破諸侯，寫放其宮室，作之咸陽北阪上。又《長安志》云：瓦作楚字者，秦瓦也，秦作六國宮室，用其國號以別之。今衛字瓦當時秦作衛國宮室之瓦”云云。敦疑爲不然，若衛字爲秦宮瓦，當得自咸陽北阪，不應得自漢城。又不應衛字獨如此之多，他國反無所見[一]。考《漢·百官表》，衛尉，秦官，掌宮門衛屯兵。顏籀注引《漢舊儀》“衛尉寺在宮内”，胡廣云“主宮闕之門内，衛士於周垣下爲區廬”。區廬者，若今之仗宿屋也。據此，則衛字瓦當即衛尉寺并宮内周垣下區廬瓦也，故形製大小不同，且多如此。若楚國宮室瓦，今不可見，而有甘林，恐不知篆文者，倒認爲楚字耳。而朱氏引《長安志》云云，亦誤以《志圖》中語爲《志》也[二]。

【校勘】

[一] "衛字"至"所見"，朱本作"七瓦爲字大小及輪廓、文飾各異"。

[二] "而有"至"志也"，朱本作"當爲秦放楚國宫室瓦無疑與"。

圖107

右宗正官當一，申朝邑得於漢城。考《漢書·高帝紀》七年二月，置宗正官以序九族。又《百官表》：宗正，秦官，掌親屬。又《史記·文帝紀》正義：漢置九卿，七曰宗正。此其署瓦也[一]。

【校勘】

[一] 此其署瓦，朱本作"又應劭説周成王時，彤伯入爲宗正。是宗正猶不始於秦"。

圖108

◎ 秦漢瓦當文字

右都司空瓦一，趙文學得於漢城。考《漢·百官表》，宗正屬官有都司空。如淳曰：“律，司空主水及罪人。”又少府屬官有左右司空，見後。

圖109

右右空瓦一，趙文學得於長安市肆。考《漢·百官表》：少府，秦官，掌山海池澤之稅以給共養，屬官有左右司空。據此當是右司空瓦與。

圖110

右上林農官一瓦，錢別駕得於長安市肆。考《漢·百官表》：“水衡都尉，武帝元鼎二年初置，掌上林苑，有五丞，屬官有上林、均輸、御羞、禁圃、輯濯、鍾官、技巧、六厩、辨銅九官。又衡官、水司空、都水、農倉，又甘泉、上林、都水七官長丞皆屬焉。”所屬共十六官，無農官。又《史記·平準書》：“楊可告緡錢，上林財物衆，乃令水衡主上林。上林既充滿，益廣。”“乃分緡錢諸官，而水衡、少府、大農、太僕各置農官。"據此，則上林之有農官，或置於此時。此瓦當即農官治事處之瓦與。

圖111

　　右高安萬事瓦一，錢別駕得於漢城，自署曰"漢大司馬董聖卿第瓦"。敦案，《漢書·佞倖傳》云："上欲侯賢而未有緣，會待詔孫寵、息夫躬等告東平王雲后謁祠祀祝詛，下有司治，皆伏其辜。上於是令躬、寵爲因賢告東平事者，迺以其功下詔封賢爲高安侯。""又以賢妻父爲將作大匠，爲賢起大第北闕下，重殿洞門，木土之工，窮極技巧，柱檻衣以綈錦"云云。據此當即其第瓦也。然賢被寵太過，至不能自保其身，獨其第瓦數千年後猶見人閒。古人銘識靡所不有，設此爲名，世所遺不尤足寶貴與，爰書以志慨。

圖112

右有萬憙三字瓦一。先是，錢別駕於漢城獲一不全瓦，但有"萬憙"二字，後申朝邑於長安市上獲半瓦，有一"有"字，半"萬"字，上下文藻皆相和合，因摹放成之。然此瓦不知所施，或説爲民舍瓦，以此而推，漢瓦文字未見人間者，尚不知凡幾也。《説文》：喜，樂也；憙，説也。《漢書》喜悦字多有作憙者，後人乃喜、憙通用。

圖113

　　右瓦俞太學得於鳳翔，文曰萬歲冢當[一]，篆法頗美，非漢人所及，蓋先秦墓舍間物。書闕不載，蔑所徵矣[二]。

【校勘】

[一]萬歲冢當，朱本作"冢當萬歲"。

[二]"矣"下，朱本多"有讀爲萬歲冢當者，然瓦背之迹具存，歲冢二字在其上方，故不可倒讀也"。

圖114

敦著録《秦漢瓦當文字》成，復得見八風壽存當一瓦，先是，此瓦已著於《秦漢瓦圖記》，朱氏不解篆文，釋爲"益壽存富"四字，以至錢、趙諸君疑爲僞作之瓦。以"益"下"皿"字不應多爲曲折如此，又"富"上下不應加"𠆢"也。丁未正月，敦與申朝邑數往漢城訪瓦，久無所獲。一日，於長樂鐘室阯南百步，塵埃之間，檢得一瓦，業已破碎，又字爲土壤沾污，倉卒難辨，懷歸沃洗，用膠黏合，拓出，即此文也。因考《漢書·郊祀志》，王莽二年，"興神僊事，以方士蘇樂言，起八風臺於宮中，臺成萬金，作樂其上"。因此知爲八風壽存當，乃八風臺瓦也。"八風壽存"四字，本可成文，緣"八"字筆畫疏少，故與"風"字合爲一，遂增"當"字以配合之。而"當"字"北"下作"冂"，一筆分爲二筆，使上半加長，亦欲與首"八風"二字相配，於此益見故人繆篆分布之妙。又莽更名未央宮曰壽成室，更霸館爲長存館，"壽存"二字正與莽一時宮館命名相合，故知爲莽八風臺瓦無疑也。或謂《説文》云榭臺有屋也，則臺無屋也矣，又安得有瓦？然《郊祀志》有神明臺，《水經注》謂神明臺上有九室，俗謂之九子臺。又《三輔黃圖》長樂宮有鴻臺，秦始皇築，上起觀宇云云。據此二説，則臺亦未可盡云無屋矣。莽爲篡竊賊臣，史備書其作僞之迹以垂戒。敦著録秦漢瓦文，而以此終之者，亦由此悁也夫。

續秦漢瓦當文字一卷

續　目

著録成於乾隆丁未，維時得瓦爲至多，但其中往往有仿本未獲原文者。自敦稽留於此，又踰七年，每加搜録，漸次更換，始無一瓦仿。所至所得之地，可以考證瓦文，有初不知而後知之者，亦於説中著明年月而改正之。外此更得異文之瓦二十有餘，爰爲續目於左，不重加編録者，以後此能續若干，尚在不定之數也。甲寅八月望後一日，程敦又識。

大萬樂當一

永受嘉福瓦一

㒟氏冢舍瓦一

飛鴻延年瓦一

長樂萬歲瓦一

大厩瓦一

金厩瓦一

右將瓦一

平樂宮阿瓦一

甘林瓦一

甘泉上林瓦一

嬰桃轉舍瓦一

千金宜富貴當一

衛屯瓦一

揜依中庭瓦一

方春蕃萌瓦一

清代陝西金石學著作十種

長生未央鳳瓦一

樂瓦一

百萬石倉瓦一

四攡瓦一

六畜蕃息瓦一

長樂未央金字瓦一

長生未央命字瓦一

延年半瓦一

宣靈殘瓦一

凡瓦二十有五。

圖1

　右大萬樂當，出漢舊城[一]。萬，舞名也。《詩·邶風·簡兮》傳云以千羽爲萬舞，謂之大萬者，凡樂皆以大稱。《周官·大司樂》云《雲門》《大卷》《大咸》《大磬》《大夏》《大濩》《大武》，又漢亦稱大樂官，後漢改大予樂，皆稱大也。此當即大樂官署瓦[二]。

【校勘】

　[一]大樂萬當出漢舊城，朱本作“瓦文曰樂當大萬，俞太學得於沔隴之交古隃麋地，乃神祠瓦也”。

　[二]此當即大樂官署瓦，朱本作“樂當大萬者，指樂舞極盛而言，萬舞即八佾之舞，非尋常神祠所可用，故以爲稱。《漢·地理志》云隃麋有黃帝子祠，豈即其祠瓦與”。

圖2

右鳥蟲書永受嘉福瓦文[一]。説皆已見前，此更擴大，而中無十子界格，以一小點作中心，字迹差有不同，篆法又益茂美。陝西糧儲觀察建昌顧公令子旭莊讀書嗜古，此及仁義自成瓦皆以重值購得於漢城。瓦當文字所出之多，以此時爲最，雖云奇古之物不終掩没，然亦二三君子有以振興之也。

【校勘】

[一]"右"上，朱本有"鄭學士耘門先生與敦書云永受嘉福"。　永受嘉福，朱本作"迎風嘉祥"。

圖3

右嵬氏冢舍瓦文，與漢人碑刻隸書相同，錢別駕得於馬嵬。所謂嵬氏者，古無此姓，殆"巍"字省文。《長安志》引孫景安《征途記》稱馬嵬是人名，觀此可證其繆。《漢書·遊俠傳》云："原涉自以先人墳墓儉約，迺大治起冢舍。初，武帝時，京兆尹曹氏葬茂陵，民謂其道爲京兆仟。涉慕之，買地開道，立表署曰南陽仟，人不肯從，謂之原氏仟。"蓋當時風尚如此，故斷壁殘甍，猶有留遺至今者。先是，錢別駕以丙午夏月給假南旋，深以不得異文之瓦爲憾事。迨丁未初秋，奉母之官，檄攝咸寧貳尹，前所欲求之瓦，次第皆得，尤以十二字鳥蟲書洎此爲珍貴。蓋好古之人於古之物自相投契，若有莫之致而至者，正不必以所得之先後爲汲汲也。戊申五月敦記。

圖4

　　右瓦上有"延年"二字，下作鴻雁飛翔之形，長安耕民得於楊家城鴻臺阯下，賈人轉鬻於申明府。考《漢紀》惠帝四年三月，長樂宮鴻臺災；又《三輔黃圖》云長樂宮有鴻臺，"秦始皇二十七年築，高四十丈，上起觀字[一]，帝嘗射飛鴻於臺上，故號鴻臺"。至今遺阯尚存，與長樂鐘室、武帝承露臺三基錯峙，土人名爲鴻雁臺。此瓦既獲於此阯，則爲鴻臺觀宇之瓦與。

【校勘】

[一] 字，爲"宇"之訛。

圖5

　　右長樂萬歲瓦。考《三輔黃圖》，長安宮有萬歲殿，又《長安志》引漢宮闕名有萬歲宮，此或其瓦銘與。此瓦錢別駕所得。

圖6

右大字瓦一，俞太學得於漢城。説見金字瓦下[一]。

【校勘】

[一] 説見金字瓦下，朱本作"此與前有萬憙三字瓦，皆不知所施也"。

圖7

　右金字瓦，錢別駕得於漢城。《三輔黃圖》云："金厩、輅軨厩、大厩、果馬厩、軛梁厩、騎馬厩、大宛厩、胡河厩、駒騄厩，在長安城内。"此瓦既出於漢城，輪廓小而字不甚美，其金厩瓦與？以此類推，俞太學所得之大字，或即大厩瓦也。《漢·百官表》太僕屬官亦有大厩令、丞、尉。

圖8

　　右瓦爲“右將”二字，申朝邑獲於長安市肆。考《漢·百官表》，即掌守門户，出充車騎，屬官中郎有五官，左右三將，秩皆比二千石。據此，其右將署瓦與。

圖9

　　右瓦文讀曰平樂宮阿，平樂宮阿閣瓦也。考《漢書·武帝紀》元封六年夏，“京師民觀角抵於上林平樂館”。《西京賦》薛綜注云：“平樂館，大作樂處。”敦謂宮即館，對文互異，散文則通。阿者，宮之深曲處。《後漢書》馬援兄子《嚴傳》云：“敕嚴過武庫祭蚩尤，帝親御阿閣觀其士衆。”注云：“阿，曲也。”據此，則宮之有阿閣，不獨平樂爲然矣。

圖10

　　右甘林瓦，出淳化縣治北甘泉山，敦遣僕人鬻得於農民者。按《史記·漢孝文本記》三年五月[一]，初幸甘泉。《索隱》引應劭説：“甘泉，宮名，在雲陽，一名林光。”薛讚云：“甘泉，山名；林光，秦離宮名。”據此，則秦林光宮作於甘泉，故以甘林銘瓦與。或云甘林即甘泉上林省文，亦通。甘泉上林見後。

【校勘】

[一] 記，爲“紀”之訛。

圖11

右甘泉上林，出淳化。考《漢·百官表》云水衡都尉掌上林苑，屬官有上林、均輸，洎甘泉上林都水等長、丞皆屬焉，甘泉上林有四丞。據此則知甘泉之有上林矣，此亦猶上林苑瓦之書上林耳，非長丞署瓦也。

圖12

右瓦文曰櫻桃轉舍，出淳化甘泉宮阯。櫻字省木，桃字反書，兼省匕。轉舍即傳舍。殆亦長陽、五柞之屬，以果木命名耳。

圖13

右瓦文曰"千金宜富貴當"六字，出興平縣北一里所黃麓山下，黃麓山一名北芒巖。此瓦銘詞亦取吉祥語，而意義不類士夫顯達者。敦斷爲袁廣漢家物也。考《西京雜記》云"茂陵富人袁廣漢藏鏹巨萬，家僮九百人。於北芒巖築園，東西四里，南北三里，激流注其內，構石爲山，高十餘丈，連延數里。養白鸚鵡、紫鴛鴦、牦牛、青兕"云云，可見一時之盛。然則瓦之有銘，亦習見皇家貴室如此，故爲之耳。

圖14

　　右爲"衛屯"二字，乃衛尉寺兵屯署瓦也。案《漢·百官表》云"衛尉，秦官，掌宮門衛屯兵"，又諸屯衛候司馬二十二官皆屬焉。又僕射所掌有軍屯吏，城門校尉掌京師城門屯兵，步兵校尉掌上林苑門屯兵。此言衛屯者，所以別於諸屯也。敦嚮辨衛字不爲秦仿六國宮室瓦，得此益徵其不繆矣。

圖15

　　右瓦爲"撜依中庭"四字，出建章宮阯，不知所施。考《長安志》引《關中記》建章宮有駊娑、駘盪、枍詣等殿，注家解釋不一。敦謂駊娑即婆娑之意，駊娑、駘盪皆謂宮室之廣大也；枍詣即旖旎，以音近相假耳。以此推之，則撜依亦掩映、隱翳之義，與上三名無異，或當日有此殿耳。又《長安志》"甘泉宮"條下有旁皇觀，同此意也。或謂：《覲禮》云"天子設斧，依於户牖之間", 注: "如今緹素屏風, 有繡斧文, 所以示威也。" 蓋 "依" 與 "扆" 通, 《士虞禮》注 "户牖之間" 謂之依, 是也; 扆依中庭者, 扆依即 扆, 謂設扆之庭也。説雖典覈, 然近泥矣, 故無取焉。

圖16

右瓦爲 "方春蕃萌" 四字, 出漢舊城, 不知所施。

圖17

右長生未央瓦, 中有鳳形, 與飛鴻延年、鹿甲天下同製, 出甘泉宮址, 亦 隨意爲之耳。

圖18

右瓦但一"樂"字，出漢城，不知所施，或即長樂宮瓦也。

圖19

右百萬石倉瓦，出漢舊城。考漢京師有太倉、甘泉倉、長安倉、細柳倉、嘉禾倉。《漢書·高帝紀》七年二月，"蕭何治未央宮，立太倉"。《三輔黃圖》云"在長安城外東南，有百二十楹"。又《食貨志》曰"太倉、甘泉倉皆滿"。又《宣帝紀》本始四年正月，"詔丞相以下至都官令丞上書，入穀輸長安倉，助貸貧民"。《三輔黃圖》云："長安西渭北石徼西有細柳倉，東有嘉禾倉，初建一百二十楹。"此曰百萬石者，乃期擬之虛詞，究不知爲何倉瓦，然既出漢城，殆即長安等倉與。

圖20

　　右瓦上象四撻，又有水草形，得於長安城南。當時上林苑中宮觀瓦，無從考其所施矣。

圖21

　　六畜蕃息瓦，秀水陸文學繩得於長安市肆，當是獸圈署瓦。《三輔黃圖》云：“獸圈九，虒圈一，在未央宮中。”又《漢書·張釋之傳》云：“上登虎圈，問上林尉禽獸簿，十餘問，尉左右視，盡不能對。虎圈嗇夫從旁代尉對。”據此，虎圈有嗇夫，則知獸圈必有署矣。

圖22

右長樂未央瓦，中有金字，出於淳化，不知其義也。

圖23

右長生未央瓦，中有一字不可識，存之以俟知者。

圖24

右延年半瓦一，錢別駕得自漢城。此與前上林二半瓦皆非殘缺，乃瓦當中具此一種適用耳。平列"延年"二字，殆即殿記所謂延年殿瓦與。

圖25

右殘瓦，但存下半"宣靈"二字，不知上文爲何，難考所施也。

十六長樂堂古器款識考

[清] 錢坫 著

點校前言

  《十六長樂堂古器款識考》是清代錢坫的金石學著作。錢坫字獻之，一字篆秋，號十蘭，江蘇嘉定人。生於乾隆九年（1744），錢大昕族子。早年依錢大昕，從王昶、翁方綱、朱筠等遊。中乾隆三十九年（1774）副榜貢生。赴秦入畢沅陝西撫部幕，畢沅以其才奏留陝西，補授乾州直隸州州判。遂官於陝二十餘年，歷署文山、華州、興平、韓城等縣。嘉慶五年（1800）歸鄉，病風痺。僑居蘇州，嘉慶十一年（1806）卒于蘇州，年六十三。[1]

  錢坫於乾隆四十一年（1776）進入畢沅幕府，與幕府諸學者如孫星衍、張塤、趙希璜等過從較密。與很多著名學者如朱筠、阮元、翁方綱、黄易等都保持著學術往來。

  錢坫勤於著述，所著書已刊者十餘種，未刊者又十餘種，大體皆經學、小學、金石學考據之作，尤長於小學，洪亮吉謂其“研六經，從文字入，故時析精微；研文字，又從聲音入，故尤明通假”[2]。論者將其與錢大昕譽爲“嘐城二錢”，評其較之錢大昕沈博不及而精當過之。

  其金石學著作至少有四種，《十六長樂堂古器款識考》《浣花拜石軒鏡銘集録》二種已刊，《昭陵石略》《三十三硯齋古器欵識圖考》二種未刊[3]。另外，錢坫參與了《（乾隆）韓城縣志》的纂修，據該書傅應遂序云：“大中丞

---

[1] 錢坫生平資料見《清史稿》卷四八一本傳、包世臣《藝舟雙楫》卷八附録二《錢獻之傳》、潘奕雋《三松堂文集》卷四《陝西乾州州判錢獻之傳》，今人陳洪森《錢坫年譜》（《中國經學》第九輯）考其生平甚詳，此處依據其説。

[2] 洪亮吉《卷施閣集》文乙集卷六《錢獻之九經通借字考叙》。

[3] 《昭陵石略》見何紹基《東洲草堂詩鈔》卷一六《乙卯嘉平月半出遊咸陽醴泉盩厔十九日宿樓觀臺因知李鐵梅前董爲坡公作生日作此詩寄請教和用坡公石鼓歌韵》注：“蔣騏昌、孫淵如所譔《醴泉縣志》，陵圖紕繆殊甚。趙子函《石墨鐫華》、錢獻之《昭陵石略》，多可依據。”《三十三硯齋古器欵識圖考》見倪模《古今錢略》卷三二：“錢氏坫，字獻之，塘之弟。好金石，精考據，得古錢異品甚多。所著《三十三硯齋古器欵識圖考》，中載有王莽諸錢文錢范。”

畢公有繕治之命，於是與邑紳士徵文考獻，屬錢君精其義例，密其體裁。書未竣而錢君署漢陰通守篆以去，余爲之考建置之源流……成若干卷。"[1]其中的金石部分，尤其是古器物諸條均引錢坫所説。錢坫應是做了大量工作。

除《昭陵石略》一種著録碑刻之外，其餘三種均以吉金，主要是三代秦漢古器物爲主，其成就主要體現在這些器物銘文的研究上，如包世臣所云："君在陝多得古人金石，其文字尤瑰異者，繪而版之，爲圖説若干卷。數十年來，三代秦漢之法物多見於世，而世之知古者亦漸多，君其始事也。"[2]

《十六長樂堂古器款識考》四卷，成書於嘉慶元年。錢坫叙此書創作緣由，乃嘆古人對三代秦漢器物銘文知之甚少，學問淺陋，而宋代以後著録之書，如《博古録》《集古録》等，又"見聞既淺，肆考多誤，僅隨偏執，終不得真"。《集古》諸書所録器物之形製、銘文之筆畫多有訛誤之處，不能用來考經證史，以訛傳訛。因此錢坫在自己收藏的古物的基礎上做研究。考慮到金石器物中"有足証文字之原流者，有足辨經史之譌舛者，皆有裨於學識。因哀其稍異見所藏弃者，剖爲一編"，共收吉金四十九種，每種繪其形製，説明尺寸、花紋，釋文，多數就器物所涉制度、文字、史事等進行考證。

此書民國二十二年（1933）開明書局重刊時，校勘者商承祚對其評價較高，認爲自乾隆以降，著録古器物的著作，如《西清古鑒》、阮元《積古齋鐘鼎彝器款識》、吳荷屋《筠清館金文》等十餘種，均有款識而無圖像，且皆採録各家所成，而此書是第一部"以一家所藏，既録文字，復摹器形，以爲專書者"；同時，前此著作臨摹古器銘文嚴重失真，訛誤較多，而此書雖然收器不多，但"皆據拓本入録，器銘所在與其色澤，每明記之，體例完善"。因此和之前此類著作相比，此書有其高明之處。同時，商承祚也指出了此書在古器定名方面間有錯誤，如宰槭角曰父丁角，大祝禽鼎曰大祝鼎，禽誤釋爲祖罕二字等等。

另外，此書在銘文釋讀上所取得的成績與缺陷，學者王其秀《錢坫金石學研究述評》有較詳細的分析，認爲錢氏雖然在器物命名和銘文解釋存在一些錯誤，但是瑕不掩瑜，其自覺地運用了對照法和偏旁分析法，同時看到了文字之間形體和意義的關聯性，文字歷時上的關係和變化，等等，這些釋讀方法和對

---

[1] 《（乾隆）韓城縣志》傅應逵序。
[2] 包世臣《藝舟雙楫》卷八附録二《錢獻之傳》。

文字規律的認識都高出同時代的小學家，比如其釋"簋"字，從器物形制、古代禮制等方面進行辨析，又從字形方面進行分析糾正了以往釋此字爲"敦"的錯誤，成了錢坫古文字考釋成就的代名詞[1]。

今可補充者，除了文字釋讀方面，錢坫此書釋器名，引經據典，結論大多可靠。如釋周饕餮罍尊之饕餮，引《神異經》《北山經》爲獸身人面，目在腋下，《西山經》云人面而龍身。此尊作龍身人面，與《西山經》所證合。其鑄于器物之意義，則又引《説文解字》釋饕餮爲貪，而器皿"雖所以適口腹，亦足以耗精神，故易以節飲食著戒"。釋盉，引《説文解字》釋盉爲調和，又廣引枚乘《七發》、張載《七命》、呂不韋《春秋》、《曲禮》、《内則》諸説證此器爲調和飲食之屬。又如釋秦金師比，師比亦稱犀毗，亦稱胥毗，爲胡革帶鉤。此物自古所無，自武靈王用胡服，遂流行於中國。並駁釋爲畫鉤、甲鉤等之繆。

此書有兩個版本，一是嘉慶元年（1796）錢坫自刻本，一是民國二十二年（1933）開明書局刻本。本次整理以嘉慶本爲底本，以民國本爲校本。

---

[1] 王其秀《錢坫金石學研究述評》，《安徽工業大學學報》，2017年第1期。

◎ 十六長樂堂古器款識考

目　録

叙 ……………………………………………………………………… 651

目　次 ……………………………………………………………… 653

卷一 …………………………………………………………………… 656

　　商父乙鼎 …………………………………………………… 656

　　商父辛彞 …………………………………………………… 657

　　商父執刀觚 ………………………………………………… 657

　　商父丁觶 …………………………………………………… 658

　　商父丁角 …………………………………………………… 659

　　商癸父爵 …………………………………………………… 660

　　商父癸爵 …………………………………………………… 660

　　周太祝鼎 …………………………………………………… 661

　　周憲鼎 ……………………………………………………… 662

　　周小鼎 ……………………………………………………… 663

　　周饕餐獸鼎 ………………………………………………… 663

卷二 …………………………………………………………………… 665

　　周癸子彞 …………………………………………………… 665

　　周祖罕彞 …………………………………………………… 666

　　周百直彞 …………………………………………………… 667

　　周平仲簋 …………………………………………………… 668

　　周遲簋 ……………………………………………………… 669

　　周立象簋 …………………………………………………… 671

　　周貞簋 ……………………………………………………… 671

　　周遽仲觶 …………………………………………………… 673

周獸爵 ……………………………………………………………… 674

周戔卣 ……………………………………………………………… 675

周戔尊 ……………………………………………………………… 676

卷三 ……………………………………………………………………… 677

周饕餮疊尊 ……………………………………………………… 677

周獸甌 ……………………………………………………………… 679

周戔甌 ……………………………………………………………… 679

周饕餮獸盃 ……………………………………………………… 680

周犧匜 ……………………………………………………………… 681

周羹斗 ……………………………………………………………… 681

周匕首 ……………………………………………………………… 682

秦金師比 ……………………………………………………………… 683

漢銅虎符 ……………………………………………………………… 684

漢魚鷺洗 ……………………………………………………………… 685

漢雙魚洗 ……………………………………………………………… 686

卷四 ……………………………………………………………………… 687

漢尚浴府金行燭盤 …………………………………………… 687

漢安昌車釭 …………………………………………………………… 688

漢鳩杖 ………………………………………………………………… 688

漢雙吉羊杖 …………………………………………………………… 689

漢鳩車 ………………………………………………………………… 689

新莽銅虎符 …………………………………………………………… 690

新莽大布 ……………………………………………………………… 690

新莽序布 ……………………………………………………………… 691

新莽錯刀 ……………………………………………………………… 692

新莽契刀 ……………………………………………………………… 693

新莽泉范 ……………………………………………………………… 694

新莽泉范 ……………………………………………………………… 695

魏造像 ………………………………………………………………… 696

隋魚符 ………………………………………………………………… 697

唐魚符 ………………………………………………………………… 697

唐傳信符 ……………………………………………………………… 698

跋 …………………………………………………………………………… 699

清代陝西金石學著作十種

叙

竟陵王得古器，小口方腹而底平，容七八升，以問陸澄。澄曰："此名服匿，單于以與蘇武。"王詳視器底，有字，仿佛如所言。余謂此不準也。云仿佛如所言，則必不如所言矣。漢人器物款識字體近隸，取便易明，即所稱八分書者，非古文大篆也。周商彝鼎皆大篆，古文奇字，猶將推本偏旁，一一考證，何偶得一漢器，偶識一銘文，即因之獲盛名，又垂諸史冊？可見人才之少，而學問之陋矣。鄭康成，一代經師，尚不辨獻尊有"畫朋皇尾婆娑然"之語，何況魏晉以後，世故日綮，習俗趨誕，人皆陸沈，學鮮海善。沿至齊梁，三百年間，求一能道古今、通典章者，戛戛其難。如范雲之讀秦《望山碑》，與陸澄殆一例論耳。吉士瞻獲金師比而不知重，其妻竊以予父；蔡母珍之得一三公鏡而即以爲已瑞，鄙哉淺之乎丈夫也。夫後人不如古人，寧知古人亦不如後人耶？彝鼎之書起於宋宣和，當時如楊南仲、劉原父諸輩，卓卓力破空談，稍知習許叔重書，略能分別篆籀，故言款識者皆宗之。今《博古》《集古》及薛尚功《法帖》諸編俱在，咸爲後來之俎豆。惟是見聞既淺，肆考多誤，僅隨偏執，終不得真。夫三代之制，詳於諸經；兩漢之制，詳於三史。倘不本諸經、三史，而欲鄉壁虛造不可知之言以誣古欺人，斯爲螫矣。余自少留心斯業，每欲彙輯《博古》等書，遞加匡正，但恐數經傳刻，於形制筆畫再失再譌，既枉費孿精，又無補實用。乾隆癸卯以後，宦游秦甸，至今十餘歲矣。閒得商周秦漢器物，必繹其故事故言，使合於魏顆、孔悝之典。時大府鎮洋畢公得周智鼎銘五百餘字，余爲之釋解，因以入之歌咏。茲索居已久，年過無聞，衰顏荏苒將至，念諸器物中有足証文字之原流者，有足辨經史之譌舛者，皆有裨於學識。因裒其稍異見所臧弄者，剖爲一編，鼎、彝、簋、爵、尊、匜，隨手記之，不復次第。至於泉刀小品，有可發明史書者載入，否者不載，魏晉至唐時者並附焉。李少君識齊桓柏寢之陳，一坐皆驚。劉之遴在荆州，得一甌，上有金錯字，人無能知者。古今人之不相及如此，豈不可慨。嘉慶元年正月十日，錢坫叙。

目　次

卷　一

商父乙鼎

商父辛鼎

商父執刀觚

商父丁觶

商父丁角

商癸父爵

商父癸爵

周太祝鼎

周寁鼎

周小鼎

周饕餮獸鼎

卷　二

周癸子彝

周祖罕彝

周百直彝

周平仲簋

周遟簋

周立象簋

周貞簋

周遽仲觶

十六長樂堂古器款識考

周獸爵

周憲卣

周憲尊

卷　三

周饕餮罍尊

周獸甗

周憲甗

周饕餮獸盉

周犧匜

周羹斗

周匕首

秦金師比

漢銅虎符

漢魚鷺洗

漢雙魚洗

卷　四

漢尚浴府金行燭盤

漢安昌車釭

漢鳩杖

漢雙吉羊杖

漢鳩車

新莽銅虎符

新莽大布

新莽序布

新莽錯刀

新莽契刀

新莽泉范

新莽泉范

清代陝西金石學著作十種

魏造像

隋魚符

唐傳信符

右共四十九器，分爲四卷，其云幾寸幾分者，并用漢建初慮虒銅尺，尺今藏曲阜聖公府。坫并記。

卷一

商父乙鼎

子孫冊冊父乙

　　右父乙鼎。高九寸五分，身高四寸三分，足高三寸四分，耳高一寸八分，口前後徑六寸六分，左右徑七寸八分，叩剼獸面紋。前後各六十三乳，左右各五十七乳。足有獸面垂花，銘六字，曰"子孫冊冊父乙"。子孫對坐，下作兩冊者，取子子孫孫世世有符命之義。父乙則其人名也。

商父辛彝

父辛

　　右父辛彝。高六寸六分，身高四寸五分，底高二寸一分，口徑八寸，底徑六寸三分，耳高四寸。獸面夔紋要花一道，底有素帶兩道。銘二字，曰"父辛"。

商父執刀觚

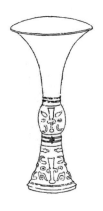

父執刀

　　右觚。高一尺一寸五分，口徑六寸五分，底徑四寸。上截素，要以下饕餮
獸面紋，前後有十字。銘作父執戈形。博古書商器多執刀、執戈諸象，此與彼
所録立戈觚制度正同，斷爲商時物無疑。

商父丁觶

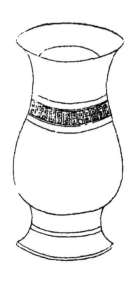

父丁

　　右父丁觶。高五寸七分，身高四寸三分，底高一寸四分，橢型口，左右徑三寸
七分，前後徑三寸一分。山疊紋要花一道，底素帶一道。銘二字，曰"父丁"。

商父丁角

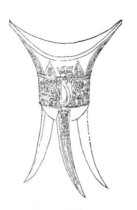

庚申，王在東闃，王格，宰楘從，錫貝五朋，用作父丁尊彝。十六月，惟王乙祀，角又五

庚丙册

右父丁角。高九寸五分，身高六寸，足高四寸八分，口左右徑三寸五分，前後徑六寸八分，有鋬高二寸。並饕餮獸面山罍花紋。身內銘三十字，曰"庚申，王在東闃，王格，宰楘從，錫貝五朋，作父丁尊彝[一]。十六月[二]，惟王乙祀，角又五"。鋬內銘三字，曰"庚丙册"。其稱年爲祀，而名父丁，知爲商器也。其格字用各，楘字從木旁，虎蜼之形。

【校勘】

[一]"作"上，脫一"用"字。

[二]十，據拓本，此爲"在"字。

商癸父爵

子癸父

　　右癸父爵。高八寸六分，身高三寸五分，足高三寸五分，耳高一寸六分。有鋬有流，口左右徑三寸二分，流前後徑七寸。山罍紋要花一道。銘三字，曰"子癸父"，在鋬內。

商父癸爵

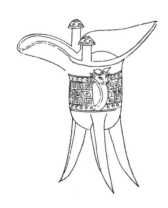

孫父癸

　　右父癸爵。高八寸八分，身高三寸五分，足高三寸五分，耳高一寸八分。有鋬有流，口左右徑三寸五分，流前後徑八寸。山罍紋要花一道，銘三字，曰"孫父癸"，在鋬內。

周太祝鼎

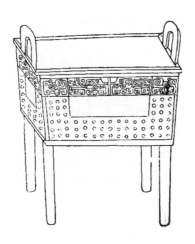

大祝祖罕鼎

　　右太祝鼎。高一尺八分，身高四寸七分，足高四寸一分，耳高二寸。口前後徑六寸一分，左右徑七寸九分。叩飻獸面紋。前後各六十三乳，左右各五十七乳。銘五字，曰"太祝祖罕鼎"。余先得祖罕彝，後得此，蓋一人之物也。製作嚴整，青綠鮮麗，諸周器中推此爲上乘。

周寰鼎

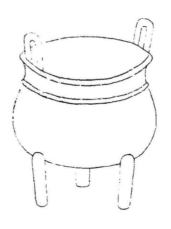

王命獵載東反，乃寰肇從陝征，攻戰無敵相刊，
及身孚戈，用作寶尊彝，子子孫孫其永寶

　　右寰鼎。高九寸一分，身高四寸五分，足高三寸，耳高一寸六分，口徑八寸。純素無花紋，腹有素帶一道。銘三十四字，曰“王命獵載東反，乃寰肇從陝征，攻戰無敵相刊，及身孚戈，用作寶尊彝，子子孫孫其永寶”。“獵”“陝”二字稍泐。載，國名，《春秋公羊傳》作“載”，《左傳》作“戴”，《説文解字》作“戠”，此用《解字》之體，而上略異。載，今衛輝府考城縣也。古文命、令同用，肇即肇字。此人獵載東反，而從陝征，有攻戰之勞。“攻”字省攴從又，“戰”作“𢧵”者，亦“單”字之省變。“敵”作“啻”，古敵字，從啻，而即通於啻也。“永”字下又從止，亦變文。獵載東反，謂從東而反也。陝征，謂以獵載之兵征陝也。此必是周初之物，余

所得是人器有三。

周小鼎

小

　　右小鼎。高一尺六寸，身高八寸五分，足高四寸，耳高三寸五分，口徑一尺三寸五分。夔紋口花一道，足有獸面。銘一字，曰"小"。此器約重二十餘斤，閎大可觀。小者，當是製器之人名。

周饕餮獸鼎

右鼎高九寸一分，身高四寸，足高三寸五分，耳高一寸六分，口徑七寸四分，腹深四寸二分。饕餮獸山罍紋。此與博古書所載商若癸鼎形製相同，惜無銘耳。

清代陝西金石學著作十種

卷二

周癸子彝

佳正月初吉癸子，王在成周，格伯受服馬乘干朋生，乃匄貝山
田則，析梠谷杜木于丙谷，旆菜□東門，乃□史諴武立盠，成
邑土簋，佚，既用典格伯田，其萬年子子孫孫永保用享

　　右癸子彝。高一尺，器高六寸，身高二寸六分，底高一寸四分，莖高二
寸，口徑九寸二分，獸耳高六寸，坐高四寸，方八寸。莖前後有饕餮獸面夔紋
花一道，底夔紋花一道，坐上兩旁並夔紋花，器身及坐身並百折紋。銘六十八
字，曰"佳正月初吉癸子，王在成周，格伯受服馬乘干朋生，乃匄貝山田則，
析梠谷杜木于丙谷，旆菜□東門，乃□史諴武立盠，成邑土簋，佚，既用典格
伯田，其萬年子子孫孫永保用享"。考博古書載商兄癸卣有丁子，周伯碩鼎有
己子，與此云癸子者正同，干支不應互合，蓋兼兩日言之，如云丁亥戊子、己
亥庚子、癸亥甲子耳，周禮自甲至癸謂之浹日，王在成周非一日，故如此云云
也。銘于前作"粍"，于後作"杜"，考另一器，今藏同州府司馬朱君學濂處，
互校之，始知是"格"字。其受典二文，亦以互校得之。此則因鐫刻譌舛耳。
貝山見周淮父卣銘內，共不辨者五字。文字定于聲義，聲義出于偏旁，若無偏
旁可證，則聲義難求。春秋三年以後書不同文，列國自爲風教，故悠謬至此，
此聖人之所爲致慨也。

周祖罕彝

王伐許戾，周公某祖罕祝，祖罕又敦祝，王錫金百鍰，祖罕用作寶彝

　　右祖罕彝。高六寸，身高四寸二分，底高一寸八分，口徑八寸三分，底徑七寸七分，兩耳高四寸。上下獸面山罍紋兩道。銘二十六字，曰“王伐許戾，周公某祖罕祝，祖罕又敦祝，王錫金百鍰，祖罕用作寶彝”。“許”字作“㮨”者，《説文解字》許國之“許”本作“䣕”，從無從邑，《史記》“鄦公惣於楚”者是也，此從無省，又從邑省耳。“鍰”字作“爰”者，《解字》又云：鍰，鋝也，鋝，十一銖二十五分之十三也。《周禮》曰“重三鋝”，北方以二十兩爲鋝。然則百鍰者，二百兩也。《漢書·律志》云十六兩爲斤，是王錫之金十二斤四兩矣。古“鍰”“爰”字通用。“某”義作謀。“敦”字，《博古圖》周伯映彝有之，缺釋，未詳。《春秋傳》許不稱戾，此稱戾，當是東遷以前物。

周百直彝

　　右彝高六寸八分，身高五寸，底高一寸八分，口徑九寸，耳高五寸五分。口足獸面夔紋花兩道。身作百直，無銘。

周平仲簋

器：平仲作寶簋，其萬年子孫永寶用

蓋：平仲作寶簋，其萬年子孫永寶用

右平仲簋。高一尺一寸一分，身高四寸七分，蓋高二寸二分，揭高一寸五分，底高一寸三分，足高一寸四分，口徑八寸八分，腹大一尺一寸八分，底徑一尺一分。器口、蓋口並夔紋花一道，器覆瓦帶五道，蓋三道。銘十三字，曰"平仲作寶簋，其萬年子孫永寶用"。"平"字作"兮"，古無以"兮"字爲名者，當是"平"字省寫而譌亂耳。又器作"子孫"，蓋作"孫孫"，亦譌一字。"簋"字，《博古》《考古》諸書及劉原父《先秦古器記》、薛尚功《鐘鼎款識法帖》諸書皆釋爲"敦"。余以時代字畫考之，而知其非矣。《明堂位》曰"有虞氏之兩敦，夏后氏之四璉，殷之六瑚，周之八簋"，是周人不名敦。鄭康成注之曰："皆黍稷器，制之異同未聞。"所云未聞者，言周之簋與璉瑚及敦之形製，康成未知之也。康成當漢時，不應不識簋，惟未見敦與璉瑚，故云爾。且《周禮》舍人注云："方曰簠，圓曰簋。"是康成之于簠、簋，考之詳矣。《説文解字》"簋，從竹從皿從皀"，此所寫之"𣪘"，即"皀"字，"皀"讀如香。古之簋，或以竹作，或以瓦作，故竹皿並用，此則改竹皿而從攴。若"敦"字從攴從𦎧，𦎧從羊從亯，筆迹不能相近，是不得釋"敦"字之明證也。《解字》又有"朹"字，云"古文簋"。古者祭宗廟用木簋，祭天地外神用土簋，蓋亦文質之分，後更以金作之耳。《三禮圖》曰"簠盛稻粱，簋盛黍稷"，易二簋可用享，單舉黍稷言之。《詩》"於我乎，每食四簋"，兼舉稻粱言之。

周遟簋

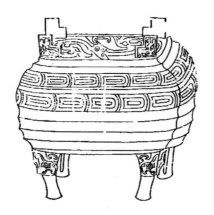

器：遲作姜浬簠，用享孝于姑公，用祈眉壽無疆，子子孫孫永寶用

蓋：釋同前

　　右簠高九寸九分，身高三寸三分，前後徑七寸，左右徑九寸九分，腹大
一尺三分，足高三寸三分，蓋高三寸三分。身、蓋並疊紋花，蓋翅夔紋花。銘
二十三字，曰"遲作姜浬簠，用享孝于姑公，用祈眉壽無疆，子子孫孫永寶
用"。依鄭康成《周禮注》及舍人《爾雅注》，則方者曰簠，圓者曰簋。依許
慎《說文解字》，則簠是方器，簋是圓器。此名爲簠而形方，與《解字》同。
蓋古人于簠、簋二器，多溷稱也，器、蓋字體畧異。

周立象簋

立象旅簋，子子孫孫永寶用

右簋高六寸二分，身高三寸七分，有仰瓦輪十道。足高二寸五分，饕餮獸面花。耳高二寸一分，前後口徑六寸五分，左右九寸，腹前後大七寸八分，左右一尺。銘十一字，曰"立象旅簋，子子孫孫永寶用"。此器製造工整，但失蓋，甚爲可惜耳，異日尚訪求之。

周貞簋

器：貞從王伐梁，孚，用作饋簋

蓋：釋同前

　　右貞簋。高一尺八分，器高四寸五分，足高三寸，蓋高二寸三分，揭高一寸，器口徑八寸，底徑六寸五分，腹徑八寸五分，蓋口徑八寸，揭徑二寸五分。山罍紋花。銘十字，曰"貞從王伐梁，孚，用作饋簋"。《説文解字》："貞，卜問也，從卜，貝以爲贄。一曰，鼎，省聲，京房所説。"此則從鼎不省，而下又加止。"梁"作"刅"者，"梁"字本以從"刅"爲聲，"刅"，古文"刅"字，此即以"刅"爲"梁"也。"孚"即"俘"字，凡古器"俘"皆只作"孚"字。蓋其人從王伐梁，得俘金而爲此簋也。梁，今乾州有梁山，在州城北十里。《解字》又云："餴，一作饋，又作餴。"此用"餴"字之形而稍省便。《博古圖》凡"饋"皆釋作"餗"者，非《爾雅》"饋饋飪"也。孫炎注蒸之曰饋，均之曰餾。是饋、簋爲炊蒸之器，故高其足以趨用。餗者，鬻也，非此義。

周遽仲觶

遽仲作父丁寶。亞中八、兩止相對

　　右遽仲。觶高七寸一分，身高六寸，底高一寸一分，口徑二寸九分，底徑二寸四分。底花一道。銘六字，曰"遽仲作父丁寶"。又繡黻中上作"八"字，下作兩"止"字相對。《宣和圖》中有器多作足迹形者，此類是也。八者，別也。止，基址也。《說文解字》曰："艸木出有址，故以止爲足。"此兩止相對，亦子孫對坐之義耳。"亞"即"亞"，古"黻"字，狀如兩巳，古人製器尚象，多作此意，取黻冕相承。古者畫黻于裳，至秦去黻而佩綬，故《倉頡篇》以黻爲綬，秦制也。《說苑》："士服黻，大夫黼，諸矦火，天子山龍。"考古家咸以黻爲蔽膝，而以此"亞"爲亞，形失之，夫古人何取于亞而作此于器物耶？真不得其義矣。

周獸爵

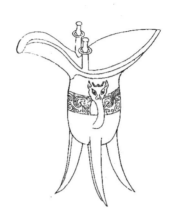

獸作父戊寶彝

右獸爵。高一尺，身高四寸，足高四寸，耳高二寸。有鋬有流，流前後並高九寸四分，口左右徑三寸八分，前後徑八寸。要花一道，獸面鋬。銘六字，曰"獸作父戊寶彝"，銘在流裏。本有二器，形製、銘文並同，其二爲青綠所蝕，筆畫不可辨，獨此清晰，故不復圖釋。

清代陝西金石學著作十種

周憲卣

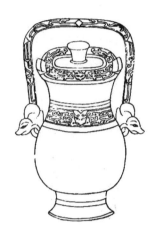

器：憲作寶尊彝　　　　蓋：釋同前

　　右憲卣。高一尺九分，器高六寸，底高一寸三分，蓋高三寸六分，梁離蓋一寸，橢形器。口徑前後四寸，左右五寸六分。底徑前後四寸八分，左右六寸四寸[一]。腹徑前後六寸三分，左右八寸。梁左右相去七寸五分，揭高八分，徑二寸，器齒高一寸四分。夔紋花兩道，銘五字，曰“憲作寶尊彝”。

【校勘】

[一] 下“寸”，當爲“分”之誤。

周叀尊

叀作寶尊彝

　　右叀尊。高九寸四分，身高七寸二分，底高二寸二分，口徑七寸九分，底徑五寸五分。夔紋花兩道，銘五字，曰"叀作寶尊彝"。叀，《説文解字》作""，云"礙不行也，從重，引而止之"。考古文"惠"字有作""者，此上與之同意。

清代陝西金石學著作十種

卷三

周饕餮罍尊

蓋

　　右罍尊高二尺一寸，身高一尺四寸，頸高三寸，腹高八寸五分，底高二寸五分。腹大一尺一寸，口徑七寸，底徑七寸五分，頸徑五寸五分，兩耳高五寸。鋬在腹下，高二寸。蓋高六寸五分，身高二寸。獸高四寸五分。滿身饕餮獸雲罍花紋。無銘。《説文解字》：“櫑，龜目酒尊。刻木作雲雷象，象施不窮也。”或作罍、罍，籀文作罍，《詩》“酌彼金罍”，《毛傳》：“人君黃金罍。”《五經異義》：《韓詩》説：“金罍，大夫器也。天子以玉，諸侯、大夫以金。”《毛詩》説：“金罍，酒器也，人君以黃目飾尊，大一碩，金飾，龜目，蓋刻爲雲雷之象也。”謹案，謂之罍者，取象雲雷，博施。《明堂位》注犧尊以沙羽爲畫飾，鄭志、張逸問曰：明堂位，犧尊以沙羽爲畫飾。前問曰：犧讀如沙，沙，鳳皇也。不解鳳皇何以爲沙。答曰：刻畫鳳皇之象于尊，其形婆娑然。或有作獻字者，齊人之聲誤耳。《周禮·司尊彝》獻尊、象尊，注：獻讀爲犧，犧尊飾以翡翠，象尊以象鳳皇。鄭氏注詩禮三處，義雖轉相發明，却不得正解。《南史·劉杳傳》，沈約語及犧尊，謂鄭玄答張逸爲畫鳳皇尾婆娑然。杳曰：“此言不安。古者尊罍皆刻木作鳥獸，鑿頂及背，以出內酒。魏時魯郡地中得齊大夫子尾送女器，有犧尊，作犧牛形。晋永嘉中，賊曹嶷于青州發齊桓公冢，得二尊，亦爲牛象。知非虛也。”按杳之辨鄭玄是矣。但杳惟識犧尊，並未識罍尊。以今所見考之，亦無刻木之制也。宣和書所載罍極多，余所見亦不少，並未有畫鳳皇尾黃目龜目等云云，蓋兩漢時古器不顯于世，諸大儒未經寓目，大略皆從臆斷耳。宣和書凡獸如此形者，皆稱之爲饕餮。服虔案《神異經》，饕餮獸身如牛，人面，目在腋下，食人。《北山經》，鉤吾之山有獸，其狀如羊身，人面，其目在腋下，虎齒，人爪，其音如嬰兒，名曰狍鴞，是食人。郭璞注爲物貪惏，食人未盡，還害其身。象在夏鼎，《左傳》所謂饕餮是也。又《西山經》，鍾山其子曰鼓，其狀如人面而龍身，是與欽䲹殺葆江于昆侖之陽，帝乃戮之鍾山之東曰瑶崖，鼓化爲鵕鳥。案《北山經》之説與《神異經》同，似非此也。此作龍身，人面，似與《西山經》所證合。然鑄之于器物，則無意義。《解字》又曰：“饕，貪也；餮，貪也。”賈逵曰：“貪財曰饕；貪貨曰餮。”杜預曰：“貪財爲饕；貪食爲餮。”凡諸器皿，雖所以適口腹，亦足以耗精神，故易以節飲食著戒。古人製器尚象，不過取其意而已，不必盡如正形，然則目爲饕餮，亦無不可。

周獸甗

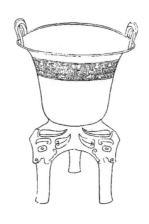

右甗高一尺四寸八分，身高五寸六分，足高六寸六分，耳高二寸六分，口徑九寸三分。饕餮獸山罍紋，口花一道，足作饕餮獸面繩。耳腹內有穿，所以隔水物者。有鐶有當，無銘。《說文解字》曰："鬳，鬲屬。"又曰："甗，甑也。一曰穿也。"《方言》："甑，自關而東謂之甗。"《釋名》："甑，一孔者甗。"蓋甗所以蒸熟物，故一謂之甗，亦謂之甑。其一作鬳，一作甗字，並同。此器製作工整，體質滑澤，顏色鮮麗，可寶愛也。

周鼄甗

叀作甗鼎，自形，犬形

右甗高一尺六寸七分，身高七寸，足高七寸三分，耳高二寸四分，口徑一尺四分。饕餮獸山罍紋，口花一道，足作饕餮獸面繩。耳腹內有穿，有鐶，有當，銘四字，曰"叀作甗鼎"。甗字作鬳，而橫夫于車旁，又加自形。古文甗、鬳聲同，通用也。鼎字旁又加太形[一]，未知何義。凡叀之器，余前後得者三，茲又復得此，可爲奇覯。

【校勘】

[一] 太，當同前釋文作"犬"。

周饕餮獸盉

右盉高一尺，身高三寸五分，足高二寸七分，頸高一寸五分，蓋高一寸五分，蓋鋬高八分。四足身圓形帶，方頸，蓋圓。口徑五寸七分，腹大六寸，流長三寸二分，徑六分，鋬高四寸五分。身蓋相屬，有鐶。身、蓋、頸俱饕餮獸面，并山罍紋。鋬及蓋鋬俱饕餮獸形，流夔紋，足純素。無銘。《説文解字》曰：“盉，調和也。蓋古人盛調和之器。”枚乘《七發》曰“勺藥之醬”，張載《七命》曰“和兼勺藥”，呂不韋《春秋》曰“凡味之本，水最爲始，五味三和九沸九變，爲火之紀”，知古人飲食最重調和，所以別設一器以盛之者，取臨時便用。《曲禮》曰“醯醬處内，酒醬處内”，《内則》曰“棗栗飴蜜以甘之，堇萱枌榆免薧，滫瀡以滑之，脂膏以膏之”，鄭康成注謂“調和飲食也”，皆此類。

周犧匜

　　右匜高七寸七分，身高五寸，底高一寸一分，蓋高一寸六分，口前後徑六寸，左右三寸。蓋作犧形，兩角，兩耳，開口露齒，上作夔紋。鋬亦作犧形，高三寸。無銘。

周夔斗

右羹斗高二寸，口徑一寸一分，底徑一寸，腹徑一寸四分。有口花一道，爲青綠所蝕不清。柄長六寸，柄去口一寸四分，去底六分。前後俱作饕餮獸形。無銘。製作工緻，定爲周器無疑。

周匕首

右匕首長二尺一寸三分，莖長三寸五分，五分分之一。臘廣一寸七分，二十分分之一十五。身長一尺七寸七分，二分分之一。《考工記》："桃氏爲劍，臘廣二寸有半寸，兩從半之。以其臘廣爲之莖圍，長倍之。中其莖，設其後。參分其臘廣，去一以爲首廣而圍之。身長五其莖長，重九鋝，謂之上制，上士服之。四其莖長，重七鋝，謂之中制，中士服之。三其莖長，重五鋝，謂之下制，下士服之。"注："臘，兩刃也。鄭司農云：莖謂劍夾，人所握鐔以上也。康成謂：莖在夾中者，莖長五寸，則于把易制，自圍其徑一寸三分寸之二。上制，長三尺，重三斤十二兩。中制，長二尺五寸，重二斤十四兩三分兩之二。下制，長二尺，重二斤一兩三分兩之一，此今之匕首也，人各以其形貌大小帶之。"經、注義並明晢，但上制劍長三尺，其臘二寸有半，中制較短六分之一，下制較短六分之二，而臘、頸首仍與上制等同，未免於形制不符。以例論之，則劍身四其莖、五其莖，則臘首及莖亦隨身而遞降也。此器得於乾隆庚戌八月，以建初銅尺測之，與記云云皆相準合。又中其莖、設其後，注義雖明，但世人未見器物，究不能確切指証，故賈公彥等疏於此注下，濶而不言。

余謂中其莖者，謂三分其莖而中作兩夾也。夾者，所以分夾四指，上夾容其食指，中夾容中指，下夾容無名及小指二，故下夾稍長。設其後謂鐔也，大作鐔，所以制把。《説文解字》曰“鐔，劍鼻”，此其義。又夾，《史記·孟嘗君傳》作“鋏”，云“長鋏歸來乎”，《楚詞》“帶長鋏之陸離”，是有長鋏者，亦有短鋏者。長夾即長劍，上士用之者是也。短夾及短劍，下士用之者是也。三代之物留遺後世，可以藉之証考經書，其爲功不小。惜我輩寠窮，末由罔羅散逸，事事辨明，致使和弓兑戈埋殁於賈豎之手，悲夫！所謂恨古人不見我，恨我不見古人者，以此夫！

又考康成云，下制，劍長二尺，此是周尺，非漢尺也。康成就《考工記》云云持論，故爲此言。如此器合建初尺爲長二尺一寸三分，是漢尺，此周尺較短六分又二分分之一矣，即此可以知周、漢尺之殊。

秦金師比

右金師比。長六寸五分，身高八分，寬七分，首高八分，寬四分。《戰國策》“趙武靈王以黃金師比賜周紹以傅王子”，何延篤注：“師比，胡革帶鉤也。”《史記》“漢文帝遺匈奴黃金胥紕”，徐廣曰：“或作犀毗。”司馬貞曰：“張晏云鮮卑郭落帶，瑞獸名也，東胡好服之。”此帶鉤名師比，胥、犀與師聲相近。案《漢書》正作“犀毗”，犀毗，匈奴中瑞獸。亦稱師比，亦稱胥毗，亦稱犀毗者，皆以對音相同而誤，然與鮮卑音亦相近。匈奴別種保鮮卑山，因自爲爲鮮卑部者，並以此得名。此物自古所無，自武靈王用胡服，遂流行於中國，今山西省太原以西北、陝西省延安以北土人往往墾土得之，但純素者多，而金片銀絲者少。余以乾隆四十一年始遊關中，客大府鎮洋畢公幕，計前後所獲不下二三十條，然大小不一，獨此璀璨奇麗，與新製不同，故録存之。並以鄙見証引詳辨，具知俗夫庸沽或以爲畫鉤，或以爲甲鉤，異説繆指，誣古欺今，以余之一物一器必硜硜據經據史，務令其得至當者，其真僞之分，純雅之別，後有識者必當定其一是矣。又考《梁書·夏侯詳傳》"荆府城局參軍吉士瞻役萬人浚仗庫防火池，得金革帶鉤，隱起雕鏤，甚精巧，篆文曰'錫爾金鉤，既公且侯'"，亦是此也。班固與竇憲書曰"賜犀比黃金頭帶"，亦是此也。《楚詞·天問》"晋制犀比，昭百日只"，亦是此也。而王逸不知，以爲是博棋。嘻！謬矣。

漢銅虎符

與南郡守爲虎符

南郡左二

右銅虎符。長二寸三分，頭高九分，尾高六分，背有銘七字，曰"與南郡守爲虎符"，腹有銘四字，曰"南郡左二"。《史記·文帝本紀》二年九月，"初與郡國守相爲銅虎符"，即此是也。字皆錯以銀。舊説云，虎符右留京師，左與郡守。其合處左有方空，右有方柱。余謂虎符自古皆有，特不以銅作之耳。信陵君得魏王虎符，奪晋鄙軍，在七國時。《説文解字》曰："琥，發兵瑞玉爲虎文。"是古用玉符。

漢魚鷺洗

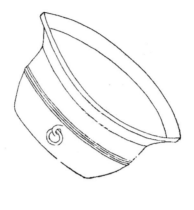

漢安二年朱提堂狼造

　　右魚鷺洗。高五寸五分，口徑一尺三寸二分，底徑七寸七分。銘九字"漢安二年朱提堂狼造"。漢安，後漢順帝之號也。《漢書·地里志》犍爲郡有朱提縣，又有堂琅縣。"提"字本從手旁，此從木作"椸"者，考蘇林讀"朱提"爲"朱匙"，云"北方人名匕爲匙"，《玉篇·木部》云"椸即匙字"，是"椸"乃"匙"字之別文。隸書手旁與木旁往往多亂，此雖篆文，實因隸文而改也。前漢朱提、堂琅爲兩縣，後漢以堂琅並入朱提，故《郡國志》無堂琅縣，劉昭注即將堂琅山附于朱提之下。常璩《南中志》云："堂琅山多毒艸，盛夏之月，飛鳥過之不能得去。"即其地也。《宋書·州郡志》作"堂狼"，此器亦書"琅"爲"狼"，是原應作"狼"，而作"琅"者，爲通字矣。《博古圖》陽嘉二年洗，亦右作魚，左作鷺，與此正同。朱提、堂琅，今貴州省威寧、雲南省東川二府地。

漢雙魚洗

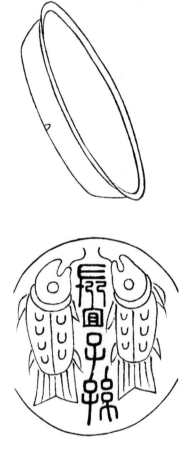

長宜子孫

　　右雙魚洗。高三寸五分，口徑一尺五寸，底徑八寸二分。銘四字，曰“長宜子孫”。余所收漢長生未央、長樂未央、長生無極、長無相忘等瓦，“長”字變體二百餘種，無與此同者，古人隨意製造，並有旨趣，雖不必與籀篆相合，要可爲考文者之一助云。

卷四

漢尚浴府金行燭盤

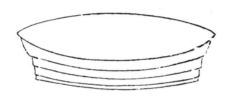

温卧

內者未央，尚浴府乘輿金行燭盤，一容二升，重二斤十二兩。

元年內向造，弟初八十四

　右漢行燭盤。高一寸四分，口徑七寸五分，底徑五寸八分。篆文銘二字，曰"温卧"，分書銘三十三字，曰"內者未央，尚浴府乘輿金行燭盤，一容二升，重二斤十二兩。元年內向造，弟初八十四"。"温卧"者，當是温室卧

◎ 十六長樂堂古器款識考

處所用也。尚浴府者，澡浴之室也。其盤非一，故曰"苐初八十四"也。古無"苐"字，隸書有之，後又誤爲"第"。内向，未詳，或云是内者令之名，漢器往往有此體。銘在盤底外面。

漢安昌車釭

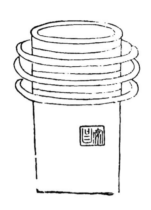

安昌

右釭頭。長三寸，徑一寸八分，滿身嵌銀絲金片，花紋稍蝕不清，中有金絲"安昌"二字，蓋安昌侯張禹物也。漢人車釭頭傳世者甚多，或素或飾，互有不同，而形製則一。余所得者六七種，其一則底有"勝里"二字，後爲他人取去，不復存。此因張禹之名而録之。

漢鳩杖

右鳩杖頭。高二寸八分，寬二寸二分，厚一寸。《漢儀註》："民年七十者，授以玉杖，長九尺，端以鳩爲飾。鳩者，不噎之鳥也，欲老人不噎。"所以愛民。《白孔六帖》：老人刻杖爲鳩形，天子所賜老人者也。《風俗通》又云："高祖與項羽戰於京、索，遁叢薄中，羽追求之，時鳩正鳴其上，追者以爲鳥在無人，遂得脱。即位後，異此鳥，故作杖以賜耆者者。"與《儀註》云云相反，説恐非也。

漢雙吉羊杖

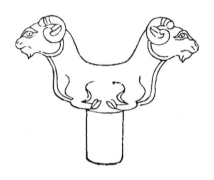

右雙吉羊杖頭。高二寸八分，寬三寸九分，厚一寸。羊者，祥也，古人器物多作羊者，意取於此，故善、美、義字並從羊。余所見漢人雙吉羊洗，形製相同。

漢鳩車

右鳩車。高三寸，長四寸八分，闊一寸七分，輪徑二寸一分。鳩背、腹、首並各負小鳩一，其腹小鳩有穿，蓋所以貫彎線者。尾下又有一小輪，制度與博古書所載略同，惟多一腹鳩耳。漢人兒童之戲，製造精工如此。無銘。

新莽銅虎符

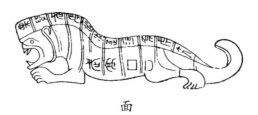

面

新與武亭氾氾連率爲虎符

武亭□□

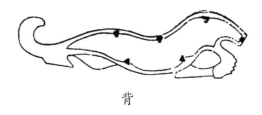

背

右虎符。長五寸，高五分，頭至足深一寸四分，尾一寸。滿身鎏金，背有
"新與武亭氾氾連率爲虎符"十一字，半文，腹有"武亭□□"四字，並陰識，
蓋新莽時所造也。《漢書·莽傳》及《地里志》所載莽改郡國，無武亭之稱，未
識是何地，但製造精工，非後人所及，故附存之。

新莽大布

大布黃千

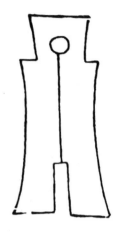

右大布長二寸四分，文曰"大布黄千"。古"衡"字作"横"，"横"字亦作"黄"，皆通用也。《檀弓》"衡縫"注："今禮制衡讀爲横。"《考工記》"衡爲大黄布刀"者，非也。《漢書·食貨志》："新莽大布重一兩，長二寸四分。"今以建初尺較之，恰長二寸四分，知建初尺與莽尺相同。

新莽序布

序布四百

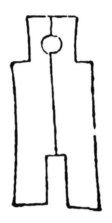

　　右序布。長一寸八分，文曰"序布四百"，"四"字作"三"，古者
"一""二""三"字皆積畫也。新莽十布，一曰小布一百，長一寸五分；二
曰幺布二百，長一寸六分；三曰幼布三百，長一寸七分；四曰序布四百，長
一寸八分；五曰差布五百，長一寸九分；六曰中布六百，長二寸；七曰壯布
七百，長二寸一分；八曰弟布八百，長二寸二分；九曰次布九百，長二寸三
分；十曰大布橫千，長二寸四分。小布重十五銖，由小布以上遞重一銖，遞加
一百，故大布重一兩，而直千錢。其命名之義，則以大、小相對，次、弟、
壯、中、差、序、幼、幺，兩兩相因。今《漢書·食貨志》乃譌作厚布，非矣。
莽十布，余收穫皆全，獨此可以証史書傳寫之誤，大布可以正時俗解釋之謬，
故録入之。益以見古物之留存於世爲功不小，豈特供展玩而已哉。

新莽錯刀

一刀平五千

右金錯刀。長二寸，文曰"一刀平五千"。"一刀"二字陰識，以黃金錯之，"平五千"三字陽識，"平"即"直"也。《漢書·食貨志》經作直五千，似班固改之，於義雖無所戾，然竟非本事。

新莽契刀[一]

契刀五百[二]

右絜刀。長二寸，文曰"絜刀五百"，字並陽識。"絜刀"二字橫，與錯刀位置不同。《說文解字》曰："絜，刻也，從木從韧。"《漢書·食貨志》作"契"，《解字》又曰："契，大約也，從大從韧。"二字不同義。

【校勘】

［一］［二］契，拓本作"絜"。

新莽泉范

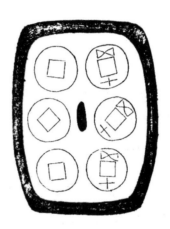

大泉五十

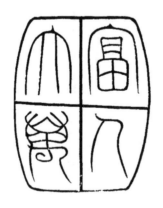

富人六萬

　　右泉范。厚六分，面長五寸，寬三寸七分，四邊寬三分。內容"大泉五十"，面背各三，位置不正，稍蝕不清。背長四寸五分，寬三寸五分，中四字，文曰"富人六萬"，篆書，字畫遒勁。余所得泉范甚多，獨此大而奇，未識當時何所用也。

新莽泉范

大吉

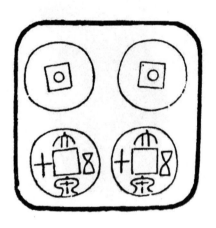

大泉五十

　　右泉范。厚五分，面寬二寸，容"大泉五十"，面背各二。背寬一寸七分，有"大吉"二字，隸書。新莽泉范大概並取吉祥之語，《漢書·食貨志》載莽時泉刀諸事頗詳，獨不及此，何也。

魏造象

熙平元年二月二日，成道　炋敬上造像一區，伯養一心共養侍佛

右造象。高四寸七分，寬二寸四分，厚二分，面作跌坐大象一[一]，上作小象二。背銘文二十五字，云"熙平元年二月二日，成道□□敬上造象一區[二]，伯養一心共養侍佛"。熙平者，魏明帝之號年也。伯養者，造象之人名也。字體近俚，刻畫亦淺，非當時工整之作，特以魏時舊物而存之。

【校勘】

[一] 跌，爲"趺"字之訛。

[二] □□，上文作者識爲"□炋"。象，拓本作"像"。

隋魚符

　　右銅魚符。長二寸三分，寬九分，厚二分，有眼不穿，背上有"同"字，陽識，不鎏金。此隋器也。

唐魚符

新換蜀州弟四

　　右銅魚符。長二寸一分，寬五分，厚二分，穿眼。背上有"同"字，陽識；下有"新換蜀州弟四" 六字，陰識，鎏金。《唐書·車服志》，唐高祖銀兔符，其後改爲銅魚符，以起軍旅，易守長。宋吳仁傑《兩漢刊誤補遺》曰："銅虎符始於漢文帝，至唐易爲銅魚，大事則兼勒書都督、御史改替追換，及軍發後更添兵事之類。至周顯德六年詔以'特降制書，何假符契'，遂廢之。"又曰："武德銅魚符，用隋京官佩魚之制。"據之，則此云"新換蜀州"者，乃蜀州刺史所用，其爲唐器無疑。

唐傳信符

　　右魚符長二寸三分，寬五分，厚二分。文曰"勝州傳佩"，勝州，唐榆林郡也，以《唐書·車服志》考之，則是傳信符也，以給郵驛，通制命所用。

清代陝西金石學著作十種

跋[一]

　　清乾隆以内廷所藏鐘鼎尊彝凡千五百二十九器，敕梁詩正等仿宋《博古圖》例，爲《西清古鑒》四十卷。餘風所播，群下承之，阮伯元之《積古齋鐘鼎彝器款識》、吳荷屋《筠清館金文》等，踵起者凡十餘家。然皆有款識而無圖像，且皆採録各家所成。若以一家所藏，既録文字，復摹器形，以爲專書者，則首推錢十蘭之《十六長樂堂彝器款識》。摹刻之精，焕美古鑒印本，傳世甚尠，余求之十餘年而未一遇也。今年春，開明書局主人得丁艮善舊藏本，阮伯元書衣，許印林朱筆批校格伯敦九言此書未刻入，同好者皆欲争購之。主人曰：“一人得之無以饜同好之望，不如付梓以廣其傳。”屬余董校勘之責。既藏事，復屬余識其原委。蓋是編所載商、周、秦、漢、魏、隋、唐諸器凡四十有九，先圖後銘，次附考證。器雖不多，然皆精湛。古鑒文字，沿宋人之習，臨寫篆文，筆劃尖鋭，殊失本真，偶不當意，訛誤隨之。是編皆據拓本入録，器銘所在，與其色澤，每明記之，體例完善。其定名間有錯誤，如宰樁角曰父丁角，大祝禽鼎曰大祝鼎，而“禽”誤釋爲“祖罕”二字，格伯敦曰癸子彝，禽敦曰祖罕彝，兮仲敦曰平仲簋，立毌曰立象簋，而“爲”字誤釋作“象”；南郡虎符、武亭□□字漫漶缺失虎符，而不著地名；漢安二年洗、長宜子孫洗，以魚鷺及雙魚形名；一刀、成道灯造像、蜀州第四符、勝州傳佩符，而不以字名。其它文字之釋亦略有誤，兹不備舉。金石之學，譬如積薪，後來居上。出土之物夥，見聞之識廣，勢所必至，固不足爲此書病也。其命器復有商榷者，即前人以圜體、兩耳、有蓋者名敦，而此曰簋；前人以器橢、兩耳、四足、有蓋者無蓋者乃散佚名簋，而此則同錢氏意，殆謂同名而異制矣。敦之爲簋，自錢氏始，厥後黄紹基從而擴之，立文、聲、形、數四説以爲證見《翠墨園語》。余友容君希白，復從出土之彝器銘文，附以《禮經》之器目，論之尤詳，以爲錢、黄兩家之言確鑿不易見《燕京學報》第一期《殷周禮樂器考略》。于其所著《寶蘊樓彝器圖録》，凡于敦皆著爲簋，敦非圜體、弇口、兩耳、圈足之器，爲本名當無異議。以傳世古器證之，其銘所謂𣪘敦之本字者，形如漢鼎，三環以爲足，二環以爲耳，蓋上三環，可却置案，其銘辭皆非初周器，是其制由𣪘改變，器名亦隨之更易矣。諸家皆以𣪘即小篆簋字之所從出，《禮經》所謂簋者，即傳世之𣪘也。然簋是否即爲𣪘之變，固嘗疑之，試睹所謂簋器者，其銘文大率作𣪘，傳寫失真，遂譌爲簋，與其謂簋之爲𣪘，何若謂盨之誤爲簋。《禮經》多簋之明文，傳世多𣪘之古器，雖相吻合，無寧于文字中求之，爲得其實也。其最當者，即𣪘、敦、盨之名，以今隸寫定，則無害于古，無傷于今矣。因器之名，故並論之，好古之士當亦不以斯言爲紕繆也。二十二年四月，番禺商承祚識于北平之契齋。

【校勘】

[一] 此跋據民國本補。

浣花拜石軒鏡銘集録

[清] 錢坫 著

點校説明

　　《浣花拜石軒鏡銘集録》是清代錢坫的一部金石學著作，二卷，成於嘉慶二年。錢坫以近世考論鏡銘多根據《宣和博古圖》所載，資料並不可靠，錯誤很多，因此著成此書，收録自己所藏鏡銘有文字者，加以考證，嚴謹精當。

　　此書共收漢唐鏡銘二十五種，是首部鏡銘專書。或考論鏡銘用途。如《唐五嶽四神鏡》考云："四神二人男，二人女也，皆作乘雲飛行之形，應是祈雨所用。"《漢精白鏡》，闡作鏡之用意云："忠臣節士立心明義無以自發，作此鏡以示意者也。"《漢妻贈夫鏡》則是："夫有遠行，其妻造以相贈者，故兩標長相思以示意也。"

　　或考鏡名由來。《漢方諸陽鐩鏡》，釋方諸、陽鐩云："陽鐩所以取火，方諸所以取水，蓋古人祭祀取明水明火所用之器也。《説文解字》：'鑒諸可以取明水，從金，監聲。陽鐩從金，隊聲。'兩字並從金，知以金爲之。高誘《淮南子注》云：'方諸陰鐩，大蛤也，孰摩令熱，月盛時以向月下，則水生。陽鐩，金也，取金杯無緣者，孰摩令熱，日中時以當日下，以艾承之，則然得火。'以方諸爲鑒，知古方諸與鏡同用矣。"凡此，對於今天的古器研究均有參考價值。

　　此書有嘉慶元年（1796）錢坫自刻本，是此書僅有之刻本，爲本次整理所用之底本。

目　録

原書目録 ·· 707

卷　　一 ·· 709

　　漢尚方御鏡 ·· 709

　　漢十二辰鏡 ·· 710

　　漢精白鏡 ·· 710

　　漢復丁鏡 ·· 711

　　漢妻贈夫鏡 ·· 711

　　漢秋風鏡 ·· 712

　　漢文章鏡 ·· 712

　　漢日光鏡 ·· 713

　　漢日光鏡 ·· 713

　　漢長樂鏡 ·· 714

　　漢常樂鏡 ·· 714

　　漢長宜子孫鏡 ···································· 715

　　漢元興鏡 ·· 715

　　六朝回文鏡 ·· 716

卷　　二 ·· 717

　　唐十二辰鏡 ·· 717

　　唐海獸鏡 ·· 718

　　唐盤龍舞鳳鏡 ···································· 718

　　唐秦王鏡 ·· 719

　　唐放漢驪氏鏡 ···································· 719

唐放漢蔡氏鏡　……………………………………………… 720

漢八卦鏡　…………………………………………………… 720

漢方諸陽鑠鏡…………………………………………………… 721

唐飛霜鏡　…………………………………………………… 721

唐五嶽四神鏡 ………………………………………………… 722

唐雙犀鏡　…………………………………………………… 722

清代陝西金石學著作十種

原書目録

卷 一

漢尚方御鏡

漢十二辰鏡

漢精白鏡

漢復丁鏡

漢妻贈夫鏡

漢秋風鏡

漢文章鏡

漢日光鏡

漢日光鏡

漢常樂鏡

漢長宜子孫鏡

漢元興鏡

六朝回文鏡

卷 二

唐十二辰鏡

唐海獸鏡

唐盤龍舞鳳鏡

唐秦王鏡

唐放漢驪氏鏡

唐放漢蔡氏鏡

漢八卦鏡

漢方諸陽鐖鏡

唐飛霜鏡

唐五嶽四神鏡

唐雙犀鏡

右鏡銘二十五種，皆向所臧弃者，近世指海獸、葡桃鏡爲秦鏡，龍鳳、雀花、瓜瓞、靈葵等式並指爲唐鏡，而漢鏡必以銘文定之，其例並遵《宣和博古》書，亦或然或不然之論也。余所置前人舊物，每重其文字，故但有花紋無銘識者，概不著録。惟八卦鏡以下五種則以製造標奇存之。二十年秦贄所見商周下至唐代器物幾數千餘件，然皆雲烟過眼，瞥而不留，所守者僅此耳，豈不可慨哉。嘉慶二年十一月朔日，錢坫記。

卷　一

漢尚方御鏡

　　左尚方御鏡。徑六寸一分，銘三十五字，曰"尚方御鏡大毋傷，左龍右虎辟不祥，朱鳥玄武順陰陽。子孫備具居中央，長保二親樂富昌"。下爲青綠所蝕不清。"祥"作"羊"，通用字。

漢十二辰鏡

右十二辰鏡。徑六寸一分，銘八字，曰"象物澂神朗□澄真"。其一字泐，蓋回文也。下作四神乘雲飛行之形，黿水鼻。

漢精白鏡

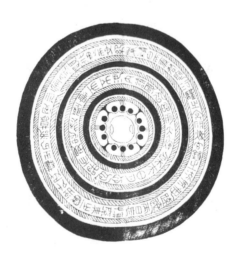

右精白鏡。徑七寸五分，銘兩層，外層曰"絜精白而事君，怨陰權之弇明，□玄錫之流澤，恐疏遠而日忘，慎□美之窮□，外承驩之可說，慕□□靈泉永思而毋絕"，內層曰"內清妍以昭明，光輝卓夫日月。心忽揚而願忠，然壅塞而不施"，共七十一字。此忠臣節士立心明義無以自發，作此鏡以示意者也。其"權"作"驩"，"承"作"丞"，"妍"作"硯"，皆借字。

漢復丁鏡

右復丁鏡。徑七寸六分，銘三十字，曰"日有憙，月有富。樂無事，常得意。美人會，竽瑟侍。商市程，萬物平。老復丁，復生寧"。"商"作"啇"者，用古字。復丁，漢時語，故定爲漢鏡，《急就章》云"長樂無極老復丁"。

漢妻贈夫鏡

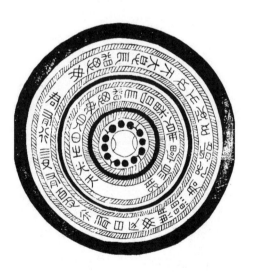

右妻贈夫鏡。徑六寸五分，銘兩層，外層曰"君有行，妾有憂，行有日，反無期，願君強飯多勉之，仰天太息長相思"，內層曰"見日之光天□□□服者富貴蕃昌長相思"[一]，共四十三字。此夫有遠行，其妻造以相贈者，故兩標長相思以示意也。“憂”作“慐”，“仰”作“卬”，用古字。“蕃”作“番”，用借字。

【校勘】

[一]“見”上，據拓片，脱“毋”字。

漢秋風鏡

　　右秋風鏡。徑五寸八分，銘十二字，曰“久不見，侍前希，秋風起，予志悲”，此朋友相懷念，作此以示意者也。

漢文章鏡

　　右文章鏡。徑五寸六分，銘十六字，只八字可辨，曰“吾作明鏡。文章大

吉”，蓋首末二句也。“鏡”字作“竟”，漢世通用字，凡鏡銘皆然。

漢日光鏡

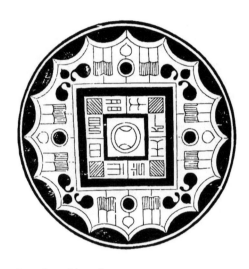

右日光鏡。徑五寸八分，銘八字。

漢日光鏡

右日光鏡。徑二寸四分，銘十二字，曰“見日之光，天下大陽，服者君王”。

漢長樂鏡

右長樂鏡。徑二寸九分，銘八字，曰"長樂未央，常毋相忘"。

漢常樂鏡

右常樂鏡。徑二寸七分，銘八字，曰"常樂未央，長毋相忘"。漢瓦當每有此文，而"常"字多作"長"，惟長生無極瓦有作"常"字者，此因兩字兼具，故改"長"作"常"也。盤螭鼻，小而甚奇。

漢長宜子孫鏡

右長宜子孫鏡。徑三寸七分，銘四字，曰"長宜子孫"。四正作四五銖泉，四隅作四半五銖泉，其"銖"作"朱"者，通用字。

漢元興鏡

右元興鏡。徑三寸八分，銘七十六字，曰"元興元年五月丙午日，天大赦，廣漢造作尚方明鏡，幽鍊三商，周得無□，世傳光明，長樂未英，富且昌，宜侯王師命，長生如石，位至三公，壽如東王公、西王母、仙人齊，位至公侯"，共六十七字，又曰"吾作明鏡，幽鍊三商兮"共九字。"央"字作"英"，"位"字作"立"，並通用。三商者，三時也，今謂之刻，古謂之商，其義同耳。

六朝回文鏡

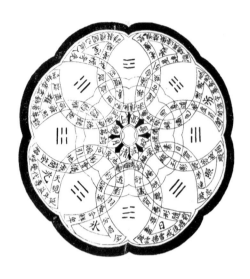

　　右回文鏡。徑八寸八分，銘二百八字，曰"馳光匣啓，設象臺懸。詩敦禮閱，己後人先。奇標象烈，耀秉光宣。施章德懿，配合樞旋。嗤妍瘁盡，飾著華鉛。熙雍合雅，約隱章篇。詞分彩會，議等簡筌。移時變代，壽益延年。規天等地，引派分泉。池輕透影，羽翠含鮮。卑□□□，□□□全。曶分翠柳，鬢約輕蟬。摛詞掩映，鵲勯聯翩。披雲拂雪，戒後瞻前。隨形動質，議衍詞編。姿凝素日，質表芳蓮。疲忘□□，□□瑕捐。枝芳表影，玉綴凝烟。儀齊罔象，道配虛員。闌閨慎守，暮蚤思虔。漪漣配色，繡錦齊妍。垂芳振藻，句引星連。淄磷異迹，徹瑩惟堅。鼇豪引照，古遠芳傳"，共一百九十二字。又曰"照日冰光，耀室菱芳"，又曰"月曉河澄，雪皎波清"，共十六字。隨文起結，皆可誦讀，與織錦同妙，真希世之珍也。

　　《回文類聚》稱唐婦人所作《轉輪鈎枝八花鑒銘》，云"花上八字，枝間八字，旋環讀之，四字爲句，遞相爲韵。其盤屈糾結爲八枝者，左旋讀之，自'篇'字起，至'詞'字止；右旋讀之，自'詞'字起，至'篇'字止"者，即此是也。以爲唐時物，余以文詞字迹不似唐世，繼讀歐陽詢《藝文類聚》、徐堅《初學記》等書，所載六朝鏡銘並多此體，然則定爲六朝近之。

卷　二

唐十二辰鏡

　　右十二辰鏡。徑九寸四分，銘三十二字，詳文義，應是宮中所用。花紋之妙，無出其右者。

◎ 浣花拜石軒鏡銘集録

唐海獸鏡

　　右海獸鏡。徑八寸八分，銘三十二字，曰"湛若止水，皎如秋月。清暉內融，菱華外發。洞照心膽，屏除妖孽。永世作珍，服之無沫"。篆法冶媚可愛，真可寶也。

唐盤龍舞鳳鏡

　　右盤龍舞鳳鏡。徑八寸三分，銘三十二字，回文。

唐秦王鏡

右秦王鏡。徑六寸，銘二十字。

唐放漢騶氏鏡

　　右騶氏鏡。徑九寸三分，銘四十四字，曰"騶氏作鏡四夷服，多賀國家
人民息。胡虜殄殘天下復，風雨時節五穀孰。長保二親得天力，傳告後世樂無
□□兮"。其中作吳王、伍胥、范蠡、西施、越王二女之象，未識何所取義。

唐放漢蔡氏鏡

　　右蔡氏鏡。徑七寸五分，銘四十字，曰"蔡氏作鏡自有意，良時日衆大富，七子九孫各有喜，宦至三公中常侍，上有東王公、西王母與天相保兮"。"公西"二字不清，其間作老者安坐，幼者侍立，並舞彩之象，所謂七子九孫有喜者是也。

漢八卦鏡

　　右八卦鏡。徑六寸二分，無銘。

漢方諸陽鐩鏡

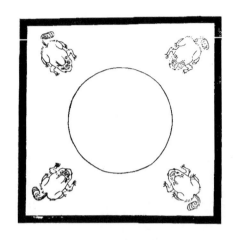

　　右方諸陽鐩鏡。徑六寸四分，邊寬二分。四角水獸鼻陽鐩，徑三寸四分。陽鐩所以取火，方諸所以取水，蓋古人祭祀取明水明火所用之器也。《說文解字》："鑒諸可以取明水，從金，監聲。陽鐩從金，隊聲。"兩字並從金，知以金爲之。高誘《淮南子注》云："方諸陰鐩，大蛤也，孰摩令熱，月盛時以向月下，則水生。陽鐩，金也，取金杯無緣者，孰摩令熱，日中時以當日下，以艾承之，則然得火。"以方諸爲蛤，殆不然歟。但今人皆以鑒爲即是鏡，而許君以方諸爲鑒，知古方諸與鏡同用矣。余以乾隆五十三年得一，以贈蔣別駕瑩溪，至五十九年又復得此，亦奇遇也，並記之以志異。

唐飛霜鏡

右飛霜鏡。徑七寸七分，銘四字。"真子"當是人名，"飛霜"當是操名，然遍檢書傳及琴譜諸書，皆不可得。古人製器，原欲以流傳後世，使其人不作此鏡，則湮没無聞矣。故好事好名之徒，今亦不如古，悲夫。

唐五嶽四神鏡

右五嶽四神鏡。徑六寸，無銘。四神二人男，二人女也，皆作乘雲飛行之形，應是祈雨所用。

唐雙犀鏡

右雙犀鏡。徑九寸六分，無銘。《説文解字》曰："犀，南徼外牛，一角在鼻，一角在頂。"此即是也。

【增補】

隋唐石刻拾遺

[清] 黃本驥 著

點校説明

　　黄本驥（1781—1854），字仲良，號亞卿，別號虎癡，湖南寧鄉人。道光元年（1821）中舉。先後入陝西布政使唐仲冕、湖南布政使蔣春岩、巡撫吳榮光等幕府。道光十七年（1837），爲黔陽縣教諭，直至咸豐四年（1854）去世。黄本驥雖仕途不顯，却以學名聞於世。其於經史、金石、詩文均有所成就，著述豐富，其經史著作有《避諱録》《歷代職官表》《聖域述聞》《湖南方物志》等，金石著作有《隋唐石刻拾遺》《古誌石華》《金石萃編補目》等，另有《三長物齋詩略》《文略》等詩文雜著，計三十餘種，大多刻入其《三長物齋叢書》[1]。

　　《隋唐石刻拾遺》二卷，是黄本驥客陝期間著成，是其第一部學術專著。道光二年（1822）春，黄本驥四十二歲，入京參加本年的恩科會試，然而未能考中。爲“釋其抑塞磊落、無聊不平之氣”[2]，接著參加次年的會試，於是在五月間，由晋入陝，到了唐仲冕的陝西幕府。唐仲冕字六枳，號陶山，是黄本驥父親黄湘南的同鄉好友，其人乾隆五十八年（1793）進士，道光元年八月由福建按察使昇任陝西布政使，二年八月又代理陝西巡撫。黄本驥在唐仲冕幕府留住了數月，又於十月間離陝入京。

　　黄本驥在陝期間，爲唐仲冕校定唐所著《陶山文録》[3]，與在陝諸文士詩酒文讌、搜訪碑石。與其日常來往最爲密切的幾人，如同在幕府的車持謙、武功縣令段嘉謨等，都有金石癖好。車持謙字子尊，號秋舲，浙江上元人。據黄本驥所説，車氏“好古之癖，遠超前人”，遍訪終南碑石，收藏極其較富[4]，後

---

[1] 黄本驥生平著述參田吉《黄本驥家世生平考述》（發表於《圖書館》2011年第2期）、《黄本驥研究》（湖南師範大學2009年碩士論文）。

[2] 黄本驥《陶山文録跋》中語，收入《三長物齋文略》卷四，道光刻本。

[3] 見黄本驥《陶山文録跋》。

[4] 見《黄本驥《終南訪碑圖記》，收入《三長物齋文略》卷三。

撰成《金石叢話》一書[1]。段嘉謨號襄亭，河南偃師人。嘉慶二十年以前爲岐山知縣，二十年移宰武功[2]，此時正在武功知縣任上，集武功縣金石爲《金石一隅錄》一書，道光二年刻出。黃本驥撰寫《隋唐石刻拾遺》從寫作到完成用了不到兩個月時間，離不開這些友人的幫助。

乾隆中後期，畢沅在陝任職期間，對關中金石做了大規模搜訪之後著成《關中金石記》一書，成爲後之來陝訪碑者的指導手冊。據黃本驥在《隋唐石刻拾遺》中所説，他到了關中之後，即取畢《記》，按圖索驥。由於嘉道間陝西新出碑石不少，因此黃本驥在畢《記》之外，又訪得若干種新近出土的碑石。於是他將其中隋唐石刻共七十四種，備錄原文，略加考按，分爲上、下二卷，而成《隋唐石刻拾遺》一書。隨即由唐仲冕付梓刊刻，並寘於碑林，以備後之訪古者藉爲底册。

《隋唐石刻拾遺》所收碑刻，或據原石，或據所得拓本錄文，少數漫漶不清的僅略述文意，大多數照錄全文，黃氏考論涉及史實、避諱、地理、文字、文章結構章法等各個方面。其成就主要在於：

首先，由於隨時間推移，碑刻亡佚或文字殘損情況比較多見。著錄關中金石者，在畢沅之後還有王昶《金石萃編》，王昶在西安訪碑上距《關中金石記》成書僅三五年時間，據黃本驥云：“隋唐石刻畢《記》所有、《金石萃編》所無者已二十一種。此次詳加搜訪，於二十一種中僅得二種而《金石萃編》所有爲今所未得者又十四種。……以上諸刻或係搜訪未備，未能必其俱亡，然歲月寖久，亡者必多，再數十年後，又不知今所已得者其能長存與否。”黃本驥所訪得的碑刻，到今天，有的已亡佚，有的有舊拓本存世，然歷代拓本在文字上仍多有差異，因此黃氏所錄很有校勘價值。本次整理，即將黃氏所錄和現存拓本的異文列出，以供進一步研究。

其次，黃氏錄文之後，據石刻文字與傳世文獻互證，多能補正傳世文獻之闕謬。如《劉感墓誌》，考云：“志云‘撥亂開元，群兇泥首’，又云‘圖形麟閣，賜印雲台’，蓋感以佐誅韋氏功起家，官至左龍武將軍，圖形賜印，可謂烈矣。而新、舊書皆不著其名，賴此片石以永其傳，金石之有裨于史傳，信然。”《于士恭墓誌》，考其葬地“神和原”云：“神和原即今咸寧縣南三十

[1]《（同治）上江兩縣志》卷一二《藝文中》。
[2] 見《（光緒）武功縣志》《（民國）續修陝西通志稿》。

－ 726 －

里神禾原。和、禾，語之訛也。《府志》引《劇談録》云晋天福六年産禾，一莖六穗，重六斤，故名神禾。其説甚謬，神和之名，唐已有之，安得云石晋時始以神禾得名。"

或糾正前人著録之誤。如《劉夫人霍氏墓誌》，考云："志石今在西安，而《金石萃編》云在孟縣，誤也。"《魏公先廟碑》，考云："《西安府志》入'金石門'，題撰人爲崔絢。……撰文人崔姓，泐其名，並無立碑年月，不知《府志》何以定爲崔絢撰文……今審其文有云'廟既成，使門吏左補闕鄭愚謂璵曰'云云，又云'能敵予之重托者，莫如子。璵聞命震悚，即走相君之門，固辭不獲。次其世胄德行官業'云云，然則撰文者乃崔璵，非崔絢也。"

諸如此類，考證極爲精當，其結論常爲後之學者所引用。如《許洛仁妻宋氏墓誌》爲黄本驥首次著録，此誌未載誌主卒葬之年，黄氏據《許洛仁碑》載許洛仁卒於龍朔二年，年八十五，其妻卒年九十九，若兩人年歲相當，則其妻卒于高宗末。遂將其編附儀鳳元年，后之金石著作皆從其説。

然而，黄氏考論也有疏忽之處，如《三原定公碑》，此碑麟德元年立，隸書，原在三原縣。黄氏云其存八百餘字，"姓名爵里俱泐，不知碑爲誰立，存其謚曰定公"，但未録殘字，僅略引其卒年、葬地及銘詞數字。今按，此碑拓本現存國家圖書館，漫漶已甚，僅存半副七百餘字，題爲《越州都督于德芳碑》。宋《寶刻類編》已著録，云"《越州都督于德芳碑》，從弟志寧撰，蘇季子書"，又《寶刻叢編》引《復齋碑録》載撰書年月時地，《寰宇訪碑録》《潛研堂金石文字跋尾》等亦著録，錢大昕并考于德芳名見《新唐書·世系表》，作"德方"。黄本驥似未讀到這些前輩學人的考訂。

黄本驥道光八年又撰寫了《古誌石華》一書，著録了自己收藏的墓誌，"自晋至元，得百餘紙，其中已有石毀而此紙僅存者，恐其散佚，益以友朋所藏及金石家著録之確而可徵者，彙録成秩，分爲三十卷"[1]。其中所收陝西墓誌五十餘種，和《隋唐石刻拾遺》所録有重合，惟所附考證稍異。如《龐德威墓誌》，《隋唐石刻拾遺》先引車持謙跋，云誌中"哥"通"歌"，後考誌中"虎"字避高祖諱作"武"。《古誌石華》中則詳引傳世文獻如《漢書》《唐書》，碑版如北周《華岳頌》、唐《孔子廟堂碑》等，證"哥""歌"二字通用；除了"武"屬避諱，又詳列誌中異體字。又如《唐端墓誌》，關於誌主之

[1]《古誌石華·序》，清道光間《三長物齋叢書》本。

父唐昭，《隋唐石刻拾遺》引車持謙跋云"不知何許人"，《古誌石華》則考《唐書·宰相世系表》唐儉曾孫有名昭者，云"未知即其人否"。凡此，《古誌石華》的考證較《隋唐石刻拾遺》更爲細緻，也反映出了黃氏學術上的精進。

《隋唐石刻拾遺》後附録《〈關中金石記〉隋唐石刻原目》一卷，黃氏云："畢《記》版存吳郡，關中不易購求，因摘記中隋唐二朝原目附於卷末，以備稽考。"乃抄録《關中金石記》的金石目録，中亦有與《關中金石記》現存版本文字相異之處，有資校勘。

《隋唐石刻拾遺》版本有四種：道光二年唐仲冕碑林刻本，爲此書最早刻本，題下署"關中行客長沙黃本驥虎癡編"，前有唐仲冕序，嚴如熤、車持謙題辭，後之諸本均源出此本；道咸間鈔本，此本不知何人據碑林刻本所鈔，錯訛時有；《聚學軒叢書》本，題下署"長沙黃本驥編，貴池劉世珩校刊"，爲光緒年間安徽貴池人劉世珩對碑林刻本進行校勘後所刊，收入其《聚學軒叢書》第四集；《湖南叢書》本，1926年刻，亦據碑林刻本。本次整理以碑林刻本爲底本，參校其他各本，分別簡稱鈔本、光緒本、湖南叢書本。

目 録

隋唐石刻拾遺序 ·· 733

隋唐石刻拾遺題辭 ··· 734

隋唐石刻拾遺目録 ··· 735

卷 上 ··· 738

  隋 ·· 738

    周翬賓墓志 ·· 738

    舍利塔記 ·· 739

    元太僕墓志 ·· 740

    元夫人姬氏墓志 ·· 742

  唐上 ·· 743

    隋陸讓碑 ·· 743

    文安縣主墓志 ·· 744

    牛秀碑 ·· 745

    許夫人宋氏墓志 ·· 746

    豆盧遜墓志 ·· 746

    尼法願墓志 ·· 747

    三原定公碑 ·· 748

    隋令狐熙碑 ·· 749

    令狐德棻碑 ·· 749

    三藏聖教序記并心經 ·· 750

    心經 ·· 752

    龐德威墓志 ·· 753

程玄景墓志 …………………………………………… 754

杜夫人墓志 …………………………………………… 755

史公石像銘 …………………………………………… 756

裴夫人賀蘭氏墓志 …………………………………… 757

折夫人曹氏墓志 ……………………………………… 758

女子唐端權殯志 ……………………………………… 758

于士恭墓志 …………………………………………… 759

進法師塔銘 …………………………………………… 760

重刻莒國公唐儉碑 …………………………………… 760

任令則碑 ……………………………………………… 763

潘智昭墓志 …………………………………………… 764

劉感墓志 ……………………………………………… 764

張安生墓志 …………………………………………… 765

房史君題記 …………………………………………… 767

張旭肚痛帖 …………………………………………… 767

卷 下 ………………………………………………… 768

唐下 …………………………………………………… 768

華嶽廟題名六則 ……………………………………… 768

涇王妃韋氏墓志 ……………………………………… 769

閻夫人張氏墓志 ……………………………………… 770

孟再榮造像記 ………………………………………… 770

心經 …………………………………………………… 771

西門珍墓志 …………………………………………… 771

吳達墓志 ……………………………………………… 772

曇空和上塔銘 ………………………………………… 773

進石經狀殘字 ………………………………………… 774

重修大像寺記 ………………………………………… 775

王守琦墓志 …………………………………………… 777

劉夫人霍氏墓志 ……………………………………… 778

程修己墓志 …………………………………………… 779

劉仕俌墓志 …………………………………………… 781

劉遵禮墓志 …………………………………………… 782

魏公先廟碑 ···································· 784

萬壽寺記 ······································ 785

石暎墓志 ······································ 786

佛遺教經殘字 ·································· 787

馮鳳翼等題名 ·································· 787

真空塔銘殘石 ·································· 787

鍾離子雲房二大字 ···························· 788

佛頂尊勝陀羅尼呪幢 ·························· 788

尊勝經呪殘幢 ·································· 788

佛頂尊勝陀羅尼經幢 ·························· 788

佛頂尊勝陀羅尼經幢 ·························· 789

佛頂尊勝陀羅尼呪幢 ·························· 790

佛頂尊勝陀羅尼經幢 ·························· 790

佛頂陀羅尼呪幢 ································ 790

佛頂尊勝陀羅尼經幢 ·························· 791

尊勝陀羅尼經幢 ································ 791

佛頂尊勝陀羅尼經斷幢 ························ 791

佛頂尊勝陀羅尼經幢 ·························· 791

佛頂尊勝陀羅尼經幢 ·························· 792

佛頂尊勝陀羅尼經幢 ·························· 792

佛頂尊勝陀羅尼經斷幢 ························ 792

佛頂尊勝陀羅尼經幢 ·························· 793

附録：《關中金石記》隋唐石刻原目 ············ 794

隋唐石刻拾遗序

　　探緑字於東井西雍之墟，討翠珉於龍興虎視之域，非車攻之紀績，陳寶之命祥，不足以盱奇眸而擴奧臆也。東京以降，自酈無譏，然而字青石赤簡古難求，堂甓瓦當捃掇殆盡，究之羲娥或遺，贗鼎莫辨，薦紳先生難言之，故夫諏史論世，當以隨唐爲準。昔弇山尚書之撫關中也：鸞文鳳藻之彥，同泛芙渠；鴻飛獸駭之資，悉登金薤。蓋已有美必收，無義弗究矣。然而物之顯晦有時，而文之繁省或異，虎癡世講才吞鳳石，學富雞碑。謁余青門，博索周秦已来石刻而疏證之，得《關中金石記》所遺隋唐誌銘七十餘種，宋以後不與焉。采擇必精，甄綜必確，諮詢必廣，裁斷必嚴，足以覘稽古之識矣。謂余所摹唐莒襄公碑，亦可補畢《記》之未備，故附之開元之末。虎癡来此才三數月耳，稱是以求安，見隋唐以前如漢曹全、裴岑諸碑者，不復出於山谷榛莽間，供其孥悦也哉。既付之梓，爰爲叙之。壬午季秋，陶山唐仲冕篝。

隋唐石刻拾遺題辭

物聚於所好，好之藏否，恒視所聚以爲準。長安古都會，于闐之玉，崑崙虛之璆琳琅玕，析支渠搜之織皮，游其地者，捆載駄負而去，比比也。虎癡孝廉客此數月，獨於隋唐石刻竭力掁求，輯拾遺一編，以補《關中金石記》之闕，豈所好獨殊而以博古自高異哉！碑碣之傳，重其人也，其人重，故斷楮殘縑猶可寶貴。歐、虞、褚、薛、顏、柳諸君子往矣，風操節概至今於翰墨間見之。虎癡所聚如此，他日啓篋陳列，覺鐵畫銀鈎，龍跳虎臥，不啻正襟危坐，對往哲於一堂，憬然動景仰之思，睪然深竊比之願，所聚之藏爲何如耶？虎癡可謂善用其好矣。樂園嚴如熤。

弇山畢尚書輯《金石記》，於關中得隋石十一，唐石二百七十七，虎癡是編於畢《記》外又得七十有四。惟僧懷仁所集《聖教序記》、柳誠懸所書《魏公先廟碑》數種，爲眼前習見之本，餘皆近今出土，尚書所未及見。可知地不愛寶，盡發所藏，得好事者爲之裒集。吉金貞石之壽，不若紙傳爲最永也。余嘗欲集周秦以來碑碣鼎彝，條舉源流，疏證得失，纂爲《金石叢話》，以附考訂諸家之末，奔走四方，未遑卒業。今客西安，得與虎癡晴鞭雨屐，肆力蒐求，合之敝篋所藏，不下五六百種，稍需釐訂，以伸夙志。及見是刻先成，且羨且妬矣。虎癡長沙寧鄉人，與哲昆華耘並舉於鄉，稱競爽，著有《式相好齋詩文初稿》。此其嘗鼎一臠、窺豹一斑云。秋舲車持謙[一]。

【校勘】

[一] 秋舲，光緒本作“上元”。按車持謙字秋舲，上元（今南京）人。

隋唐石刻拾遺目録

卷　上

隋

周鞏賓墓志開皇十五年

岐山舍利塔記仁壽元年

元太僕墓志大業十一年

元夫人姬氏墓志十一年

唐

隋陸讓碑貞觀十九年

文安縣主墓志二十二年

牛秀碑

許夫人宋氏墓志

豆盧遜墓志顯慶五年

尼法願墓志龍朔三年

三原定公碑麟德元年

隋令狐熙碑乾封二年

令狐德棻碑

三藏聖教序記并心經咸亨三年

心經永隆三年

龐德威墓志垂拱三年

程玄景墓志長壽三年

杜夫人墓志長安三年

史公石像銘延和元年

裴夫人賀蘭氏墓志開元四年

折夫人曹氏墓志十一年

女子唐端權殯志十二年

于士恭墓志十五年

進法師塔銘二十五年

重刻莒國公唐儉碑二十九年[一]

任令則碑

潘智昭墓志天寶七載

劉感墓志十二載

張安生墓志十四載

房史君題記

張旭肚痛帖

卷　下

華嶽廟題名六則起大曆六年，訖乾寧二年

涇王妃韋氏墓志建中三年

閻夫人張氏墓志貞元八年

孟再榮造像記元和三年

心經五年

西門珍墓志十三年

吳達墓志大和四年

翌空和尚塔銘七年

進石經狀殘字開成二年

重修大像寺記會昌元年

王守琦墓志大中四年

劉夫人霍氏墓志十年

程修己墓志咸通四年

劉仕侑墓志八年

劉遵禮墓志九年

魏公先廟碑

萬壽寺記_{景福元年}

石暎墓志

佛遺教經殘字

馮鳳翼等題名

真空塔銘殘石

鍾離子雲房二大字

佛頂尊騰陀羅尼經咒幢十五種_{起天寶五載，訖乾符三年}

附　錄

《關中金石記》隋唐石刻原目

【校勘】

[一] 二十九年，底本脱，據光緒本補。

關中爲石墨淵藪，乾隆辛丑，鎮洋畢公沅巡撫其地，修葺碑林，網羅放失，自漢迄元，得墨本七百餘種，著《關中金石記》八卷，淹雅該博，視洪、薛、歐、趙諸家，不啻十增八九。今夏五月，自燕之秦，急取是《記》，按籍而求，得隋唐石刻幾二百種。隋唐以前，此間亦少真蹟，自宋至明，穹碑林立，精刻無多，且非行客所能備致也。晴窗檢點，得畢《記》所遺者凡如干種，斷珪殘璧，不忍棄遺，備録原文，略加考案，分上下二卷，題曰《隋唐石刻拾遺》。行篋無書，不能詳考，疎陋之誚，固所難辭，特欲拾潘捘珍，以志此間爲不虛到。吾鄉唐陶山先生開藩於此，爲製序、付梓，寘諸碑林，俾後之訪古者藉爲底册。先生，驥父執也，耆年篤學，著述等身，既以所撰上海吳淞江、涇陽龍洞渠及唐莒公唐儉等碑刊寘長安，永爲藝林珍賞，而獎進後學之心孜孜靡已。昔在江南，嘗刻許月南孝廉《宣西通》等書、翁海邨文學《吾妻鏡補》。驥何人斯，以輇材末學，得與晁、秦諸子共托蘇門，誠爲厚幸。是編之成未周兩月，同爲捘訪者，偃師段嘉謨襄亭、上元車持謙秋舲、吳縣蔡成輅曼受、無錫周行雨香諸君子，及中表弟陶山先生從子剱敬之、家弟本誠實甫也。而校讎訂闕，則秋舲之力居多云。道光二年秋七月，關中行客長沙黃本驥虎癡自識。

卷 上

隋

周鞏賓墓志正書

周驃騎將軍右光禄大夫雲陽縣開國男鞏君墓誌銘

公諱賓，字客卿，張掖永平人也。自壽丘之山，卿雲照三星之色；襄城之野，童子爲七聖之師。繼喆傳賢，肇終古而長懋；垂陰擢本，歷寒暑而流芳。曾祖澄，西河鼎望，行滿鄉閭。後凉召拜中書侍郎、建威將軍、玉門太守，屬凉王無諱擁户北遷，士女波流，生民塗炭，乃與燉煌公李保立義歸誠。魏太武皇帝深加禮辟，授使持節大鴻臚、散騎常侍、高昌張掖二郡太守，封永平侯，贈凉州刺史。祖幼文，西平鎮將。考天慶，汝南太守。政修奇績，世襲茅土，州閭畏憚，豪右敬推。家享孝子之名，朝揖良臣之譽，門稱通德，里號歸仁。公惟岳惟神，克岐克嶷。幼而卓爾，爽慧生知；長則風雲，英聲自遠。永安二年，從隴西王爾朱天光入關，任中兵參軍，内決機籌，外總軍要，除平東將軍、太中大夫。周太祖龕定關河，公則功參草創，沙苑苦戰，勛冠三軍，封雲陽縣男、邑五百户。大統十七年，除岐州陳倉令。周二年，除敷州中部郡守。歷居宰苾，民慶来蘇，野有三異之祥，朝承九里之潤。保定二年，授司土上士。四年，遷下大夫。濟濟鏘鏘，允具瞻之望；兢兢謇謇，見匪躬之節。天和二年，授驃騎將軍、右光禄大夫。四年，任豫州長安別駕[一]。駸駸驥足，起千里之清塵；鬱鬱鳳林，灑三春之憓澤。君子仰其風猷，小人懲其威化，諒人物之指南，寔明君之魚水。俄以其年十二月遘疾，薨於京第，春秋五十有五。夫人許昌陳氏，開府儀同、金紫光禄大夫、岐州使君、西郡公豐德之長女也[二]。繇翔飛鳳，則四世其昌；天聚德星，則三君顯號。清音麗響，與金石而鏘鏘；秀嶺奇峰，隨風雲而縈鬱。夫人資光婺采，栗敬嚴閨，淑慎內和，容言外皎，高門儷德，君子好逑。保定元年，先從朝露，春秋卅五。爲仁難恃，天無鬭善之徵；樹德遂孤，神闕聰明之鑒。唱隨俄頃，相繼云亡，逝者如斯，嗚呼何已。公夫人之即世也，時鍾金革，齊秦交爭，車軌未并，主祭幼沖，且隨權瘞。今世子營州總管司馬、武陽男志，次子右勛衛大都督、上洪男寧，運屬昌朝，宦成名立，思起蓼莪，心纏霜露，攀風枝而永慟，哀二親之不待，陟岵屺而長號，痛百身之罔贖。乃以今開皇十五年歲次乙卯十月丙戌朔廿四日己酉，厝於雍州始平縣孝義鄉永豐里[三]。高岸爲谷，愚公啓王屋之山；深谷爲陵，三州塞長河之水。懼此貿遷，故以陳諸石鏡。銘曰：

白帝朱宣，寔粵金天。西河良將，張掖開邊。承暉接響，世挺英賢。賢哉上喆，時人之傑。夏雨春風，松心竹節。肅等霜嚴，清同冰潔。司戎幕府，作守敷陽。蝗歸河朔，寶見陳倉。大夫濟濟，士實鏘鏘。文龜玉印，紫綬金章。首僚驥足，曜此龍光。必齊之姜，必宋之子。儷德高門，家榮桃李。行滿婦箴，聲揚女史。春秋代序，春非昔春。閱人成世，世不常人。精華已矣，空想芳塵。儒曰怛逝，時屬屯窮。蒿里尚隔，黃泉未通。孝于惟孝，追遠追終。卜茲玄宅，穴此幽宮。山浮苦霧，樹勛悲風。流冰噎水，上月凝空。悠悠自古，冥寞皆塵。

嘉慶己卯四月，偃師段嘉謨訪出此石於武功縣之南鄉，移至縣署大堂。南海吳榮光觀並記。

案，《志》云葬於雍州始平縣。隋始平，今西安府興平縣地，武功東與興平接壤，故志出其地。段君襄亭得此《志》及《唐任令則碑》，因輯《金石一隅錄》，唐陶山先生爲之序。

【校勘】

[一] 安，此字拓本漫漶，段嘉謨《金石一隅錄》作"史"，當是。
[二] 郡，拓本作"都"。
[三] "厝"上，拓本多"奉"字。

舍利塔記正書

維大隋仁壽元年歲次辛酉十月辛亥朔十五日乙丑，皇帝普爲一切法象、幽顯生靈，謹於岐州岐山縣鳳泉寺奉安舍利，敬造靈塔。缺一字太祖武元皇帝、缺一字明皇太后、皇帝、皇后、皇太子、諸王子孫等，并內外群官，爰及民庶、六道三塗、人非人等，生生世世值佛聞法，永離苦因，同_{缺一字}妙果。舍利塔下銘。

　　案此《記》得之長安碑工，未詳所在。文云岐州岐山縣，即今鳳翔府岐山縣也。《關中金石記》有《舍利塔額》，文曰"諸佛舍利寶塔"六大字，隸書，在大荔。《金石文字記》載有《同州舍利塔記》，其文字及年月與此《記》正同，惟"同州武鄉縣大興寺"八字爲異爾。大荔縣新設，附同州府郭，《金石文字記》所載同州之塔即大荔塔也，特遺其額耳。《雍州金石記》云今在同州興國寺，興國寺即隋大興寺。數十年前塔毀，僧俗以碑與舍利爲冢葬之，故畢氏僅見其額。又今山東益都縣城南廣福寺，即隋之勝福寺，亦有此塔，其記文及年月並與此同，惟"青州逢山縣勝福寺"八字爲異。蓋當時分送舍利之州凡三十事，載唐僧道宣《廣弘明集》中。故文字年月並同，惟同、青二州爲分書，此則正書，以青州本證之，此本"靈塔"下缺者爲"願"字，"明皇太后"上缺者爲"元"字，"妙果"上缺者爲"升"字。《金石萃編》載《青州塔記》，於"元明皇太后"句脫"太"字；"諸王子孫"，訛"王"爲"皇"；"永離苦因"，訛"因"爲"空"。附正於此。

元太僕墓志 _{正書}

　　大隋故朝請大夫夷陵郡太守太僕卿元公之墓誌銘

　　君諱_{空一字}，字_{空一字}智，河南洛陽人，魏昭成皇帝之後也。軒丘肇其得姓，卜洛啓其興王，道盛中原，業光四表。其後國華民譽，瓊萼瑶枝，源派流分，奮乎百世，具諸史册，可略言焉。六世祖遵，假節侍中、撫軍大將軍、尚書左僕射、冀青兗豫徐州諸軍事、冀州牧、常山王。高祖素，假節征西大將軍、内都大官、常山康王。曾祖忠，使持節散騎常侍、鎮西大將軍、相太二州刺史、侍中、尚書左僕射、城陽宣王。祖昺，使持節散騎常侍、都督徐州諸軍事、平東將軍、徐州刺史、宗正卿。父最，使持節侍中、驃騎大將軍、開府儀同三司、尚書左僕射、華敷南秦并幽晋六州諸軍事六州刺史、司徒公、樂平慎王。維君幼挺奇資，早飛令譽，識鎮表于觀虎，風流見于乘羊。落落高標，排青松而獨聳；亭亭峻節，映緑竹而俱貞。吐納美風規，雍容善辭令，通人仰其好仁，僚友稱其孝友。于是聲譽流洽，孟晋迫群。周保定四年，詔擢爲左給事中士。禁内清切，王事便繁。許史之親，乃膺斯授；金張之寵，方降此榮。陳力

清代陝西金石學著作十種

効官，獨高前代。天和四年，遷爲給事上士。貴游子弟，寔符束皙之辭；名士俊才，不忝苟綽之記。望袁准而高視，顧蘇林而載馳。建德元年，入爲主寢上士。粵自居中，遷于内寢，自非不言如子夏，至慎若嗣宗，豈能淑慎于否臧，無言于温木。三年二月，轉爲掌式中士。君清修疾惡，正色讜言，簪筆自肅于權豪，霜簡不吐于强禦。故已聲齊乳虎，號擬蒼鷹，官得其人，斯之謂矣。五年四月，以君婭正幹職，遷爲司御上士。時三方鼎足，務在并兼，既物色賢人，且資須良馬，五監三令，未易其人。宣政元年，以軍功封豫州之建寧縣男，邑二百户。其年八月，又録晋陽之役，加使持節、儀同大將軍。大象二年，又仍舊封，進爵爲子。擁兹絳節，擬上將之儀；苴以白茅，開建國之社。尋遷少駕部下大夫。昔金日磾以謹養致肥，武帝擢之中監；百里傒以時使不暴，穆公授以少卿。望古儔今，于兹爲美。開皇元年，出爲益州武康郡太守。公導之以德，齊之以禮，田餘滯穗，野有遺金[一]。又進爵爲伯，轉儀同三司，從格例也。秉彼珪珪，輝煥五等；服兹袞冕，照映三台。九年，授使持節扶州諸軍事、扶州刺史。十六年，改授渝州諸軍事、渝州刺史。公頻刺二州，申威千里，抑强而惠鰥寡，舉善而矜不能，猾吏無所竄其情，奸盗不能匿其迹。聖士纂承洪緒，釐改刺州，選能任官[二]，更授夷陵太守。公肇膺嘉舉，彌勵清勤。巴祇暗居，不空一字官燭；王閎獨坐，不發私書。由是徵入为太僕卿、朝議大夫如故。時達遽令，式贊弓矢，總騊駼之監長，統昆空一字之令丞，駔駿加鋭於軍容，犧牲備腯于崇望。方當控兹八駿，御彼六龍，登柏梁而賦詩，出上林而奉鑾，而晦明之疾既湊，膏肓之豎先侵。大業九年扈徒遼碣，空一字月空一字日遘疾云亡，薨于懷遠之鎮，春秋六十有四。嗚呼哀哉！廼以十一年太歲乙亥八月辛酉朔空一字四日空二字葬于大興縣空二字之鄉空二字之里[三]，禮也。維公器局疏通，神情秀上，虛心以待物，直己以明義。不吐不茹，正色正言，面刺有汲黯之風，空一字争見王陵之節。既而出宰牧守，入作卿士，奸吏憚其摘伏，朝彦挹其能官。重以知止知足，維清維慎。家餘海陵之粟，既自足于餘粱；室傳夏后之璜，差無乏于珍玩。至於殘錢月給，必均之于下吏；禄俸歲受，皆散之于親知。斯乃公孫弘之高風，晏平仲之清規矣。仁乎不憗，嗚呼惜哉。今龜筮協從，房膓行掩，式鐫玄石，用作銘云：

巖巖其趾，浩浩其源。極天比峻，浴日同奔。鳳生鳳穴，龍陟龍門。煥爛珪璧，郁馥蘭蓀。爰啓常山，乃建王爵。振振趾定，韚韚跗萼。執法南宫，建旗東岳。袞黼委他，蟬珥照灼。太僕瑤枝，人之表儀。六德孔備，百行無虧。丘陵難越，墻仞莫窺。仁爲己任，清畏人知。執法主寢，牧州典郡。謇謇讜言，洋洋淑問。虎去雉馴，風和雨順。政號廉平，民稱惠訓。靈旗東指，巡海稜威。秉轡作僕，方効乘機。忽悲撤瑟，俄驚復綏。龜謀空襲，魚躍虛歸。飄颻反葬，眇冥陽魄。永愴君蒿，長缺一字窀穸。蓋偃低松，鑪攢拱柏。茂德洪名，永宣金石。

清代陝西金石學著作十種

【校勘】

[一] 野，拓本作“路”。

[二] 能任，拓本作“任能”。

[三] “四”上，拓本作“廿”。下“之”，拓本無。

元夫人姬氏墓志 正書

大隋故太僕卿夫人姬氏之誌

夫人姓姬空二字也。圖開赤雀，文德暢于三分；瑞躍白魚，武功宣于五伐。大封四十維城，于是克昌；長享七百本枝，以之蕃衍。蟬連史策，可略而言。曾祖懿，魏使持節驃騎大將軍、東郡空二字公。祖亮，魏使持節大將軍、開府儀同三司、燕州諸軍事燕州刺史、東郡敬公。父肇，周使持節侍中、驃騎大將軍、開府儀同三司、光禄大夫、東秦州諸軍事東秦州刺史、勛晋絳建四州諸軍事勛州總管、神水郡開國公。夫人幼挺聰慧，早標婉淑，瑤資外照，蕙姓內芳，既閑習于詩書，且留連于筆研。馬家高行，終降志于袁門；曹氏淑姿，且悅己於荀氏。年十有八，歸于元氏焉。太僕弱冠登朝，盛播名德，夫人亦虔恭內職，憂在進賢，穆琴瑟之和，展如賓之敬。天和四年六月，册拜建寧國夫人。褕狄委他，光膺典策；衡珮昭晰，肅拜朝榮。于是輔佐以審官，自防以典禮，送迎未嘗踰閾，保傅然後下堂。既而五福先虧，六氣多爽。青要素序，奄搖落于穠華；玉露金風，竟摧殘于蘭蕙。建德六年六月九日，遘疾云亡，時年廿有九。嗚呼哀哉！以今大業十一年太歲乙亥八月辛酉朔廿四日甲申，合葬于大興縣空二字鄉之空二字里，禮也。昔三春之俱秀，獨掩翠而先訣；今百年而偕謝，始同歸于共穴。襲金鏤而長埋，掩銅窗而永閉。嗚呼痛矣！乃作銘云：

帝嚳肇祖，君稷分枝。上觀星象，下相土宜。業隆在鎬，仁盛遷岐。三讓至德，九錫光施。

驃騎誠烈，早飛聲問。擁茲絳節，大啓東郡。開府堂堂，忘情喜慍。神水恂恂，劬勞惠訓。

有淑其德，言容不迴。星光束楚，春芳摽梅。六珈照日，百兩驚雷。鳳飛金帳，龍翔玉臺。

典策纔臨，瑟琴方睦。猶垂翠帳，忽辭華屋。褌箷留挂，巾奩餘馥。志沮旦莊，神傷畫哭。

昔日體齊，早別春閨。今茲合葬，還共塵泥。雙鳥暫隻，兩劍終齊。千秋萬歲，永誌貞妻。

案，元太僕及夫人姬氏二《志》近日出土，文字完具，惟太僕名及字"智"上一字缺而不填。又太僕與夫人卒葬之日並所葬之鄉里亦皆空格，當是書志時葬地未定。至《太僕志》"巴祇暗居"之下句"總騑騄之監"及"面刺有汲黯之风"二對句亦各空一字，未詳其義。又《太僕志》"聖主"作"聖士"，"焄蒿"作"君蒿"，《夫人志》"蕙性"作"蕙姓"，自是刻手之譌而上石，察書者無其人也。合葬于大興縣某鄉，隋大興，今西安府咸寧縣地。

唐上

隋陸讓碑 正書

案，碑在三原縣。額題"隨文州總管光祿卿陸使君碑"十二字，正書。文凡千二百字，磨泐不能成誦，就可辨者爲節其略云："先世自齊宣分邑，是曰陸侯，在昔二陸，晋世以爲美談，傳之史策。六世祖載，立功典午，人倫領袖，寄居京兆，名貫涇陽。曾祖某，魏冠軍將軍。祖政，周驃騎大將軍、儀同三司、恒涇二州刺史。父某，秦襄陝三州總管、綏定公。公即定公之第五子也。幼挺岐嶷之資，早標令器之譽，機神穎敏，識度宏深。以保定五年釋褐，累還至某官。以從周宣武皇帝平晋陽之功，又遷使持節儀同大將軍、安澤縣開國子，邑二千戶，廐馬一駟。位列三台，爵隆茅土；祿兼萬石，名冠八龍。宣政元年，進封安澤縣開國公，增邑二百戶。名高五等，位過十邑，宏功懋賞，震耀一時。隨初以綏邊之寄，非公莫可，乃下詔曰：開府儀同三司、大納言陸讓，器局宏深，宜加榮命，遷廣州諸軍事、廣州刺史，散官如故。二年，領文州刺史、文州總管。又以顯州之地，風俗未淳，川洞深阻，雄豪爲梗，乃以公爲顯州諸軍事、顯州刺史。道之以德，齊之以刑，易俗移風，政成朞月。公入侍帷扆，既曰腹心，出宰名藩，實宣上化。故能爲政以成德，立功以濟時，厥志不迴，其儀匪忒。喜愠不形于色，富貴不以凌人，容止可觀，行爲世則。春秋六十有二，大業五年正月某日薨于河南郡雒陽縣之私第，以其年二月還葬于京兆長安縣之某原。夫人隴西李氏，故大將軍趙郡公晏之女也。相得如賓，閨門雍穆，至于兄弟，御于家邦。于某年月日卒。大唐貞觀十九年歲次癸卯某月某日壬寅，合葬于雍州之某原，禮也。宅兆斯安，式記于石，乃爲銘曰。"云云。銘凡三百二十字，全泐。末二行，一行"太子洗馬"某人撰，一行"太原郭儼書"。

文安縣主墓志正書

大唐故文安縣主墓誌銘并序

主諱空一字，字空一字，隴西成紀人也。夫天靈啓聖，跡被崑崙之墟；皇雄命氏，道光空一字夷之土。至于補玄立極之功，駕羽乘雲之業，握瑤圖于景宿，懸寶祚于貞缺一字，其唯大唐者歟。曾祖元皇帝，被風化于墳枚，始艱難于邠籥。祖武皇帝，升陑誓牧之旅，汾水襄城之駕，卷懷列辟，財成群有。父巢剌王劼，珪疏奧壤，戚茂維城，霑楚澤之雕雲，聚淮南之仙氣。遂使苕華孕美，結綠開珍，景溢星潢，輝聯珠婺。晨栖阿閣，聲調丹穴之禽；夕指瑤池，色麗青田之羽。及其趍缺一字蘭掖，漸缺一字椒庭[一]。水移銀箭，尚敷祇于師氏；燈滅金羊，已鏘環于内傅[二]。栖志圖史，游心幾律，眆蓍葉而興勤，聽喈音而遺詖。意匠言泉之旨，飛雲垂露之端，柳密莊緫，乍起流鶯之賦；月含花簜，因裁擣衣之篇。採祜纂組之規，澄漠紘綖之務，靡不思窮妍麗，慮歸閑謐。貞觀十五年正月五日，封文安縣主。脂賦開榮，公宮從訓，乃以其月十四日降姻于工部尚書、駙馬都尉紀公之世子段儼。華舒穠圃，秀發天蹊，迓雨生輝，副笄增飾。尸芳牖下，既奉宣平之奠；私媚諸姑[三]，還侍河陽之箒。嬪儀載穆，閨饋惟馨，循淑性于珩璜，韵柔情于琴瑟。瞻窈窕而遐騖，歌悦懌而長懷。朝露溢睎，詎留光于瑶草；秋風忽起，空滅彩于瓊林。弄玉乘烟，怨吹簫之徒巧；常娥飛月，痛仙凡之不追。以貞觀廿二年二月三日，卒于長安頒政里之第，春秋廿六。嗚呼哀哉！惟主心資淑慎，體茂清明。碧霜絳雪，不能渝其操；秋菊春松，有以方其質。香名遠集，尚申戒于芳禂；各言斯屏，每含辭於蘭氣。信以黼藻中闈，抑揚内範，淑人不永，傷哉如何。怨家道之無庇，痛蔫逮之何托，戚里兼酸，宸襟凝嘆。即以其年三月廿二日陪葬于昭陵，窀穸所由，恩旨隨給。周京歸贈，寵切于前哀；澶水會盟，事踰于昔禮。湘川之下，還見舒姑之泉；鮒隅之陰，方傳貞女之硤。採彤管之遺詠，彫芳塵于不朽。其詞曰：

帝降玄圃，宸居紫微。金柯疊秀，珍萼分暉。桂輪澄彩，星津結霏。誕兹才淑，克嗣音徽。延慈丹禁，禀訓彤闈。綴珠爲服，雕玉成衣。拂景孤唳，凌霞獨飛。婉娩其性，逶迤其質。春緒含雲，秋情儷日。降嬪君子，来宜家室。李徑初華，梅林未實。絜資芳錡，心調友瑟。鳥變謀祥，熊虺夢吉。顧菟俄掩，奔駒遽逸。卜遠將及，靈驂已巾。音儀遂泯，褕翟空陳。平原改色，清渭迷津。埋龍毀劍，碎璧侵塵。佳城日黯，邃路泉新。帷傷奉倩，簟恨安仁。一生何有，萬古銷春。

案，志在乾州，無撰書人姓名。新、舊《唐書》載昭陵陪葬公主十八人，而不及縣主。高祖女高密公主與駙馬都尉、工部尚書、紀國公段綸合葬，即文安縣主之翁姑也。此石嘉慶間出土，紀昭陵陪葬者及金石文字皆未載。《志》内"澶淵"避高祖諱作"澶水"。

【校勘】

[一] 所缺字，據拓本當爲"潤"。

[二] 傳，拓本作"傳"。

[三] 私，《昭陵碑考》作"心"。

牛秀碑 正書

案，碑在醴泉縣，唐太宗昭陵陪葬功臣墓碑也。記昭陵陪葬者，《唐書》七十四人，游師雄《昭陵圖》百六十五人，《文獻通考》百五十五人，及祁光宗《關中陵墓志》、范文光《昭陵附蟄圖》皆無秀名。記昭陵金石文字者，《集古録目》《寶刻叢編》諸書凡六十三碑，明趙崡博加搜採，止得二十有二，茍好善《醴泉志》止二十有一，國朝林侗《昭陵石蹟考》所載十有六碑而已。畢中丞沅撫陝時，親陟九嵕，窮日搜訪，得碑二十六通，然皆未見此碑。此碑正書，篆額，額凡十二字，可辨者惟"大唐故左"四字而已。碑字磨泐，惟右方上半段字畫完好，前一行署銜云"大唐故左驍衛大將軍、幽州都督、上柱國、瑯琊郡開國公牛公碑銘"。其叙履貫云：公諱秀，字進達，其先隴西狄道人也，因官而遷于濮。曾祖定，仕後魏。曾祖官階及祖名銜俱泐。父漢，隨濮州主簿，洺州清漳令。餘文皆剝落，然則上所云因官而遷于濮者，蓋秀隨父別駕時任，遂寄籍其地爲濮人也。秀卒葬年月及撰書此碑人姓名俱無可考。前錄《文安縣主墓志》亦陪葬昭陵而爲諸家記錄所遺者，因以秀碑附載其後，以見臥麟荒冢，斷碣必多，留心訪古，當不止畢氏《金石記》所載已也。

許夫人宋氏墓志正書

大唐故冠軍大將軍代州都督上柱國許洛仁妻襄邑縣君宋氏墓誌并序

夫人諱善主，字令儀，定州安喜人也。原夫玄禽翽羽，缺一字有商之祚；白翰騰驤，肇承殷之杞。泊乎分邦錫社，凝茂寶于睢陽；列國會盟，秀芳華于官度。祖逸，周開府儀同三司、江州刺史、永寧縣開國公。父濤，隨左千牛備身、永州長史、柱國，襲爵如故。並位光列宰，名參上將，襄惟楚甸，副軫衡吳。夫人名靄蘭閨，聲縠閫臺，摽梅覯止，樛木承恩，捧案申恭，敬深餱野。年過蒲柳，歲迫桑榆，遘疾彌流，游魂岱錄。春秋九十有九，薨于金城坊里第。即以其年五月廿四日窆于龍首原，禮也。嗚呼哀哉！松風悽慘，薤露蒼茫，悲夜臺之永暮，痛佳城之未光。乃爲銘曰：

天開寶祚，地啓靈原。瑤華蔭蔚，玉葉便繁。偉哉先哲，猗與後昆。襄帷下邑，露冕上藩。其一。四德摽舉，三從惠缺一字。淑慎居貞，聲名厲響。缺一字景西傾，逝川東往。瘞玉質缺一字重泉，遂埋魂分幽壤。其二。

案，許洛仁以龍朔二年十一月陪葬昭陵，有碑，在今醴泉縣儀門村，已見畢氏《記》。洛仁卒年八十有五，夫人年九十有九，當卒在洛仁之後，《志》僅載窆之月日，而不書年，殊疎略。又“彌留”誤作“彌流”。龍首原，在咸寧縣東。

豆盧遜墓志正書

案志文漫漶，所可辨者，惟前款云“大唐故駙馬都尉衛尉公少卿息豆盧君墓誌銘”，其文略云：君諱遜，字貞順，河南洛陽人。太祖武皇帝之外孫，太宗文皇帝之甥也。以顯慶四年四月某日，卒于雍州萬年縣之常樂里第，春秋二十有七。以五年太歲己未八月己巳朔十八日壬申，遷窆于萬年縣少陵原。考《唐書》，高祖女長沙公主下嫁豆盧寬子懷讓，遜則懷讓之子也。志世家子墓而以其父衛冠首，與前《許夫人志》標題處直書其夫洛仁名，皆志中創體。少陵原，在長安縣南四十里。

尼法願墓志_{正書}

大唐濟度寺大比丘尼墓誌銘_{并序}

法師諱法願，俗姓蕭氏，蘭陵蘭陵人。梁武帝之六葉孫，唐故司空宋國公之第三女也。原夫微子去殷，昭茂勛于抱樂；文終起沛，兆峻代于收圖。瓊搆鬱而臨雲，珠源淼而浴日。延禎錫祚，開鳳曆于朱方；疊慶聯規，篆龍符于紫蓋。逮鼎遷南服，胄徙東周，英靈冠上國之先，軒冕宅中州之半。法師乘因夐劫，植本遐生。孕月仙姿，禀清規于帝渚；儀星寶態，降淑範于台門。襁褓之辰，先標婉質；髫齓之歲，遽挺柔情。聰悟發于生知，孝友基乎天縱，中外姻族，莫不異焉。加以骨相無儔，韶妍獨立，鉛華不御，彩絢春桃，玉顏含澤，光韜朝蕣。年將十歲，頗自矜莊，整飾持容，端懷檢操，每留神于槃悅，特紆情于紝組。瓊環金翠之珍，茵簟衾幬之飾，必殫華妙，取翫閨闈，麗而不奢，盈而不溢。既而疏襟學府，繹慮詞條，一覽而隅隩咸該，再覿而英華畢搴。豪飛八體，冗軒史之奇文；法兼二妙，符衛姬之逸迹。群藝式甄，女儀逾劭。宋公特深撫異，將求嘉匹，載佇孫龍，以光宋鯉。而嚴庭垂訓，早沐慈波；鼎室承規，幼明真諦。飄花皃雪，初陪太傅之歡；摘葉爲香，遽警息慈之念。爰發宏誓，思證菩提，懼塵情于六禮，乃翹誠于十誦。承間薦謁，請離俗緣。宋公論道槐端，丹青神化，虔襟奈苑，棟梁正法，重違雅志，許以出家。甫及笄年，爰披法服，乃于濟度伽藍別營禪次。庭標雁塔，遠蔑娥臺；藏寫龍宮，遙嗤魯館。于是沿空寂念，襲慧薰心。悅彼_{缺一字}衣，俄捐綺縠；甘茲蔬膳，遽斥膻腥。戒行與松柏齊貞，慧解共冰泉等澈。超焉拔類，恬然晏坐，若乃兄弟辦供^[一]，親屬設齋，九乳流香，六銖含馥，瓶錫咸萃，冠蓋畢臻。惟是瞻仰屏帷，遙申禮謁，自非至戚，罕有覿其形儀者焉。加以討尋經論，探窮閫域，覈妙路之微言，括毗尼之邃旨。至于《法華》《般若》，《攝論》《維摩》，晨夕披誦，兼之講說。持戒弟子近數十人，莫不仰味真乘，競趍丹枕，傍窺净室，爭詣玄扉。肅肅焉，濟濟焉，七衆之仰曇彌，何以尚也。重以深明九次，閱想禪枝；洞曉三空，澄襟定水。厭此纏蓋，忽現身疾。大漸之晨，謂諸親屬曰：“是身無我，取譬水泲；是身有累，同夫風葉。生死循環，實均晝夜。然則净名申誡，本乎速朽；能仁垂則，期于早化。金棺乃示滅之機，玉匣豈栖神之宅？誠宜捐軀鷲鳥，委形噬獸。"歛襟正念，奄然無言。粵以龍朔三年八月廿六日，捨壽于濟度寺之別院，春秋六十三。姊弟永懷，沈痛不忍，依承遺約，乃以其年十月十七日，營空於少陵原之側，儉以從事，律也。法師凤盬禪池，資慶源而毓彩；缺二字道樹，托華宗而降靈。蘊地義于閑和，苞天情于婉孌，睹一善則怡然自悦，聞一惡則怒爾疚懷，激仁義于談端，明色空于慮表。故能辭台閫，托禪門，捨七珍，袪八膳。精苦之行，缺一字映緇徒；戒律之儀，錙銖法侶。佇津梁于苦海，奄滅度于仁祠。棟蕚分華，悲素秋之改色；荆株析榦，望青枝而增感。所懼塵飛海帶，將迷渭涘之塋；石盡仙衣，不辨檀溪之隧。重宣此義，乃爲頌曰：

缺一字有殊稱，法無異源。爭驅意馬，俱制心猿。志擾情素，神凝理存。展如淑範，獨趣玄門。琁彩缺一字分，瑶姿月舉。舍芳槐路，疏貞桂序。雲吐荆臺，霞霏洛渚。學兼班媛，詞彬蔡女。奠禽匪志，缺二字昭仁。捐華台室，沐道玄津。法關門楗，心衢屏塵。九流遣累，入定栖真。忍藥分滋，戒香缺一字烈。傳燈不倦，寫瓶無竭。奄愴神遷，空悲眼滅。式鐫柔範，終天靡絕。

案法願爲宋國公蕭瑀之女，是《志》無書撰人姓名，揚本得之長安碑工。《雍州金石記》云"近出土中，移于西安府學"，今府學碑林無是石。《志》云"營空于少陵原之側"，營空當即營窆之義。是石或爲好事者移去，然墓在少陵原，固關中故物也。

【校勘】

[一] 辨，底本作"辨"，據光緒本改。

三原定公碑隸書

案，碑在三原，高七尺許，右方剥蝕，僅存左方十行，行八十一字。姓名爵里俱泐，不知碑爲誰立。存其"諡曰定公，於龍朔三年二月二十日薨于隆慶里之私第，年七十有七，其年五月二十日葬于三原縣萬壽鄉。嗣子名昶，前荆州大都督府録事參軍、司馬、護軍"。銘詞完具，有"束髮肆業，彈冠入仕。道屬時屯，生逢運否"等語，又有"九五應期，千年啓聖。策名委職，濯纓從政"等語，蓋隋臣而仕于唐者。末題"大唐麟德元年四月八日，建此豐碑"。

隋令狐熙碑正書

案，碑在耀州西北四十里柳家原墓上。額題"隋故桂州總管武康郡公之碑"十二字，篆書。首行標題下列撰書人名，撰者名德棻，書者名秀。其上文皆渺，秀不知誰氏，德棻即熙子，唐金紫光禄大夫、彭陽憲公也。碑文約二千七百餘字，剝蝕過半，其中名字之可識者，惟"公諱熙，字長熙，燉煌某縣人也。遠祖邁，漢建威將軍。祖虬，魏龍驤將軍、瓜鄯二州刺史、燉煌太守。父諱缺，据《周書·列傳》知爲鄘州刺史整。夫人同郡氾氏，周甘州刺史慶之女。初封缺一字原郡君，遷河南郡君。"官履之可識者："公起家爲吏部上士，遷夏官府都上士，以内憂去。周武帝將有河陰之師，詔公墨縗從事，師還，授職方下大夫，襲爵彭陽公，邑二千一百户。建德五年，留知夏官府事，增邑六百户，加授儀同大將軍。宣政元年，遷司勛，俄轉吏部。入隋，以本官行納言事。開皇元年，拜司徒左長史，加上儀同大將軍，進封河南郡開國公。尋爲元帥府長史。二年，加上開府儀同三司，俄授使持節滄州諸軍事、滄州刺史。八年，遷河北道行臺度支尚書，授并州總管府司馬。十一年，轉雍州别駕，尋改長史。十二年，除鴻臚卿，以本官兼吏部尚書，又判禮部、度支、兵刑工三部尚書及秘書監事，旋授使持節汴州諸軍事、汴州刺史。十六年，除使持節總管桂交尹藤等十七州諸軍事、桂州刺史，封武康郡開國公。"所叙名字、官履多與《隋書·本傳》合。其卒以仁壽二年八月十五日，春秋六十有三。唐貞觀十一年十一月五日，歸葬于雍州華原縣之某原。又另行載碑立于乾封二年五月廿五日，距貞觀歸葬之期已三十年。考《唐書》，德棻卒于乾封元年，則立碑時德棻已卒，當是其後人爲德棻祔葬，因追刻遺文，爲熙立碑。而是行中有"武騎尉"三字可辨，則立碑者之銜，而渺其名也。

令狐德棻碑正書

案，碑在耀州墓上，墓在父熙墓側。額題"大唐故金紫光禄大夫、彭陽憲公之碑銘"十六字，篆書。州志云，熙與德棻墓在沮水西。碑半殘缺，不辨誰書，然字類薛、歐。今驗碑文約二千七百字，存者不及八百字。《唐書·本傳》云宣州華原人，《碑》作燉煌人，與《熙碑》同。蓋燉煌，令狐氏祖貫也。《碑》云春秋八十有四，而缺其卒年，据《傳》則咸亨元年也。今附乾封二年

《熙碑》之後，當是與《熙碑》同時立。書碑者泐其姓，而其名僅存"政"字，以三原《于志寧碑》證之，《志寧碑》爲德棻撰文，志寧子立政書，其時爲乾封元年，在此碑之前一年，則此碑亦立政書無疑也。《唐書·宰相世系表》，立政字匡時，官太僕少卿。德棻爵、諡，《傳》作彭城獻公，《碑》作彭陽憲公，當以《碑》爲正。

三藏聖教序記并心經_{行書}

大唐三藏聖教序

太宗文皇帝製

弘福寺沙門懷仁集晋石將軍王羲之書

蓋聞二儀有像，顯覆載以含生；四時無形，潛寒暑以化物。是以窺天鑑地，庸愚皆識其端；明陰洞陽，賢哲罕窮其數。然而天地苞乎陰陽而易識者，以其有像也；陰陽處乎天地而難窮者，以其無形也。故知顯像可徵，雖愚不惑；形潛莫睹，在智猶迷。況乎佛道崇虛，乘幽控寂，弘濟万品，典御十方，舉威靈而無上，抑神力而無下，大之則彌於宇宙，細之則攝於毫釐。無滅無生，歷千劫而不古；若隱若顯，運百福而長今。妙道凝玄，遵之莫知其際；法流湛寂，挹之莫測其源。故知蠢蠢凡愚，區區庸鄙，投其旨趣，能無疑或者哉！然則大教之興，基乎西土，騰漢庭而皎夢，照東域而流慈。昔者分形分迹之時，言未馳而成化；當常現常之世，民仰德而知遵。及乎晦影歸真，遷儀越世。金容掩色，不鏡三千之光；麗象開圖，空端四八之相。於是微言廣被，拯含類於三途；遺訓遐宣，導群生於十地。然而真教難仰，莫能一其旨歸；曲學易遵，邪正於焉紛糺。所以空有之論，或習俗而是非；大小之乘，乍沿時而隆替。有玄奘法師者，法門之領袖也。幼懷貞敏，早悟三空之心；長契神情，先苞四忍之行。松風水月，未足比其清華；仙露明珠，詎能方其朗潤。故以智通無累，神測未形，超六塵而迥出，隻千古而無對。凝心內境，悲正法之陵遲；栖慮玄門，慨深文之訛謬。思欲分條析理，廣被前聞，截僞續真，開兹後學。是以翹心净土，往游西域，乘危遠邁，杖策孤征。積雪晨飛，途間失地；驚砂夕起，空外迷天。萬里山川，撥烟霞而進影；百重寒暑，躡霜雨而前蹤。誠重勞輕，求深願達，周游西宇，十有七年。窮歷道邦，詢求正教，雙林八水，味道飧風，鹿菀鷲峰，瞻奇仰異。承至言於先聖，受真教於上賢，探賾妙門，精

– 750 –

窮奥業。一乘五律之道，馳驟于心田；八藏三篋之文，波濤于口海。爰自所歷之國，總將三藏要文，凡六百五十七部，譯布中夏，宣揚勝業。引慈雲於西極，泩法雨於東垂，聖教缺而復全，蒼生罪而還福。濕火宅之乾焰，共拔迷途；朗愛水之昏波，同臻彼岸。是知惡因業墜，善以緣昇，昇墜之端，惟人所托。譬夫桂生高嶺，雲露方得泫其華；莲出綠波，飛塵不能污其葉。非蓮性自潔，而桂質本貞。良由所附者高，則微物不能累；所憑者净，則濁類不能沾。夫以卉木無知，猶資善而成善，況乎人倫有識，不緣慶而求慶。方冀茲經流施，將日月而無窮；斯福遐敷，與乾坤而永大。

朕才謝珪璋，言慚博達，至于内典，尤所未閑。昨製序文，深爲鄙拙，唯恐穢翰墨于金简，標瓦礫于珠林。忽得来書，謬承褒讚，循躬省慮，彌益厚顏，善不足稱，空勞致謝。

皇帝在春宮述三藏聖記

夫顯揚正教，非智無以廣其文；崇闡微言，非賢莫能定其旨。蓋真如聖教者，諸法之玄宗，衆經之軌躅也。綜括宏遠，奥旨遐深，極空有之精微，體生滅之機要。詞茂道曠，尋之者不究其源；文顯義幽，履之者莫測其際。故知聖慈所被，業無善而不臻；妙化所敷，緣無惡而不剪。開法網之綱紀，弘六度之正教，拯群有之塗炭，啓三藏之秘扃。是以名無翼而長飛，道無根而永固。道名流慶，歷遂古而鎮常；赴感應身，經塵劫而不朽。晨鐘夕梵，交二音於鷲峰；慧日法流，轉雙輪于鹿菀。排空寶蓋，接翔雲而共飛；莊野春林，與天花而合彩。伏惟皇帝陛下上玄資福，垂拱而治八荒；德被黔黎，斂衽而朝萬國。恩加朽骨，石室歸貝葉之文；澤及昆蟲，金匱流梵説之偈。遂使阿耨達水，通神甸之八川；耆闍崛山，接嵩華之翠嶺。竊以法性凝寂，靡歸心而不通；智地玄奧，感懇誠而遂顯。豈謂重昏之夜，燭慧炬之光；火宅之朝，降法雨之澤。於是百川異流，同會于海；萬區分義，總成乎實。豈與湯武校其優劣，堯舜比其聖德者哉！玄奘法師者，夙懷聰令，立志夷簡，神清齠齔之年，體拔浮華之世。凝情定室，匿迹幽巖，栖息三禪，巡遊十地。超六塵之境，獨步迦維；會一乘之旨，隨機化物。以中華之無質，尋印度之真文。遠涉恒河，終期滿字；頻登雪嶺，更獲半珠。問道往還，十有七載，備通釋典，利物爲心。以貞觀十九年二月六日，奉敕於弘福寺翻譯聖教要文，凡六百五十七部。引大海之法流，洗塵勞而不竭；傳智燈之長焰，皎幽暗而恒明。自非久植勝緣，何以顯揚斯旨。所謂法相常住，齊三光之明；我皇福臻，同二儀之固。伏見御製衆經論序，照古騰今，理含金石之聲，文抱風雲之潤。治輒以輕塵足岳，墜露添流，略舉大綱，以爲斯記。

治素無才學，性不聰敏，內典諸文，殊未觀攬，所作論序，鄙拙尤繁。忽見來書，褒揚讚述，撫躬自省，慚悚交并。勞師等遠臻，深以爲愧。

貞觀廿二年八月三日，內出《般若波羅蜜多心經》，沙門玄奘奉詔譯經文不錄。

太子太傅、尚書左僕射、燕國公于志寧，中書令、南陽縣開國男來濟，禮部尚書、高陽縣開國男許敬宗，守黃門侍郎兼左庶子薛元超，守中書侍郎兼右庶子李義府等，奉敕潤色。

咸亨三年十二月八日，京城法侶建立。

文林郎諸葛神力勒石，武騎尉朱靜藏鐫字。

碑自第一行“晉”字斜行至末行“林”字，有裂紋一道，蓋嚮在慈恩寺塔下，明嘉靖乙卯地震，爲塔頂墜壓所損也。“相傳紛糺何以顯”五字未泐者，爲嘉靖以前拓本，“貞觀廿二年八月三日內”字下有“出”字末二筆者則宋拓本。唐陶山先生曾見之。車持謙跋。

案，碑在西安府學碑林，爲海內通行之本，《關中金石記》搜採唐碑至二百七十餘種，僅載褚河南所書《聖教序》三，一在同州，二在咸寧。慈恩寺是刻近在碑林，而反遺之，韓昌黎所謂“搜羅星宿忘羲娥”，正謂此也。歐陽公《集古錄》失收顏魯公《多寶塔碑》，前人已有議之者。可見編輯雖繁，難言不漏。是碑明有王覺斯鐸及醴泉苟氏二翻本，國朝又有郃陽棗木本、西安滿洲駐防城本、碑林秦人費甲鑄本，皆可亂真。因錄全文一通，將現泐之字用方畫界出，以便審識。至近日《金石萃編》等書所載諸家考訂甚詳，茲不贅述。

心經正書

案，經在乾州中巨寺，末題“永隆三年五月四日，雍州好畤縣佛弟子強三娘爲夫主及父婆男女眷屬，敬造彌勒世尊觀世音地藏王菩薩，及鐫《般若多心經》，三男張万基弟以下缺”。考好畤縣，今乾州地，秦置好畤，後周省入漠西。隋開皇十八年復改漠西爲好畤，大業三年省入上宜。唐武德二年復置好畤，屬雍州。

龐德威墓志正書

大唐故上護軍龐府君墓誌銘

君諱德威，字二哥，南安人也。昔三方鼎峙，王道申其爪牙；六國權衡，霸圖重其謀略。泉源濬極，遠派靈長，擢榦扶疏，修條荍茂，公即其後也。曾祖隆，周任益州司倉參軍事。贊分符於玉壘，佐剖竹於銅梁，仁教以之旁融，政化因而遠被。祖慶，隨任潞州上黨縣丞。德宇奇廓，器量淹深，百里仰其成規，一同資其善政。父師，隨任廣州司馬。嘉謨自蘊，妙善非因，洒落風烟，超攄雲漢。輔分珪於五嶺，道洽泣珠之鄉；揚別扇於三湘，恩浹落星之境。公則器惟瑚璉，性乃珪璋，岐嶷表其齔年，魁岸彰其冠歲，英姿挺秀，天骨標奇，立行可模，出言成範。明明令德，莫測其淺深；滔滔雅量，詎知其遠近。神機獨運，吞鎮北於胸間；智略兼人，揵征南於內度。深衷海濬，壯志山高，學盡五車，書工八體。控雕弓而屈右，落雁啼猿；張空拳而啓行，批熊拉武。任以三韓未附[一]，鯤鼇敬波；九種猶迷，黿津駭浪。公荷霜戈而奮武，揮星劍以臨戎，勇若鱄諸，捷如慶忌。遂授公勛官上護軍，酬勞效也。昔叔敖知履尾之懼，不受楚國之封；仲連怯觸鱗之威，竟謝齊君之祿。公深明止足之誠，遠識無厭之譏，乃謝病辭朝，自樂馬遊之乘；追歡宴友，方欣陸賈之田。怡怡兄弟[二]，恂恂鄉黨。不謂輔人虛説，天道無徵，二竪纏痾，兩楹興嘆。名香何在，惟增啓足之悲；神竈空傳，詎免遊魂之怨。以乾封元年十二月十七日寢疾彌留，卒乎私第，春秋六十有八。琴臺月上，永息陽春之音；金埒風生，誰控桃花之騎。夫人王氏，其先太原人也。侍中遊覽，警魏閣以流芳；將軍卧病，開秦基而演慶。祖尚，隨任銀青光禄大夫、相州長史；父暉，隨任潞州司倉。并珪璋其質，松柏其心，處涅不緇，凌寒轉翠。夫人騰姿月魄，稟質坤靈，道冠三從，行該四德，品摇空之舞雪，特妙因風；辨絶響之哥絃[三]，懸明第次。承巾奉食，重德輕鱻，禮逾晉缺之帷，義越楚莊之室。雖良人瘞質，彌軫畫眉之情；而尅己明心，以表輕身之詠。豈謂百年難續，千月易窮，倏奄夜臺，俄辭白日。以垂拱三年歲次丁亥十月六日卒乎私第，春秋七十有六。單鳧獨逝，已悽潘子之懷；兩劍雙沈，遽切丁君之慮。即以其年十一月辛酉朔廿二日壬午合葬於四池之側，禮也。青烏獻兆，寧惟千載之墳；白鶴占原，自應三台之氣。孤子行基等，仰蒼穹而無色，擗黃壤以崩心，痛結蓼莪，哀纏陟岵，恐山

隋唐石刻拾遺 ◎

迴牝壑，海變桑田，爰紀芳猷，式刊貞石[四]。其詞曰：

惟嶽降靈，惟天降昴。誕兹明哲，信邦之寶。式贊皇基，爰扶帝造。功成名遂，身退天道。其一。昂昂挺秀，鏘鏘雅士。脫略公卿，跌宕文史。盛德推賢，謙撝克己。妙閑韜略，尤明宮徵。世曰琳琅，時稱杞梓。其二。《易》美家人，《詩》光女則。登機成素，之田奉食。海曲和鳴，河洲比翼。孝該籠水，慎深攀棘。月牖嫡帷，含貞抱直。其三。匣中雙劍，先後俱沈。泉中瘞玉，地下埋金。荒郊別霧，寒壟凝陰。佳城鬱鬱，逝日駸駸。一歸窮壤，誰明恨心[五]。其四。

德威此《志》云"辨絕響之哥絃"，"哥"即"歌"字。《後漢書》引"哥永言"，《唐書》注引屈原《九哥》，皆以"哥"作"歌"。其見於碑版者，如《北周華嶽頌》云"清哥緩節"，《唐孔子廟堂碑》云"猶鐫哥頌"，《張琮碑》云"哥兩岐於全吳"，《蓋文達碑》云"仁風表於弦哥"，《杜夫人志》云"而短哥之可作"，皆"哥""歌"通用也。車持謙跋。

案，此志得於長安碑估。文曰"合葬于四池之側"，未詳何地。《志》中"批熊拉虎"，"虎"作"武"，避高祖祖諱也。

【校勘】

[一] 任，拓本作"往"。
[二] 兄弟，拓本作"弟兄"。
[三] 辨，拓本作"辯"。
[四] 石，拓本作"琰"。
[五] 一歸窮壤誰明恨心，底本脫，據光緒本補。

程玄景墓志正書

大周故處士程先生墓誌銘并序

先生諱玄景，字師朗，京兆長安人也。若夫道契儒林，季缺一字騰芳於漢⊘[一]；才光俊藪，延休播美於晉時。故贈絹傷離，夫子仰先生之德；橫威絕漠，將軍獲武帝之缺一字。由是冠蓋蟬聯，風徽不絚[二]，長波括堅，高搆凌川，渙圖史以銘功，故可略而言矣。祖恭，隨朝議郎、行涇州平梁縣令。遷蝗感德，蹈卓茂之高風；屬馬流仁，酌羅含之懿範。父敬逸，唐大丞相府朝散大夫。義旗肇建，率土咸賓，褒德錫功，擢斯散職[三]。惟先生風神警悟，器宇虛明，清𠥱露於秋𠀑，擢風雲於冬𡆠，仁能接物，孝以安親。三思後行，季文子之高志；去食存信，孔宣父之清規。嵇叔夜許其雅琴，阮嗣宗推其清嘯，優遊自得，放曠無爲。所冀雲翳孤松，偃霜巖而挺節；豈謂風摧六櫝，瘞泉户以收榮。氣掩如蘭，既摧秊於晞露；光沈若木，俄促節於驚飈。以長壽三秊歲次甲午壬𠥱景戌朔九𡆠甲午遘疾，終於群賢里，春秋五十有一。嗚呼哀哉！先生夙崇三業，妙洞一乘，然智炬於心田，則迷途自朗；泛慈航於慾海，則彼岸攸登。粤以其𠥱廿二𡆠景午葬於龍首原，禮也。有子彦先等趨庭闕訓，陟岵無依，踐霜露以崩悲，庶題珉而紀德。其詞曰：

崇基磊落，清派浤汪。贈縑傷别，捧𡆠承光。寒松比操，秋桂同芳。即色非色，筌忘蹄忘。川舟易往，隟駟難停。雲愁偃蓋，電激流旌。啓黄泉於卜宅，掩白𡆠於佳城。嘆松門之一閉，痛蒿里之長扃。

案，程處士名上一字與仁廟諱同，敬避作“元”。是編所録唐刻原文，凡廟諱皆用“元”“允”等字代，孔子諱加“阝”作“邱”以昭敬謹，改竄之嫌所不敢避。其原文缺筆，如“虎”作“虏”，“民”作“巳”，“基”作“基”，今皆直書，惟原文以“武”字代“虎”，以“泉”字代“淵”，以“人”字代“民”之類，則仍其舊。

【校勘】

[一]所缺字，拓本漫漶，或爲“然”字。按程畿，字季然。

[二]縋，拓本作“絶”。

[三]擢，拓本作“穛”，即“授”。

杜夫人墓志正書

大周故杜夫𤯔之墓誌蓋九字，篆書

故司稼寺卿上柱圀缺三字杜夫𤯔墓誌

夫𤯔杜氏，京兆杜陵𤯔也。缺四字望缺一字，降丹陵而毓慶；朱冠白馬，御冥道而缺二字。赫缺三字之雄，周列神羊之住。備于方策缺一字略言焉。七代祖缺二字征西將軍。武庫靈姿，智囊神用，通其變缺二字地表缺二字而顯缺一字麟缺一字知歸。曾祖勣，左監門將軍。善寶唐缺一字州缺一字陽缺二字。父嘉猷，唐務州參軍。體道居貞，含章挺秀，瓊山缺一字峙，爰開抵鵲之珍；碧浪川蝠[一]，必亘採龍之寶。夫𤯔姿靈婉淑，缺二字貞凝，缺一字舉缺一字榮，川流缺一字問。名爲不朽，缺一字杜氏之春秋；秊則_{缺一字}行，見楊家之輪轂。承筐景觎，征南之緒胤克隆；斷緯沈機，_{缺二字}之_{缺二字}斯在。驚逝川兮龍劍_{缺一字}，乘上匭兮鳳臺_{缺一字}。樹德從鄰，_{缺二字}以之爲美；欽刑輟饋，_{缺一字}獄于是勝殘。委霜霰而無改，冒雷_{缺一字}而不懼，信可傳芳史管，著象甘泉者哉。豈意拾翠而津，_{缺一字}舒泉而共_{缺一字}；薦桃仙樹，將暮槿而同期。嗚呼哀哉！以長安三秊五匭廿八〇^[一]終于圝州之官第，春秋六十有三。粵以長安三秊十匭十五〇，葬于雍州長安縣高陽之原。有子朝議郎、行圝州司功參軍事履行，以膝下之恩無逮，口澤之戀空存，纏永慕于蘭_{缺一字}，結深悲于蓼_{缺一字}。慈夕何夕，春非我春，鬱鬱佳城，無復長安之_{缺三字}舞鶴_{缺一字}聞京兆之而何修，夜之不暘，而短哥之可作。其_{缺一字}曰：

則而垂象，就〇_{缺一字}輝。在夏龍御，居殷豕韋。靈源濬出，慶緒_{缺二字}。禮樂攸往，衣冠_{缺一字}歸。其一。鳳簫寥亮，霜_{缺一字}皎潔。頌發春椒，韵浮_{缺二字}。丹霞濯錦，素_{缺一字}生_{缺一字}。琴瑟不流，松羅罷匝。其二。曰仁者壽，彼蒼者而。無聞静樹，空想寒泉。蕪城閟景，松架來烟。未辯何〇，誰論幾秊。

案，志石在長安碑估許家，首題"故司稼寺卿上柱國"，下缺三字，乃其夫之姓名也。司稼寺卿即司農寺卿，龍朔三年更名。《志》中絕無一語及其夫家氏族，故夫姓無從而知。叙杜氏七代祖征西將軍，泐其名，以"武庫"字驗之，當即晋征南將軍預，特譌"南"爲"西"耳。祖善寶，脱"祖"字。子履行，官圝州司功參軍，夫人就養，卒于圝州官第。歸葬雍州之高陽原，高陽原在長安縣西南二十里。《志》中"人"作"垩"，"國"作"圀"，"天"作"而"，"年"作"秊"，"月"作"匭"，"日"作"〇"，皆用武后新製字，獨"地"不作"埊"，未曉其義。

【校勘】

[一] 蝸，光緒本作"淳"。

史公石像銘_{正書}

唐故將軍柱國史公石像銘

公從戎旅，竭鯁忠誠，居家有理_{缺一字}之風，在職著勤勤之德。屬西蕃_{缺二字}，屢入和親，遂建鴻勛，名芳麟閣。不謂年逾耳順，永閟泉扃，痛深巾札之情，悲愴克諧之道。今罄盡家財，爲造功德，伏惟幽途所感，昭察_{缺一字}

心。光其不朽之名，以表芳猷之_{缺一字}。嗚呼哀哉！乃爲銘曰：日轉星迴，暑往寒來。陵夷海變，功立人摧。痛悲繐帳，哀結夜臺。千秋兮万歲，厥德兮隆該。

延和元年歲次壬子七月戊辰朔十一日壬午，夫人襄邑縣_{缺二字}氏建。

案，銘在長安終南山。

裴夫人賀蘭氏墓志 正書

大唐太常協律郎裴公故妻賀蘭氏墓誌銘

夫人賀蘭氏，曾祖虔，隨上柱國。祖靜，皇朝左千牛。父元悊，潞州司士。並宏翰深識，布聲于代。夫人即協律之姑女也。童姿粉妍，笄態瓊淑，惟德是與，乃嬪我裴公。宜其鏘鏘和鳴，晏晏偕老，女也不儿，天胡降災，綿聯沉疴，三浹其歲。洎大漸，移寢於濟法寺之方丈，蓋攘衰也。粤翌日奄_{缺一字}其凶，春秋卌有四。即開元四年十二月十日至十九日，遷殯於鴟鳴堆，實陪信行禪師之塔，禮也。夫坦化妙域，歸真香塋，_{缺一字}之冥果，則已无量。有子太元等，或孩提而孤，擗_{缺一字}以泣。嗚呼！生人之至艱也。裴公傷奉倩之神，痛安仁之簀，圖範貞石，俾光泉門。銘曰：

芙蓉劍兮蛟龍質，梧桐枝兮鳳凰匹。天何爲兮降斯疾，俾雌雄兮歡不卒。延津女兮奄相失，千年萬古哀白日。

案，"鴟"即"鷗"字，鷗鳴堆即楩梓谷，在長安縣南六十里。夫人卒年四十四，其夫裴公尚在，《志》不言與寺僧有何瓜葛，而病則移寢于方丈，殯則陪葬于禪塔，恬不爲怪，且以爲禮，唐世士大夫之佞佛而不謹于家政如此。明趙崡《游城南記》云："百塔寺本信行禪師塔院，山畔唐裴行儉妻厙狄氏葬塔尚存。"而此志裴協律妻乃賀蘭氏，非厙狄氏，亦未詳其夫名爲行儉。考《唐書》，行儉字守約，聞喜人，麟德二年擢安西都護，爲司文少卿，未任太常協律之職。西安《郎官石柱題名》戶部員外郎有行儉名，亦未載其官協律。行儉爲司文少卿在麟德二年，距開元四年已隔五十年，其夫人卒時不應止四十四歲，亦不應夫人卒而行儉健存。或係子函誤記。否則協律爲行儉子弟行，儉妻厙狄氏先葬信行塔側，而賀蘭氏因而祔之也。《志》內"攘衰"之"攘"，當作"禳"。

折夫人曹氏墓志 正書

曹氏譙郡君夫人墓誌銘 并序

夫嚴霜瘁草，獨嘆蘭摧；驚飈拂林，偏傷桂折。人誰不死，嗟在喪賢。伊賢者何？譙郡君夫人是也。夫人曹氏，諱明照。曾祖繼代，金河貴族，父兄歸化，恭惟玉階，惟孝惟忠，允文允武。夫人柔馨在性，婉淑呈姿，妙紃組於閨闈，潔蘋蘩於沼沚。年十有八，適左驍衛將軍折府君爲命婦。六禮猷備，四德凝姿。孟氏母儀，宗姻酌其訓；曹家婦禮，里衖挹其風。豈謂石破山崩，奄從傾逝，以開元十一年十月八日終於居德里之私第。夫人春秋不或。即以其年十一月廿三日遷窆於金光坊龍首原之禮也。慮樹倨千年，人移百代，式刊方石，乃爲銘曰：

天街既形，髦頭有經。經緯相汁，夫人誕靈。如何孤應，危露先傾。悼逝川之不返，敢平生而著銘。

案，《志》云“恭惟玉階”，玉階當是夫人父名。卒年四十，故云“不或”，“或”“惑”，古今字也。龍首原在咸寧縣東，其云“遷窆于龍首原之禮也”，“之”字似衍。以余所見，《義興周夫人志》云“以兹吉辰，赴社城東郊之禮也”，《王訓志》云“遷厝萬年縣滻川鄉川原之禮也”，《雲麾將軍張安生志》云“別兆葬于龍首原之禮也”，又《豫州刺史杜君志》云“合葬于龍山某原某里之禮也”。《金石萃編》疑其倒互，當作“某里之原，禮也”。合諸志觀之，斷無皆倒之理，自是當時有此文法。銘詞用天街、髦頭，皆昂宮之星，追叙先世鍾瑞金河而言也。“經緯相汁”，“汁”與“叶”古字通。

女子唐端權殯志 正書

女子字端，蓋殿中少監唐昭之第三女也。母曰王氏。夫其體備幽閑，門傳禮則，克柔其性，有婉其容。春秋十有六焉，不幸夭没，以大唐開元十二年六月廿三日終於京兆静安里之第。以其月廿六日權殯於萬年縣義善鄉之原。悲歟！天乎不臧，曾靡降福，神道何昧，忽貽其殃。諒何有違，遂獲此戾，悼以長往，終天無期。嗚呼哀哉！乃爲銘曰：

猗歟慶靈兮錫嘉祉，婉而從訓兮善可紀。宜其享福兮極遐祀，奈何修齡兮中道止。白楊蕭蕭兮壠路悲，丹旐遥遥兮相送歸。相送歸兮永別離，天情地義兮長相違。

女子唐端，不知何許人，其父昭亦無所表見。字畫秀而有骨。唐陶山先生謂寶雞丞署《馮十一娘墓志》書有晉人風致，余將合摹一石，寘諸碑林，以貽好事者。車持謙跋。

案，志無撰人名，銘有"天情地義"語，當即其父昭所作。唐萬年縣，今咸寧地。此石嘉慶間出土，爲常州陸氏攜去，今於蔡曼受處得見拓本。

于士恭墓志_{正書}

缺三字州膚施縣令上柱國于公墓誌銘并序

缺"公諱"二字士恭，字履揖，其先東海人也，漢太守定國之胤。洎五代祖謹仕魏，遂居河南，今即河南人也。績著前史，慶貽後裔。曾祖宣道，隨右衛率，皇涼甘肅瓜沙五州諸軍使、涼州刺史，成安子。祖永寧，皇商州刺史，增建平公。父元祚，皇益州九隴縣令，襲建平爵，尚德靜縣主。公即主之次子也。公言行周密，風儀閑雅，弱冠以諸親出身，解褐授好畤縣尉。初大周御宇，分邦制邑，劃爾畿甸，隸爲稷州，選部甄材，擢授斯職，亦當時之榮選也。自茲以降，累遷郡邑。尋贊臨潁，復典膚施。關右馳聲，許邦思惠，非此能備也。開元十四年春，天子若曰：縣令在任清白者，選日擢用。公即隨調選。方俟遷陟，命何不融，疾成不治。以其年秋九月戊戌，卒於私第，春秋六十有六。時來不偶，其如之何？夫人譙郡戴氏，妍妙凝華，貞順勉行。自承饋盥，克諧琴瑟。降年不永，雖恨偏沈。同穴相期，果然終合。開元十五年七月乙酉，權祔于京兆神和原，禮也。拱樹蕭蕭，坐看成古；佳城杳杳，空見微月。嗣子弼嬰等，泣血崩心，絕漿茹蓼。昊天莫報，長夜不曉；慮陵爲谷，刊石爲表。銘曰：

死生有命，晝夜不舍。嗟彼于公，長歸地下。高墳峨峨，宅此崇阿。千秋万古，孰知其他。

案，《志》云"權祔于京兆神和原"，神和原即今咸寧縣南三十里神禾原，"和""禾"，語之譌也。《府志》引《劇談録》云："晉天福六年產禾，一莖六穗，重六斤，故名神禾。"其説殊謬，神和之名，唐已有之，安得云石晉時始以神禾得名？又《志》云祖永寧、父元祚，考《唐書·宰相世系表》，永寧，商州刺史，與《志》合。而《表》云，永寧之子遂古，隰州刺史，與《志》所載名位俱異。

進法師塔銘正書

案，塔銘廣二尺八寸五分，高二尺二寸，在咸寧薦福寺。序與銘共四百七十字，存者才三百十一字。前題"大唐大温國寺故大德進法師塔銘，太子司議郎陳光撰，沙門智詳敬寫"，後題"開元廿五年歲丁丑七月癸酉朔八日庚辰建"，序文惟"法師名進，俗姓高氏，渤海蓨人也。及開元廿四年八月某日終"等句可辨。趙子函以其書法習褚登善，《西安府志》亦載之，而《關中金石記》不收，何也?

重刻莒國公唐儉碑正書

大唐故贈特進禮部尚書開府莒國公唐府君碑

蓋聞惟皇建位，哲后膺千載之期；惟岳降神，賢臣承五百之運。是以軒丘御紀，風力贊其鴻基；嬀汭乘時，穆契匡其景化。缺四十三字則聲高彦伯之頌，功著孟堅之表。見之開府莒公矣。公諱儉，字茂約，太原晉陽人也。若夫窮微知遠，高辛之化缺三十四字忠恕之道，徽列之遺，傳於後昆，備在譜諜，可得言矣。高祖岳，後魏秦州刺史。禁止令行，有伯山之威福；垂訓起學，邁仲約之禮宗。曾祖靈芝，齊尚書右僕射、司空公缺三十二字祖邕，侍中、尚書左僕射、尚書令、録尚書事、晉昌王。抱廊廟之材，懷公輔之器，同傅險之感夢，類滋泉之入兆。缺十八字居令僕之崇班，享方鎮之高秩。父鑒，齊中書令、散騎常侍、隨應州刺史、晉昌郡公，皇朝贈太常卿。台司名流，宰門華胄，公侯奕代，簪紱輝光，禮縟七葉之貂，榮燦九章之袞。公氣奮風雲，量包河海，秉孝德以成性，持善行以立身。藝總九流，道惇三物，藻賦麗於翰菀，雄略叶乎韜鈐。行地方馳，則遺風追電；冲天將舉，則切漢摩霄。合浦騰暉，色映朱輪之乘；麗水搖彩，光照赤城之峰。逸氣從横，雄才高遠缺十二字寔閥閱之軌儀，信衣冠之表率。弱冠解褐左勛衛。昔長卿之令文園，職未當才；亭伯之宰長岑，位不充量。以今方古，彼此一時。屬炎政風頹，寰宇幅裂，遍野擾齊民之生理，中原驚觸山之醜徒。缺八字公睹帝星移照，識梁沛之真人；見彤雲蔚興，知芒碭之奥澤。未建壺關之策，先會盟津之期。先君昔在有隨，與高祖連闉，情敦莫逆，契若斷金。雖嚴陵蕭王之故交，盧綰沛公之同里，以今方古，彼何足稱。當參墟建義之辰，晋水陳師之際，虚左待士，側席思賢。乃命隱太子至晋陽，與公相見，初申通家之交好，次論天下之橫流。公奏千載之廢興，及列代之成敗，笑夷吾之九合，鄙孔明之三分。缺三十六字有陳琳殊健之筆，阮瑀宿構之才，任以文房，實諧衆望。拜大將軍府記室，加正議大夫。其時日逐興師，已臨鹿塞；温禺列校，新度龍城；漢燧夜明，胡塵晝晦；人情恐懼，主帥焦勞。公審深冀之可城，慮并河之易越，乃命方邵之將，帥賁育之兵。千乘雲屯，萬騎波屬，拔西河如拉朽，發并部若鼃甀。行至吕州，秋潦遂降，糧餉斷絶，泥淖滋深。缺二十六字機不可失，時不再來。儻使官渡息兵，破袁之軍未卜；洪溝若割，滅項之日未期。既鏡良規於前，復建戰功於後。缺四十四字雖曲逆六奇，薛公三策，何以加之。以功拜右光禄大夫，授渭北道行軍司馬元帥，即日就道。缺五十四字運《玄女》三宮之法，陳《黄石》一卷之書。或面水背山，或先偏後伍，鼓角鳴厚地，旌旆彗高天。缺四十字平城之勛，公居其最，缺六字封新城縣公，尋改爲晋昌郡公，食邑二千户。暨受終文祖，肆類繁昌，叙撥亂之功，録翊戴之烈，居佐命之右，贊維新之朝。加進門下同正二品、行中書侍郎缺十字凌烟閣。珥筆掖垣，飛翰綸扉，鳳池於兹逾浚，雞樹所以增華。昔孔演宏才，將元規而並列；王浚名暢，與真長而共明。今昔相方，異代俱美。缺八字昔東京佐命，譽著雲臺，西漢中興，聲傳麟閣。以今方古，彼獨何殊。劉武周搆板蕩之秋，擁控弦之衆，竊九五之位，窺萬乘之尊，剽邑屠城，裂冠毀冕。高祖批患排難，拯溺除殘。命右僕射裴寂受鉞陳師缺十四字吕崇茂亡命醜徒，同惡相濟。公方使至夏縣，遂陷賊庭。公觀諸將之流，人多庸鄙，唯尉遲敬德頗識事機。公示之以安危，告之以成敗，涣若冰釋，翻然改圖，雖有此心，計猶未果。獨孤懷恩缺二十八字平後，詔公爲并州道安撫大使，尋拜禮部尚書。賜以懷恩田宅。雲門大章之樂，咸究精微；春誦夏弦之禮，並窮枝葉。缺三十字文帝功齊覆載，績邁陶均，既答元勛，必資美稱。以上將之位，照灼文昌；天策之名，輝映玄象。特詔授太宗文皇帝天策上將。然百寮之位，妙算時英。以公爲長史，實諧僉論。尋而逆賊劉闥擁徒冀北，挺禍燕南，缺八字火照盧龍之塞，雲擾白馬之津。于時大軍出討，使公監統。而偏裨靡伐謀之略，士卒無摧鋭之心。公遂輕至賊城，以陳利害，不勞飛箭，便下聊城，詎假拔旗，乃傾趙壁。廓清河朔，公有略地之功，以公爲幽州道安撫大使、并州道行軍總管、定州道安撫大使。缺十一字造禮重於弓旌，貪殘貶踰嶺海，百城欽其軌範，兩河仰其風猷。乃馬邑之酋長，導狼望之凶渠，越彼長城，殄茲晋水。公杖節出使，造於虜庭，具陳華夷不爭，中外斯輯。旄頭垂曜，穹蒼所以分星；窮髮異俗，厚地於茲列野。何必裹糧帶甲，背約違盟；以致域窮區殫，釁鋒淬鍔。單于納公此對，翻然改圖。榆關寢其爛烽，柳塞散其部落[一]，詣長平之坂，入受降之城。其山谷要衝，公咸刻銘缺十二字黃門侍郎，進封莒國公，食邑三千戶，實封六百戶。缺四字巖疆寄隆，八屯功彰於邊警；茅賦錫重，五等誓比於山河。三蜀膏腴，九折崇岨，子陽僭號之邑，玄德竊位之都。作鎮擇於柱臣，專城資於右戚，命公前往，務在利人。貞觀元年，授使持節都督遂梓普等五州諸軍事缺七字加鴻臚卿、戶部尚書，食實封八百戶。詔曰：“與卿故舊，宜申姻好。徵男尚識尚豫章公主，加光祿大夫、特進。”公忌滿誡盈，屢有辭讓。奉詔養閑，仍朔望朝見，兼賜奉祿廩膳，一依職事。春秋七十有八，薨於私第。贈開府儀同三司、使持節并嵐等四州諸軍事并州刺史。所司備禮册命，賵絹布一千匹，米粟一千石，陪葬昭陵，賜東園秘器，葬事官給，務從優厚。嗣加太常卿、駙馬都尉。請銘議謚，從禮部侍郎陸敦信，爲謚曰襄。既葬往還，並敕立碑。夫人河南元氏，考行瑀，毛州司馬，封莒國夫人。維皇唐開元廿缺十六字。曾孫將軍、右金吾衛大將軍、雲麾將軍、上柱國、奉朝請出續殿中君缺三十三字記事之大，重書“皇考贈特進開府莒國公神道碑”，禮也。《祭統》曰：子孫之守宗廟者，先祖無美而稱，是誣也；有而不知，不明也；知而不傳，不仁也。此三者，君子所以教缺四十二字追崇之義，有自來矣。論著先君之德，敢不順乎？計功叙美，敢不敬乎？大本爲情，竭力從事；孝子順孫，追養繼孝。缺十八字君子道消，遽見于此。缺十二字四氣迴環，闕蒸嘗之薦。貞石斷裂，幾同墮淚之悲；黃絹將殘，誰辯受辛之妙。缺三十六字於斯爲盛缺二十三字。超三台之上階，膺五等之尊秩。没而不朽，傳帶礪於河山；吾誰與歸，傍胡髯之窀穸。缺五十字韋丞相之祖業，不待飾於蘭臺；陳太丘之家風，會直書於孺子。從孫某歡承嘉命，追述徽音。缺八字其詞曰：

　　缺十六字。三微變革，萬國崩淪。缺八字。西岳亡羊，中原逐鹿。大聖提劍，群雄折軸。缺五十四字。龍劍祓服，熊軾炤門。進退以道，啟沃爲言。深根固蔕，長流濬源。缺五十二字。政成身退，聽鳥觀魚。福兮所倚，禍將何如？朝聞蟻鬥，夜夢瓊瓌。峰頹東岳，天坼中台。缺五十六字。糾邪指惑，忠正事君。賢能凋喪，霜露繽紛。郊原莫問，碑版缺文。人焉觀德，我孫建新下缺。

開元廿九年歲次辛巳月日_{下缺}。

此吾祖唐莒襄公碑也，在醴泉縣北小陽村。隸額"唐故特進莒國公唐府君之碑"十二字最完好，正文三十九行，下半剝落過甚。碑有"開元廿九"等字，或疑葬後七十六年開元時始建碑，今玩其斷字，自是開元末年重立，意者曾嬰太平公主之禍，毀而復立者歟。《金石萃編》考證數世名字最詳，一當以碑爲據。又云全文約三千三百餘字，存者千二百餘字，余取舊拓及新拓對勘，與列傳互證參會意義，足成文句者可二千一百餘字，其單詞隻字，文可曉而前後剝蝕、辭理不屬者，概付缺文，以省凌雜。《石墨鐫華》云："真行書，輕圓秀勁，卓然名家。"余恐愈遠愈失，謹臨一通，凡四石，寘之碑林，以志數典不忘。至其窺測補綴，難免杜撰之譏，觀者幸而教之。道光二年秋七月中元，賜進士出身兼護陝西巡撫布政使湘西裔孫仲冕沐手敬書。

案，是碑《關中金石記》已錄其目，而《金石萃編》《昭陵陪葬考》謂《關中金石記》止載溫彥博以下二十五碑，此碑爲其所增，殆未細檢畢《記》耳。陶山先生爲莒公後裔，惜原碑殘蝕，購石重刊，誠爲墨林盛事。原碑立于開元二十九年，今以重刻本編附開元之末，以志古物重新，宜與昭陵諸石並傳不朽云。

【校勘】

[一]塞，拓本作"室"。

任令則碑_{行書}

案，碑在武功縣學，嘉慶二十年七月縣令段君嘉謨訪得之，文字磨泐，可辨者惟"公諱令則，字大猷，其先世爲春秋薛侯之後，漢御史大夫敖，後漢司空矞，魏吏部尚書愷，考_{空二字}資州司馬，弟令方，岷州刺史，嗣子神鼎府果毅武貞，仲子左司禦司戈奉先，次子兵部常選黃，季子某"數人名銜而已。卒葬年月皆泐。前款有"李邕文并書"數字，尚隱約可辨。北海書法，《嶽麓》《雲麾》數種外，僅見此碑，穹然峙立于縣學已近千年，從來金石家既未著錄，而間書鄉獻皆未言及，直待段君搜訪始得之，可見名人遺蹟之汩没於叢祠里社者尚多也。

潘智昭墓志 正書

唐故吏部常選廣宗郡潘府君墓誌銘并序

遠國流芳，楚大夫汪之緒也；泊乎晋業，黃門侍郎岳之胤矣！幸唐運龍驤，娵觜耀武。曾祖仏壽，識叶天謀，輔翼左右，拯濟塗炭，永寧邦社，拜銀青光禄大夫、儀同三司、九原郡守。祖觀，太中大夫、行司津監。父元簡，積學成業，温恭允克，仁惠鄉閭，博通今古。弱冠，明經擢第，吏部選。君名智昭，字洛，京兆華原人也。幼年聰敏，識用多奇，日誦萬言，尤工書算。甄別寶玉，性閑技巧。好歌詠，事王侯。此乃君之行也，君之明也[一]。養親純孝，甘脆無虧。交遊克誠，信道日益。友于兄弟，共被均衣。見善必悛，歸心三寶。君之孝也，君之仁也。曉陰陽義，通挈壺術，事瞿曇監，侍一行師，皆稱聰了，委以腹心。君之德也，君之能也。掌曆生事，習業日久。勤事酬功，授文林郎，轉吏部選。時載五十有六，運薄陵遲，降年不永，嬰疾累月，藥餌無徵，病甚日篤，終於其家。嗚呼！生兮有涯，逝川長没。備凶缺一字，習吉兆，以戊子歲實沈月五日癸酉，殯於長安龍首原，禮也。有子五人，順也、運也、訓也、慎也、俊也。昊天罔極，泣血如流。恐代久陵夷，高崖爲谷，孝心遠紀，式刊銘誌：

長原孤墳，松檟蕭森。刊石遐紀，流芳德音。泰山其頹，梁木其摧。五子荼毒，追慕增哀。

天寶七載七月五日景時。

案，《志》云"曾祖仏壽"，"仏"，古文"佛"字。君名智昭，字洛，一字字也。叙先世云楚大夫汪，即《左氏傳》之潘尫，古字通用。吏部常選，見《唐書·宰相世系表》，蓋選人未經授職之稱。此志近日長洲章氏摹入《因宜堂法帖》中，而原石則在長安也。"備凶"下泐一字，章氏作"儀"。

【校勘】

[一] 也，拓本無。

劉感墓志 行書

唐故雲麾將軍左龍武軍將軍彭城劉公墓誌銘并序

河東進士李震撰

集賢院、上柱國安定郡席彬書

猗夫乘間氣，孕淳精，扇風雲，蕩河岳，體五行之秀，應三才之靈者，緊我劉公而是焉。公諱感，彭城人也。曾祖諱督，隱德不仕，耽逸丘園。祖諱晃。父因子貴，克大吾門，皇朝贈南谿郡司馬[一]。公清德難尚，至理可師。屬我皇撥亂之開元也，公提劍以從，杖戈而先，附鳳高翔，攀龍潛躍。遂使群兇泥首，萬方革面。解褐授翊麾副尉，行興州大桃戍主，遷右衛寧州彭池府左果毅。靈鑒洞照，應變知微，命偶聖君，職參都尉。又改昭武校尉，行左衛陝州曹陽府折衝，轉左領軍衛同州襄城府折衝。參謀帷幄之中，制勝樽俎之右。無何，拜寧遠將軍、左武衛翊府右郎將，賜紫金魚袋。旋授定遠將軍、行左龍武軍翊府右郎將，又遷明威將軍、右隴武翊府中郎將[二]。公位階鴻漸，官達虎賁，騰凌建信之名，標准公幹之氣。轉雲麾將軍、左龍武軍將軍、上柱國，進封彭城郡開國伯，食邑七百戶。皇帝乃命圖形麟閣，賜印雲臺。公、侯、伯、子之榮封，河山茅土；貝冑、朱綬之貴列，長戟高門。忽興逝水之悲，終銜過陳之嘆，以天寶十二載二月廿一日薨於永興里之私第，春秋七十一。以其年十月卅日葬於咸寧縣黃臺鄉之原，禮也。嗚呼！地埋勇骨，天落將星，蕭瑟松門，淒涼薤挽。嗣子秀等，哀哀血泪，欒欒棘心，願頌惟家之風，以篆他山之石。銘曰：

三秦岡，九原窟，鶴報地兮潛恍惚。森拱木，間荒墳，人瘞玉兮碎氛氳。

案，《志》云"撥亂開元，群兇泥首"，又云"圖形麟閣，賜印雲臺"，蓋感以佐誅韋氏功起家，官至左龍武將軍，圖形、賜印，可謂烈矣。而新、舊《書》皆不著其名，賴此片石以永其傳，金石之有裨于史傳也，信然。

【校勘】

[一] 谿，拓本作"磎"。

[二] 隴，拓本作"龍"。

張安生墓志正書

唐故雲麾將軍行右龍武軍將軍上柱國開國侯南陽張公墓誌銘并序

鳥能飛万里，其有鵬乎；魚能吸百川，其有鯤乎。夫鯤鵬之處者，非滄海而不居，非扶搖而不動，豈秋潦夕吹而能加其志焉？士有佐世之才者，非艱難而不投，非明君而不事，豈斗筲凡類而能効其節焉？則我南陽張公功可著矣。公諱安生，譜牒清華，門多高士，漢有留侯秘略，晋有司空博識，累葉冠冕，暉曜相継。祖諱泰，考諱貞。並儒素隱躬，遁跡不仕，田園蘊道于高尚，詩書襲德于風雅。後因公列爵，追贈考扶風郡司馬，父因子貴，以忠彰孝。公駿骨天資，偉㒒神秀，拔奇材于衆外，先武略于群右。景雲中，屬韋氏竊權，群凶暴溢，擾我黔庶，殘我王室。公乃叶忠謀，爲佐弼，識潜龍必曜于雲霄，知牝鷄伏誅于斧質。提一劍而直入，掃九重以彌謐，再清京兆之天，重捧長安之日。謀深于周邵，功越于平勃，古往已來，莫之與疋。公以功高識卑者，志士之讓；初退後進者，達人之漸。故辭公侯之功，就戈戟之任。畢能身榮于紫綬，門曜于丹戟，得馮異大樹之名，免蕭何小過之責。有始有卒，其惟公乎。遂解褐授果毅，二選折衝，一拜郎將，再轉中郎，畢于龍武將軍矣，食邑九百户。公歷官無虧，公務旨要，慮事有則，人莫能犯。或帝居内宮，則警衛嚴肅；或駕行外仗，則旗隊克齊。其動也，若鷹鷗迴迅；其止也，狀師虎群怖，電轉星流。比其速，雲迴霞卷；處其事，暨乎晚載。自強不息者，繫公而已。以天寶十三年冬十一月十日扈從，薨于昭應縣之官第也，享載七十有一。初，公染疾城中，將赴湯所，左右留勸，作色不從，曰：“吾亦知難保者命，但殞隨君側，以表忠誠；亦知易歿者身，但死在誉間，用彰勳節。使魂歸帝鄉之路，心存皇闕之下，願之足矣，汝等勿違。”言畢，扶疾即行，到遂終彼。所謂臨事無苟悼，臨困無苟免。及迴櫬于路，誰不傷悼。嗣子庭訓等，侍疾而捧藥淚枯，返柩而攀輿氣輟。夫人太原郡君王氏，先公近歿，苫盧猶新，縗絰重舉，泣地未絶，號天更哀。又以翌載春二月十二日，別兆葬于龍首原之禮也。素墳上築而永固，玄堂下甃而深堅。白雪孤飛，招將軍之勇氣；綠柏旁植，表武士之高節。恐陵谷有遷，刻銘以記。銘曰：

鷗之迅兮飛已絶，士之勇兮謀且決。臨難不懼兮忠臣節，奉我明后兮誅暴蘖。脊令貴兮雁行列，花萼忽凋兮一枝缺。獨有功名兮千載存，刻石浣銘兮記墳闕[一]。

案，安生“以天寶十三載十一月扈從，薨于昭應縣之官第”，唐昭應，今臨潼縣地，考《唐書·地理志》，京兆昭應縣有温泉宮，天寶六載更名華清宮，有湯井，置百司十宅。昭應官第即其所也。《册府元龜》云“天寶十三載十月乙酉，帝幸華清宮。十二月戊午，還宮。”安生以十月扈蹕湯所，十一月薨于其地，明年二月葬于龍首原，以南陽人而旅殯于咸寧也。志石今爲寧武楊君元泗所得。

【校勘】

[一] 況，拓本作"洸"。

房史君題記正書

太原王缺三字人，名缺三字仁缺八字書中郎，守武興。郡四境，山嶙峋。構新亭，迓佳賓。曰翠峰，景寔真。唐天寶，房史君。上錫宴，刊堅珉。亭之右，名不泯。

案，《題記》三字为句，二句一韵。中有"守武興"句，武興，今漢中府略陽縣。魏正始三年置鎮，尋改置郡縣。唐天寶初置郡，復西魏故名曰順政。是《記》中有"天寶"字，其曰"武興"者，韵語從古稱，非唐制也。房史君名字無考。車秋舲於長安得拓本，録之。

張旭肚痛帖草書

案，帖在碑林，梁僧彦脩草書，石刻之下旁刻"張旭書"三字。彦脩草書爲宋嘉祐間梁郡李丕緒摹刻，稱其草書得旭法。此帖附刻，蓋亦丕緒所爲。《西安府志·金石門》載入唐代，《關中金石記》唐宋皆不載，何也？

卷　下

唐下

華嶽廟題名六則並正書

　　缺華州刺史兼御缺殿中侍御史庚缺監察御史李亘缺太常博士缺太華三峰野客缺新安縣尉盧缺監採藥使翰林缺監軍判官尹懷缺監軍判官劉缺太華山人段藩缺押衙左金吾衛大缺。大曆六年乙亥缺。

　　案大曆六年歲次辛亥，非乙亥。

　　朝散大夫、前鄭州陽武縣令韋涗，大曆九年四月廿二日謁祠題記。平陸主簿杜錫、芮城主簿杜梅，建缺一字三月廿三日。

　　缺執籩豆，爲國討叛。思契丹懇，敬祭敬拜，牢餼畢陳。所期感通，昭鑒不昧。列旌旗於綠野，羅冠劍于明庭。共展禮容，因以題記。大和二年八月廿八日，男守左驍衛倉曹參軍、上柱國、賜緋魚袋方參，侍從朝覲。

　　案，題名上缺。武授堂以叛思爲契丹主名。王述菴以“爲國討賊”爲句，“思契丹懇”爲句，“契”如“契合”之“契”，“丹懇”猶言丹誠，詳考契丹是時無叛附事，而引《唐書·本紀》以討賊爲指王廷湊撓王師事。當以是說爲正。

　　缺縣主簿竇存辭、鄉貢進士馮耽。開成二年四月，存辭請假赴洛，耽侍從祈缺。

　　鄭縣丞攝尉許環、宇文珪，華陰縣尉薛殷圖。咸通十一年十月十七日題。

　　案，以上題名五則，文並左行。

　　監察御史裏行嚴缺名，乙卯歲八月庚寅，奉使東周敬展。

　　案，《金石萃編》云乙卯爲昭宗乾寧二年，八月乙酉朔，庚寅初六日也。

案，華嶽廟唐人題名分刻于《華嶽頌》《述聖頌》《精享昭應碑》《告華嶽文碑》之左右及殘塼斷甓中者，凡七十餘段，姓名可識者三百餘人。乾隆四十三年弇山尚書重修嶽廟搜得之，載入《關中金石記》。其後王述葬官西安廉訪，復加搜拓，所得益多。以上六則，皆畢《記》所遺，因彙錄於大曆六年題名之後。

涇王妃韋氏墓志 正書

大唐涇王故妃韋氏墓誌銘序

給事郎、行河南府洛陽縣丞、翰林學士、賜緋魚袋臣張周撰

夫必有婦，其尚矣。先務德禮，次求容功，兼而有之，方謂盡善。不爾，則不足以侍執巾櫛，宜其室家。故《詩》稱好述，《傳》著嘉耦，非必獲是，孰媲名王。妃姓韋氏，蓋京兆長安人。祖湜，皇朝中散大夫、潁王府司馬[一]，贈光祿卿；父昭訓，皇朝中散大夫、太子僕，贈衛尉卿。皆公望自遠，吏才兼優，來以何暮見歌，去以不留興咏。妃即淮陽府君之第四女也。自漢及今，門爲望族，男不卿士，女則嬪嬙[二]。嬋冕魚軒，與時間出，騰光簡牒，昭晰紛綸。妃以蕙爲心，馨其如茝，詞懿而定，服純而衷。位則千乘小君，行則一人猶母，雖貴無壽，命也如何？嗚呼！享年四十八，以建中二年十二月己酉薨於寢，以三年二月庚申葬於原，禮也。存不育男孕女，沒無主祀執喪，有足悲夫！銘曰：

關右著姓，海內名家。氣與蘭馥，顏如蕣華。宜乎作嬪，于王之室。如何不淑，中路先畢。松檟交植，塗芻共來。一晝朝露，千秋夜臺。目睹原野，心傷缺二字[三]。日光既沈，人亦薰缺一字[四]。中無可欲，焉慮發掘。但恨長辭，獨歸城闕。

案《唐書·宗室傳》，涇王侹，肅宗第七子，始王東陽，進王涇，興元元年薨。妃祖湜，父昭訓，皆見《宰相世系表》。湜，齊州刺史。

【校勘】

[一] 潁，底本作"頼"，據光緒本改。按拓本正作"潁"。

[二] 嬪，底本作"嫡"，據光緒本改。按拓本正作"嬪"。

[三] 所缺二字，拓本作"埋没"。

[四] 所缺字，拓本作"歇"。

◎ 隋唐石刻拾遺

閆夫人張氏墓志 _{正書}

大唐故清河張夫人墓誌銘 _{并序}

弘農楊暄撰

外孫子聟彭城劉釳書

夫人號威德，清河之族，積善承家。祖考諱近昌，二女 _{缺一字} 不乏世賢，園林隱跡。夫人既笄之後，嫡於閆氏。婉順和睦，克柔母儀，淑慎於家，聲聞於里。況乎先覺，早晤色空 ^[一]，齋戒在心，持念閉目。奈何善不增壽，命也自來，染疾月旬，歲過不減。貞元八年二月廿八日，終於京長安縣義寧里之私第，春秋六十有九。即以其年五月十八日，擇兆吉辰，葬於長安城西龍首原之禮也。嗣子庭莘，右龍武軍宿衛，忠孝之道，號絕過禮。次子庭珍，右羽林軍宿衛，邠州節使、尚書張獻甫奏赴行營，遂忠於國。孝不並行，報哀之情，昊天何極。嗚呼痛哉！又足悲也。一女四德，嫡于白氏，半子之分，禮以恭仁。攀慕痛深，將刻斯石。其銘曰：

清河夫人，嫡于閆氏。二男一女，忠孝誰理。 _{其一}。公之獨守，痛傷靈机。四時定省，賴之半子。 _{其二}。楚挽送終，染疾一周。死生命也，念之何求。 _{其三}。孤墳寂寂，松柏颼颼。泉門永閉 ^[二]，萬古千秋。 _{其四}。

外孫太清刻字。

案，書志人劉釳，釳字音義未詳。其人即閆女，適白氏之子聟也。"聟"作"聟"者，"聟""聟"字通，見《干禄字書》。刻字人名太清者，白氏之子也。

【校勘】

[一] 晤，拓本作"悟"。
[二] 閉，拓本作"掩"。

孟再榮造像記 _{行書}

大唐元和三年歲次戊子七月辛巳朔十二日壬辰，清信弟子大盈庫染坊等使、雲麾將軍、左監門衛將軍員外置同正員、上柱國、賜紫金魚袋孟再榮建立。

案，石廣一尺五寸，高九寸許，在西安佛寺。

心經正書

案，經末一行題"大唐元和五年正月一日刊"，楊君元泗得之長安。石裂爲三，書法秀整，分上下二層，每層凡十行。

西門珍墓志正書

大唐故朝議郎行宮闈令充威遠軍監軍上柱國賜紫金魚袋西門大夫墓誌銘并序
從姪鄉貢進士元佐上

公諱珍，京兆雲陽人也。曾祖空一字，祖彭。並蘊異才，不苟榮禄，孝悌雖形於家室，聲芳已著於遠邇。父進，朝議郎、行内給事、賜緋魚袋。立性恭寬，執心忠亮，入侍闈宸，出撫軍師。歷事四朝，竟無敗累，故中外貴介，咸遵厥行。公器局宏懇，見解殊倫，幹于理劇，果于從政。志存大略，不忌小節，恒人譏其傲睨，高賢許其豁達。至德之初，釋褐從仕，大曆之末，擢居宣徽。建中四年，王室多故，涇源叛卒，晝入犯闕，鑾輿西巡，以避封豕。艱虞之際，尤尚通才，除内府局丞，充鳳翔隴右節度監軍判官。時懷光不臣，潛與泚合，翠華於是更幸梁洋，節使楚林果有疑貳。公每于衙府，輒肆直言，諭其將士，徵以禍福。國家靡汧隴之憂，州縣免誅夷之弊，微公之力，殆不及此。德宗聞而異之，俾充荆襄沔鄂洪府宣慰使。興元元年，遂除洪府判官，缺一字先鋒兵馬使伊慎下安黄等州。貞元元年，來獻俘馘，上旌公功，拜内僕令，令赴本道。其年朝覲[一]，遷荆南監軍。上以公習于戎事，欲將任重，聖心未缺一字，久而不遣。至八年，充劍南三川宣慰使。其六月，監淄青行營兵馬三千餘人，戌於岐山[二]，西扞荒服。上以公臨事不私，撫軍有術，凡積星歲，踰十瓜時。十三年入奏，上嘉其勛，錫以朱紱。昆戎自從會盟，愆負恩信，知我有備，未嘗犯邊。上以關東甲士，遠從勞役，悉令罷鎮，却歸本管。三軍別公，援轡揮泣，如訣父母，豈勝道哉。既歸闕庭，復任高品。暨德宗升遐，順宗嗣位，爰選耆德，以輔儲皇，轉爲少陽院五品。永貞元年，屬今上龍飛，公以密近翼戴之績，賜紫金魚袋，充會仙院使。元和元年，改充十王宅使。歷事六朝，公智足以周身，謀足以解難，事上不偪，接下不侮，自束髪委質，銜命撫軍，宣慈則蒸庶再蘇，討叛則兇渠授戮，動有流譽，人無謗言，若非淑慎，曷能臻此？公身居禄位，志不驕矜，克遵象外之談，不缺一字生前之事。遂於長安縣龍首原西距阿城東建塋域，高崗雖枕，夏屋未封，君子聞之，僉曰知命。夫人馬氏，驥之女也，内備四德，外諧六姻，邕睦允暢於《曹風》，折旋不虧於《戴禮》，不幸先公而歿。有子四人：長曰季常，次曰季平、季華、季燁。或名參密侍，或職列禁軍，咸蘊構堂之姿，俱是保家之主。以元佐性無飾僞，文好直詞，爰命紀能，庶旌實録。其詞曰：

洪河孕氣兮嵩岳粹精，聖君當馭兮哲人乃生。才調不羈兮智略縱橫，器宇寖深兮量包滄瀛。結髮從宦兮捐私徇公，弱冠受命兮臨人撫戎。入侍丹陛兮三接明寵，出宣青塞兮九譯潛通。功成位高兮鏘金拖紫，居安慮危兮先人後己。去健羨師老氏之危言，齊死生宗大仙之至理。自昔有生兮孰能不亡，考彼靈龜兮兆此龍岡。或掊或築兮高墳深穴，爰栽爰植兮青松白石。

闕庭[三]，衆稱其美。謂保貞吉，以享百齡。逝川不留，奄隨朝露。以元和十二年七月一日遘疾，終於于修德里之私第，春秋七十有四。以明年七月廿日壬寅遷窆於長安縣承平鄉先修之塋，從其命也。

案，此志卒葬年月另叙于銘詞之後，前序及銘係珍作生壙時命從姪元佐撰文，後二行則葬時補叙也。

【校勘】

[一]"年"下，據拓本，脱"季秋，改充豪壽觀察監軍判官。尋除張建封尚書爲徐泗節度，詔公獨監送上職名如故。其年"一行三十六字。

[二]戍，底本作"或"，據光緒本改。

[三]"闕"上，據拓本，脱"上以公恪勤事主，密慎左右。至七年，遷監威遠軍使。晝巡夜警，衛士畏威。敷奏"一行三十字。

吴達墓志正書

唐故奉義郎試洋王府長史濮陽吳府君墓誌銘并序

鄉貢進士寇同撰

府君諱達，字建儒，濮陽人也。其先與周同姓，文王封太伯於吳，至武王始大其邑，春秋之後，與爲盟主。及越滅吳，子孫奔散，或居齊魯間，因爲郡之籍氏焉。祖偉，皇任虔州虔化縣丞。父缺一字冕[一]，皇任禹州別駕。題輿貳邑，克著公清，積慶所鍾，寔繁胤嗣。別駕娶鍾氏而生四子，府君即其長也。弱不好弄，長而能賢。清白自持，有南朝隱之之操；雄謀獨運，得東漢漢公之

清代陝西金石學著作十種

風。歷階奉義郎，累試洋王府長史。始著籍于豫章，晚徙家于京國，優游墳典，怡性林園，脱棄軒蓋之榮，趣翫琴樽之樂。雖二疏之辭榮，四晧之讓禄，媲之長史，今古何殊。不幸以大和四年夏六月十有六日，遘疾終于勝業里之私第，春秋六十七。以其年十月廿日辛酉，祔葬于京兆府萬年縣洪固鄉北韋村。烏虖！梁木斯壞，哲人其萎，青烏占窀穸之期，白鶴爲吊喪之客。夫人扶風郡萬氏，閨門肅睦，無慙班氏之賢；四德不虧，豈謝謝姑之德。先以寶曆元年十月廿一日捐館于前里第，及今克遵祔禮也。夫人實生二男一女，長曰仲端，次曰仲璵，並幼而敏慧，有文武幹材，或親衛於丹墀，或繕經於白武。追陳光之莫及，痛楓樹之不停[二]，以其《禮經》有制，空垂志行之文，金石靡刊，孰紀陵之變。銘曰：

> 吳氏之先，周室配天。封伯東南，世多其賢。春秋之後，國始大焉。代著仁德，府君嗣旃。清慎廉退，吾無間然。秩試王府，道優林泉。積善何昧，逝于中年。洪固高原，南抱樊川。佳城鬱鬱，宿草芊芊。鸞鳳兹祔，龜兆叶吉。夜月松風，萬古斯畢。

案唐萬年縣，今西安咸寧縣地。《志》中“白虎”避諱作“白武”，“孰紀陵谷之變”句脱“谷”字。此石嘉慶二十二年武功令段君襄亭購得之。

【校勘】

[一] 所缺字，拓本作“瑛”。

[二] 楓，拓本作“風”。

罥空和上塔銘 正書

唐故内供奉翻經義解講律論法師罥空和上塔銘 并序

正議大夫、守秘書監、上柱國、瑯琊縣開國公、食邑一千五百户、賜紫金魚袋王申伯撰

天地之德至大，非風雷日月之用，不能贊其化育，而發生乎萬物。釋氏之教至精，非聰達惠覺之士，不能揚其妙道，而化度乎群疑。天生法師，克契斯義，用安一世，以垂化後云。法師諱罥空，姓任氏，弱而神清，幼而不群。年八歲，心已嚮佛，誠請既行，緣愛自去。遂授經於惠雲，卒學景鸞。耳所一聞，亦既懸解；目所一覽，又若夙習。跪陳精奥，師皆嘆異，知大其法，非天縱之，孰能如此。法師常謂弟子曰：“我静觀衆生，或瞽或聾，嗷嗷喤喤，溺

於狂妄。若智者不能拔，仁者不之慈，雖獨揭厲于清源，則大聖之教又將安施？"于是張善惡報應，驅僻邪于中正，導真如之理，解拘縛之勞，登高抗音，化所不化。侍代宗，則聲仁王之文，言發而歸于大中，理貫而合于至正。故君聞而仁，臣聞而忠，推而廣之，風化斯變。詔法師與天竺三藏譯《六波羅密經》，功畢上獻，天子感嘆，錫賚有加。雖異方之奉斯學者，知有所本矣。由是大教揚溢于海內，惠風漸漬于人心，朝廷垂衣刑措于下，其或有助乎。嗚呼！時將不幸，人其無依。以貞元十年正月十五日，告行於興唐寺，報年六十一。弟子惠見等，與俗侶白衣會葬服縗者千人焉。以其年三月四日，弟子智誠等共起塔於畢原高岡。既相與號慕不逮，因諗鄙人，刊銘于石，述其妙道，用慰永懷。銘曰：

佛有妙法，使皆清淨。世界罕聞，色塵皆盛。其一。心逐於妄，情亂於性。扇爲頹風，蕩然莫正。其二。大哉我師，降厥慈悲。開示寂樂，破摧昏疑。其三。法相既圓，色空自離。千萬大眾，嘆泣而隨。其四。大教既揚，威德有光。除彼煩惱，化爲清凉。其五。功成身去，自契自藏。銘於塔石，與天俱極。其六。

大和七年歲在癸丑八月十五日比丘智亮等建。從一，法源，超秀，惟缺一字，缺二字，惟永，智謙，日榮，海印，惟缺一字，惟旭，自謙，善惠缺一字。京兆田復書。

案《志》云"起塔于畢原"，畢原在長安縣西南。

進石經狀殘字正書，大字五行，小字一行

鐫刻已畢，伏以第一行大字備刊貞石，遂使究尋不第二行儒風大闡，自漢魏已後淪第三行忝司成，詳觀不朽之功，實賀無疆第四行守國子《毛詩》博士、上柱國章師道隨第五行事太清宮使、監修國史、上柱國、滎陽郡開國公、食邑二千戶臣覃狀進第六行小字。

案，《石刻十二經》已見《關中金石記》，末有年月一行，艾居晦、陳玠等十人銜名十行，詳載《西安府志》，二書皆未及進書之狀。此石殘缺，當爲明嘉靖乙卯地震所碎，縱橫止餘尺許，無年月。是《經》成于開成二年十月，則進狀當在其時。第五行章師道全銜上缺"朝議郎"三字，第六行"臣覃"全銜上缺"都檢校官銀青光祿大夫、右僕射兼門下侍郎、判國子祭酒、同中書門下平章"三十字，證以末段銜名而知也。《狀》有"忝司成"三字，蓋鄭覃時

爲國子祭酒，狀即覃撰，而章師道等因隨狀署名也。

重修大像寺記 行書

重修大像寺記

^{缺二字}沙門義叶書

大和乙卯歲，潁川郡陳公爲左神策將軍，以其誅暴息亂，宸衷親付之右地。公上酬天造，忠奉國恩，内戢三軍，外安百姓。擁二州之地，霧卷波澄；寧萬乘之心，雲銷烟滅。冀恢弘乎至道，匡贊我有唐。至開成戊午歲，公因觀地無遺利，農則有秋。遂謁玄元，以告清慎，拜大像以請鴻福。方嘆鳩鴿巢頂，荆棘掩砌，廊宇霖漏，樓殿欹傾。寺無居僧，爰詰耆舊，曰：頃者莊田典賣於鄉里，林木摧毀於樵童，賴^{缺九字}舊地，出清俸以收贖，因兹請僧重復其業。然耕耘菑穫未有倫次焉，尚書乃命僧藏乂爲赴知己者。時不歷二祀，裝慈尊以金^{缺一字}飾^{缺一字}殿以丹雘，而衆事云畢。至於儲蓄、車乘與生生之具，兼頃畝年代，並録之於寺記碑陰，以示鄰里鄉黨，爲免奪不朽之驗，凡百君子敬而^{缺一字}之。

管莊大小共柒所，都管地揔伍拾叁頃伍拾陸畝叁角，荒熟并柴浪等捌頃叁拾捌畝半，坡側荒肆拾伍頃壹拾捌畝^{缺二字}熟^{缺二字}瓦屋壹拾貳間，草舍貳拾間，果園壹所，東市善和坊店舍共六間半，並瓦風伯莊荒熟共壹拾一頃伍拾畝。東常烈西澗南歐陽北王歸^{缺三字}第一坈連東莊居一段柒拾叁畝半，東溝西道南自至北寺墻一段連西莊居一頃貳拾叁畝，東道西張用南北自至一段貳畝，東南自至西軍田北闕一段^{缺一字}畝，東自至西道南軍田北博耳俊第二坈地一段一十八畝，東張弼西張進讓南邊昇北河地一段九畝，西河南河東張進讓北張進讓一段貳頃貳拾肆畝，東道西官田南北陌一段一頃，東博耳憲莊西道南阡北陌一段十四畝，東薛鳥暉西符義南北道三坈一段四十畝，東西符義南阡北陌一段十二畝，東南大女西北道一段十二畝，東道西自至南馬寬北張德成一段八十伍畝，東符義西道南阡北陌四坈一段二頃一十六畝，東道西杜華南阡北陌一段九十五畝，東道西韓進玉南阡北陌五坈一段一頃一十四畝，東渠西杜元聶南阡北陌一段三十畝，東張德成西鍾免南杜華北道一段四十五畝，東道西廣聖寺南阡北陌六坈一段二十五畝，東北阿趙西河南阡一段七十五畝半，東鍾興西阿趙南阡北陌信義村一段二十一畝，東張江西南道北埭七坈一段三十畝，東鍾進通

◎ 隋唐石刻拾遺

清代陝西金石學著作十種

西晉三娘南垅北陌一段十二畝，東楊清西比富悦南阡北陌一段三十畝，連莊居東董稱西河南阡北_{缺一字}一段二十三畝，連部落莊居東南河西至德寺北道王杜村一段三十五畝，東嶼西道南苟華北陌一段二畝，東北道西官田南垅一段十六畝，東王進平西安寧南道北闕一段八畝，東安寧西南北道一段四十五畝，東符義西盧詹南垅北道一段二十畝，東北王進平西垅南阡野仁城一段一頃七十畝，東自至西古城南_{缺五字}一段八十畝，東張德成西自至南符義北古城寺東北荒一段三頃一十二畝，東溝西施身坑南安敬忠北垅寺墙北一段荒一頃_{缺十六字}南熟一段三十二畝，東垅西道南張德成北竇志成槐樹谷北坡一段七十畝，東道西邠王南張岸北垅一段南坡_{缺十六字}一段二頃一十二畝，東道西澗南王翰北溝永壽鄉莊一段一頃三十二畝，東道西澗南劉英北官田一段一十八_{缺二十三字}北垯一段六十畝，東道西水南自至北竇操一段四畝，東西南道北自至三陽鄉白藍平_{缺一字}地一_{缺十四字}一段二十畝，當谷東西垅南水北自至一段五十畝，東道西楊江南領北泉一段四十畝，東北水西南楊珪一段一十畝，_{缺十五字}楊珪南北水一段二十畝，東北水西楊珪南馬恭一段一十畝，東西南楊珪北道一段聖明谷二十畝，東道西楊珪南_{缺十字}東西楊珪南水北楊江一段一十五畝，東北自至西楊江南泉一段一十七畝，東南北道西楊江一段三十五畝，東垅西南北道一段_{缺三字}柴浪東西北水南李海一段三十五畝，張家坡里仁鄉界東南北荒西道一段一十二畝，排山西坡東西垅南北荒一段高九谷并柴浪九十畝，東北封日榮西道南馬恭一段五十畝，東垅西嶺道南嶺腳北封日榮一段二十畝。東北溝西嶺上道南馬恭胡桃谷連莊地，東至奢馳谷北嶺，近至閃電嶺及波羅嶺，西至澗，近北至神堠嶺，南至奢馳谷口東西道，北至張英内至侯漸興及泥谷，四至内管熟地七段，餘並荒坡柴浪。

使請都檢校修造上都净住寺内供奉大德沙門藏_{缺一字}，都維那義爽，前寺住元誼典座維釗，直歲懷章，沙門從龍，會昌元年伍月拾日記。秦鍔刻字。

案碑在隴州，穎川陳公爲左神策將軍，興復是寺，而不詳其名。碑前刻寺記，後刻莊地，而《記》乃云“頃畝年代並録碑陰”，何也？所記莊地頃畝四至甚悉，而字句甚簡，非若後世地契瑣瑣登載也。其記地界曰垯，曰澗，曰溝，曰道，曰寺墙，曰軍田，曰河，曰官田，曰阡，曰陌，曰渠，曰垅，曰嶼，曰水，曰領，曰泉，曰嶺道，曰嶺腳，曰某鄉、某村、某寺、某谷、某嶺。其記地鄰則有常烈、歐陽、王歸、張用、博耳俊、張弼、張進讓、邊昇、博耳憲、薛鳥暉、符義、大女、馬寬、張德成、杜華、韓進玉、杜元㵙、鍾免、阿趙、鍾興、張江、鍾進通、晉三娘、楊清、比富悅、董稱、荀華、王進平、安寧、盧詹、安敬忠、竇志成、邠王、張岸、王翰、劉英、竇操、楊江、楊珪、馬恭、李海、封日榮、張英、侯漸興，凡四十四人。而地近本寺者則曰自至。考地界內"圦"字見《廣韻》，圦，陌也。古以南北爲阡，東西爲陌，此云南阡北陌，以阡、陌字分屬南北，而東西不與焉，要之阡陌乃田間涂畛之通稱，無定屬也。"埈"字字書所無，疑當時俗書，或與"稜""陵"通用也。地鄰內有博耳俊、博耳憲、比富悅，博耳與比皆希姓，又大女、阿趙、晉三娘，以婦女爲地界，殊創見，而寺地之鄰稱曰大女，尤奇。

王守琦墓志正書

唐故正議大夫行內侍省內府局丞員外置同正員上柱國太原縣開國男食邑三百户賜緋魚袋王公墓誌銘并序

將仕郎、試右監門率府録事參軍劉景夫述

公諱守琦，父皇任朝散大夫、充內酒坊使諱意通之第九子也。公早朝禁掖，旋授勛恩，配賢父天，寔遇慈昊。訓以文藝，卓以詩筆，教以溫常，誠以廉克。仁德播於流崎，特選名於肘掖，恪恪奉主，孜孜在家。貞清絶邁於古賢，硎聽全逾於往哲，斯可爲天之祐也。故得常居寵秩，朱紱銀光，渥恩不謝於先宗，焕彩寔暉于後嗣。貞元十二祀入仕，大中三載退歸私第，因寝疾崩於歲十二月十五日。緣久居崇秩，先塋稍隘，爰于舊墳西南隅創建斯塋也。伏以先墳高聳，碑秀峨峨，族裔且書，此不列之。公先夫人大塋，今夫人謝氏，追念前恩，怨嗟煢後，哀慟過于班家，調訓同于孟母。今至孝男允實，次曰從盈，又次曰從泰等，嗷嗷血淚，逾甚高柴，啓侍晨夕，殊邁曾哲。生事已畢，葬事將塋，宅兆吉晨，用刻大中四年正月廿三日禮葬。鄉曰大義[一]，村號南姚，土事銘詞，因斯建也。銘曰：

彤彤王公[二]，穆穆和恭。侍親以孝，事君以忠。四科畢備，書釖全功。能章禮樂，能揚國風。少承光寵，暮乃將退。居上共宗，居下共愛。身殁名章，魂消譽在。釖鏡人仁，孰不欽資。文內"公先夫人"下脱"張氏早喪，附在大塋。嗣子四人，長曰從祐，遄而往逝，亦附"，凡廿二字。[三]

案，《志》云"怨嗟煢後"，"後"當作"獨"。《銘》云"書釖全功"，又云"釖鏡人仁"，"釖"，字書音日，鈍也，與此文義不合，當是

"劍"字別寫。

清代陝西金石學著作十種

【校勘】

[一] 大，拓本作"崇"。

[二] 彤彤，拓本作"彤彤"。

[三] 按，此廿二字原石未脫。此注或爲黃氏刻書時所補。

劉夫人霍氏墓志 行書

唐故劉氏太原縣君霍夫人墓誌銘并序

朝散大夫、前守彭王府諮議參軍、上柱國周遇撰

天地之大德曰生，剛柔之毓質曰性，盛衰相攻，存亡陵替，理達希夷之旨，竟歸終極之原。至若生有令淑而顯茂，則紀述而銘焉。有唐故銀青光祿大夫、行內侍省內寺伯致仕、彭城郡開國劉公夫人霍氏，世系文之韶也。當周之興，封建子弟，因而氏焉。其後代變時移，今爲京兆居人也。皇父晟，將仕郎、守家令寺藏署丞。公孝履資身，恪勤泣事[一]，歷官秩而益著勤瘁之名，奉春儲而出納之功無恡。幸以慶鍾德門，是生愛女，夫人即丞公之長女也。夫人幼聞詩禮，早肅端姿，齋潔持心，溫柔飾性。霜松比操，寒竹孤貞，閨門悅懌之儀，晨昏問安之禮，皆生之矣。榛栗告脩，將移他族，遂適彭城公。百兩之後，一與之齊，嚴奉舅姑，敬恭戚族。服澣濯之衣，儉而達禮；遵婉娩之教，婦道日新。飾其德而不飾其容，嚴其家而不嚴其身，名同夫貴，德与家崇。寵錫降封太原華邑。昔公謂曰：我以代傳鍾鼎，門蔭蟬聯，先開府秉左廣之權，吾令弟統右謹之師，朱紫赫奕，棣萼鱗敷者四人。而悉忠於國，孝於家，學大戴《禮》，諷毛氏《詩》。堅白自持，秋毫無隱，功備史册，銘在景彝。戒滿盈而慕沖謙，棄軒冕而好疎逸，功与名皆全矣。而思內則雍穆，吾心至矣。夫人結褵作配卅三年，履正居中，其道益彰。洎浙右歸闕，累移星歲，頗攝乖宜，寖成沉痼。夫人侍執湯藥，饎奉飲膳，所舉者無不親嘗。不顧寒暄，不離座隅，日月迭居，近于二載。夫人自此憂悉，亦已成疾，先常侍奄從薨逝，祭祀蒸嘗，不失如在之敬。至於卜遠之日，疾將就枕，諸孤曰：違裕若是，豈在力任？夫人曰：吾逝，死生同塵，何愛身命？一閉泉壤，永爲終天。但無虧于節義，豈望苟自偷安？踴哭而往，畢遂其志。爾來日遘綿惙，針藥不減[二]，遽至彌留。以大中九年十一月十八日，終于來庭里之私第，享年五十七。嗚呼！

人之所貴者福与壽，積善既昧于徵應，隟光難駐其籛楹，青春路遥，白日將謝。妝樓儼設，玉匣漸見其塵封；輕影忽飛，夜臺已知其息處。有子三人：嗣曰復禮，威遠軍監軍使[三]、行內侍省內僕局丞、賜緋魚袋；仲曰全禮，內侍省內府局丞、充內養；季曰伸禮。皆才聞五美，學贍三冬，孝敬承家，忠貞蘊志，惣戎而理遵約法，專對而辭注懸河。自鍾艱疚，茹毒銜哀，泣血絕漿，罔顧晨夕。因心之孝，冀報其劬勞；思養之情，徒悲于風樹。以明年正月廿九日，祔葬于萬年縣龍首鄉先常侍塋西，禮也。遇奉命叙述，敬爲銘曰：

夫人懿德，蘊其明識。端姿潔朗，惠質柔直。工修內範，容無外飾。玉鏡孤光，珉瑤潤色。問名成禮，作合君子。四德道隆，九族稱美。門崇鼎列，功高岳峙。澤乃華封，輝光青史。雲路碧落，霜折瓊枝。其往如慕，其返如疑。龍首之堙，滻川之湄。魂遊九原，與公同歸。

案，志石今在西安，而《金石萃編》云在孟縣，誤也。

【校勘】

[一] 恪，底本作"各"，據光緒本改。按拓本正作"恪"。

[二] 藥，拓本作"醫"。

[三] 監軍，底本脫，據光緒本及拓本補。

程修己墓志正書

唐故集賢直院官榮王府長史程公墓誌銘并叙

鄉貢進士溫憲撰

男進思書

男再思篆蓋

程氏之先，出自伯休甫，其後程嬰，春秋時存趙孤，以節義稱，故奕世有令聞。公諱修己，字景立。曾祖仁福，左金吾衛將軍。祖鳳，婺州文學。父儀，蘇州醫博士。公幼而穎敏，通《左氏春秋》。舉孝廉，來京師，遊公卿名人間。能言齊梁故實，而於六法特善。陳天錫曰：顧、陸以來，夐絶獨出，惟公一人而已。大和中，陳丞相言公於昭獻，因授浮梁尉，賜緋魚袋，直集賢殿。累遷至太子中舍，凡七爲王府長史。趙郡李弘慶有盛名，嘗有鬭雞，爲其對傷首。異日，公圖其勝者，而其對因壞籠怒出，擊傷其畫。李爲之大駭[一]。昭獻常所幸犬名盧兒，一旦有弊蓋之嘆，上命公圖其形，宮中畋犬見者皆俯伏。上寵禮特厚，留於秘院凡九年。問民間事，公封口不對[二]，惟取内府法書名畫，日夕指摘利病。上又令作竹障數十幅，既成，因別爲詩，命翰林學士陳夷行等和之，盛傳于世。公于草隸亦精妙，章陵玉册及懿安太后謚册，皆公之書也。丞相衛國公聞有客藏右軍書帖二幅，衛公購以千金，因持以示公。公曰："此修己給彼而爲，非真也。"因以水濡紙，抉起，果有公之姓字。其爲桃杏、百卉、蜂蝶、蟬雀，造物者不能争妙于其際，仍備盡法則，筆不妄下。世人有得公片迹者，其緘寶耽翫，千萬古昔。公嘗云："周彤傷其峻_{原注：周昉}，張缺二字其澹_{原注：張太府萱}[三]，盡之其唯韓乎？"又曰："吳惟逸玄通，陳象似幽悉，楊若痿人強起_{原注：庭光}，許若市中鬻食_{原注缺}。"性夷雅疎淡，白皙美風姿。趙郡李遠見之，以爲沈約、謝朓之流。大中初，詞人李商隱每從公遊，以爲清言玄味，可雪緇垢[四]。憲嚴君有盛名于世，亦朝夕與公申莫逆之契。高遊勝引，非公不得預其伍。公又爲缺三字畫《毛詩疏圖》[五]，藏于内府。以咸通四年二月一日遘疾，卒于缺一字國里第[六]，享年缺一字十九。先娶葉氏，有子三人：長曰進思，鄜州甘泉主簿；次曰缺一字思[七]，畫法尤高妙，自以爲與公迹殆相亂；又其次曰再思，于學無所不通，工篆籀，其爲狀澹古遒健。後娶石氏，有女二人，長適缺一字州韋城縣尉景紹[八]，一女幼。石氏亦先公而亡。以其年四月十七日，葬於京兆府萬年縣姜尹缺一字[九]。憲嘗爲《詠蛺蝶詩》，公稱其句，因作竹暎杏花，畫三蛺蝶相從，以寫其思。其孤以憲辱公之盼[一〇]，遂泣血請銘。銘曰：

五曜垂晶，群山降靈。鍾茲間氣，瑞我昌庭。遇物生象，乘機肖形[一一]。情通肸蠁，思入微冥。顧陸遺蹤，缺一字張舊轍[一二]。芳塵寂寥，妙迹蕪缺一字[一三]。故缺一字空存[一四]，神缺一字永輟[一五]。千齡萬祀，慘淡夷滅。

案，修己爲畫院名家，而《圖畫見聞志》《圖繪寶鑑》諸書皆闕而不載，惟杜荀鶴《松窗雜記》載："開元中有程修己者，善畫，玄宗問《牡丹詩》誰爲首出，對以中書舍人李正封。詩曰：'國色朝酣酒，天香夜染衣。'上嗟賞移時。"《志》載修己卒于咸通四年，上距開元末年凡一百二十二年，杜《記》時代亦似未確。此志撰人温憲即詩人庭筠之子，中叙修己評畫之語曰"周傷于峻，張傷于澹，盡此其惟韓乎"，周昉、張萱、韓幹皆長安人，昉、萱以人物勝，幹以畫馬名，俱見《宣和畫譜》。又曰"吳惟逸玄通，陳象似幽悉，楊若痿人強起，許若市中鬻食"，吳即吳道子，少陵所謂"吳生遠擅場，亦善畫神鬼"，故曰"惟逸玄通"。陳名未詳，楊注云庭光，許下注缺，似"琨"字。

【校勘】

[一] 爲之，光緒本作"愕然"。按原石已漫漶，《墓誌彙編》作"撫掌"。

[二] 封，光緒本作"拑"。

[三] 所缺二字，《墓誌彙編》作"鮮累"。

[四] 緇，底本作"狷"，據光緒本及拓本改。

[五] 所缺三字，《墓誌彙編》作"昭獻畫"。

[六] 所缺字，《墓誌彙編》作"昭"。

[七] 所缺字，《墓誌彙編》作"退"。

[八] 所缺字，《墓誌彙編》作"滑"。

[九] 所缺字，《墓誌彙編》作"村"。

[一〇] 盼，原石作"昒"。

[一一] 肖，底本作"象"，據光緒本改。按原石作"肖"。

[一二] 所缺字，《墓誌彙編》作"曹"。

[一三] 所缺字，《墓誌彙編》作"絶"。

[一四] 所缺字，《墓誌彙編》作"事"。

[一五] 所缺字，《墓誌彙編》作"毫"。

劉仕俌墓志正書

唐故朝議郎守徐州功曹參軍上柱國劉公墓誌銘

御食使、登事郎、上柱國、賜緋魚袋張元勿撰并書

公諱仕俌，字玄同，彭城人也。祖諱光奇，開府、知內侍省事；父皇諱英閭，特進；太夫人楊氏；妻張氏，先終。公有二女，長適田氏，次適張氏。二男：曰壽郎，先逝；次曰齊宴，年十二。公氣含清韵，獨異貞姿，業廣藝深，事皆天假，孤標狀喬松之拔衆林，朗質若秋蟾之懸碧落。溫恭克己，節儉修身，順協于家，忠貞于國。公寶曆二年六月五日奏授出身，累參選序，數授令丞，後任缺二字功曹參軍[一]。公紀綱一郡，擧理六聯，清貧而吏不忍欺，單步而人懷缺三字心政理[二]，美譽益彰[三]。公性親玄奧，心慕雲霞，朝披黃老之書，暮覽缺二字之要[四]，喧囂每厭，蟬蛻歸元，身既離於俗塵，名定缺一字於紫府[五]。公咸通七年十二月一日終於輔興里，春秋八十矣。八年正月廿五日，葬于長安縣龍首鄉祁村。嗚呼！寒暑忽侵，纏綿數載，針藥無瘳，百齡斯泯。嗟夫！盛衰生死，詎可痛哉！乃爲銘：

波瀾不息，逝水屛屛。浩浩悲風，摧傷何邁。千生永訣，一往無還。

咸通八年正月廿五日。

案，《志》云"父皇諱英閏特進"，"特進"言其官階，"皇諱英閏"，未詳其義。

【校勘】

[一] 所缺二字，《唐文拾遺》作"徐州"。

[二] 所缺三字，《八瓊室》作"其惠操"。

[三] "彰"下，據《唐文拾遺》等，脫"枳棘非鸞鳳之所栖百里豈大賢之所任"十六字。

[四] 所缺二字，《八瓊室》作"南華"。

[五] 所缺字，《八瓊室》作"著"。

劉遵禮墓志_{正書}

唐故彭城劉公墓誌銘_{蓋九字，篆書}

唐故內莊宅使、銀青光禄大夫、行內侍省內侍員外置同正員、上柱國、彭城縣開國子、食邑五百户、賜紫金魚袋、贈左監門衛大將軍劉公墓誌銘并序

翰林承旨學士、將仕郎、守尚書户部侍郎知制誥、賜紫金魚袋劉瞻撰

中散大夫、前左金吾衛長史兼監察御史崔筠書并篆蓋

公諱遵禮，字魯卿。帝堯垂裔，實分受姓之初；隆漢教興，更表昌宗之盛。靈源彌遠，瑞慶斯長，史不絕書，代稱其德。曾祖諱英，皇任游擊將軍、守左武衛翊府中郎將。韜鈐奧術，倜儻奇材，運阨當年，位不及量，僖伯有後，累生英賢。烈祖諱弘規，皇任左神策軍護軍中尉、特進、行左武衛上將軍、知內侍省事、贈開府儀同三司、揚州大都督、沛國公。佐佑累朝，出入貴仕，文經武略，茂績嘉庸。誓著山河，勛銘金石，訓傳令嗣，慶集德門。即今開府儀同三司、內侍監致仕、徐國公，名行深也。公即開府第五子。穎悟於齠齔，溫克於童蒙，孝敬自禀於生知，忠恪允符於夙習。爰當妙齒，即履宦途，以寶曆二年入仕，位重要權[一]，爭用爲寮宷。資鴻漸之勢，俟麟角之成，雍容令圖，遜讓美秩。開成五年方賜緑，授將仕郎、掖庭局宮教博士，充宣徽庫家。地密務殷，選清材稱，舉止有裕，階資漸登。會昌元年，授登仕郎。四年，授承務郎。常在禁闈，日奉宸扆，皆貴游之子弟，爲顯仕之梯媒，清切無倫，親近少比。特加命服，仍領太醫。六年，賜服銀朱，加供奉官。轉徵仕

郎、内僕局令，充監醫官院使。親承顧問，莫厚於宣徽；榮耀服章，無加於紫綬。其年六月，授宣義郎，改充宣徽北院使。十一月，賜紫金魚袋。階秩表仕進之績，爵邑列恩寵之榮，既屬上材，因降優命。大中二年，授朝散大夫、彭城縣開國子、食邑五百户。密侍右遷，樞軸備選，邊防經制，才略所先，公論咸推，帝命惟允。五年，改充宣徽南院使，尋兼充京西京北制置堡戍使。壇場設備，今古重難，俾無奔突之虞，用致烟塵之息。凡所更作，大叶機宜，與能疇勞，換職進秩。其年使迴，改大盈庫使，旋授宫闈局令。夫良弓勁矢，武衛戎裝，器號魚文，名掩繁弱。帑藏之貯，進御是須，多資峻嚴，以縮要重。七年，改内弓箭庫使。又以上田甲第，職夥吏繁，禁省之中，號為難理，苟非利刃，寧惣劇權。八年，改内莊宅使。出護戎機，實為重寄，受歷試之選，膺貞律之求，爰以周通，遂俞推擇。九年，改充海監軍使。共綏武旅，旁恊帥臣，儻非其材，亦罕濟用，雅聞懿績，更莅雄藩。十二年，改鄆州監軍使。出入之宜，勞逸是繫；履踐之美，重沓為優。十三年赴闕，明年授營幕使，其年再領弓箭庫使。咸通元年十二月，轉掖庭令。雲螭迬産，驥子龍孫，當星馳電逸之場，列中皂内閑之藉。寶鞭玉勒，足踔首驤，繫於伯樂之知，懸在伏波之式，鑒精事重，匪易其人。三年，遂授内飛龍使。休聲益暢，睿渥彌敷，進於崇班，示以懋賞。四年，授内侍省内侍。地控西陲，任當戎事，思得妙略，冀絶邊虞。五年，改邠寧監軍。外展殊勛，内缺要務，人思舊政，主洽新恩。七年，復拜内莊宅使。顧遇益隆，兢謹愈至，將申大用，先命崇階。八年，授銀青光禄大夫。嗚呼！得君逢時，材長數促，性命之際，賢哲莫窮。咸通九年孟夏遘疾，優旨許歸就醫藥。鍼砭無及，湯劑徒施，莫逢西域之靈香，遽嘆東流之逝水。以其年六月十四日，薨於來庭里私第，享年五十三。八月五日，詔贈左監門衛大將軍。竊惟開府以仁誼承家，用忠貞事主，德齊嵩華，量廣滄溟。便蕃顯榮，洋溢功業，掌鈞軸則彌縫大政，縮戎務則訓齊全師。勤以奉公，寬而濟衆，書于史册，播在朝廷。故得朱紫盈門，輝光滿目，公之仲季，時少比倫。並以出人之材，各奉趨庭之訓，優秩佳職，後弟前兄。而公不享遐齡，豈神之孤衆望也？是以開府惋惜，軫極悲懷。夫人咸陽君田氏[一]，四德咸臻，六姻共仰，婦道克順，母儀聿修。有子四人：長曰重易，給事郎、内侍省内府局丞；次曰重胤，宣徽庫家、登仕郎、内侍省奚官局丞；又其次曰重益，曰重則，並已賜綠。皆以孝愛由己，明敏居心，在公處私，克守訓範，以似以續，家肥國華。今則喪過乎哀，慼焉在疚，宅兆既卜，日月有時。十一月八日，銜哀奉喪，窆于萬年縣崇義鄉滻川西原，禮也。佳城永閟，昭代長違。生也有涯，前距百齡纔及半；死如可作，後游九原當與歸。瞻叨職內廷，特承宗顧，刊刻期於不朽，敘述固以無私。銘曰：

積德之孫，大勳之嗣。允文允武，有材有位。既遇明時，將膺寵寄。樞機之任，咫尺而至。命不副才，期而爽遂。崇崇德門，侁侁令子。垂裕後昆，流千萬祀。

鐫玉册官邵建初刻。

案，志石乾隆間出土，完具無缺。撰文者爲吾鄉郴人劉相國瞻，其題銜云"翰林學士承旨、守尚書戶部侍郎"，與《唐書·宰相世系表》合，而守尚書戶部侍郎，則《本傳》未之及也。《志》云開成五年賜綠，又云其子重益、重則並以賜綠。唐服色之制，四命以綠，五命以紫；腰帶之制，五品以上用朱，飾以金，六、七品用綠，飾以銀。此稱賜綠，大約是賜四命之服。六年，賜服銀朱，則拜朱紱銀章之賜也。《志》末云"生也有涯，前距百齡纔及半；死如可作，後游九原當與歸"，以七言對句入四六文，前無此體，蓋創始于唐末。崔筠，《唐書》無傳，書特秀勁，武授堂以爲似柳誠懸，信然。

【校勘】

[一] 位重，拓本作"重位"。

[二] "陽"下，拓本有"縣"字。

魏公先廟碑正書

案，碑在西安布政使署，乾隆己亥歲，弇山尚書主修《西安府志》，載此碑入《金石門》，爲崔絢撰文，柳公權書，大中六年十一月立。而尚書輯《關中金石記》在辛丑歲，相距僅三年，不收此碑，蓋漏載也。碑凡五裂，鑲嵌成版，賸剝過半，不能成誦。題爲"缺六字判戶部事、上柱國、賜紫金魚袋魏公先廟碑銘"，前款二行，一云"缺六字柱國、博陵縣開國子、食邑五百戶、賜紫金魚袋崔缺一字篆"，一云"缺五字柱國、河東郡開國公、食邑二千戶柳公權書并篆額"。撰文人崔姓，泐其名，並無立碑年月，不知《府志》何以定爲崔絢撰文、大中六年十一月立。今審其文，有云"廟既成，使門吏左補闕鄭愚謂璵曰"云云，又云"能敵予之重托者莫如子。璵聞命震悚，即走相君之門，固辭不獲。歸，

清代陝西金石學著作十種

次其世胄、德行、官業”云云，然則撰文者乃崔璵，非崔絢也。《舊唐書·崔珙傳》，璵字朗士，封博陵子，在大中七年，若此碑立於六年，則題銜尚不得稱子。判户部事魏公，佚其名，蓋鄭國文貞公徵之裔也。鄭公貞觀間立家廟于長安昌樂里，《長安志》載：“昌樂坊在京城朱雀街東第二街，有鄭國魏公徵家廟。大中中，来孫薯爲相，再新之，以玄成爲封祖。”玄成，鄭公字也。考薯爲相在大中十年，其卒在十二年，廟之初建不知在貞觀何年。據鄭公卒于貞觀十六年，即以是年爲始，至大中十二年止二百一十六年，而碑乃云“文貞立廟後越二百卅五年，公始新之”，當至僖宗乾符三年始合其數。則《志》以爲大中中新廟，亦似未覈。《金石萃編》疑爲薯之子爲祀薯而新此廟，特以《唐書·宰相世系表》薯子無判户部事者未能確定耳。文叙先世官履俱剝蝕，惟存曰剣、曰琬二名，蓋鄭公之祖、父也。又云“奉祖考鄭公及吏部府君諱馬之神主第升于室，室上以祖考姚鄭公夫人河東裴氏，皇考姚河東裴氏，王考姚某氏”云云，其稱祖考姚者，鄭公之夫人也，皇考姚、王考姚則新廟者之曾祖母及祖母，而諱馬者則其祖也。碑石惟左上一段完好，不及二百字，《金石萃編》不能確定立碑歲月，附于咸通之末，從之。

萬壽寺記 正書

大唐萬壽寺記

刺史柳玭撰[一]

漢長安城本秦離宮也，高帝七年，長樂宮成，自櫟陽徙都之。惠帝視其窄狹，乃發長安六百里内男女十四萬六千人，及諸侯王列侯從隸二萬人城長安，成，賜民爵户一級。長安城方三十里，内地九百七十三頃，八街、九陌、九市，周回六十五里。十二城門皆有侯，蕭望之爲東門侯。東有三門，一宣平門，外郭東都門；一清明門，外郭東平門；一霸城門，外一里許有萬壽寺焉[二]。萬壽寺本梁太尉吴王蕭岑宅，隋開皇四年，文帝爲沙門曇延立爲延興寺。東院莒公蕭琮之堂，隋亡，捨入寺。神龍中，中宗爲永泰公主追福，改爲永泰寺。大中六年，請改名僧寺五所，化度寺改爲崇福寺，永泰寺改爲萬壽寺，温國寺改爲崇聖寺，經行寺改爲龍興寺，奉恩寺改爲興福寺，而寺各異其額也。然萬壽一寺，宣帝親幸，賜額，命官造理殿宇、廊廡、方丈、山門，共一百九十七間，左右院林二所，香地二頃六十餘畝，石佛一尊，娑羅樹六橛，敕度一百二十僧，受牒免差，入寺焚修，祝延聖壽。後净覺住持能守清規，迥出於衆，懼寺年久，莫識其端，請余爲記，俾後人有所據云。景福元年八月一日。

案，碑在岐州，刺史柳玭撰文。《唐書本傳》，玭，仲郢第四子，官至御史大夫，昭宗時貶瀘州刺史。撰文當在其時。碑但署刺史而不言瀘州，何也？《記》云"霸城門外一里許有萬壽寺"，檢《陝西通志》載此寺，與碑同，而云寺有劉玭撰《記》，誤以柳玭作劉玭也。

【校勘】

[一] 玭，底本誤作"玭"，據下文考證及光緒本改。

[二] "外"下，據拓本脱"郭青門霸城門外"七字。

石暎墓志_{行書}

故左武衛中郎將石府君墓誌銘并序

前太子通事舍人朱仲武撰并書

公諱暎，字先進，其先樂安人。後世家於京兆，今則京兆人也。晋將軍苞之慶胄，衛純臣碏之靈苗。祖缺一字，考守珍，皆公侯繼業，鐘鼎傳門，載籍昭彰，其來自遠。公策名委質，夙著令聞，孝以承家，忠以奉國，故得鄉黨稱悌焉，朋友稱義焉，可謂不忮不恜，有典有則者也。頃以方事之殷，燧火不息，而能率先義勇，克集茂勛，累遷至左武衛中郎將，前朝賞有功也。公志懷敦素，性守謙沖，不以榮顯介情，但欲優遊晦迹而已。所冀神降其福，天與之齡，何圖兆夢泣瓊，藏舟棄壑，哀哉！以歲次空二字十一月十四日，遘疾終於私第，春秋六十有八。夫人孫氏[一]，夙稟坤儀，素傳内則，鼓琴瑟而有節，主蘋藻而知禮。嗚呼！萼華早凋[二]，瓊枝遽折，天不慭遺，先公數稔而亡。今以歲次甲子四月庚午，葬公于長安龍首原，夫人祔焉，禮也。嗣子清士冕、岳、喦、湊、岫、秀等，蓼莪在疚，欒棘其形，泣血於苫麻，竭力於窀穸。恐時遷陵谷，事或幽封，爰命揮毫，敬刊貞石。詞曰：

性質温温，神儀洸洸。職參禁衛，位列中郎。流芳後代，秉義前王。冀保永終，曷其云亡。卜兆吉辰，素車薄葬。爰遷嘉偶，及此同壙。魄散泉扃，神遊縓帳。後背重崗，前臨疊嶂。聊紀世載，式昭問望。

案，《志》書葬以甲子四月，而不著年號，附置唐末。

清代陝西金石學著作十種

【校勘】

[一] 氏，底本誤作"呂"，據光緒本及拓本改。

[二] 華，拓本作"花"。

佛遺教經殘字 正書，九行

可畏

不辨是

壞其善心

得也當念無常

乃可安眠不出而

獸無相異也，汝等比

其不能歡喜忍受惡罵

過瞋恚白衣受欲非行道

以元自活自見如是若起

案，經無立石年月及書人姓名，在長安佛寺。書法秀健，非宋元人手筆，其爲唐刻無疑。

馮鳳翼等題名 正書

朝請大夫、内常侍、上柱國馮鳳翼，朝散大夫、行内詔者監、上柱國莫順之，徵事郎、守内寺伯、借緋魚袋王忠謹，朝散大夫、行内謁者監、上柱國杜元璋，朝請大夫、行太子内坊典内、上柱國魏思泰，正議大夫行 缺二字 事、上柱國 缺姓名，上柱國 缺五字 朝以下俱缺。

案題名在咸寧花塔寺，無年月，係唐代建塔造象時刻。畢氏《金石記》收有梁義深等九人造像題名，以行格推之，即此石之前幅。其年月當在此幅之末，今泐去也。

真空塔銘殘石 正書

唐崇業寺故大德禪師尼真空塔銘 并序

禪師諱真空，俗姓申氏，馮翊郡朝邑人也。植性明悟，天姿卓越。六度 缺二字，稟自齠年；缺一字 戒深仁，行諸早歲。既而 缺二字 宿善童子出家訪道 缺二字 與波缺一字而無異練心下缺。

案，石高尺五寸，廣五寸許，後半殘缺，存前六行，在長安縣。

鍾離子雲房二大字_{草書}

往歲申鐵蟾曾於碑林摹刻"蜀中逍遥山東漢仙集留題"十二字[一]，余来關中，聞岐山崖壁間有仙人鍾離子所書"雲房"二大字，石今移真武功縣署。爰各拓一紙，合裝成册，題曰"漢唐仙蹟"。偶一展翫，覺其筆勢飄逸，有泠然御風之想。車持謙跋。

案，碑在武功。左方署"鍾離子"三小字，雲房，鍾離權自號也。權與兄簡俱得道於華山，歷漢及魏晉，在唐時尤著異蹟。今臨潼亦有"雲房"二草字，乃金人移刺松齡摹仿而爲者。此書嚮在岐山磨崖刻，前令別刻一石易之，鑿取此書，移置署楼，段君裏亭復移置武功。

【校勘】

[一] 十二字，按實爲十一字。

佛頂尊勝陀羅尼呪幢_{正書}

案，幢前書"南閻浮提震旦國娑訶世界，大唐京兆府長安縣興聖寺尼決定，春秋七十有七，尼普義春秋七十有五，即已抽捨净財，敬造陀羅尼幢一所"，呪末書"天實五載九月十五日畢功"。

尊勝經咒殘幢_{正書}

案，幢在西安府，上下皆缺，可誦者惟序中"伏願燈光照灼，除黑暗之疑；幢影參差，減恒沙之劫"，及贊語云"破暗網兮樹燈光，願合家兮悦時康，千秋萬歲兮壽無疆"等。句末書年號已泐，惟存"歲次丁亥十二月己巳朔廿八日建"及"吏部常選司司馬霜篆文"共廿四字。歲次丁亥，《金石萃編》以爲天宝六載。

佛頂尊勝陀羅尼經幢_{正書}

案，幢後題名二行，云"大唐元和四年己丑歲八月癸酉朔三日乙亥，弟子惟新等八人先修建造”，次書“僧子野、尼妙行”二人名，續書“覺悟寺講四分舊疏教授大德常政大師，元和十二年歲次丁酉二月辛酉朔一日于永興里廣福寺遷化，九日己亥法葬于此”，又書“僧智倫”等八人名，蓋元和四年惟新等爲常政生前建幢，至十二年常政遷化，智倫等續記其後也。

佛頂尊勝陀羅尼經幢正書

罽賓沙門佛陀波利奉詔譯經文不録

唐故龍花寺内外臨壇大德比丘尼尊勝陀羅尼等幢記

從祖弟朝議郎、守都水使者、上柱國同元撰

比丘尼大德諱契義，俗姓韋氏。代積卿相，繼生仁賢，内外臨壇，超軼流輩，齊先覺之龍象，为後學之津梁。堅持净戒，如護重寶，悟入慧室，慈開普門，愛樂大乘，通貫真諦。常修當寺彌勒閣并閣下大像等，攲危悉正，藹昧遍新。又創置五十二賢聖禎像，各有袈裟、瓶鉢。開設供養，儼如至止，睹相生善，淬瀹衆心。每歲至夏，恒爲冠首，集僧衆，轉藏經，日引月長，向經二紀。當寺先無經院，密自布書，願未果而是身有病，留囑門弟子曰：“吾離假舍後[一]，捨正寢爲經堂，其餘迴廊、小殿施繪補壞，无量功德皆成就，一切佛土皆嚴净。”又營製寶幢，寫《尊勝經》，洎《陀羅尼》并諸真言。雕刻皆畢，乃語門人曰：“聖賢湛入無餘，建窣堵波者，吾不堪任。且埏埴之時，糜耗蠹蠕，非願爲也。汝宜志之，但營小冢，旁植勝幢。矧諸經秘藏，如來智印，盡在此矣。每幢影映身，塵流點物，能净恶道，俾登菩提。”弟子缺一字一等泣而奉之，不敢違越。昔華色比丘尼之變化神通，輸盧比丘尼能降伏外道，庸詎知師之非此流乎？同元抱慼易感，味道難究，抆涕握管，强爲之文。元和十三年七月三日。

案龍花寺即龍華寺，《西安府志》：“龍華尼寺在昇道坊，唐高宗立。”車秋舲得此幢於長安市。幢内“密自布書”，“書”當作“畫”；“但營小家”，“家”當作“冢”；“恒爲冠首”，“冠”即“冠”字别體。字畫端整，在唐幢中極爲完具。

【校勘】

[一] 舍，底本作“合”，據鈔本改。

佛頂尊勝陀羅尼咒幢_{正書}

案，幢在涇陽，末題"涇陽縣觀_{缺三字}像_{缺五字}于仙同鄉先代和尚塔院先_{缺五字}尊勝陀羅尼幢一所，弟子僧義肅、義倫、義端等三人，長慶元年十月廿八日建造"。

佛頂尊勝陀羅尼經幢_{行書}

案，幢在終南山，後有銘并序，爲湛大師之弟子頌師而作。序、銘共四百餘字，缺者近百字，中叙大師俗姓員，初從薦福寺大德明觀適蒲城，貞元十四載舉充三學大德。閱十四載，殂于終南梗梓岡，安厝建幢，以志攀慕。末題寶曆元年四月二日建，曹某書，門人國珍、智藏等列名者二十人。

佛頂陀羅尼咒幢_{行書}

一切如来白傘蓋佛頂陀羅尼咒_{咒文不録}

大唐真空寺奉爲國及法界衆生敬修大佛頂陀羅尼石幢紀

將仕郎、試左金吾衛兵曹參軍張模述兼書

維大僊宣妙，有皷慈風，闡玄理于虛空，拔衆生于黑海。總持之力，妙不可論，故人天趍其域，敬其誠，貞其風。固迺本像者，法者，刹者，幢者，繼而修之，嚴而飾之。百千同歸，群魔銷跡，祥洽乎有無之際，慶流乎恍忽之中，宏之在人，扣無不應。惟此幢設，本乎當寺宿老、寺主法號法峻，割净財，洗垢穢，琢石於藍峰之頂，宨機于青蓮之界。博考形勝，以選所安，叶願契心，竭立兹地。則大悲之光景，巍乎可觀也；速疾之法，其可測歟？若乃書幡空裏，鎸雕路隅，治塵者于以福生，休影者于焉滅罪。況能捨施專精石幢，可以延師之禄，滋師之福，美矣哉。演自金口，以祐賢人。門弟子等，咸能誓志，永慕玄風，法子法孫，慶爾多福。刊佛言亦以益儒典也，鎸佛頂亦以敷國光也，是刊是琢，於萬斯年。時大和六年八月十八日紀。靈峻，明峻，門弟子士肅、宏雅、增雅、張難陀，造沙子施主王叔度，都料常文鋭，都料李君郢，岐陽郡魯元楚刻字。

案，幢八面，高七尺許，在終南山。

佛頂尊勝陀羅尼經幢行書

案，幢已斷，僅存五尺，在涇陽。後記云“大唐大和七年歲次癸丑四月戊午朔廿八日乙酉，奉爲國及法界建立尊勝陀羅尼幢一所。伏願國泰人安，干戈休息，七代先亡，咸蒙吉慶，乘兹功德，永離輪迴。般若舟中，同游法海；缺二字之者，同霑斯福。乃述”，讚言云云皆缺。末題“沙門法惠及弟子魏進朝，女弟子寶真如，男魏善祐，武珍女三娘子、四娘子”等名。

尊勝陀羅尼經幢正書

案，幢高四尺九寸，下截剝泐，在同官。後題“大唐大和八年某月京兆府同官縣”，餘文泐。

佛頂尊勝陀羅尼經斷幢正書

案，幢上下殘缺，現存兩段，後題“會昌三年歲次癸亥八月丁巳朔七日”，以下二行磨泐，末有“龍首鄉興臺里某村建立”字。龍首鄉即龍首原，在咸寧縣東。

佛頂尊勝陀羅尼經幢行書

案，幢後題“大中三年二月六日，夫人奉爲國及文武百寮、師僧父母、亡過光靈敬造，幢立長安縣義楊鄉”，義楊當是義陽，在長安縣西南二里。末題“唐故劍南西川監軍使、冠軍大將軍、行右監門衛將軍員外置同正員、上柱國、成紀縣開國侯、食邑一千户、贈特進李朝成，故含光副使、朝義大夫、行內侍省內府局丞員外置同正員、上柱國、賜緋魚袋李文端，夫人扶風馬氏，長子登仕郎、行內侍省掖庭局宫教博士員外置同正員、上柱國公繹，次子公沸，幼曰公浩”。考李朝成銜云劍南西川監軍，監軍之設始于上元。李文端銜云含光副使，當是殿閣供奉官名，朝義大夫當即朝議。其云內府局，與其子公繹之官掖庭局宫教博士[一]，皆內官職也。文端有妻馬氏，又有三子。亦如高力士娶吕元晤女；李輔國娶元擢女；及內官《李輔光墓志》載輔光妻輔氏，有子四人；《西門珍墓志》載珍妻馬氏，有子四人；《王守琦墓志》載守琦妻謝氏，有子三人；又《內寺伯劉某妻霍氏墓志》載霍氏有子三人：皆當時內官之娶妻而有子者。

清代陝西金石學著作十種

【校勘】

[一] 上"宫"字，當爲"官"字之訛。

佛頂尊勝陀羅尼經幢行書

案，幢在邠州淳化縣。有序云："維大唐大中五年辛未歲六月壬寅朔三日甲辰，梨園店奉爲敬聖文思和武光孝皇帝及文武百官、衆施主等建立尊勝寶幢一所。"考《舊唐書》，大中二年群臣上宣帝徽號曰"聖敬文思和武光孝皇帝"，幢作"敬聖"，似誤。

佛頂尊勝陀羅尼經幢正書

案，幢在咸寧。後題："佛弟子彭城郡夫人劉氏，爲亡夫建造尊勝幢一所，願福資生界。因睹斯苦，輒以贊曰：彭城夫人，母儀欽則。追緒云亡，爰馮佛力。建妙寶幢，凌空攝日。其影及身，萬罪消釋。所願良因，莊嚴亡識。百千萬祀，傳之貞石。大唐咸通二年辛巳歲八月廿五日建于萬年縣滻川鄉鄭村之里也。長男從寔，次從安、從寓，女尼妙。"幢爲劉氏建，而贊語乃云"彭城夫人，母儀欽則"，當是男從寔等为父造幢，承母命[一]，遂題劉氏爲亡夫之語於前，而贊詞則歸美于母也。

【校勘】

[一] 承，光緒本作"奉"。

佛頂尊勝陀羅尼經斷幢行書

案，幢已斷，合之高六尺許，在西安洪福寺。後題："維咸通十年歲次己丑二月缺一字丑朔九日丁酉，左勒先鋒兵馬使王缺一字人，奉爲缺二字父母、七代先靈建此缺二字幢，神生净土，福延後嗣。"以九日丁酉推之，"二月"下缺者當是"己"字。又"奉爲"下缺者當是"現在"二字，"建此"下缺者當是"尊勝"二字。

佛頂尊勝陀羅尼經幢行書

案，幢在西安洪福寺，後題"内故供奉應制賜紫金魚袋弘農郡楊萬歲，乾符三年十二月一日建立"。

又案，《佛頂尊勝陀羅尼經》并《咒》，唐時共有四本，一爲朝散郎杜行顗譯，一爲罽賓沙門佛陀波利譯，一爲三藏義净譯，一爲中天竺三藏地婆訶羅譯，皆名《尊勝經》。此外，別有《最勝佛頂陀羅尼净業障經》，亦爲地婆訶羅譯，俱見《大周録》。諸本經同譯異，同名《佛頂陀羅尼經》，而有尊勝、最勝之別。唐代經幢遍滿各道，今關中諸本皆刻"尊勝"，無刻"最勝"者，皆刻佛陀波利譯本，無刻杜行顗等譯本者，以是經序中有"救拔幽顯，不可思議"等語，故信從者衆也。《關中金石記》所載唐幢一十有九咸寧六、西安府學三，長安二、隴州、鄠縣、富平、乾州、扶風、三原、醴泉、同州各一，内長安崇聖寺幢爲張少悌行書，富平六井幢爲康玠行書，咸寧保唐寺燈幢爲柳澂正書，長安百塔寺幢爲僧無可正書，西安府學司直廳幢爲裴諸正書，咸寧牛頭寺幢爲僧詞浩正書，又天寶殘幢爲張賁行書，餘無書者姓名。然字畫多秀勁，不失虞、褚家法，廣爲搜採，又得十餘種，皆弇山尚書所未見者，彙附卷末，不復分年編次，俾覽者得以連類及之。惟元和十三年章元同、大和六年張模二幢文字完具，備録原文，餘皆摘其建造緣起入案語中，不暇詳録，至經咒異同，自有内藏可校，非儒家所重，概不叙列云。

◎ 隋唐石刻拾遺

附錄：《關中金石記》隋唐石刻原目

隋

佛座記_{正書}，在西安雷神廟。

趙芬殘碑_{正書}，在西安中兆村。

李安喜公碑_{隸書}，在乾州上官村。

賀若誼碑_{正書}，在興平縣學。

舍利塔額_{隸書}，在大荔。

唐高祖爲子祈疾疏_{正書}，在鄠縣草堂寺。

梁羅墓誌_{正書}，在西安杜曲。

舍利塔銘_{正書}，在終南山。

常醜奴墓誌_{正書}，在興平縣學。

正草二體千字文_{智永書}，在西安府學。

李衛公上金天王書_{行書}，在華嶽廟。

寶慶寺瓦頭_{篆書}，在咸寧花塔寺。

唐

宗聖觀記_{歐陽詢隸書}，在盩厔樓觀。

孔子廟堂碑_{虞世南正書}，在西安府學。

邕禪師塔銘_{歐陽詢正書}，在終南山。案，原石今無，長安所市皆他處摹本。

九成宮醴泉銘_{歐陽詢正書}，在麟遊。

溫彥博碑_{歐陽詢正書}，在醴泉烟霞洞。

昭仁寺碑_{正書}，在長武。

張琮碑_{正書}，在長安北原。

姜行本碑_{正書}，在鎮西府松樹塘。

段志玄碑_{正書}，在醴泉儀門村。

高士廉塋兆記_{趙模正書}，在醴泉劉洞村。

孔穎達碑_{正書}，在醴泉西谷村。

皇甫誕碑_{歐陽詢正書}，在西安府學。

清代陝西金石學著作十種

褚亮碑八分書，在醴泉西谷村。

房玄齡碑褚遂良正書，在醴泉烟霞洞。

豆盧寬碑正書，在醴泉西谷村。

三藏聖教序、三藏聖教序記並褚遂良正書，在咸寧慈恩寺。

萬年宮銘并陰高宗正書，在麟遊。

韓良碑王行滿正書，在富平縣學。

薛收碑正書，在醴泉儀門村。

崔敦禮碑于立政正書，在醴泉西谷村。

海禪師方墳記正書，在長安百塔寺。

張胤碑正書，在醴泉西谷村。

李靖碑王知敬正書，在醴泉劉洞村。

王居士磚塔銘敬客正書，在終南山。案，原石久碎，長安所市乃本地摹本。

尉遲恭碑正書，在醴泉小陽村。

夫人程氏塔銘正書，在西安城南。

許洛仁碑正書，在醴泉儀門村。

三藏聖教序并記褚遂良正書，在同州府學。

道因法師碑歐陽通正書，在西安府學。

杜君綽碑高正臣正書，在醴泉。

李文墓志正書，在同州。

于志寧碑子立政正書，在三原長坳鄉。

紀國先妃陸氏碑正書，在醴泉西屯村。

道安禪師塔記正書，在長安百塔寺。

李孝同碑諸葛思禎正書，在三原。

張阿難碑正書，在醴泉西谷村。

馬周碑殷仲文隸書[一]，在醴泉下古村。

阿史那忠碑正書，在醴泉西谷村。

李勣碑高宗行書，在醴泉劉洞村。

晉州刺史順義公碑正書，在醴泉。

姜遐碑姪晞正書。

王君碑正書。並在醴泉莊河村。

述聖紀_{中宗正書}，在乾州乾陵。

神泉詩_{尹元凱篆書}，在富平美原鎮。

梁師暕并夫人唐惠兒墓志_{鄭莊正書}，在終南山梗梓谷。

乙速孤神慶碑_{王行滿正書}，在醴泉叱干村。

梁師亮墓誌_{正書}，在長安百塔寺。

于大猷碑_{正書}，在三原長坳鄉。

順陵殘碑_{中宗正書}，在咸陽。

王璿造象銘_{王無惑正書}。

高延貴造像銘、姚元之造像銘、李承嗣造像銘、韋均造像記、蕭元眘造像記、梁義深等造像銘、姚元景造象銘_{並正書}，在西安花塔寺。

千佛像碑_{正書}，在扶風法門寺。

王三娘墳記_{正書}，在西安城南。

尼法琬碑_{劉欽旦正書}，在碑林。

蘇瓌碑_{盧藏用隸書}，在武功。

蕭思亮墓誌_{正書}，在咸寧神禾原。

馮本碑_{隸書}，在高陵。

契苾明碑_{殷玄祚正書}，在咸陽。

馮十一娘墓志_{正書}，在寶雞縣丞署。

法藏禪師塔銘_{正書}，在終南山。

于知微碑_{正書}，在三原。

王仁皎碑_{正書}，在同州羌白鎮。

李昭公碑_{李邕行書}，在蒲城橋陵。

華嶽精享昭應碑_{劉升隸書}，在華嶽廟。

吳文碑_{集晉王羲之行書}，在碑林。

御史臺精舍記并題名_{梁昇卿隸書}，在碑林。

茹守福墓志_{正書}，在咸寧香積寺。

馮仁□碑_{郭謙光隸書}，在咸陽長陵。

高福墓志_{正書}，自咸寧移置靈岩山館。

净業法師塔銘_{正書}，在長安香積寺。

虢國公楊花臺銘、楊將軍新莊像記_{並正書}，在咸寧花塔寺。

凉國長公主碑_{玄宗隸書}，在蒲城橋陵。

華山銘殘字_{玄宗隸書}，在華嶽廟。

乙速孤行儼碑_{白義旺隸書}，在醴泉叱干村。

鄎國長公主碑_{玄宗隸書}，在蒲城橋陵。

述聖頌_{呂向正書}，在華嶽廟。

思恒律師塔銘_{正書}，在咸寧。

尊勝經幢_{正書}，在隴州開元寺。

敬節法師塔銘_{正書}，在咸寧杜永村。

尼法澄塔銘_{正書}，在咸寧馬頭空。

堅行禪師塔銘_{正書}，在西安城南。

代國長公主碑_{鄭萬鈞行書}，在蒲城橋陵。

李澹題名_{正書}，在華嶽廟。

大智禪師碑_{史惟則隸書}，在碑林。

張昕墓志銘_{正書}，自長安移置靈巖山館。

無畏不空禪師塔銘_{正書}，在咸陽廣化寺。

惠源和上志銘_{正書}，在西安府。

舍利塔記_{正書}，在扶風龍光寺。

裴積墓志_{叔朏正書}，在西安城南。

夢真容敕_{蘇靈芝正書}，在盩厔會靈觀。

唐儉碑_{正書}，在醴泉小陽村。案，《儉》爲唐陶山方伯所自出，碑文磨泐，方伯精校一過，什存六七，重刻小石，置諸碑林，以永其傳。文載《拾遺》卷内。

大智禪師碑陰_{史惟則隸書}，在碑林。

褒封四子敕_{正書}，在盩厔樓觀。

告華嶽文_{韓擇木隸書}，在華嶽廟。

老子靈應頌_{戴伋隸書}，在盩厔。

吏部南曹經幢_{正書}，在鄠縣草堂寺。

隆闡法師碑_{正書}，在碑林。

薛良佐塔銘_{弟良史正書}，在終南山。

石臺孝經_{玄宗隸書}，在碑林。

竇居士碑_{段清雲正書}，在三原橋頭鎮。

義興周夫人墓誌_{正書}，汾陽某氏自長安携去。

陀羅尼經幢_{正書}，在咸寧開元寺。

陀羅尼經幢殘本_{張賁行書}，在咸寧。

尊勝經幢_{張少悌行書}，在長安崇聖寺。

多寶塔感應碑_{顏真卿正書}，在碑林。

楊珣碑_{玄宗隸書}，在扶風。

□志廉墓志_{韓獻之行書}，自長安移置靈巖山館。

施燈功德幢_{正書}，在長安香積寺。

張希古墓志_{田穎行書□}，在長安劉氏。

金仙長公主碑_{玄宗行書}，在蒲城橋陵。

尹尊師碑_{員半千隸書}，在盩厔樓觀。

華嶽廟殘碑_{杜繹分書}。

主簿常冀、尉元攝殘碑_{分書。並在華嶽廟}。

心經_{草書}。

千字文斷石_{張旭草書。並在碑林}。

顏魯公題名_{正書，刻華嶽廟周《天和碑》側}。

張惟一祈雨疏_{李權隸書}。

王宥等謁祠記_{李樞篆隸}。

太州別駕題名殘字_{正書}。

丘據題名_{正書。並在華嶽廟}。

臧懷恪碑_{顏真卿正書，在三原九陂城}。

李懷讓題名_{正書}。

韋□題名_{正書}。

劉士深謁廟記_{正書}。

孫廣題名_{正書。並在華嶽廟}。

郭公家廟碑并陰_{顏真卿正書，在西安布政司}。

李光弼碑_{張少悌行書，在富平縣學}。

與郭僕射書_{顏真卿草稿，在碑林}。

李仲昌等題名_{韋澣正書}。

韋澣題名_{正書。並在華嶽廟}。

河間公碑_{隸書}，在高陵鹿臺鄉。

白道生碑_{摯宗正書}，在咸寧鳳棲原。案，碑今在西安府學。

焦鍰題名_{正書}，在華嶽廟。

王訓墓誌_{澤王潗正書}，在咸寧滻川原。

三墳記、先塋記_{並李陽冰篆書}，在碑林。

李楷洛碑_{史惟則分書}，在富平縣覓子店。

弟五琦題名、裴士淹題名、蘇敦兄弟題名_{並正書}，在華嶽廟。

臧希晏碑_{韓秀弼隸書}，在三原長坳鄉。

盧綸題名_{正書}，在華嶽廟。

田尊師碑_{集晉王羲之行書}。

田尊師德行碑_{並在富平美原鎮}。

尊勝幢銘_{康玠行書}，在富平六井。

李昌題名、郎仲堅題名、侯季文題名、韋憑題名、元澄題名、盧朝徹謁廟碑、李謀題名_{並正書}，在華嶽廟。

王忠嗣碑_{王縉行書}，在渭南鄉賢祠。

如願律師墓志_{秦昊正書}，在咸陽畢原。

王履清碑_{正書}，在高陵奉正原。

高力士碑_{行書}，在蒲城。

無憂王寺塔銘_{楊播正書}，在扶風法門寺。

上官沼題名_{行書}，在華嶽廟。

段行琛碑_{張增正書}，在汧陽。

孔子廟殘碑_{顏真卿正書}，在華州。

顏氏家廟碑_{顏真卿正書}，在碑林。

景教流行中國碑_{呂秀巖正書}，在西安府崇聖寺。

三藏不空和尚碑_{徐浩正書}，在碑林。

吳岳祠堂記_{冷朝陽行書}，在隴州岳祠內。

崔漢衡題名_{盧倣隸書}，在華嶽廟。

奉使帖_{顏真卿行書}，在同州府學。

韋綬等題名_{正書}，在華嶽廟。

尊勝經幢_{郭謂正書}，在乾州。

李元諒碑韓秀弼隸書，在華州治。
姜嫄公劉廟碑張誼行書，在邠州。
裴潾等題名行書，在華嶽廟。
東陵聖母帖、藏真律公二帖並僧懷素草書，在碑林。
杜夫人韋氏墓誌姪成均行書，在西安寺坡。
諸葛忠武侯廟碑元錫正書，在沔縣。
鄭全濟題名正書，在華嶽廟。
鄭君德政碑鄭雲逵正書，在澄城祠内。
李廣業碑鄭雲逵正書，在三原北原。
楚金禪師碑吴通微正書，在碑林。
尉旻題名、賈竦謁廟詩並正書。
郭豐等題名崔杙正書。
柳開等題名行書。並在華嶽廟。
保唐寺燈幢柳澈正書，在咸寧。
張雲等題名行書，在華嶽廟[三]。
尊勝經幢正書，在碑林。
鄭公幹題名、李紳題名、王高題名並正書，在華嶽廟。
李輔光墓志崔巨雅正書，在高陵。
崔蔇、鄭公幹題名正書，在華嶽廟。案，公幹前題爲元和八年，此十年。
大德塔銘王叔清正書，在西安城南。
韓常謁廟記韋泰正書。
容府題名殘字、張常慶題名、王播題名並正書，在華嶽廟。
朱孝誠碑曹郢行書，在三原。
鄭簡之題名行書。
裴穎修廟記張從本正書。並在華嶽廟。
梁守謙功德銘楊承和正書，在碑林。
李晟碑柳公權正書，在高陵奉正原。
李璠題名、李虞仲題名、韋公武題名並正書，在華嶽廟。
尊勝經幢僧無可正書，在西安百塔寺。
義陽郡王苻璘碑柳公權正書，在富平縣學。

落星石題字正書，陳元錫記，在興平。

尚書主客員外郎題名殘字行書。

郗宗□題名正書。並在華嶽廟。

石刻十二經《易》九卷，九石。《書》十三卷，十石。《詩》二十卷，十六石。《周禮》十卷，十七石。《儀禮》十七卷，二十石。《禮記》二十卷，三十三石。《春秋左氏傳》三十卷，六十七石。《公羊傳》十卷，十七石。《穀梁傳》十卷，十六石。《孝經》一卷，一石。《論語》十卷，七石。《爾雅》二卷，五石。開成二年，艾居晦、陳玠等正書，在碑林。

五經文字、九經字樣《文字》三卷，《字樣》一卷，共十石，並正書，在碑林。

馮宿碑柳公權正書，在碑林。

馮耽題名正書，在華嶽廟。

玄奘法師塔銘僧建初正書，在西安城南。

基公法師塔銘僧建初行書，在咸寧興教寺。

李景讓題名正書，在華嶽廟。

寂照和上碑僧無可正書，在咸陽。

司直廳石幢裴諸正書，在碑林。

陳商題名行書，在華嶽廟。

玄秘塔碑柳公權正書，在碑林。

崔郇題名、強至謁廟詩並行書，在華嶽廟。

高士廉碑側記正書，在醴泉。

王文幹墓志蕭睦正書，在西安龍首原。

崔慎由、崔安潛題名正書。

□伏王季題名行書。

李□方題名正書。並在華嶽廟。

陀羅尼經幢正書，在碑林。

楊漢公題名正書，在華嶽廟。

靈泉碑并題奏狀及敕批答正書，在岐山周公廟。

李貽孫題名正書。

鄭損、盧瑊題名分書。

劉仁□題名正書。並在華嶽廟。

敕內莊宅使牒、比丘尼正言疏並正書，在碑林。

李貽孫題名_{行書。前題爲大中三年，此五年。}

張權題名、薛謂宋壽題名、于德晦題名_{並正書，在華嶽廟。}

杜順和上行記_{董景仁草書，在西安滿洲城關帝廟。}

崔璀題名_{行書，在華嶽廟。}

圭峰定慧禪師碑_{裴休正書，在鄠縣草堂寺。}

尊勝經幢_{正書，在扶風。}

崔彥昭題名、李植題名_{並正書，在華嶽廟。}

郎官題名柱_{正書，在西安府學。}

張權題名_{行書。前題爲大中五年，此缺年。}

李□祈雪題名_{正書。並在華嶽廟。}

大悲心經幢_{正書，在咸寧臥龍寺。}

溫璋題名_{正書，在華嶽廟。}

窣堵塔銘_{高墉正書，在咸寧龍華寺}^[四]。

王夫人墓志_{正書，在長安崇聖寺。}

武安君廟記_{正書，在咸寧。}

陀羅尼經幢_{僧詞浩正書，在咸寧牛頭寺。}

尊勝經幢_{在咸寧臥龍寺。}

吳承泌墓志_{行書，在咸寧田家灣。}

司空圖題裴晉公詩殘字_{正書，在華嶽廟。}

濟安侯廟記_{柳懷素正書，在華州城隍廟。}

秦王修寺塔記_{王仁恭正書。}

劉源、李彥鋼等題名_{正書。並在扶風法門寺。}

爾朱逵墓碣_{正書，在郃陽朱家河。}

大悲心經幢_{正書，在慈恩寺。}

尊勝經幢_{正書，在三原縣北田村。}

石柱經_{正書，在同官重興寺。}

石鼓尊勝幢_{正書，在醴泉。}

釋迦牟尼并賢劫象銘_{分書，在西安净慈寺。}

三階大德禪師碑額_{正書，在咸寧薦福寺。}

李益等題名_{正書，在華嶽廟。}

案，是編爲補畢《記》而作，畢《記》版存吳郡，關中不易購求，因摘《記》中隋唐二朝原目附于卷末，以備稽考。至其評跋過繁，不暇備鈔。上而漢魏六朝，下而宋元，則又是編所未及者，亦姑置之云。

　　又案，畢《記》成於乾隆辛丑，其後王述菴侍郎廉訪關中，相距僅十餘年[五]，而隋唐石刻畢《記》所有、《金石萃編》所無者已二十一種。隋三種：《佛座記》、《舍利塔銘》《常醜奴墓志》。唐十八種：《豆盧寬》《崔敦禮》《順義公》《王君》《河間公》《李楷洛》六碑，《海禪師》《王三娘二墳記》《夫人程氏》《敬節法師》《龍光寺塔》《薛良佐》《大德》等五塔銘，《梁師暕》《茹守福》《杜夫人》《王夫人》四墓志及《濟安侯廟記》。此次詳加搜訪，於二十一種中僅得二種《豆盧寬碑》《敬節法師塔銘》。而《金石萃編》所有爲今所未得者又十四種隋一種：《梁羅墓志》，唐十三種：《姜行本》《杜君綽》《竇居士》《朱孝誠》四碑，《堅行禪師》《惠源和上》二塔銘，《張昕》《裴積》《口志廉》《王文幹》《吳承泌》五墓志，及《封四子敕》《修武安君廟記》。以上諸刻或係搜訪未備，未能必其俱亡，然歲月寖久，亡者必多，再數十年後，又不知今所已得者其能長存與否。爰仿《隋書·經籍志》注昔有今亡之例，備載卷末，以見古物可珍，易散難聚，後來者其寶重而愛護之也。

【校勘】

[一] 文，爲“容”之誤。按殷仲容，唐高宗至玄宗朝著名書法家。

[二] 潁，底本作“穎”，據鈔本改。按《張希古墓誌》原不作“潁”。

[三] 雲，《關中金石記》作“鄠”。

[四] 寧，《關中金石記》作“陽”。

[五] 按王昶爲西安按察使在乾隆四十八年（1783）四月至五十一年（1786）十月，上距乾隆辛丑（1781）未及十年。

主要參校書目一覽表

書　名	簡稱	作（編）者及時代	版　本
史記		[漢] 司馬遷	中華書局二〇一九年校點本
漢書		[漢] 班固	中華書局二〇一六年校點本
舊唐書	舊書	[五代] 劉昫	中華書局二〇〇二年校點本
新唐書	新書	[宋] 歐陽修	中華書局二〇〇三年校點本
册府元龜	册府	[宋] 王欽若	中華書局一九六〇年影明建陽黃國琦刻本、一九八九年影南宋本
唐會要		[宋] 王溥	上海古籍出版社一九九一年校點本
長安志		[宋] 宋敏求	三秦出版社二〇一三年辛德勇點校本
三輔黃圖	佚名		中華書局二〇一〇年陳直校正本
全唐文		[清] 董誥等	上海古籍一九九五年影印本
曝書亭集		[清] 朱彝尊	四部叢刊景康熙本
金石録		[宋] 趙明誠	四部叢刊續編景舊抄本
石墨鐫華		[明] 趙崡	清知不足齋叢書本
金薤琳琅		[明] 都穆	文淵閣四庫全書本
金文最		[清] 張金吾	清光緒二十一年本
金石文字記		[清] 顧炎武	清借月山方彙鈔本
來齋金石刻考略		[清] 林侗	文淵閣四庫全書本、春暉堂本
潛研堂金石文字跋尾	潛研堂	[清] 錢大昕	上海古籍二〇二〇年
（乾隆）鳳臺縣志	鳳臺志		乾隆四十九年刻本
金石萃編	萃編	[清] 王昶	經訓堂刊同治十年補刊本.
金石續編		[清] 陸耀遹	同治十三年毗陵雙白燕堂刊本
金石萃編補略	萃編補略	[清] 王言	光緒八年刊本
金石萃編補正	萃編補正	[清] 方履籛	光緒二十年石印本
古誌石華	石華	[清] 黃本驥	三長物齋叢書本
關中金石文字存逸考	存逸考	[清] 毛鳳枝	光緒二十七年江西刻本
金石萃編補遺	萃補	[清] 毛鳳枝	光緒間寫樣待刻本
古誌石華續編	石華續編	[清] 毛鳳枝	光緒間寫樣待刻本

續 表

書　名	簡稱	作（編）者及時代	版　本
北京圖書館藏中國歷代石刻拓本匯編	北圖拓本		中州古籍出版社一九八九年
故宮博物院藏歷代拓本匯編	故宮拓本	郭玉海	紫禁城出版社二〇一〇年
昭陵碑考		[清]孫三錫	咸豐八年刻本
昭陵碑石		張沛	三秦出版社一九九三年
昭陵碑録		羅振玉	民國六年羅氏家刻本
魯迅輯校石刻手稿	魯迅輯校稿	魯迅	長江文藝出版社二〇一一年
（乾隆）興平縣志	興平志	[清]顧聲雷、張塤	乾隆刻本
（乾隆）扶風縣志	扶風志	[清]張塤	乾隆刻本
（乾隆）郿縣志		[清]張塤	乾隆刻本